PATRICIA NOVAIS **CALMON**

2025
TERCEIRA
EDIÇÃO

DIREITO DAS FAMÍLIAS E DA PESSOA IDOSA

Dados Internacionais de Catalogação na Publicação (CIP) de acordo com ISBD

C164d   Calmon, Patricia Novais
Direito das famílias e da pessoa idosa / Patricia Novais Calmon. - 3. ed. - Indaiatuba, SP : Editora Foco, 2025.

408 p. ; 17cm x 24cm.

Inclui índice e bibliografia.
ISBN: 978-65-6120-252-7

1. Direito. 2. Direito familiar. 3. Direito da pessoa idosa. I. Título

2024-4629   CDD 342.16   CDU 347.61

Elaborado por Odilio Hilario Moreira Junior - CRB-8/9949

Índices para Catálogo Sistemático:

1. Direito de Família 342.16
2. Direito de Família 347.61

PATRICIA NOVAIS **CALMON**

TERCEIRA
EDIÇÃO

DIREITO DAS FAMÍLIAS E DA PESSOA IDOSA

2025 © Editora Foco
Autora: Patricia Novais Calmon
Diretor Acadêmico: Leonardo Pereira
Editor: Roberta Densa
Coordenadora Editorial: Paula Morishita
Revisora Sênior: Georgia Renata Dias
Revisora Júnior: Adriana Souza Lima
Capa Criação: Leonardo Hermano
Diagramação: Ladislau Lima e Aparecida Lima
Impressão miolo e capa: META BRASIL

DIREITOS AUTORAIS: É proibida a reprodução parcial ou total desta publicação, por qualquer forma ou meio, sem a prévia autorização da Editora FOCO, com exceção do teor das questões de concursos públicos que, por serem atos oficiais, não são protegidas como Direitos Autorais, na forma do Artigo 8º, IV, da Lei 9.610/1998. Referida vedação se estende às características gráficas da obra e sua editoração. A punição para a violação dos Direitos Autorais é crime previsto no Artigo 184 do Código Penal e as sanções civis às violações dos Direitos Autorais estão previstas nos Artigos 101 a 110 da Lei 9.610/1998. Os comentários das questões são de responsabilidade dos autores.

NOTAS DA EDITORA:

Atualizações e erratas: A presente obra é vendida como está, atualizada até a data do seu fechamento, informação que consta na página II do livro. Havendo a publicação de legislação de suma relevância, a editora, de forma discricionária, se empenhará em disponibilizar atualização futura.

Erratas: A Editora se compromete a disponibilizar no site www.editorafoco.com.br, na seção Atualizações, eventuais erratas por razões de erros técnicos ou de conteúdo. Solicitamos, outrossim, que o leitor faça a gentileza de colaborar com a perfeição da obra, comunicando eventual erro encontrado por meio de mensagem para contato@editorafoco.com.br. O acesso será disponibilizado durante a vigência da edição da obra.

Impresso no Brasil (2.2025) – Data de Fechamento (1.2025)

2025
Todos os direitos reservados à
Editora Foco Jurídico Ltda.
Rua Antonio Brunetti, 593 – Jd. Morada do Sol
CEP 13348-533 – Indaiatuba – SP

E-mail: contato@editorafoco.com.br
www.editorafoco.com.br

À minha família: Olivia, Rafael, Bia e Maui

*"O envelhecimento não é juventude perdida,
mas um novo estágio de oportunidade e força."*
Betty Friedan

"Onde não são honrados os idosos, não há futuro para os jovens."
Papa Francisco

LISTA DE ABREVIATURAS

Ag.	–	Agravo
AgRg	–	Agravo Regimental
AI	–	Agravo de Instrumento
AREsp	–	Agravo em Recurso Especial
Artigo	–	Artigo
CC	–	Código Civil de 2002
CC/16	–	Código Civil de 1916
CJF	–	Conselho da Justiça Federal
CIDHPI	–	Convenção Interamericana dos Direitos Humanos da Pessoa Idosa
CPC	–	Código de Processo Civil (Lei 13.105/2015)
CPC/73	–	Código de Processo Civil revogado (Lei 5.869/73)
CR/88	–	Constituição da República de 1988
Coord.	–	Coordenador
COPEVID	–	Comissão Nacional de Enfrentamento à Violência Doméstica e Familiar contra a Mulher
DJ	–	Diário da Justiça
DJU	–	Diário da Justiça da União
DJe	–	Diário da Justiça eletrônico
Ed.	–	Edição
EDP	–	Estatuto da Pessoa com Deficiência
EI	–	Estatuto do Idoso
EREsp	–	Embargos de Declaração no Recurso Especial
FONAVID	–	Fórum Nacional de Juízas e Juízes de Violência Doméstica e Familiar contra a Mulher
FPPC	–	Fórum Permanente de Processualistas Civis
Inc.	–	Inciso
ILPI	–	Instituição de longa permanência de idosos
JDC/CJF	–	Jornada de Direito Civil promovida pelo Conselho da Justiça Federal
JDCom/CJF	–	Jornada de Direito Comercial promovida pelo Conselho da Justiça Federal

JDPC/CJF	–	Jornada de Direito Processual Civil promovida pelo Conselho da Justiça Federal
J.	–	Julgado
LRP	–	Lei dos Registros Públicos
Min.	–	Ministro
N.	–	Número
Org.	–	Organizador
P.	–	Página
PLS	–	Projeto de Lei do Senado
RE	–	Recurso Extraordinário
Rel.	–	Relator
REsp	–	Recurso Especial
RHC	–	Recurso Ordinário em *Habeas Corpus*
RMS	–	Recurso Ordinário em Mandado de Segurança
STF	–	Supremo Tribunal Federal
STJ	–	Superior Tribunal de Justiça
T.	–	Tomo
Trad.	–	Tradução
V.	–	Volume

PREFÁCIO

AS ILUMINAÇÕES JURÍDICAS DE MUITOS DIREITOS

A presente obra responde a uma importante revisitação do direito de família, a partir da pessoa idosa, e por sua razão de ser é uma obra de recomeço, de novos horizontes, de visualizações transformadoras que a autora, com perícia e densidade, prescruta com sua doutrina.

É uma obra de futuro na compreensão jurídica necessária ao próprio futuro do direito de família. Nela existe uma vanguarda que faz o leitor muito mais próximo do que está por vir, no essencial dessa relação com o futuro, em melhoria do presente jurídico. Este livro foi concebido para ser convivido em sua proatividade, quando a autora compartilha suas ideias válidas nas provocações do seu texto.

Começa pelo título aglutinador, quando ao cuidar do direito das famílias, arregimenta o direito dos idosos em liame indissociável, nos planos material e processual e estabelece vieses existenciais que se destacam em configuração de situações jurídicas de ordem contraposta, a exemplo do abandono afetivo ou da alienação parental inversos ou dos alimentos "*netoengos*".

Ao contextualizar futuros possíveis do direito familista, com a pessoa idosa como seu principal protagonista, tem-se em cuidadosa abordagem novos institutos jurídicos que ganham destacados lugares de aplicação por seus paralelos interpretativos, confortados pela proteção dinâmica do direito subjetivo que se impõe reservada às posições legítimas dos tutelados. Nesse sentido, Patricia Novais Calmon trabalha com uma visão produtora de superação de aparentes lacunas normativas, apurando os *locus* cabíveis de extensão interpretativa para dar ao direito de família o direito que a família e o idoso, nela inserido, realmente merecem.

Essa é uma das qualidades da obra ora lançada. Seus padrões de observação e de verificação de exigências ao debate das novas questões jurídicas, postas em reflexão, conduzem o leitor ao privilégio de caminhar com uma descrição detalhada de situações que orientam aperfeiçoar o direito por via de sua aplicação sistêmica.

Por essa via, as chamadas considerações práticas, de interesse e de utilidade, em valoração notável das regras jurídicas que são convocadas, nas hipóteses, aos interesses pressupostos, enriquecem o trabalho de Patricia Novais Calmon, jovem jurista dotada de uma ampla capacidade de realçar as concepções da realidade com os postulados fundamentais de consciência jurídica para uma melhor política do direito. Bem por isso, com raciocínio fluído, escorreito, apropriando evidências e com elogiável técnica de linguagem, a autora faz demonstrar, com exatidão, um direito abrangente, em amplitude tal necessária ao seu melhor futuro.

Por certo, temas como os dos abandonos e negligências, exclusões e desapreços, como ilicitudes que afetam a plenitude de vida na família e/ou na velhice, ganham com essa obra um manual de resiliências para as devidas respostas jurídicas protetivas e, sobretudo, uma doutrina de enfrentamento normativo em formulação de inferências adequadas.

O estoico Lúcio Aneu Séneca ("Sobre a Velhice"), o jurista Norberto Bobbio ("De Senectude. O Tempo da Memória"), a escritora Simone Lucie-Ernestine-Marie Bertrand de Beauvoir ("A Velhice") e outros mestres que aprofundaram os estatutos do homem em seu envelhecimento, estão, agora, com Patricia Novais Calmon, bem acompanhados.

Estou convicto de a autora, com esta importante obra, deixar assentados novos postulados para uma verdadeira Teoria de Introdução ao Direito da Pessoa Idosa, ao estabelecer uma visão dialógica do direito de família e de outros direitos afins, contemplando princípios, objetivos, novos institutos, direitos e responsabilidades em face dos idosos.

Tenho acompanhado, com o maior interesse, todas as incursões doutrinárias de Patrícia Novais Calmon, como festejada jurista, nos direitos específicos dos idosos, em fomento de destinar-lhes uma qualidade existencial de vida amparada pelo direito, pela responsabilidade social e pela comunidade familiar.

Essa sua obra consolida-se, assim, como um instrumento de estudos científicos e de pesquisas jurídicas, oferecido e destinado a servir e bem servir o futuro do direito nessa área. E revela o quanto suas ideias aprimoram e expressam a cientificidade no trato das questões analisadas e que valem para o direito alcançar, em justa medida, a determinação de ser efetivamente realizado em proveito do envelhe(ser) com dignidade.

Realmente. Envelhecer não é estigmatizante. Ser idoso também não. Saber envelhecer é saber ser idoso, e não envelhecido pela idade adiantada. Mudam as cores do tempo, chega-se à estação outonal e, com o avanço da idade, revela-se a vida, com novos matizes, ajustando o homem, com dignidade, a sua experiência a um novo tempo que o acrescenta.

Afinal, o homem envelhece na ordem direta da vida e na ordem inversa da resistência da alma, como advertiu Victor Hugo. Ele compreendeu que as pessoas apenas envelhecem pelo relógio do tempo, e somente se tornam velhas quando não mais se colocam cúmplices da vida. Uma quebra de harmonia com o espírito jovem comunicante que vincula o homem ao seu tempo presente e o faz referir sempre com um olhar para o futuro. Pensar e viver no passado é envelhecer definitivamente. Aprender algo novo, descobrir contextos mais amplos, saber estimular a capacidade cognitiva, exercitar a vida pelo aprendizado que ela oferece, tudo isso significa envelhecer bem, e envelhecer menos. A velhice não é uma variável fixa, conforme acentuou Groisman; ela é uma realidade culturalmente construída.

Mas é preciso, urgente, que não sejam observadas mais rugas no espírito do que na face. O idoso brasileiro é, em regra, indigente em sua dignidade de ser idoso. Faltam-lhe a força de trabalho e melhores condições de qualidade de vida. Ele é tratado como problema e não como um segmento social valorizado em suas características próprias.

A cidadania do idoso deve ser, por isso mesmo, tema recorrente, em perspectiva de dignidade constitucionalmente assegurada pelo art. 230 da Carta Magna que, afinal, orientou a Lei 8.842, de 4 de janeiro de 1994, dispondo sobre uma política nacional de proteção ao idoso.

Agora, essa cidadania adquire, definitivamente, com a presente obra, a melhor dimensão jurídica valorativa no objeto de conhecimento das questões que enfrenta. Obra guardiã de um novo tempo de direito, sobre a qual tenho a elevada honraria de anunciá-la perante esse tempo, parabenizando sua autora pela magnitude do estudo.

Jones Figueirêdo Alves

Mestre em Ciências Jurídicas pela Faculdade de Direito da Universidade de Lisboa (FDUL). Desembargador decano do Tribunal de Justiça de Pernambuco. Integra a Academia Brasileira de Direito Civil (ABDC), diretor nacional do Instituto Brasileiro de Direito de Família (IBDFAM), onde preside a Comissão de Magistratura de Família; e é membro fundador do Instituto Brasileiro de Direito Contratual (IBDCont).

INTRODUÇÃO

Um novo mundo, um novo olhar. É sob essa perspectiva que o contemporâneo direito das pessoas idosas desponta nos mais diversos ordenamentos jurídicos. A rápida transição demográfica que o mundo está passando tem alterado fortemente as antigas concepções do que era envelhecer.

Se, na década de 1950, a expectativa de vida ao nascer não passava para muito mais de 50 anos de idade,[1] nos dias de hoje é bastante provável que as pessoas vivam para além dos 80 anos. Logo, parece ser possível afirmar com alguma segurança que as pessoas de hoje vivam bastante tempo nessa última fase da vida, ao contrário do que acontecia no século passado, onde não era comum sequer atingir-se o marco de 60 anos de idade.[2]

Talvez por isso Flavia Piovesan e Akemi Kamimura tenham dito que "o envelhecimento da população constitui uma das mais significativas mudanças demográficas no século XXI".[3]

Se isso for verdade, como se espera, a forma de se enxergar o envelhecimento também precisa mudar, merecendo uma absoluta alteração em seu enfoque. Se antes, chegar próximo aos 60 anos de idade representava, *grosso modo*, a proximidade com o fim da vida, hoje, pode-se falar que, ao atingir essa quadra, a pessoa tem a capacidade potencial de viver por um período de tempo igual ou maior ao que terá vivido na etapa da vida adulta, qual seja, os 42 anos compreendidos entre os 18 e 60 anos de idade. Isso porque, embora a expectativa de vida atual esteja na faixa de 80 anos de idade, ela tem aumentado consideravelmente, não sendo raro encontrarem-se pessoas centenárias em nossa sociedade.

De acordo com prospectos das Nações Unidas, no ano de 2050, teremos 1 entre cada 6 pessoas com mais de 65 anos de idade ao redor do mundo.[4] E, ao que tudo indica, esse número aumentará ainda mais, pois não apenas se vive mais. Também se vive melhor, já que fatores múltiplos, como o avanço da tecnologia e da medicina, fazem com que as pessoas tenham uma melhor qualidade de vida em um aspecto geral.

---

1. Dados disponíveis em: https://ourworldindata.org/life-expectancy. Acesso em: 04 out. 2021.
2. "A OMS em 1963, fez uma divisão de faixas etárias, considerando meia idade: 45 aos 59 anos; idoso: 60 – 74; anciãos: 75 – 90 e velhice extrema: 90 ou mais". DINIZ, Fernanda Paula. Direito dos idosos na perspectiva civil-constitucional. Belo Horizonte: Arraes, 2011, p. 5.
3. PIOVESAN, Flávia; KAMIMURA, Akemi. O sistema ONU de direitos humanos e a proteção internacional das pessoas idosas. In: MENDES, Gilmar Ferreira et al. *Manual dos direitos da pessoa idosa*. São Paulo: Saraiva, 2017, p. 124.
4. Disponível em: https://www.un.org/en/development/desa/population/publications/pdf/ageing/WorldPopulationAgeing2019-Highlights.pdf. Acesso em: 04 out. 2021.

Por isso, a mudança de enfoque reflete justamente a transformação do aspecto negativo do envelhecimento para outro completamente positivo, concernente à otimização de oportunidades nessa etapa da vida. Altera-se a perspectiva da existência em sua fase final, para uma vida em plenitude, com longevidade e potencialidade para o exercício das mais variadas atividades, desenvolvimento de planos, sonhos, relacionamentos sociais e afetivos, enfim! Em vez de se focar na proximidade com a morte, fala-se em vida com plenitude e qualidade.

Embora o direito das pessoas idosas, em si, seja uma temática relativamente nova, é preciso contextualizar o estudioso com este enfoque contemporâneo de tal ramo do direito, onde termos como *autonomia* e *envelhecimento ativo e saudável* são palavras-chave para o desenvolvimento científico de toda a gama de direitos que se situam dentro da tutela normativa da pessoa idosa. E mais. Diferentemente do clássico direito dos idosos, onde o estudo se volta costumeiramente à abordagem do idoso hipervulnerável e em situação de risco, que necessita de assistência e tutela do Estado ou da família para a preservação de seus direitos fundamentais básicos, aqui se pretende fazer uma análise mais abrangente. Ao falar de pessoas idosas, deve-se atentar para o fato de que esse segmento social é extremamente amplo e heterogêneo. Afinal, cada um envelhece à sua maneira, com as suas próprias peculiaridades. Sendo assim, as necessidades das pessoas com 60 anos de idade podem não se identificar com aquelas dos indivíduos de 90 anos, mas, ainda assim, todas elas são merecedoras de uma tutela específica, embora cada uma faça jus a uma abordagem adequada e que leve em consideração suas respectivas especificidades.

Trata-se, assim, de área do direito que projeta reflexos sobre as mais variadas searas jurídicas, já que cria uma lente pela qual o intérprete deve sopesar uma gama de disposições normativas. Além das conhecidas correlações com o direito previdenciário e com o direito médico, o contemporâneo direito das pessoas idosas gera efeitos também sobre o direito contratual, sobre o direito do consumidor, sobre o direito tributário, sobre o direito do trabalho e, no que interessa mais de perto por aqui, sobre o Direito das Famílias, cujas relações jurídicas usualmente contam com pessoas pertencentes a esse segmento social.

Desse modo, quando se estiver diante da tutela de direitos da pessoa idosa, para além do estudo do Estatuto da Pessoa Idosa – que, inegavelmente representa o principal instrumento normativo a respeito –, é imprescindível que o profissional das mais diversas áreas realize uma análise do caso submetido à sua apreciação a partir dos princípios do Direito das Pessoas Idosas, como é o caso da autonomia, da prioridade integral e da participação.

Em consonância com esse novo paradigma, é indispensável que se realize um cotejo entre o Direito das Pessoas Idosas e uma série de institutos de Direito das Famílias, obtendo-se, com isso, uma análise interdisciplinar e com os olhos voltados ao contemporâneo parâmetro normativo que disciplina ambas as searas. Certo é, tanto um quanto outro domínio do direito passa por forte mutação no atual contexto social, fazendo com que novas e relevantes conexões sejam evidenciadas a partir de sua análise conjunta.

Este será justamente o objeto da presente obra, que se apresenta ao leitor em duas partes. Na primeira, o Direito das Pessoas Idosas estará ocupando papel central e nela se apresentarão aspectos conceituais, princípios regentes, evolução normativa, entre outros assuntos, que serão as bases estruturais para que a análise da segunda parte seja feita de forma mais completa possível. Nesta última, se estudarão as conexões entre Direito das Pessoas Idosas e Direito das Famílias, analisando-se alguns dos principais aspectos que correlacionam tais disciplinas, como a inconstitucionalidade do regime de separação de bens para pessoas com idade superior a 70 anos, o divórcio cinza (*gray divorce*), o abandono afetivo inverso, a alienação parental inversa, a adoção de idosos e a senexão, apenas para citar alguns.

Boa leitura!

SUMÁRIO

LISTA DE ABREVIATURAS IX

PREFÁCIO XI

As iluminações jurídicas de muitos direitos XI

INTRODUÇÃO XV

SUMÁRIO XIX

PARTE I
PREMISSAS DO DIREITO DAS PESSOAS IDOSAS

1. O CONTEMPORÂNEO DIREITO DAS PESSOAS IDOSAS 3

    1.1   Aspectos conceituais sobre a pessoa idosa: critérios cronológico, legal, biológico, social e econômico-financeiro 3

    1.2   PESSOA IdosA para muito além do critério cronológico: a utilização complementar do critério biológico? 6

    1.3   A ampliação legal do critério etário de 60 anos: teoria ampliativa, teoria restritiva moderada e teoria restritiva absoluta 9

    1.4   Velhice x envelhecimento: conceito 15

    1.5   Etarismo (ageísmo, velhicismo, idadismo) 17

            1.5.1   Etarismo e seus reflexos na inteligência artificial 20

            1.5.2   *Shareting* de pessoas idosas (*shareting* inverso) 22

    1.6   Do envelhecimento ativo e saudável 23

    1.7   A pessoa idosa e os reflexos geracionais: idosos do presente e idosos do futuro . 27

    1.8   Um segmento heterogêneo: "os velhos velhos" e os "novos velhos" 29

    1.9   Nomenclaturas: terceira idade, ancião, melhor idade, idoso e pessoa idosa 32

2. A TUTELA NORMATIVA DA PESSOA IDOSA: DIREITOS PARA ALÉM DO ESTATUTO DA PESSOA IDOSA 37

    2.1   Evolução histórica dos direitos da pessoa idosa 37

            2.1.1   No cenário nacional 37

	2.1.2	No cenário internacional	39
2.2		Princípios orientadores do Direito das Pessoas Idosas	44
2.3		A dissintonia entre o conceito cronológico de idoso e a idade estabelecida pela lei para a incidência de seus efeitos	50

3. A PESSOA IDOSA EM SITUAÇÃO DE RISCO SOCIAL 55

3.1	A violência contra a pessoa idosa		55
	3.1.1	A violência sociopolítica	55
	3.1.2	A violência institucional	57
	3.1.3	A violência intrafamiliar	58
	3.1.4	A peculiar situação da autonegligência	59
		3.1.4.1 Conceito de autonegligência	59
		3.1.4.2 A autonegligência, o problema da configuração e a aplicação de medidas protetivas específicas	62
3.2	As medidas protetivas: hipóteses exemplificativas, legitimidade ampliada da família e exceção ao princípio da congruência		63
3.3	A institucionalização da pessoa idosa		66
	3.3.1	Modalidades de atendimento: não asilar e asilar	66
	3.3.2	Requisitos para a institucionalização de idosos	68

4. A SOCIEDADE EM PROCESSO DE ENVELHECIMENTO – MUDANÇAS COMPORTAMENTAIS A PARTIR DE FENÔMENOS GERACIONAIS 71

4.1	Noções iniciais	71
4.2	A rede de apoio familiar e os principais papéis sociais exercidos entre homens e mulheres: cuidador x provedor	73
4.3	A solidariedade e a ressignificação dos papéis sociais da família	76

5. DIREITOS PROCESSUAIS DAS PESSOAS IDOSAS 79

5.1	Noções iniciais	79
5.2	O acesso à justiça	80
5.3	A prioridade nos processos judiciais	83
5.4	A prioridade em processos e procedimentos administrativos	87
5.5	O atendimento prioritário em serviços de assistência jurídica e gratuidade da justiça	88
5.6	A "superprioridade" das pessoas idosas com mais de 80 anos	89

5.7	A competência fixada em razão do domicílio do idoso	91
5.8	As varas especializadas	93
5.9	A intervenção do Ministério Público	95

6. A MEDIAÇÃO, A PESSOA IDOSA E O DIREITO DAS FAMÍLIAS ... 99

6.1	A mediação como técnica de empoderamento e aconselhamento emocional	99
6.2	A Mediação e o *emotional counseling*	103
6.3	A mediação e a busca pelos reais interesses	104
6.4	A mediação e o Direito das pessoas idosas	105

PARTE II
O DIREITO DAS FAMÍLIAS E A PESSOA IDOSA

7. ALIMENTOS ... 109

7.1	Noções Iniciais		109
7.2	Os alimentos: obrigação e conteúdo		111
7.3	A obrigação alimentar nos termos da lei civil e suas características		112
	7.3.1	Pessoalidade (direito personalíssimo)	113
	7.3.2	Irrenunciabilidade	114
	7.3.3	Irrepetibilidade	118
	7.3.4	Incompensabilidade	121
	7.3.5	Impenhorabilidade	122
	7.3.6	Atualidade	126
	7.3.7	Anterioridade	127
	7.3.8	Reciprocidade	127
	7.3.9	Variabilidade	128
	7.3.10	Futuridade	129
	7.3.11	Imprescritibilidade	130
	7.3.12	Alternatividade	132
	7.3.13	Incessibilidade	133
	7.3.14	Proximidade	134
	7.3.15	Intransmissibilidade	135
		7.3.15.1 A (in)transmissibilidade no viés da abrangência objetiva	136

		7.3.15.2	A (in)transmissibilidade no viés da abrangência subjetiva (sujeitos envolvidos)..	138
		7.3.15.3	Transmissibilidade de alimentos não fixados?........................	139
7.4	A solidariedade alimentar imposta pelo Estatuto da Pessoa Idosa (art. 12)			140
	7.4.1	Solidariedade x divisibilidade		140
	7.4.2	A ilusão da solidariedade?...		143
7.5	Obrigações alimentares específicas			147
	7.5.1	Alimentos entre duas pessoas idosas		147
	7.5.2	Alimentos entre ex-consortes		148
		7.5.2.1	O caráter assistencial dos alimentos entre ex-cônjuges e ex--companheiros...	150
		7.5.2.2	Os alimentos transitórios e da necessidade da propositura de ação exoneratória, como regra, para a cessação dos alimentos	152
		7.5.2.3	Alimentos transitórios: vantagem processual ou assimetria sistêmica?...	155
	7.5.3	Alimentos entre idosos e filhos..		159
	7.5.4	Os filhos podem ser demandados para "complementar" os alimentos devidos pelo ex-cônjuge?		160
	7.5.5	Alimentos avoengos		162
	7.5.6	Alimentos "netoengos"		165

8. O REGIME DE SEPARAÇÃO DE BENS NAS UNIÕES FAMILIARES DE PESSOAS COM MAIS DE 70 ANOS (ART. 1.641, II, CC) E A DECISÃO DO STF (TEMA 1.236)........ 167

8.1	O regime de separação obrigatória de bens e a decisão do STF (Tema 1.236)	167
8.2	O direito à autonomia da pessoa idosa e sua conexão com a autonomia da pessoa com deficiência e da pessoa incapaz...	172
8.3	O regramento da escolha do regime de bens da pessoa idosa e da pessoa incapaz..	175
8.4	A incoerência sistêmica da separação obrigatória de bens da pessoa septuagenária a partir da mudança da "teoria das incapacidades": a quebra da lógica sistêmica e reforço da sua inconstitucionalidade...	178
8.5	A decisão do STF e o etarismo velado presumido?..	180

9. O DIVÓRCIO TARDIO ("*GRAY DIVORCE*") 185

| 9.1 | Conceito .... | 185 |
| 9.2 | Fatores que justificam o divórcio tardio .... | 186 |

9.3	Divórcio tardio, o *"gray love"* e novos arranjos familiares: uniões estáveis e relacionamentos sem coabitação (LAT – *"living apart together"*)	187
9.4	Alimentos entre ex-cônjuges no divórcio tardio..	189
9.5	O adequado planejamento patrimonial no divórcio tardio: o "Plano de Adequação Patrimonial" (PAP) e a mitigação dos efeitos econômicos do divórcio ...	192
9.6	A influência do divórcio tardio sobre o direito a benefícios assistenciais	193
9.7	O direito à moradia...	197
9.8	A revogação de instrumentos de confiança: procurações gerais, diretivas antecipadas de vontade (mandato duradouro) e autocuratela..................................	197
9.9	A mudança de nome..	199

10. ALIENAÇÃO PARENTAL INVERSA 201

10.1	A alienação parental: noções essenciais..	201
10.2	A alienação parental de idosos (alienação parental inversa).............................	204
10.3	A teoria dos lugares paralelos interpretativos (aplicação da Lei de alienação parental por analogia ou como um lugar paralelo interpretativo?)	207
10.4	Semelhanças e distinções entre a alienação parental de crianças e adolescentes e a alienação parental inversa..	211
	10.4.1 As diferentes motivações: a alienação parental inversa de primeiro e segundo graus	211
	10.4.2 A necessidade de preservação da autonomia da pessoa idosa	212
	10.4.3 Diferentes consequências jurídicas	213
10.5	Alienação parental inversa de idosos incapazes..	214
10.6	A ação de produção antecipada de provas em caso de alienação parental inversa...	218
10.7	O Projeto de Lei 1.841 de 2024 e a regulamentação da alienação parental inversa...	222

11. ABANDONO AFETIVO INVERSO 225

11.1	Noções iniciais..	225
11.2	O abandono afetivo e a responsabilidade civil em relações familiares	227
11.3	Os requisitos configuradores da responsabilidade civil por abandono afetivo paterno filial e inverso	232
11.4	O caráter objetivo do abandono afetivo e a decisão paradigmática do REsp 1.159.242-SP	235
11.5	A prescrição no abandono afetivo inverso	238

12. ABANDONO DIGITAL DE IDOSOS 241

    12.1   Noções iniciais... 241

    12.2   Os idosos e a tecnologia: entre benefícios e riscos 242

    12.3   O abandono digital de idosos... 246

    12.4   Reflexos jurídicos do abandono digital de idosos 250

13. ADOÇÃO POR ASCENDENTES (ADOÇÃO AVOENGA) 253

    13.1   Noções iniciais... 253

    13.2   A vedação legal, sua abrangência e origem histórica 254

    13.3   O STJ e a flexibilização da vedação da adoção de descendente por ascendente e da necessária observância das nuances do caso concreto................................. 257

    13.4   Das finalidades da proibição e da incoerência com o atual cenário do Direito das Famílias... 261

14. ADOÇÃO DE IDOSOS 265

    14.1   Noções iniciais... 265

    14.2   O conceito de família pautado no afeto, a formação do parentesco por "*outra origem*", e a colocação de idosos em família substituta.. 267

    14.3   O abandono e a institucionalização da pessoa idosa: "os idosos órfãos".......... 268

    14.4   A colocação de idoso em família substituta como meio de se garantir o direito à convivência familiar e comunitária 270

        14.4.1   O que é a colocação de idosos em família substituta? 270

        14.4.2   A adoção como forma de inclusão da pessoa idosa em família substituta... 272

    14.5   Os requisitos para a adoção de idosos.. 273

    14.6   Desafios a serem enfrentados.. 276

        14.6.1   A dissintonia entre o Direito e a biologia: a superação da regra do art. 42, § 3º do ECA (diferença etária de 16 anos entre adotante e adotando).. 276

        14.6.2   Adoção de idosos como garantia de dignidade e pertencimento, não infantilização: o "problema" da titulação.. 278

        14.6.3   Questões de ordem patrimonial impediriam a concessão da adoção? ... 279

    14.7   Os aspectos processuais da adoção de idosos 280

15. SENEXÃO 283

    15.1   Noções iniciais... 283

15.2	Senexão: O Projeto de Lei 105/2020	284
15.3	Senexão e adoção de idosos: o cotejo entre os Projetos de Lei	286
15.4	A socioafetividade no Projeto de Lei 105/2020: sua extensão para além da filiação?	288

16. DIRETIVAS ANTECIPADAS DE VONTADE (TESTAMENTO VITAL E MANDATO DURADOURO) 293

16.1	Noções iniciais	293
16.2	A regulamentação das diretivas antecipadas de vontade no Brasil	294
16.3	As DAVs, a autonomia e o consentimento livre e informado	295
16.4	Diretivas antecipadas de vontade e suas espécies: mandato duradouro, testamento vital, diretivas antecipadas psiquiátricas, diretivas de não reanimação, diretivas de recusa terapêutica e diretivas antecipadas para demência	299
16.5	Especificidades quanto ao conteúdo das DAVs: recusa de cuidados paliativos; pedido de eutanásia ou suicídio assistido; obstinação terapêutica	303
	16.5.1 Recusa de cuidados paliativos	303
	16.5.2 Pedido de eutanásia ou previsão de suicídio assistido	305
	16.5.3 Previsão da obstinação terapêutica	306
16.6	A forma de realização de uma diretiva antecipada de vontade	308
16.7	A inconvencionalidade/inconstitucionalidade da Resolução 2.232/2019 do CFM	309

17. A CURATELA 313

17.1	A tutela dos incapazes e as regras protetivas	313
17.2	A personalidade jurídica e a capacidade jurídica	315
17.3	A legitimação	317
17.4	A curatela e o Estatuto da Pessoa com Deficiência	318
17.5	Principais características da curatela	320
17.6	Curatela *versus* curadorias	324
17.7	A curatela compartilhada	324
17.8	A curatela provisória	325
17.9	A curatela prorrogada ou extensiva	325
17.10	As pessoas que não podem ser curadoras	326
17.11	A ação de curatela	328

17.12 A natureza jurídica da sentença na ação de curatela: O dilema da anulação dos atos anteriores à decretação da curatela 332

17.13 A remoção/destituição, exoneração e suspensão de curador 335

17.14 Curatela e registro público 336

17.15 Prestação de contas 337

17.16 Levantamento da curatela 338

17.17 Autocuratela (diretiva antecipada para curatela) 339

17.18 O divórcio por curador 342

17.19 A curatela do pródigo: noções e correlação com o superendividamento 345

  17.19.1 A prodigalidade e o superendividamento 347

17.20 A Lei 13.146/15, a "crise da incapacitação" e a guarda de fato como mecanismo de proteção à pessoa idosa 348

18. A TOMADA DE DECISÃO APOIADA 351

18.1 Estatuto da Pessoa com Deficiência e o princípio da adaptação razoável 351

18.2 A tomada de decisão apoiada 354

18.3 A Tomada de decisão apoiada e o Anteprojeto de Reforma do Código Civil 358

18.4 O Projeto de Lei 11.091/2018 e a tentativa de regulamentar a Tomada de Decisão Apoiada: possível inconstitucionalidade? 359

REFERÊNCIAS 363

ANOTAÇÕES 379

Parte I
PREMISSAS DO DIREITO DAS PESSOAS IDOSAS

Parte I
PREMISSAS DO DIREITO DAS PESSOAS IDOSAS

1
O CONTEMPORÂNEO DIREITO DAS PESSOAS IDOSAS

1.1 ASPECTOS CONCEITUAIS SOBRE A PESSOA IDOSA: CRITÉRIOS CRONOLÓGICO, LEGAL, BIOLÓGICO, SOCIAL E ECONÔMICO-FINANCEIRO

Na conceituação da pessoa idosa, o Estatuto da Pessoa Idosa (EPI) se utiliza do *critério cronológico*. E, este critério cronológico é também *legal*, pois fixado pelo próprio Estatuto. Isso fica bem claro quando se lê seu artigo inaugural, cujo texto enuncia que sua finalidade é a de "regular os direitos assegurados às pessoas com idade igual ou superior a 60 (sessenta) anos" (art. 1º, EPI).

Nos termos da lei, portanto, basta que uma pessoa atinja tal idade para que seja considerada idosa e, com isso, faça jus a toda tutela normativa atinente a esse grupo.

Embora a idade de 60 anos seja também adotada no ordenamento jurídico de outros países, não existe uma definição universal ao tema.

As Nações Unidas[1] e a Organização Mundial de Saúde,[2] por exemplo, assentam que é possível a fixação do padrão de 65 anos de idade em países desenvolvidos (sendo esse o caso dos Estados Unidos, da França, de Portugal e do Japão, por exemplo) e de 60 anos para países em desenvolvimento. Trata-se de uma opção política de cada país, portanto.

A definição deste critério genérico pelos dois organismos citados, no entanto, é objeto de críticas pela literatura, que assentam que ele é considerado arbitrário e pode não levar em consideração as necessidades específicas de algumas regiões no contexto mundial, como aquelas presentes em diversos países do continente africano (em que o envelhecimento pode ser bastante precoce).[3] Mesmo assim, não há dúvida de que a fixação de um padrão mínimo seja salutar e essencial para que haja uma padronização no tratamento da matéria em caráter universal.

---

1. SOARES, Ricardo Maurício Freire; BARBOSA, Charles Silva. A tutela da dignidade da pessoa idosa no sistema jurídico brasileiro. In: MENDES, Gilmar Ferreira et al. *Manual dos direitos da pessoa idosa*. São Paulo: Saraiva, 2017, p. 27.
2. Informação disponível em: https://www.who.int/healthinfo/survey/ageingdefnolder/en/. Acesso em: 19 jan. 2023.
3. "The ages of 60 and 65 years are often used, *despite its arbitrary nature*, for which the origins and surrounding debates can be followed from the end of the 1800's through the mid-1900's." Informação disponível em: https://www.who.int/healthinfo/survey/ageingdefnolder/en/. Acesso em: 19 jan. 2023.

Por isso, no final das contas, "o parâmetro de 60 anos terminou por ser adotado no Estatuto da Pessoa Idosa, no que acompanha o padrão definido pelas Nações Unidas para definir a pessoa idosa, todavia as considerações acerca dos fatores que influenciam no envelhecimento conduzem organismos internacionais a realizar uma segmentação importante, para fins de política internacional de proteção, consideradas as projeções da expectativa de vida em países desenvolvidos ou em desenvolvimento".[4]

Esse mesmo posicionamento foi adotado pela Convenção Interamericana dos Direitos Humanos da Pessoa Idosa, aprovada pela Organização dos Estados Americanos (OEA) em 09 de junho de 2015, definindo-se que idoso é aquela pessoa com 60 anos ou mais, exceto se a lei interna determinar uma idade base menor ou maior, desde que esta não seja superior a 65 anos (art. 2º).

Desse modo, o Brasil tem se coadunado com as recomendações e normativas internacionais, seja em âmbito universal ou regional.

Curiosamente, o Censo de 2022, divulgado em outubro de 2023 pelo Instituto Brasileiro de Geografia e Estatística (IBGE), trouxe dados demográficos de pessoas idosas com mais de 65 anos de idade em categoria distinta dos dados das pessoas que possuem mais de 60 anos de idade.[5]

Por conferir o legislador um tratamento distinto e mais benéfico para as pessoas idosas, o Superior Tribunal de Justiça já se pronunciou que tal diferenciação é fundamentada em critérios de razoabilidade, em atenção aos princípios da igualdade e da dignidade da pessoa humana. Por isso, trata-se de distinção válida e adequadamente justificada.[6]

Certamente, o critério cronológico é mais objetivo, conferindo maior segurança jurídica. No entanto, não é o único. Existem outros critérios que devem ser levados em consideração por ocasião do conceito de pessoa idosa.

Assim, além do critério cronológico e legal, outro critério é o *biológico*, ou *psicobiológico*, no qual "seria considerado idoso aquele que dispusesse de determinada condição física ou intelectual".[7] Logo, ela pode se apresentar fisicamente e biologicamente como

---

4. SOARES, Ricardo Maurício Freire; BARBOSA, Charles Silva. A tutela da dignidade da pessoa idosa no sistema jurídico brasileiro. In: MENDES, Gilmar Ferreira et al. *Manual dos direitos da pessoa idosa*. São Paulo: Saraiva, 2017, p. 27.
5. Disponível em: https://agenciabrasil.ebc.com.br/geral/noticia/2023-10/em-12-anos-populacao-brasileira--com-65-anos-ou-mais-cresceu-quase-60#:~:text=De%20acordo%20com%20dados%20do,censit%C3%A-1ria%20anterior%2C%20ocorrida%20em%202010. Acesso em 03 nov. 2023.
6. "A adoção de critério etário para distinguir o tratamento da população em geral é válida quando adequadamente justificada e fundamentada no Ordenamento Jurídico, sempre atentando-se para a sua razoabilidade diante dos princípios da igualdade e da dignidade da pessoa humana. 7. O próprio Código Civil se utiliza de critério positivo de discriminação ao instituir, por exemplo, que é obrigatório o regime da separação de bens no casamento da pessoa maior de 70 anos (art. 1.641, II)". STJ – REsp: 1783731-PR, Rel. Min. Nancy Andrighi, T3, DJe de 26.04.2019.
7. DINIZ, Fernanda Paula. *Direito dos idosos na perspectiva civil-constitucional*. Belo Horizonte: Arraes, 2011, p. 5.

mais jovem ou mais velha, quando comparado com a idade que consta em sua certidão de nascimento.

Sobre o tema, pesquisa realizada pelo Fórum Econômico Mundial demonstrou como a idade biológica se distingue da cronológica em cada país e cultura. No Japão e na Suíça, por exemplo, as pessoas envelhecem biologicamente mais tarde, afinal, uma pessoa com 76 anos de idade cronológica terá a aparência (idade biológica) de uma pessoa com 65 anos. Por outro lado, o envelhecimento é precoce na Papua-Nova Guiné, pois uma pessoa com 45,6 anos de idade (cronológica) estará nas mesmas condições biológicas de uma de 65 anos.[8]

Percebe-se, então, que o envelhecimento é um *fato social* que se apresenta de maneira distinta em relação a cada cultura, influenciando na forma pela qual cada país define os seus direitos. Afinal, como o direito é fruto da cultura, há uma forte influência deste último na construção da tutela normativa deste grupamento social.

Além do cronológico, legal e biológico/psicobiológico, existem outros dois critérios que, embora distintos, se correlacionam. O primeiro deles é o *critério social*, isto é, "seria idoso aquele assim considerado no meio social em que vive".[9] O segundo é o *critério econômico-financeiro*, representado a partir do idoso como economicamente hipossuficiente, a demandar uma especial atenção por estar em situação de vulnerabilidade frente aos demais.[10]

Com o brilhantismo que lhe é inerente, Jones Figueirêdo Alves se manifesta no sentido de que "no Brasil, as senescências precoces são advindas da pobreza e nelas a 'idade social' é adiantada no tempo, por 'ancianidades frágeis'. Pessoas mais carentes envelhecem mais cedo, são as que têm mais rugas no espírito". E complementa que, no "curso da vida humana, tal fenômeno social é um decurso de tempo que abrevia o percurso, em velhice fisiológica antecipada, pelas mazelas sociais. São as senilidades por envelhecimentos patológicos, onde ser 'velho é ter idade', mesmo antes dos sessenta anos".[11]

De fato, acredita-se que o critério social e o econômico-financeiro acabam por incorporar, de certo modo, também o critério biológico, já que é possível que, em razão dos padrões sociais e financeiros, uma pessoa vivencie um envelhecimento precoce, a possuir biologicamente mais de 60 anos, mesmo sem ainda ter completado formalmente tal idade em seu aspecto cronológico (na certidão de nascimento). Embora se reconheça a distinção técnica entre os conceitos, para os fins deste estudo, reputar-se-ão inseridos dentro do critério biológico também os critérios social e econômico-financeiro.

---

8. Disponível em: https://www.weforum.org/agenda/2019/03/japan-ageing-slower-76-is-biological-65-study/. Acesso em: 19 jan. 2023.
9. DINIZ, Fernanda Paula. *Direito dos idosos na perspectiva civil-constitucional*. Belo Horizonte: Arraes, 2011, p. 6.
10. DINIZ, Fernanda Paula. *Direito dos idosos na perspectiva civil-constitucional*. Belo Horizonte: Arraes, 2011, p. 6.
11. ALVES, Jones Figueirêdo. *A família na atual crise de direitos humanos*. Disponível em: https://www.conjur.com.br/2020-mai-24/processo-familiar-familia-atual-crise-direitos-humanos. Acesso em: 19 jan. 2023.

Por fim, Norberto Bobbio, em seu livro *O tempo da memória: de senectude e outros escritos autobibliográficos*, ensina que também existe a *idade burocrática*, que seria aquela definida em lei para a aquisição de determinados direitos, como à aposentadoria, por exemplo. Além dela, o autor sustenta a existência da *idade psicológica*, também chamada de *idade subjetiva*, que representaria a idade que cada um, em seu processo pessoal, sente ter.[12]

Em uma interessante passagem prevista no referido texto autobiográfico, Norberto Bobbio consigna sua própria experiência sobre a idade psicológica/subjetiva, ao aduzir que "biologicamente, considero que minha velhice começou no limiar dos oitenta anos. No entanto, psicologicamente, sempre me considerei um pouco velho, mesmo quando jovem. Fui velho quando era jovem e quando velho ainda me considerava jovem até há poucos anos. Agora penso ser mesmo um velho-velho".[13] Certamente, cada um vivencia uma experiência peculiar, pessoal e complexa a respeito do "sentir-se velho".

Tal afirmação autobiográfica nos conduz à reflexão realizada por Fran Winandy, para quem "a idade subjetiva ajuda a compreender as incongruências entre a imagem que temos de nós e a que os outros têm. Ela faz com que o indivíduo tenha a impressão de vivenciar uma idade diferente de sua idade cronológica real. Estudos sobre o tema demonstram que essa discrepância é um mecanismo adaptativo e não de defesa ou negação do envelhecimento, como se acreditava, pois ela ocorre ao longo da vida com parâmetros opostos nas diferentes fases: é comum pessoas jovens se descreverem com idades subjetivas acima de sua idade real e pessoas mais velhas se caracterizarem com idades subjetivas abaixo da sua".[14]

1.2 PESSOA IDOSA PARA MUITO ALÉM DO CRITÉRIO CRONOLÓGICO: A UTILIZAÇÃO COMPLEMENTAR DO CRITÉRIO BIOLÓGICO?

Como visto, o ordenamento jurídico brasileiro se filiou ao critério cronológico de 60 anos de idade para a conceituação da pessoa idosa (art. 1º, EPI). Na vida cotidiana, contudo, é possível encontrar pessoas biologicamente idosas, embora ainda não o sejam cronologicamente assim consideradas. Tal perspectiva não pode deixar de ser apreciada, principalmente diante da extrema desigualdade social existente em nosso país.

---

12. A questão apresenta controvérsias, já que, na visão de Fran Winandy, "acredita-se que a idade subjetiva seja um indicador mais complexo do que a simples opinião sobre sentir-se velho ou jovem. A idade subjetiva parece ter, de fato, consequências sobre o processo de envelhecimento, e, talvez, a mais instigante seja o fato de que sentir-se jovem faz com que as pessoas se comportem como se efetivamente rejuvenescessem, compensando as implicações negativas do etarismo, aumentando os níveis de satisfação com a vida e a longevidade". WINANDY, Fran. *Etarismo*: um novo nome para um velho preconceito. Divinópolis-MG: Adelante, 2021, p. 25.
13. BOBBIO, Norberto. *O tempo da memória de senectude e outros escritos autobiográficos*. Rio de Janeiro: Campus, 1997, p. 18.
14. WINANDY, Fran. *Etarismo*: um novo nome para um velho preconceito. Divinópolis-MG: Adelante, 2021, p. 25.

Por isso, questiona-se a viabilidade jurídica da concessão dos direitos previstos aos idosos para pessoas que biologicamente se encontram inseridas nesse segmento, embora cronologicamente ainda não tenham obtido a idade mínima de 60 anos.

Seria exemplificar com uma pessoa que possuísse 57 anos contados desde o seu nascimento (idade cronológica), mas que, ao ser submetida à análise médica, recebesse a notícia de que possuiria a idade biológica de 67 anos. Nesse caso, muitas dúvidas entram em cena. Afinal, seria possível que a tutela normativa da pessoa idosa protegesse os interesses também desta pessoa biologicamente idosa? Ela poderia pleitear em juízo a concessão de direitos específicos aos idosos, como a prioridade de tramitação de processos judiciais e administrativos (art. 71, *caput* e § 3º, do EI)? Seria possível a cogitação da utilização complementar do critério biológico, isto é, ao lado do cronológico/legal?

Especialmente quando houver a possibilidade de aplicação de *medidas de proteção* destinadas às pessoas idosas (arts. 43 e 45 do EPI), tal questionamento se faz necessário.

A literatura é categórica em afirmar que o critério biológico é eivado de subjetividade, ao contrário do cronológico.[15] Contudo, tal asseveração não afasta em caráter absoluto a tutela da pessoa biologicamente idosa, sendo possível a construção de previsões normativas ou jurisprudenciais nesse sentido.

Como a velhice e o envelhecimento são observáveis através das nuances culturais existentes em cada contexto social, acredita-se ser plenamente possível que cada Estado-nação exerça uma tutela específica e mais adequada das pessoas que se encontrem nesse especial momento de vida.[16] Afinal, "o mundo é uma construção de significações",[17] cenário em que "uma palavra só se explica por outra palavra".[18] E, como se estudou, esclarecer o que representa o conceito de pessoa idosa vai muito além de uma previsão cronológica fixa que impediria a sua ampliação para abranger também os demais critérios.

Por isso, afirma-se que a construção a respeito da utilização concomitante e complementar dos critérios é bastante salutar, pois propicia uma melhor tutela dos direitos fundamentais de pessoas que podem estar em situação de vulnerabilidade.

Privilegiando-se o princípio da igualdade, um ordenamento jurídico poderia abarcar outras situações que buscassem a mesma *finalidade* pretendida pelo legislador na oportunidade de regulamentação do critério cronológico. Com isso, pessoas que se encontrassem em situação equivalente teriam os mesmos direitos resguardados, já

---

15. DINIZ, Fernanda Paula. *Direito dos idosos na perspectiva civil-constitucional*. Belo Horizonte: Arraes, 2011, p. 5.
16. Utilizando-se emprestado da colocação de Judith Martins-Costa, pode-se perceber que tais fatores "não são um dado, mas um construído" no contexto social, e, certamente, correspondem a "desígnios práticos de uma sociedade hiper-complexa". MARTINS-COSTA, Judith. Os campos normativos da boa-fé objetiva: as três perspectivas do direito privado brasileiro. In: AZEVEDO, Antonio Junqueira et al (Org.). *Princípios do novo código civil brasileiro e outros temas*. São Paulo: Quartier Latin, 2008.
17. MOUSSALÉM, Tárek Moysés. *Fontes do Direito Tributário*. São Paulo: Max Limonad, 2001, p. 27.
18. MOUSSALÉM, Tárek Moysés. *Fontes do Direito Tributário*. São Paulo: Max Limonad, 2001, p. 27.

que, afinal, o tratamento de maneira distinta deve se amparar em critérios razoáveis para tanto.

Talvez por isso o Superior Tribunal de Justiça recentemente tenha se posicionado no sentido de que é "indispensável compreender a velhice em sua totalidade, como fato biológico e cultural".[19]

Paralelamente, a literatura defende que a velhice em si é um *valor*.[20] Tendo tal premissa como parâmetro de análise, afirma que "as realidades sociais diferentes condicionaram ordens jurídicas também diversas",[21] de modo a nos evidenciar que, por se tratar de um fato social, ao envelhecimento também se impregnam valores.

É nesse ponto que a teoria tridimensional de Miguel Reale adquire relevo para a justificação da construção do direito dos biologicamente idosos, ao lado daqueles cronologicamente assim catalogados. Para o referido jurista, o direito se delineia a partir de três elementos fundamentais: "o elemento *valor*, como intuição primordial; o elemento *norma*, como medida de concreção do valioso no plano da conduta social; e, finalmente, o elemento *fato*, como condição da conduta, base empírica da ligação intersubjetiva".[22]

Sendo a velhice catalogada como um valor, e o envelhecimento da população um fato, essencial destacar que o ordenamento jurídico poderá normatizar e aceitar o critério biológico como padrão para a catalogação da pessoa idosa e para a incidência das respectivas normas jurídicas, de maneira complementar ao critério cronológico.

Por isso, observados alguns critérios, o próprio conceito de pessoa idosa pode ser alterado/revisto/ampliado em cada ordenamento jurídico, em atenção às necessidades culturais de sua população.

Cogita-se, ainda, a possibilidade da propositura de uma *ação declaratória* da idade biológica por determinada pessoa que queira certificar tal fato e que, a partir de então, ela possa se beneficiar dos seus respectivos efeitos jurídicos. Aliado a isso, o reconhecimento de tal condição de modo incidental no processo também pode ser uma via.

Deve-se alertar que, no caso de aplicação complementar do critério cronológico, haveria um encargo extra para aquele que o alega, já que inexistiria, a princípio, uma presunção conferida por lei nesse sentido. Em outras palavras: inevitavelmente o ônus da prova da idade biológica (através de laudos médicos específicos, por exemplo) competiria àquele que alega, não sendo possível refletir qualquer presunção pelo aplicador

---

19. STJ, REsp 1783731, Rel. Min. Nancy Andrighi, T3, DJe de 26/04/2019.
20. "De maneira a evitar o desencadeamento de instabilidade social, marcada pela suposta incompatibilidade do modo de viver da pessoa idosa com a inexorável marcha evolutiva, tendente à construção de um futuro, no qual a pessoa idosa cada vez menos se enxerga". SOARES, Ricardo Maurício Freire; BARBOSA, Charles Silva. A tutela da dignidade da pessoa idosa no sistema jurídico brasileiro. In: MENDES, Gilmar Ferreira et al. *Manual dos direitos da pessoa idosa*. São Paulo: Saraiva, 2017, p. 27.
21. ROSA, F.A de Miranda. *Sociologia do direito*: o fenômeno jurídico como fato social. 13. ed. Rio de Janeiro: Jorge Zabar Editor, 1981, p. 57.
22. REALE, Miguel. *Filosofia do direito*. 19. ed. São Paulo: Saraiva, 2002, p. 510.

da norma, sob pena de se acentuarem preconceitos e de se desequilibrar seriamente o princípio da igualdade.

Apesar disso, atente-se ao fato de que, não obstante seja crível a ampliação da tutela normativa da pessoa idosa pela adoção complementar dos critérios cronológico e biológico, não parece correto reduzir esse alcance. Seria o caso, por exemplo, de uma pessoa que possuísse a idade cronológica de 62 anos de idade, mas cuja idade biológica de 55 anos fosse constatada por laudos médicos. Os direitos relacionados às pessoas idosas lhe poderiam ser negados?

Respeitosamente, por aqui, entende-se que a resposta só possa ser negativa. Nesse caso, o critério cronológico teria que sobressair, por ser mais benéfico e por trazer uma opção política no sentido de proteção da pessoa com mais de 60 anos, independentemente da análise concomitante de outro critério. Seria um critério mínimo, portanto.

Do contrário, a própria condição da pessoa idosa poderia ser questionada em juízo para lhe serem denegados direitos que, a rigor, lhe seriam assegurados pelo ordenamento jurídico. Haveria sempre um contradireito potencial ao exercício dos direitos desse grupo social e, ao idoso, competiria sempre a prova de sua idade cronológica, em nítido descompasso com a intenção do legislador nacional e com a tutela normativa internacional da pessoa idosa.

Portanto, embora o critério cronológico seja aquele que confira uma tutela mínima aos direitos fundamentais da pessoa idosa, talvez seja possível a sua ampliação casuística, toda vez que restar demonstrado que, biologicamente, determinada pessoa se enquadre no conceito de idosa. Por outro lado, por estarmos diante de direitos humanos, inclusive regulamentados no cenário internacional, a idade mínima predefinida pelo legislador faz com que se imponha de forma absoluta a incidência das normas que regulamentam os direitos da pessoa idosa.

1.3 A AMPLIAÇÃO LEGAL DO CRITÉRIO ETÁRIO DE 60 ANOS: TEORIA AMPLIATIVA, TEORIA RESTRITIVA MODERADA E TEORIA RESTRITIVA ABSOLUTA

No cenário jurídico brasileiro, o Projeto de Lei 5.383/2019 tinha por objetivo "mudar de 60 anos para 65 anos a idade da pessoa idosa".[23] Na data de 26 de outubro de 2021, contudo, este projeto foi retirado de tramitação por requerimento de seu autor, que alegou ter sofrido críticas e solicitações, pois não era o momento adequado para a sua tramitação.[24] Concomitantemente, também existia o Projeto de Lei 5.628/2019 com a mesma pretensão, que continua em trâmite nas Casas Legislativas.

---

23. Informação disponível em: https://www.camara.leg.br/proposicoesWeb/prop_mostrarintegra;jsessionid=C24A2A25E13F64143386AB6784B962A6.proposicoesWebExterno2?codteor=1816208&filename=PL+5383/2019. Acesso em: 19 jan. 2023.
24. "Todavia, desde a apresentação do Projeto venho recebendo críticas e solicitações para retirar o projeto de tramitação. Considerando os pedidos para retirar o projeto e entendendo que este não seja o momento ade-

Por isso, questiona-se: seria possível a alteração legislativa do critério cronológico de 60 anos já adotado pelo ordenamento jurídico, para ampliar este patamar etário para uma outra idade, como, por exemplo, 65 anos?

Neste livro, pensa-se em três teorias para responder tal questionamento, as quais poderiam ser denominadas por aqui de: a) teoria ampliativa; b) teoria restritiva moderada, e; c) teoria restritiva absoluta.

Para a *teoria ampliativa*, não haveria qualquer tipo de limitação para tal alteração e, assim, o critério adotado hoje poderia ser tranquilamente alterado amanhã.[25] A mera vontade política bastaria para que houvesse a referida alteração do critério cronológico, levando em consideração, por exemplo, o aumento da expectativa de vida e a melhoria das condições de vida da população.

Acredita-se, entretanto, que, mesmo na adoção desta tese, haveria um limite na referida alteração, que seria o patamar etário de 65 anos de idade. Isto porque existe um consenso internacional em reconhecer que esse é o padrão mínimo para que os ordenamentos jurídicos nacionais fixem o seu critério cronológico. Tal previsão consta expressamente da Convenção Interamericana dos Direitos Humanos dos Idosos (art. 2º).

Por outro lado, outras duas teorias mais restritivas talvez pudessem se adequar melhor ao princípio da proteção integral previsto no art. 2º do EPI. Serão elas denominadas de *teorias restritivas moderada* e *absoluta*.

Se, por um lado, a *teoria restritiva moderada* consideraria viável a mudança do critério etário, desde que houvesse a sua justificação racional e amparada na inexistência de elementos de discriminação legal compatíveis com o princípio da isonomia, para a *teoria restritiva absoluta* não seria viável a referida mutação, já que seria essencial que houvesse, além da justificação, a compensação por outro direito fundamental, o que seria impossível no caso ora tratado.

Em outras palavras, a *teoria restritiva moderada* se fundaria no princípio da isonomia e nos fatores proporcionais de discrímen. Já a *teoria restritiva absoluta* se basearia no princípio da vedação ao retrocesso, em premissas de direitos fundamentais sociais em sentido absoluto e na sua impossibilidade de compensação.

Explica-se cada uma delas.

Para a *teoria restritiva moderada*, caso os fatos sociais sejam alterados e demonstrem, com isso, que não há necessidade de tratamento especial de pessoas que se encontrem com mais de 60 anos em relação às que possuam idade inferior, seria possível que o legislador estabelecesse novos critérios definidores do conceito de pessoa idosa, desde que baseados em fundamentos racionais e proporcionais e amparado justamente

---

quado para a tramitação deste projeto, decido pela retirada". Conforme justificativa que pode ser verificada em: https://www.camara.leg.br/proposicoesWeb/prop_mostrarintegra?codteor=2094631&filename=Tramitacao-REQ+2218/2021. Acesso em: 19 jan. 2023.

25. DINIZ, Fernanda Paula. *Direito dos idosos na perspectiva civil-constitucional*. Belo Horizonte: Arraes, 2011, p. 7.

na observância do princípio da igualdade, pois não se tem dúvidas de que "a aplicação da igualdade depende de um critério diferenciador e de um fim a ser alcançado".[26] Dessa maneira, com a evolução social e diante da maior longevidade populacional, pode ser que, no futuro, pessoas com 60 anos não estejam em situação de vulnerabilidade social a ponto de necessitar de uma tutela específica por parte do Estado.

Por sinal, "é certo, no entanto, que a definição e caracterização do idoso é inexoravelmente relacionada a *fatores sociais e demográficos cambiáveis*. Com efeito, a fixação de um marco etário para a definição do grupo de cidadãos aos quais a Constituição assegura *tratamento diferenciado*, ao mesmo tempo em que se mostra mecanismo apto a conferir eficácia às garantias constitucionais, deve ser objeto de constante reflexão interdisciplinar", nas palavras de Gilmar Mendes e Rodrigo de Bittencourt Mudrovitsch.[27]

Por isso, não basta "poder-se estabelecer racionalmente um nexo entre a diferença e um consequente tratamento diferençado. Requer-se, demais disso, que o vínculo demonstrável seja constitucionalmente pertinente".[28]

A depender do nível de alteração social, a manutenção indiscutível deste critério etário de 60 anos poderia acarretar, em vez de proteção/garantia, uma violação ao princípio da igualdade, já que inexistiria um fim a ser alcançado com esse tratamento mais protetivo por parte do ordenamento jurídico.

A respeito do princípio da igualdade, Humberto Ávila ensina que as "pessoas ou situações são iguais ou desiguais em função de um critério diferenciador. Duas pessoas são formalmente iguais ou diferentes em razão da idade, do sexo ou da capacidade econômica. Essa diferenciação somente adquire relevo material na medida em que se lhe agrega uma finalidade, de tal sorte que as pessoas passam a ser iguais ou diferentes de acordo com um mesmo critério, dependendo da finalidade a que ele serve".[29]

A *teoria restritiva absoluta*, por outro lado, não se baseia no princípio da igualdade, mas sim no princípio da proibição do retrocesso em direitos fundamentais e sociais.

Isso porque os direitos das pessoas idosas são evidenciados a partir de uma série de direitos fundamentais e sociais,[30] de modo a serem orientados pelo princípio da

---

26. ÁVILA, Humberto. *Teoria dos princípios*: da definição à aplicação dos princípios jurídicos. 12. ed. São Paulo: Malheiros. 2010, p. 162-163.
27. MENDES, Gilmar Ferreira; MUDROVITSCH, Rodrigo de Bittencourt. O tempo e a obrigatoriedade constitucional de atualização da legislação infraconstitucional que protege o idoso. In: MENDES, Gilmar Ferreira et al (Coord.). *Manual dos direitos da pessoa idosa*. São Paulo: Saraiva, 2017, p. 119.
28. MELLO, Celso Antônio Bandeira de. *Conteúdo jurídico do princípio da igualdade*. 3. ed. São Paulo: Malheiros, 1999, p. 41-42.
29. ÁVILA, Humberto. *Teoria dos princípios*: da definição à aplicação dos princípios jurídicos. 12. ed. São Paulo: Malheiros. 2010, p. 162-163.
30. "No ordenamento jurídico brasileiro, a Constituição Federal é extremamente clara ao classificar os direitos sociais como jusfundamentais, tendo em vista que os direitos sociais estão previstos expressamente do art. 6º ao art. 11, da Constituição Federal, em seu Capítulo II, o qual, por sua vez, está inserido no Título II denominado 'Dos Direitos e Garantias Fundamentais'". REIS JÚNIOR, Almir Santos; FUGITA JUNIOR, Nelson. A compensação exigida para assegurar a efetividade do princípio de proibição de retrocesso social nas alterações ou supressões de direitos sociais. *Revista Direito UFMS*, Campo Grande, MS. v. 4. n. 2, p. 186 – 203, jul./dez. 2018.

vedação do retrocesso (efeito *cliquet* dos direitos fundamentais), "na medida em que é vedado aos Estados o retrocesso ou a inércia continuada no campo da implementação de direitos sociais".[31]

Embora implícito, esse princípio decorre da própria Constituição da República de 1988.[32]

Não se pode esquecer que o envelhecimento é um direito personalíssimo e a sua proteção um *direito social* (art. 8º, EPI), razão pela qual a sua mutação, a prejudicar camada da população, pode se mostrar um retrocesso social não admissível.

Sobre o tema, Ingo Sarlet assenta que a "proteção dos direitos fundamentais, pelo menos no que concerne ao seu núcleo essencial e/ou ao seu conteúdo em dignidade, evidentemente apenas será possível onde estiver assegurado um mínimo em segurança jurídica, num sentido ampliado e genérico".[33]

De fato, o princípio da proibição do retrocesso não é absoluto, mas, para a sua alteração exige-se uma dupla condicionante: a) uma justificativa apta, e; b) uma compensação. É o que sustenta a doutrina, a pontuar que "para admitir uma alteração ou supressão em determinado direito social deve existir uma justificativa apta para isso e também deve ocorrer uma compensação".[34]

Inexistiriam maiores dificuldades em relação à primeira condicionante (justificativa apta), já que as duas teorias acima referidas (ampliativa e restritiva moderada) as apresentam de maneira expressa, em maior ou menor grau. Assim, a teoria restritiva absoluta estaria embasada, primordialmente, na impossibilidade de compensação entre os direitos fundamentais em jogo.

Para explicar a situação da incompensabilidade deste direito, recorrer ao estudo elaborado por Robert Alexy parece ser o caminho, pois o autor realiza uma distinção entre os direitos fundamentais "em sentido estrito" e os "completos" (também designado de direito fundamental "como um todo").[35]

Assim, os direitos fundamentais são multifuncionais e podem ser considerados: a) completos/como um todo; b) em sentido estrito. Os *completos* seriam aqueles que possuem "um feixe de posições de direitos fundamentais",[36] isto é, "um direito funda-

---

31. PIOVESAN, Flávia. Direitos humanos e o direito constitucional internacional. 14 ed. São Paulo: Saraiva, 2013, Ebook: sem numeração.
32. REIS JÚNIOR, Almir Santos; FUGITA JUNIOR, Nelson. A compensação exigida para assegurar a efetividade do princípio de proibição de retrocesso social nas alterações ou supressões de direitos sociais. *Revista Direito UFMS*, Campo Grande, MS. v. 4. n. 2, p. 186 – 203, jul./dez. 2018.
33. SARLET, Ingo Wolfgang. Proibição de retrocesso, dignidade da pessoa humana e direitos sociais: manifestações de um constitucionalismo dirigente possível. Revista Eletrônica sobre a Reforma do Estado. *Instituto Brasileiro de Direito Público*, IBDP, n. 15, setembro/outubro/novembro 2008, Salvador, Bahia, Brasil. ISSN 1981-1888.
34. REIS JÚNIOR, Almir Santos; FUGITA JUNIOR, Nelson. A compensação exigida para assegurar a efetividade do princípio de proibição de retrocesso social nas alterações ou supressões de direitos sociais. *Revista Direito UFMS*, Campo Grande, MS. v. 4. n. 2, p. 186 – 203, jul./dez. 2018.
35. ALEXY, Robert. *Teoria dos direitos fundamentais*. São Paulo: Malheiros, 2015, p. 249.
36. ALEXY, Robert. *Teoria dos direitos fundamentais*. São Paulo: Malheiros, 2015, p. 249.

mental concedido de forma ampla e que é capaz de *gerar ao titular do direito várias posições jurídicas*, as quais correspondem às relações jurídicas entre os indivíduos ou entre estes e o Estado, e se referem ao direito fundamental em sentido estrito".[37] Já os *direitos fundamentais em sentido estrito* consagrariam essa possibilidade de titularidade de outras posições jurídicas, que decorrem do direito fundamental "completo".

Pode até parecer complexo e de difícil visualização, mas perceba bem: se o direito ao envelhecimento é um direito fundamental e personalíssimo, a partir dele é que se poderá garantir, ao que possui mais de 60 anos, a titularidade de uma série de outras posições jurídicas (direitos fundamentais em sentido estrito), como o direito à prioridade absoluta em questões de saúde, alimentos, educação, cultura e a toda tutela normativa da pessoa idosa, incluindo poder se valer de uma das medidas de proteção dispostas no Estatuto da Pessoa Idosa. Por isso, apenas a partir do direito fundamental completo (direito ao envelhecimento), se garante a fruição de direitos fundamentais em sentido estrito (prioridade absoluta em questões de saúde, por exemplo).

Por isso, pode se afirmar que, para esta teoria, o aumento do critério etário para a consideração de uma pessoa como idosa poderia violar o seu direito fundamental e personalíssimo ao envelhecimento, a caracterizar uma vulneração de um direito fundamental completo/como um todo, o que, no caso, não admite compensação.

Logo, a partir da caracterização de uma pessoa como idosa é que a *tutela normativa da pessoa idosa* lhe será garantida, garantindo-lhe de maneira plena o seu direito ao envelhecimento.

O respeito ao direito fundamental ao envelhecimento, conjugado com a adoção de uma opção política primária pelo Estado – ao consignar que pessoa idosa é aquela com idade igual ou superior a 60 anos – seria condicionante de todos os outros direitos conferidos a ela. Por isso, o critério etário atualmente definido para a caracterização da pessoa idosa seria um direito fundamental completo, enquanto os demais direitos garantidos aos idosos derivariam desse direito fundamental inicial, sendo chamados de direitos fundamentais em sentido estrito.

No ponto, a literatura não admite compensação de um direito fundamental completo, por afetar o seu núcleo e, consequentemente, prejudicar a fruição completa de todos os direitos que lhe são derivados e consectários. Desse modo, devido "à multifuncionalidade, a supressão ou alteração de um direito fundamental social irá recair, em regra, sobre uma ou mais pretensões jurídicas de determinado direito social, pois *a supressão ou alteração de um direito social como um todo é absolutamente vedada pelo ordenamento jurídico*, sendo incompatível com o seu propósito, uma vez que o retrocesso social jamais pode afetar o núcleo de um direito fundamental e a supressão ou alteração de um direito fundamental social certamente iria afetar seu

---

37. REIS JÚNIOR, Almir Santos; FUGITA JUNIOR, Nelson. A compensação exigida para assegurar a efetividade do princípio de proibição de retrocesso social nas alterações ou supressões de direitos sociais. *Revista Direito UFMS*, Campo Grande, MS. v. 4. n. 2, p. 186 – 203, jul./dez. 2018.

núcleo, uma vez que o direito social como um todo seria atingido. Portanto, a partir desse raciocínio, pode-se concluir que a alteração ou supressão de determinado direito social irá sempre recair sobre algumas pretensões jurídicas de um direito fundamental social, ou seja, recairá sempre sobre o direito fundamental em sentido estrito e nunca em sentido amplo".[38]

Por ser o critério cronológico de 60 anos um direito fundamental completo, não se admitiria compensação, a constatar a ocorrência de um retrocesso inconstitucional na ordem jurídica,[39] já que, com base no princípio da proibição do retrocesso, inexistiria um dos requisitos condicionantes para a sua vulneração.

Além do mais, o critério etário estabelecido no art. 1º do EPI se coaduna com instrumentos internacionais, sendo uma opção política tomada pelo Brasil e que deve ser mantida para fins de regulação, segurança e tutela mais ampla da pessoa idosa.

De todo o exposto, duas conclusões podem ser feitas.

A primeira delas refere-se à possibilidade de se ampliar o conceito de pessoa idosa também para aquela biologicamente idosa (abarcando um critério adicional e complementar da idade biológica), admitindo a ampliação da tutela normativa da pessoa idosa para aquelas com idade biológica superior, mas cronológica inferior a 60 anos.

A segunda conclusão, por outro lado, refere-se à impossibilidade, no contexto atual, da alteração do critério cronológico utilizado pelo legislador. Nesse passo, não poderia ele, nesta quadra da história, passar a considerar pessoa idosa aquela com mais de 65 anos (excluindo deste segmento aqueles que possuem de 60 a 65 anos). Principalmente ao se considerar que o Brasil é um país de proporções continentais, além de heterogêneo e extremamente desigual, constata-se que o critério de 60 anos possui maior aptidão (lógica, normativa e social) a tutelar de forma mais adequada pessoas que já se encontram inseridas nesse grupo e que apresentam, sim, vulnerabilidades que demandam uma tutela estatal adequada. Retirar-lhes uma tutela mais protetiva, com foco na população que vive em grandes centros urbanos, especialmente em áreas mais bem estruturadas do Brasil, como o Sul e Sudeste, violaria frontalmente a necessidade de proteção das vulnerabilidades e, ainda, o direito à segurança jurídica de ampla parcela da população.

---

38. REIS JÚNIOR, Almir Santos; FUGITA JUNIOR, Nelson. A compensação exigida para assegurar a efetividade do princípio de proibição de retrocesso social nas alterações ou supressões de direitos sociais. *Revista Direito UFMS*, Campo Grande, MS. v. 4. n. 2, p. 186 – 203, jul./dez. 2018.

39. "José Joaquim Gomes Canotilho (2003, p. 340) entende que, quando por meio de medidas legislativas o núcleo essencial dos direitos sociais já está realizado e efetivado, este deve ser constitucionalmente garantido e qualquer medida que anule, revogue ou aniquile, pura e simplesmente, esse núcleo essencial, sem que outros esquemas alternativos ou compensatórios sejam criados, é inconstitucional." REIS JÚNIOR, Almir Santos; FUGITA JUNIOR, Nelson. A compensação exigida para assegurar a efetividade do princípio de proibição de retrocesso social nas alterações ou supressões de direitos sociais. *Revista Direito UFMS*, Campo Grande, MS. v. 4. n. 2, p. 186 – 203, jul./dez. 2018.

1.4 VELHICE X ENVELHECIMENTO: CONCEITO

Norberto Bobbio era assertivo ao dizer que "a velhice é um tema não acadêmico".[40] No entanto, para além do amplo estudo realizado no campo da *gerontologia*, que estuda o processo de envelhecimento em suas dimensões biológica, psicológica e social, o tema foi trabalhado profundamente pela filósofa Simone de Beauvoir, em seu livro denominado *A velhice*, ao longo do qual ela descreve a velhice como "um fenômeno biológico com reflexos profundos na psique do homem",[41] e, ainda, que "a velhice não é um fato estático; é um resultado e o prolongamento de um processo"[42] em constante mudança.

Ao contrário, então, pode-se afirmar que na contemporaneidade há um forte apelo acadêmico ao estudo da velhice e do envelhecimento, em diversas áreas do saber.

Mas, afinal, os termos velhice e envelhecimento são sinônimos ou existem distinções conceituais relevantes que devem ser pontuadas? A resposta é: existem, sim, distinções.

Afirma-se categoricamente que, embora coligados, os termos *velhice* e *envelhecimento* não se confundem, embora sejam corriqueiramente utilizados como sinônimos.

O *envelhecimento* é um processo inerente à existência humana, e todos necessariamente vivenciam a partir do nascimento. Assim, representa o processo gradual que se desenvolve durante o curso de vida e que implica alterações biológicas, fisiológicas, psicossociais e funcionais de várias consequências, as quais se associam com interações dinâmicas e permanentes entre o sujeito e seu meio, como se extrai da leitura do art. 2º da Convenção Interamericana dos Direitos Humanos da Pessoa Idosa.

Por certo, basta estar vivo para envelhecer, embora a sociedade normalmente atribua algumas características específicas ao envelhecimento, como, por exemplo, a pele com rugas e o cabelo grisalho.

Já a *velhice* pode ser conceituada como *a construção social da última etapa do curso de vida* e se refere ao conjunto de atributos e características que a sociedade impõe às pessoas mais velhas. Não por outro motivo, esta vem sendo considerada como um verdadeiro *valor* por respeitável parcela da literatura.[43]

Para o doutor em psicologia Carlos Mendes Rosa, a velhice "deve ser compreendida em sua totalidade, não apenas na sua vertente biológica, mas também cultural,

---

40. BOBBIO, Norberto. *O tempo da memória de senectude e outros escritos autobiográficos*. Rio de Janeiro: Campus, 1997, p. 17.
41. BEAUVOIR, Simone de. *A velhice*. Rio de Janeiro: Nova Fronteira, 1990, p. 15.
42. BEAUVOIR, Simone de. *A velhice*. Trad. Maria Helena Franco Martins. 2. Ed. Rio de Janeiro: Nova Fronteira, 2018, p. 14.
43. "De maneira a evitar o desencadeamento de instabilidade social, marcada pela suposta incompatibilidade do modo de viver da pessoa idosa com a inexorável marcha evolutiva, tendente à construção de um futuro, no qual a pessoa idosa cada vez menos se enxerga". SOARES, Ricardo Maurício Freire; BARBOSA, Charles Silva. A tutela da dignidade da pessoa idosa no sistema jurídico brasileiro. In: MENDES, Gilmar Ferreira et al. *Manual dos direitos da pessoa idosa*. São Paulo: Saraiva, 2017, p. 27.

exatamente por ter uma dimensão existencial que modifica a relação da pessoa com o tempo, o mundo e com sua própria história".[44]

Nesta correlação entre as noções de envelhecimento e velhice, Frank Schirrmacher alerta que "o envelhecimento é, aos olhos da sociedade, caro e improdutivo, mas mesmo assim fazemos de tudo para poder continuar envelhecendo mais tempo ainda. O envelhecimento é o problema futuro do mundo inteiro".[45]

Para além de ser um problema futuro, ousa-se mencionar que se trata de um problema presente, que demanda uma série de medidas afirmativas por parte do Estado e da sociedade.

Por isso, é indispensável que se repense a forma pela qual se constrói socialmente a velhice, bem como as características e atributos que a ela se agregam. E essa tarefa deve incluir todos os grupos etários sociais, alterando-se essa percepção nefasta por parte de crianças, adolescentes, adultos e, até mesmo, de idosos. Todos esses grupos precisam dissociar tais conceitos estereotipados, bem como o medo e a rejeição do envelhecimento (alguns chegam a ter *gerascofobia*, isto é, o medo irracional e incontrolável de envelhecer). Afinal, toda conduta humana é baseada em exterioridade e interioridade, isto é, em como ela se apresenta diante de terceiros e em como ela se assume para si.

Levando em consideração tal fator circular, onde a conduta perpetrada pela sociedade acaba influenciando a forma pela qual o próprio idoso consegue se identificar, Simone de Beauvoir ensina que a "sociedade destina ao velho seu lugar e seu papel levando em conta sua idiossincrasia individual: sua impotência, sua experiência; reciprocamente, o indivíduo é condicionado pela atitude prática e ideológica da sociedade em relação a ele. Não basta, portanto, descrever de maneira analítica os diversos aspectos da velhice: cada um deles reage sobre todos os outros e é afetado por eles; é no movimento indefinido desta circularidade que é preciso apreendê-la".[46]

Nessa sonda, visando eliminar preconceitos e produzir conhecimento sobre temáticas concernentes ao envelhecimento, o legislador incluiu, dentro da Política Nacional do Idoso, a competência dos órgãos e entidades públicas na área de educação, a inserir nos currículos mínimos, nos diversos níveis do ensino formal, conteúdos voltados para o processo de envelhecimento. Tal política deve, ainda, desenvolver programas educativos, especialmente nos meios de comunicação, a fim de informar a população sobre o processo de envelhecimento (art. 10, III, "b" e "d", Lei 8.842/94).

Na mesma perspectiva, o Estatuto da Pessoa Idosa também prevê que a garantia de prioridade integral do idoso deve compreender o estabelecimento de mecanismos que favoreçam a divulgação de informações de caráter educativo sobre os aspectos biopsi-

---

44. ROSA, Carlos Mendes; VILHENA, Junia de. *O silenciamento da velhice*: apagamento social e processos de subjetivação. Disponível em: http://pepsic.bvsalud.org/pdf/rs/v16n2/01.pdf. Acesso em: 19 jan. 2023.
45. SCHIRRMACHER, Frank. *A revolução dos idosos*. Rio de Janeiro: Elsevier, 2005, p. 113.
46. BEAUVOIR, Simone de. *A velhice*. Trad. Maria Helena Franco Martins. 2. ed. Rio de Janeiro: Nova Fronteira, 2018, p. 13.

cossociais do envelhecimento (art. 3º, §1º, VII). Além disso, nos currículos mínimos dos diversos níveis de ensino formal serão inseridas, para além de conteúdos voltados ao processo de envelhecimento, informações sobre o respeito e valorização do idoso e sobre as formas de eliminar o preconceito (art. 22, EPI).

Tal questão já foi objeto até mesmo de compromisso internacional na Carta de São José sobre Direito das Pessoas Idosas da América Latina e do Caribe, onde os Estados devem se empenhar a desenvolver políticas públicas e programas destinados a aumentar a consciência sobre os direitos dos idosos, promovendo um tratamento digno e respeitoso e desenhando uma imagem positiva e realista do envelhecimento (item 6, "e").

Por isso, em relação à velhice, Frank Schirrmacher arremata que "devemos desaprender o que nossa cultura e nossa biologia nos inculcaram sobre o envelhecimento. Para usar uma frase trivial, elas não têm mais razão. Acabou o predomínio incontestado da juventude sobre a velhice".[47]

Diante desse cenário, contudo, se os estereótipos e preconceitos permeiam essa construção social e conceitual de velhice, políticas públicas precisam ser tomadas para aplacar tamanha disparidade com o cenário ideal, onde a longevidade cria, efetivamente, maiores oportunidades a todos.

1.5 ETARISMO (AGEÍSMO, VELHICISMO, IDADISMO)

O etarismo, também denominado como ageísmo,[48] velhicismo ou idadismo, reflete o preconceito e a discriminação com base na idade e "surge quando a idade é usada para categorizar e dividir as pessoas de maneiras que levam a danos, desvantagens e injustiças e corroem a solidariedade entre gerações".[49]

Como bem elucida Gisela Castro, "o envelhecimento é um processo complexo e contraditório que acompanha a todos, sem exceção, ao longo de toda a vida. Trata-se de uma experiência multifacetada, plural, influenciada por fatores como gênero, estado civil, nível socioeconômico, condições de saúde, estilo de vida e outros. Para além de suas determinações cronológicas e biológicas, a velhice é uma construção sociocultural e o idadismo, preconceito baseado na idade, é altamente disseminado em nossas culturas".[50]

---

47. SCHIRRMACHER, Frank. *A revolução dos idosos*. Rio de Janeiro: Elsevier, 2005, p. 174.
48. Quanto ao termo *ageísmo*, trata-se de um anglicismo decorrente da palavra *ageism*.
49. Traduzido livremente pela autora. "Ageism arises when age is used to categorize and divide people in ways that lead to harm, disadvantage and injustice and erode solidarity across generations. World Health Organization. (2021). Global report on ageism: executive summary. Disponível em: https://apps.who.int/iris/handle/10665/340205. Acesso em: 19 jan. 2023.
50. CASTRO, Gisela *O idadismo como viés cultural*: refletindo sobre a produção de sentidos para a velhice em nossos dias. Disponível em: https://www.scielo.br/j/gal/a/3qwDcNNRVnPyRYWzyXmyQkH/?format=pdf&lang=pt#:~:text=Muitas%20vezes%20acionado%20no%20inconsciente,rela%C3%A7%C3%B5es%20entre%20velhice%20e%20subjetividade. Acesso em: 19 jan. 2023.

O debate acerca do etarismo caminha ao lado do conceito de velhice. Como visto, velhice significa a construção social da última etapa da vida (nos moldes formulados pela Convenção Interamericana dos Direitos Humanos da Pessoa Idosa), e a ela estão impregnadas uma série de características negativas e estereotipadas, com noções corriqueiramente associadas a doença, incapacidade, dependência, solidão, perda de habilidades, improdutividade, dentre outras.

Da mesma forma que o racismo, o sexismo e o capacitismo, o etarismo reflete uma outra forma de opressão social: aquela baseada na idade. No entanto, socialmente, o etarismo não adquire o mesmo nível de importância dos outros "ismos", e, por isso, torna-se ainda mais perigoso (a demonstrar o quanto o etarismo é endêmico e insidioso).[51] Ele existe, mas muitos nem sabem que um nome é destinado ao ato de discriminar com base na idade.

É certo que o etarismo não existe apenas quando se estiver diante de pessoas idosas, sendo corriqueira a divulgação de informações sobre discriminação com base na idade de pessoas que não são juridicamente ainda catalogadas como idosas. Um exemplo demonstra claramente tal afirmação. Em 2023, em Bauru-São Paulo, uma mulher universitária de 45 anos de idade sofreu etarismo de outras alunas mais jovens da instituição, que, em um vídeo que circulou a internet, tinham a narrativa debochada de que aquele espaço universitário não tinha espaço para a mulher de 45 anos. Simplesmente pela idade. Provavelmente você, leitor(a), deve se lembrar desta notícia.[52] E perceba bem: mesmo que ela ainda não tivesse idade igual ou superior a 60 anos, ainda assim existiu etarismo.

Para o gerontologista americano Erdman Palmore, o preconceito e a discriminação também repercutem em aspectos distintos. O preconceito contra idosos pode ser dividido em estereótipos negativos (uma crença errada ou exagerada a respeito de grupos, neste caso, de pessoas idosas) e atitudes negativas (sentimentos negativos sobre este grupo). E, nesse passo, "estereótipos negativos geralmente produzem atitudes negativas e atitudes negativas sustentam estereótipos negativos".[53] E o preconceito pode resultar em discriminação, podendo ocorrer dentro das maiores instituições da nossa sociedade, o que inclui a família.[54]

---

51. Traduzido livremente pela autora. "*Sex and race, along with many other divisions within society such as class and disability, are issues relating to – but not determining – our experience of ageism. The belief that other dimensions are more important than age is a peculiarly clear indication of just how endemic and insidious ageism is. It is the kind of absurd value judgement that we are all inclined to make when we think of age as just another variable*". BYTHEWAY, Bill. *Ageism*. Great Britain: Open University Press, 1995, p. 10.
52. Disponível em: https://revistamarieclaire.globo.com/retratos/noticia/2023/03/aluna-de-45-anos-que-sofreu-etarismo-na-faculdade-nao-desistirei-quero-fazer-mestrado-e-doutorado.ghtml. Acesso em: 22 out. 2024.
53. Traduzido livremente pela autora. "*prejudice against elders can be divided into negative stereotypes and negative attitudes. Stereotypes are mistaken or exaggerated beliefs about a group, in this case the elderly. Negative attitudes are negative feelings about a group. Stereotypes are more cognitive, and attitudes are more affective, although both tend to go together. Negative stereotypes usually produce negative attitudes and negative attitudes support negative stereotypes*". PALMORE. Erdman B. *Ageism*: negative and positive. New York: Springer Publishing Company, 1999, p. 19.
54. Traduzido livremente pela autora. "*Negative discrimination: if people kept their negative prejudices to themselves, no harm would come from them. Unfortunately, prejudice usually results in discrimination. Discrimination against elders occurs in five major institutions in our society: employment, government agencies, family, housing,*

Parcela da literatura aponta que existem duas categorias de etarismo: a de motivação pessoal e a de motivação institucional. Para outros, também existe uma instância societal no etarismo. Nesses moldes, revela-se, então, na "instância individual, através da evitação de idosos, da negação da velhice e de atitudes e estereótipos negativos. Na instância institucional, envolve maus tratos em asilos ou hospitais, discriminação no campo profissional, vieses em políticas públicas etc. Na instância societal, é observado através de linguagem, de normas sociais e da segregação baseadas na idade".[55]

Na visão de Fran Winandy, contudo, tais categorias parecem ser consequência uma da outra, "diferindo apenas em sua manifestação, pois o etarismo começa no nível individual e só ocorre no nível institucional porque instituições são feitas de pessoas".[56]

Ademais, a referida autora descreve como *etarismo benevolente* os gestos corriqueiros e que se manifestam através da infantilização ou de um tratamento supostamente cordial, mas que no fundo incentivam uma pessoa a "encobrir sua real idade, como se fosse algo vergonhoso".[57] A autora o exemplifica como "usar expressões no diminutivo ao dirigir-se a pessoas idosas" ou "quando se pergunta a idade de uma pessoa e se comenta que ela 'está ótima para a idade', ou que 'não aparenta a idade que tem'".[58] Ela arremata mencionando que "o etarismo benevolente, assim como qualquer tipo de crença benevolente que pode ser aplicada a outras minorias, traz significados superficialmente positivos, mas mantém as pessoas em uma posição de inferioridade e é tão prejudicial quanto o preconceito hostil. No caso dos idosos, ele é uma das grandes causas da depressão".[59]

Ensina, ainda, sobre o *etarismo cultural*, "já que a cultura é a abstração de um fenômeno dinâmico que nos cerca, moldada pelo comportamento das pessoas. Alguns estudos demonstram que somos expostos a narrativas negativas com relação ao envelhecimento desde pequenos, associando a velhice a perdas e morte".[60]

O etarismo faz com que a própria sociedade possa vir a perpetrar múltiplas violências contra a pessoa idosa, seja sob o viés individual, social ou institucional.

Em 2021, a Organização Mundial de Saúde, por meio de uma Campanha Global para o Combate do etarismo, elaborou um relatório global com importantes informações sobre o tema. Neste documento, constatou-se que o etarismo refere-se aos estereótipos (como pensamos), preconceito (como nos sentimos) e discriminação (como agimos) direcionados às pessoas com base em sua idade. Ademais, em muitos casos, ele se cruza

---

    and health care". PALMORE. Erdman Ballagh. *Ageism*: negative and positive. New York: Springer Publishing Company, 1999, p. 31.
55. VIEIRA, Rodrigo de Sena e Silva. *Idadismo*: a influência de subtipos nas atitudes sobre os idosos. Disponível em: https://repositorio.ufba.br/bitstream/ri/28506/3/Tese_Vieira_JAN19.pdf. Acesso em: 19 jan. 2023.
56. WINANDY, Fran. *Etarismo*: um novo nome para um velho preconceito. Divinópolis-MG: Adelante, 2021, p. 58.
57. WINANDY, Fran. *Etarismo*: um novo nome para um velho preconceito. Divinópolis-MG: Adelante, 2021, p. 57.
58. WINANDY, Fran. *Etarismo*: um novo nome para um velho preconceito. Divinópolis-MG: Adelante, 2021, p. 57.
59. WINANDY, Fran. *Etarismo*: um novo nome para um velho preconceito. Divinópolis-MG: Adelante, 2021, p. 57.
60. WINANDY, Fran. *Etarismo*: um novo nome para um velho preconceito. Divinópolis-MG: Adelante, 2021, p. 58.

com outras formas de estereótipo, preconceito e discriminação, tais como o capacitismo, sexismo e racismo, fazendo com que a situação seja ainda mais desvantajosa para aquele sujeito, em razão da coexistência de múltiplas vulnerabilidades.

Nessa ótica, é de suma importância a análise das múltiplas vulnerabilidades dos sujeitos, visando, com isso, atribuir uma mais ampla e adequada garantia de direitos. Afinal, o etarismo pode ser fonte de discriminações e, consequentemente, de violências contra a pessoa idosa, que é merecedora de uma especial proteção estatal. Em uma análise comparativa, estatísticas demonstram que a mulher idosa sofre violências do que os homens.[61] Tal fato pode ser coligado com a ideia de que "a mulher se torna socialmente mais velha muito cedo, bem antes do homem"[62] e que "a velhice é um fenômeno predominantemente feminino".[63]

Por fim, ressalta-se que a Convenção Interamericana dos Direitos Humanos da Pessoa Idosa estabelece que os "Estados Partes adotarão medidas para que o idoso tenha a oportunidade de participar ativa e produtivamente na comunidade e possa desenvolver suas capacidades e potencialidades. Para tanto: a) criarão e fortalecerão mecanismos de participação e inclusão social do idoso em um ambiente de igualdade que *permita erradicar os preconceitos e estereótipos que obstaculizam o pleno desfrute desses direitos*" (art. 8º).

1.5.1 Etarismo e seus reflexos na inteligência artificial

Em 2022, Organização Mundial de Saúde, por meio de sua Campanha Global de combate ao idadismo, elaborou relatório a respeito de como a inteligência artificial impacta na perpetuação do etarismo, principalmente com o foco na saúde (*"Ageism in artificial intelligence for health"*).[64]

Se em 2022 havia tal preocupação, ela foi ainda mais reforçada nos anos seguintes, especialmente constatando-se que 2024 foi um ano de intensa democratização de diversas inteligências artificiais, especialmente o ChatGPT. Sites de busca, tal como o Google, incorporaram definitivamente a inteligência artificial em suas respostas. Campanhas e publicidades já são inteiramente construídas com inteligência artificial, e é certo que elas podem reforçar a exclusão social ou a manutenção de estereótipos discriminatórios. Protótipos de robôs inteligentes que executam tarefas complexas já são divulgados para venda ao público nos próximos anos. E isso é só o início.

---

61. Informação disponível em: https://www.tjdft.jus.br/institucional/imprensa/noticias/2020/junho/violencia--contra-idosos-2013-mulheres-sao-as-maiores-vitimas-e-filhos-os-principais-agressores. Acesso 10 out. 2022.
62. Disponível em: https://revistamarieclaire.globo.com/idade-sem-tabu/noticia/2020/10/vivemos-numa-sociedade-jovencentrica-diz-gisela-castro-especialista-em-longevidade.html. Acesso em: 19 jan. 2023.
63. Disponível em: https://revistamarieclaire.globo.com/idade-sem-tabu/noticia/2020/10/vivemos-numa-sociedade-jovencentrica-diz-gisela-castro-especialista-em-longevidade.html. Acesso em: 19 jan. 2023.
64. Disponível em: https://www.who.int/publications/i/item/9789240040793. Acesso em: 19 jan. 2023.

Trata-se de temática de extrema relevância na contemporaneidade, principalmente diante da constatação, por alguns estudos, que o Vale do Silício (local situado na Baía de São Francisco-Califórnia, EUA, que abriga as principais *startups* e empresas globais de tecnologia) é um dos lugares mais etaristas da América.[65] Para se ter uma ideia, a idade média de um trabalhador americano é de 42 anos de idade. Já nas grandes empresas de tecnologia, a faixa etária é de 30 anos (no Facebook, é 29; no Google, 29; na Apple, 31; na Amazon, 33, de acordo com relatórios de empregados elaborados pelas próprias empresas, em 2016).[66] Por certo, tal preocupação perpassa também por outras formas socialmente construídas de preconceito e discriminação, como o sexismo.

Especificamente no estudo da inteligência artificial, o etarismo seria identificado a partir da perpetuação de preconceitos e estereótipos transmitidos pelos seus criadores, aos quais se identificam como um grupo etário e social bastante específico (em sua maioria, homens na faixa de 30 anos de idade). Nesse cenário subjetivamente homogêneo, os algoritmos de sistemas de inteligência artificial seriam impactados, facilitando uma verdadeira manutenção do pensamento social a respeito da pessoa idosa e do envelhecimento.

A questão se complica um pouco mais quando se verifica que os softwares e dispositivos tecnológicos que se voltam às necessidades de idosos, relacionados ao que se denomina de *gerontotecnologia*, também perpassam por tal dilema.

Assim, "a codificação de estereótipos, preconceitos ou discriminação na tecnologia de inteligência artificial ou sua manifestação em seu uso pode prejudicar, por exemplo, a qualidade dos cuidados de saúde para idosos, reduzir o envolvimento intergeracional ou limitar o uso benéfico de tecnologias de IA para idosos devido a preconceitos, suposições muitas vezes equivocadas de como as pessoas mais velhas desejam viver ou interagir com a tecnologia em suas vidas diárias".[67] Atualmente, diante da facilidade na criação de imagens por inteligência artificial, o etarismo pode estar ali presente, inviabilizando o seu uso por pessoas idosas ou reforçando o estereótipo físico de parcela dessa população, sem considerar que se trata de um grupo heterogêneo e muito complexo.

Não se pode esquecer, ainda, que o incremento da *gerontotecnologia*, propiciando o atendimento e monitoramento remoto de pacientes, pode acarretar uma redução do contato entre a pessoa idosa e cuidadores, inibindo os tão importantes contatos intergeracionais.

---

65. Disponível em: https://www.usatoday.com/story/tech/columnist/2016/09/15/silicon-valleys-not-so-secret--bias-ageism/90120616/. Acesso em 31 mar. 2022.
66. Informação disponível em: https://www.usatoday.com/story/tech/columnist/2017/08/04/ageism-forcing--many-look-outside-silicon-valley-but-tech-hubs-offer-little-respite/479468001/. Acesso em: 19 jan. 2023.
67. Traduzido livremente pela autora. "*Encoding of stereotypes, prejudice, or discrimination in AI technology or their manifestation in its use could undermine, for example, the quality of health care for older people, reduce intergenerational engagement or limit the beneficial use of AI Technologies for older people because of preconceived, often flawed assumptions of how older people wish to live or Interact with technology in their daily lives*". Ageism in artificial intelligence for health: WHO policy brief. Geneva: World Health Organization; 2022.

Pensa-se, ainda, que tal lógica também poderia refletir na desigualdade no acesso aos meios digitais, acarretando maior exclusão digital de pessoas idosas, tema estudado em capítulo específico deste livro (abandono digital de idosos).

Como conclusão, o relatório elaborado pela Organização Mundial de Saúde anuncia oito considerações para maximizar o benefício das tecnologias para pessoas idosas, evitando, com isso, o etarismo. São elas: a) design participativo de tecnologias de IA por e com idosos; b) equipes de *data-science* (ciência de dados) com diversas idades; c) coleta de dados com inclusão de idade; d) investimentos em infraestrutura digital e alfabetização digital para idosos e seus profissionais de saúde e cuidadores; e) direitos dos idosos de consentir e contestar; e) estruturas e regulamentos de governança para empoderar e trabalhar com pessoas idosas; f) aumentar as pesquisas; g) processos éticos robustos na construção de inteligência artificial.[68]

1.5.2 *Shareting* de pessoas idosas (*shareting* inverso)

Da combinação entre as palavras inglesas *share* (compartilhar) e *parenting* (parentalidade), o *shareting* reflete o excessivo compartilhamento virtual de informações da vida dos filhos por parte dos pais, tratando-se de um fenômeno que se popularizou e que tem gerado inúmeros debates, seja por seus aspectos sociais ou jurídicos.

Tal fenômeno foi potencializado pelo largo alcance das redes sociais, que adquire relevância para além da mera comunicação e formação/manutenção de laços entre pessoas próximas. A partir do desenvolvimento de novas profissões bastante populares e rentáveis, como a de influenciador digital, bem como pela possibilidade de "viralizar", monetizando fatos, fotos e vídeos pessoais, é comum a exposição virtual de pessoas, inclusive em aspectos relacionados à sua intimidade e de sua família.[69]

Para além do *shareting*, a exposição virtual por ato próprio é denominada pela literatura como *extimidade*, que "pode ser sintetizada como a revelação voluntária de si em ambientes de sociabilidade ou perante terceiros, como nas redes sociais"[70] e, ainda, "concretiza-se, então, como a exposição voluntária de dados da intimidade ou da identidade pessoal. Esta definição é um reducionismo de um fenômeno mais complexo e popularizado pelo psicanalista francês Serge Tisseron. [...] Em razão do fenômeno da extimidade ser um elemento característico das redes sociais, com efeitos concretos na vida do usuário, na atualidade já se debate um direito à extimidade".[71]

---

68. *Ageism in artificial intelligence for health*: WHO policy brief. Geneva: World Health Organization; 2022.
69. Estudo realizado pela *Morning Consult* demonstra que 86% das pessoas das gerações Z e Millennials gostariam de postar conteúdos em redes sociais por dinheiro. Mais informações: https://www.cnbc.com/2019/11/08/study-young-people-want-to-be-paid-influencers.html. Acesso em: 19 jan. 2023.
70. BOLESINA, Iuri; FACCIN, Talita de Moura. *A responsabilidade civil por shareting*. Disponível em: https://revista.defensoria.rs.def.br/defensoria/article/download/285/264/531. Acesso em: 19 jan. 2023.
71. BOLESINA, Iuri; FACCIN, Talita de Moura. A responsabilidade civil por *shareting*. Disponível em: https://revista.defensoria.rs.def.br/defensoria/article/download/285/264/531. Acesso em: 19 jan. 2023.

Com isso, a exposição da intimidade, hoje, encontra-se bastante difundida no seio social, seja por uma manifestação da extimidade ou do *shareting*. Reflexos jurídicos tais como o abandono digital e a responsabilidade civil entram em cena na análise destas figuras.

Embora o estudo do *shareting* seja comumente associado aos direitos das crianças e dos adolescentes, parece que também poderia ser vislumbrado sob a perspectiva invertida, isto é, de pessoas idosas, hipótese em que os descendentes compartilhariam excessivamente informações de seus ascendentes em redes sociais.

Afinal, é bastante comum o compartilhamento, pelos filhos ou netos, imersos no mundo digital, de ideias, comportamentos e valores dos seus ascendentes (pais, avós ou até bisavós), inclusive em situações íntimas ou vexatórias. Talvez, até mesmo sem o consentimento daquela pessoa. A situação se potencializa ainda mais quando se constata que, por vezes, as pessoas idosas retratadas já possuem um déficit cognitivo em razão de alguma demência, situação em que àquela exposição poderia estar fora do seu quadro de discernimento.

No ponto, nada mais adequado do que compreender a pessoa idosa como sujeito de direito e a ela reconhecer e respeitar a sua privacidade, além do respeito à sua autonomia.

Deve-se levar em consideração o que Stéfano Rodotà[72] ensina a respeito da nova faceta da privacidade na contemporaneidade. Esta se fundaria "em duas lógicas: (i) que a privacidade protege pessoas e não lugares; (ii) que a privacidade é um gênero de múltiplas espécies e funções que vão da proteção ao direito de ser deixado só até o poder de controle e fruição informacional dos dados pessoais. Não por outro motivo, Rodotà concluiu que a privacidade contemporânea, em suma, presta-se à proteção da liberdade das escolhas existenciais, isto é, no caso da internet, no poder de decidir quais informações serão expostas e como, quando e onde serão reveladas".[73]

Como conclusão, a exposição indevida ou excessiva da imagem de uma pessoa idosa pode violar os seus direitos, devendo ser respeitado o seu direito à privacidade, sendo indispensável o seu consentimento naquela exposição, sob pena, até mesmo, de responsabilização civil daquele que violar os seus direitos, em moldes semelhantes ao que se define para o *shareting* de crianças e adolescentes.

1.6 DO ENVELHECIMENTO ATIVO E SAUDÁVEL

Em relação ao envelhecimento, também se deve fazer uma importante ponderação. Hoje, não basta apenas envelhecer. Deve-se privilegiar o denominado envelhecimento

---

72. RODOTÀ, Stefano. *A vida na sociedade da vigilância*: a privacidade hoje. Trad. Danilo Doneda e Luciana Cabral Doneda. Rio de Janeiro: Renovar, 2008, p. 92-93.
73. BOLESINA, Iuri; FACCIN, Talita de Moura. *A responsabilidade civil por shareting*. Disponível em: https://revista.defensoria.rs.def.br/defensoria/article/download/285/264/531. Acesso em: 19 jan. 2023.

ativo e saudável, termo adotado pela Organização Mundial de Saúde no final dos anos 90 e seguido pelos mais diversos ordenamentos jurídicos a partir de então.[74]

Embora o nome possa iludir, refletindo o contexto trivial de que a pessoa deve ter o corpo e a mente ativos e saudáveis, a pretensão do termo é bem mais gananciosa. Envelhecimento ativo e saudável refletiria na ampliação de oportunidades, em todas as searas da vida da pessoa. Isso significa que todos (frise-se: todos) os seus direitos devem ser potencializados ao máximo, com vias a garantir a sua real e efetiva fruição. Não por outro motivo, o Estatuto da Pessoa Idosa fixa que o envelhecimento é um direito personalíssimo e a sua proteção um direito social, nos termos da legislação vigente (art. 8º, EPI).

O vocábulo "ativo" advém da necessidade de que essas pessoas continuem participando de maneira plena em "questões sociais, econômicas, culturais, espirituais e civis, e não somente à capacidade de estar fisicamente ativo ou de fazer parte da força de trabalho".[75] Tal percepção se coliga com o princípio da participação, que visa à integração da pessoa idosa na sociedade para que ela atue ativamente na formulação e na implementação de políticas que afetem diretamente seu bem-estar, bem como para que transmita aos mais jovens conhecimentos e habilidades.[76] Já o adjetivo saudável decorre da palavra saúde, referindo-se ao bem-estar físico, mental e social da pessoa idosa, no cenário familiar e comunitário.

Pode-se dizer, ainda, que o envelhecimento ativo e saudável "é o processo de promover e manter a capacidade funcional que permite o bem-estar na velhice. A capacidade funcional é ter os atributos que permitem que todas as pessoas sejam e façam o que é importante para elas".[77] Na feliz colocação prevista do boletim da Organização Pan-Americana da Saúde, seria uma vertente da promoção de "adicionar vida aos anos".

Em maio de 2020, a Organização Mundial de Saúde declarou os anos de 2021-2030 como a Década para um Envelhecimento Saudável e esta iniciativa consiste em "dez anos de colaboração concertada, catalítica e sustentada. Os idosos estarão no centro do plano, que reunirá governos, sociedade civil, agências internacionais, profissionais, academia, mídia e o setor privado para melhorar a vida dos idosos, de suas famílias e comunidades".[78] São quatro as principais áreas de ação para esta iniciativa, que são: a)

---

74. World Health Organization. *Envelhecimento ativo*: uma política de saúde. Trad. Suzana Gontijo. Brasília: Organização Pan-Americana da Saúde, 2005, p. 14.
75. World Health Organization. *Envelhecimento ativo*: uma política de saúde. Trad. Suzana Gontijo. Brasília: Organização Pan-Americana da Saúde, 2005, p. 13.
76. Princípios das Nações Unidas para o Idoso. Resolução 46/91, Aprovada na Assembleia Geral das Nações Unidas em 16/12/1991.
77. Informação disponível em: https://www.paho.org/pt/decada-do-envelhecimento-saudavel-nas-americas--2021-2030#:~:text=Esta%20iniciativa%20global%20consistir%C3%A1%20de,de%20suas%20fam%C3%A-Dlias%20e%20comunidades. Acesso em: 19 jan. 2023.
78. Informação disponível em: https://www.paho.org/pt/decada-do-envelhecimento-saudavel-nas-americas--2021-2030#:~:text=Esta%20iniciativa%20global%20consistir%C3%A1%20de,de%20suas%20fam%C3%A-Dlias%20e%20comunidades. Acesso em: 19 jan. 2023.

mudar a forma como pensamos, sentimos e agimos com relação à idade e ao envelhecimento; b) garantir que as comunidades promovam as capacidades das pessoas idosas; c) entregar serviços de cuidados integrados e de atenção primária à saúde centrados na pessoa e adequados à pessoa idosa; d) propiciar o acesso a cuidados de longo prazo às pessoas idosas que necessitem.[79]

O envelhecimento ativo e saudável pode extrair suas bases normativas da própria previsão constitucional, que determina que a família, a sociedade e o Estado têm o dever de amparar as pessoas idosas, assegurando sua participação na comunidade, defendendo sua dignidade e bem-estar e garantindo-lhes o direito à vida (art. 230, CR/88).

De maneira mais específica, a Convenção Interamericana dos Direitos Humanos dos Idosos trouxe um conceito a respeito do que vem a ser o envelhecimento ativo e saudável. Trata-se do processo pelo qual se *otimizam as oportunidades:* a) de bem-estar físico, mental e social; b) de participar em atividades sociais, econômicas, culturais, espirituais e cívicas; b) de contar com proteção, segurança e atenção, com o objetivo de ampliar a esperança de vida saudável e a qualidade de vida de todos os indivíduos na velhice, e; d) de lhes permitir, assim, seguir contribuindo ativamente para suas famílias, amigos, comunidades e nações.

Em arremate, o artigo 2º da normativa ainda acentua que o conceito de envelhecimento ativo e saudável se aplica tanto a indivíduos como a grupos de população.

No cenário de otimização de oportunidades, a tônica é a *autonomia* e a *independência*, que devem guiar as manifestações do direito ao envelhecimento ativo e saudável.

Por ser desse modo, ao idoso competirá o acesso e fruição de direitos fundamentais e sociais de curto, médio e longo prazo. Aquela perspectiva eivada de preconceitos, de que a pessoa idosa não precisava se preocupar com planos de longo prazo (pelo fato de que já estava no fim de sua vida), deve ser extirpada em definitivo da mente do intérprete.

É o caso, por exemplo, do direito à educação, inclusive ao nível superior, que precisa ser apropriadamente ofertado também à pessoa idosa. Aliás, através da Lei 13.535/2017, passou-se a determinar que as instituições de educação superior ofertassem às pessoas idosas, na perspectiva da educação ao longo da vida, cursos e programas de extensão, presenciais ou à distância, constituídos por atividades formais e não formais (art. 25, EPI).

Visando fixar premissas mais objetivas a esse direito ao envelhecimento ativo e saudável, o Decreto 9.921/2019, regulamentou a "Estratégia Amigo da Pessoa Idosa", com o objetivo de incentivar as comunidades e as cidades a promoverem ações destinadas ao envelhecimento ativo, saudável, sustentável e cidadão da população, principalmente das pessoas mais vulneráveis (art. 21).

---

79. Informação disponível em: https://www.paho.org/pt/decada-do-envelhecimento-saudavel-nas-americas--2021-2030#:~:text=Esta%20iniciativa%20global%20consistir%C3%A1%20de,de%20suas%20fam%C3%ADlias%20e%20comunidades. Acesso em: 19 jan. 2023.

Para tal instrumento normativo, o envelhecimento ativo seria o processo de melhoria das condições de saúde, da participação e da segurança, de modo a melhorar a qualidade de vida durante o envelhecimento. Já o envelhecimento saudável se definiria como o processo de desenvolvimento e manutenção da capacidade funcional que permita o bem-estar da pessoa idosa (art. 23, I e II, Decreto 9.921/2019).

Além disso, o Decreto inovou em mais três conceituações, o que inclui: a) *envelhecimento cidadão*: aquele em que há o exercício de direitos civis, políticos e sociais; b) *envelhecimento sustentável*: aquele que garante o bem-estar da pessoa idosa em relação a direitos, renda, saúde, atividades, respeito, e em relação à sociedade, nos aspectos de produção, de convivência intergeracional e de harmonia, com o amplo conceito de desenvolvimento econômico (art. 23, III e IV, Decreto 9.921/2019).

Por fim, o Decreto detalha que comunidade e cidade amigas das pessoas idosas seriam aquelas que estimulam o envelhecimento ativo ao propiciar oportunidades para a melhoria da saúde, da participação e da segurança, de forma a melhorar a qualidade de vida da pessoa idosa durante o processo de envelhecimento (art. 23, V, Decreto 9.921/2019).

Tal estratégia tem como diretrizes o protagonismo da pessoa idosa, e, ainda: a) o foco na população idosa, prioritariamente aquela inscrita no Cadastro Único para Programas Sociais do Governo Federal – CadÚnico, de que trata o Decreto 6.135, de 26 de junho de 2007; b) a orientação por políticas públicas destinadas ao envelhecimento populacional e à efetivação da Política Nacional da Pessoa Idosa, de que trata a Lei 8.842/1994, e do Estatuto da Pessoa Idosa, instituído pela Lei 10.741/2003; c) o fortalecimento dos serviços públicos destinados à pessoa idosa, no âmbito das políticas de assistência social, de saúde, de desenvolvimento urbano, de direitos humanos, de educação e de comunicação; e d) a intersetorialidade e a interinstitucionalidade, por meio da atuação conjunta de órgãos e entidades públicas e privadas, conselhos nacional, estaduais, distrital e municipais de direitos da pessoa idosa e organismos internacionais na abordagem do envelhecimento e da pessoa idosa (art. 22, Decreto 9.921/2019).

Por fim, salienta-se que o Decreto 10.133/2019 instituiu o "Programa Viver – Envelhecimento Ativo e Saudável", no âmbito do Poder Executivo Federal (que deve ser implementado de maneira descentralizada pelos demais entes federativos).[80] Este Programa tem por objetivos proporcionar a *inclusão digital e social*, para possibilitar a participação do idoso em atividades de *saúde, tecnologia digital, educação, e a mobilidade física*, com a melhoria da sua qualidade de vida e contribuir para a promoção do direito ao envelhecimento ativo e saudável, por meio das diretrizes dispostas na Lei 10.741, de 1º de outubro de 2003 – Estatuto da Pessoa Idosa e na Lei 8.842, de 4 de janeiro de 1994 (art. 2º).

---

80. Conforme redação dada pelo Decreto 10.816, de 2021.

1.7 A PESSOA IDOSA E OS REFLEXOS GERACIONAIS: IDOSOS DO PRESENTE E IDOSOS DO FUTURO

Tem-se evidenciado, ao redor de todo o mundo, um crescimento sem precedentes da expectativa de vida da população. No contexto brasileiro, a Organização Mundial de Saúde aponta que seremos o sexto país com o maior número de idosos no ano de 2025, perspectiva que não deve ser impactada nem mesmo com a pandemia da Covid-19, já que, nesse período, estatísticas indicam que o número de nascimentos continuaram em declínio no Brasil e no mundo.[81] Essa maior longevidade tem ocasionado uma série de mudanças sociais, seja em aspectos familiares, consumeristas, trabalhistas, previdenciários e, de um modo geral, nos relacionamentos interpessoais e comportamentais.

Certamente, a velhice de amanhã não será a mesma de hoje, já que as pessoas idosas de amanhã levarão consigo uma gama de valores, símbolos e estilos de vida que foram impregnados no consciente ou subconsciente ao longo do seu desenvolvimento como ser humano. Cada geração irá envelhecer ao seu modo, portanto. Por isso, Simone de Beauvoir já dizia que "a velhice não é um fato estático",[82] estando conectada "à ideia de mudança".[83]

Para além do fenômeno cultural, os aspectos geracionais interferem de maneira substancial no comportamento humano, inclusive com o advento da velhice, pelo espelhamento de todos os valores agregados durante sua vida.

Conceitualmente, geração "representa a posição e atuação do indivíduo em seu grupo de idade e/ou de socialização no tempo. Daí o sentido dinâmico ou instável e plural que essa condição, de saída, representa".[84] Em termos práticos, há a categorização dessas gerações através das características relacionadas ao período de nascimento das pessoas e, a elas, a literatura confere as nomenclaturas de geração silenciosa, *babyboomers*, X, Y, Z e alfa.[85]

Na atual quadra da história, já podemos aferir mudanças sociais que se referem ao envelhecimento das pessoas da geração denominada de silenciosa (nascidas antes de 1943) e, ainda, dos *babyboomers* (nascidas no pós-guerra, entre 1943 a 1964). Esta última nomenclatura deriva "do impacto que exerceu sobre o mundo o grande número

---

81. Disponível em: https://www.bbc.com/portuguese/internacional-56446275 e https://www.weforum.org/agenda/2021/06/birthrates-declining-global-fertility-decline-empty-planet-covid-19-urbanization-migration-population/. Acesso em: 19 jan. 2023.
82. BEAUVOIR, Simone de. *A velhice*. Trad. Maria Helena Franco Martins. 2. ed. Rio de Janeiro: Nova Fronteira, 2018, p. 14.
83. BEAUVOIR, Simone de. *A velhice*. Trad. Maria Helena Franco Martins. 2. ed. Rio de Janeiro: Nova Fronteira, 2018, p. 14.
84. MOTTA, Alda Britto da. A atualidade do conceito de gerações na pesquisa sobre o envelhecimento. *Revista Sociedade e Estado*. v. 25, n. 2. Maio/Agosto 2010. Disponível em: http://www.scielo.br/scielo.php?script=sci_arttext&pid=S0102-69922010000200005. Acesso em: 19 jan. 2023.
85. JORDÃO, Matheus Hoffmann. *A mudança de comportamento das gerações X, Y, Z e Alfa e suas implicações*. Disponível em: http://www.gradadm.ifsc.usp.br/dados/20162/SLC0631-1/geracoes%20xyz.pdf. Acesso em: 19 jan. 2023.

de crianças paridas durante aqueles anos, no que foi comparado a uma explosão demográfica em que a natureza pareceu recompor as populações dizimadas pelo conflito".[86]

Não é demais dizer que a era dos *babyboomers* é aquela que liderou a emancipação feminina, o direito ao sufrágio universal, o surgimento das principais leis de divórcio ao redor do mundo, a ascensão da igualdade entre gêneros, a maior inserção da mulher no mercado de trabalho etc. Por isso, os componentes desse grupo presenciaram e foram personagens centrais nessa *cultura da emancipação* que nos conferiu a liberdade evidenciada nos dias de hoje. Seguramente, pode-se afirmar que as mudanças ocasionadas na segunda metade do século XX trouxeram mudanças de relevo em diversas searas, inclusive nas formas de se relacionar e formar uma família. Por isso, "as pessoas idosas de hoje, escreve o biólogo Tom Kirkwood, 'são a vanguarda de uma incrível revolução de nossa longevidade, elas estão anunciando uma transformação de toda a estrutura social e fazendo com que a vida e a morte apareçam sob uma nova luz".[87]

As gerações mais novas também devem ser recordadas, já que elas são compostas de pessoas que serão as idosas do futuro e que irão "desenvolver seus próprios rituais, ideias e prioridades. Serão diferentes dos idosos que conhecemos hoje".[88]

Isso faz com que seja imprescindível uma remodelação da forma de se encarar o envelhecimento por toda a sociedade – independentemente da idade –, sendo essencial que políticas públicas sejam tomadas visando a alteração do corriqueiro estereótipo negativo que é atrelado a este processo, com uma construção social que favoreça amplamente o exercício de direitos, seja dos atuais ou dos futuros idosos.

Por isso, se engana quem continua acreditando que o contemporâneo direito dos idosos apenas diz respeito aos que já se encontram enquadrados nesta categoria. Muito pelo contrário! Como já deve ter ficado claro até aqui, o direito é fruto da cultura, sendo essencial uma construção social que garanta a plenitude dos direitos a qualquer um que porventura venha a se enquadrar nesse grupo, tornando-se necessário "conscientizar as novas gerações para a realidade de que eles serão mais longevos e, portanto, é preciso prepará-los para este novo cenário e seus desdobramentos".[89]

Por isso, Frank Schirrmacher traz um alerta aos mais jovens ao sustentar que "temos que nos mobilizar enquanto ainda tivermos forças e autoconfiança".[90]

Fala-se, assim, que o contemporâneo direito dos idosos reflete a garantia de direitos dos atuais idosos, mas, igualmente a construção do direito dos futuros idosos, para que se amolde aos anseios e necessidades daquela geração que, daqui a pouco, também será idosa.

---

86. REIS, Léa Maria Aarão. *Novos velhos*: viver e envelhecer bem. Rio de Janeiro: Record, 2011, p. 10.
87. SCHIRRMACHER, Frank. *A revolução dos idosos*. Rio de Janeiro: Elsevier, 2005, p. 16.
88. SCHIRRMACHER, Frank. *A revolução dos idosos*. Rio de Janeiro: Elsevier, 2005, p. 22.
89. ARAÚJO, Cintia Rejane Moller de (Coord.). *Viabilizando a participação da pessoa idosa nas políticas públicas*: Conselho Estadual do Idoso de São Paulo e Conselho Municipal do Idoso de São Paulo. 2016. Disponível em: https://www.unifesp.br/campus/osa2/images/PDF/Viabilizando%20participa%C3%A7%C3%A3o%20 pessoa%20idosa%20nas%20pol%C3%ADticas%20p%C3%BAblicas.pdf. Acesso em: 19 jan. 2023.
90. SCHIRRMACHER, Frank. *A revolução dos idosos*. Rio de Janeiro: Elsevier, 2005, p. 4.

É por isso que a garantia de prioridade absoluta na preservação de seus direitos compreende também a viabilização de formas alternativas de participação, ocupação e convívio do idoso com as demais gerações (art. 3º, §1º, IV, EPI). A mesma diretriz também compõe a Política Nacional do Idoso, que prevê, ainda, que haja sua participação na formulação, implementação e avaliação das políticas, planos, programas e projetos a serem desenvolvidos (art. 4º, I e II, Lei 8.842/94).

Parece bem claro que a troca de experiências entre gerações é uma via de mão dupla. Os idosos devem exercer o seu direito à participação, para que haja a transmissão de conhecimentos e vivências às demais gerações, no sentido da preservação da memória e da identidade culturais (art. 21, §2º, EPI). Em contrapartida, os mais jovens devem ser conscientizados sobre os processos de envelhecimento, para que respeitem os mais velhos e ainda contribuam para a formação de políticas que representem as necessidades vindouras das próximas gerações na construção de um direito dos idosos consentâneo com as novas realidades.

Além disso, na atualidade, é bastante provável que uma pessoa tenha uma longa vida, de modo a ser essencial o conhecimento a respeito de instrumentos de autodeterminação para o seu próprio futuro. Isto significa que pessoas ainda não categorizadas como idosas podem vir a precisar do auxílio de um especialista em direito dos idosos para que lhes sejam ofertados os mais variados instrumentos disponíveis para tal finalidade (como, por exemplo, através de diretivas antecipadas de vontade, autocuratela, entre outros). Indubitavelmente, em um contexto de revolução da longevidade, a autodeterminação é palavra-chave tanto para a atual geração de idosos quanto para as vindouras.

1.8 UM SEGMENTO HETEROGÊNEO: "OS VELHOS VELHOS" E OS "NOVOS VELHOS"

Como resultado das mudanças geracionais que acarretaram reflexos na forma de se envelhecer, afirma-se que segmento social que compreende as pessoas idosas é extremamente complexo e heterogêneo. Não é necessário grande esforço de raciocínio para se perceber que as necessidades de um indivíduo na faixa dos 60 anos de idade podem não se equiparar às dos que possuem mais de 90 anos, por exemplo.

Mas, a questão geracional trouxe outros influxos, para além das eventuais necessidades físicas, biológicas e psicológicas desse segmento, perpassando também por aspectos comportamentais, principalmente quando se estuda de perto a geração dos *babyboomers*. Essas pessoas "foram os jovens dos anos 1970, instauradores do que parecia uma revolução cujos símbolos foram o *rock'n'roll*, o movimento hippie, as agitações e o *chienlit* de 1968, as drogas e a liberdade sexual",[91] e, certamente, todos esses influxos

---

91. REIS, Léa Maria Aarão. *Novos velhos*: viver e envelhecer bem. Rio de Janeiro: Record, 2011, p. 11.

também afetam a forma de se envelhecer. Assim, "aqueles jovens que haviam decretado o surgimento do Poder Jovem e da Jovem Guarda finalmente envelheceram".[92]

A autora Léa Maria Aarão Reis, em sua obra *Novos velhos: viver e envelhecer bem*, cunhou nomenclatura a um fato que já vinha sendo evidenciado a partir dos mencionados efeitos geracionais. É o que ela chama de "*novos velhos*", termo que se contrapõe aos "*velhos velhos*". Os primeiros refletem a parcela dos idosos que estão completamente integrados na sociedade, na tecnologia, e em tudo que representa o acompanhamento do avanço social e tecnológico. Eles estão plenamente inseridos no seio social, em equivalência com os demais sujeitos. Já os "velhos velhos" carregam consigo a *estigma dos antigos*, de maneira a estarem alijados da sociedade e dos meios tecnológicos que moldam o comportamento social da atualidade. Seriam aqueles que, na visão de Simone de Beauvoir, ao citar Aristóteles, "vivem mais da lembrança do que da esperança".[93]

No que tange aos "novos velhos", a literatura aponta uma arguta observação. É que, da mesma forma que as subculturas jovens se transformam em modelos padronizados de cultura de massa e, com isso, são destinatários de produtos e serviços específicos que atendam aos seus anseios, inclusive com maior facilidade de manipulação publicitária, tal situação também passa a ocorrer com esses "novos velhos". O idoso como produto no mercado de consumo vai muito além da publicidade atrelada ao anseio de querer se parecer mais jovem, vindo a fomentar a denominada "adultescência"[94] (do inglês *adultescent*), que consiste na utilização de roupas, prática de atividades e manifestações de interesses tipicamente associados às culturas jovens. Vai além também dos produtos tidos historicamente como voltados aos idosos (como os geriátricos e farmacológicos, por exemplo). Hoje, os grandes segmentos econômicos entendem o poder da assim chamada "economia prateada", também denominada de economia da longevidade (*silver economy* ou *silver marketing*), que "não é um novo setor da economia, mas sim uma ampla gama de produtos e serviços relacionados à idade em muitos setores existentes, incluindo TICs, serviços financeiros, habitação, transportes, energia, turismo, cultura, infraestrutura e serviços locais, bem como cuidados de longa duração".[95]

Por apresentar nuances em vários segmentos, muitos chegam a chamar este mercado de "transversal".

Lado outro, na tentativa de utilização de tal segmento como um produto, alguns movimentos tentam suavizar as nomenclaturas existentes para a ele se referir, surgindo, com isso, expressões como *melhor idade*, *terceira* ou *quarta idade*, *anciãos*, entre outras, que buscam atenuar os estereótipos impregnados na construção social do termo velhice. Essa é a opinião da doutrina especializada, ao apontar que, quando tais termos são

---

92. REIS, Léa Maria Aarão. *Novos velhos*: viver e envelhecer bem. Rio de Janeiro: Record, 2011, p. 11.
93. BEAUVOIR, Simone. *A velhice*. 2. ed. Rio de Janeiro: Nova Fronteira, 2018, p. 379.
94. O termo foi utilizado em 1998 pela Folha de São Paulo. Disponível em: https://www1.folha.uol.com.br/fsp/mais/fs20099804.htm. Acesso em: 19 jan. 2023.
95. FÉLIX, Jorge. *Economia da longevidade*: o envelhecimento populacional muito além da previdência. São Paulo: Editora 106, 2019, p. 165.

empregados em associação à "fase da velhice como a chamada melhor idade, voltam-se para uma infantilização do envelhecimento, porquanto direcionam suas ações apenas para a recreação de pessoas velhas, como se a vida fosse um eterno lazer".[96]

Além disso, Norberto Bobbio, ao escrever a obra "*O tempo da memória de senectude e outros autobiográficos*", aos 87 anos de idade, realiza ácida crítica ao apontar que esse viés mercadológico da velhice, se "apresenta, sobretudo, através das mensagens televisivas, com uma forma disfarçada e aliás excelentíssima de *captatio benevolentiae* dirigida aos eventuais novos consumidores",[97] e, ainda, que

> Nessas mensagens, não o velho, mas o ancião, termo neutro, aparece bem apessoado, sorridente, feliz de estar no mundo, porque pode enfim desfrutar de um tônico particular fortificante, ou de férias particularmente atraentes. E assim também ele se transforma em um celebradíssimo membro da sociedade de consumo, trazendo consigo novas demandas de mercadorias, bem-vindo colaborador da ampliação do mercado. Em uma sociedade onde tudo pode ser comprado e vendido, onde tudo tem um preço, *também a velhice pode transformar-se em uma mercadoria como todas as outras*. Basta olhar ao redor, dar uma espiada nas casas de repouso e nos hospitais, ou nos pequenos apartamentos pobres que têm um velho em casa para cuidar e tratar continuamente porque não pode ser deixado sozinho nem por um instante, para perceber quanto é falsa a representação não interessada, mas interessada aduladora, do "velho é lindo". Fórmula banal, adaptada à sociedade de consumo, que substituiu o elogio do velho virtuoso e sábio.[98]

É possível que essas denominações acarretem reflexos na construção comportamental dos sujeitos e na forma pela qual eles enxergam o próprio envelhecimento.

No contexto jurídico, todos aqueles que possuem mais de 60 anos de idade são titulares dos direitos fundamentais especificamente destinados a este segmento, devendo ocorrer a adequada regulamentação de todos aqueles que se insiram dentro desta categoria, independentemente de serem "novos velhos" ou "velhos velhos".

Mesmo assim, parece certo que as individualidades, peculiaridades e vulnerabilidades específicas devem sempre ser ponderadas por aqueles que aplicam a lei em cada caso concreto. Afinal, tanto os "novos velhos" quanto os "velhos velhos" são considerados sujeitos vulneráveis (já que demandam uma tutela estatal específica), mas, cada um deve ser tutelado à sua maneira, uns mais do que outros, já que não se pode esquecer da existência de múltiplas vulnerabilidades que acometem determinados sujeitos. Uns são mais frágeis, o que também deve ser levado em consideração pelo aplicador da lei.

Embora a idade não seja uma causalidade necessária de incapacidade, eventualmente, as situações podem ser concomitantes. Assim, além de idoso, poderia ele também ser incapaz e, sobre o tema, Nelson Rosenvald esclarece que "o idoso não é indivíduo incapaz, porém compõe um grupo vulnerável"[99] e que a "incapacidade é um estado

---

96. RAMOS, Paulo Roberto Barbosa. *Curso de direito do idoso*. São Paulo: Saraiva, 2014, p. 39.
97. BOBBIO, Norberto. *O tempo da memória de senectude e outros escritos autobiográficos*. Rio de Janeiro: Campus, 1997, p. 26.
98. BOBBIO, Norberto. *O tempo da memória de senectude e outros escritos autobiográficos*. Rio de Janeiro: Campus, 1997, p. 26.
99. ROSENVALD, Nelson. A guarda de fato de idosos. In: BARLETTA, Fabiana Rodrigues; ALMEIDA, Vitor. *A tutela jurídica da pessoa idosa*. Indaiatuba-SP: Foco, 2020, p. 120-121.

da pessoa que presume a sua vulnerabilidade, mas a recíproca não é válida. Os idosos, por suas peculiaridades, possuem uma gradação de vulnerabilidade acentuada, uma vulnerabilidade potencializada, na acepção de Claudia Lima Marques, por se encontrar em situação fática que se manifesta em vários aspectos de sua vida".[100]

A correlação entre idosidade e vulnerabilidade parece se conformar à seguinte proposição: quando enxergada como um segmento social, a idosidade presume a vulnerabilidade, mas, quando vista como característica de um indivíduo específico, deve-se sempre garantir a autonomia. A diferenciação entre as figuras é essencial, pois a vulnerabilidade pode induzir o intérprete para uma perspectiva de limitação da autonomia, em prol da sua proteção. Entretanto, a autonomia das pessoas idosas deve sempre ser garantida (inclusive de pessoas idosas e incapazes, em questões existenciais, nos moldes do artigo 85, §1º, do Estatuto da Pessoa com Deficiência). Isso gera importantes repercussões no campo material e processual, como, por exemplo, no caso da legitimidade exclusiva da pessoa idosa para postular pelo direito à prioridade de tramitação processual,[101] que parece estar no campo da sua autonomia e disposição.

Por isso, é essencial que existam políticas públicas adequadas e que abranjam todo o segmento social dos idosos, já que "os atuais aspectos sociais, econômicos e políticos exigem a criação de políticas públicas inovadoras diante da crescente longevidade das populações".[102]

1.9 NOMENCLATURAS: TERCEIRA IDADE, ANCIÃO, MELHOR IDADE, IDOSO E PESSOA IDOSA

Alguns termos costumam ser utilizados como substitutos da palavra *velho*, que indubitavelmente "ganhou conotação negativa e passou a ser considerada politicamente incorreta, por estar associada à ideia de coisa inútil ou imprestável",[103] sendo "um termo mais depreciativo, se visto na sua pura conotação unívoca, na consequente perda de sentidos e vigor".[104]

Por isso, embora o termo *velhice* seja tecnicamente utilizado para representar a construção social da última etapa do curso da vida (art. 2º da Convenção Interamericana dos Direitos Humanos da Pessoa Idosa – CIDHPI), a expressão *velho* é reputada pejorativa e deve ser evitada pelo estudioso e/ou profissional do direito.[105]

---

100. ROSENVALD, Nelson. A guarda de fato de idosos. In: BARLETTA, Fabiana Rodrigues; ALMEIDA, Vitor. *A tutela jurídica da pessoa idosa*. Indaiatuba-SP: Foco, 2020, p. 120-121.
101. STJ, RMS n. 65.747/SP, Rel. Min. Assusete Magalhães, 2T, DJe de 08.04.2021.
102. REIS, Léa Maria Aarão. *Novos velhos*: viver e envelhecer bem. Rio de Janeiro: Record, 2011, p. 28.
103. BRAGA, Pérola Melissa Vianna. *Curso de direito do idoso*. São Paulo: Atlas, 2011, p. 3.
104. EFING, Antônio Carlos (Org). *Direitos dos idosos*: tutela jurídica do idoso no Brasil. São Paulo: LTr, 2014, p. 25.
105. Pérola Melissa Vianna Braga sustenta que "uma vez detectada a qualificação ofensiva de uma palavra, deve ela ser abandonada pelo técnico". BRAGA, Pérola Melissa Vianna. *Curso de direito do idoso*. São Paulo: Atlas, 2011, p. 3.

Surgiram, com isso, outros termos. É o caso da Constituição de Portugal de 1976, que se utiliza da expressão "terceira idade" no capítulo que regulamenta os direitos da pessoa idosa (art. 72). Esse termo foi cunhado pelo gerontologista francês Jean-Auguste Huet para se referir ao "último estágio da existência humana",[106] mas, para Paulo Roberto Barbosa Ramos, sua base científica busca "negar a velhice na sua complexidade, absorvendo, tão somente, os setores privilegiados da população envelhecida",[107] já que se correlaciona com uma "fase de vida ativa e bem vivida",[108] excluindo aqueles que não se encontram gozando de plena saúde física e mental ou independência financeira.[109]

Diante desses entendimentos, parece que a expressão "terceira idade" não é preconceituosa, mas ela pode não se mostrar adequada para lidar com toda a complexidade inerente a este grupo social. A partir desse termo, surge ainda a alcunhada "quarta idade", englobando aquelas pessoas com mais de 80 anos.[110]

Outra expressão bastante comum é a denominada "melhor idade", que, embora não carregue consigo estigmas tão negativos, pode se mostrar inapropriada em um viés objetivo, por refletir uma distorção de aspectos inerentes ao processo de envelhecimento. É o que sustenta a doutrina, ao identificar que "a fase do envelhecimento como a fase de ouro da existência humana aponta para uma distorção, já que a maioria dos velhos apresenta problemas de saúde que não possuíam nas suas fases anteriores, ao mesmo tempo que se tornam mais frágeis, mais vulneráveis aos obstáculos da vida. Essa expressão parece insuficiente para dar conta da velhice, uma vez que visualiza essa etapa da existência apenas como fase de satisfação e de felicidade, o que não corresponde à realidade da grande maioria da população envelhecida, formada por pessoas nas mais diversas situações de vida".[111]

Contudo, pondera-se que, apesar do processo de envelhecimento implicar alterações biológicas, fisiológicas, psicossociais e funcionais de várias consequências (aspecto objetivo), ele não afeta, necessariamente, a jovialidade que uma pessoa, independentemente da idade, pode ter (aspecto subjetivo). Isso significa que o termo "melhor idade" possui correlação com o que Norberto Bobbio denomina de velhice psicológica ou subjetiva, onde o indivíduo se sente jovial, ainda que cronologicamente ou biologicamente não o seja.[112] Assim, uma pessoa idosa pode se sentir jovial e vivendo

---

106. RAMOS, Paulo Roberto Barbosa. *Curso de direito do idoso*. São Paulo: Saraiva, 2014, p. 38.
107. RAMOS, Paulo Roberto Barbosa. *Curso de direito do idoso*. São Paulo: Saraiva, 2014, p. 38.
108. RAMOS, Paulo Roberto Barbosa. *Curso de direito do idoso*. São Paulo: Saraiva, 2014, p. 38.
109. "Trata-se de categoria nova, cuja criação leva em consideração, pelo menos, três elementos: não se poder ver os velhos e os aposentados como setores desprivilegiados da sociedade; a forma como as aposentadorias são estruturadas hoje e o fato de a população de aposentados ser constituída por um contingente cada vez mais jovem; a ideia da expansão do capital até áreas ainda não mercantilizadas, como a natureza e o corpo". RAMOS, Paulo Roberto Barbosa. *Curso de direito do idoso*. São Paulo: Saraiva, 2014, p. 38.
110. PAPALÉO NETO, Matheus; KITADAI, Fábio Takashi. *A quarta idade*: o desafio da longevidade. São Paulo: Editora Atheneu, 2015.
111. RAMOS, Paulo Roberto Barbosa. *Curso de direito do idoso*. São Paulo: Saraiva, 2014, p. 39.
112. BOBBIO, Norberto. *O tempo da memória de senectude e outros escritos autobiográficos*. Rio de Janeiro: Campus, 1997, p. 18.

no seu melhor momento, afinal, juventude não se confunde com jovialidade. A primeira reflete "uma fase da vida pela qual todos passam, enquanto a jovialidade é um estado que pode perpassar todas as fases da vida, desde que se tenha presente a predisposição para a alegria".[113]

Diante desse cenário de subjetividade, a "'melhor idade' não diz respeito a todos e mesmo que muitas pessoas se descubram com maiores conquistas nessa fase da vida isso não isenta ninguém de se deparar com as mudanças decorrentes da idade, quaisquer que elas sejam".[114]

Nessa tentativa de suavizar o processo de envelhecimento, surge, ainda, o termo *ageless*, para se referir aos "sem idade", com pessoas plenamente inseridas no contexto social, tecnológico e produtivo, por exemplo. Muito se assemelha ao conceito conferido aos "*novos velhos*". Mas é de se questionar: dissociar uma pessoa da idade é mesmo o melhor caminho? É melhor que ela seja "sem idade" ou, por outro lado, que haja a construção social mais adequada e antenada com os novos tempos e às novas formas de envelhecer?

Seja como for, uma outra expressão aparece neste cenário: os *perennials*, um neologismo que busca trazer à tona aquelas pessoas que buscam vivenciar experiências de todas as gerações, não se limitando às características geracionais da sua faixa etária. Trata-se de expressão disseminada a partir de 2016 e que contempla pessoas de diversas idades que "buscam a aprendizagem e o contato com pessoas de faixas etárias diferentes. Não por um motivo específico, mas porque elas simplesmente não se importam com a idade das pessoas ao seu redor".[115] Mais uma vez, a idade das pessoas é irrelevante.

Na perspectiva de trazer um novo olhar a este segmento social, a Lei 14.423, de 2022, exerceu um importantíssimo papel. Esta Lei alterou a nomenclatura legal utilizada, modificando todo o texto da Lei 10.741/03, que agora passa a ser denominada de Estatuto da Pessoa Idosa (em substituição ao anterior Estatuto do Idoso), substituindo a palavra "idoso" para a composição "pessoa idosa".

Pode parecer pouco, mas, como se sabe, as expressões importam muito! Afinal, esta mudança reflete uma tentativa de desestigmatização deste segmento social, pois a alteração da nomenclatura pode desencadear em uma mudança na cultura como um todo, o que é de extremo valor para a necessária nova construção social desta última etapa da vida (conforme a concepção de velhice descrita pela Convenção Interamericana dos Direitos Humanos da Pessoa Idosa). Além disso, esta alteração também se atenta para uma realidade predominantemente feminina e reforça, ainda, toda a gama de pessoas inseridas neste grupo, para também incluir a população LBTQIA+.

---

113. PENALVA, Germano; PEREIRA, Claudia. "Mulher-madonna" e outras mulheres: um estudo antropológico sobre a juventude aos 50 anos. In: GOLDBERG, Mirian (Org.). *Corpo, envelhecimento e felicidade*. Rio de Janeiro: Civilização Brasileira, 2011, p. 138.
114. BARBIERI, Natália Alves. *Velhice*: melhor idade? O mundo da saúde, São Paulo. Disponível em: http://www.saocamilo-sp.br/pdf/mundo_saude/90/17.pdf. Acesso em: 19 jan. 2023.
115. Disponível em: https://www.gupy.io/blog/profissionais-perennials. Acesso em: 19 jan. 2023.

Principalmente a partir da Lei 14.423, de 2022, o ideal, portanto, é que seja utilizado o vocábulo pessoa idosa,[116] termo que, a partir da sua adesão pela Organização Mundial da Saúde em 1957,[117] recebeu forte aceitação nos mais variados ordenamentos jurídicos, como o Brasil, bem como em instrumentos internacionais, como é o caso da Convenção Interamericana dos Direitos Humanos da Pessoa Idosa.

---

116. A Constituição do Peru de 1993 estabelece o termo espanhol "*anciano*", que pode ser traduzido como ancião, ou também idoso (Cap. II, art. 4).
117. RAMOS, Paulo Roberto Barbosa. *Curso de direito do idoso*. São Paulo: Saraiva, 2014, p. 39.

2
A TUTELA NORMATIVA DA PESSOA IDOSA: DIREITOS PARA ALÉM DO ESTATUTO DA PESSOA IDOSA

2.1 EVOLUÇÃO HISTÓRICA DOS DIREITOS DA PESSOA IDOSA

2.1.1 No cenário nacional

A promulgação Constituição da República de 1988 é, sem sombra de dúvida, o marco da redemocratização e do estabelecimento de um Estado Constitucional de Direito, cuja principal característica é a subordinação das demais leis e atos normativos do ordenamento jurídico à Constituição. Esse modelo constitucional, que se desenvolveu "a partir do término da Segunda Guerra Mundial e se aprofunda no último quarto do século XX",[1] foi inaugurado com o retorno da democracia em nosso país.

Por assim ser, a Constituição da República de 1988 trouxe uma série de direitos e garantias fundamentais, pautando-se nesse novo paradigma mundial do pós-guerra.

É justamente nesse aspecto que o direito dos idosos passa a merecer uma tutela mais detida e apropriada por parte do Estado. A Constituição da República de 1988 trouxe, de forma inovadora, disposições específicas a respeito deste segmento social, ao assentar que "a família, a sociedade e o Estado têm o dever de amparar as pessoas idosas, assegurando sua participação na comunidade, defendendo sua dignidade e bem-estar e garantindo-lhes o direito à vida" (art. 230, CR/88). Estabeleceu, ainda, que os "programas de amparo aos idosos serão executados preferencialmente em seus lares" e que "aos maiores de sessenta e cinco anos é garantida a gratuidade dos transportes coletivos urbanos" (art. 230, § 1º e § 2º, CR/88). No tocante à responsabilidade da família, fixou os princípios da reciprocidade e da solidariedade, ao apresentar "que os pais têm o dever de assistir, criar e educar os filhos menores, e os filhos maiores têm o dever de ajudar e amparar os pais na velhice, carência ou enfermidade" (art. 229, CR/88).

Mas, como dito, nem sempre foi assim.

---
1. BARROSO, Luís Roberto. *Curso de Direito Constitucional*. São Paulo, Saraiva, 2015, p. 279.

As Constituições de 1934,[2] 1937,[3] 1946[4] e 1967[5] se utilizaram do termo "velhice" apenas para se referir a um dos riscos sociais que viabilizavam a incidência de normas de natureza previdenciária/assistencial, o que não deixa de ser curioso, pois bem se sabe que a expressão "risco social" corresponde a "*adversidades* da vida a que qualquer pessoa está submetida, como o risco de doença ou acidente",[6] garantindo-lhe algum benefício previdenciário.

De fato, a expressão "risco social" não se mostra adequada, pois engloba situações que não são consideradas infortúnios, como a maternidade. A idade avançada, ou a "velhice", nos moldes citados pelas referidas Constituições, não pode ser considerada um infortúnio, já que, de acordo com o Dicionário Michaelis, esta palavra representa um "acontecimento ou fato infeliz; adversidade, desgraça, desventura, infelicidade, revés; má fortuna". Envelhecer não pode ser, de modo algum, avaliado como um infortúnio, muito pelo contrário, já que a morte prematura é que poderia assim ser considerada.

Por isso, parcela da doutrina critica o termo risco social, "sugerindo adotar-se o termo *necessidade social*",[7] enquanto "Paul Durand afirma que o qualificativo de risco pode ser utilizado também para acontecimentos venturosos".[8]

Por outro lado, nenhuma referência aos idosos (ou à velhice) foi feita nas Constituições de 1824 e 1891, o que pode se justificar pela ausência de um sistema de previdência social como nos moldes posteriormente criados, já que apenas no ano de 1923 houve a edição da denominada Lei Eloy Chaves (Decreto Legislativo 4.682/23), que ficou "conhecida como o marco inicial da previdência social".[9]

Trazendo um panorama mais largo, Paulo Roberto Ramos esclarece que, muito "embora somente recentemente o envelhecimento no Brasil tenha se tornado efetiva-

---

2. CF 1934, Art. 121. A lei promoverá o amparo da produção e estabelecerá as condições do trabalho, na cidade e nos campos, tendo em vista a proteção social do trabalhador e os interesses econômicos do País. § 1º A legislação do trabalho observará os seguintes preceitos, além de outros que colimem melhorar as condições do trabalhador: h) assistência médica e sanitária ao trabalhador e à gestante, assegurando a esta descanso antes e depois do parto, sem prejuízo do salário e do emprego, e instituição de previdência, mediante contribuição igual da União, do empregador e do empregado, *a favor da velhice*, da invalidez, da maternidade e nos casos de acidentes de trabalho ou de morte.
3. CR 1937, Art. 137. A legislação do trabalho observará, além de outros, os seguintes preceitos: m) a instituição de seguros de velhice, de invalidez, de vida e para os casos de acidentes do trabalho. Posteriormente suspenso pelo Decreto 10.358, de 1942.
4. CF 1946, Art. 157. A legislação do trabalho e a da previdência social obedecerão nos seguintes preceitos, além de outros que visem a melhoria da condição dos trabalhadores: XVI – previdência, mediante contribuição da União, do empregador e do empregado, em favor da maternidade e contra as consequências da doença, da *velhice*, da invalidez e da morte.
5. CF 1967, Art. 158. A Constituição assegura aos trabalhadores os seguintes direitos, além de outros que, nos termos da lei, visem à melhoria, de sua condição social: XVI – previdência social, mediante contribuição da União, do empregador e do empregado, para seguro-desemprego, proteção da maternidade e, nos casos de doença, velhice, invalidez e morte.
6. IBRAHIM, Fábio Zambitte. *Curso de direito previdenciário*. Niterói: Impetus, 2015, p. 28.
7. IBRAHIM, Fábio Zambitte. *Curso de direito previdenciário*. Niterói: Impetus, 2015, p. 28.
8. IBRAHIM, Fábio Zambitte. *Curso de direito previdenciário*. Niterói: Impetus, 2015, p. 28.
9. IBRAHIM, Fábio Zambitte. Curso de direito previdenciário. Niterói: Impetus, 2015, p. 57.

mente uma questão pública relevante, percebida por meio da promulgação e vigência, nos últimos anos, da Constituição da República Federativa do Brasil de 1988, da Política Nacional do Idoso (Lei Federal 8.842/94), do Decreto n. 1.948, que regulamentou referida lei e o qual foi assinado pelo Presidente da República por ocasião do I Seminário Internacional Envelhecimento Populacional, realizado no Brasil, na cidade de Brasília, e, especialmente, do Estatuto do idoso (Lei n. 10.741/2003), muitos estudiosos, ansiosos por remotos precedentes históricos, veem na edição da Lei Eloy Chaves em 1923, surgida como resposta a diversas lutas operárias, o momento em que a velhice no Brasil passou a ser encarada como questão social. Se a preocupação é a busca dessas informações longínquas, antes mesmo da Lei Eloy Chaves havia a casa dos inválidos, destinada apenas a militares que lutaram em defesa da colônia portuguesa. Ademais, ainda no II Império, havia legislação que protegia especificamente os velhos pertencentes ao funcionalismo público (militares e civis). O Estado se organizava para si mesmo e deixava às famílias e às ordens religiosas a assistência aos mendicantes e velhos".[10]

Isso deixa bem claro que inexistia uma tutela adequada da pessoa idosa.

Tudo mudou de figura com a entrada em vigor da Constituição da República de 1988, que trouxe um novo paradigma na proteção dos direitos da pessoa idosa e, a partir de então, normas de natureza infraconstitucional densificaram de maneira mais detalhada os direitos previstos por ela.

Na análise normativa do tema, duas são as leis principais: a Lei 8.842, do ano de 1994, que criou a Política Nacional do Idoso, e a Lei 10.741, do ano de 2003, que foi denominada de Estatuto da Pessoa Idosa.

Traçado este panorama, o estudo pode avançar para que seja conhecido o panorama internacional.

2.1.2 No cenário internacional

Ainda no cenário do pós-guerra, houve a aprovação da Declaração Universal dos Direitos Humanos em 1948. Para esse instrumento, "todas as pessoas nascem livres e iguais em dignidade e direitos" (art. 1º)[11] e, qualquer pessoa, independentemente da idade, teria a "capacidade para gozar os direitos e as liberdades estabelecidas nesta Declaração" (art. 2º),[12] já que há a vedação de distinção por qualquer condição.

Entretanto, da mesma forma que as Constituições brasileiras anteriores à atual, a Declaração utilizou-se do termo "velhice" como um dos riscos sociais para fins de

---
10. RAMOS, Paulo Roberto Barbosa. *Curso de direito do idoso*. São Paulo: Saraiva, 2014, p. 48.
11. Art. 1º Todas as pessoas nascem livres e iguais em dignidade e direitos. São dotadas de razão e consciência e devem agir em relação umas às outras com espírito de fraternidade.
12. Art. 2º Toda pessoa tem capacidade para gozar os direitos e as liberdades estabelecidas nesta Declaração, sem distinção de qualquer espécie, seja de raça, cor, sexo, língua, religião, opinião política ou de outra natureza, origem nacional ou social, riqueza, nascimento, ou qualquer outra condição.

manutenção de um certo padrão de vida após um período predefinido em lei como aquele que deveria ser destinado ao trabalho.[13]

Aliás, convém mencionar que a própria expectativa de vida na época de aprovação da Declaração Universal dos Direitos Humanos era bastante baixa. Para se ter uma ideia, a expectativa de vida no Brasil, em 1945 era de 42,3 anos, tendo aumentado para 50,1 anos na década de 1950. Analisando todo o continente americano, o que inclui os Estados Unidos da América, a média de vida era 59,3 anos no ano de 1950.[14]

Tudo isso talvez permita afirmar que, diante de uma baixa expectativa de vida populacional, a tutela dos direitos das pessoas idosas sequer era uma demanda social necessária. Estatisticamente, as pessoas costumavam morrer antes de completar 60 anos de idade.

O mesmo padrão se seguiu no Pacto Internacional dos Direitos Civis e Políticos de 1966, onde houve a reafirmação da garantia genérica de que todos os sujeitos possuem direitos,[15] firmando-se "a cláusula da proibição da discriminação para o exercício dos direitos humanos".[16]

A partir de então, as pessoas têm vivido cada vez mais, evidenciando-se uma rápida transição demográfica através dos anos. Diante disso, a temática passou a ser discutida no âmbito internacional, e, a partir da Resolução 3.137, de 1973, a Assembleia Geral da ONU constatou e se atentou para a necessidade de proteção dos direitos dos idosos.[17]

Na Carta Africana dos Direitos Humanos e dos Povos (Carta de Banjul), aprovada em janeiro de 1981, há expressa disposição no sentido de que "as pessoas idosas ou incapacitadas têm igualmente direito a medidas específicas de proteção que correspondem às suas necessidades físicas ou morais" (art. 18, 4.).

Em 1982, na I Conferência Internacional sobre Envelhecimento das Nações Unidas houve a elaboração do Plano de Ação Internacional de Viena sobre Envelhecimento (Resolução 37/51).[18] Nele, constatou-se que a questão do envelhecimento era um fato social novo, e que "até recentemente, embora alguns indivíduos alcançassem

---

13. Art. 25, § 1º Toda pessoa tem direito a um padrão de vida capaz de assegurar a si e a sua família saúde e bem-estar, inclusive alimentação, vestuário, habitação, cuidados médicos e os serviços sociais indispensáveis, e direito à segurança em caso de desemprego, doença, invalidez, viuvez, velhice ou outros casos de perda dos meios de subsistência em circunstâncias fora de seu controle.
14. Dados obtidos no https://ourworldindata.org/life-expectancy. Acesso em: 19 jan. 2023.
15. Art. 2º. 1. Os Estados Partes do presente pacto comprometem-se a respeitar e garantir a todos os indivíduos que se achem em seu território e que estejam sujeitos a sua jurisdição os direitos reconhecidos no presente Pacto, sem discriminação alguma por motivo de raça, cor, sexo, língua, religião, opinião política ou de outra natureza, origem nacional ou social, situação econômica, nascimento ou qualquer condição.
16. MENDES, Gilmar Ferreira et al. *Manual dos direitos da pessoa idosa*. São Paulo: Saraiva, 2017, p. 128.
17. PIOVESAN, Flávia; KAMIMURA, Akemi. O sistema ONU de direitos humanos e a proteção internacional das pessoas idosas. In: MENDES, Gilmar Ferreira et al. *Manual dos direitos da pessoa idosa*. São Paulo: Saraiva, 2017, p. 133.
18. PIOVESAN, Flávia; KAMIMURA, Akemi. O sistema ONU de direitos humanos e a proteção internacional das pessoas idosas. In: MENDES, Gilmar Ferreira et al. *Manual dos direitos da pessoa idosa*. São Paulo: Saraiva, 2017, p. 133.

etapas avançadas da vida, seu número e sua proporção na população total não eram muito importantes".[19] Por consequência, houve o estabelecimento de algumas projeções do envelhecimento da população.[20]

No âmbito regional americano, Protocolo adicional à Convenção Americana sobre Direitos Humanos em Matéria de Direitos Econômicos, Sociais e Culturais (Protocolo de San Salvador), além de estabelecer a "velhice" como um dos riscos sociais para fins previdenciários (art. 9º),[21] também apresentou um capítulo específico sobre a proteção da pessoa idosa, dispondo, entre outras coisas, que:

> Artigo 17. Proteção de pessoas idosas: Toda pessoa tem direito à proteção especial na velhice. Nesse sentido, os Estados Partes comprometem-se a adotar de maneira progressiva as medidas necessárias a fim de pôr em prática este direito e, especialmente, a:
>
> a. Proporcionar instalações adequadas, bem como alimentação e assistência médica especializada, às pessoas de idade avançada que careçam delas e não estejam em condições de provê-las por seus próprios meios;
>
> b. Executar programas trabalhistas específicos destinados a dar a pessoas idosas a possibilidade de realizar atividade produtiva adequada às suas capacidades, respeitando sua vocação ou desejos;
>
> c. Promover a formação de organizações sociais destinadas a melhorar a qualidade de vida das pessoas idosas.

Em 1991, a Assembleia Geral das Nações Unidas editou os Princípios da ONU para Pessoas Idosas, através da Resolução 46/91. Embora não vinculante (*soft law*), esses Princípios tiveram importante função de orientar a normatização interna por parte dos Estados-membros, tendo estabelecido os princípios da independência, participação, assistência, realização pessoal e dignidade. Por sinal, no "âmbito da ONU, o documento de destaque sobre o tema é o Princípio das Nações Unidas para as pessoas idosas, que, entretanto, por se tratar de norma de *soft law*, não comporta valor propriamente cogente para os Estados. Divididos em quatro eixos, os Princípios reconhecem às pessoas idosas os núcleos de proteção relativos à independência, à participação, à assistência e à realização pessoal. Apesar de não se tratar de norma de *hard law*, tais Princípios são

---

19. Plano de Ação Internacional de Viena sobre Envelhecimento (Resolução 37/51). Disponível em: http://www.ufrgs.br/e-psico/publicas/humanizacao/prologo.html. Acesso em: 19 jan. 2023.
20. "Segundo cálculos das Nações Unidas, em 1950 havia ao redor de 200 milhões de pessoas com 60 anos ou mais em todo o mundo. Já em 1975, esse número tinha aumentado para 350 milhões. As projeções demográficas das Nações Unidas para o ano 2000 indicam que esse número aumentará para 590 milhões e que para 2025 será de mais de 1,1 bilhão, o que significa um aumento de 224% a contar de 1975. Prevê-se que, durante esse mesmo período, a população total mundial aumentará de 4,1 bilhões a 8,2 bilhões, ou seja, 102%. Portanto, daqui a 45 anos, as pessoas de idade avançada constituirão 13,7% da população mundial. [...] Nas regiões em desenvolvimento, a projeção deste aumento alcançaria aproximadamente 2,5 anos. Portanto, no ano 2025 os homens de 60 anos de idade poderiam esperar viver uma média de 17 anos a mais nas regiões desenvolvidas e de 16 anos nas regiões em desenvolvimento. As mulheres poderiam esperar viver mais 18 e 21 anos, respectivamente".
21. Artigo 9º, Direito à previdência social: 1. Toda pessoa tem direito à previdência social que a proteja das consequências da velhice e da incapacitação que a impossibilite, física ou mentalmente, de obter os meios de vida digna e decorosa. No caso de morte do beneficiário, as prestações da previdência social beneficiarão seus dependentes.

vetores capazes de conduzir as atividades dos Estados no que tange à implementação e proteção dos direitos dos idosos".[22]

Ao se constatar que a transição demográfica das projeções apresentadas no Plano de Viena estava ocorrendo de forma mais intensa do que a prevista, principalmente em países emergentes, houve a necessidade de se realizar a II Conferência Internacional sobre Envelhecimento, em Madrid (Espanha, 2002), na qual foi elaborado o Plano de Ação Internacional sobre Envelhecimento, onde se afirmou o compromisso "com ações em todos os níveis, inclusive nacional e internacional, em três áreas prioritárias: pessoas idosas e desenvolvimento; avanços na saúde e bem-estar em idades avançadas; assegurar ambientes adequados e de apoio".[23] Esse Plano tem importante papel na abordagem da saúde do idoso, inclusive com a avaliação dos efeitos da AIDS/HIV,[24] tema que é considerado um tabu até os dias atuais. Contudo, esse instrumento "não incorporou a perspectiva de direitos humanos para as pessoas idosas. Importantes questões de direitos humanos não foram abordadas, como igualdade e não discriminação, acesso aos recursos judiciais efetivos, uma vida livre de tortura e outros tratamentos cruéis, desumanos ou degradantes, por exemplo".[25]

No ano de 2009, o Comitê Consultivo do Conselho de Direitos Humanos das Nações Unidas constatou a necessidade de se desenvolver um instrumento internacional de caráter vinculante para a tutela dos direitos humanos da pessoa idosa.[26] Por isso, em 2010 foi criado o Grupo de Trabalhos sobre envelhecimento,[27] mas, até o presente momento, inexiste qualquer Convenção da ONU nesse sentido.

---

22. MAZZUOLI, Valério de Oliveira. Proteção internacional dos direitos dos idosos e reflexos no direito brasileiro. In: MENDES, Gilmar Ferreira et al. *Manual dos direitos da pessoa idosa*. São Paulo: Saraiva, 2017, p. 153.
23. Plano de Ação Internacional de Madri sobre Envelhecimento, art. 2º: "Celebramos o aumento da expectativa de vida em muitas regiões do mundo como uma das maiores conquistas da humanidade. Reconhecemos que o mundo está passando por uma transformação demográfica sem precedentes e que daqui a 2050, o número de pessoas acima de 60 anos aumentará de 600 milhões a quase 2 bilhões, e se prevê a duplicação do percentual de pessoas de 60 anos ou mais, passando de 10% para 21%. Esse incremento será maior e mais rápido nos países em desenvolvimento, onde se prevê que a população idosa se multiplique por quatro nos próximos 50 anos. Essa transformação demográfica apresentará para toda a sociedade o desafio de aumentar as oportunidades das pessoas, particularmente as oportunidades de os idosos aproveitar ao máximo suas capacidades de participação em todos os aspectos da vida". Disponível em: http://www.observatorionacionaldoidoso.fiocruz.br/biblioteca/_manual/5.pdf. Acesso em: 19 jan. 2023.
24. Plano de Ação Internacional de Madri sobre Envelhecimento Tema 3 – Os idosos e a aids: "78. É difícil o diagnóstico da aids em idosos, porque os sintomas da infecção podem-se confundir com outras síndromes de imunodeficiência que ocorrem em pessoas idosas. Estas podem experimentar um risco maior de infecção pelo HIV só porque em geral, não são destinatários de campanhas de informação pública e, por conseguinte, não recebem educação sobre como se proteger da doença". Disponível em: http://www.observatorionacional-doidoso.fiocruz.br/biblioteca/_manual/5.pdf. Acesso em: 19 jan. 2023.
25. PIOVESAN, Flávia; KAMIMURA, Akemi. O sistema ONU de direitos humanos e a proteção internacional das pessoas idosas. In: MENDES, Gilmar Ferreira et al. *Manual dos direitos da pessoa idosa*. São Paulo: Saraiva, 2017, p. 135.
26. PIOVESAN, Flávia; KAMIMURA, Akemi. O sistema ONU de direitos humanos e a proteção internacional das pessoas idosas. In: MENDES, Gilmar Ferreira et al. *Manual dos direitos da pessoa idosa*. São Paulo: Saraiva, 2017, p. 135.
27. Resolução da Assembleia Geral 65/182.

Em suma, alguns são os instrumentos que visam regulamentar os direitos da pessoa idosa, dentre os quais podemos citar a Proclamação sobre o Envelhecimento (1992), a Declaração Política e o Plano de Ação Internacional de Madrid sobre o Envelhecimento (2002), bem como os instrumentos regionais, tais como a Estratégia Regional de Implementação para a América Latina e o Caribe do Plano de Ação Internacional de Madrid sobre o Envelhecimento (2003), a Declaração de Brasília (2007), o Plano de Ação da Organização Pan-Americana da Saúde sobre a Saúde dos Idosos, Incluindo o Envelhecimento Ativo e Saudável (2009), a Declaração de Compromisso de Port of Spain (2009) e a Carta de San José sobre os direitos do idoso da América Latina e do Caribe (2012).

No ano de 2015, a primeira Convenção de caráter multilateral sobre direitos humanos da pessoa idosa foi aprovada, tendo, contudo, abrangência regional, por ter sido elaborada pela Organização dos Estados Americanos (OEA).

Portanto, a Convenção Interamericana dos Direitos Humanos da Pessoa Idosa representa o primeiro instrumento internacional específico de caráter multilateral a regulamentar os direitos humanos da pessoa idosa, e já se encontra em processo de internalização em nosso ordenamento jurídico, através do Projeto de Decreto Legislativo (PDC) 863/2017.

Assim, por ainda não ter passado por todas as etapas de internalização de tratados internacionais, através da conclusão de suas quatro fases necessárias (que compreende a fase de assinatura, a fase de aprovação pelo Congresso Nacional por meio de Decreto Legislativo, a fase da ratificação e, por fim, a fase de incorporação por Decreto Presidencial/de Promulgação),[28] ela ainda não está em vigor no ordenamento jurídico brasileiro. Entretanto, ela poderá servir para orientar o aplicador do direito no momento da interpretação dos direitos da pessoa idosa e, ainda, ser utilizada pelo Poder Judiciário nos casos que lhe são endereçados, figurando como um importante instrumento orientador da atividade dos Estados-nações.

De semelhante percepção é Valério de Oliveira Mazzuoli, para quem a "Convenção não está em vigor (até o momento) para o Brasil, pois ainda não foi ratificada pelo Estado brasileiro, o que não significa que já não possa servir como suporte axiológico para a interpretação *pro homine* dos direitos dessa categoria de pessoas; também não está a impedir que o Poder Judiciário tome por base o espírito do texto quando decidir assuntos que envolvam os direitos dos idosos, uma vez que se trata de instrumento norteador das atividades dos Estados no que toca à matéria".[29]

Deveras, até que haja a sua internalização, é possível ir além e se denotar até mesmo a denominada "função narrativa das convenções sobre direitos humanos ainda não internalizadas, que influenciariam os Estados quanto à ação a ser tomada em eventual

---

28. RAMOS, André de Carvalho. *Curso de Direitos Humanos*. São Paulo: Saraiva, 2014, *Ebook*, não paginado.
29. MAZZUOLI, Valério de Oliveira. Proteção internacional dos direitos dos idosos e reflexos no direito brasileiro. In: MENDES, Gilmar Ferreira et al. *Manual dos direitos da pessoa idosa*. São Paulo: Saraiva, 2017, p. 157.

codificação legislativa (podendo-se constituir em recomendações, leis-modelos, códigos de conduta ou, até mesmo, em tratados não ratificados)".[30] Na concepção conferida por Erik Jayme, as convenções possuem duas funções: uma obrigatória e outra narrativa, isto é, com poder de influência sobre as normas internas.[31]

Em 2016, também no âmbito regional (continente africano), foi aprovado o Protocolo à Carta Africana dos Direitos Humanos e dos Povos Relativos aos direitos dos idosos em África.[32]

Em 2019, o Grupo de Trabalhos das Nações Unidas mais uma vez reafirmou a necessidade de se criar um instrumento internacional juridicamente vinculante e que estabelecesse obrigações claras aos Estados-membros em matéria de proteção dos direitos humanos da pessoa idosa, verificando a utilidade das Convenções regionais (americana e africana) sobre o tema.[33]

Espera-se que as Nações Unidas elabore, em breve, uma Convenção sobre a proteção dos direitos humanos dos idosos, já que, diante de sua maior amplitude (nível mundial), seria possível tutelar adequadamente os direitos da pessoa idosa em diversos países ao redor do mundo, indo além do aspecto regional dos continentes americano e africano.

2.2 PRINCÍPIOS ORIENTADORES DO DIREITO DAS PESSOAS IDOSAS

Todo ramo do direito necessita de princípios orientadores para lhe garantir sustentação e autonomia. Na área do direito das pessoas idosas, esses princípios visariam garantir que a interpretação de todo o sistema normativo voltado à pessoa idosa se dirigisse para uma tutela específica e ancorada em preceitos contemporâneos, que garantissem maior dignidade, autonomia, otimização de oportunidades e exercício de direitos fundamentais em sua máxima potência.

---

30. MAZZUOLI, Valerio de Oliveira. *Direito internacional privado: curso elementar*. Rio de Janeiro: Forense, 2015, p. 158.
31. "As regras de um tratado internacional assumem duas funções: a primeira função, no que concerne às questões da própria convenção, onde tem força obrigatória; a segunda função, narrativa. Isto quer dizer, os princípios enunciados pela Convenção podem ser tomados em consideração, para decidir questões que a Convenção reserva ao direito nacional". JAYME, Erik. Direito Internacional Privado e Cultura Pós-Moderna. Disponível na internet: https://www.seer.ufrgs.br/ppgdir/article/viewFile/43487/27366. Acesso em: 19 jan. 2023.
32. Disponível em: https://au.int/sites/default/files/pages/32900-file-protocol_older_person-p.pdf. Acesso em: 19 jan. 2023.
33. "In addition, some delegations stressed that it was of the utmost importance to have a legally binding international instrument that would clearly establish the obligations of Member States regarding the protection of the human rights of older persons. Regional conventions, such as the Inter-American Convention on Protecting the Human Rights of Older Persons and the Protocol to the African Charter on Human and Peoples' Rights on the Rights of Older Persons in Africa, were identified as useful precedents, especially bearing in mind the decisions that were taken by regional human rights courts, which interpret international obligations." Disponível em: https://social.un.org/ageing-working-group/tenthsession.shtml. Acesso em: 19 jan. 2023.

Porém, conceituar o que significa princípio não é tarefa fácil, inexistindo consenso literário em tal sentido. Entretanto, para o que importa a este trabalho, deve-se destacar que princípios possuem algumas funções, dentre as quais podem ser pontuadas a informadora, a normativa, a construtora, a integrativa e a interpretativa. Assim, "sabemos que a Constituição possui uma série de princípios que devem ser observados. Ademais, há de se salientar que tais princípios possuem uma série de funções no ordenamento jurídico, ora sejam: a) função informadora: indica que os princípios balizam o legislador na criação da norma; b) função normativa: os princípios possuem poder de comando – não só comando expresso na norma, como extraído no conjunto de normas; c) função construtora: os princípios vistos como orientações que devem ser seguidas para a criação das leis; d) função integrativa: os princípios devem ser usados na integração de normas, ou seja, para suprir lacunas porventura existentes; e) função interpretativa: os princípios como auxiliadores no aplicador do direito para a interpretação".[34]

Desse modo, "os princípios exercem função de grande importância no ordenamento jurídico-positivo, por orientarem, condicionarem e iluminarem a interpretação das normas jurídicas em geral".[35]

Posicionamento corrente na doutrina brasileira atual é afirmar que os princípios, ao lado das regras, são normas jurídicas, exsurgindo daí a sua função normativa. Mas, como visto, eles também possuem finalidades distintas, servindo para orientar o legislador no seu papel de criar leis, bem como o intérprete, no de aplicá-las.

Adicionalmente, os princípios lançados na seara internacional fazem com que o próprio Estado brasileiro se comprometa a normatizar a matéria em consonância com o compromisso firmado no âmbito externo, em uma tentativa de harmonização na seara dos direitos humanos.

Nesse contexto, adquirem relevância os Princípios da ONU para Pessoas Idosas (Resolução 46/91) que, embora não vinculantes (*soft law*), possuem primordial papel nessa harmonização global em matéria dos direitos humanos da pessoa idosa.

Já no cenário nacional, o Estatuto da Pessoa Idosa (amparado pela proteção constitucional) estabeleceu dois *supraprincípios* fundamentais para as pessoas idosas: o da proteção integral e o da prioridade absoluta.

É possível evidenciar que o *princípio da proteção integral* consigna que a pessoa idosa gozará, de forma abrangente, de todos os direitos fundamentais do ser humano, viabilizando o seu amplo exercício nas mais variadas esferas. De modo geral, seria uma ampla, integral, absoluta tutela/proteção dos direitos inerentes a este segmento social, a significar que competirá à família, à sociedade e ao Estado garantir sua integral fruição.

---

34. DINIZ, Fernanda Paula. *Direito dos idosos na perspectiva civil-constitucional*. Belo Horizonte: Arraes, 2011, p. 64.
35. DINIZ, Fernanda Paula. *Direito dos idosos na perspectiva civil-constitucional*. Belo Horizonte: Arraes, 2011, p. 64.

Por outro lado, a *prioridade absoluta* decorreria da necessidade de se priorizar a tutela dos direitos dos idosos quando também se estiver diante de direitos das demais pessoas. Seria, por exemplo, a preferência no atendimento à saúde e ao trâmite processual.

No Estatuto da Pessoa Idosa, o *princípio da proteção integral* tem previsão no art. 2º.[36] Já o *princípio da prioridade absoluta* possui expressa disposição no art. 3º.[37] Tais normativas se espraiam por toda a análise sistemática dos direitos dos idosos, incidindo em qualquer direito que se esteja a fruir.

Os princípios da autonomia, da independência, da autodeterminação e, ainda, do envelhecimento ativo e saudável também se sustentam na Constituição da República de 1988, que finca que a dignidade da pessoa humana é um dos fundamentos da República Federativa do Brasil (art. 1º, III). Encontram amparo, ainda, no Estatuto da Pessoa Idosa, quando prevê expressamente que a pessoa idosa "goza de todos os direitos fundamentais inerentes à pessoa humana, sem prejuízo da proteção integral de que trata esta Lei, assegurando-se-lhe, por lei ou por outros meios, *todas as oportunidades e facilidades*, para preservação de sua saúde física e mental e seu aperfeiçoamento moral, intelectual, espiritual e social, em condições de liberdade e dignidade" (art. 2º).

Atrelado ao próprio contexto da dignidade da pessoa idosa também se deve atentar para o fato de que tanto a *autonomia* quanto o *envelhecimento ativo e saudável* devem orientar toda a leitura e interpretação dos mandamentos que visam normatizar os direitos dos idosos.

Quanto ao *princípio da autonomia*, seu conceito é quase intuitivo ao ser humano, já que está associado à possibilidade de uma pessoa tomar as suas próprias decisões, estar no controle de sua própria vida, autodeterminar-se da forma que reputar mais apropriada, inclusive com senso de responsabilidade e de autogoverno. No mesmo sentido, a professora inglesa Gaye Heathcote ensina que "a autonomia, intimamente associada ao bem-estar e ao empoderamento, foi mantida para implicar controle sobre a própria vida, oportunidades para fazer escolhas, e sentir-se confortável ao desenvolver e utilizar os próprios recursos pessoais (Heathcote, 1996, 1997). Estes processos ou estados desejáveis, resumidos como autodeterminação, autogoverno, sentido de responsabilidade e autodeterminação (Downie et al., 1990), exigem uma referência essencial aos outros – os seus sentimentos, planos e subentendimentos – e só podem, portanto, ser realizados num contexto social".[38]

---

36. EI, Art. 2º O idoso goza de todos os direitos fundamentais inerentes à pessoa humana, sem prejuízo da proteção integral de que trata esta Lei, assegurando-se-lhe, por lei ou por outros meios, todas as oportunidades e facilidades, para preservação de sua saúde física e mental e seu aperfeiçoamento moral, intelectual, espiritual e social, em condições de liberdade e dignidade.
37. EI, Art. 3º É obrigação da família, da comunidade, da sociedade e do Poder Público assegurar ao idoso, com absoluta prioridade, a efetivação do direito à vida, à saúde, à alimentação, à educação, à cultura, ao esporte, ao lazer, ao trabalho, à cidadania, à liberdade, à dignidade, ao respeito e à convivência familiar e comunitária.
38. Tradução literal de "autonomy, closely associated with well-being and empowerment, was held to imply control over one's life, opportunities to make choices, and feeling confortable resources developing and using one's personal resources (Heathcote, 1996, 1997). These desirable processes or states, summarized as self-determination,

Já o *princípio do envelhecimento ativo e saudável*, como já enfatizado por aqui, seria essa otimização de oportunidades em sentido amplo. Trata-se de conceito conferido pela Convenção Interamericana dos Direitos Humanos dos Idosos, ao assentar que é o processo pelo qual se otimizam as oportunidades de bem-estar físico, mental e social; de participar em atividades sociais, econômicas, culturais, espirituais e cívicas, e; de contar com proteção, segurança e atenção, com o objetivo de ampliar a esperança de vida saudável e a qualidade de vida de todos os indivíduos na velhice e permitir-lhes assim seguir contribuindo ativamente para suas famílias, amigos, comunidades e nações (art. 2º, CIDHPI).

Como não poderia ser diferente, a contemporânea análise dos direitos dos idosos está fundada em premissas lastreadas na dignidade da pessoa humana. E tal termo, por mais denso que possa ser,[39] é permeado por noções já amplamente difundidas nos mais diversos ordenamentos jurídicos. Aliás, a Declaração Universal dos Direitos Humanos de 1948 impõe, em seu art. 1º, que "todos os seres humanos nascem livres e iguais em dignidade e direitos. São dotados de razão e consciência e devem agir em relação uns aos outros com espírito de fraternidade".

Por isso, parte da literatura afirma que "a dignidade da pessoa humana é um valor absoluto".[40]

Ainda no cenário externo multilateral (no contexto mundial), um dos pilares dos Princípios das Nações Unidas para o Idoso (Res. 46, de 16/12/91) é justamente a *dignidade da pessoa idosa*. E, restringindo-se um pouco mais, também no cenário internacional regional (isto é, no continente americano) há expressa previsão sobre o tema, já que a Convenção Interamericana dos Direitos Humanos da Pessoa Idosa, aprovada pela Organização dos Estados Americanos, estabelece que a "a dignidade, independência, protagonismo e autonomia do idoso" são princípios gerais aplicáveis à Convenção (art. 3º).

Já no cenário nacional, o princípio da dignidade da pessoa humana é um dos fundamentos da República Federativa do Brasil (art. 1º, III, CR/88), competindo, ainda, à família, à sociedade e ao Estado, defender a dignidade das pessoas idosas (art. 230, CR/88), estando previsto, ainda, na Política Nacional do idoso (art. 3º, I, Lei 8.842/94) e no Estatuto a Pessoa Idosa (Lei 10.741/03).

---

self-government, a sense of responsibility and self-determination (Downie et al., 1990), demand an essential reference to others – their feelings, plans and undertandings – and can only therefore be realized in a social contexto". HEATHCOTE, Gaye. *Autonomy, health and ageing*: transnational perspectives. Health Education Research, v. 15, Issue 1, February 2000, p. 13-24, https://doi.org/10.1093/her/15.1.13. Disponível em: https://academic.oup.com/her/article/15/1/13/775695. Acesso em: 19 jan. 2023.

39. Toda essa densidade conceitual pode ser melhor explorada em livro sobre o tema: SARLET, Ingo Wolfgang. *Dignidade da pessoa humana e direitos fundamentais na Constituição Federal de 1988*. Porto Alegre: Livraria do Advogado, 2011.

40. SILVA, Débora dos Santos; BARUFFI, Helder. A dignidade humana e a proteção à pessoa do idoso: práticas sociais. *Revista Videre* – Dourados, v. 06, n. 12, p. 93-106, jul./dez. 2014. Disponível em: http://ojs.ufgd.edu.br/index.php/videre/article/download/4311/2396. Acesso em: 19 jan. 2023.

O Estatuto da Pessoa Idosa, que é, de fato, o marco de densificação dos direitos fundamentais da pessoa idosa, foi bem abrangente quanto à garantia da dignidade. Se, por um lado, todos os direitos fundamentais devem ser exercidos em condições de liberdade e dignidade (art. 2º, EPI),[41] ainda será dever da família, da comunidade, da sociedade e do Poder Público garantir o direito à dignidade da pessoa idosa (art. 3º, EPI).[42]

Denota-se que, ao mesmo tempo em que é um direito que deve ser garantido em si, todos os demais direitos devem ser exercidos observando-se a liberdade e a dignidade, sendo uma lente pela qual se operacionalizam todos os demais. Essa última parte, inclusive, pode ser vislumbrada a partir da análise do capítulo atinente ao direito à vida, ao estabelecer que é obrigação do Estado, garantir à pessoa idosa a proteção à vida e à saúde, mediante efetivação de políticas sociais públicas que permitam um envelhecimento saudável e em condições de dignidade (art. 9º, EPI).

Já a Política Nacional do Idoso impõe que a família, a sociedade e o Estado têm o dever de assegurar ao idoso todos os direitos da cidadania, garantindo sua participação na comunidade, defendendo sua dignidade, bem-estar e o direito à vida (art. 3º, I, PNI).

Aliás, nos Princípios das Nações Unidas para o Idoso (Res. 46, de 16.12.91), a dignidade é descrita em dois pontos específicos. O primeiro deles é o de número 17, que estabelece que "os idosos devem ter a possibilidade de viver com dignidade e segurança, sem serem explorados ou maltratados física ou mentalmente", correlacionando com o direito de não ser submetido a qualquer tipo de violência. O segundo é o de número 18, ao enunciar que "os idosos devem ser tratados de forma justa, independentemente da sua idade, gênero, origem racial ou étnica, deficiência ou outra condição, e ser valorizados independentemente da sua contribuição econômica", concatenando-o com o direito à igualdade.

Além disso, a parte final deste ponto de número 18 dos Princípios das Nações Unidas nos traz uma interessante reflexão. Ao aduzir que o idoso deve ser valorizado independentemente da sua contribuição econômica, é essencial destacar a crítica que alguns filósofos apontam no sentido de que a pessoa idosa sofre muitos preconceitos e perpetuação de estigmas em razão de, muitas vezes, não estar mais inserida no mercado e na movimentação da economia, em uma análise que relaciona a vida ao próprio capitalismo. Nesse sentido, o jornalista e filósofo alemão Frank Schirrmacher aduz que "a vida está subdividida – como no processo de produção de uma mercadoria – em três

---

41. Art. 2º O idoso goza de todos os direitos fundamentais inerentes à pessoa humana, sem prejuízo da proteção integral de que trata esta Lei, assegurando-se-lhe, por lei ou por outros meios, todas as oportunidades e facilidades, para preservação de sua saúde física e mental e seu aperfeiçoamento moral, intelectual, espiritual e social, em condições de liberdade e dignidade.
42. Art. 3º É obrigação da família, da comunidade, da sociedade e do Poder Público assegurar ao idoso, com absoluta prioridade, a efetivação do direito à vida, à saúde, à alimentação, à educação, à cultura, ao esporte, ao lazer, ao trabalho, à cidadania, à liberdade, à dignidade, ao respeito e à convivência familiar e comunitária.

partes: a juventude, a vida profissional e a velhice. Nenhuma das partes tem algo a ver com as outras".[43]

Outros são os princípios norteadores, conforme a própria ONU: o princípio da independência, da participação, da assistência e da realização pessoal.

O *princípio da independência* pode se materializar a partir da noção de que os idosos devem ter: a) acesso à alimentação, água, alojamento, vestuário e cuidados de saúde adequados, através da garantia de rendimentos, do apoio familiar e comunitário e da autoajuda; b) a possibilidade de trabalhar ou de ter acesso a outras fontes de rendimento; c) a possibilidade de participar na decisão que determina quando e a que ritmo tem lugar a retirada da vida ativa; d) acesso a programas adequados de educação e formação; e) a possibilidade de viver em ambientes que sejam seguros e adaptáveis às suas preferências pessoais e capacidades em transformação; f) a possibilidade de residir no seu domicílio tanto tempo quanto possível.

Já o *princípio da participação* considera que os idosos devem: a) permanecer integrados na sociedade, participar ativamente na formulação e execução de políticas que afetem diretamente o seu bem-estar e partilhar os seus conhecimentos e aptidões com as gerações mais jovens; b) ter a possibilidade de procurar e desenvolver oportunidades para prestar serviços à comunidade e para trabalhar como voluntários em tarefas adequadas aos seus interesses e capacidades; c) ter a possibilidade de constituir movimentos ou associações de idosos.

Além disso, a própria Política Nacional do Idoso será regida pela perspectiva da participação, no sentido de que "o idoso deve ser o principal agente e o destinatário das transformações a serem efetivadas através desta política" (art. 3º, IV, PNI).

Para o *princípio da assistência*, os idosos devem: a) se beneficiar dos cuidados e da proteção da família e da comunidade em conformidade com o sistema de valores culturais de cada sociedade; b) ter acesso a cuidados de saúde que os ajudem a manter ou a readquirir um nível ótimo de bem-estar físico, mental e emocional e que previnam ou atrasem o surgimento de doenças; c) ter acesso a serviços sociais e jurídicos que reforcem a respetiva autonomia, proteção e assistência; d) ter a possibilidade de utilizar meios adequados de assistência em meio institucional que lhes proporcionem proteção, reabilitação e estimulação social e mental numa atmosfera humana e segura; e) ter a possibilidade de gozar os direitos humanos e liberdades fundamentais quando residam em qualquer lar ou instituição de assistência ou tratamento, incluindo a garantia do pleno respeito da sua dignidade, convicções, necessidades e privacidade e do direito de tomar decisões acerca do seu cuidado e da qualidade das suas vidas.

Ainda sobre o princípio da assistência, a Política Nacional do Idoso define que as diferenças econômicas, sociais, regionais e, particularmente, as contradições entre o

---

43. SCHIRRMACHER, Frank. *A revolução dos idosos*. Rio de Janeiro: Elsevier, 2005, p. 174.

meio rural e o urbano do Brasil deverão ser observadas pelos poderes públicos e pela sociedade em geral (art. 3º, V, PNI), a demonstrar que tais diferenças podem vir a demandar a adoção de políticas públicas assistenciais do Estado.

O *princípio da realização* pessoal aduz que os idosos devem: a) ter a possibilidade de procurar oportunidades com vista ao pleno desenvolvimento do seu potencial; b) ter acesso aos recursos educativos, culturais, espirituais e recreativos da sociedade.

Podem ser citados, ainda, o *princípio da não discriminação* (art. 3º, III, PNI), inclusive na seara processual (*ageísmo* processual), e, como todo direito humano, o *princípio da proibição do retrocesso*.

2.3 A DISSINTONIA ENTRE O CONCEITO CRONOLÓGICO DE IDOSO E A IDADE ESTABELECIDA PELA LEI PARA A INCIDÊNCIA DE SEUS EFEITOS

No sistema jurídico brasileiro, uma série de leis estabelece a idade mínima de 60, 65 anos ou outra idade para a delimitação de sua incidência normativa. Nesses casos, não haveria a identidade absoluta com a categoria de pessoa idosa, já que as leis podem fixar idade diversa do critério etário adotado pelo Estatuto da Pessoa Idosa para uma série de outras situações. Seria o que Norberto Bobbio denomina de *velhice burocrática*,[44] idade mínima que as pessoas possuem para receber um benefício previdenciário, assistencial, entre outros, o que não se confundiria com a velhice cronológica em si, adotada pelo Estatuto da Pessoa Idosa.

É o caso, por exemplo, da incidência de alguns benefícios previdenciários, como a aposentadoria por idade, em que a lei fixa a idade mínima de 65 anos para os homens e 60 para as mulheres, reduzindo-se em cinco anos para os trabalhadores rurais (art. 48 e § 1º, Lei 8.213/91). Também no aspecto penal, o crime de estelionato possui uma causa de aumento de pena (majorante) quando o sujeito passivo for pessoa idosa (art. 171, § 4º, CP). Embora o crime se proceda mediante representação, a ação penal correspondente será pública incondicionada nos casos de crime praticado contra pessoa com mais de 70 anos de idade (art. 171, § 5º, IV).[45] Finalmente, na seara civil-familiarista, pessoas com mais de 70 anos de idade somente podem se casar pelo regime da separação "obrigatória" de bens (art. 1.641, II, CC), embora haja forte discussão a respeito da inconstitucionalidade da norma (conforme pontuado em capítulo específico).

Esses são apenas alguns dos exemplos onde existe dissintonia entre o conceito cronológico de idoso e a idade estabelecida pela lei para a incidência de seus efeitos. Mas existem outros, dentre os quais, destacam-se:

---

44. BOBBIO, Norberto. *O tempo da memória de senectude e outros escritos autobiográficos*. Rio de Janeiro: Campus, 1997, p. 17.
45. Alteração acarretada pela Lei 13.964, de 2019.

a) Na seara eleitoral, o critério etário deve ser levado em consideração para o caso de empate nas votações para ocupante do cargo de Presidente da República, em que deve vencer a pessoa que é mais idosa (art. 77, CR/88);[46]

b) No âmbito tributário, há isenção do imposto de renda para pessoas com mais de 65 anos, até o limite de R$ 1.903,98 (mil, novecentos e três reais e noventa e oito centavos), por mês, a partir do mês de abril do ano-calendário de 2015 (art. 6º, XV, "i", Lei 7.713/88);[47]

c) No campo trabalhista, até a revogação pela Lei 13.467, de 2017, as férias de pessoas com mais de 50 anos apenas poderiam ser concedidas em uma única vez, não se admitindo a sua divisão (art. 134, §único, CLT);[48]

d) No direito penal, são circunstâncias que sempre agravam a pena, quando não constituem ou qualificam o crime, ter o agente cometido o crime contra maior de 60 (sessenta) anos (art. 61, II, "h", CP), sendo, por outro lado, circunstâncias que sempre atenuam a pena, ser o agente maior de 70 (setenta) anos na data da sentença (art. 65, I, CP);

e) No âmbito da Administração Pública, a idade de 75 anos de idade é considerada o parâmetro para a aposentadoria compulsória dos servidores titulares de cargos efetivos da União, dos Estados, do Distrito Federal e dos Municípios, incluídas suas autarquias e fundações; os membros do Poder Judiciário, do Ministério Público, das Defensorias Públicas, dos Tribunais e dos Conselhos de Contas (art. 2º, LC 152/15; art. 40, § 1º, III, CR/88; art. 100, ADCT);

f) Ainda no aspecto administrativo, os idosos com idade igual ou superior a 60 (sessenta) anos terão atendimento prioritário em repartições públicas e empresas concessionárias de serviços públicos, sendo-lhes garantidos serviços individualizados que assegurem tratamento diferenciado e atendimento imediato; empresas públicas de transporte e concessionárias de transporte coletivo, que reservarão assentos, devidamente identificados, aos idosos (arts. 1º, 2º, 3º da Lei 10.048/2000);

---

46. CF, Art. 77. A eleição do Presidente e do Vice-Presidente da República realizar-se-á, simultaneamente, no primeiro domingo de outubro, em primeiro turno, e no último domingo de outubro, em segundo turno, se houver, do ano anterior ao do término do mandato presidencial vigente. § 5º Se, na hipótese dos parágrafos anteriores, remanescer, em segundo lugar, mais de um candidato com a mesma votação, qualificar-se-á o mais idoso.

47. Lei 7.713, de 22 de dezembro de 1988. Altera a legislação do imposto de renda e dá outras providências. Art. 6º Ficam isentos do imposto de renda os seguinte rendimentos percebidos por pessoas físicas: XV – os rendimentos provenientes de aposentadoria e pensão, de transferência para a reserva remunerada ou de reforma pagos pela Previdência Social da União, dos Estados, do Distrito Federal e dos Municípios, por qualquer pessoa jurídica de direito público interno ou por entidade de previdência privada, a partir do mês em que o contribuinte completar 65 (sessenta e cinco) anos de idade, sem prejuízo da parcela isenta prevista na tabela de incidência mensal do imposto, até o valor de: i) R$ 1.903,98 (mil, novecentos e três reais e noventa e oito centavos), por mês, a partir do mês de abril do ano-calendário de 2015.

48. CLT, Art. 134. As férias serão concedidas por ato do empregador, em um só período, nos 12 (doze) meses subsequentes à data em que o empregado tiver adquirido o direito. Revogado. § 2º Aos menores de 18 (dezoito) anos e aos maiores de 50 (cinquenta) anos de idade, as férias serão sempre concedidas de uma só vez. (Revogado). (Redação dada pela Lei 13.467, de 2017).

g) No campo da seguridade social, o benefício de prestação continuada é a garantia de um salário-mínimo mensal ao idoso com 65 (sessenta e cinco) anos ou mais que comprove não possuir meios de prover a própria manutenção nem de tê-la provida por sua família (art. 20, Lei 8.742/93);

h) No âmbito previdenciário, é assegurada aposentadoria no regime geral de previdência social, nos termos da lei, obedecidas as seguintes condições: a) 65 (sessenta e cinco) anos de idade, se homem, e 62 (sessenta e dois) anos de idade, se mulher, observado tempo mínimo de contribuição; b) 60 (sessenta) anos de idade, se homem, e 55 (cinquenta e cinco) anos de idade, se mulher, para os trabalhadores rurais e para os que exerçam suas atividades em regime de economia familiar, nestes incluídos o produtor rural, o garimpeiro e o pescador artesanal, consoante alteração da Emenda Constitucional 103, de 2019 (art. 201, § 7º, I e II, CR/88), e;

i) No plano do direito civil-consumerista, é vedada a variação das contraprestações pecuniárias estabelecidas nos contratos e plano de saúde a pessoas com mais de 60 (sessenta) anos de idade, que participarem dos produtos atinentes ao Plano Privado de Assistência à Saúde (art. 1º, I, Lei 9.656/98)[49] ou que, além da garantia de cobertura financeira de riscos de assistência médica, hospitalar e odontológica, tenham outras características que os diferenciem de atividade exclusivamente financeira, tais como custeio de despesas, oferecimento de rede credenciada ou referenciada, reembolso de despesas, mecanismos de regulação, qualquer restrição contratual, técnica ou operacional para a cobertura de procedimentos solicitados por prestador escolhido pelo consumidor ou, ainda, a vinculação de cobertura financeira à aplicação de conceitos ou critérios médico-assistenciais (art. 1º, § 1º, Lei 9.656/98; art. 15, parágrafo único, Lei 9.656/98).[50]

Tudo isso significa que é plenamente possível que o legislador edite leis regulamentando situações específicas de pessoas que ele repute merecedoras de tutela por parte do ordenamento jurídico. Inexiste ilegalidade ou inconstitucionalidade em tal proceder. Muito pelo contrário.

---

49. Prestação continuada de serviços ou cobertura de custos assistenciais a preço pré ou pós estabelecido, por prazo indeterminado, com a finalidade de garantir, sem limite financeiro, a assistência à saúde, pela faculdade de acesso e atendimento por profissionais ou serviços de saúde, livremente escolhidos, integrantes ou não de rede credenciada, contratada ou referenciada, visando a assistência médica, hospitalar e odontológica, a ser paga integral ou parcialmente às expensas da operadora contratada, mediante reembolso ou pagamento direto ao prestador, por conta e ordem do consumidor (art. 1º, I, Lei 9.656/98).

50. Art. 15. A variação das contraprestações pecuniárias estabelecidas nos contratos de produtos de que tratam o inciso I e o § 1º do art. 1º desta Lei, em razão da idade do consumidor, somente poderá ocorrer caso estejam previstas no contrato inicial as faixas etárias e os percentuais de reajustes incidentes em cada uma delas, conforme normas expedidas pela ANS, ressalvado o disposto no art. 35-E. Parágrafo único. É vedada a variação a que alude o caput para consumidores com mais de sessenta anos de idade, que participarem dos produtos de que tratam o inciso I e o § 1º do art. 1º, ou sucessores, há mais de dez anos (art. 15, parágrafo único, Lei 9.656/98).

Em cada seara de regulamentação estatal, serão distintos os interesses que lhe servem de fundamento. É o caso, por exemplo, do direito à previdência social, que dependerá de uma série de análises econômicas e circunstanciais para a fixação de seus critérios e requisitos autorizativos à concessão dos benefícios previdenciários. O mesmo ocorrerá no cenário penal, já que o legislador deverá se ater às necessidades e requisitos para uma maior reprimenda de condutas tidas como criminosas.

Dessa maneira, inexiste uma necessária observância de regras etárias que abranjam toda a categoria de pessoas idosas para essas outras situações.

3
A PESSOA IDOSA EM SITUAÇÃO DE RISCO SOCIAL

3.1 A VIOLÊNCIA CONTRA A PESSOA IDOSA

Tradicionalmente, a violência contra a pessoa idosa se materializa através de três grandes grupos: a) a violência sociopolítica; b) a violência institucional; c) a violência intrafamiliar. Dentro de cada um deles, enquadram-se formas específicas em sua manifestação, como a violência física, psicológica, patrimonial, sexual, medicamentosa, além das hipóteses de abandono e negligência (e, até mesmo, a autonegligência).

Aliás, o próprio Estatuto da Pessoa Idosa detalha que "considera-se violência contra a pessoa idosa qualquer ação ou omissão praticada em local público ou privado que lhe cause morte, dano ou sofrimento físico ou psicológico" (art. 19, § 1º). No ponto, Larissa Tenfen aduz que "o Estatuto do Idoso trouxe importante instrumento para identificação da ocorrência das violências contra as gerações idosas por meio da obrigatoriedade da notificação quando da ocorrência de maus-tratos, o que auxilia na realização de diagnóstico situacional no país, ainda que a subnotificação e subdiagnosticada seja um fato".[1]

Nos próximos tópicos, cada um desses grupos de violência será analisado e, a partir desse exame, será possível se identificar em qual contexto as formas específicas se apresentam.

3.1.1 A violência sociopolítica

A violência sociopolítica é representada a partir da violência vivenciada no contexto social e político, de forma bastante abrangente, vinculada "às relações sociais mais gerais que envolvem grupos e pessoas consideradas delinquentes e às estruturas econômicas e políticas da desigualdade nas relações exclusão/exploração".[2] É o caso, por exemplo, de uma série de estereótipos fixados no pensamento social e reproduzidos quase que inconscientemente por grande parte da população, que podem agravar

---

1. SILVA, Larissa Tenfen. *Entre violetas e violências*: em busca da proteção da pessoa idosa. Disponível em: https://ibdfam.org.br/artigos/1478/+Entre+violetas+e+viol%C3%AAncias%3A+em+busca+da+prote%C3%A7%-C3%A3o+da+pessoa+idosa++. Acesso em: 19 jan. 2023.
2. ARAÚJO, Ludgleydson Fernandes de; LOBO FILHO, Jorgeano Gregório. *Análise psicossocial da violência contra idosos*. Psicologia: Reflexão e Crítica, 22(1), 153-160. Disponível em: https://www.scielo.br/pdf/prc/v22n1/20.pdf. Acesso em: 19 jan. 2023.

sobremaneira a qualidade de vida desse segmento e, ainda, o seu pleno fruir dos seus direitos fundamentais.

A própria (e, infelizmente, bastante comum) associação de *idade avançada* com *incapacidade* para diversos atos de sua vida pode representar a perpetuação velada de uma violência em face da pessoa idosa.[3]

Torna-se essencial, portanto, a quebra de tabus sobre o tema, principalmente com uma maior conscientização da população a respeito do processo de envelhecimento, a demonstrar que se trata de um fato natural e inerente ao tempo ao qual vivemos, em que a população é muito mais ativa e longeva. Nesse sentido, aliás, a Política Nacional do Idoso deve se reger pelo princípio que assenta que "o processo de envelhecimento diz respeito à sociedade em geral, devendo ser objeto de conhecimento e informação para todos" (art. 3º, III, PNI). Ademais, o Estatuto da Pessoa Idosa também determina que serão inseridos conteúdos voltados ao processo de envelhecimento, ao respeito e à valorização do idoso nos currículos mínimos dos diversos níveis de ensino formal, de forma a eliminar o preconceito e a produzir conhecimentos sobre a matéria (art. 22, EPI).

Mas o viés sociopolítico vai além, já que abrange também a violência falada pela mídia e noticiada em órgãos oficiais como o Disque 100. Sob essa perspectiva, indiretamente, acabam por se enquadrar nesse grupo a violência institucional e a intrafamiliar que são objeto de notificação aos órgãos oficiais do governo. Justamente por isso, e, para evitar qualquer tipo de confusão em relação a dados estatísticos, prefere-se estudar esse tipo de violência como aquela implementada, fortalecida e perpetuada pela sociedade através de discursos políticos e de definição de políticas públicas, seja não deferindo a tutela adequada a esse segmento, seja criando discriminações negativas em razão da idade.

Não se pode esquecer que em muitos casos será necessária a criação de distinções positivas (ações afirmativas) a favor da pessoa idosa, para que, com isso, se atinja a verdadeira igualdade (como o fomento à celebração de contratos de trabalho com pessoas idosas, por exemplo).

Por fim, pensa-se que poderá ocorrer a incidência da *teoria do impacto adverso ou desproporcional* quando se estiver diante da violência sociopolítica, já que esta "ocorre quando medidas públicas ou privadas que não são discriminatórias em sua origem nem estão imbuídas de intuito discriminatório",[4] "acabam por ensejar manifesto prejuízo,

---

3. É o caso, por exemplo, da tradicional "placa de idoso", representada por uma pessoa encurvada e incapaz de se locomover sem a ajuda de uma muleta. Por considerá-la pejorativa, o Projeto de Lei do Senado 126, de 2016 visa alterar a Lei 7.405, de 12 de novembro de 1985, e a Lei 10.741, de 1º de outubro de 2003, para dispor sobre o uso de símbolos desprovidos de caráter pejorativo na identificação de pessoa com deficiência e de idoso. Explicação da Ementa: Desobriga a utilização do "Símbolo Universal de Acesso" em locais e serviços que são utilizados por pessoas portadoras de deficiência, e em seu lugar obriga a utilização de símbolos desprovidos de caráter pejorativo.
4. MARTEL, Letícia de Campos Velho. *Adaptação razoável*: o novo conceito sob as lentes de uma gramática constitucional inclusiva. Disponível em: https://core.ac.uk/download/pdf/16031666.pdf. Acesso em: 19 jan. 2023.

normalmente em sua aplicação, a alguns grupos minoritários, cujas características físicas, psíquicas ou modos de vida escapam ao da generalidade das pessoas a quem as políticas se destinam".[5]

3.1.2 A violência institucional

A segunda grande categoria de violência em face da pessoa idosa é a institucional, cometida em face de pessoas que se encontram institucionalizadas em hospitais, instituições de longa permanência de idosos (ILPI's), em ambientes de trabalho, entre outros, e, "diz respeito aos serviços prestados por outras instituições, como hospitais, serviços públicos, que ocorrem por ação ou omissão. Refere-se também à relação existente nas Instituições de Longa Permanência para idosos e instituições de serviço privadas ou públicas, nas quais nega ou atrasa o acesso, hostiliza o idoso e não respeita sua autonomia".[6]

Uma das formas dessa expressão é justamente a negativa de acesso à saúde em razão de idade, dando-se preferência de atendimento aos mais jovens apenas com fundamento na idade (situação tristemente cogitada no início da pandemia da Covid-19).

Não é novidade que os leitos hospitalares são escassos, principalmente em um quadro de constante crise no sistema de saúde. Em muitos casos, os profissionais de saúde precisam fazer a escolha de quem irá ser atendido primeiro, em detrimento do outro.

A isso a literatura chama de mistanásia – palavra que deriva do grego *mis*, miserável; e *thanatos*, morte –, prática que se refere à morte infeliz, prematura, abandonada, fora e/ou antes do seu tempo. De fato, trata-se de uma das piores modalidades do processo que envolve a morte, já que ocorre por abandono, descaso e desamparo, correspondendo, em última análise, a uma negação da cidadania à pessoa.

Negar atendimento hospitalar a qualquer pessoa, apenas em razão da sua idade, é prática a um só tempo preconceituosa, desprovida de qualquer proporcionalidade, negativa de toda evolução nos direitos humanos dos idosos e que abala seriamente uma série de direitos fundamentais inerentes ao ser humano, como o próprio direito à vida. Afinal, são os idosos que, ao menos em tese, mais precisam de atendimento hospitalar, devendo ser abandonado de vez o preconceituoso pensamento de que, por terem mais idade, já se encontrariam próximos à morte, até porque o fato de possuírem 60, 70 ou 90 anos não significa que terão uma vida com menos dignidade. Aliás, muito pelo contrário. A dignidade é algo associado à vida humana, independentemente de sua etapa.

---

5. MARTEL, Letícia de Campos Velho. *Adaptação razoável*: o novo conceito sob as lentes de uma gramática constitucional inclusiva. Disponível em: https://core.ac.uk/download/pdf/16031666.pdf. Acesso em: 19 jan. 2023.
6. ARAÚJO, Ludgleydson Fernandes de; LOBO FILHO, Jorgeano Gregório. *Análise Psicossocial da Violência contra Idosos*. Psicologia: Reflexão e Crítica, 22(1), 153-160. Disponível em: https://www.scielo.br/pdf/prc/v22n1/20.pdf. Acesso em: 19 jan. 2023.

Por isso, entende-se que eventual mistanásia não pode se fundar em categoria de pessoas ainda mais vulneráveis. Caso ela efetivamente seja necessária, que se baseie em critérios de emergência médica e não em critérios puramente etários que só acentuariam vulnerabilidades de um segmento social específico.

A violência institucional também pode ser evidenciada em situações envolvendo ILPI's (Instituições de Longa Permanência de Idosos), quando os contratos eventualmente celebrados com os idosos são caracterizados como abusivos, por não lhes deferirem o direito à visitação ou lhes retirarem a autonomia, por exemplo.

Percebe-se, assim, que a violência institucional também é bastante ampla, não sendo caracterizada apenas em situações em que o idoso se encontre submetido a cuidados, como em hospitais e em instituições de longa permanência. Afinal, considerando que a pessoa idosa possui o direito à educação continuada (art. 3º, 20 e 21, EPI), até mesmo em instituições de ensino ela poderá ser evidenciada, em hipóteses de negativa de acesso ou matrícula.

A propósito, a Lei 13.535/2017 adicionou ao Estatuto da Pessoa Idosa, previsão específica a respeito do direito à educação superior do idoso, ao prever que "as instituições de educação superior ofertarão às pessoas idosas, na perspectiva da educação ao longo da vida, cursos e programas de extensão, presenciais ou a distância, constituídos por atividades formais e não formais" (art. 25, EPI).

3.1.3 A violência intrafamiliar

O terceiro grande grupo de violência em face da pessoa idosa é a intrafamiliar, isto é, aquela que acontece dentro da própria família, seja a natural (formada pelo cônjuge, ascendentes e descendentes), a extensa (formada por outros parentes) e, até mesmo, pela substituta (através de colocação de pessoa idosa em família distinta da natural).[7] Mas vai além, já que abrange pessoas em quem o idoso deposita confiança, como é o caso de cuidadores e curadores.

O curioso é que, embora essa forma de violência seja considerada uma "violência calada, do silêncio, que possui como agressores os familiares (filhos, netos, noras, cônjuges, vizinhos, cuidadores)", ela representa mais de 80% dos casos de violências relatadas no Disque 100.[8]

Muitos temas que serão estudados nesta obra refletem possíveis formas de violência intrafamiliar, como é o caso do abandono afetivo e a alienação parental inversa, por exemplo.

---

7. Conceitos adaptados do Estatuto da Criança e do Adolescente: família natural – art. 25, ECA; família extensa – art. 25, parágrafo único, ECA; família substituta – art. 28, ECA.
8. ARAÚJO, Ludgleydson Fernandes de; LOBO FILHO, Jorgeano Gregório. *Análise Psicossocial da Violência contra Idosos*. Psicologia: Reflexão e Crítica, 22(1), 153-160. Disponível em: https://www.scielo.br/pdf/prc/v22n1/20.pdf. Acesso em: 19 jan. 2023.

3.1.4 A peculiar situação da autonegligência

Diferentemente das demais formas de manifestação da violência, a autonegligência, também denominada de autoinfligida, corresponde a uma violência que o idoso comete contra si mesmo, sendo aquela que "pode conduzir à morte lenta de uma pessoa idosa em casos em que ela própria se autonegligência, ou manifestar-se como ideações, tentativas de suicídio e suicídio consumado".[9] É o caso da pessoa que não se cuida adequadamente, como, por exemplo, em aspectos de higiene e alimentação ou não toma os remédios que lhe foram prescritos. Assim sendo, "não é um terceiro que abusa da pessoa idosa, é a própria pessoa idosa que maltrata a si mesma".[10]

Nesse caso, é possível que a pessoa passe a ser considerada em situação de risco, a viabilizar, com isso, a aplicação de medidas de proteção específicas em razão de sua condição pessoal (art. 43, III, Estatuto da Pessoa Idosa).

Contudo, existe um liame tênue entre a autonegligência e os limites de autodeterminação e autonomia da pessoa idosa. Aliás, a tônica contemporânea de toda a tutela normativa dos direitos dos idosos é justamente a preservação dessa autonomia, de forma a eliminar estereótipos que correlacionam o conceito de incapacidade com a idade avançada.

Em razão da sua peculiaridade, algumas linhas precisam ser destinadas à abordagem da autonegligência. É o que se realizará nos subtópicos a seguir.

3.1.4.1 Conceito de autonegligência

A Constituição da República de 1988 determina que a família, a sociedade e o Estado têm o dever de amparar as pessoas idosas, de modo a lhes assegurar sua participação na comunidade, defender sua dignidade e bem-estar e garantir o seu direito à vida (art. 230, CR/88). A partir da leitura desse dispositivo constitucional, denota-se que existe um dever atribuído aos referidos sujeitos na proteção da pessoa idosa, para que qualquer tipo de violência seja eliminada.

A autonegligência de idosos é considerada uma questão de saúde pública e uma preocupação de direitos humanos ao nível global,[11] o que demanda uma atuação positiva do Estado, da sociedade e da família, com a finalidade de garantir segurança e saúde a estas pessoas.

---

9. RAMOS, Paulo Roberto Barbosa. A atuação do Ministério Público na tutela dos direitos das pessoas idosas. In: MENDES, Gilmar Ferreira et al. *Manual dos direitos da pessoa idosa*. São Paulo: Saraiva, 2017, p. 571.
10. RAMOS, Paulo Roberto Barbosa. A atuação do Ministério Público na tutela dos direitos das pessoas idosas. In: MENDES, Gilmar Ferreira et al. *Manual dos direitos da pessoa idosa*. São Paulo: Saraiva, 2017, p. 571.
11. "Elder self-neglect is a global public health and human rights issue that threatens older people's health and safety". DONG, Xin Qi. Elder self-neglect: research and practice. Clin Interv Aging. 2017; 12: 949-954. Published online 2017 Jun 8. DOI: 10.2147/CIA.S103359. PMCID: PMC5472408. Disponível em: https://www.ncbi.nlm.nih.gov/pmc/articles/PMC5472408/. Acesso em: 19 jan. 2023.

Estatisticamente, pode-se constatar que, se, por um lado, a autonegligência representa, nos Estados Unidos da América, o principal tipo de violência ao idoso, com 41,9% dos casos,[12] sua ocorrência é bem diferente no Brasil. Por aqui, ela corresponde a aproximadamente 1% das violências fundadas em negligência ao idoso, conforme se extrai de estatísticas do Disque 100.[13] Não obstante tal número oficial, estudo norte-americano realizado pela *National Association of Professional Geriatric Care Managers* (NAPGCM) demonstra que a autonegligência se trata de violência velada, subnotificada e mais corriqueira do que a violência física, sexual e emocional entre idosos,[14] fato que deve nortear a análise também no cenário brasileiro.

Portanto, não seria estranho se cogitar a que existe subnotificação da autonegligência no cenário nacional. Um dos fundamentos poderia ser justamente a ausência de informação por parte da população, já que, como tantas vezes dito, se trata de violência velada inclusive em campanhas governamentais informativas a respeito da violência da pessoa idosa.

De acordo com o "2010 *Elder Justice Act*" (EJA), a autonegligência derivaria da inabilidade do idoso, devido *a questões físicas, mentais ou por capacidade diminuída*, em executar tarefas essenciais de autocuidado, como a obtenção de alimentos, vestuário, abrigo e tratamento médico, na obtenção de bens e serviços necessários para a manutenção da sua saúde e segurança em geral, e, ainda, na administração de seus assuntos financeiros.[15]

Entretanto, a literatura esclarece que este conceito é incompleto, já que deixa de fora as pessoas mentalmente capazes, como muitos idosos. É o caso da pesquisadora norte-americana Mary Rose Day, para quem "esta definição exclui idosos mentalmente competentes, que entendem as consequências de suas decisões e tomam uma decisão consciente e deliberada de se envolver em atos que ameaçam sua própria saúde ou segurança por uma questão de escolha pessoal".[16]

---

12. De acordo com informações da *Adult Protective Services* (APS).
13. Disponível em: https://www.gov.br/mdh/pt-br/acesso-a-informacao/ouvidoria/balanco-disque-100. Acesso em: 19 jan. 2023.
14. "New Survey Finds Self-Neglect of Elderly is a Growing often Hidden Problem, More Common than Physical, Sexual or Emotional Abuse; Elder Care Experts Report Tragic Cases." Disponível em: https://www.prweb.com/releases/2014/09/prweb12193163.htm. Acesso em: 19 jan. 2023.
15. "Adults inability, due to physical or mental impairment or diminished capacity, to perform essential self-care tasks including obtaining essential food, clothing, shelter and medical care obteaining goods and services necessary to maintain physical health, mental health or general safety; and/or managing one's own financial affairs". Teaster PB, Dugar TA, Mendiondo MS, Abner EL, Cecil KA. The 2004 survey of state adult protective services: abuse of adults 60 years of age and older. The National Center on Elder Abuse; 2006. Disponível em https://ncea.acl.gov/resources/docs/archive/2004-Survey-St-Audit-APS-Abuse-18plus-2007.pdf. Acesso em: 19 jan. 2023.
16. "This definition excludes mentally competent older people, who understang the consequences of their decisions and make a conscious and deliberate decision to engage in acts that threaten their own health or safety as a matter of personal choice". DAY, Mary Rose et al. *Self-Neglect in Older Adults:* A Global, Evidence-Based Resource for Nurses and other health care providers. New York: Springer Publishing Company, 2018, p. 12.

Dessa maneira, é imprescindível que haja uma definição mais ampla a respeito da autonegligência, em ordem a se conferir uma tutela mais apropriada aos direitos dos idosos, sejam eles capazes ou não. Para tanto, a abordagem deverá ser distinta quando se estiver diante de pessoas capazes ou não de gerir a sua própria vida, já que, se tratando de indivíduo incapaz, o ordenamento jurídico brasileiro estabelece a possibilidade de se ajuizar uma ação de curatela pelos legitimados previstos no art. 747 do CPC/15, a qual, embora se trate de uma medida extraordinária, será proporcional às necessidades e às circunstâncias de cada caso (art. 84, § 3º, Lei 13.146/2015). Nessa situação, o juiz poderá determinar que um curador exerça os atos inerentes aos cuidados indispensáveis dessa pessoa idosa e, no caso de omissão, poderá substituí-la por outra que pratique os atos indispensáveis para a saúde, bem-estar e segurança do curatelado.

Diferentemente será o caso de uma pessoa capaz, que, por definição, tem aptidão para a prática de todos os atos da vida civil, já que, nessa hipótese, pelo menos a princípio, não será possível compelir-se uma terceira pessoa a realizar os cuidados que deveriam ser feitos por ela mesma.

Isso tudo demonstra que a análise da capacidade e habilidade da pessoa para viver a sua vida de forma segura e independente na comunidade é questão central na abordagem da matéria.[17]

Por isso, para aqueles idosos capazes de gerir a sua vida independentemente, existe um liame tênue entre o que pode vir a caracterizar, por um lado, a autonegligência e, por outro, a sua autonomia e autodeterminação. Isto porque, não é novidade alguma que cada um tem o direito de viver a sua vida da forma que reputar mais adequada. Portanto, se, exemplificativamente, uma pessoa considerar adequado tomar banho duas a três vezes ao dia, enquanto outra acreditar que essa frequência deveria ser reduzida para duas a três vezes por semana, isso, antes de ser imediatamente reprovado, deve ser respeitado e analisado dentro de contextos e realidades específicas, pois cada uma dessas práticas pode ser bastante comum em certas regiões e culturas do Brasil, mas absolutamente incomum em outras.

De fato, os limites entre a autodeterminação e a autonegligência são tênues, de forma que o exercício de uma pode esbarrar na definição da outra e vice-versa. A dificuldade na definição destes limites influencia, inclusive, na possibilidade de aplicação de medidas protetivas específicas à pessoa idosa que, eventualmente, pode se encontrar em situação de risco social.

Esta temática será abordada com um pouco mais de detalhes no tópico a seguir.

---

17. "A central issue for addressing self-neglect is the assessment of the person's decision-making capacity and willingness and abitily to live safely and independently in the community". DAY, Mary Rose et al. *Self-Neglect in Older Adults*: A Global, Evidence-Based Resource for Nurses and other health care providers. New York: Springer Publishing Company, 2018, p. 12.

3.1.4.2 A autonegligência, o problema da configuração e a aplicação de medidas protetivas específicas

Diante da notificação a respeito de autonegligência por parte de idosos, será possível que o Ministério Público tome as medidas cabíveis para tutelar os seus direitos. Inicialmente, no caso de dúvida a respeito dos limites entre a autonegligência e a sua autodeterminação, poderá requisitar a elaboração de relatório por assistente social, para que esclareça a situação vivenciada por aquele idoso. Sem prejuízo, o juiz e o membro do Ministério Público podem realizar inspeção judicial no local em que o idoso se encontre, já que, "para efetivar qualquer medida prevista no art. 45 do EI deve o juiz e/ou membro do Ministério Público se municiar de estudo multidisciplinar e, muitas vezes ir *in loco*, para constatar a situação real do idoso e os vários aspectos sociais, econômicos, ambientais e jurídicos envolvidos".[18]

Eventualmente sendo constatada autonegligência por parte de determinado idoso, será possível a aplicação das medidas de proteção específicas do art. 45 do Estatuto da Pessoa Idosa, que assim dispõe:

> Art. 45. Verificada qualquer das hipóteses previstas no art. 43, o Ministério Público ou o Poder Judiciário, a requerimento daquele, poderá determinar, *dentre outras*, as seguintes medidas:
>
> I – encaminhamento à família ou curador, mediante termo de responsabilidade;
>
> II – orientação, apoio e acompanhamento temporários;
>
> III – requisição para tratamento de sua saúde, em regime ambulatorial, hospitalar ou domiciliar;
>
> IV – inclusão em programa oficial ou comunitário de auxílio, orientação e tratamento a usuários dependentes de drogas lícitas ou ilícitas, ao próprio idoso ou à pessoa de sua convivência que lhe cause perturbação;
>
> V – abrigo em entidade;
>
> VI – abrigo temporário.

Deve-se anotar que essas medidas protetivas previstas em lei não são as únicas viáveis para o caso concreto, já que o dispositivo apresenta um rol exemplificativo, conforme se constata da simples leitura de seu texto normativo e, igualmente, da jurisprudência.[19]

Na doutrina, entretanto, é possível encontrar entendimento no sentido de que existiria necessidade de obediência à ordem cronológica, "devendo a precedente ser observada caso não haja condições de adimplemento da anterior",[20] muito embora este

---

18. COSTA FILHO, Waldir Macieira da. Medidas de proteção à pessoa idosa. In: MENDES, Gilmar Ferreira et al. *Manual dos direitos da pessoa idosa*. São Paulo: Saraiva, 2017, p. 486.
19. "2. Nessa estreita via cognitiva, assiste razão ao agravante quanto à necessidade de fixação dos alimentos em favor da idosa, posto que, diferentemente do que consignou o d. Juiz singular, não há razão para que os alimentos sejam pleiteados em ação própria, face a vulnerabilidade da parte, sendo certo que o rol de medidas de proteção elencadas no art. 45 do Estatuto é exemplificativo e não taxativo, o que autoriza a imediata fixação dos alimentos." (TJ-MG, AI: 10242150023719001 MG, Rel. Teresa Cristina da Cunha Peixoto, DJe de 14.12.2018).
20. "Assim a manutenção ou encaminhamento à família ou curador é a primeira principal medida, sendo o abrigamento em local público ou particular a última hipótese, quando não exista ou não haja condições de permanência do idoso em sua residência ou local familiar". COSTA FILHO, Waldir Macieira da. Medidas de proteção à pessoa idosa. In: MENDES, Gilmar Ferreira et al. *Manual dos direitos da pessoa idosa*. São Paulo: Saraiva, 2017, p. 485.

livro respeitosamente acredite que o ideal é que as medidas de proteção sejam aplicadas dentro do que se mostrar mais adequado ao caso concreto, sendo este mais um motivo pelo qual se sustente por aqui que o rol do art. 45 do Estatuto da Pessoa Idosa é, não só meramente exemplificativo, mas, também, aberto, o que torna viável a aplicação da medida de proteção que se mostrar mais efetiva para a tutela dos direitos dos envolvidos, independentemente de qualquer ordem de preferência na sua aplicação.

E, por assim ser, para além das medidas previstas nos incisos do art. 45, é plenamente possível que haja a tomada de outras providências, judiciais e extrajudiciais, por parte do Ministério Público, bem como a orientação, apoio e encaminhamento "para tratamentos de saúde, inclusão em programa de assistência social, como o benefício de prestação continuada (BPC) de um salário mínimo ao idoso em situação de miserabilidade",[21] "além de conscientização e capacitação para atender às necessidades"[22] da pessoa idosa.

No ponto, relevante mencionar o ponto de vista do professor constitucionalista e promotor de justiça Guilherme Peña de Moraes, a respeito da dupla dimensão constitutiva da dignidade da pessoa humana, em suas dimensões autonômica e protetiva. Para ele, "a dimensão autonômica é correlata à dignidade como possibilidade de autodeterminação da pessoa humana", enquanto "a dimensão protetiva é correlativa à necessidade de proteção da pessoa humana pelo Estado e sociedade".[23]

Assim, a resposta para o dilema a respeito dos limites da autonegligência e da autodeterminação da pessoa deveria seguir a instrução dada pelo referido professor, já que "em linha de princípio, a dimensão autonômica tem ascendência sobre a dimensão protetiva, a não ser na hipótese em que a autonomia da vontade se mostre fragilizada pela ignorância técnica, quando, então, a regra se inverte, como demonstrou-se no caso em exame".[24]

Sem dúvidas, tal vertente doutrinária pode trazer aportes fundamentais para a definição dos limites de atuação estatal e/ou preservação da autonomia da pessoa idosa em casos de possível autonegliência.

3.2 AS MEDIDAS PROTETIVAS: HIPÓTESES EXEMPLIFICATIVAS, LEGITIMIDADE AMPLIADA DA FAMÍLIA E EXCEÇÃO AO PRINCÍPIO DA CONGRUÊNCIA

Da mesma forma que outros instrumentos normativos que visam tutelar sujeitos específicos, como é o caso do Estatuto da Criança e do Adolescente (na proteção de

---

21. COSTA FILHO, Waldir Macieira da. Medidas de proteção à pessoa idosa. In: MENDES, Gilmar Ferreira et al. *Manual dos direitos da pessoa idosa*. São Paulo: Saraiva, 2017, p. 486.
22. COSTA FILHO, Waldir Macieira da. Medidas de proteção à pessoa idosa. In: MENDES, Gilmar Ferreira et al. *Manual dos direitos da pessoa idosa*. São Paulo: Saraiva, 2017, p. 486.
23. Disponível em: https://mbasic.facebook.com/Guilhermepenademoraes/photos/a.718131004867863.1073741828.686760358004928/843991818948447/?type=3&p=10. Acesso em: 19 jan. 2023.
24. Disponível em: https://mbasic.facebook.com/Guilhermepenademoraes/photos/a.718131004867863.1073741828.686760358004928/843991818948447/?type=3&p=10. Acesso em: 19 jan. 2023.

pessoas com idade inferior a 18 anos de idade) e da Lei Maria da Penha (tutela a mulher em situação de violência doméstica e familiar), também o Estatuto da Pessoa Idosa prevê a possibilidade de aplicação de medidas de proteção em benefício de pessoas idosas que se encontrem em situação de ameaça ou violação aos seus direitos.

De acordo com seu artigo 43, as medidas de proteção ao idoso são aplicáveis sempre que os direitos estatutariamente reconhecidos forem ameaçados ou violados por ação ou omissão da sociedade ou do Estado (I), por falta, omissão ou abuso da família, curador ou entidade de atendimento (II), ou em razão de sua condição pessoal (III). Todas elas poderão ser aplicadas isolada e cumulativamente, e levarão sempre em conta os fins sociais a que se destinam e o fortalecimento dos vínculos familiares e comunitários (art. 44, EPI).

As medidas protetivas previstas em lei são meramente exemplificativas, sendo cabível a aplicação de outras não previstas no elenco no artigo 45 do EI, sempre em atenção ao melhor interesse da pessoa idosa.

De acordo com o referido dispositivo legal, seria possível a aplicação das seguintes medidas, além de outras: I – encaminhamento à família ou curador, mediante termo de responsabilidade; II – orientação, apoio e acompanhamento temporários; III – requisição para tratamento de sua saúde, em regime ambulatorial, hospitalar ou domiciliar; IV – inclusão em programa oficial ou comunitário de auxílio, orientação e tratamento a usuários dependentes de drogas lícitas ou ilícitas, ao próprio idoso ou à pessoa de sua convivência que lhe cause perturbação; V – abrigo em entidade; VI – abrigo temporário.

As medidas de proteção poderão ser aplicadas pelo Poder Judiciário, mas também o Ministério Público terá atribuição para tanto, em caráter extrajudicial.

Para requisições judiciais, o Estatuto atribui a legitimidade exclusiva ao órgão ministerial (art. 45). Entretanto, entende-se, respeitosamente, que esta disposição deveria ser flexibilizada, por acreditar-se que uma legitimidade mais ampliada teria o condão de tutelar mais adequadamente a pessoa idosa, já que, neste caso, também se viabilizaria à família, por exemplo, a legitimidade para ingressar com demandas postulando a proteção da pessoa idosa e a correspectiva aplicação de medidas em seu benefício.

Tal ótica visaria tutelar a pessoa idosa que, em muitas situações, se coloca em situação de risco social, seja em razão, por exemplo, da autonegligência, como nos casos de recusa injustificada em se submeter a exames médicos (de rotina ou para tratamentos específicos), ou, ainda, na negativa, por pessoa que não se encontra mais em plenas condições físicas ou psicológicas, à submissão a tratamentos médicos ou ao comparecimento a consultas com especialistas, e, em tais hipóteses, a família não consegue obter meios para constrangê-la a realizar tais atos indispensáveis ao seu bem-estar.

Nestes casos, ao buscar o Poder Judiciário para a tomada de medidas em benefício daquela pessoa idosa, pensa-se que a família estaria agindo em consonância com o seu dever constitucional previsto nos artigos 229 e 230 da CR/88. Sem dúvidas, o peticionamento através de advogado, que possui capacidade postulatória, é fundamental. Ademais, a exposição de todas as nuances do caso concreto é imprescindível, bem como o respeito ao meio processual adequado, inclusive com possibilidade de requisição de tutelas provisórias de urgência (art. 300, CPC).

Cogita-se, ainda, a possibilidade de a própria pessoa idosa requerer as medidas de proteção em seu benefício, em aplicação semelhante ao previsto no artigo 19 da Lei Maria da Penha, cenário em que a ofendida possui, inclusive, capacidade postulatória para requerer as medidas em seu favor.

As medidas protetivas podem ser encaradas como uma exceção ao princípio da congruência, sendo possível que o juiz determine a aplicação de medida diferente da postulada, concedendo a que se mostrar mais apropriada ao caso concreto. A respeito, pontua-se relevante posicionamento formulado pelo professor e advogado carioca, Sandro Gaspar Amaral, ao aduzir que, em cenários específicos, "a pessoa protegida não é uma pessoa livre".[25] Tal lógica deve sempre ser sopesada pelo Judiciário, pois, afinal, as requisições de medidas protetivas podem invadir a liberdade e a esfera privada daquela pessoa idosa de maneira não prevista anteriormente e, quem sabe, de forma não adequada aos anseios daquele sujeito.

Embora em abordagem das medidas protetivas previstas na Lei Maria da Penha, Fredie Didier e Rafael Oliveira sustentam que o princípio da proporcionalidade deve sempre ser aferido pelo magistrado, ao argumento de que é "nesse contexto que surge o princípio da proporcionalidade como limitador do poder conferido ao magistrado para a escolha da medida provisional correta. [...] Por esse princípio, três subprincípios devem ser observados na escolha, pelo magistrado, da providência material tendente a inibir ou remover o ilícito (violência doméstica e familiar): (i) a adequação, segundo a qual a providência adotada pelo juiz não pode infringir o ordenamento jurídico, devendo ser adequada para que se atinja o bem da vida almejado; (ii) a necessidade, segundo a qual a ação material eleita deve ter a capacidade de realizar, no plano dos fatos, a tutela do direito, causando a menor restrição possível ao agressor; (iii) e a proporcionalidade em sentido estrito, segundo a qual o magistrado, antes de eleger a ação material a ser imposta, deve sopesar as vantagens e desvantagens da sua aplicação, buscando a solução que melhor atenda aos valores em conflito".[26]

De acordo com a linha defendida neste livro, idêntico raciocínio seria plenamente aplicável às medidas protetivas previstas no Estatuto da Pessoa Idosa.

---

25. Ponto de vista exarado em evento realizado pelo Curso Fórum "Cidadania dos Idosos". Disponível em: https://www.youtube.com/watch?v=1M5AF_SMnQ0&t=2824s. Acesso em: 19 jan. 2023.
26. DIDIER JR., Fredie; OLIVEIRA, Rafael. *Aspectos Processuais Civis da Lei Maria da Penha* (Violência Doméstica e Familiar Contra a Mulher). Disponível em: http://tmp.mpce.mp.br/nespeciais/promulher/artigos/Aspectos%20Processuais%20Civis%20da%20Lei%20Maria%20da%20Penha.pdf. Acesso em: 19 jan. 2023.

3.3 A INSTITUCIONALIZAÇÃO DA PESSOA IDOSA

3.3.1 Modalidades de atendimento: não asilar e asilar

A institucionalização, popularmente denominada de asilamento, é uma das medidas de proteção que podem ser aplicadas para a tutela da pessoa idosa em situação de risco social (art. 45, V e VI, EPI). No entanto, para além de se tratar de uma medida de proteção, ela também tem por finalidade a garantia do direito à moradia, à saúde e, até mesmo, à convivência familiar (art. 16, Decreto 9.921, de 18 de julho de 2019).

Alarga-se a possibilidade de institucionalização de uma pessoa para além das situações de risco social, podendo corresponder, até mesmo, a um ato fruto da autonomia da vontade do próprio idoso, em uma espécie de *autoinstitucionalização*.[27]

As modalidades de atendimento podem se constituir em modalidade não asilar e a asilar. Na primeira, o Decreto 9.921/2019, define que são modalidades não asilares de atendimento, além de outras, o centro de convivência, o centro de cuidados diurno, a casa-lar, a oficina abrigada de trabalho, o atendimento domiciliar (art. 17). De acordo com este ato normativo, cada uma das modalidades possui uma finalidade específica, e podem ser assim definidas:

> Art. 17. Para fins do disposto neste Capítulo, entende-se por modalidade não asilar de atendimento:
>
> I – centro de convivência – local destinado à permanência diurna da pessoa idosa, onde são desenvolvidas atividades físicas, laboratoriais, recreativas, culturais, associativas e de educação para a cidadania;
>
> II – centro de cuidados diurno: hospital-dia e centro-dia – local destinado à permanência diurna da pessoa idosa dependente ou que possua deficiência temporária e necessite de assistência médica ou de assistência multiprofissional;
>
> III – casa-lar – residência, em sistema participativo, cedida por órgãos ou entidades da administração pública, ou por entidades privadas, destinada às pessoas idosas detentoras de renda insuficiente para a sua manutenção e sem família;
>
> IV – oficina abrigada de trabalho – local destinado ao desenvolvimento, pela pessoa idosa, de atividades produtivas, que lhe proporcione a oportunidade de elevar sua renda, regido por normas específicas;
>
> V – atendimento domiciliar – serviço prestado no lar da pessoa idosa dependente e que vive sozinha, por profissionais da área da saúde ou pessoas da própria comunidade, com a finalidade de suprir as suas necessidades da vida diária; e
>
> VI – outras formas de atendimento – iniciativas desenvolvidas na própria comunidade, com vistas à promoção e à integração da pessoa idosa na família e na sociedade.

Já em relação à modalidade asilar, existe uma regulamentação a respeito das instituições de longa permanência de idosos (ILPI), através da Resolução 283, de 26 de setembro de 2005, da Agência Nacional de Vigilância Sanitária, e das casas de repouso, pela Portaria 810, de 22 de setembro de 1989.

---

27. Existem estudos apontando os efeitos da autoinstitucionalização no Brasil, como: VELOSO, Laura de Sousa Gomes et al. Análise do desempenho funcional de pessoas idosas autoinstitucionalizadas. Disponível em: http://www.seer.unirio.br/cuidadofundamental/article/view/7529/pdf_1. Acesso em: 19 jan. 2023.

Também o Decreto 9.921, de 18 de julho de 2019, define que se entende por modalidade asilar o atendimento, em regime de internato, à pessoa idosa sem vínculo familiar ou sem condições de prover a própria subsistência, de modo a satisfazer as suas necessidades de moradia, de alimentação, de saúde e de convivência social (art. 16).

Ao contrário do que possa parecer, a Lei autoriza o atendimento na modalidade asilar apenas quando inexistir grupo familiar, casa-lar, ou quando houver abandono ou carência de recursos financeiros próprios ou da família (art. 37, § 1º, EPI; art. 16, parágrafo único, Decreto 9.921/2019).

Sem dúvida, este é um ponto que demanda até mesmo uma maior conscientização governamental para toda a sociedade, já que a população pode ser levada a acreditar que a institucionalização de idosos pode ocorrer em qualquer hipótese, bastando, para isso, a mera vontade de qualquer familiar. Diante da maior colocação no mercado de trabalho da mulher (que exerceu ao longo da história um tradicional papel de cuidadora), os cuidados das pessoas com idade mais avançada, principalmente aquelas com algum tipo de comorbidade, acabam se mostrando uma tarefa bastante dificultosa para as famílias da contemporaneidade. Nesse cenário, solidifica-se cada vez mais o pensamento social de que a institucionalização é uma mera manifestação da vontade dos responsáveis, ainda que o idoso tenha família e possua condições financeiras próprias ou de parentes para o custeio de suas necessidades básicas, como à moradia.

Entretanto, ainda que o ordenamento jurídico apenas defira a possibilidade de institucionalização de idosos nas hipóteses previstas em lei (inexistência de grupo familiar, abandono ou carência de recursos financeiros próprios ou da família), não existe uma sanção para a inclusão de idoso em tais instituições, se, constatado que tal decisão realmente visou garantir o melhor interesse da pessoa idosa.

Na prática, já se viu interpretação de que a previsão do artigo 37, § 1º, do EPI, apenas se destina às instituições de longa permanência de idosos de caráter público. Tal lógica pode até fazer algum sentido diante da escassez de instituições desta natureza no Brasil,[28] a impor a demonstração da efetiva necessidade de institucionalização de determinada pessoa idosa, principalmente em razão da ausência de recursos financeiros para custeio de instituições privadas. Para tal entendimento prático, inexistiria tal limitação à colocação de indivíduos idosos em instituições de natureza privada.

Menciona-se, ainda, que inexiste correlação direta entre a colocação da pessoa idosa em instituições de longa permanência com as figuras típicas previstas nos artigos 97 e 98 do EPI, que, respectivamente, criminalizam as condutas de deixar de prestar assistência ao idoso e o seu abandono em entidades de longa permanência. Por certo, o indivíduo poderá viver em uma instituição de longa permanência e, ainda assim, receber

---

28. "A maioria das instituições brasileiras (65,2%) é de natureza filantrópica, refletindo sua origem. Apenas 6,6% são públicas, com predominância das municipais, o que corresponde a 218 instituições, número bem menor do que o de instituições religiosas vicentinas, aproximadamente 700." Disponível em: https://www.scielo.br/j/rbepop/a/s4xr7b6wkTfqv74mZ9X37Tz/?lang=pt#:~:text=A%20maioria%20das%20institui%C3%A7%C3%B5es%20brasileiras%20(65%2C2%25)%20%C3%A9%20de,institui%C3%A7%C3%B5es%20religiosas%20vicentinas%2C%20aproximadamente%20700. Acesso em: 19 jan. 2023.

visitas frequentes dos seus parentes, participar ativamente das atividades familiares, bem como receber todo apoio necessário daqueles, inclusive moral/emocional. Justamente por isso, parece ser prudente consignar que a longevidade tem trazido uma nova tônica ao exercício do direito à moradia de idosos em entidades de longa permanência, o que poderia levar a uma possível flexibilização do comando literal do art. 37, § 1º do EPI.

O certo é que o direito à moradia pode ser exercido de diversas formas, inclusive em uma instituição pública ou privada, e em todas, deve-se privilegiar a dignidade e autonomia da pessoa idosa.

A própria lei prevê que apenas haverá a institucionalização em entidades de longa permanência quando inexistir a denominada casa-lar. Esta, por sua vez, é uma residência, em sistema participativo, cedida por órgãos ou entidades da administração pública, ou por entidades privadas, destinada às pessoas idosas detentoras de renda insuficiente para a sua manutenção e sem família (art. 17, III, Decreto 9.921/2019).

Em países europeus, inclusive, tem se popularizado o designado "*senior cohousing*", ou moradia compartilhada de idosos, cenário em que pessoas idosas optam por morar em uma área compartilhada e colaborativa, em conjunto com outras pessoas também idosas, ainda que permaneçam com algumas áreas individuais e outras compartilhadas (como uma vila, onde a pessoa teria o seu espaço próprio, mas existiriam cômodos/lugares comuns, onde o convívio com outras pessoas se desenvolveria de forma plena).

Embora tal instituto ainda não seja tão popular no Brasil, trata-se de uma tendência mundial que pode propiciar uma série de direitos fundamentais à pessoa idosa. Afinal, não se pode esquecer que a solidão comumente derivada de diversos fatores (viuvez, filhos com suas próprias atividades, ausência de amigos), pode não só ser uma realidade para muitos idosos, como também desencadear uma série de transtornos à sua saúde, como a depressão e outras doenças.

Contudo, não se pode esquecer que a institucionalização em entidades de longa permanência também pode acarretar solidão e depressão em idosos, principalmente "quando surgem acontecimentos de vida que se traduzem em perdas ou, quando sua capacidade de adaptação está diminuída".[29]

Justamente por isso, a análise da institucionalização de idosos deve sempre levar em consideração o seu melhor interesse, para que sejam preservados o seu bem-estar e dignidade.

3.3.2 Requisitos para a institucionalização de idosos

O Estatuto da Pessoa Idosa reserva um espaço para a regulamentação dos programas de institucionalização de longa permanência. É indispensável que ela ofereça

---

29. AZEREDO, Zaida de Aguiar Sá; AFANSO, Maria Alcina Neto. Solidão na perspectiva do idoso. *Rev. Bras. Geriatr. Gerontol.* Rio de Janeiro, 2016. Disponível em: https://www.scielo.br/pdf/rbgg/v19n2/1809-9823-rbgg-19-02-00313.pdf. Acesso em: 19 jan. 2023.

instalações físicas em condições adequadas de habitabilidade, higiene, salubridade e segurança, apresente objetivos estatutários e plano de trabalho compatíveis com os princípios do EPI, esteja regularmente constituída e, ainda, demonstre a idoneidade de seus dirigentes (art. 48, parágrafo único, EPI). No tocante ao dirigente, ele se responsabilizará civil e criminalmente pelos atos que praticar em detrimento da pessoa idosa, sem prejuízo das sanções administrativas (art. 49, parágrafo único, EPI).

Para além de dever ofertar atendimento personalizado e em pequenos grupos, o estabelecimento deverá preservar a identidade daquela pessoa idosa, em um ambiente de respeito e dignidade. Ademais, como manifestação do direito à convivência familiar e comunitária, tais instituições deverão zelar pela preservação dos vínculos familiares, bem como com as outras pessoas que também se encontrem institucionalizadas – a partir previsão legal de que a pessoa idosa deve ser mantida na instituição que se encontra, salvo força maior (art. 49, EPI).

Quanto à relação jurídica formada entre a instituição e a pessoa institucionalizada, é indispensável que haja a formalização da prestação de serviço mediante a celebração de um contrato escrito, que deverá especificar o tipo de atendimento, as obrigações da entidade e prestações decorrentes da avença, com os respectivos preços, se for o caso (art. 50, I, EPI).

A Portaria 810, de 22 de setembro de 1989, do Ministério da Saúde, fixa normas para o funcionamento de casas de repouso, clínicas geriátricas e outras instituições destinadas ao atendimento de idosos, detalhando questões como o registro, funcionamento, área física, instalações e outros assuntos.

Para esse ato normativo, consideram-se como instituições específicas para idosos os estabelecimentos, com denominações diversas, correspondentes aos locais físicos equipados para atender pessoas com 60 ou mais anos de idade, sob regime de internato ou não, mediante pagamento ou não, durante um período indeterminado, e que disponham de um quadro de funcionários para atender às necessidades de cuidados com a saúde, alimentação, higiene, repouso e lazer dos usuários e desenvolver outras atividades características da vida institucional (item 1 da Portaria 810/89).

No ato de admissão, tais instituições devem registrar e manter registros atualizados de todas as pessoas atendidas, constando, para além das qualificações básicas (nome, data de nascimento, sexo, nome e endereço do responsável, caso não se deva à decisão do próprio idoso), informações demonstrando a capacidade funcional e o estado de saúde do indivíduo a ser atendido, a fim de adequar os serviços às suas necessidades. Assim, serão anotados neste registro todos os fatos relevantes ocorridos no período de atendimento relacionados à saúde, bem-estar social, direitos previdenciários, alta e/ ou óbito (item 2.2.2.1 da Portaria 810/89).

Caso haja atendimento de pessoa idosa com enfermidades, deve-se manter prontuário de atendimento contendo descrição da evolução dos pacientes, ações propedêuticas e terapêuticas (item 2.2.2.2 da Portaria 810/89).

4
A SOCIEDADE EM PROCESSO DE ENVELHECIMENTO – MUDANÇAS COMPORTAMENTAIS A PARTIR DE FENÔMENOS GERACIONAIS

4.1 NOÇÕES INICIAIS

Em toda a história da humanidade, nunca se viveu tanto quanto hoje. Na atualidade, a ciência, a tecnologia e a cultura são fatores que têm ocasionado um aumento sem precedentes na expectativa de vida. Para se ter ideia, projeções apontam que 14,7% da população são de idosos,[1] o que consiste em mais de 30 milhões de pessoas, sendo que tal percentual irá dobrar no ano de 2045.[2]

A partir de tais dados, pode-se perceber que os jovens e os adultos de hoje, muito provavelmente chegarão até essa peculiar fase da vida, que começa após os 60 anos (art. 1º do EI). Por certo, os *futuros idosos* não obedecerão ao mesmo padrão comportamental dos *atuais idosos*, já que levarão consigo uma gama de valores que lhes foram impregnados ao longo de suas vidas, muito coligados aos padrões comportamentais das gerações às quais pertenceram. Se é verdade que existem múltiplas gerações, contadas a partir da data em que determinada pessoa nasceu, e estas influenciam aspectos de consumo, relacionamentos interpessoais, familiares e de trabalho, é igualmente certo que todos estes fenômenos serão espelhados e levados consigo quando for considerada idoso.

As gerações dos *babyboomers*, X, Y (*Millenials*) e Z (*iGeneration*), são todas categorias já abordadas em estudos científicos e também impregnadas no senso comum da população. Mas, muito comumente, tais pesquisas identificam como cada geração se comporta de acordo com o atual momento social, e não como serão no futuro, pois, de fato, falar em futuro é apenas refletir proposições e projeções. Os únicos que já podem ser objeto de estudo quando do advento da velhice são as pessoas que refletem a geração

---

1. "Nesse período, a parcela de pessoas com 60 anos ou mais saltou de 11,3% para 14,7% da população. Em números absolutos, esse grupo etário passou de 22,3 milhões para 31,2 milhões, crescendo 39,8% no período". Disponível em: https://agenciadenoticias.ibge.gov.br/agencia-noticias/2012-agencia-de-noticias/noticias/34438-populacao-cresce-mas-numero-de-pessoas-com-menos-de-30-anos-cai-5-4-de-2012-a-2021#:~:text=Nesse%20per%C3%ADodo%2C%20a%20parcela%20de,39%2C8%25%20no%20per%C3%ADodo. Acesso em: 19 jan. 2023.

2. Disponível em: https://www.ibge.gov.br/estatisticas-novoportal/sociais/populacao/9109-projecao-papopulacao.html?=&t=resultados. Acesso em: 19 jan. 2023.

babyboomer (nascidas entre 1945 e 1964), já que parcela dessa categoria populacional se encontra com mais de 60 anos de idade atualmente.

Inclusive, já se afirmou que "não se fazem mais sexagenárias como antigamente"[3] e, de fato, os futuros sexagenários podem ter comportamentos completamente distintos daqueles que eventualmente tenham vivido em gerações pretéritas.

Pesquisa realizada nos Estados Unidos da América pela *Pew Research*, entre os anos 1990-2015, demonstrou que dobrou os índices de divórcio de pessoas com mais de 50 anos e triplicou o de pessoas com mais de 65 anos de idade.[4] A mesma fonte indica, ainda, que no período de 2007-2016 houve um aumento de 75% de casos de uniões estáveis com pessoas que possuem mais de 50 anos.[5-6]

As próprias pesquisas apontam que tais alterações no contexto familiar são lideradas pela geração *babyboomer*, que pode ser considerada como aquela que carrega consigo a cultura da emancipação e das grandes transformações sociais vivenciadas nas últimas décadas. Para ela, a liberdade passa a ser uma palavra-chave.

Contudo, não se trata de novidade que todas essas novas formas de se viver podem influenciar também na eventual rede de apoio que a pessoa terá quando já estiver inserida na categoria jurídica de pessoa idosa. De fato, estudos apontam que 22% dos atuais adultos americanos serão considerados idosos órfãos ("*elderly orphans*", em inglês), isto é, serão pessoas que não possuirão filhos, cônjuge ou uma rede de apoio para o caso de eventual necessidade e fragilidade.[7]

Embora tal situação decorra da maior independência e liberdade das pessoas na forma pela qual pretendem guiar e gerir a sua própria vida, não se pode perder de vista que tal constatação também pode influenciar no crescimento de uma população idosa experimentando múltiplas vulnerabilidades. Em muitos casos, não há planejamento para o futuro (em uma análise a longo prazo), como uma vertente da denominada *mio-*

---

3. CAMARANO, Ana Amélia. Mulher idosa: suporte familiar ou agente de mudança? Disponível na internet: http://www.scielo.br/scielo.php?script=sci_arttext&pid=S0103-40142003000300004. Acesso em: 19 jan. 2023.
4. Informação disponível no site: https://www.pewresearch.org/fact-tank/2017/03/09/led-by-baby-boomers--divorce-rates-climb-for-americas-50-population/ Acesso em: 04 out. 2021.
5. Informação disponível no site: https://www.pewresearch.org/fact-tank/2017/04/06/number-of-u-s-adults-cohabiting-with-a-partner-continues-to-rise-especially-among-those-50-and-older/. Acesso em: 19 jan. 2023..
6. "However, while the number of surviving generations in a family may have increased, today these generations are more likely to live separately. In many countries, the shape of economic security; rising rates of migration, divorce, and remarriage; and blended and stepfamily relations. In addition, more adults are choosing not to marry or have children at all. [...] The number, and often the percentage, of older people living alone is rising in most countries. In some European countries, more than 40 percent of women aged 65 or older live alone. Even in societies with strong traditions of older parents living with children, such as in Japan, traditional living arrangements are becoming less common." Informação da Organização Mundial da Saúde disponível em https://www.who.int/ageing/publications/global_health.pdf. Acesso em: 19 jan. 2023.
7. CARNEY, Maria T et al. *Elder Orphans Hiding in Plain Sight*: A Growing Vulnerable Population. Hindawi Publishing Corporation. Current Gerontology and Geriatrics Research. v. 2016, Article ID 4723250, http://dx.doi.org/10.1155/2016/4723250.

pia individual e social,[8] e isso fará com que esse quadro de vulnerabilidade seja sentido ainda com mais profundidade quando houver a inexistência de uma rede de apoio com quem este idoso possa contar.

Mesmo em situações em que exista uma rede de apoio, é possível que ela não seja adequadamente estruturada e, com isso, os direitos dessa pessoa podem não ser devidamente tutelados. Não podemos esquecer que a Constituição da República de 1988 estabelece que é responsabilidade da família e do Estado a salvaguarda dos direitos dos idosos (art. 230). Ademais, parcela da doutrina estabelece que a velhice é um valor social, isto é, "algo inerente aos fundamentos de uma sociedade democrática e republicana, preocupada com a substancialidade dos direitos e orientada à preservação do estado de dignidade das pessoas".[9]

Por isso, uma estruturação adequada e equânime dessa rede de apoio pode se mostrar salutar para o atual momento social em que vivemos. De tão importante, o próximo tópico se dedicará ao assunto.

4.2 A REDE DE APOIO FAMILIAR E OS PRINCIPAIS PAPÉIS SOCIAIS EXERCIDOS ENTRE HOMENS E MULHERES: CUIDADOR X PROVEDOR

Sobre a rede de apoio familiar, alterações na estrutura social da contemporaneidade podem refletir na perpetuação ou agravamento da vulnerabilidade da pessoa idosa. Se, como consectário do machismo estrutural ainda reinante na sociedade moderna,[10] historicamente, é a mulher que exerce o papel de cuidadora de algum membro familiar,[11] ao menos em uma grande quantidade de casos, a inserção feminina cada vez mais acentuada no mercado de trabalho pode influenciar no bem-estar do idoso que necessita de apoio, em razão da desigualdade de gênero ainda prevalecente – e muito marcante – nos papéis exercidos entre homem e mulher.

Efetivamente, pela significativa ausência de posicionamento masculino no *cuidado conjunto* com o familiar idoso e que necessite de ajuda, muitas vezes a consequência será a vivência de situações de negligência, abandono e institucionalização na velhice.

Por certo, enquanto os papéis sociais corriqueiramente executados pelo homem e pela mulher ainda determinem que a mulher será a *cuidadora* e o homem o *provedor*, a maior emancipação feminina dos últimos tempos vem colocando tal situação em

---

8. Miopia individual e social seria a "pouca importância dos mais jovens ao futuro". IBRAHIM, Fábio Zambitte. *Resumo de direito previdenciário*. 10. ed. Niterói, RJ: Impetus, 2009, p. 23.
9. MENDES, Gilmar Ferreira et al. *Manual dos Direitos da Pessoa Idosa*. São Paulo: Saraiva, 2017, p. 30.
10. "De acordo com Moschkovich (2013), esse seria o machismo estrutural que leva uma grande parcela da população composta de homens e mulheres que, através de esquemas mentais primários, relacionam características atribuídas às mulheres como negativas quando nos remetemos às posições de maior poder e prestígio social". In: SILVA, Maci Consuelo; MENDES, Olenir Maria. As marcas do machismo no cotidiano escolar. *Caderno Espaço Feminino* – Uberlândia-MG – v. 28, n. 1 – Jan./Jun. 2015 – ISSN online 1981-3082.
11. REVENSON, Tracey; GRIVA, Konstadina. Caregiving in the Illness Context. Disponível em: https://www.researchgate.net/publication/287583564_Caregiving_in_the_Illness_Context. Acesso em: 19 jan. 2023.

desequilíbrio. Se, por um lado, a mulher tem cada vez mais exercido o papel social de provedora, atingindo sua independência financeira (com o aumento estatístico de sua posição de "chefe de família"[12]), ainda lhe compete, em maior incidência, o exercício exclusivo do papel de cuidadora.

Sobre o ponto, inclusive, Luc Ferry faz uma importante observação crítica, ao pontuar que os denominados "valores femininos" são associados "a afetividade mais do que à conquista, ao cuidado com as relações humanas mais do que ao exercício da dominação, à suavidade mais do que à força, à sensibilidade mais do que às abstrações do puro intelecto etc. Com toda evidência, porém, essa história ou mitologia, que não se pode reduzir a simples taxas de testosterona, ainda deixam marcas".[13]

Em sentido semelhante, Renata Nepomuceno e Cysne afirma que o "estereótipo feminino parte da construção e da representação ideal da maternidade, da capacidade de maternagem e da responsabilidade pela criação dos filhos e pelos cuidados com o lar" e, ainda, que a invisibilização "do trabalho doméstico não remunerado fortaleceu o estereótipo masculino de autoridade proveniente de seus recursos materiais obtidos no trabalho fora do ambiente doméstico. E estabeleceu diferenças estruturais na família".[14]

De fato, estudo recente demonstra que "70,3% dos cuidadores entrevistados eram mulheres, sendo que mesmo com a inserção da mulher no mercado de trabalho, como demonstrado na pesquisa, ela ainda é a principal responsável pelo cuidado de idosos dependentes",[15] a demonstrar que a questão do cuidado – inerente, em muitos casos, à maior longevidade da sociedade –, está respaldada em fenômenos estereotipados baseados em gênero.

Nesse sentido, tem-se que "na sociedade, apesar das mudanças recentes, a figura masculina está geralmente associada ao trabalho fora do lar, do homem saindo para trabalhar e prover o sustento de sua família; e da mulher, ficando em casa como responsável pelo lar e pelo cuidado dos membros da família. Embora venham ocorrendo grandes mudanças neste contexto atualmente, esse imaginário ainda exerce grande influência e pode ajudar a explicar os dados obtidos com esta pesquisa, na qual o gênero de cuidadores predominante foi o feminino. [...] Este fato reflete as relações de gênero que cada sujeito exerce frente a seus papéis na família, em que o princípio tradicionalista da divisão sexual do trabalho dita a predominância do padrão de domesticidade,

---

12. CAVENAGHI, Suzana; ALVES, José Eustáquio Diniz. Escola Nacional de Seguros. Março/2018. Disponível em: http://www.ens.edu.br/arquivos/mulheres-chefes-de-familia-no-brasil-estudo-sobre-seguro-edicao-32_1.pdf. Acesso em: 19 jan. 2023.
13. FERRY, Luc. *Famílias, amo vocês*: política e vida privada na era da globalização. Rio de Janeiro: Objetiva, 2007, p. 107.
14. CYSNE, Renata Nepomuceno e. Mulher, trabalho, política e os reflexos nas famílias. In: CYSNE, Renata Nepomuceno e. (Coord.). *Intervenção estatal e comunitária nas famílias*: limites e possibilidades. Brasília: Trampolim, 2019, p. 271.
15. ARAÚJO, Jeferson Santos et al. Perfil dos cuidadores e as dificuldades enfrentadas no cuidado ao idoso, em Ananindeua, PA. Disponível na internet: http://www.scielo.br/pdf/rbgg/v16n1/a15v16n1.pdf. Acesso em: 19 jan. 2023.

que confere desvantagens às mulheres na vida social em geral. Esse padrão, todavia, possui variações internas, e é mediado por aspectos culturais e socioeconômicos que lhes determinam configurações particulares de acordo com determinadas variáveis socioeconômicas e/ou com os valores mais gerais que orientam as ações".[16]

O mais curioso é que, embora as mulheres exerçam mais frequentemente o papel de cuidadoras, elas também precisam de mais cuidados quando idosas, criando uma emblemática situação caso elas sejam cuidadoras de terceiros e, concomitantemente, dependentes desse mesmo cuidado. Dados da Pesquisa Nacional por Amostra de Domicílios - PNAD assinalam que "as mulheres apresentam uma chance maior do que os homens de experimentarem as doenças típicas da última fase da vida, tais como: artrite ou reumatismo, diabetes, hipertensão, doença do coração, depressão".[17]

E mais. Os cuidados exclusivos realizados por mulheres, normalmente não remunerados, pode perpetuar o que a literatura denomina de *feminização da pobreza* (predomínio da população feminina empobrecida), já que, em muitos casos, estas mulheres serão alijadas do mercado de trabalho formal e da percepção de renda. Isso faz com que uma vulnerabilidade individual desencadeie outras vulnerabilidades, pois, ao final, quem será dependente será aquela pessoa que exerce a função de cuidadora.

Quanto à questão de gênero nos cuidados, os dados brasileiros têm se mostrado mais preocupantes do que aqueles experimentados pelos americanos e britânicos. No Estados Unidos da América, os homens têm exercido pelo menos 44% dos cuidados a um membro da família, de acordo com dados obtidos pela *National Family Caregivers Association* (NFCA).[18] Também na Grã-Bretanha os homens assumem 42% dessa função de cuidado.[19]

No livro *Men As Caregivers*, os autores Betty J. Kramer e Edward Thompson Jr. (que se basearam em dados estatísticos provenientes do Canadá), ensinam que os homens estão cada vez mais exercendo o referido papel social de cuidador. Contudo, o fazem de forma distinta das mulheres, já que preferem realizar uma gestão dos cuidados através de contratação especializada, em vez de administrarem, por si, tais cuidados. O livro ainda aponta que os homens também são menos inclinados a falar sobre o estresse nos referidos cuidados e buscam soluções mais práticas para os desafios que venham

---

16. ARAÚJO, Jeferson Santos et al. Perfil dos cuidadores e as dificuldades enfrentadas no cuidado ao idoso, em Ananindeua, PA. Disponível na internet: http://www.scielo.br/pdf/rbgg/v16n1/a15v16n1.pdf. Acesso em: 19 jan. 2023.
17. CAMARANO, Ana Amélia. Mulher idosa: suporte familiar ou agente de mudança? Disponível na internet: http://www.scielo.br/scielo.php?script=sci_arttext&pid=S0103-40142003000300004. Acesso em: 19 jan. 2023.
18. Informação disponível em: http://www.alsa.org/als-care/caregivers/caregivers-month/caregiver-resources.html Acesso em: 19 jan. 2023.
19. MEULEN, Ruud Ter; WRIGHT, Katharine. The role of family solidarity: ethical and social issues. Disponível em: https://www.researchgate.net/publication/227383711_The_Role_of_Family_Solidarity_Ethical_and_Social_Issues. Acesso em: 19 jan. 2023.

a enfrentar, fazendo com que haja uma relativa invisibilidade dos cuidados por eles desempenhados.[20-21]

Embora tal realidade seja aplicada aos países desenvolvidos, é uma meta também para o contexto social do Brasil, que será o sexto país com o maior número de idosos já em 2025, conforme informações da Organização Mundial de Saúde.[22]

Certamente, o ideal é que ambos os papéis – provedor e cuidador – sejam exercidos de forma equânime por homens e mulheres, também em nome do princípio da igualdade, estampado no art. 5º, I, da CR/88.

Por isso, em tempos de maior longevidade, uma ressignificação do papel social dos membros da família quanto aos cuidados, sejam homens ou mulheres, sem tamanha distinção de gênero, torna-se imperiosa. Os cuidados podem vir a ser necessários em relação a um ascendente idoso, mas também em relação aos cônjuges idosos. Lembre-se: a noção de rede de apoio compreende ascendentes, descendentes e, também, o cônjuge/companheiro.

Afinal, enquanto o art. 229 da CR/88 estabelece que "os pais têm o dever de assistir, criar e educar os filhos menores, e os filhos maiores têm o dever de ajudar e amparar os pais na velhice, carência ou enfermidade", o art. 1.566, III, do Código Civil, por sua vez, também prevê que a mútua assistência é um dos deveres conjugais.

Assim, não só a mulher, mas também o homem deve assumir um papel de protagonista no exercício desse importante papel social, que terá por finalidade propiciar bem-estar aos demais membros desta família, especialmente nos casos em que a formação de uma rede de apoio estruturada seja crucial para o desenvolvimento pleno dos direitos fundamentais dos envolvidos.

4.3 A SOLIDARIEDADE E A RESSIGNIFICAÇÃO DOS PAPÉIS SOCIAIS DA FAMÍLIA

A solidariedade social e familiar adquiriu novos contornos. Na modernidade, ela tem sido considerada o objetivo inserido na própria construção conceitual da família, onde "o escopo precípuo da família passa a ser a solidariedade social e demais condições necessárias ao aperfeiçoamento e progresso humano, regido o núcleo familiar pelo

---

20. KRAMER, Betty J.; THOMPSON JR, Edward H. Men as caregivers. Prometheus: New York City, 2004.
21. "Compared to men, women perform domestic tasks, including those in the area of personal and intimate care, more frequently. Men tend to work around the house, do financial tasks and offer moral support (Duijnstee et al. 1998). Only in cases where their wives are severely and chronically ill do men perform the same domestic and personal care tasks as women. Informal carers live near-by or in the same house as the dependent person; they live in shared households and generally have no income or belong to the lower income groups. They also have a lower level of education. A substantial number of women take care of their dependent elderly parents as well as their children. Moreover, they may have health problems of their own". MEULEN, Ruud Ter; WRIGHT, Katharine. The role of family solidarity: ethical and social issues. Disponível em: https://www.researchgate.net/publication/227383711_The_Role_of_Family_Solidarity_Ethical_and_Social_Issues. Acesso em: 19 jan. 2023.
22. Informação disponível em: https://www.oldyssey.org/brazil-aging. Acesso em: 19 jan. 2023.

afeto, como mola propulsora".[23] Ademais, funda-se "a família pós-moderna em sua feição jurídica e sociológica, no afeto, na ética, na *solidariedade recíproca* entre os seus membros e na preservação da dignidade deles".[24]

A solidariedade e o fortalecimento da proteção familiar e comunitária é, inclusive, um dos princípios gerais da Convenção Interamericana dos Direitos Humanos dos Idosos (art. 3º, "j"), já em processo de internalização no ordenamento jurídico pátrio.[25] Além disso, "beneficiar-se da assistência e proteção da família e da comunidade, de acordo com os valores culturais da sociedade" é um dos Princípios das Nações Unidas para o Idoso (Resolução 46/91, Aprovada na Assembleia Geral das Nações Unidas, 16.12.1991).

Essa solidariedade, portanto, perpassa pela noção de cuidado e na constituição da própria rede de apoio na sociedade moderna, independentemente de gênero, já que "a ideia de solidariedade está associada ao respeito mútuo, apoio pessoal e compromisso com uma causa comum".[26] Aliás, "o conceito de solidariedade, por sua vez, embora parta também das imagens de vínculo sentimental e reconhecimento, articula-se com aquelas de forma diferente. A solidariedade é caracterizada por sentimento racionalmente guiado, limitado e autodeterminado, que compele à oferta de ajuda, apoiando-se, em uma mínima similitude, em interesses e objetivos, de forma a manter a diferença entre os parceiros na solidariedade. Trata-se de uma permanente injunção no sentido de mostrar a decência em relação ao outro e afirmar a transcendência do 'meramente jurídico' para as esferas da ética e da moral".[27]

Por certo, uma maior longevidade fará com que esta solidariedade esteja amparada na desconstrução sociocultural dos estereótipos provenientes da noção de *mulher cuidadora* e *homem provedor*, em benefício da pessoa idosa que venha a precisar de algum membro familiar como rede de apoio, seja ele ascendente, descendente ou consorte (cônjuge ou companheiro).

Não é mais aceitável no atual contexto social que haja a institucionalização desmedida de idosos apenas em razão da impossibilidade de cuidados por parte da mulher. A perpetuação e a normalização desta afirmação volta-se justamente contra outro ser humano que se encontra também vulnerabilizado em um contexto social mais amplo, que culpabiliza e responsabiliza a mulher apenas por também exercer o papel social de provedor igualmente exercido pelo homem, que precisa, de acordo com esses novos

---

23. FARIAS, Cristiano Chaves de; ROSENVALD, Nelson. *Direito das famílias*. Salvador: JusPodivm, 2017, p. 35.
24. FARIAS, Cristiano Chaves de; ROSENVALD, Nelson. *Direito das famílias*. Salvador: JusPodivm, 2017, p. 36.
25. Através da MSC 412/2017 e PDC 863/2017.
26. "*The idea of solidarity is associated with mutual respect, personal support and commitment to a common cause*". MEULEN, Ruud Ter; WRIGHT, Katharine. The role of family solidarity: ethical and social issues. Disponível em: https://www.researchgate.net/publication/227383711_The_Role_of_Family_Solidarity_Ethical_and _Social_Issues. Acesso em: 19 jan. 2023.
27. SILVA, Denis Franco; BARLETTA, Fabiana Rodrigues. Solidariedade e tutela do idoso: o direito aos alimentos. In: BARLETTA, Fabiana Rodrigues; ALMEIDA, Vitor (Org.). *A tutela jurídica da pessoa idosa*. Indaiatuba, SP: Editora Foco, 2020, p. 183.

anseios sociais, ser chamado ao seu dever jurídico de cuidado, dever este com forte correlação ética e moral, mas, sem sombra de dúvida, jurídico e, portanto, obrigatório.

Como dito, é indispensável equilibrar a balança dos papéis provedor *versus* cuidador.

Embora desvirtuado em razão dessa construção sociocultural, como visto, o Estatuto da Pessoa Idosa estabelece que a institucionalização em ILPI's é sempre excepcional, sendo cabível apenas quando "verificada inexistência de grupo familiar, casa-lar, abandono ou carência de recursos financeiros próprios ou da família" (art. 37, § 1º). Com a ressignificação dos papéis sociais exercidos por todos os componentes desse núcleo familiar, o preceito acima estabelecido poderá ter a sua aplicação cada vez mais potencializada e respeitada.

Por certo, esta ressignificação social e familiar demandará uma atuação Estatal na promoção de políticas públicas que visem à conscientização da população no papel de cuidado que deve ser exercido com igualdade por homens e mulheres. Deve-se levar em consideração que tal solidariedade encontra amparo na própria CR/88, ao dispor que a construção de uma sociedade livre, justa e solidária constitui um dos objetivos fundamentais da República Federativa do Brasil (art. 3º).

Por impor uma mudança cultural, cujos contornos se encontram bem impregnados no seio social, embora se trate de tarefa árdua e que demandará tempo, é necessário que comecemos a pensar e estruturar políticas públicas voltadas a tanto.

Definitivamente, conferir visibilidade ao tema é um dos maiores benefícios que podemos lançar nessa quadra da história.

5
DIREITOS PROCESSUAIS DAS PESSOAS IDOSAS

5.1 NOÇÕES INICIAIS

No plano internacional, a Convenção Interamericana dos Direitos Humanos da Pessoa Idosa regulamenta o acesso à justiça em seu artigo 31, definindo, que:

> O idoso tem direito a ser ouvido, com as devidas garantias e dentro de um prazo razoável, por um juiz ou tribunal competente, independente e imparcial, estabelecido anteriormente por lei, na apuração de qualquer acusação penal formulada contra ele, ou para que se determinem seus direitos ou obrigações de ordem civil, trabalhista, fiscal ou de qualquer outra natureza.
>
> Os Estados Partes se comprometem a assegurar que o idoso tenha acesso efetivo à justiça em igualdade de condições com as demais pessoas, inclusive mediante a adoção de ajustes de procedimento em todos os processos judiciais e administrativos em qualquer de suas etapas. Os Estados Partes se comprometem a garantir a devida diligência e o tratamento preferencial ao idoso na tramitação, resolução e execução das decisões em processos administrativos e judiciais. A atuação judicial deverá ser particularmente expedita nos casos em que esteja em risco a saúde ou a vida do idoso. Além disso, os Estados Partes desenvolverão e fortalecerão políticas públicas e programas dirigidos a promover: a) Mecanismos alternativos de solução de controvérsias. b) Capacitação do pessoal relacionado com a administração de justiça, inclusive o pessoal policial e penitenciário, em matéria de proteção dos direitos do idoso.

No cenário interno, a Constituição da República confere a todos uma série de direitos fundamentais processuais que, obviamente, também podem ser titularizados pelas pessoas idosas. Diversos deles vieram a ser incorporados ao Estatuto da Pessoa Idosa, e, oportunamente, foram inseridos entre as normas fundamentais do Código de Processo Civil de 2015 (arts. 1º a 12).

Dentre os principais direitos processuais da pessoa idosa previstos no CPC/15, pode-se citar a competência do foro do lugar da residência do idoso, em causas que versarem sobre direitos específicos no Estatuto da Pessoa Idosa (art. 53, III, "e", CPC/15), bem como da prioridade de tramitação de processos (art. 1.048, I, CPC/15).

Dessa maneira, os direitos processuais dos idosos não se encerram no Estatuto da Pessoa Idosa, sendo imprescindível a apreciação abrangente de uma série de instrumentos normativos que regulamentem a matéria.

Essencial destacar, ainda, que os direitos processuais se destinam a concretizar o direito material que se visa garantir, entrando em cena o que a doutrina denomina de instrumentalidade do processo, situação em que "o processo deve ser compreendido, estudado e estruturado tendo em vista a situação jurídica material para a qual serve de instrumento de tutela".[1] Afinal, o processo não pode ser um fim em si mesmo, mas sim um meio para a obtenção do direito material.

A literatura processual mais moderna vai além e esclarece que o processo deve servir à "análise dos valores mais importantes para o processo: por um lado, a realização de justiça material e a paz social, por outro, a efetividade, a segurança e a organização interna justa do próprio processo",[2] em atenção aos direitos fundamentais dos envolvidos. É o que a ciência processual passou a denominar de formalismo valorativo[3] ou processo civil no Estado Constitucional,[4] fase em que, embora não tenham sido excluídos os ensinamentos adquiridos na fase instrumentalista, impôs-se uma análise desses valores essenciais.

Deve-se deixar claro que "o Instrumentalismo e o Formalismo-Valorativo são proposições teóricas concebidas, no contexto da superação do formalismo característico da fase autonomista do Direito Processual Civil Brasileiro, com o propósito de possibilitar a realização da justiça no processo, mas procuram atingir essa finalidade por meio da aplicação de técnicas claramente distintas, exatamente porque partem, uma e outra doutrina jurídica, de compreensões igualmente dessemelhantes sobre qual seria o verdadeiro papel da atividade cognitiva desenvolvida pelos intérpretes no campo da aplicação do Direito".[5]

Estes são os moldes que devem orientar a interpretação dos direitos processuais gerais de todos e aqueles específicos da pessoa idosa.

Neste livro, serão destacados os principais direitos processuais específicos da pessoa idosa, incluindo-se o acesso à justiça, a prioridade na tramitação de processos, a competência para o julgamento de questões que envolvam o Estatuto da Pessoa Idosa, a participação processual do Ministério Público e a necessidade de criação de varas especializadas do idoso.

5.2 O ACESSO À JUSTIÇA

Não é demais afirmar que o acesso à justiça é o direito mais importante atribuído a uma pessoa, já que, certamente, é através dele que todos os demais direitos são garantidos. A professora uruguaia Cecilia Fresnedo é assertiva em apontar que "o acesso à justiça tem sido considerado o direito humano mais fundamental em um

---

1. DIDIER JR. Fredie. *Curso de Direito Processual Civil*. 17. ed. Salvador: JusPodivm, 2015, v. 1, p. 38.
2. OLIVEIRA, Carlos Alberto Alvaro de. "O formalismo valorativo no confronto com o formalismo excessivo". *Revista de Processo*. ano 31, v. 137, p. 1-31. São Paulo: Ed. RT, jul. 2006.
3. Expressão conferida por OLIVEIRA, Carlos Alberto Alvaro de. "O formalismo valorativo no confronto com o formalismo excessivo". *Revista de Processo*. ano 31, v. 137, p. 1-31. São Paulo: Ed. RT, jul. 2006.
4. Expressão encontrada em: MITIDIETO, Daniel. *Colaboração no processo civil* – pressupostos sociais, lógicos e éticos. 3. ed. São Paulo: Ed. RT, 2015, p. 29.
5. MADUREIRA, Claudio; ZANETI JR., Hermes. Formalismo-valorativo e o novo processo civil. *Revista de Processo*. v. 272, p. 85-125, Out/2017, DTR\2017\5931.

sistema jurídico igualitário moderno que busca garantir e não apenas proclamar os direitos de todos".[6]

Na clássica obra *Acesso à justiça*, de Mauro Cappelletti e Bryant Garth, houve expressa menção a respeito das *ondas de acesso à justiça*, as quais poderiam ser assim sintetizadas: a primeira onda seria a assistência judiciária para os pobres, a segunda seria a representação dos interesses difusos e a terceira seria a "representação em juízo a uma concepção mais ampla de acesso à justiça",[7] o que incluiria a busca por métodos à solução de conflitos que sejam adequados e distintos do acesso ao Judiciário.

Além das consagradas três ondas acima mencionadas, atualmente a doutrina consolida a existência de uma quarta onda, que abarcaria o acesso à justiça transnacional. Inclusive, sobre o tema, Lívia Heringer Bernardes e Yandria Carneiro propõem uma "quarta onda o acesso à justiça transnacional por meio da harmonização dos sistemas jurídicos internacionais, para que se conduza a uma reflexão sobre a necessidade de se construir, no plano internacional relações de confiança, baseadas na incorporação de valores fundamentais comuns capazes de orientar o exercício da solidariedade nas interações transfronteiriças".[8]

O que é interessante é que as ondas não substituem umas às outras. Pelo contrário. Se sobrepõem. Assim, o surgimento de uma nova onda não leva à conclusão de que as outras já estão plenamente garantidas. Elas devem ser analisadas de forma conjunta, para agregar o maior sentido possível ao direito fundamental do acesso à justiça.

No contexto específico que interessa por aqui, o Título V do Estatuto da Pessoa Idosa é titulado como "do acesso à justiça" e assenta uma série de direitos processuais desse segmento social, afinal, "de nada valeria o regime de proteção integral consagrado pelo Estatuto se não fossem articulados meios mais rápidos e eficazes para a preservação de seus direitos".[9] Trata-se, dessa forma, de conceito indispensável e pretérito à análise dos demais direitos processuais.

Pois bem. O acesso à justiça, para além de garantir o direito de acessar o Poder Judiciário, deve ser analisado sob uma ampla perspectiva, a incluir o acesso a todas as formas de tratamento[10] adequado ao conflito. Afinal, o acesso é à justiça, não ao Poder Judiciário.

---

6. "Acess to justice has been considered the most fundamental human right in a moden egalitarian legal system that tries to guarantee and not only proclaim the rights of everybody". AGUIRRE, Cecilia Fresnedo de. *Public policy*: common principles in the American States. Boston: Brill Nijhoff, 2016, p. 313.
7. CAPPELLETTI, Mauro; GARTH, Bryant. *Acesso à justiça*. Trad. e revisão Ellen Gracie Northfleet. Porto Alegre: Sergio Antonio Fabris Editor, 1988.
8. BERNARDES, Lívia Heringer Pervidor; CARNEIRO, Yandria Gaudio. As ondas de acesso à justiça de Mauro Cappelletti e o acesso transacional à justiça. *Anais do III Congresso de Processo Civil Internacional*, Vitória, 2018.
9. ALCÂNTARA, Alexandre de Oliveira et al. *Estatuto do Idoso: comentários à Lei 10.74/2003*. Indaiatuba, SP: Editora Foco, 2019, p. 209.
10. Expressão utilizada por MAZZEI, Rodrigo; CHAGAS, Bárbara Seccato Ruis. Métodos ou tratamentos adequados de conflitos? *Revista Jurídica da Escola Superior de Advocacia da OAB-PR*, Edição Especial – ano 3 – n. 1 – maio 2018.

Fala-se, hoje, em múltiplas formas de acessar a justiça, existindo diversos métodos para o tratamento adequado do conflito. Não por outro motivo, vem-se denominando de sistema multiportas (*multidoor courthouse system*[11]), método que inclui, dentre outros,[12] a mediação, a conciliação, a arbitragem, o direito colaborativo, o direito cooperativo, e, também, a demanda judicial direcionada ao Poder Judiciário.

Inexiste dúvida de que o Poder Judiciário pode representar uma "porta" adequada para determinado caso, mas nem sempre o será. Em muitos casos, ele não se mostra impositivo nem em posição hierarquia superior em relação aos demais métodos. Muito pelo contrário. É bastante comum que se fale, atualmente, em desjudicialização e em gestão adequada dos conflitos. É o que sustenta o advogado João Paulo de Sanches, ao afirmar que "surge a necessidade cada vez mais evidente de se difundir e aplicar tudo o que for possível para alcançar a desejável desjudicialização, incumbindo ao advogado público ou privado um olhar mais sensível e menos voltado para a excessiva e costumeira judicialização de tudo".[13]

Para além do acesso ao Poder Judiciário, inserem-se, portanto, dentro do conceito de acesso à justiça, todos os métodos adequados de tratamento de conflitos.

Não se nega que em algumas situações, a atuação do Poder Judiciário pode se mostrar crucial para a tutela dos direitos das pessoas idosas, como no caso de o idoso estar em situação de risco social, a demandar a aplicação de uma medida protetiva em seu benefício (art. 43 a 45, EPI). Mas, mesmo nesse cenário, a lei defere ao Ministério Público o importante papel na extrajudicialização de tal proteção, abrindo-se uma porta para que as medidas sejam tomadas de maneira judicial ou extrajudicial, já que, a partir da leitura do *caput* do art. 45, "o Ministério Público *ou* o Poder Judiciário, a requerimento daquele" poderão determinar as medidas protetivas em favor da pessoa idosa.

Nesses termos, "a regra, pois, é a possibilidade de aplicação direta pelo órgão ministerial das medidas de proteção, independentemente de chancela judicial. Ressalta-se, nesse diapasão que tal legitimidade outorgada ao Ministério Público na defesa de direitos individuais indisponíveis amplia o acesso à justiça e possibilita maior êxito na tutela de direitos, propiciando menor burocracia e maior celeridade, podendo-se deixar o requerimento ao Poder Judiciário em casos de maior complexidade".[14]

---

11. Frank Sander, professor da Harvard Law School, cunhou este termo em 1976. MUNIZ, Tânia Lobo; SILVA, Marcos Claro da. O modelo de tribunal multiportas americano e o sistema brasileiro de solução de conflitos. *Revista da Faculdade de Direito da UFRGS*, n. 39, v. esp., p. 288-311, Porto Alegre, dez. 2018.

12. "Outros métodos, contudo, são mencionados e têm larga utilização no exterior, principalmente nos Estados Unidos. Entre todos, sem olvidar da existência de outros, cite-se, por possuírem maior relevância, a negociação, a avaliação de terceiro neutro e o mini-trial". MUNIZ, Tânia Lobo; SILVA, Marcos Claro da. O modelo de tribunal multiportas americano e o sistema brasileiro de solução de conflitos. *Revista da Faculdade de Direito da UFRGS*, n. 39, v. esp., p. 288-311, Porto Alegre, dez. 2018.

13. SANCHES, João Paulo de. O papel do advogado no necessário processo de desjudicialização. In: CYSNE, Renata Nepomuceno e. (Coord.). *Intervenção estatal e comunitária nas famílias*: limites e possibilidades. Brasília: Trampolim, 2019, p. 135.

14. ALCÂNTARA, Alexandre de Oliveira et al. *Estatuto do Idoso*: comentários à Lei 10.74/2003. Indaiatuba, SP: Editora Foco, 2019, p. 136.

Justamente em atenção a essa maior amplitude conceitual de acesso à justiça, o Estatuto da Pessoa Idosa atribui uma gama de atividades ao Ministério Público, independentemente da atuação judicial, como é o caso da instauração de inquéritos civis e de procedimentos administrativos (art. 74, I e V, EPI).

Mas, para além das possibilidades abertas ao Ministério Público, que atuará em situações de risco social da pessoa idosa, a tutela desses direitos é analisada em um sentido muito mais amplo, até porque nem todos os idosos se encontram necessariamente em situação de risco.

Como já se mencionou, falar em direitos da pessoa idosa não abrange apenas o Estatuto da Pessoa Idosa. Muito pelo contrário. Tanto é assim que o direito à prioridade de tramitação de processos e procedimentos, por exemplo, não se refere exclusivamente os processos que visem resguardar direitos previstos no respectivo Estatuto, mas a qualquer ação judicial em que um idoso for parte ou interveniente. Por isso, a análise do acesso à justiça precisa igualmente abranger idosos em todas as suas relações jurídicas, como, por exemplo, em questões contratuais, tributárias, de consumo e, no que mais interessa a este livro, o idoso inserido no contexto das famílias, âmbito em que apareceriam, por exemplo, as ações de divórcio (o denominado *gray divorce*, conhecido no Brasil como divórcio cinza, ou grisalho), em que, mesmo inexistindo qualquer situação de risco, aquela pessoa também poderia fazer uso de alguns direitos processuais específicos.

Estabelecidas tais premissas, passa-se a análise detalhada de alguns dos direitos processuais específicos da pessoa idosa.

5.3 A PRIORIDADE NOS PROCESSOS JUDICIAIS

O direito processual mais genérico da pessoa idosa é a prioridade na tramitação dos processos e procedimentos e na execução dos atos e diligências judiciais em que figurar como parte ou interveniente (art. 71 do EPI e art. 1.048, I, do CPC/15). É um direito que deve ser garantido em qualquer instância, seja em primeiro grau de jurisdição ou em grau recursal, em todos os tribunais do país, inclusive nos Tribunais de Superposição.

Para obter a prioridade, basta que a pessoa requeira o benefício à autoridade judiciária competente, fazendo prova de que possui idade igual ou superior a 60 anos. O art. 1.048, §4º, do CPC/15, determina que "a tramitação prioritária independe de deferimento pelo órgão jurisdicional e deverá ser imediatamente concedida diante da prova da condição de beneficiário".

Com a comprovação da idade, portanto, deve o juiz determinar que se anote a prioridade de tramitação em local visível nos autos do processo. Embora seja um direito que não comporte indeferimento, no caso de comprovação de seus requisitos, o CPC/15 se utiliza do termo *deferimento* justamente para acentuar a necessidade de requerimento prévio e a obrigatoriedade de que a questão e toda a documentação a ela inerente sejam previamente analisadas pelo órgão julgador, o qual, ainda, determinará à Secretaria do Juízo as providências a serem cumpridas. Nos termos do art. 1.048, § 2º, "deferida a prioridade, os autos receberão identificação própria que evidencie o regime de tramitação prioritária". Assim, ainda que a tramitação prioritária seja um direito subjetivo da parte, é indispensável a conjugação de atos e diligências judiciais para que esse direito se torne aplicável e cause as transformações necessárias no mundo real.

A propósito, o Superior Tribunal de Justiça já teve oportunidade de deixar assinalado que "a prioridade na tramitação do feito é direito subjetivo da pessoa idosa e a lei lhe concede legitimidade exclusiva para a postulação do requerimento do benefício", principalmente pelo fato de que "nem toda tramitação prioritária será benéfica ao idoso, especialmente em processos nos quais há alta probabilidade de que o resultado lhe seja desfavorável". No caso concreto específico submetido a julgamento, o idoso era réu e uma pessoa jurídica (que ocupava o polo ativo da ação) postulou o requerimento de prioridade na tramitação, tendo julgado o Tribunal que a legitimidade para postular a concessão do benefício seria apenas do idoso.[15]

Na eventualidade de o beneficiado vir a falecer, o benefício se estenderá ao seu cônjuge ou companheiro que venha a ser o seu sucessor processual. Mas existe um requisito para isso, que é justamente o sucessor também ter mais de 60 anos de idade (art. 71, §2º). Em verdade, não haveria *transmissão* do benefício de prioridade na tramitação a outrem, mas nova *concessão* em razão da qualificação do sucessor processual também como idoso, e por possuir, desse modo, o mesmo direito processual do sucedido. Ressalta-se, contudo, a existência de doutrina que considera que "sendo o idoso o titular do direito pleiteado e tendo ocorrido a sua morte, caberá, *in casu,* a seu cônjuge ou companheiro em união estável, vale dizer, isso independentemente da idade destes".[16]

E, ainda que a lei tenha estendido o direito ao cônjuge e ao companheiro, tal disposição não se mostra taxativa, pois um descendente do falecido, por exemplo, já pode ser considerado idoso, razão pela qual também faria jus, em tese, ao benefício.

Sobre o tema de sucessão processual, o CPC/15 determina que ocorrendo a morte de qualquer das partes, o processo será suspenso até que haja a habilitação dos sucessores ou do espólio do falecido, representado pelo inventariante. Tal habilitação é, na verdade, um procedimento especial disciplinado pelos artigos 687 e seguintes do diploma processual, procedendo-se nos autos do processo principal, na instância em que estiver. Recebida a petição, o juiz ordenará a citação dos requeridos para se manifestarem no prazo de 5 dias. Após, o juiz decidirá o pedido de habilitação, salvo se for impugnado ou houver dilação probatória diversa da documental, caso em que será autuado em apartado. Com o trânsito em julgado da sentença de habilitação, o processo principal retomará o seu curso, e cópia da sentença será juntada aos autos respectivos.

---

15. STJ, REsp 1.801.884-SP, Rel. Min. Ricardo Villas Bôas Cueva, 3T, DJe de 30.05.2019.
16. GAIO JÚNIOR, Antônio Pereira. Acesso à justiça e o direito à prioridade na tramitação processual. In: MENDES, Gilmar Ferreira et al. *Manual dos direitos da pessoa idosa*. São Paulo: Saraiva, 2017, p. 562.

Caso o interessado não promova a ação de habilitação oportunamente, o próprio juiz determinará a suspensão do curso do processo e observará as disposições do artigo 313, §2º, I e II do CPC/15, intimando o réu (no caso de falecimento do réu) ou o espólio ou os herdeiros do autor (no caso de falecimento deste), para que promovam a habilitação.[17]

Nada impede, portanto, que o requerimento de prioridade na tramitação seja postulado no bojo da própria habilitação, devendo o juiz concedê-la no caso de comprovação da idade, e determinar a realização das devidas anotações nos autos do processo.

Acredita-se que o requerimento de tramitação prioritária pode ser realizado até mesmo em caso de sucessão processual de pessoa falecida com menos de 60 anos de idade, bastando que o sucessor já possua tal idade, por representar um direito próprio daquela pessoa que está ingressando no processo. No caso de morte do beneficiado, o benefício se estenderá ao seu cônjuge ou companheiro que venham a ser o seu sucessor processual (ou, eventualmente, outro sucessor que já possua condição de idoso). Para tanto, no momento da habilitação, deveria ele fazer prova da sua idade para fazer jus a esse direito, independentemente da condição de idoso do falecido.

Além da sucessão processual, pode vir a existir dúvida a respeito do direito à prioridade na tramitação dos processos no caso de substituição processual. Como se sabe, este instituto não se confunde com a sucessão processual, já que, enquanto esta acarreta "uma mudança subjetiva na relação jurídica processual", para que o sucessor passe a agir em nome próprio na defesa de um interesse que também terá se tornado próprio, aquela faz com que "um sujeito tem o poder (legitimidade) de estar legitimamente em um processo defendendo interesse de outrem", como explica Fredie Didier.[18]

Na substituição, "o substituto processual é parte; o substituído não é parte processual, embora os seus interesses jurídicos estejam sendo discutidos em juízo"[19] e, justamente em razão da defesa de seus direitos em juízo, o direito à prioridade teria cabimento, em uma interpretação ampliativa do preceito normativo do art. 71 do EI. Por isso, apesar do idoso não ser formalmente a parte no processo que haja substituição processual, parece essencial que se garanta o direito à prioridade na tramitação quando o substituído for pessoa com mais de 60 anos de idade. Seria o caso de o Ministério Público ingressar com ação em favor de idoso em situação de risco, caso em que o órgão ministerial será o substituto processual, enquanto o idoso o substituído.

---

17. Art. 313, §2º Não ajuizada ação de habilitação, ao tomar conhecimento da morte, o juiz determinará a suspensão do processo e observará o seguinte: I – falecido o réu, ordenará a intimação do autor para que promova a citação do respectivo espólio, de quem for o sucessor ou, se for o caso, dos herdeiros, no prazo que designar, de no mínimo 2 (dois) e no máximo 6 (seis) meses; II – falecido o autor e sendo transmissível o direito em litígio, determinará a intimação de seu espólio, de quem for o sucessor ou, se for o caso, dos herdeiros, pelos meios de divulgação que reputar mais adequados, para que manifestem interesse na sucessão processual e promovam a respectiva habilitação no prazo designado, sob pena de extinção do processo sem resolução de mérito.
18. DIDIER JR. Fredie. *Curso de Direito Processual Civil*. 17. ed. Salvador: JusPodivm, 2015, v. 1, p. 356.
19. DIDIER JR. Fredie. *Curso de Direito Processual Civil*. 17. ed. Salvador: JusPodivm, 2015, v. 1, p. 356.

No caso de representação processual, que é outro instituto jurídico inconfundível com os acima estudados, "um sujeito está em juízo em nome alheio, defendendo interesse alheio",[20] como no caso de pais representando seus filhos menores de idade em ações de alimentos. Por isso, na representação, a parte processual será o próprio representado e não o representante. Nas questões envolvendo idosos, estes poderiam ser representados por seu curador,[21] mas, como continuariam ostentando a condição formal de "parte", teriam direito à prioridade de tramitação do processo mesmo assim.

Para evitar qualquer confusão a respeito da substituição e representação processual, Fredie Didier explica que "o substituto processual age em nome próprio defendendo interesse alheio. O representante processual atua em juízo para suprir a incapacidade processual da parte".[22]

Para facilitar a visualização, veja a seguinte tabela demonstrativa:

Sucessão processual	Substituição processual	Representação processual
Ex: Ocorre no caso de morte de parte no processo	Ex: Ocorre no caso em que o Ministério Público ingressa com ação em defesa de idoso em situação de risco	Ex: Ocorre no caso de ação movida pelo idoso incapaz, que é representado processualmente por seu curador
Tanto o sucessor é, quanto o sucedido era, parte	Apenas o substituto é parte	Apenas o representado é parte
O direito à prioridade de tramitação pode ser garantido a ambos, em razão de suas respectivas condições pessoais, se preencherem os requisitos legais	O direito à prioridade de tramitação pode ser garantido ao substituto, mas em razão da condição pessoal do substituído, ampliando-se o espectro legal, por tutelar direitos de idoso	O direito à prioridade de tramitação pode ser garantido ao representante, mas em razão da condição pessoal do representado, ampliando-se o espectro legal, por tutelar direitos de idoso

Em todas as hipóteses acima, portanto, se garantirá o benefício da prioridade de tramitação processual, observando-se as especificidades de cada um dos institutos.

No caso de litisconsórcio, isto é, quando duas ou mais pessoas litigam, no mesmo processo, em conjunto, ativa ou passivamente, a questão também apresenta maior discussão a depender da modalidade de litisconsórcio. É que, como se sabe, este poderá se apresentar na modalidade necessário ou facultativo, a depender, no primeiro caso, da imposição da lei ou da relação jurídica em se demandar de forma conjunta, ou da mera opção das partes, na segunda.[23]

Quando o litisconsórcio for necessário, não resta dúvida de que o benefício da prioridade de tramitação tem lugar, ainda que apenas um dos litisconsortes seja idoso, já

---

20. DIDIER JR. Fredie. *Curso de Direito Processual Civil.* 17. ed. Salvador: JusPodivm, 2015, v. 1, p. 356.
21. Processual civil. Interdito. Representação. Substituição processual. O direito de ação, para defesa do patrimônio de pessoa interditada, é do próprio incapaz. É o incapaz representado em juízo pelo seu curador. O curador não é substituto processual do curatelado. Ilegitimidade ativa "ad causam" do curador, com consequente extinção do processo, sem julgamento do mérito. (TRF-2, MS 098.02.11678-5, 4T, DJU de 26.08.1999).
22. DIDIER JR. Fredie. *Curso de Direito Processual Civil.* 17. ed. Salvador: JusPodivm, 2015, v. 1, p. 356.
23. GAJARDONI, Fernando da Fonseca et al. *Teoria geral do processo*: comentários ao CPC 2015: parte geral. 2. ed. Rio de Janeiro: Forense; São Paulo: Método, 2018, p. 501.

que esta pessoa estaria sendo obrigada a fazer parte daquela relação jurídica processual em razão de imposição legal.

Situação diferente ocorrerá no litisconsórcio facultativo, já que a sua presença no processo decorre de mera opção das partes. Por isso as opiniões sobre o direito à prioridade na tramitação dos processos se dividem. Aparentemente, contudo, tem prevalecido o entendimento de que é cabível a concessão do benefício de prioridade na tramitação, "com vistas a evitar prejuízo ao titular do direito à proteção".[24] Nesse sentido, já se decidiu que as leis "não condicionam a necessidade de litisconsórcio necessário, tampouco que todos os litisconsortes preencham os requisitos para a concessão do benefício da prioridade de tramitação do feito".[25]

Apesar disso, o tema não é pacífico na jurisprudência, existindo decisões no sentido de que "não possuindo todos os autores condição de idoso, inviável a concessão do benefício de prioridade de tramitação".[26]

Deve-se mencionar que, se pessoa idosa ingressar na relação processual na condição de terceiro interveniente, também fará com que a demanda tenha prioridade na tramitação desde que, é claro, haja o cumprimento dos requisitos legais. É o que decidiu o Superior Tribunal de Justiça, ao dispor que haverá prioridade para toda a pessoa idosa "que atuar como parte – autor, réu ou litisconsorte – ou como interveniente, assim considerado aquele que ingressa nos autos por meio da assistência, da denunciação da lide ou do chamamento ao processo etc. (arts. 119 a 132 do CPC/2015)".[27]

Por fim, salienta-se que também é posicionamento do Superior Tribunal de Justiça que a "prioridade na tramitação processual não alcança o causídico que não figura como parte ou interveniente".[28]

5.4 A PRIORIDADE EM PROCESSOS E PROCEDIMENTOS ADMINISTRATIVOS

A pessoa com mais de 60 anos de idade também terá prioridade em processos e procedimentos na Administração Pública, empresas prestadoras de serviços públicos e instituições financeiras (art. 71, § 3º, EPI, primeira parte).

---

24. ALCÂNTARA, Alexandre de Oliveira et al. *Estatuto do Idoso*: comentários à Lei 10.74/2003. Indaiatuba, SP: Editora Foco, 2019, p. 214.
25. TJ-SP, AI: 20542656420138260000-SP, Rel. Jarbas Gomes, 8ª CDP, DJe de 07.12.2013.
26. TRF-4, AI: 50286174220144040000, Rel. Salise Monteiro Sanchotene, 3T, DE de 11.12.2014.
27. STJ, REsp 1.801.884-SP, Rel. Min. Ricardo Villas Bôas Cueva, 3T, DJe de 30.05.2019. No mesmo sentido: Processual Civil – Prioridade na tramitação processual – Idosos (maiores de 65 anos) – Abrangência do benefício – Intervenção de terceiro – Assistência. 1. O art. 1.211-A do CPC, acrescentado pela Lei 10.173/2001, contemplou, com o benefício da prioridade na tramitação processual, todos os idosos com idade igual ou superior a sessenta e cinco anos que figurem como parte ou interveniente nos procedimentos judiciais, abrangendo a intervenção de terceiros na forma de assistência, oposição, nomeação à autoria, denunciação da lide ou chamamento ao processo. 2. Recurso especial provido. (STJ, REsp: 664899-SP, Relator: Min. Eliana Calmon, T2, DJ de 28.02.2005).
28. STJ, AgRg no REsp n. 285.812/ES, Rel. Min. Aldir Passarinho Junior, 4T, DJ de 1º.08.2005.

A Lei 9.784/1999, que regula o processo administrativo no âmbito da Administração Pública Federal, fixa que terão prioridade na tramitação, em qualquer órgão ou instância, os procedimentos administrativos em que figure como parte ou interessado a pessoa com idade igual ou superior a 60 anos (art. 69-A, I). A pessoa interessada requererá à autoridade administrativa competente o benefício, juntando prova da sua idade, através de documento de identidade. Deferido o requerimento, a autoridade determinará que se providencie identificação própria que evidencie o regime de tramitação prioritária (art. 69-A, §§ 1º e 2º).

Na verdade, essa previsão é uma materialização da garantia de atendimento preferencial imediato e individualizado junto aos órgãos públicos e privados prestadores de serviços à população (art. 3º, § 1º, I, EPI).

No mais, todas as nuances mencionadas em relação ao processo judicial devem ser aplicadas ao procedimento administrativo, no que couber.

5.5 O ATENDIMENTO PRIORITÁRIO EM SERVIÇOS DE ASSISTÊNCIA JURÍDICA E GRATUIDADE DA JUSTIÇA

Além da prioridade na tramitação de processos e procedimentos judiciais e administrativos, a Lei 10.048/2000 também garante a prioridade de atendimento a pessoas com idade igual ou superior a 60 anos em repartições públicas e empresas concessionárias de serviços públicos, em transporte coletivo, edifícios de uso público, logradouros e sanitários públicos, enquanto o Estatuto da Pessoa Idosa assenta o direito de atendimento preferencial aos serviços de assistência judiciária, isto é, junto à Defensoria Pública da União, dos Estados, do Distrito Federal (art. 71, § 3º, EPI, segunda parte).

Parcela da doutrina considera que a pessoa idosa também tem direito a atendimento prioritário perante o Ministério Público, "devendo garantir tanto o atendimento quanto a tramitação prioritária nos procedimentos que por ali circularem",[29] opinião esta que é compartilhada por este livro.

Não obstante o Estatuto da Pessoa Idosa tenha se utilizado do termo "assistência judiciária", a Constituição da República alarga o benefício, ao mencionar que "o Estado prestará *assistência jurídica* integral e gratuita aos que comprovarem insuficiência de recursos" (art. 5º, LXXIV, CR/88).

A distinção entre os termos *assistência jurídica* e *assistência judiciária* possui importante papel na afirmação da própria função da Defensoria Pública, justamente por ampliar o contemporâneo conceito de acesso à justiça, para abranger uma assistência jurídica em sentido amplo, não apenas uma assistência judiciária, isto é, de acesso ao Poder Judiciário. Por isso, "o acesso à justiça, a partir do novo marco constitucional

---

29. ALCÂNTARA, Alexandre de Oliveira et al. *Estatuto do Idoso*: comentários à Lei 10.74/2003. Indaiatuba, SP: Editora Foco, 2019, p. 217.

estabelecido em 1988, não se confunde com acesso ao Poder Judiciário, de modo que a assistência jurídica (e, portanto, não mais apenas 'assistência judicial ou judiciária') extrapola o aspecto judicial para ampliar o âmbito de tutela de direitos das pessoas necessitadas, somando-se a essa salvaguarda diversas práticas de ordem extrajudicial, inclusive na seara da educação em direitos. A Defensoria Pública, portanto, é expressão desse paradigma jurídico-social ou mesmo de um constitucionalismo social estabelecido pela CF/88".[30]

Como resultado, o artigo 71, § 3º, do EPI deve ser interpretado através de uma lente constitucionalizada, no sentido de conferir à pessoa idosa uma prioridade no atendimento em caso de assistência da Defensoria Pública para atos judiciais ou extrajudiciais.

Trata-se, portanto, de uma verdadeira assistência jurídica, não apenas judiciária.

Na consecução do direito à prioridade de atendimento, será garantido ao idoso o fácil acesso aos assentos e caixas, identificados com a destinação a idosos em local visível e caracteres legíveis (art. 71, § 4º, EPI).

Os maiores de 80 anos também terão uma prioridade especial ao atendimento prioritário perante a Defensoria Pública (art. 71, § 5º, EPI).

É preciso que se esteja atento ao fato de que a assistência jurídica e judiciária não se confunde com a gratuidade da justiça, a qual se refere à mera isenção de custas e despesas processuais para a pessoa natural ou jurídica, brasileira ou estrangeira, com insuficiência de recursos (art. 98, CPC/15).

A pessoa idosa, fazendo prova de que não possui recursos para suportar as custas e despesas processuais, também terá direito à gratuidade da justiça, embora o fundamento legal para tanto se encontre no CPC/15, e não no art. 71, § 3º, do EPI, até porque o primeiro diploma não só consagra regras gerais a respeito, mas acaba sendo, neste ponto, até mais protetivo ao dispor que, quando a parte que postular o benefício for pessoa natural, presume-se verdadeira a sua alegação de insuficiência (art. 99, § 3º, CPC/15).

5.6 A "SUPERPRIORIDADE" DAS PESSOAS IDOSAS COM MAIS DE 80 ANOS

Não há dúvidas de que o mundo está mudando. As formas de se viver e se relacionar estão mudando profundamente nas últimas décadas, fundamentadas por múltiplos fatores, entre os quais podemos citar, de forma exemplificativa, a globalização, a tecnologia e o avanço científico. Mais recentemente, inclusive, passou-se a evidenciar a existência de uma revolução da longevidade, ou uma revolução dos idosos, nas palavras de Frank Schirrmacher.[31]

---

30. FENSTERSEIFER, Tiago. *Defensoria pública, direitos fundamentais e ação civil pública*. São Paulo: Saraiva, 2015, p. 35.
31. SCHIRRMACHER, Frank. *A revolução dos idosos*. Rio de Janeiro: Elsevier, 2005, p. 174.

Nesse cenário, o estudo dos direitos dos idosos, embora novo, precisa ser reinterpretado, para se alinhar à nova realidade social e à rápida transformação demográfica vivenciada nos últimos anos. Hoje não só se vive mais, como se vive melhor, daí advindo a necessidade de o direito se atentar para as necessidades e anseios desse segmento social.

Certamente, quando falamos de idosos estamos falando de um grupo extremamente heterogêneo. As necessidades de uma pessoa com 60 anos, por exemplo, podem ser bastante distintas daquelas atinentes às pessoas com 80 ou 90 anos de idade.

Não obstante tal realidade, como um espelho da própria sociedade, o direito costumava tutelar os direitos das pessoas idosas como se todos esses fossem iguais. Felizmente, tal realidade tem sido objeto de alterações legislativas recentes, para compreender uma tutela diferenciada para aquelas pessoas que possuam mais de 80 anos de idade.

Foi o que aconteceu com a alteração ocasionada pela Lei 13.466/2017, que incluiu ao Estatuto da Pessoa Idosa uma "superprioridade" aos idosos com mais de 80 anos de idade (art. 3º, § 2º, EPI).[32] Assim, assegurou-se uma prioridade especial para as essas pessoas, conferindo-se uma preferência em relação aos demais idosos.

Pode-se inferir, da análise desse dispositivo, que o idoso com mais de 80 anos teria preferência em relação a uma ampla gama de direitos compreendidos no caput do artigo 3º do EI. Por isso, seria obrigação da família, da comunidade, da sociedade e do Poder Público assegurar, com absoluta prioridade, até mesmo em relação aos idosos que possuam entre 60 a 80 anos de idade, a efetivação do direito à vida, à saúde, à alimentação, à educação, à cultura, ao esporte, ao lazer, ao trabalho, à cidadania, à liberdade, à dignidade, ao respeito e à convivência familiar e comunitária.

Entretanto, a lei também trouxe especificações dessa "superprioridade", já que disciplinou de forma específica que o direito à saúde seria preferencial aos idosos com mais de 80 anos, garantindo-lhes um acesso às ações e serviços para prevenção, promoção, proteção e recuperação da saúde, excetuando-se a preferência quando se estiver diante de uma emergência, ressalva realizada pelo próprio texto normativo (art. 15, § 7º, EPI).[33]

A lei trouxe, também, uma preferência processual a eles. Assegurou-se prioridade especial na tramitação de processos e procedimentos em que figure como parte ou interveniente, pessoa com idade igual ou superior a 80 anos (art. 71, § 5º, EPI),[34] inclusive com a necessidade de marcação específica e diferenciada dos demais idosos na própria capa dos autos.

Não é demais lembrar que essa "prioridade na tramitação do feito é direito subjetivo da pessoa idosa e a lei lhe concede legitimidade exclusiva para a postulação do

---

32. EI, Art. 3º, § 2º Dentre os idosos, é assegurada prioridade especial aos maiores de oitenta anos, atendendo-se suas necessidades sempre preferencialmente em relação aos demais idosos.
33. EI, Art. 15, § 7º Em todo atendimento de saúde, os maiores de oitenta anos terão preferência especial sobre os demais idosos, exceto em caso de emergência.
34. EI, Art. 71, § 5º Dentre os processos de idosos, dar-se-á prioridade especial aos maiores de oitenta anos.

requerimento do benefício", consoante já decidiu o STJ.[35] Não se trata, portanto, de um direito automático e imposto, já que "nem toda tramitação prioritária será benéfica ao idoso, especialmente em processos nos quais há alta probabilidade de que o resultado lhe seja desfavorável".[36] Desse modo, será necessário que o titular do direito à preferência requeira o benefício legal e faça a comprovação exigida pela lei.

Denota-se que a Lei 13.466/2017, ao incluir a "superprioridade" em três dispositivos do Estatuto da Pessoa Idosa (art. 3º, § 2º; art. 15, § 7º; art. 71, § 5º), pretendeu criar uma tutela normativa mais específica e apropriada da pessoa com mais de 80 anos, pois a tão só inclusão dessa prioridade no artigo 3º, § 2º, do EI, já seria suficiente para que ocorresse uma tutela prioritária dos direitos dessas pessoas, mas o legislador pretendeu ser enfático em outros dois direitos específicos: no tocante à saúde e à prioridade na tramitação de processos.

5.7 A COMPETÊNCIA FIXADA EM RAZÃO DO DOMICÍLIO DO IDOSO

Seguindo a tendência do Estatuto da Pessoa Idosa, que estabeleceu a competência do foro da residência do idoso para ações que visem a proteção judicial dos interesses difusos, coletivos e individuais indisponíveis ou homogêneos (art. 80, EPI), o CPC/15 fixou que é competente o foro do lugar da residência do idoso, para causas que versem sobre direito previsto no respectivo estatuto (art. 53, III, "e").

Desse modo, enquanto o Estatuto da Pessoa Idosa regulamenta a proteção judicial de interesses difusos, coletivos e individuais indisponíveis ou homogêneos, o CPC/15 normatiza a competência em caso de interesses individuais disponíveis.

De semelhante, ambos fixam que será competente o foro do local da residência do idoso. Entretanto, existem distinções.

Para as ações previstas no art. 80 do EI, a competência será absoluta, não se admitindo derrogação pelas partes, por ter sido estabelecida "por normas cogentes de ordem pública em razão do interesse público, gerando sua violação vício insanável, que deve ser reconhecido *ex officio* pelo juiz, a qualquer tempo e grau de jurisdição".[37]

Portanto, trata-se de uma previsão que não pode ser alterada pela vontade das partes,[38] pois, como se sabe, a competência será absoluta, via de regra, em razão de aspectos funcionais, materiais e pessoais, ocorrendo apenas alguns casos em que o legislador autoriza que a competência territorial também seja absoluta.

É justamente o que ocorreu no artigo 80 do EI, onde se ressalvou apenas as competências da Justiça Federal e a competência originária dos Tribunais Superiores.

---

35. STJ, REsp 1.801.884-SP, Rel. Min. Ricardo Villas Bôas Cueva, 3T, DJe de 30.05.2019.
36. STJ, REsp 1.801.884-SP, Rel. Min. Ricardo Villas Bôas Cueva, 3T, DJe de 30.05.2019.
37. PINHO, Humberto Dalla Bernardina de. *Manual de direito processual civil contemporâneo*. 2. ed. São Paulo: Saraiva, 2020, p. 253.
38. DIDIER JR. Fredie. *Curso de direito processual civil*. 17. ed. Salvador: JusPodivm, 2015, v. 1, p. 206.

Por outro lado, será relativa a competência estabelecida no artigo 53, III, "e", do CPC/15, de modo que ela poderá ser derrogada por vontade das partes, por ser de cunho dispositivo e sujeita "ao exclusivo alvedrio das partes",[39] inclusive com possibilidade de alteração através de cláusulas de eleição de foro, sem possibilidade de o juiz se pronunciar a respeito de ofício (Súm. 33, STJ).

Nesse sentido, "a norma mais geral, entretanto, passa a ser compreendida como sendo de natureza relativa, pelo fato de não fazer menção expressa a uma modalidade absoluta de competência territorial, como ocorre com o Estatuto do Idoso, o que resolve, em parte as críticas de Yarshell, que preconizava a necessidade que a competência nas demandas individuais disponíveis fosse definida como tendo natureza relativa, sob pena de se gerar dificuldades de acesso à Justiça ao idoso. Para essa argumentação, apresentava como exemplo o caso em que o idoso teria mais interesse em cobrar uma dívida no domicílio do credor, como forma de evitar atrasos processuais decorrentes da necessidade de expedição de cartas precatórias".[40]

Em relação à competência estabelecida no CPC/15, ainda é importante deixar claro que há expressa menção no sentido de que ela atingirá causas que versem sobre direito previsto no respectivo estatuto.

Ao que parece, tal disposição, de fato, limita a competência do foro da residência da pessoa idosa a casos específicos, regulamentados no próprio Estatuto da Pessoa Idosa, não se estendendo às relações gerais da sua vida, como as de família, tributárias, contratuais ou de consumo. Portanto, quando a causa não se referir a direitos previstos no Estatuto da Pessoa Idosa, deverá incidir o regramento geral previsto no art. 53 do CPC. Seria exemplificar com uma ação em que se pedissem alimentos à pessoa idosa, situação em que a competência do domicílio do alimentando deveria prevalecer sobre a do idoso-alimentante (art. 53, II, CPC/15).

Vale informar, por fim, que é possível a aplicação analógica do art. 53, III, "e", do CPC/15, também na Justiça do Trabalho, já que o Fórum Nacional de Processo do Trabalho (FNPT) aprovou enunciado apontando que "na hipótese de julgamento de dissídio individual movido por idoso, admite-se excepcionalmente a fixação da competência territorial pelo foro do local do domicílio do reclamante".[41]

---

39. PINHO, Humberto Dalla Bernardina de. *Manual de direito processual civil contemporâneo*. 2. ed. São Paulo: Saraiva, 2020, p. 253.
40. ALCÂNTARA, Alexandre de Oliveira et al. *Estatuto do Idoso*: comentários à Lei 10.74/2003. Indaiatuba, SP: Editora Foco, 2019, p. 263.
41. ART. 651, CLT e art. 53, III, "e", NCPC C/c art. 2º da Lei 10.741/03 (Estatuto do Idoso). Ação movida por idoso. Pretensão deduzida em nome próprio. Competência territorial concorrente. Local do domicílio do reclamante ou local da prestação de trabalho. Ausência de disciplina legal específica na CLT. Aplicação analógica do disposto no art. 2º da Lei 10.741/03 (Estatuto do Idoso) c/c art. 53, III, "e", do NCPC. 1. Na hipótese de julgamento de dissídio individual movido por idoso, admite-se excepcionalmente a fixação da competência territorial pelo foro do local do domicílio do reclamante. 2. Aplicação analógica do disposto no art. 53, III, "e", do NCPC c/c art. 2º da Lei 10.741/2003 (Estatuto do Idoso), diante da ausência de disciplina legal específica na CLT. Aplicação do art. 651, CLT e art. 53, III, "e", NCPC c/c art. 2º da Lei 10.741/2003.

Para facilitar a visualização entre as disposições do Estatuto da Pessoa Idosa e do CPC/15, veja a seguinte tabela.

Competência para processamento e julgamento de ações versando sobre interesses difusos, coletivos e individuais indisponíveis ou homogêneos referentes a idosos	Competência para processamento e julgamento de ações versando sobre interesses individuais disponíveis previstos no Estatuto da Pessoa Idosa	Competência para processamento e julgamento de ações versando sobre demais interesses individuais que não estejam previstos no Estatuto da Pessoa Idosa
Art. 80, EI	Art. 53, III, "e", CPC/15	Art. 53
Aplicável apenas quando a demanda versar sobre as questões especificadas no art. 80 do EI	Aplicável apenas quando a demanda versar sobre direito previsto no EI, que não se enquadre nas questões especificadas em seu art. 80	Aplicável de forma residual a toda demanda que não versar sobre direito previsto no EI
Foro da residência do idoso	Foro da residência do idoso	Foro definido nos incisos do art. 53
Competência absoluta	Competência relativa	Competência relativa
Não pode ser derrogada por vontade das partes	Pode ser derrogada por vontade das partes	Pode ser derrogada por vontade das partes
Conhecível de ofício pelo juiz, não se convalidando	Não conhecível de ofício pelo juiz, devendo ser alegada em contestação pelo réu sob pena de preclusão e prorrogação da competência	Não conhecível de ofício pelo juiz, devendo ser alegada em contestação pelo réu sob pena de preclusão e prorrogação da competência

5.8 AS VARAS ESPECIALIZADAS

O artigo 70 do Estatuto da Pessoa Idosa aduz que "o Poder Público poderá criar varas especializadas e exclusivas do idoso".

A criação de varas especializadas teria o benefício de conferir uma tutela ágil e efetiva à proteção da pessoa idosa, principalmente em situação de risco, cenário em que o Poder Judiciário poderia ser acionado inclusive para a aplicação de medidas protetivas.

No entanto, como se vê do enunciado normativo, não existe obrigatoriedade a respeito, mas mera faculdade.

A criação de Varas será de competência dos Estados, de modo que a competência dos tribunais será definida na Constituição do Estado, sendo a Lei de Organização Judiciária de iniciativa do Tribunal de Justiça (art. 125, § 1º, CR/88).

De fato, cada Estado possui a sua Lei de Organização Judiciária, sendo que algumas preveem requisitos mínimos para a criação de Varas especializadas. É o caso, por exemplo, do Estado do Espírito Santo, que exige o cumprimento de requisitos cumulativos, dentre os quais número populacional e distribuição mínima periódica de processos em percentuais preestabelecidos.[42]

---

42. ES, Lei Complementar Estadual 234/2002, Art. 7º, § 2º A criação de Varas Especializadas dependerá da ocorrência cumulativa dos seguintes requisitos: I – população mínima da Comarca de 50.000 (cinquenta mil) habitantes; II – distribuição anual de, pelo menos, 4.000 (quatro mil) processos na Comarca; e III – distribuição anual média, no último triênio, igual ou superior a 150% (cento e cinquenta por cento) da média registrada em unidades judiciárias de competência análoga.

Nesses casos, a questão vai além da mera vontade política, já que cada Estado deverá respeitar os requisitos essenciais para a criação dessas varas. Talvez por isso, "ainda são escassas as varas especializadas para atendimento de pessoas idosas pelo Brasil afora".[43]

Em alguns Estados existem Varas conjuntas da Infância, Juventude e Idoso, o que poderá acarretar um conflito entre direitos com prioridades integrais, precipuamente pelo fato de que as crianças e adolescentes, além de também serem detentoras do princípio da prioridade integral, acabam figurando com mais recorrência em demandas judiciais (cíveis e/ou estatutárias), fazendo com que os direitos dos idosos acabem sendo deixados em um segundo plano.

Mesmo assim, essa solução parece ser melhor do que a absoluta inexistência de Vara especializada à tutela da pessoa idosa, já que nesse caso, a competência para processamento e julgamento das demandas que lhe dizem respeito poderá recair em Varas cíveis residuais, que, além de uma alta demanda, podem não ter meios, recursos e equipe técnica adequados para garantir adequadamente a tutela dessas pessoas, como no caso de aplicação de medidas de proteção específicas a idosos em situação de risco.

Para a adequação da competência em casos de inexistência de Vara específica da pessoa idosa, cogita-se a possibilidade de realização de atos de cooperação judiciária nacional por juízes brasileiros, visando conferir uma tutela jurisdicional mais justa, mais célere e consentânea com situações específicas que lhes sejam submetidas, o que é expressamente autorizado pela Resolução 350, de 2020, do CNJ, inclusive.

Conceitualmente, a cooperação judiciária nacional seria o "complexo de instrumentos e atos jurídicos pelos quais os órgãos judiciários brasileiros podem interagir entre si, com tribunais arbitrais ou órgãos administrativos, com o propósito de colaboração para o processamento e/ou julgamento de casos e, de modo mais genérico, para a própria administração da Justiça, por meio de compartilhamento ou delegação de competências, prática de atos processuais, centralização de processos, produção de prova comum, gestão de processos e de outras técnicas destinadas ao aprimoramento da prestação jurisdicional no Brasil".[44]

Para além da cooperação se desenvolver por solicitação e por delegação (como na época do CPC/73), atualmente mostra-se plenamente possível a cooperação por atos concertados, o que faz com que existam três *tipos* pelos quais a cooperação pode se desenvolver: a) por solicitação, que "tem por objetivo a prática de um ou alguns atos determinados"[45] e "pode ser solicitada de modo simples, preferencialmente por meio

---

43. ALCÂNTARA, Alexandre de Oliveira et al. *Estatuto do Idoso*: comentários à Lei 10.74/2003. Indaiatuba, SP: Editora Foco, 2019, p. 211.
44. DIDIER JR., Fredie. *Cooperação judiciária nacional*: um esboço de uma teoria para o direito brasileiro (arts. 67-69, CPC). Salvador: JusPodivm, 2020, p. 61-61.
45. DIDIER JR., Fredie. *Cooperação judiciária nacional*: um esboço de uma teoria para o direito brasileiro (arts. 67-69, CPC). Salvador: JusPodivm, 2020, p. 75.

eletrônico, e deve ser atendida prontamente";[46] b) por delegação, que "ocorre quando um órgão jurisdicional transfere ao outro, a ele vinculado (arts. 236, §2º, e 237, I, CPC), a competência para a prática de um ou de alguns atos",[47] e; c) por concertação, que terá por "objetivo a disciplina de uma série de atos indeterminados, regulando uma relação permanente entre juízos cooperantes",[48] e que poderá se manifestar em protocolos institucionais.

Mas, seria ideal mesmo a criação de varas especializadas para a tutela dos direitos dos idosos, inclusive com a possibilidade de determinação e execução de todas as medidas, com o apoio policial ou o que se fizer necessário para a efetivação das decisões judiciais em prol da pessoa idosa.

Para finalizar este tópico, vale apenas ser feita uma observação a respeito do procedimento pelo qual devem tramitar as ações versando sobre direitos dos idosos. É que, com o advento do CPC/15, o art. 69 do Estatuto, que mandava aplicar o regramento geral do procedimento sumário naquilo que fosse compatível, perdeu aplicabilidade, pois, como se sabe, o diploma processual em vigor "suprimiu os procedimentos ordinário e sumário, passando a prever um único procedimento comum".[49]

Qual seria, então, o procedimento aplicável? Bom, de acordo com o que dispõe o art. 1.049 do CPC/15, sempre que a lei remeter a procedimento previsto na lei processual sem o especificar, será observado o procedimento comum.

Considerando que o Estatuto da Pessoa Idosa não estabeleceu modificações procedimentais específicas, o rito comum é que deverá servir de "procedimento base", mas sem impedir adaptações pontuais, nem a aplicação de técnicas diferenciadas, por aplicação analógica do que prescrevem os arts. 139, IV e VI e 327, § 2º do CPC.

5.9 A INTERVENÇÃO DO MINISTÉRIO PÚBLICO

O legislador conferiu ao Ministério Público importante papel na tutela dos direitos da pessoa idosa. Quando não estiver atuando como parte, deverá atuar obrigatoriamente na função de fiscal da ordem jurídica, na defesa dos direitos e interesses previstos no Estatuto da Pessoa Idosa. Para tanto, terá direito à vista dos autos depois das partes, podendo juntar documentos, requerer diligências e produzir outras provas, usando os recursos cabíveis (art. 75, EPI).

---

46. DIDIER JR., Fredie. *Cooperação judiciária nacional*: um esboço de uma teoria para o direito brasileiro (arts. 67-69, CPC). Salvador: JusPodivm, 2020, p. 76.
47. DIDIER JR., Fredie. *Cooperação judiciária nacional*: um esboço de uma teoria para o direito brasileiro (arts. 67-69, CPC). Salvador: JusPodivm, 2020, p. 76.
48. DIDIER JR., Fredie. *Cooperação judiciária nacional*: um esboço de uma teoria para o direito brasileiro (arts. 67-69, CPC). Salvador: JusPodivm, 2020, p. 87.
49. NEVES, Daniel Amorim Assumpção. *Manual de direito processual civil*. 9. ed. Salvador: Juspodivm, 2017, v. único, p. 586.

O legislador impõe uma verdadeira obrigatoriedade na *intervenção* do Ministério Público, ao aduzir que sua ausência acarretará nulidade do feito, que será declarada de ofício pelo juiz ou a requerimento de qualquer interessado (art. 77, EPI). Mas, a coisa vai além. Demonstrando sua preocupação com a tutela adequada dos direitos da pessoa idosa, o CPC/15 estabelece a nulidade do processo quando o membro do Ministério Público não for *intimado* para acompanhar o feito (art. 279, CPC/15), intimação esta que deverá, além de tudo, ser *pessoal*, sob pena de nulidade (art. 76, EI; art. 280, CPC/15).

Apesar disso, é claro que a nulidade apenas será decretada quando evidenciado prejuízo ao idoso, pela aplicação da premissa *pas de nullité sans grief*. Justamente por isso, a nulidade só pode ser decretada após a intimação do Ministério Público, que se manifestará sobre a existência ou a inexistência de prejuízo (art. 279, § 3º, CPC/15).

Se o processo estiver tramitando sem o conhecimento do Ministério Público, o juiz invalidará os atos praticados a partir do momento em que ele deveria ter sido intimado.

Convém mencionar que o Ministério Público não atuará em qualquer caso. Ele deverá atuar em três situações específicas apenas: a) para a tutela de pessoas idosas em situação de risco social (art. 43, EPI); b) em hipóteses de direitos individuais indisponíveis; c) nas hipóteses previstas no artigo 178 do CPC/15, como no caso de interesse público ou social ou interesse de incapaz.

Adicionalmente, a jurisprudência do STJ consignou "que a necessidade de intervenção do MP em processo envolvendo interesse de incapaz, estabelecida no CPC, abrange tanto o judicialmente declarado incapaz como o incapaz de fato". No caso, o órgão ministerial não foi intimado para participar do feito e seria o único legitimado para a propositura de ação de curatela em favor de pessoa incapaz de fato, já que havia conflito de interesses entre ela e os filhos, que eram réus na ação proposta pela própria mãe.[50]

Assim, a intervenção do Ministério Público será obrigatória em demandas individuais disponíveis em que o idoso esteja em situação de risco social, por alguma das hipóteses do art. 43 do EI. Essa é a posição do Superior Tribunal de Justiça, que "firmou entendimento no sentido de não ser obrigatória a intervenção do Ministério Público nas ações que envolvam interesse de idoso, exceto se comprovada a situação de risco de que trata o art. 43 da Lei 10.741/2003".[51]

De fato, seria bastante desproporcional a intervenção do Ministério Público em toda e qualquer demanda judicial que tivesse idoso em um dos polos da relação jurídica processual, até porque deve ficar absolutamente claro que inexiste correlação necessária entre *idade* e *incapacidade*, razão pela qual, tratando-se de um direito disponível, sendo

---

50. Informação obtida em https://www.stj.jus.br/sites/portalp/Paginas/Comunicacao/Noticias/25072022-Por--falta-de-intimacao-do-MP--Terceira-Turma-anula-processo-de-interesse-de-incapaz-de-fato.aspx. Acesso em: 19 jan. 2023.
51. STJ, AgInt no REsp 1681460/PR, Rel. Min. Ricardo Villas Bôas Cueva, 3T, DJe de 06.12.2018.

a pessoa capaz e estando representada por advogado, inexistiria fundamento para a atuação do Ministério Público.[52]

As funções do Ministério Público serão exercidas nos termos da respectiva Lei Orgânica, competindo-lhe, entre outras atribuições:[53] a) instaurar o inquérito civil e a ação civil pública para a proteção dos direitos e interesses difusos ou coletivos, individuais indisponíveis e individuais homogêneos do idoso; b) promover e acompanhar as ações de alimentos, de interdição total ou parcial, de designação de curador especial, em circunstâncias que justifiquem a medida e oficiar em todos os feitos em que se discutam os direitos de idosos em condições de risco; c) atuar como substituto processual do idoso em situação de risco, conforme o disposto no art. 43 desta Lei; d) promover a revogação de instrumento procuratório do idoso, nas hipóteses previstas no art. 43 desta Lei, quando necessário ou o interesse público justificar; e) instaurar sindicâncias, requisitar diligências investigatórias e a instauração de inquérito policial, para a apuração de ilícitos ou infrações às normas de proteção ao idoso; f) zelar pelo efetivo respeito aos direitos e garantias legais assegurados ao idoso, promovendo as medidas judiciais e extrajudiciais cabíveis; g) inspecionar as entidades públicas e particulares de atendimento e os programas de que trata esta Lei, adotando de pronto as medidas administrativas ou judiciais necessárias à remoção de irregularidades porventura verificadas; h) requisitar força policial, bem como a colaboração dos serviços de saúde, educacionais e de assistência social, públicos, para o desempenho de suas atribuições; i) referendar transações envolvendo interesses e direitos dos idosos previstos nesta Lei.

Competir-lhe-á, ainda, instaurar procedimento administrativo e, para instruí-lo, poderá: i) expedir notificações, colher depoimentos ou esclarecimentos e, em caso de não comparecimento injustificado da pessoa notificada, requisitar condução coercitiva, inclusive pela Polícia Civil ou Militar; ii) requisitar informações, exames, perícias e documentos de autoridades municipais, estaduais e federais, da administração direta e indireta, bem como promover inspeções e diligências investigatórias; iii) requisitar informações e documentos particulares de instituições privadas.

---

52. "Na espécie, não ser possível a intervenção do MPF só porque a parte autora é idosa, pois ela é dotada de capacidade civil, não se encontra em situação de risco e está representada por advogado que interpôs os recursos cabíveis. Ressalta ainda que o direito à previdência social envolve direitos disponíveis dos segurados. Dessa forma, não se trata de direito individual indisponível, de grande relevância social ou de comprovada situação de risco a justificar a intervenção do MPF". STJ, REsp 1.235.375-PR, Rel. Min. Gilson Dipp, julgado em 12.04.2011.
53. Art. 74, § 2º As atribuições constantes deste artigo não excluem outras, desde que compatíveis com a finalidade e atribuições do Ministério Público.

6
A MEDIAÇÃO, A PESSOA IDOSA E O DIREITO DAS FAMÍLIAS

6.1 A MEDIAÇÃO COMO TÉCNICA DE EMPODERAMENTO E ACONSELHAMENTO EMOCIONAL

Atualmente, fala-se na existência de múltiplas formas de tratamento adequado de conflitos,[1] sendo que este tema se encontra em pauta desde meados da segunda metade do século passado. Já no ano de 1976, Frank Sander, professor da Harvard Law School, concebeu a noção de um sistema multiportas (*multidoor courthouse system*), "pelo qual num único centro de justiça devem estar à disposição das partes a triagem do conflito que será levado à discussão" definindo-se o método que "será o adequado para alcançar resultados mais satisfatórios, assim como instrumentos para a utilização dos mesmos".[2]

Inserem-se nesse assim chamado "sistema multiportas", dentre outros métodos, a mediação, a conciliação, a arbitragem, o direito colaborativo,[3] o direito cooperativo,[4] e, também, quando necessário, o Poder Judiciário. Ao contrário da cultura do litígio judicial ainda dominante em nosso país, este último se trata de apenas mais um meio para se atingir a justiça. Seguramente, o termo acesso à justiça não é sinônimo de acesso ao judiciário,[5] e, "nesta nova justiça, a solução judicial deixa de ter a primazia nos

---

1. Expressão utilizada por MAZZEI, Rodrigo; CHAGAS, Bárbara Seccato Ruis. *Métodos ou tratamentos adequados de conflitos?* Revista Jurídica da Escola Superior de Advocacia da OAB-PR, Edição especial – ano 3 – n. 1 – maio 2018.
2. MUNIZ, Tânia Lobo; SILVA, Marcos Claro da. *O modelo de tribunal multiportas americano e o sistema brasileiro de solução de conflitos*. Revista da Faculdade de Direito da UFRGS, n. 39, v. esp., p. 288-311, Porto Alegre, dez. 2018.
3. "No modelo de direito colaborativo, as partes são representadas por advogados colaborativos, que utilizam técnicas de resolução de problemas com base nos interesses das partes para resolver o litígio sem recurso ao tribunal. No caso de não ser alcançado um acordo e o assunto ter que ser resolvido em tribunal, os advogados colaborativos não podem continuar a representar as partes". Conferência da Haia de Direito Internacional Privado Secretariado Permanente. *Mediação*: Guia de Boas Práticas nos termos da Convenção da Haia de 25 de outubro de 1980 sobre os aspectos civis do rapto internacional de crianças. Bélgica, 2012.
4. "O modelo de direito cooperativo segue os princípios do modelo de direito colaborativo, com a exceção da possibilidade de os advogados continuarem a representar as partes no caso de o litígio ser submetido ao tribunal". Conferência da Haia de Direito Internacional Privado Secretariado Permanente. *Mediação*: Guia de Boas Práticas nos termos da Convenção da Haia de 25 de outubro de 1980 sobre os aspectos civis do rapto internacional de crianças. Bélgica, 2012.
5. "O acesso à justiça, a partir do novo marco constitucional estabelecido em 1988, não se confunde com acesso ao Poder Judiciário". FENSTERSEIFER, Tiago. *Defensoria pública, direitos fundamentais e ação civil pública*. São Paulo: Saraiva, 2015, p. 35.

litígios que permitem a autocomposição e passa a ser *ultima ratio, extrema ratio*",[6] em uma transformação da "cultura da sentença em cultura da pacificação".[7]

É indubitável que o Poder Judiciário pode se apresentar como um dos métodos adequados para determinado caso, mas deve-se frisar que nem sempre ele o será, afinal, inexiste hierarquia especial em relação aos demais métodos. Muito pelo contrário. Hoje fala-se em uma desjudicialização (não judicialização), em extrajudicialização (atribuição de poderes para solução de conflitos aos cartórios) e de uma gestão adequada dos conflitos.

Em livro específico sobre o tema, Ricardo Goretti expõe que é indispensável o diagnóstico e a escolha do método adequado e que "um dos principais desafios da prática jurídica no Brasil, seguramente, é a superação da cultura da gestão inadequada dos conflitos, já definida como o uso aleatório de métodos e técnicas de prevenção e resolução de conflitos sem qualquer sintonia com as particularidades do caso concreto. Essa cultura que se desenvolve no berço da formação dos profissionais do Direito, em grande medida, explica o fenômeno da judicialização de conflitos que poderiam ser geridos de forma mais adequada se utilizados fossem técnicas e métodos alternativos ao processo judicial e, consequentemente, o progressivo acúmulo de processos nos tribunais".[8]

Nesse cenário, os outros métodos de resolução de conflitos passam a merecer uma especial atenção do aplicador do direito, transmudando-se a alternatividade para a adequação (já que hoje os métodos são adequados, não mais alternativos), com a "busca pela tutela dos direitos adequada, tempestiva e efetiva".[9]

A mediação sobreleva como método adequado a conflitos em que existam relações interpessoais continuadas,[10] como na hipótese de relações jurídicas familiares, inclusive as que envolvam pessoas idosas, estejam ou não em situação de risco social.

Com a mudança de foco sobre o tratamento dos conflitos ocorrida nos últimos anos, o estímulo à autocomposição passa a ser tanto uma necessidade quanto uma imposição legal. No cenário brasileiro, a Resolução 125 do Conselho Nacional de Justiça – CNJ, a Lei 13.140/2015 (Lei de Mediação) e o Código de Processo Civil de

---

6. DIDIER JR, Fredie; ZANETI Jr, Hermes. Justiça Multiportas e tutela adequada em litígios complexos: a autocomposição e os direitos coletivos. In CABRAL, Tricia Navarro Xavier; ZANETI JR., Hermes (Org.). *Justiça multiportas*: mediação, conciliação, arbitragem e outros meios adequados de solução de conflitos. Salvador: Juspodivm, 2018, p. 37-66.
7. WATANABE, Kazuo. Acesso à justiça e solução pacífica dos conflitos de interesses. In: CABRAL, T. N. X.; ZANETI JR., H. *Justiça multiportas*: mediação, conciliação, arbitragem e outros meios adequados de solução de conflitos. Salvador: JusPodivm, p. 835.
8. GORETTI, Ricardo. *Gestão adequada de conflitos*. Salvador: JusPodivm, 2019, p. 42.
9. DIDIER JR, Fredie; ZANETI JR, Hermes. Justiça multiportas e tutela adequada em litígios complexos. In ZANETI JR, Hermes; CABRAL, Tricia Navarro Xavier (Org.). *Justiça multiportas*: mediação, conciliação, arbitragem e outros meios adequados de solução de conflitos. 2. ed. Salvador: Juspodivm, 2018, p. 39.
10. CABRAL, Antonio do Passo; CRAMER, Ronaldo (Org.). *Comentários ao Novo Código de Processo Civil*. 2. ed. São Paulo: Forense, 2016, p. 292.

2015 integram aquilo que passou a ser denominado de "microssistema de tratamento adequado de conflitos".[11]

O destaque fica por conta do Código de 2015, que, seguindo as diretrizes estabelecidas pela Lei de Mediação, erigiu o estímulo à resolução autocompositiva dos conflitos ao *status* de norma fundamental (art. 3º, CPC/15). Além disso, regulamentou uma série de disposições concernentes à mediação, à conciliação e a seus princípios regentes (art. 166), diferenciando conceitualmente as duas primeiras figuras, ao dispor que aquela seria preferencial quando houvesse "vínculo anterior entre as partes", enquanto esta seria sugerida nos casos em que não existisse tal elo (art. 165, § 2º e § 3º, do CPC).

Ademais, a Lei 13.140/2015 (Lei de Mediação) adiciona outros princípios que regem o método, como a isonomia entre as partes, a boa-fé e a busca do consenso (art. 2º, II, VI e VIII).

Mais especificamente em relação à mediação, tem-se que se trata de instrumento louvável para restabelecer a comunicação entre os envolvidos, conferindo-lhes autonomia para que decidam, por si, a melhor solução para o conflito que estão inseridos. Por isso, entende-se neste livro que o fomento à mediação representa um meio de empoderamento, autoafirmação e reconhecimento do indivíduo.[12]

Em conflitos familiares incluindo idosos, com muito mais razão, a utilização da mediação se faz benéfica, pois, diante da perene vinculação entre os envolvidos, o restabelecimento da comunicação é essencial para o bom desenvolvimento daqueles relacionamentos.

Para além da mediação judicial, vista como um ato processual inserido dentro do procedimento das ações de família (art. 694, CPC/15), a mediação extrajudicial exerce papel predominante no tratamento adequado do conflito. Afinal, na atual pauta dos mais modernos escritórios de advocacia de família, é bastante comum a prática da gestão do conflito, com o seu diagnóstico e escolha do método adequado à sua solução.[13] Em grande parte dos casos, a prévia mediação e negociação direta entre as partes, com o apoio e orientação jurídica dos advogados, se transformou em um pressuposto implícito para o ajuizamento de ações judiciais litigiosas.

Nesse cenário, a mediação passa a ocupar especial função. Trata-se de um mecanismo que "permite o reconhecimento pelo cidadão da sua capacidade de solucionar seus próprios conflitos e de assumir as rédeas de sua vida, sem precisar terceirizar

---

11. CHAGAS, Bárbara Seccato Ruis. *O tratamento adequado de conflitos no processo civil brasileiro*. Disponível na internet: http://repositorio.ufes.br/bitstream/10/8829/1/tese_11242_B%C3%81RBARA20170823-115856. pdf. Acesso em: 19 jan. 2023.
12. VINCENZI, Brunela Vieira de; REZENDE, Ariadi Sandriani. A mediação como forma de reconhecimento e empoderamento do indivíduo. In: CABRAL, Tricia Navarro Xavier; ZANETI JR., Hermes (Org.). *Justiça multiportas*: mediação, conciliação, arbitragem e outros meios adequados de solução de conflitos. Salvador: JusPodivm, 2018, p. 545.
13. Para mais informações: GORETTI, Ricardo. *Gestão adequada de conflitos*: do diagnóstico à escolha do método para cada caso concreto. Salvador: Juspodivm, 2019.

ao Estado-juiz a solução de determinada disputa",[14] que teria como consequência a "imposição de uma decisão arbitrária e que, por muitas vezes, não atende as suas reais necessidades e que ainda pode vir a ser de difícil cumprimento".[15]

Conceitualmente, o instituto representa um "processo de comunicação e de negociação assistido por um mediador, terceiro imparcial e sem poder de decisão, no qual a busca da solução se dá com a participação das próprias partes envolvidas, que conhecem melhor do que ninguém os seus reais interesses, necessidades e possibilidade, e assim, juntas, constroem a solução mais adequada para o conflito em tela.[16]

No entanto, a mediação não será adequada em toda e qualquer hipótese. É o que adverte, dentre outros, o professor italiano Michele Taruffo, ao afirmar que a mediação não é o único e ideal meio para a resolução de todas as disputas, principalmente quando as partes não se encontram em situação equitativa.[17]

A equidade revela-se, assim, como um dos pressupostos para a mediação, estando intrinsecamente correlacionada com o princípio da isonomia entre as partes.

Aliás, isonomia "significa ter as partes por igualmente capazes de participar da mediação, sem que uma tenha manifesta vantagem sobre a outra"[18] e é "determinada pela própria participação de um mediador, o qual deixa claras as regras do procedimento, e também pelas demais disposições da lei, como o dever de boa-fé".[19] Sendo evidente o desequilíbrio entre as partes, a mediação não será o método mais adequado para tratar o conflito, devendo a sessão ser imediatamente encerrada pelo mediador.

Entretanto, não sendo tão claro assim, ao mesmo tempo em que o mediador deve permanecer imparcial, poderá, pela prática denominada na língua inglesa de *equity-informed mediation*" (mediação informada por equidade), alertar as partes sobre questões relacionadas à raça, gênero, além de perspectivas etárias e de outras formas que possam agregar em injustiça social, isto é, com o reconhecimento e informação de todos os tipos de opressão social e como elas podem se desenvolver no âmbito da mediação.[20]

A não obtenção de um acordo justo e equânime na mediação familiar pode compelir à perpetuação do conflito, muitas vezes pela realização de acordos prematuros e impensados por partes que eventualmente se encontravam em situação não equitativa.

---

14. PELAJO, Samantha et al (Coord.). *Comentários à Lei de Mediação*: estudos em homenagem aos 10 anos da Comissão de Mediação de Conflitos da OAb-RJ. Rio de Janeiro: Editora Processo, 2019, p. 29.
15. PELAJO, Samantha et al (Coord.). *Comentários à Lei de Mediação*: estudos em homenagem aos 10 anos da Comissão de Mediação de Conflitos da OAb-RJ. Rio de Janeiro: Editora Processo, 2019, p. 29.
16. PELAJO, Samantha et al (Coord.). *Comentários à Lei de Mediação*: estudos em homenagem aos 10 anos da Comissão de Mediação de Conflitos da OAb-RJ. Rio de Janeiro: Editora Processo, 2019, p. 28.
17. TARUFFO, Michele. *Globalizing procedural justice*. Some general remarks. Disponível em: https://core.ac.uk/download/pdf/61904340.pdf. Acesso em: 19 jan. 2023.
18. KAMEL, Antoine Youssef. *Mediação e arbitragem*. Curitiba: Editora Intersaberes, 2017, p. 72.
19. KAMEL, Antoine Youssef. *Mediação e arbitragem*. Curitiba: Editora Intersaberes, 2017, p. 72.
20. Informação disponível em: https://resolutionsnorthwest.org/event/continuing-mediation-equity-2/. Acesso em: 19 jan. 2023.

Nessa toada, a análise da equidade na mediação poderia ser benéfica para fins de economia processual e pela real pacificação do conflito.

Assim, a mediação está inserida em "uma cultura de pacificação, na qual o diálogo é renovado e os vínculos mantidos, o que é de extrema importância".[21]

6.2 A MEDIAÇÃO E O *"EMOTIONAL COUNSELING"*

Analisando o prisma emocional, Jones Figueirêdo Alves, com sua habitual sensibilidade, esclarece que o instituto denominado de *"Emotional Counseling"* (aconselhamento emocional) pode se mostrar essencial para que os envolvidos aprofundem "as razões subjacentes dos seus conflitos, em busca de construir resultados positivos de superação". Sem dúvidas, o tema se correlaciona fortemente com a própria noção de interesses *versus* posições, de modo que "as atividades adequadas de aconselhamento emocional assumem, dentro do processo judicial de família uma função libertadora/transformadora, não apenas capaz de proporcionar apoio e ajuda, confiança e motivação aos aconselhados, bem como, precipuamente, de resolver o conflito, como meta-síntese da jurisdição de resultados".[22]

O referido autor explica que o *"emotional counseling"* é verificado a partir do disposto no art. 4º, § 1º da Lei de Mediação, ao estabelecer que o mediador conduzirá o procedimento de comunicação entre as partes, buscando o entendimento e o consenso e facilitando a resolução do conflito. Por isso, "o ajuste emocional das partes, em tal desiderato, implica exigir atitude dialogal conselheira da qual se reveste o mediador. Dir-se-á humanidade, a ideia/força do aconselhamento, em apetrechamento emocional, para os fins da distensão de ânimos das partes litigantes, facilitando o consenso e a dissolução do litígio por elas mesmas".[23]

Acredita-se, por isso, que a mediação seja viável e, inclusive, bastante recomendada nos casos envolvendo relações familiares de pessoas idosas. O aconselhamento emocional passa a refletir na própria condução do conflito, sendo acentuado o papel da mediação na sua adequada solução. Certamente, a mediação poderá conferir uma especial atenção às necessidades de cada um dos envolvidos, acarretando benefícios individuais e para todo o núcleo familiar.

---

21. Anais do 15º Congresso Brasileiro de Direito Internacional. SANTOS, Pedro Henrique Amaducci Fernandes dos; LIGMANOVSKI, Patricia Ayub da Costa. *Mediação como instrumento de resolução de conflitos no comércio internacional.* Cap. 39. p. 629-650. In MENEZES, Wagner (Org.). *Direito Internacional em Expansão.* Belo Horizonte: Arraes Editores, 2017. v. 12.
22. ALVES, Jones Figueirêdo. Aconselhamento emocional como instituto jurídico privilegiado. Disponível em: http://www.ibdfam.org.br/artigos/1182/Aconselhamento+emocional+como+instituto+jur%C3%ADdico+privilegiado. Acesso em: 19 jan. 2023.
23. ALVES, Jones Figueirêdo. *Aconselhamento emocional como instituto jurídico privilegiado.* Disponível em: http://www.ibdfam.org.br/artigos/1182/Aconselhamento+emocional+como+instituto+jur%C3%ADdico+privilegiado. Acesso em: 19 jan. 2023.

6.3 A MEDIAÇÃO E A BUSCA PELOS REAIS INTERESSES

Na mediação, visa-se atingir os reais interesses dos envolvidos. E interesses, coso se sabe, não se confundem com posições.

A classificação de interesses *versus* posições conferida por Roger Fisher, William Ury e Bruce Patton, parece ser de suma importância também em conflitos envolvendo pessoas idosas, situação onde as partes podem atuar de duas formas: fundadas na *barganha posicional*[24] ou no atendimento de seus *interesses* subjacentes, um dos pilares da "negociação baseada em princípios ou negociação dos méritos".[25]

Nesse contexto, as *posições* estariam associadas às declarações externadas por elas, sua manifestação declarada/aparente, enquanto os *interesses* seriam os verdadeiros/reais fatores de se querer o que se pede, isto é, o que realmente a parte pretende como resultado final no tratamento do conflito.

O clássico exemplo das crianças e da laranja pode ajudar a elucidar a diferença entre ambos: duas crianças brigam por estarem querendo uma única laranja (*posição*). A sábia mãe pergunta a razão de estarem querendo aquela laranja (técnica para se descobrir o real *interesse*). A primeira diz que quer a fruta para fazer um suco, enquanto a segunda menciona que quer apenas a casca para fazer um experimento de ciências da escola (*interesses*). Assim, a mãe descasca a fruta e a espreme, entregando a casca a uma e o suco à outra, criando a sensação de satisfação nas duas crianças.

Embora se trate de um exemplo simples, é bem elucidativo para se perceber que, dentro do processo, as partes podem estar postulando bens jurídicos tutelados com base apenas em posições. Isso pode criar uma situação curiosa, que é a transformação da barganha posicional em uma verdadeira *barganha processual*. A propósito, Fisher, Ury e Patton aduzem que ocorreria um "jogo sobre o jogo", o que eles também denominam de "metajogo", onde, além de se atingir o direito substantivo, se atingiria o procedimento em si. Dessa maneira, o "jogo da negociação transcorre em dois níveis. Num deles, a negociação diz respeito à substância; no outro, concentra-se – em geral, implicitamente – no procedimento para lidar com a substância. A primeira negociação talvez se refira a seu salário, aos termos de um contrato de aluguel ou a um preço a ser pago. A segunda negociação refere-se ao modo como você irá negociar a questão substantiva: através da barganha posicional afável, da barganha posicional áspera ou de algum outro método. Essa segunda negociação é um jogo sobre o jogo – um "metajogo". Cada movimento que se faz numa negociação é não apenas um movimento que versa sobre o aluguel, o

---

24. Não se pretende adentrar à subclassificação da barganha posicional em "afável" ou "áspera", por ampliar desnecessariamente o objeto do presente artigo.
25. "A negociação baseada em princípios funda-se em quatro aspectos: a) separe as pessoas do problema; b) concentre-se nos interesses, não nas posições; c) crie uma variedade de possibilidades antes de decidir o que vai fazer d) insista em que o resultado tenha por base algum padrão objetivo". FISHER, Roger; URY, William; PATTON, Bruce. *Como chegar ao sim*: negociação de acordos sem concessões. 2. ed. Rio de Janeiro: Imago, 2005, p. 23 e 28.

salário ou outras questões substantivas, mas ajuda a estruturar as regras do jogo que você participa".[26]

Tratar conflitos baseando-se em *interesses* – e não em *posições* –, teria por finalidade retirar manifestações extremadas das partes e a competição (atrelada ao papel de vencedor/perdedor), fomentando uma situação de "ganha-ganha", evitando a manutenção de um jogo (e metajogo) no qual se iludiria a outra parte quanto às suas verdadeiras opiniões, e, ainda, se teria por finalidade a manutenção de relacionamentos com vínculos pretéritos e duradouros (por exemplo, em ações de família, não haveria tanta raiva e ressentimento dos ex-cônjuges ou dos demais envolvidos, como os filhos), já que "a barganha posicional tensiona e, por vezes, destrói o relacionamento entre as partes".[27]

Neste ponto, a "solução geralmente parece simples quando problemas e valores não estão envolvidos. Quando os interesses são usados como base para a resolução, pode haver um compromisso desenvolvido que leve em consideração cada interesse. O processo de resolução de problemas permite que duas ou mais partes procurem soluções comuns, mantendo seus próprios valores e interesses. É esse processo que garante a satisfação a longo prazo e acordos viáveis".[28]

Tal diferenciação é bastante utilizada em conflitos familiares, caso em que situações de cunho continuado se formaram e, não raramente, desgastes emocionais e psicológicos adquirem contornos de relevo. Nestes casos, a busca pelos *interesses* pode debelar a controvérsia com maior eficácia, gerando muito mais satisfação às partes envolvidas.

Por isso, a tentativa de acordo através da mediação é mecanismo essencial para um adequado tratamento do conflito.

6.4 A MEDIAÇÃO E O DIREITO DAS PESSOAS IDOSAS

Da mesma forma que em diversas áreas do Direito, também no caso das pessoas idosas a mediação ocupa papel central no tratamento adequado do conflito, estejam elas em conflitos familiares ou em situações de risco social (art. 43, EPI).

No contexto de pessoas idosas em risco social, o Ministério Público possui papel primordial na consecução de mediações na resolução de conflitos que possam envolver sujeitos com vínculos de proximidade. Inclusive, no âmbito dos Ministérios Públicos dos

---

26. FISHER, Roger; URY, William; PATTON, Bruce. *Como chegar ao sim*: negociação de acordos sem concessões. 2. ed. Rio de Janeiro: Imago, 2005, p. 26-27.
27. FISHER, Roger; URY, William; PATTON, Bruce. *Como chegar ao sim*: negociação de acordos sem concessões. 2. ed. Rio de Janeiro: Imago, 2005, p. 23-24.
28. "The solution often appears simple when issues and values are not involved. When interests are used as a basis for resolution, there can be a compromise developed that takes into account each interest. The problem solving process enables two or more parties to search for common solutions while maintaining their own values and interests. It is this process that secures long-term satisfaction and workable agreements". Tradução realizada do texto contido em https://research.wsulibs.wsu.edu/xmlui/bitstream/handle/2376/7219/wrep134.pdf?seq uence=1&isAllowed=y. Acesso em: 19 jan. 2023.

Estados, existem Núcleos de Mediação da Pessoa Idosa que atuam de maneira a evitar a judicialização desnecessária, obtendo-se um alto grau de satisfação, empoderamento e respeito ao direito da pessoa idosa. É o caso, por exemplo, do Ministério Público do Estado do Amazonas, que possui um Núcleo Permanente de Autocomposição (NUPA-MPAM), tendo por objetivo primordial a implementação e adoção de métodos consensuais de solução de conflitos, como instrumentos efetivos de pacificação social, com o fito de assegurar a promoção de justiça e a máxima efetividade dos direitos e interesses que envolvem a atuação desta Instituição, de modo a favorecer e difundir a prática restaurativa no âmbito deste Órgão Ministerial.[29] Também no Ministério Público do Estado do Ceará existe o Núcleo de Mediação do Idoso e da Pessoa com Deficiência.[30]

Já no âmbito do Ministério Público do Estado de São Paulo, existe o Projeto de Mediação para Idosos do Foro Regional de Santo Amaro, voltado à mediação para pessoas dessa faixa etária que se encontrem em situação de risco social.[31] A partir de tal projeto, a autora Alessandra Negão Elias Martins publicou o livro "Mediação familiar para idosos em situação de risco", apontando os casos e os resultados obtidos por meio da mediação. Nesse projeto, os "mediados convidados, em geral, são os idosos que estão em risco, seus familiares, companheiros e cuidadores, que se encontram em conflito e estão relacionados no Procedimento Administrativo"[32] e, ainda, o "desenvolvimento da prática da mediação tem como objetivo restabelecer ou ampliar a comunicação entre os idosos e seus familiares, o que pode contribuir para a melhora dos cuidados ao idoso e do relacionamento entre os membros da família".[33]

Fora dos casos de risco social, atualmente é bastante comum a atuação extrajudicial, nos próprios escritórios de advocacia, de mediação em conflitos envolvendo pessoas idosas e seus familiares e/ou outras pessoas que estejam com ela em relações jurídicas diversas. Aliás, tal ótica beneficia a própria autonomia da pessoa idosa na resolução de suas disputas, devendo sempre ser favorecida pelos advogados, promotores, defensores públicos e juízes.

---

29. Disponível em: https://www.mpam.mp.br/nupa-mpam. Acesso em: 19 jan. 2023.
30. Disponível em: http://www.mpce.mp.br/2018/02/08/nucleo-de-mediacao-do-idoso-e-da-pessoa-com-deficiencia-do-mpce-inicia-suas-atividades/. Acesso em: 04 out. 2021.
31. Disponível em: http://www.mpsp.mp.br/portal/page/portal/cao_criminal/Boas_praticas/Relacao_Projetos/mediacao_para_idosos/Projeto%20de%20Media%C3%A7%C3%A3o%20para%20Idosos%20do%20Foro%20Regional%20de%20Sto%20Amaro.pdf. Acesso em: 19 jan. 2023.
32. MARTINS, Alessandra Negrão Elias. *Mediação familiar para idosos em situação de risco*. São Paulo: Blucher, 2017, p. 99.
33. MARTINS, Alessandra Negrão Elias. *Mediação familiar para idosos em situação de risco*. São Paulo: Blucher, 2017, p. 102.

PARTE II
O DIREITO DAS FAMÍLIAS E A PESSOA IDOSA

7
ALIMENTOS

7.1 NOÇÕES INICIAIS

Na tutela dos direitos das pessoas idosas, a temática dos alimentos adquire relevância em um contexto em que, não obstante as pessoas estejam vivendo mais, não necessariamente elas possuem melhores condições de vida para o pleno exercício de atividades que garantam o seu próprio sustento com dignidade. No ponto, existe uma série de estudos apontando que "a sociedade não está preparada para essa mudança no perfil populacional e, embora as pessoas estejam vivendo mais, a qualidade de vida não acompanha essa evolução".[1]

Por conta disso, dificuldades na manutenção ou inserção no mercado de trabalho, saúde debilitada, corriqueiros e elevados gastos com medicamentos e planos de saúde são apenas alguns dos fatores que podem influenciar fortemente na necessidade de alimentos pelo idoso, com base nos princípios da solidariedade familiar (art. 226, 227 e 230, CR/88) e da dignidade da pessoa humana. Este último, inclusive, corresponde ao "princípio estruturante, constitutivo e indicativo das ideias diretivas básicas de toda a ordem constitucional",[2] sendo essencial que essa pessoa consiga viver de forma digna, o que perpassa por toda a análise da necessidade alimentar de quem vier a precisar.

Mas não só. Nesse cenário, é indispensável que também a dignidade daquele que presta alimentos seja garantida, entrando em cena a possibilidade de o próprio alimentante ser pessoa com idade igual ou superior a 60 anos. Por isso, ao lidar com alimentos no cenário do direito da pessoa idosa, é plenamente possível que exista mais de uma pessoa em situação de vulnerabilidade, em ambos os polos da relação jurídica, como aconteceria na nem um pouco improvável situação de ex-consortes idosos virem a se divorciar (*gray divorce*) e a postular alimentos um em face do outro.

Por isso, o "vetor constitucional no âmbito alimentício resulta que os alimentos tendem a proporcionar uma vida de acordo com a dignidade de quem recebe (alimentando) e de quem os presta (alimentante), pois nenhuma delas é superior, nem inferior".[3]

---

1. MENDES, Márcia Barbosa et al. A situação social do idoso no Brasil: uma breve consideração. Acta Paul Enferm. v. 18. n. 4. São Paulo Oct./Dec. 2005. Disponível em: https://www.scielo.br/pdf/ape/v18n4/a11v18n4.pdf. Acesso em: 19 jan. 2023.
2. FACHIN, Luiz Edson. *Estatuto jurídico do patrimônio mínimo*. 2. ed. Rio de Janeiro: Renovar, 2006. p. 179.
3. FARIAS, Cristiano Chaves; ROSENVALD, Nelson. *Direito das famílias*. 2017, p. 702.

Frisa-se, portanto, que o idoso pode ocupar tanto o papel de alimentando (quando necessitar) quanto o de alimentante (quando puder prestar). Em caso de os ascendentes do idoso estarem vivos, também poderão entrar nessa equação, afinal, com a maior longevidade populacional, essa pode ser uma tendência dentro dos próximos anos. Nesses moldes, Rolf Madaleno assenta que "entre os membros de uma família, existe um forte vínculo social de solidariedade alimentar e é dentro do grupo familiar que se apresenta o espaço de garantia da subsistência das pessoas, não só na primeira etapa da vida, quando a dependência é absoluta e as crianças e adolescentes são indefesas e inteiramente dependentes, como posteriormente, quando certas vicissitudes da existência impedem que a pessoa faça frente às suas requisições materiais por seus próprios esforços e recursos".[4]

Sob a perspectiva do direito comparado norte-americano, Marcela Fürst e Vanessa Castro elucidam que "idosos que não conseguem arcar com os custos mensais para sua sobrevivência têm aumentado nos EUA ao longo dos anos. Diante desse cenário, aproximadamente 30 estados americanos possuem legislações que tornam os filhos adultos responsáveis por seus pais, caso os pais não consigam sobreviver com recurso próprio. Esse tipo de legislação é denominada '*filial responsibility*', que consiste na responsabilidade legal de filhos adultos em arcar com as necessidades básicas como alimentação, vestuário, abrigo e assistência médica para os pais indigentes".[5]

Não sendo possível se manter por si ou pela sua família, também é possível que a pessoa idosa com mais de 65 (sessenta e cinco) anos de idade obtenha um benefício assistencial por parte do Estado. Trata-se do Benefício de Prestação Continuada (BPC), regulamentado pela Lei 8.742/93 (art. 20) e pelo Estatuto da Pessoa Idosa (art. 34). Por se tratar de um benefício assistencial "independe de contribuição direta do beneficiário. O requisito para o auxílio assistencial é a necessidade do assistido".[6]

Nesse caso, embora a verba tenha caráter alimentar, em sentido formal não serão os alimentos que aqui se trata, mas sim benefícios que possuem natureza diversa (assistencial) e igualmente com requisitos distintos, fixados em lei, para a sua configuração.

Por isso, a linha seguida por este livro é no sentido de que os alimentos de direito de família, mesmo no âmbito do Direito da Pessoa Idosa, seriam "prestações para satisfação das necessidades vitais de quem não pode provê-las por si" e visariam "fornecer a um parente, cônjuge ou companheiro o necessário à sua subsistência".[7]

Mas é também possível observar um caráter assistencial nesses alimentos entre membros da família. É o que Fábio Ulhoa assenta, ao disciplinar que "os alimentos se

---

4. MADALENO, Rolf. *Direito de família*. 8. ed. Rio de Janeiro: Forense, 2018, p. 1147.
5. PRADO, Marcela Mª Furst Signori; CASTRO, Vanessa Gasparini. Dos alimentos para pessoa idosa. Disponível em: https://ibdfam.org.br/artigos/1294/Dos+alimentos+para+pessoa+idosa. Acesso em: 19 jan. 2023.
6. IBRAHIM, Fábio Zambitte. Curso de direito previdenciário. 20. ed. Rio de Janeiro: Impetus, 2015, p. 12
7. GONÇALVES, Carlos Roberto. *Direito civil brasileiro*: direito de família. 11. ed. São Paulo: Saraiva, 2014, v. 6, p. 336.

destinam ao cumprimento, pela família, de sua *função assistencialista* e das relacionadas ao provimento dos recursos reclamados pelo sustento e manutenção de seus membros".[8]

Diferentemente dos benefícios assistenciais prestados pelo Estado, os alimentos familiares são devidos aos que dele necessitem, para que vivam de modo compatível com a sua condição social, inclusive para atender às necessidades de sua educação (art. 1.694, *caput*, CC). Ademais, "o termo alimentos tem sentido evidentemente amplo, abrangendo mais do que a alimentação",[9] como o sustento, a cura, o vestuário e a habitação, além da educação (art. 1.920, CC), o que reforça a previsão de que os alimentos devem sempre levar em consideração a condição social do alimentando, obviamente, dentro da possibilidade do alimentante, tudo de forma proporcional.[10]

Inexiste dúvida de que o Direito das Famílias da atualidade não mais se pauta em padrões patrimonialistas de outros tempos, voltando sua atenção à personificação dos indivíduos, à "tutela da pessoa humana, no intuito de promover a dignidade desta".[11] Por isso, para além de se garantir o mínimo existencial aos envolvidos nessa relação familiar, também devem ser garantidos os alimentos para que se obtenha uma "aproximação possível das anteriores condições de vida".[12]

Como se sabe, a doutrina distingue os alimentos de família entre naturais e civis (também denominados de côngruos). Os primeiros seriam aqueles que se voltam exclusivamente para a sobrevivência do alimentando, se circunscrevendo a "cobrir o vital para a vida, aquilo que se faz estritamente indispensável para a subsistência do alimentando, sem levar em conta a sua condição social nem seus hábitos de vida".[13] Os segundos, por sua vez, teriam a finalidade de garantir que sua qualidade de vida se compatibilizasse com tal condição social.

Atualmente, os alimentos sempre levarão em consideração as condições sociais daquela pessoa que os pleiteia, observando-se os requisitos essenciais para a sua configuração, qual seja, a necessidade, a possibilidade e a proporcionalidade.

7.2 OS ALIMENTOS: OBRIGAÇÃO E CONTEÚDO

A palavra alimentos é polissêmica, possuindo dois sentidos bem claros. O primeiro deles consiste na obrigação de sustento em si, no sentido de que haja o pagamento de alimentos de uma pessoa a outra. Como dito, deve existir uma relação jurídica familiar existente entre esses sujeitos. O segundo se refere ao próprio conteúdo da obrigação, conferindo o "necessário à preservação da dignidade humana, como a habitação, a

---

8. COELHO, Fábio Ulhoa. *Curso de direito civil, família, sucessões*. 5. ed. São Paulo: Saraiva, 2012, cap. 61. Ebook, v. 5, sem paginação.
9. FARIAS, Cristiano Chaves; ROSENVALD, Nelson. *Direito das famílias*. Salvador: JusPodivm, 2017, p. 706.
10. LÔBO, Paulo. *Direito civil*: famílias. 7. ed. São Paulo: Saraiva, 2017, p. 414-415.
11. ALVES, Leonardo Barreto Moreira. *Temas atuais de direito de família*. Rio de Janeiro: Lumen Juris, 2010, p. 25.
12. LÔBO, Paulo. *Direito civil*: famílias. 7. ed. São Paulo: Saraiva, 2017, p. 415.
13. MADALENO, Rolf. *Direito de família*. 8. ed. Rio de Janeiro: Forense, 2018, p. 1147.

saúde, a assistência médica, a educação, a moradia, o vestuário e, é claro, também cultura e lazer".[14] Neste ponto, deve-se sopesar que nem sempre a pensão alimentícia será prestada em dinheiro. Em alguns casos, é possível que ela se configure através da hospedagem e sustento daquela pessoa que vier a necessitar.

Sobre o tema, Yussef Said Cahali defende que, quando prestada em dinheiro, a obrigação será denominada de imprópria, e, quando prestada por meio de hospedagem e sustento, ela será própria.[15] Ao regulamentar a pensão alimentícia própria, o Código Civil estabelece que "a pessoa obrigada a suprir alimentos poderá pensionar o alimentando, *ou dar-lhe hospedagem e sustento*, sem prejuízo do dever de prestar o necessário à sua educação, quando menor" (art. 1.701), hipótese em que competirá ao juiz, se as circunstâncias o exigirem, fixar a forma do cumprimento da prestação.

A modalidade própria de prestação de alimentos exerce um importante e adicional papel no caso de pessoas idosas, podendo ser, inclusive, uma forma de se garantir, adicionalmente, o seu direito à convivência familiar e comunitária (art. 3º, EPI).

7.3 A OBRIGAÇÃO ALIMENTAR NOS TERMOS DA LEI CIVIL E SUAS CARACTERÍSTICAS

O ordenamento jurídico brasileiro estabelece que os alimentos serão prestados ao idoso na forma da lei civil (art. 11, EPI). Isso significa que todas as nuances corriqueiramente abordadas em relação aos alimentos em geral precisam ser aqui definidas e temperadas com os aspectos específicos dos alimentos devidos a e por pessoas idosas, na condição de alimentando ou de alimentante, respectivamente.

Por ser assim, a obrigação alimentar deverá atender aos requisitos previstos na lei civil, devendo-se observar: a) a possibilidade daquele que custeia; b) a necessidade de quem os pleiteia e, por fim; c) a proporcionalidade entre os outros dois requisitos. Esse seria o trinômio alimentar a que alude a "teoria trinária", embora seja corrente encontrar na praxe forense a menção a respeito da existência de apenas dois requisitos, quais sejam, a necessidade e a possibilidade, componentes da "teoria binária".

Seja como for, tais requisitos são exigidos pelo art. 1.694, § 1º, do Código Civil, ao regulamentar que "os alimentos devem ser fixados na *proporção* das *necessidades* do reclamante e dos *recursos* da pessoa obrigada".

De fato, os elementos do caso concreto devem sempre ser balizados a partir da *proporcionalidade*, seja pela literalidade disposta no referido artigo ou pela obrigatoriedade de sua aplicação às mais diversas temáticas jurídicas, por ser considerada um importante parâmetro interpretativo de direitos fundamentais e um dos pilares do Estado Democrático de Direito.

---

14. FARIAS, Cristiano Chaves; ROSENVALD, Nelson. *Direito das famílias*. Salvador: JusPodivm, 2017, p. 707.
15. CAHALI, Yussef Said. *Dos alimentos*. 5. ed. São Paulo: Ed. RT, 2006, p. 111.

Como diria Humberto Ávila, a proporcionalidade "decorre logicamente de outros fundamentos já escritos. Ele é, por assim dizer, consectário da estrutura teleológica do direito".[16]

É justamente o que Ingo Sarlet, Luiz Guilherme Marinoni e Daniel Mitidiero assentam ao aduzir que "independentemente de sua expressa previsão em textos constitucionais ou legais, o que importa é a constatação, amplamente difundida, de que a aplicabilidade dos princípios da proporcionalidade e da razoabilidade não está excluída de qualquer matéria jurídica".[17]

Sendo a proibição do excesso um dos planos da proporcionalidade, parece ser um parâmetro indispensável para se ponderar os outros dois requisitos exigidos por lei, isto é, a necessidade de quem pleiteia os alimentos e a possibilidade de quem é demandado a pagar, atingindo-se, com isso, a justa medida para a sua fixação.

Para além desses requisitos essenciais para a fixação do valor dos alimentos, tal verba possui características específicas previstas pela lei civil, que também precisam ser conhecidas por aqui.

Vamos a elas!

7.3.1 Pessoalidade (direito personalíssimo)

Essencialmente, os alimentos têm por finalidade a manutenção da vida de determinada pessoa, sendo este o direito subjetivo mais elementar do ser humano, afinal, todos os demais são reconhecidos a partir da condição mínima de vida do sujeito.

Não obstante exista teoria que enquadre o direito aos alimentos como uma categoria de direitos patrimoniais,[18] fundada na premissa de que "nem todos os direitos fundamentais são direitos de personalidade, como é o caso da propriedade",[19] a doutrina majoritária os considera como um direito da personalidade,[20] extrapatrimonial por si, correspondente a "exigências da proteção e promoção da dignidade da pessoa humana e do livre desenvolvimento da personalidade".[21]

Desse modo, tem-se reconhecido que os alimentos possuem natureza de direito personalíssimo, carregando consigo o significado de que se trata de um dos "direitos considerados essenciais à condição humana, direitos sem os quais os outros direitos

---

16. ÁVILA, Humberto. O que é "devido processo legal?" *Revista dos Tribunais*, v. 33, n. 163, p. 50-59. São Paulo: Ed. RT, set. 2008.
17. SARLET, Ingo Wolfgang; MARINONI, Luiz Guilherme; MITIDIERO, Daniel. *Curso de direito constitucional*. 7. ed. São Paulo: Saraiva, 2018, p. 407.
18. FARIAS, Cristiano Chaves; ROSENVALD, Nelson. *Direito de família*. Salvador: JusPodivm, 2017, v. 6, p. 707.
19. SARLET, Ingo Wolfgang; MARINONI, Luiz Guilherme; MITIDIERO, Daniel. *Curso de direito constitucional*. 7. ed. São Paulo: Saraiva, 2018, p. 455.
20. FARIAS, Cristiano Chaves; ROSENVALD, Nelson. *Direito de família*. Salvador: JusPodivm, 2017, p. 707 e DIAS, Maria Berenice. Manual de direito das famílias. São Paulo: Revista dos tribunais, 2015, v. 6, p. 558.
21. SARLET, Ingo Wolfgang; MARINONI, Luiz Guilherme; MITIDIERO, Daniel. *Curso de direito constitucional*. 7. ed. São Paulo: Saraiva, 2018, p. 455.

subjetivos perderiam qualquer interesse para o indivíduo, ao ponto de se chegar a dizer que, se não existissem, a pessoa não seria mais pessoa".[22]

Por serem assim classificados, todos os caracteres inerentes a tais categorias, como a irrenunciabilidade, a imprescritibilidade, a inalienabilidade e a indisponibilidade, serão evidenciados no direito aos alimentos a idosos, como se verá nos tópicos seguintes.

7.3.2 Irrenunciabilidade

Por resguardar o direito mais inato do ser humano, é corrente a afirmação de que os alimentos são irrenunciáveis, principalmente diante do teor do artigo 1.707 do Código Civil, que estabelece que "pode o credor não exercer, porém lhe é vedado renunciar o direito a alimentos, sendo o respectivo crédito insuscetível de cessão, compensação ou penhora".

Corroborando tal entendimento, ainda na vigência do Código Civil de 1916, que continha dispositivo semelhante ao previsto no código vigente (art. 404, CC/16),[23] o STF (Tribunal competente para o julgamento de questões infraconstitucionais à época) editou a súmula 379, dispondo que "no acordo de desquite não se admite renúncia aos alimentos, que poderão ser pleiteados ulteriormente, verificados os pressupostos legais".

Mas, com o advento da Constituição da República de 1988 e o estabelecimento da competência do STJ para apreciar tais temáticas (art. 105), esta Corte consolidou entendimento no sentido de que a irrenunciabilidade se limita aos incapazes, sendo possível a renúncia por parte de cônjuges e companheiros, no momento da dissolução do vínculo familiar. Mais ainda. Tal renúncia atinge tão somente o direito à percepção da verba, e não a sua cobrança em juízo,[24] o que parece bastante lógico, já que a execução é regida pelo princípio da disponibilidade, sendo possível que o exequente desista de toda a execução ou de apenas algumas medidas executivas (art. 775, CPC/15).

O mesmo entendimento foi adotado pelas Jornadas de Direito Civil do CJF, no sentido de que o art. 1.707 do Código Civil não impede seja reconhecida válida e eficaz a renúncia manifestada por ocasião do divórcio (direto ou indireto) ou da dissolução da união estável. A irrenunciabilidade do direito a alimentos somente é admitida enquanto subsistir vínculo de Direito de Família (Enunciado 263, III JDC).

Mais recentemente, inclusive, o STJ decidiu que "é possível a realização de acordo com a finalidade de exonerar o devedor do pagamento de alimentos devidos e não pagos", ao entendimento que "a irrenunciabilidade e a vedação à transação estão limitadas aos alimentos presentes e futuros, não havendo os mesmos obstáculos para os alimentos pretéritos".[25]

---

22. SCHREIBER, Anderson. *Direitos da personalidade*. 2. ed. São Paulo: Atlas, 2013, p. 5.
23. Código Civil de 1916, art. 404. Pode-se deixar de exercer, mas não se pode renunciar o direito a alimentos.
24. STJ, REsp 1.529.532-DF, Rel. Min. Ricardo Villas Bôas Cueva, 3T, DJe de 16.06.2020.
25. STJ, REsp 1.529.532-DF, Rel. Min. Ricardo Villas Bôas Cueva, 3T, DJe de 16.06.2020.

Em relação aos alimentos entre ex-consortes (ex-cônjuges ou ex-companheiros), fixou-se que "após a homologação do divórcio, não pode o ex-cônjuge pleitear alimentos se deles desistiu expressamente por ocasião do acordo de separação consensual".[26] Entretanto, o Tribunal não autoriza a renúncia na constância da união, ou de forma antecipada, em pacto antenupcial ou escritura pública de união estável, sendo possível se pleitear alimentos em tais casos, ainda após a dissolução da entidade familiar (desde que, é claro, não tenha havido renúncia no termo de separação/divórcio/dissolução de união estável), já que a assistência material mútua constitui norma de interesse público.[27]

Uma vez renunciando, contudo, o ex-consorte não pode mudar de ideia posteriormente e pretender postulá-los em juízo. Haveria franca dissonância com o ato jurídico previamente realizado, o que encontraria óbice na proibição do comportamento contraditório (*nemo venire contra factum proprium*), o qual se caracteriza como "um ato ilícito objetivo, também chamado de abuso de direito",[28] conforme esclarecem Cristiano Chaves de Farias e Nelson Rosenvald.

Além disso, o STJ já teve oportunidade de decidir que eventual renúncia aos alimentos, quando da dissolução da entidade familiar, não atinge o direito do ex-consorte de deduzir pedido indenizatório para reparação por danos morais ou materiais eventualmente experimentados.[29]

Ainda dentro da temática, é preciso que se esteja atento ao que enuncia a Súmula 336 do STJ,[30] pois seu texto pode levar o intérprete a pensar que existe uma colisão de entendimentos dentro da própria Corte, o que não é verdade. Além de o entendimento por ela cristalizado ter sido fixado por órgãos fracionários com competência em Direito Público, a própria literalidade de seu texto já deixa clara a sua aplicabilidade exclusivamente à pensão previdenciária, e não à pensão alimentícia decorrente do Direito das Famílias. Por isso, "a colisão entre os referidos entendimentos é aparente, e não real."[31]

Em relação aos alimentos devidos em razão do parentesco, a questão é comumente abordada sob o viés dos descendentes menores, que são considerados relativa ou absolutamente incapazes (art. 3º e 4º, CC). Nesse cenário, "o representante dos filhos, enquanto menores de idade, não pode nem desistir da ação".[32]

Mas, diante do envelhecimento populacional, é possível voltar os olhos para o fato de que a pessoa idosa, eventualmente, também pode ser considerada incapaz. Apesar de nunca ser demasiado frisar que *idade não se confunde com incapacidade*, é perfeitamente possível que tais figuras se sobreponham, de modo que uma pessoa idosa também seja

---

26. STJ, AgRg no Ag 1.044.922-SP, Rel. Min. Raul Araújo Filho, 4T, DJe de 02.08.2010.
27. STJ, REsp 1.178.233-RJ, Rel. Min. Raul Araújo, DJe de 09.12.2014.
28. FARIAS, Cristiano Chaves; ROSENVALD, Nelson. *Direito de família*. Salvador: Juspodivm, 2017, v. 6, p. 710.
29. STJ, Esp 897.456-MG, Rel. Min. Humberto Gomes de Barros, julgado em 14.12.2006.
30. Súmula 336 do STJ: "A mulher que renunciou aos alimentos na separação judicial tem direito à pensão previdenciária por morte do ex-marido, comprovada a necessidade econômica superveniente".
31. FARIAS, Cristiano Chaves; ROSENVALD, Nelson. *Direito de família*. Salvador: Juspodivm, 2017, v. 6, p. 711.
32. DIAS, Maria Berenice. *Manual de direito das famílias*. São Paulo: Ed. RT, 2015, p. 569.

considerada incapaz, hipótese que permitiria que o instituto da curatela entrasse em cena, para uma mais adequada proteção daquele indivíduo. Nesse caso, a pessoa idosa e incapaz não poderia renunciar o seu direito aos alimentos por ocasião do divórcio.

O questionamento que se faz é justamente saber se a pessoa poderia fazer alegação de que, ao tempo da renúncia, era faticamente incapaz, embora ainda não submetida à curatela. Sobre o tema, existem duas correntes doutrinárias, ambas perpassando pela natureza da sentença de curatela. Para a primeira linha, tal pronunciamento possuiria índole jurídica declaratória, retroagindo seus efeitos até o momento do início da incapacidade (efeito *ex tunc*); para a segunda, a sentença teria natureza constitutiva, não retroagindo, mas apenas projetando efeitos para o futuro (efeitos *ex nunc*).[33]

O STJ já aderiu expressamente à segunda corrente, estabelecendo que "a sentença de interdição tem natureza constitutiva, caracterizada pelo fato de que ela não cria a incapacidade, mas sim, situação jurídica nova para o incapaz" e que "a sentença de interdição, salvo pronunciamento judicial expresso em sentido contrário, opera efeitos *ex nunc*".[34]

Na esteira do posicionamento do STJ, portanto, mostra-se possível o reconhecimento da nulidade dos atos praticados anteriormente à sentença de curatela, embora esta não decorra como um efeito automático. Por isso, se determinada pessoa que já seja faticamente incapaz (embora ainda não submetida à curatela) renunciar ao direito aos alimentos, abre-se oportunidade para que eventual prejudicado promova ação judicial específica objetivando anular tal ato jurídico, bastando que faça a demonstração de que a incapacidade já existia ao tempo de sua realização.[35]

Portanto, mesmo com a renúncia aos alimentos, estes podem vir a ser discutidos posteriormente.

Além da incapacidade, outros vícios dos negócios jurídicos também podem justificar a anulação da renúncia. Dessa opinião não destoa Anderson Schreiber, para quem "evidentemente, eventuais vícios na celebração do acordo como erro ou coação poderão conduzir à sua anulabilidade e à restauração do dever de alimentos."[36]

Nesse contexto, seria possível, por exemplo, que atos de coação fossem praticados contra uma mulher idosa, sob a forma de violência doméstica e familiar, com o objetivo de incutir em sua mente fundado temor de dano iminente e considerável à sua pessoa, à sua família, ou aos seus bens (art. 151, CC), para que ela eventualmente renunciasse aos alimentos a si devidos pelo coator.

Embora o Estado realize atos de conscientização e repressão de tais atos perversos, infelizmente eles ainda são bastante corriqueiros no seio social, e, muitas vezes, velados

---

33. EHRHARDT JÚNIOR, Marcos. A incapacidade civil e o idoso. In: MENDES, Gilmar Ferreira; BRANCO, Paulo Gustavo Gonet. *Curso de Direito Constitucional*. São Paulo: Saraiva, 2015, p. 208.
34. STJ, REsp: 1694984 MS, Rel: Ministro Luis Felipe Salomão, 4T, DJe de 1º.02.2018.
35. STJ, REsp: 1694984 MS, Rel: Ministro Luis Felipe Salomão, 4T, DJe de 1º.02.2018.
36. SCHREIBER, Anderson. *Manual de direito civil contemporâneo*. 3. ed. São Paulo: Saraiva, 2020, p. 1325.

e subnotificados. Tal situação, inclusive, foi constatada por Sérgio Gischkow Pereira, para quem muitas mulheres "renunciam aos alimentos porque espancadas, porque ameaçadas de morte, porque ludibriadas, ou todos esses fatores conjugados, e, muitas vezes, não há como provar esses eventos. Os juízes e tribunais, em geral, sabem disso, mas nem sempre o doutrinador o sabe".[37]

Isso não pode escapar aos olhos do direito, de modo a ser possível a constatação de coação para fins de anulação do ato jurídico de renúncia aos alimentos. Em situação de violência doméstica, inclusive, seria possível que alimentos provisórios ou provisionais fossem estabelecidos em favor da vítima (art. 22, V, Lei 11.340/06).

Tanto a incapacidade relativa quanto os demais defeitos dos negócios jurídicos (coação, erro ou ignorância, dolo, estado de perigo, lesão e fraude contra credores) são passíveis de anulação, dentro do prazo decadencial de 4 anos (art. 171 e 178, *caput*, CC).

O que diferencia as situações é justamente o início do prazo para se pleitear judicialmente a anulação. No primeiro caso, o prazo se iniciará apenas quando cessar a incapacidade. Na coação, do dia em que ela cessar e, no de erro, dolo, estado de perigo, lesão ou fraude contra credores, do dia em que se realizou o negócio jurídico (art. 178, CC).

Por certo, estabelece o Código Civil que a anulabilidade não tem efeito antes de ser julgada por sentença, nem se pronuncia de ofício; só os interessados a podem alegar, e aproveita exclusivamente aos que a alegarem, salvo o caso de solidariedade ou indivisibilidade (art. 177, CC).

A referida anulabilidade também se faz possível quando se estiver diante de um acordo homologado judicialmente, já que o CPC/15 fixou que os atos de disposição de direitos, praticados pelas partes ou por outros participantes do processo e homologados pelo juízo, bem como os atos homologatórios praticados no curso da execução, estão sujeitos à anulação, nos termos da lei (art. 966, § 4º).

Ademais, estando diante de uma situação de renúncia a alimentos por pessoa idosa e incapaz, parece ser plenamente possível que o Ministério Público atue a seu favor, alegando em juízo a situação de incapacidade contemporânea ao ato jurídico. É o que se extrai do teor do art. 74, II, do EI, ao apresentar que compete ao Ministério Público promover e acompanhar as ações de alimentos, de interdição total ou parcial, de designação de curador especial, em circunstâncias que justifiquem a medida e oficiar em todos os feitos em que se discutam os direitos de idosos em condições de risco.

Não se pode esquecer que os alimentos possuem a finalidade de garantir a própria vida e integridade física e psíquica daquele que se encontrar necessitado. Por isso, eventual renúncia deve sempre ser interpretada restritivamente (art. 114, CC), levando em consideração a sua essencialidade para a sobrevivência com dignidade da pessoa idosa.

---

37. PEREIRA, Sérgio Gischkow. *Estudos de direito de família*. Porto Alegre: Livraria do Advogado. 2004, p. 87.

7.3.3 Irrepetibilidade

Os alimentos pagos presumem-se consumidos, razão pela qual a doutrina estabelece que eles não podem ser devolvidos, sendo, desse modo, irrepetíveis. Isso significa que mesmo quando pagos de maneira indevida eles não podem, a princípio, ser objeto de devolução, pois "calcada na ideia de necessidade e solidariedade social, bem como na estabilidade das relações jurídicas".[38] A irrepetibilidade também finca suas raízes na própria natureza assistencial do direito aos alimentos.[39]

Esse posicionamento, tão tradicional e difundido na sistemática jurídica brasileira, é uniformemente reconhecido, ainda que inexista qualquer lei o estabelecendo formalmente. Assim, via de regra, as verbas que ostentam a natureza de crédito alimentar não admitem restituição.

É o que entendeu o STJ, ao assentar que "os alimentos pagos presumem-se consumidos, motivo pelo qual não podem ser restituídos, tratando-se de princípio de observância obrigatória".[40]

Por certo, tal noção excepciona a norma que veda o enriquecimento ilícito e determina a restituição dos pagamentos indevidos (arts. 876 e seguintes, CC).

Portanto, a regra é que, mesmo diante do seu deferimento através de tutela provisória de urgência, ou sentença posteriormente reformada, os alimentos não podem ser restituídos. E vai além: "mesmo vindo a ser desconstituído o vínculo de filiação, pela procedência de ação negatória de paternidade, descabe a restituição dos alimentos que foram pagos".[41]

Como não poderia ser diferente, os alimentos provisórios fixados na inicial poderão ser revistos a qualquer tempo, se houver modificação na situação financeira das partes (art. 13, § 1º), sendo a variabilidade da sua essência, pois regidos pela cláusula *rebus sic stantibus*. Com isso, alterando-se a possibilidade ou a necessidade dos envolvidos, poderá ocorrer a redução, majoração e, até mesmo, a exoneração do dever/obrigação alimentar. Esse é, inclusive, o teor do art. 1.699 do CC, segundo o qual, se, fixados os alimentos, sobrevier mudança na situação financeira de quem os supre, ou na de quem os recebe, poderá o interessado reclamar ao juiz, conforme as circunstâncias, exoneração, redução ou majoração do encargo.

Sobre o tema, questão que repercute na doutrina nacional se refere à norma que se extrai a partir da leitura do art. 13, § 2º, da Lei 5.478/1968 (Lei de Alimentos), a qual estabelece que, "em qualquer caso, os alimentos fixados retroagem à data da citação"

---

38. GAGLIANO, Pablo Stolze; PAMPLONA FILHO, Rodolfo. *Manual de direito civil*. São Paulo: Saraiva, 2020, p. 2094.
39. MADALENO, Rolf. *Direito de família*. 10. ed. Rio de Janeiro: Forense, 2020, p. 1571.
40. STJ, EREsp 1.181.119-RJ, Rel. Min. Luis Felipe Salomão, DJe de 27.11.2013.
41. DIAS, Maria Berenice. *Manual de Direito das Famílias*. São Paulo: Ed. RT, 2015, p. 568.

(art. 13, § 2º), o que poderia abalar frontalmente a irrepetibilidade dos alimentos no caso de revisão para valores inferiores ao inicialmente fixado.

Sem dúvida, essa situação poderia acarretar a perversa hipótese onde o devedor-alimentante passaria a ser credor do alimentando, ou, ainda, fazer com que o alimentante se sentisse desestimulado a realizar o pagamento pontual das verbas devidas no caso de propositura de ação revisional ou exoneratória.

Visando equilibrar tal situação, surgiram duas correntes doutrinárias que já foram adotadas pelo STJ. Para a primeira delas, cuja maior expoente é Maria Berenice Dias,[42] haveria a irretroatividade da sentença que reduz ou exonera os alimentos. Assim, a retroatividade ao momento da citação (prescrita pelo art. 13, § 2º da Lei de Alimentos) apenas poderia ser aplicada no caso de manutenção ou majoração do valor dos alimentos na sentença, não na sua redução ou exoneração, já que "a sentença a qual altera, posteriormente, esse provimento precário, fixando alimentos definitivos em valores inferiores, não tem o condão de retroagir em prejuízo daquele que recebe a aludida prestação".[43] Por isso, a sentença que reduz os alimentos operaria efeitos *ex nunc* (prospectivos), não retroagindo ao momento da citação e "não podendo ser usada para beneficiar o alimentante inadimplente".[44] Assim, "em realidade, o credor de alimentos nunca perde, porque, se a sentença reduz o valor liminar, esse montante inicial continua sendo devido até o julgamento do recurso extraordinário, sem precisar devolver qualquer valor recebido a maior, e se a última instância recursal majorar os alimentos há retroação do quantum para a data da citação do réu na demanda alimentar".[45]

Esse posicionamento teria por embasamento primordial a necessidade de se evitar o inadimplemento do alimentante, já que, "conferir efeito retroativo aos alimentos fixados na sentença, à data da citação do credor, incentiva o inadimplemento e acaba por punir quem atende ao encargo alimentar durante a tramitação da demanda revisional".[46]

Para a segunda corrente, no entanto, a sentença retroagiria ao momento da citação também no caso de redução ou exoneração dos alimentos, respeitada a irretroatividade e a incompensabilidade. Para essa posição, não seria possível realizar interpretação *contra legem* da norma a que alude o artigo 13, § 2º, da Lei de Alimentos, que é expresso em apontar que a retroatividade deveria ocorrer em qualquer hipótese. Um dos defensores dessa corrente é Rafael Calmon, que sustenta suas ideias argumentando que "ainda que

---

42. DIAS, Maria Berenice. *Manual de Direito das Famílias*. São Paulo: Ed. RT, 2015, p. 568. Ver, ainda: DIAS, Maria Berenice. Súmula 621 do STJ incentiva o inadimplemento dos alimentos. Disponível em: http://www.ibdfam.org.br/artigos/1378/S%C3%BAmula+621+do+STJ+incentiva+o+inadimplemento+dos+alimentos. Acesso: 08 jul. 2020.
43. STJ, AgRg no REsp 1.042.059/SP, DJe de 11.05.2011.
44. STJ, AgRg no REsp 1.042.059/SP, T3, DJe de 11/05/11. No mesmo sentido: AgRg no REsp 1433080/SP, T3, DJe de 03/11/2014; AgRg no AREsp 300953/SP, T3, DJe de 23/05/2014; REsp 834440/SP, T4, DJe 15.12.2008.
45. MADALENO, Rolf. Direito de Família. Rio de Janeiro: Forense, 2018, p. 1177.
46. DIAS, Maria Berenice. Súmula 621 do STJ incentiva o inadimplemento dos alimentos. Disponível em: http://www.ibdfam.org.br/artigos/1378/S%C3%BAmula+621+do+STJ+incentiva+o+inadimplemento+dos+alimentos. Acesso: 08 jul. 2020.

assim não fosse – mas, de fato é –, obstaculizar-se simplesmente a retroação dos efeitos das sentenças em franca contrariedade à prescrição contida em regra escrita, poderia gerar uma nada recomendável insegurança jurídica, opostamente a tudo que se espera de um sistema de justiça, sobretudo pelo fato de se estar atribuindo maior valor a uma decisão liminar – proferida com base em um juízo de cognição rarefeito, não raro sem a oitiva da parte contrária – do que a uma sentença ou acórdão – prolatados somente depois de encerrada toda a instrução mediante o mais completo contraditório. Essa situação poderia inclusive levar ao nada improvável quadro de um alimentante ser preso pelo não pagamento de uma dívida originada por uma decisão interlocutória proferida logo no início do processo, mesmo depois dele ter sido completamente exonerado do encargo correspondente por pronunciamento calcado em juízo de certeza e transitado em julgado. Semelhante incômodo seria sentido se houvesse desistência ou julgamento de improcedência da ação de alimentos em que tivessem sido fixados alimentos provisórios, mas estes pudessem continuar sendo executados".[47]

Depois de seguir o primeiro posicionamento,[48] o Superior Tribunal de Justiça passou a adotar a segunda corrente, vindo a pacificar a matéria no ano de 2018, ano em que foi editado o enunciado de Súmula 621 no sentido de que "os efeitos da sentença que reduz, majora ou exonera o alimentante do pagamento retroagem à data da citação, vedadas a compensação e a repetibilidade".

Por assim ser, "sedimentado o posicionamento do Superior Tribunal de Justiça no sentido de que os alimentos retroagem à citação e que os juros de mora incidem desde os respectivos vencimentos das prestações."[49]

Ainda aplicando essa disposição sumulada, o Tribunal entendeu que acordo de revisão de alimentos celebrados em audiência pode fixar termo *a quo* distinto do previsto no art. 13, § 2º, da Lei 5.478/1968.[50]

Por outro lado, essa irrepetibilidade não pode ser vista como absoluta em nosso ordenamento jurídico. Aliás, nada é absoluto em Direito. Por isso, pouco a pouco a doutrina e a jurisprudência a vêm relativizando, para autorizar a devolução dos alimentos pagos em caso de: a) erro manifesto no pagamento, como no caso de pleitear alimentos de quem sabe não ser pai;[51] b) demonstração de absoluta desnecessidade do credor em receber alimentos, o que deve ocorrer por meio de ação autônoma;[52] c) dolo, má-fé e fraude.[53]

Sendo a irrepetibilidade uma exceção à regra que veda o enriquecimento sem causa, parece bastante claro que ela deverá sempre ser balizada e ponderada com a norma que

---

47. CALMON, Rafael. *Manual de Direito Processual das Famílias*. São Paulo: Saraiva, 2021, p. 501.
48. STJ, REsp 172.526/RS, T4, DJ de 15.03.1999; STJ, AgRg no REsp 1.392.986/DF, T3, DJe de 28.10.2013.
49. STJ, AgRg nos EDcl no AREsp 711.844/RS, T4, DJe de 08.05.2017.
50. STJ, AgInt no REsp 1.814.546/DF, T3, DJe de 1º.04.2020.
51. SCHEREIBER, Anderson. *Manual de direito civil*. 3. ed. São Paulo: Sariava, 2020, p. 1324.
52. FARIAS, Cristiano Chaves; ROSENVALD, Nelson. *Direito de Família*. Salvador: JusPodivm, 2017, p. 725.
53. MADALENO, Rolf. Direito de família. Rio de Janeiro: Forense, 2020, p. 1572.

visa excepcionar. Assim, as situações de relativização da irrepetibilidade se fundam em situações nas quais a vedação ao enriquecimento ilícito acaba por preponderar na equação. Exemplificando a situação, José Eduardo Coelho Dias sustenta que a relativização teria lugar quando "um avô que paga as prestações que se alegavam atrasadas ao neto e depois comprovar que seu filho, genitor do menor, já tinha efetuado o pagamento integral, o que faria que a mãe ou responsável recebesse duas vezes."[54]

Por fim, é importante sopesar que, no âmbito do STJ, a relatividade da irrepetibilidade dos alimentos de natureza familiar possui uma análise mais rigorosa do que as verbas previdenciárias, que também ostentam natureza alimentar e são repetíveis no caso de má-fé e de recebimento por decisão judicial precária posteriormente reformada.[55] Apenas quando houver reforma em Recurso Especial, isto é, quando houver a "dupla conformação recursal", é que não será devida a devolução dos valores recebidos.[56-57]

7.3.4 Incompensabilidade

Ao lado da irrepetibilidade, não é possível que os alimentos sejam compensados e que haja com isso o cumprimento indireto da obrigação. A compensação ocorre quando duas pessoas forem ao mesmo tempo credora e devedora uma da outra, e sua consequência é justamente a extinção das obrigações até onde se compensarem (art. 368, CC).

O artigo 1.707 do CC é impositivo ao vedar a compensação dos alimentos.

Por isso, não é possível se compensarem os alimentos com nenhuma verba (nem mesmo com outra de natureza alimentar), pouco importando que a forma de pagamento adotada pelo devedor tenha sido diferente para umas e outras, o que impede, por exemplo, que haja compensação de alimentos arbitrados em *pecúnia*, com parcelas pagas *in natura*, as quais são consideradas mera liberalidade. [58]

Entretanto, também existe relatividade em relação à incompensabilidade, sobretudo quando ficar evidenciado o enriquecimento ilícito do credor-alimentando. Sobre o tema, o STJ tem posicionamento consolidado, inclusive em sua jurisprudência em teses, no sentido de que "os valores pagos a título de alimentos são insuscetíveis de

---

54. DIAS, José Eduardo Coelho; SILVA, Débora Maria Veloso Nogueira da. *A irrepetibilidade dos alimentos e o enriquecimento sem justa causa*. Disponível em: https://jus.com.br/artigos/85084/a-irrepetibilidade-dos-alimentos-e-o-enriquecimento-sem-justa-causa. Acesso em: 19 jan. 2023.
55. STJ, REsp 1.549.836-RS, DJe de 06.09.2016.
56. "Os valores de benefícios previdenciários complementares recebidos por força de tutela antecipada posteriormente revogada devem ser devolvidos, observando-se, no caso de desconto em folha de pagamento, o limite de 10% (dez por cento) da renda mensal do benefício previdenciário até a satisfação integral do valor a ser restituído" (STJ, REsp 1.555.853-RS, DJe de 16.11.2015).
57. Não está sujeito à repetição o valor correspondente a benefício previdenciário recebido por determinação de sentença que, confirmada em segunda instância, vem a ser reformada apenas no julgamento de recurso especial. (STJ, EREsp 1.086.154-RS, j. em 20.11.2013).
58. "A jurisprudência desta Corte está sedimentada no sentido de que fixada a prestação alimentícia, incumbe ao devedor cumprir a obrigação na forma determinada pela sentença, não sendo possível compensar os alimentos arbitrados em pecúnia com parcelas pagas in natura." (STJ, AgRg no REsp 1257779/MG, 4T, DJe de 12.11.2014).

compensação, salvo quando configurado o enriquecimento sem causa do alimentando" (STJ, jurisprudência em teses, Ed. n. 77, alimentos, II, 13).

Em certa ocasião, inclusive, a Corte admitiu que, com a concordância do credor, o valor correspondente aos alimentos pagos *in natura* – mediante o adimplemento de aluguéis, taxas condominiais e IPTU do imóvel onde residia o exequente –, fosse deduzido/abatido da pensão alimentícia fixada exclusivamente em pecúnia, sob pena de caracterização de enriquecimento ilícito.[59]

Para o STJ, portanto, a mitigação do princípio da incompensabilidade dos alimentos é possível quando o devedor realiza o custeio direto de despesas de natureza alimentar, comprovadamente feitas em prol do beneficiário, tais como educação, habitação e saúde. Nessas hipóteses, não há falar em mera liberalidade do alimentante, mas de cumprimento efetivo, ainda que parcial, da obrigação alimentar, com o atendimento de necessidades essenciais do alimentando, que, certamente, teriam de ser suportadas pela pensão mensal fixada em pecúnia.[60]

Mas, sempre deve ser feita a comprovação a respeito do consentimento do devedor ou de seu representante.

No caso de o devedor-alimentante efetuar o pagamento de despesas de IPTU, condomínio e outras, por exemplo, quando esta obrigação deveria, mas não tenha sido adimplida pelos próprios credores-alimentandos que ocupavam o imóvel, o pagamento deverá ser considerado mera liberalidade, não se admitindo a compensação.[61] Se não fosse assim, "permitir a compensação seria autorizar o devedor a gerir indiretamente a vida e os interesses dos alimentandos, normalmente representados pela ex-esposa, ou tão somente a prole", retirando "dos credores de alimentos a livre administração da vida econômico-financeira", conforme arguta percepção de Rolf Madaleno.[62]

7.3.5 Impenhorabilidade

Também como decorrência do caráter personalíssimo e assistencial dos alimentos, não se admite a sua penhora (art. 1.707, CC). Sendo assim, "não é que eles se tornarão insuscetíveis apenas de serem alienados ou adjudicados. Eles se tornarão completamente blindados a qualquer iniciativa empreendida pelo credor",[63] como se denota do artigo 832 do CPC/15, ao estabelecer que não estão sujeitos à execução os bens que a lei considera impenhoráveis ou inalienáveis.

Trata-se de uma decorrência do benefício de competência (*beneficium competentiae*) – instituto com origem no direito romano e com fortes influências do cristianismo,

---

59. STJ, REsp 1.501.992-RJ, 3T, DJe de 20.04.2018.
60. STJ, REsp 1.501.992-RJ, 3T, DJe de 20.04.2018.
61. STJ, AgInt no REsp 1.744.597/PR, T3, DJe de 19.12.2019; STJ, AgInt nos EDcl no REsp 1.577.110/SP, T4, DJe de 1º.08.2018.
62. MADALENO, Rolf. *Direito de família*. Rio de Janeiro: Forense, 2020, p. 1575.
63. CALMON, Rafael. *Manual de Direito Processual das Famílias*. São Paulo: Saraiva, 2021, p 269.

os quais lhe agregaram conteúdo de caridade e moderação[64] – que torna impenhorável o "estritamente necessário à sobrevivência do executado, e de sua família, e à sua dignidade".[65]

Assim, o "inciso IV do art. 833 do CPC consagra uma das principais hipóteses do *beneficium competentiae*: a impenhorabilidade relativa das verbas de natureza alimentar. Trata-se de regra que possui o claro propósito de proteger o executado, garantindo-lhe o recebimento de valores que servem ao pagamento das despesas relacionadas à sua sobrevivência digna e à da sua família".[66]

Regras de impenhorabilidade visam criar uma "humanização da execução",[67] mas, "os alimentos não podem ser atacados por demandas de execução por dívidas comuns, salvo que se trate de débito devido por outra pensão alimentícia",[68] a se denotar que elas não são absolutas.

Entretanto, conforme aponta Melissa Ourives Veiga, "torna-se desarrazoado permitir que o devedor de alimentos mantenha elevado padrão de vida em detrimento de seus credores que sofrem de forma direta na sua própria subsistência,"[69] e, diante disso, o Código de Processo Civil estabelece exceções, ao possibilitar a penhorabilidade dos créditos de natureza alimentar (como o salário), para cobrir débitos que também possuam tal caráter alimentar, bem como de importâncias excedentes a 50 salários mínimos mensais (art. 833, § 2º).

Também os valores percebidos a título de alimentos em decorrência do direito de família devem seguir o mesmo regramento. Caso o alimentando seja executado, poderá alegar a impenhorabilidade das verbas, mas, eventualmente, esta alegação poderá ser rejeitada com base nas exceções previstas pelo supramencionado art. 833, § 2º, o que possibilitará que parcela de tais valores sejam penhorados, notadamente quando fixados em quantias muito altas, que superem excessivamente o razoável para a sua manutenção e preservação de sua dignidade. Isso porque o artigo 833, IV, do CPC/15 é amplíssimo e abarca quaisquer rendimentos da pessoa, o que pode incluir o pensionamento mensal a título de alimentos. Se não fosse assim, os rendimentos decorrentes de pensão alimentícia estariam sob o manto da absoluta impenhorabilidade, sendo palco potencial para as mais diversas fraudes.

---

64. "Trata-se de instituto que nasceu no Direito Romano, a partir do período da *cognitio* extraordinária, e se desenvolveu no Direito comum, até consagrar-se em quase todas as legislações. [...] As regras de proteção do devedor, contidas no Direito Romano, nas quais se inclui o beneficium competentiae, sofreram forte influência dos valores do cristianismo: caridade, piedade, compaixão, moderação e clemência". DIDIER, Fredie et al. *Curso de Direito Processual Civil*: execução. Salvador: JusPodivm, 2017, v. 5, p. 822.
65. DIDIER, Fredie et al. *Curso de Direito Processual Civil*: execução. Salvador: JusPodivm, 2017, v. 5, p. 822.
66. DIDIER, Fredie et al. *Curso de Direito Processual Civil*: execução. Salvador: JusPodivm, 2017, v. 5, p. 828.
67. NEVES, Daniel Amorim Assumpção. *Manual de Direito Processual Civil*. 9. ed. Salvador: JusPodivm, 2017, p. 1135.
68. MADALENO, Rolf. *Direito de família*. Rio de Janeiro: Forense, 2020, p. 1592.
69. VEIGA, Melissa Ourives. A proteção da propriedade na penhora do bem de família para o pagamento de pensão alimentícia. *Revista IBDFAM*: família e sucessões, n. 18, p. 165-183, nov./dez. 2016.

Contudo, para tais rendimentos, são inaplicáveis as previsões referentes a alimentos decorrentes de relação de trabalho (celetista ou estatutário), como é o caso do art. 529 do CPC/15, dispositivo aplicável apenas a funcionários públicos, militares, diretores ou gerentes de empresas ou empregados sujeitos à legislação do trabalho, em relação aos quais se admitem descontos em folha de pagamento da importância da prestação alimentícia, sem prejuízo do pagamento dos alimentos vincendos, inclusive de forma parcelada, nas hipóteses que trata o art. 529, § 3º, CPC/15.

Fredie Didier ensina que a impenhorabilidade dos rendimentos é precária, de modo que "remanesce apenas durante o período de remuneração do executado. Se a renda for mensal, a impenhorabilidade dura um mês: vencido o mês e recebido novo salário, a 'sobra' do mês anterior perde a natureza alimentar, transformando-se em investimento".[70] Nesses moldes, os alimentos que eventualmente não forem consumidos mensalmente perderão o caráter da impenhorabilidade.

O STJ ainda estabelece que, além das verbas que não forem consumidas mensalmente, serão também penhoráveis os valores que ultrapassam o teto constitucional do funcionalismo público, concernente ao valor percebido pelos Ministros do STF. Este é, portanto, o limite de razoabilidade ao mínimo existencial do alimentando.

Nesse sentido:

> [...] V – Os salários e as remunerações são impenhoráveis, nos termos do art. 833, inciso IV, do Código de Processo Civil. Semelhante inviolabilidade funda-se, por certo, na necessidade de resguardar a dignidade do devedor – e do acusado submetido a medida constritiva –, mediante a preservação do mínimo existencial para si e sua família. VI – Esta Corte Superior, entretanto, tem reiteradamente entendido que a impenhorabilidade salarial ou remuneratória não é absoluta – mesmo porque não existem direitos absolutos –, sendo lícito o seu afastamento em determinadas hipóteses, dentre as quais se inclui aquela em que os valores depositados sob o título de remuneração ou salário perdem sua natureza alimentar por não terem sido efetivamente empregados no espaço de tempo situado entre um e outro depósito mensal. Admite-se, igualmente, o excepcionamento da regra de impenhorabilidade quanto aos valores que excederem o teto remuneratório constitucional.[71]

Ao fim e ao cabo, pode-se concluir que são três as hipóteses que excepcionam a impenhorabilidade das verbas de caráter alimentar, levando-se sempre em consideração os valores percebidos mensalmente (não aqueles que sobejarem, que serão considerados investimentos e poderão ser penhorados): a) para pagamento de débitos que também possuam caráter alimentar (limitando-se em 50% o desconto em folha de pagamento – art. 833, § 2º, CPC/15); b) quando os alimentos excederem 50 (cinquenta) salários mínimos (art. 833, § 2º, CPC/15); c) quando os alimentos recebidos superarem o valor do teto constitucional do funcionalismo (posicionamento do STJ).

Inexiste dúvida que os direitos devem ser sempre aplicados dentro dos limites da razoabilidade, até porque não existem direitos absolutos em nosso ordenamento.

---

70. DIDIER, Fredie et al. *Curso de Direito Processual Civil*: execução. Salvador: JusPodivm, 2017, v. 5, p. 830.
71. STJ, AgRg na CauInomCrim 6-DF 2017/0072914-1, Rel. Min. Paulo de Tarso Sanseverino, CE, DJe de 18.12.2019.

Assim, a impenhorabilidade prevista em lei deve atender à sua finalidade, que é atribuir dignidade e respeito ao mínimo existencial daquele que recebe os alimentos, devendo, por isso, sobressair ao simples direito de crédito. Por outro lado, na eventualidade de a impenhorabilidade ultrapassar os limites da razoabilidade, este último direito (crédito) é que deve ser garantido, em uma análise de ponderação entre os direitos envolvidos.

Desse modo, embora o CPC/15 tenha andado bem ao estabelecer um padrão objetivo quanto à impenhorabilidade de bens, o objetivo buscado pela lei deve sempre ser ponderado com os demais direitos que lhe sejam colidentes. Em todas as situações, portanto, a busca pela preservação da vida e dignidade do alimentando deve ser sopesada diante da análise das situações concretas, competindo ao juiz o dever de justificar e fundamentar adequadamente a decisão judicial que decreta a penhorabilidade/impenhorabilidade, ainda que para a ampliação dos limites objetivos estabelecidos para a impenhorabilidade.

Seria o caso, por exemplo, de situação em que pessoa idosa recebesse alimentos em valores que superassem o teto constitucional do funcionalismo e o limite previsto no art. 833, § 2º, do CPC/15, mas, ao mesmo tempo, necessitasse de medicamentos de alto custo, enfermeiros e outros gastos associados à doença que tenha lhe acometido. Em tese, os valores recebidos admitiriam a penhora, pois ultrapassariam os limites objetivos da impenhorabilidade. Todavia, na prática, a necessidade de que eles fossem revertidos à manutenção da saúde da pessoa idosa, criaria um impedimento à penhora, sob pena de desvirtuação da própria finalidade da impenhorabilidade.

O mais curioso é que, enquanto o juízo sobre a necessidade alimentar compete, via de regra, às Varas de Família, a aferição sobre a penhorabilidade/impenhorabilidade e sua correspectiva razoabilidade, cabe, geralmente, às Varas Cíveis residuais, pois nelas serão processadas eventuais ações de execução em face do alimentando, quando ele figurar como devedor perante terceiros. Parece, contudo, que, quando se está diante da relativização da impenhorabilidade de rendimentos decorrentes de alimentos, a análise da necessidade do alimentando deve sempre feita pelo juízo na qual tramite demanda em que ele figure como devedor, o que, no exemplo acima, atribuiria ao juízo cível a delimitação do que seria um critério razoável a respeito do mínimo existencial, para determinar a penhora ou a impossibilidade de penhora da verba alimentar recebida pelo alimentando no caso concreto.

E nem se diga que essa conduta poderia violar a coisa julgada (da ação de família), pois o juízo cível não estaria modificando o valor recebido pelo alimentando, mas apenas reconhecendo sua impenhorabilidade naquele caso específico.

Apesar disso, não se pode olvidar a possibilidade de as partes celebrarem negócios jurídicos processuais (art. 190, CPC/15) estabelecendo a penhorabilidade de verbas de caráter alimentar em moldes distintos dos previstos em lei.[72]

---

72. DIDIER, Fredie et al. *Curso de Direito Processual Civil*: execução. Salvador: JusPodivm, 2017, v. 5, p. 829.

7.3.6 Atualidade

Os alimentos devem sempre ser atualizados, para que possam, a um só tempo, recompor o valor da moeda ao longo do tempo e evitar que a inflação os consuma, permitindo que o alimentando consiga suprir suas necessidades com a quantia que fora estabelecida, por sentença ou acordo. Justamente por isso, as prestações alimentícias, de qualquer natureza, serão atualizadas segundo índice oficial regularmente estabelecido, de acordo com o art. 1.710 do CC.

Se não fosse assim, haveria a constante necessidade de ajuizamento de ações revisionais ou busca por advogados para realização de novos acordos extrajudiciais que estabelecessem a atualização dos valores já fixados. Sem dúvida, para além de violar o princípio da economia processual, com a utilização desnecessária da máquina judiciária, haveria também um dispêndio desproporcional de tempo e dinheiro por parte dos envolvidos. Um contrassenso, portanto.

Mas, como saber quais os critérios adequados para que os alimentos sejam atualizados?

O primeiro deles seria o estabelecimento da própria pensão alimentar em percentual dos ganhos do alimentante. Não obstante exista o "mito dos 30% do salário auferido", os alimentos devem ser fixados no percentual adequado, que atenda aos critérios da possibilidade, necessidade e proporcionalidade, inexistindo uma presunção de que deverão obrigatoriamente seguir percentuais predefinidos pela praxe forense. Nesse caso, variações positivas nos rendimentos do alimentante serão automática e proporcionalmente transferidas ao alimentando, devendo, no entanto, ser feita a distinção entre verbas de natureza remuneratória daquelas indenizatórias, pois a verba alimentar apenas deverá incidir sobre as primeiras.

O segundo seria a vinculação da pensão ao salário mínimo, muito comum quando o alimentante não possui rendimento fixo, sendo autônomo, por exemplo. No ponto, embora a Constituição da República vede a vinculação do salário mínimo para qualquer fim (art. 7º, IV), o STF entende que tal vedação não se aplica aos alimentos da seara do direito de família,[73] o que, a rigor, apenas densifica o comando de sua Súmula Vinculante 4.[74]

---

73. O STF entendeu que "IV. A vedação da vinculação do salário-mínimo, constante do inc. IV do art. 7. da Carta Federal, visa a impedir a utilização do referido parâmetro como fator de indexação para obrigações sem conteúdo salarial ou alimentar. Entretanto, não pode abranger as hipóteses em que o objeto da prestação expressa em salários-mínimos tem a finalidade de atender as mesmas garantias que a parte inicial do inciso concede ao trabalhador e a sua família, presumivelmente capazes de suprir as necessidades vitais básicas". (STF, RE 170203, 1T, DJ de 15.04.1994).
74. Súmula Vinculante 4: "Salvo nos casos previstos na Constituição, o salário mínimo não pode ser usado como indexador de base de cálculo de vantagem de servidor público ou de empregado, nem ser substituído por decisão judicial."

O terceiro e último critério seria a definição de que, não sendo seguidos os critérios acima, a sua atualização deverá seguir os índices oficiais da caderneta de poupança, INPC, IGP-M, ICPA ou outros.

Por fim, salienta-se que tanto a decisão judicial provisória quanto a definitiva devem ser atualizadas monetariamente. O STJ já decidiu que "por ser a correção monetária mera recomposição do valor real da pensão alimentícia, é de rigor que conste, expressamente, da decisão concessiva de alimentos – sejam provisórios ou definitivos –, o índice de atualização monetária".[75] No caso, diante da omissão judicial, a Corte determinou que se utilizasse o INPC, que é o índice utilizado para correção monetária dos débitos judiciais.

7.3.7 Anterioridade

Considerando a sua própria natureza e por visar à subsistência do alimentando, os alimentos devem sempre ser pagos de forma antecipada. Aplica-se o mesmo regramento atinente ao legado de alimentos, no qual "se as prestações forem deixadas a título de alimentos, pagar-se-ão no começo de cada período" (art. 1.928, parágrafo único, CC).

Ocorrendo a fixação dos alimentos provisórios, não tendo ainda havido a citação, o STJ reputa que devem ser cumpridos imediatamente e que é "pressuposto lógico da regra do § 2º do art. 13 da Lei 5.478/1968 a circunstância de a prestação alimentar ter sido estabelecida ou modificada em momento posterior ao ato citatório, seja em caráter provisório (antecipação de tutela) ou de forma definitiva (sentença de mérito), únicas hipóteses em que se pode cogitar de retroatividade da obrigação alimentar à data da citação".[76]

Assim, "a partir do momento em que os alimentos são fixados, já são devidos",[77] sendo boa prática a inclusão dessa informação nos mandados de citação/intimação do devedor, para facilitar o conhecimento sobre o momento inicial do cumprimento.

Já no caso de ele já ter sido citado, "a decisão que revisa o valor dos alimentos, mesmo no caso de alimentos provisórios, retroage à data da citação",[78] consoante entendimento do STJ.

7.3.8 Reciprocidade

A reciprocidade do dever/obrigação alimentar decorre da Constituição da República, ao estabelecer que "os pais têm o dever de assistir, criar e educar os filhos menores, e os filhos maiores têm o dever de ajudar e amparar os pais na velhice, carência ou enfermidade" (art. 229).

---

75. STJ, REsp 1258824/SP, 3T, DJe de 30.05.2014.
76. STJ, HC 622.826/MG, Rel. Min. Maria Isabel Gallotti, 4T, DJe de 08.06.2021.
77. DIAS, Maria Berenice. *Manual de Direito das Famílias*. São Paulo: Ed. RT, 2015, p. 566.
78. STJ, AgInt no REsp 1875964/SP, Rel. Min. Marco Buzzi, 4T, DJe de 23.11.2020.

No mesmo sentido, o Código Civil determina que "o direito à prestação de alimentos é recíproco entre pais e filhos, e extensivo a todos os ascendentes, recaindo a obrigação nos mais próximos em grau, uns em falta de outros" (art. 1.696).

Além de amparado no princípio da reciprocidade familiar, a característica sob análise também deita suas raízes no princípio da solidariedade. Salienta-se, ainda, que "reciprocidade não significa que duas pessoas devam entre si alimentos ao mesmo tempo, mas apenas que o devedor alimentar de hoje pode tornar-se credor alimentar no futuro",[79] conforme observação de Yussef Said Cahali.

Para Orlando Gomes, contudo, a reciprocidade se trata apenas de uma característica acidental, ou seja, de algo que nem sempre se apresentará no caso concreto,[80] pois não é verdadeiramente fundamental e natural à obrigação alimentar. Com a máxima vênia, parece que tal posicionamento adquire novos contornos em um cenário de maior longevidade populacional, já que, potencialmente, ela poderá vir a se configurar, como aconteceria no caso de filhos deverem alimentos a seus pais. Além disso, ela poderá até mesmo servir de fundamento para o afastamento do dever alimentar (relativização), como ocorreria no caso de um pai que não cumprisse sua obrigação alimentar em relação ao filho menor, mas, no futuro, quando este se tornasse maior, viesse a lhe pedir alimentos.

Sobre este último ponto, inclusive, o Instituto Brasileiro de Direito de Família e Sucessões (IBDFAM) editou o Enunciado 34, dispondo que "é possível a relativização do princípio da reciprocidade, acerca da obrigação de prestar alimentos entre pais e filhos, nos casos de abandono afetivo e material pelo genitor que pleiteia alimentos, fundada no princípio da solidariedade familiar, que o genitor nunca observou".

Por certo, pode-se reconhecer que o não cumprimento do dever alimentar pretérito e a posterior postulação de alimentos venha a caracterizar abuso de direito, na modalidade da *tu quoque*, prática esta verificada "quando alguém viola uma determinada norma jurídica e, posteriormente, tenta tirar proveito da situação, com o fito de se beneficiar".[81]

Embora tal debate gere uma forte discussão ética, e até mesmo possa ser sopesado com o princípio da solidariedade familiar, o posicionamento adotado pelo Enunciado 34 do IBDFAM é um bom indicativo de que também a reciprocidade, como todos os demais direitos e características das obrigações alimentares, pode ser objeto de relativização.

7.3.9 Variabilidade

É da natureza dos alimentos serem variáveis caso haja modificação na situação financeira de quem os supre ou de quem os recebe. Isso efetivamente ocorrendo, poderá

---

79. CAHALI, Yussef Said. *Dos alimentos*. São Paulo: Ed. RT, 2006, p. 110.
80. GOMES, Orlando. *Direito de família*. Rio de Janeiro: Forense, 2001, p. 414.
81. FARIAS, Cristiano Chaves; ROSENVALD, Nelson. *LINDB e Parte Geral*. Salvador: JusPodivm, 2017, p. 718. De acordo com os autores, a expressão "tu quoque" derivaria da indagação realizada por Júlio César ao descobrir que um de seus filhos teria conspirado para assassiná-lo.

o interessado postular em juízo a exoneração, redução ou majoração do encargo (art. 1.699, CC).

Justamente em razão da variabilidade e da necessidade de se observar o binômio/ trinômio inerente aos alimentos, a lei de regência (Lei 5.478/68) estabelece que "os alimentos provisórios fixados na inicial poderão ser revistos a qualquer tempo, se houver modificação na situação financeira das partes" (art. 13, § 1º) e que "a decisão judicial sobre alimentos não transita em julgado e pode a qualquer tempo ser revista, em face da modificação da situação financeira dos interessados" (art. 15).

No âmbito do STJ, a variabilidade é colocada como uma das características essenciais dos alimentos, permitindo-se a modificação do valor dos alimentos em si, mas, também, a alteração da forma de pagamento sem modificação do valor, pois é possível seu adimplemento mediante prestação em dinheiro ou o atendimento direto das necessidades do alimentando (*in natura*). Nesse cenário, quando a modalidade anterior não mais atender à finalidade da obrigação, ainda que não haja alteração na condição financeira das partes nem pretensão de modificação do valor da pensão, caberá ao juiz fixar ou autorizar, se for o caso, um novo modo de cumprimento da prestação.[82]

7.3.10 Futuridade

Os alimentos devem ser pagos para o futuro, não sendo possível a sua fixação retroativa no tempo, para o passado, conforme o adágio *in praeteritum non vivitur*.

Esta característica se refere ao direito de se *buscar* o reconhecimento do direito aos alimentos, por meio da ação de conhecimento comumente denominada de ação de alimentos, mas não à possibilidade de se *cobrarem* os alimentos já previamente acordados ou fixados por decisão judicial por meio da execução/cumprimento de alimentos, os quais, como visto, retroagem à data da citação.

Para tornar mais simples a compreensão do que acaba de ser dito, imagine uma criança que, legalmente representada por sua mãe, proponha ação de alimentos em face de seu pai, na data em que completar 10 anos de idade. Os alimentos fixados pelo juízo de família poderão até retroagir à data da citação nesta ação (art. 13, § 2º, Lei de Alimentos), mas jamais poderão retroagir à data de concepção ou de nascimento da criança, justamente por serem sempre devidos para o futuro.

Mesmo para a cobrança dos alimentos já fixados, será possível recorrer ao período pretérito, desde que respeitado o prazo prescricional de dois anos previsto no art. 206, §2º, do Código Civil, observadas, é claro, as regras que impedem a contagem (p. ex.:

---

82. "Em sede de ação revisional de alimentos, é possível a modificação da forma da prestação alimentar (em espécie ou in natura), desde que demonstrada a razão pela qual a modalidade anterior não mais atende à finalidade da obrigação, ainda que não haja alteração na condição financeira das partes nem pretensão de modificação do valor da pensão". STJ, REsp 1.505.030-MG, 4T, DJe de 17.08.2015.

arts. 197 a 199, CC), as quais serão analisadas de forma contextualizada com o Direito da Pessoa Idosa em tópico pouco mais adiante.

7.3.11 Imprescritibilidade

O direito a pleitear os alimentos é imprescritível, podendo ser postulado a qualquer tempo, não se fulminando pelo decurso do tempo ou pelo não exercício. Não por outro motivo, o artigo 1.707 do Código Civil determina que os alimentos são irrenunciáveis e, por isso, a prescrição poderia ser uma forma indireta de renúncia do direito aos alimentos.

Não se pode esquecer de que os alimentos representam um direito personalíssimo, inato à personalidade do ser humano.

Por isso, "considera-se, assim, o direito de alimentos imprescritível, no sentido daquele poder de fazer surgir, em presença de determinadas circunstâncias, uma obrigação em relação a uma ou mais pessoas (direito potestativo)",[83] conforme lição de Yussef Said Cahali.

É essencial, contudo, fazer uma distinção entre o direito à fixação dos alimentos (pretensão condenatória) e o direito de cobrança das prestações já vencidas e não cobradas (pretensão executória). São situações distintas, já que o primeiro é imprescritível, diferentemente do segundo. A pretensão executória dos alimentos já fixados e não cobrados é submetida ao prazo prescricional previsto no artigo 206, §2º, que enuncia que ocorrerá "em dois anos, a pretensão para haver prestações alimentares, a partir da data em que se vencerem". Assim sendo, a prescrição fulminará a pretensão a cada mês (ou periodicidade definida ao pagamento), sendo possível a execução dos últimos 2 anos, a contar do momento da propositura da ação, considerado este o marco interruptivo da prescrição (art. 240, §1º, CPC/15).[84]

Deve-se mencionar que o prazo de interrupção da prescrição previsto no art. 240, § 1º, do CPC/15, não se confunde com a retroatividade dos alimentos ao momento da citação previsto no art. 13, §2º, da Lei de Alimentos.[85] Os dispositivos devem ser lidos em conjunto, no sentido de que a cobrança dos alimentos é devida a partir da citação, mas a prescrição foi interrompida desde a propositura da ação.

A Lei de Alimentos também estabelece que a prescrição só alcança as prestações periódicas e não o direito aos alimentos em si, que, embora seja irrenunciável como regra geral, pode ser provisoriamente dispensado (art. 23). Apesar de este dispositivo mencionar que o prazo prescricional é quinquenal – prazo estabelecido no CC/16 –,

---

83. CAHALI, Yussef Said. *Dos alimentos*. São Paulo: Ed. RT, 2006, p. 93.
84. Art. 240. A citação válida, ainda quando ordenada por juízo incompetente, induz litispendência, torna litigiosa a coisa e constitui em mora o devedor, ressalvado o disposto nos arts. 397 e 398 da Lei 10.406, de 10 de janeiro de 2002 (Código Civil) § 1º A interrupção da prescrição, operada pelo despacho que ordena a citação, ainda que proferido por juízo incompetente, retroagirá à data de propositura da ação.
85. Art. 13, § 2º, Lei de Alimentos. Em qualquer caso, os alimentos fixados retroagem à data da citação.

com o advento da atual codificação civil ele deve ser interpretado em consonância com o atual prazo prescricional bienal previsto no art. 206, § 2º.

Deve-se salientar que a prescrição não corre contra os absolutamente incapazes (art. 198, I, CC). Porém, com o advento do Estatuto da Pessoa com Deficiência (Lei 13.146/2015), a tutela normativa das incapacidades foi alterada e, atualmente, apenas os menores de 16 anos de idade são considerados absolutamente incapazes. Os que possuem entre 16 a 18 anos, bem como as pessoas que se enquadrarem nas demais hipóteses de incapacidade passam a ser consideradas como relativamente incapazes, mas, nem por isso, pode-se afirmar categoricamente que os prazos prescricionais correrão em seu desfavor. É que entram em cena as hipóteses previstas no artigo 197 do Código Civil, que definem, no que interessa por aqui, que: a) não corre a prescrição entre os ascendentes e descendentes, durante o poder familiar, isto é, até o advento da maioridade (art. 1.635, III, CC), o que ocorre aos 18 anos de idade ou com a emancipação (art. 1.635, II, CC); b) entre tutelados e curatelados e seus tutores ou curadores, durante a tutela ou curatela. Inexistindo tais situações, a prescrição fluirá normalmente.

Além do mais, a prescrição também não correrá entre os cônjuges, na constância da sociedade conjugal (art. 197, I, CC), disposição que pode ser aplicada também aos companheiros, por força do Enunciado 296 das Jornadas de Direito Civil promovidas pelo Conselho da Justiça Federal.[86]

Em caso de reconhecimento de paternidade, o STJ tem posicionamento firme no sentido de que "o prazo prescricional para o cumprimento de sentença que condenou ao pagamento de verba alimentícia retroativa se inicia tão somente com o trânsito em julgado da decisão que reconheceu a paternidade".[87]

Por fim, merece ser mencionada a peculiaridade inerente à curiosa e bastante comum hipótese de terceira pessoa vir a assumir as despesas relacionadas aos alimentos que deveriam ser arcados pelo obrigado originário. Isto porque, se a pessoa que efetuar o pagamento dos alimentos, apesar de desobrigada a tanto, pretender se reembolsar do que pagou em face do verdadeiro obrigado, ela deve promover ação pelo rito comum (denominada de ação de reembolso ou de ressarcimento), e não execução de alimentos, pois lhe faltará título executivo a respeito. Tal ação, diferentemente do que acontece com a execução, não se sujeitará ao prazo bienal de prescrição, mas sim ao prazo decenal, por aplicação da regra geral do artigo 205 do Código Civil. Sobre o tema, o STJ decidiu que "se a mãe, ante o inadimplemento do pai obrigado a prestar alimentos a seu filho, assume essas despesas, o prazo prescricional da pretensão de cobrança do reembolso

---

86. Enunciado 296 da JDC/CJF: Não corre a prescrição entre os companheiros, na constância da união estável.
87. "Assim, ainda que o exequente fosse maior de idade e pudesse executar provisoriamente a sentença, a melhor interpretação do disposto no § 2º do art. 206 do CC/2002, para o caso, é a de que o prazo de dois anos para haver as prestações alimentares pretéritas deve ter como termo inicial o trânsito em julgado da sentença da investigatória de paternidade, circunstância que tornou indiscutível a obrigação alimentar e o título executivo judicial passou a contar também com o indispensável requisito da exigibilidade" (STJ, REsp 1.634.063-AC, 3T, DJe de 30.06.2017).

é de 10 anos, e não de 2 anos".[88] Sem dúvidas, diante da reciprocidade inerente aos alimentos, no caso de alimentos devidos de descendentes a ascendentes, tal entendimento parece ser igualmente aplicável.

7.3.12 Alternatividade

Os alimentos podem ser fixados a partir de pensionamento em dinheiro ou por meio do fornecimento de hospedagem, sustento, educação, pagamento de plano de saúde, entre outros (art. 1.701, CC). No primeiro caso, os alimentos são tradicionalmente denominados pela doutrina de impróprios, no segundo, de próprios.[89]

Nos alimentos impróprios, haverá o suprimento indireto das necessidades do alimentando, já que lhe será entregue determinada quantia na periodicidade estabelecida (quinzenal, mensal, trimestral) e, com isso, o próprio alimentando ou seu responsável irá realizar as respectivas aquisições dos bens e serviços indispensáveis à sua manutenção com dignidade.

Por outro lado, nos alimentos próprios, o fornecimento dos bens e serviços essenciais à manutenção digna do alimentando será realizado diretamente pelo alimentante. Por isso, eles também são denominados de alimentos *in natura*.[90]

A Lei de Alimentos fixa, no entanto, que os alimentos impróprios (*in natura*) só podem ser autorizados pelo juiz se a ela anuir o alimentando capaz (art. 25). No contexto de alimentos de descendentes para ascendentes idosos e capazes, tal dispositivo mostra-se integralmente aplicável, pois aqueles não podem determinar a forma pela qual o pensionamento a estes será feito, com base em sua própria conveniência. Essa afirmação se torna especialmente verdadeira quando o que se encontra em jogo é a pretensão de pagamento de alimentos pelo fornecimento de moradia, pois a autodeterminação do idoso deve sempre ser garantida e respeitada neste tocante. Inclusive, o Estatuto da Pessoa Idosa dispõe que o idoso tem direito à moradia digna no seio da sua família natural ou substituta, ou desacompanhado de seus familiares, quando assim o desejar (art. 37, EPI), sendo essencial, portanto, que os alimentos impróprios a eles devidos contem com sua anuência.

Nada impede que os alimentos sejam, simultaneamente, próprios e impróprios, como aconteceria no caso de um alimentante pagar diretamente o plano de saúde do alimentando e, ao mesmo tempo, lhe pensionar determinada quantia por mês. Na lição de Pablo Stolze Gagliano e Rodolfo Pamplona Filho, "o critério de fixação de alimentos pode ser determinado tanto em valores fixos quanto variáveis, bem como em prestações *in natura*, de acordo com o apurado no caso concreto".[91]

---

88. STJ, REsp 1.453.838-SP, 4T, DJe de 07.12.2015.
89. CAHALI, Yussef Said. *Dos alimentos*. São Paulo: Ed. RT, 2006, p. 111.
90. MADALENO, Rolf. *Direito de família*. Rio de Janeiro: Forense, 2020, p. 1590.
91. GAGLIANO, Pablo Stolze; PAMPLONA FILHO, Rodolfo. *Manual de direito civil*. São Paulo: Saraiva, 2020, p. 2088.

Diante da variabilidade dos alimentos, já estudada por aqui, é possível o ajuizamento de ação revisional para se alterar a *forma* de prestação dos alimentos, ou seja, a transmutação dos alimentos próprios em impróprios e vice-versa, caso se constate que a modalidade anterior não mais esteja atendendo à finalidade da obrigação, conforme entendimento do STJ.[92]

Sobre o tema, a Corte já teve oportunidade de decidir que, mesmo quando houver a fixação integral dos alimentos em dinheiro (alimentos impróprios), é possível que haja a dedução, em sede de execução de alimentos, das despesas pagas *in natura* (alimentos próprios), como aquelas referentes a aluguel, condomínio e IPTU do imóvel onde resida o credor, por exemplo, bastando que haja sua concordância a respeito.[93]

7.3.13 Incessibilidade

Como derivação da sua característica personalíssima, o direito aos alimentos é insuscetível de cessão a terceiros (art. 1.707, CC). Por isso, "considerado o direito de alimentos na sua primeira fase – de direito potestativo –, não há dúvida de que esse não pode ser transferido, assim como não pode ser transferido o *status* ou a relação pessoal que lhe serve de pressuposto".[94]

Com razão, explica Arilton Leoncio Costa que "a cessão de direitos aos alimentos é consideravelmente diferente da cessão de crédito alimentar"[95]. Isto porque, na primeira, "haveria uma substituição do titular do direito na relação jurídica alimentar",[96] o que seria vedado, por violar o caráter personalíssimo dos alimentos. Já no segundo, por outro lado, operar-se-ia a mera "sub-rogação relativamente aos direitos obrigacionais creditoris",[97] o que seria perfeitamente admissível.

De fato, estabelece o Código Civil que a sub-rogação convencional poderá ocorrer quando o credor recebe o pagamento de terceiro e expressamente lhe transfere todos os seus direitos (art. 347, I, CC), situação onde vigorará o disposto quanto à cessão de crédito (art. 348, CC).

Apesar de ocorrer a transferência ao credor de todos os direitos, ações, privilégios e garantias do primitivo (art. 349, CC), pensa-se que, ocorrendo a cessão de crédito e seu eventual inadimplemento, o credor não possa promover a cobrança do débito pelo

---

92. STJ, REsp 1.505.030-MG, 4T, DJe de 17.08.2015.
93. STJ, REsp 1.501.992-RJ, 3T, DJe de 20.04.2018.
94. CAHALI, Yussef Said. *Dos alimentos*. São Paulo: Ed. RT, 2006, p. 80.
95. COSTA, Arilton Leoncio. Alimentos: visão contemporânea do instituto. *Revista Interdisciplinar de Direito*, v. 6, n. 1, ago. 2017, p. 383-390, ISSN 2447-4290, Disponível em: http://revistas.faa.edu.br/index.php/FDV/article/download/51/33/. Acesso em: 19 jan. 2023.
96. COSTA, Arilton Leoncio. Alimentos: visão contemporânea do instituto. Revista Interdisciplinar de Direito, v. 6, n. 1, ago. 2017, p. 383-390, ISSN 2447-4290, Disponível em: http://revistas.faa.edu.br/index.php/FDV/article/download/51/33/. Acesso em: 19 jan. 2023.
97. COSTA, Arilton Leoncio. Alimentos: visão contemporânea do instituto. Revista Interdisciplinar de Direito, v. 6, n. 1, ago. 2017, p. 383-390, ISSN 2447-4290, Disponível em: http://revistas.faa.edu.br/index.php/FDV/article/download/51/33/. Acesso em: 19 jan. 2023.

rito do cumprimento/execução de alimentos (arts. 528 e ss.; arts. 913 e ss., CPC/15), pois, a rigor, a natureza originariamente alimentar da verba terá sido modificada para uma dívida comum, o que lhe obrigará a fazer a cobrança manejando o cumprimento/execução de quantia certa (arts. 523 e ss.; arts. 824 e ss., CPC/15). Por isso, embora já tenha ficado claro, não custa enfatizar que a prisão civil do devedor será absolutamente descabida no caso.

Aliás, o STF já teve oportunidade de reconhecer que possui repercussão geral a controvérsia sobre a possibilidade de a cessão de direito creditório alterar a natureza alimentar do precatório, entendimento que poderá vir a surtir eventuais efeitos também na cessão crédito nos alimentos de caráter familiar.[98]

Desse modo, em relação à verba alimentar já vencida, "que não se difere de qualquer outro crédito de direito comum",[99] a lógica da incessibilidade não se impõe. Em relação aos alimentos pretéritos, portanto, é possível a cessão do crédito correspondente (art. 286, CC).

7.3.14 Proximidade

De acordo com o art. 1.696 do Código Civil, a obrigação alimentar deverá recair, primeiro, aos mais próximos em grau, uns em falta dos outros. Isso significa que, "o credor deve buscar alimentos de quem lhe é mais chegado".[100]

Por isso, "na falta dos ascendentes cabe a obrigação aos descendentes, guardada a ordem de sucessão e, faltando estes, aos irmãos, assim germanos como unilaterais" (art. 1.697, CC).

Excepcionando essa regra, o artigo 12 do Estatuto da Pessoa Idosa define que o idoso poderá optar entre os prestadores, de modo a ser possível direcionar a demanda judicial em face de uma pessoa que pertença a grau mais distante. Seria o caso de o avô demandar o neto, ainda que seus filhos estivessem vivos.

Com isso, o legislador atribuiu uma facilidade processual ao idoso, para que consiga demandar os parentes, independentemente do grau a que pertençam. No entanto, a pessoa demandada, caso não seja a principal responsável, nos moldes do artigo 1.696, do Código Civil, poderá ingressar com ação regressiva, de caráter autônomo, em face dos devedores principais, exigindo o correspondente à capacidade financeira de cada um. Assim,

> O Estatuto transfere esse ônus para os próprios devedores, que depois devem acertar entre si os postulados da solidariedade e da subsidiariedade da obrigação alimentar, dispensando o credor idoso de uma complexa e morosa demanda, para a qual poderia não ter fôlego suficiente para aguardar o seu desfecho final.[101]

---

98. STF, RE 631537 RG, Tribunal Pleno, DJ de 19.04.2011.
99. CAHALI, Yussef Said. *Dos alimentos*. São Paulo: Ed. RT, 2006, p. 81.
100. DIAS, Maria Berenice. *Manual de Direito das Famílias*. São Paulo: Ed. RT, 2015, p. 564.
101. MADALENO, Rolf. *Direito de família*. Rio de Janeiro: Forense, 2020, p. 170.

7.3.15 Intransmissibilidade

Sem dúvida, uma das características mais controversas dos alimentos é a transmissibilidade. Isto porque inexistia qualquer previsão em tal sentido no Código Civil de 1916, de modo que prevalecia o entendimento no sentido de que haveria obrigação alimentar dos herdeiros apenas se eles tivessem vínculo de parentesco com o alimentando. Consequentemente, atrair-se-ia um direito próprio entre os envolvidos, não um direito pertencente ao *de cujus*.

Na literatura Yussef Said Cahali sustenta que, nessa época, "se o crédito por alimentos atrasados já se havia constituído em soma determinada, faria o mesmo parte ativa, como qualquer outro do patrimônio hereditário, e passaria aos herdeiros",[102] de modo que "se tratava de direito definitivamente adquirido pelo alimentário, já integrado em seu patrimônio".[103]

Com o advento da Lei 6.515/77 (Lei de Divórcio), houve a alteração de tal previsão por força do que prescrevia seu art. 23, que definia expressamente a transmissibilidade dos alimentos aos herdeiros do devedor. Oportunamente, esta disposição veio a ser repetida pelo art. 1.700 da atual codificação civil, fazendo com que a controvérsia se perpetuasse.

Assim, pela literalidade do artigo 1.700 do Código Civil, a obrigação de prestar alimentos transmite-se aos herdeiros do devedor, na forma do art. 1.694.[104]

Não obstante tal disposição legal, doutrina majoritária tem entendimento no sentido da intransmissibilidade do *direito* aos alimentos em si, ocorrendo a extinção dos alimentos no caso de morte do alimentante ou do alimentando. O argumento que subjaz a este entendimento é que, em razão da natureza personalíssima do direito aos alimentos, o óbito de qualquer dessas pessoas faria com que ocorresse a cessação da obrigação correspondente. Os defensores desse entendimento acreditam, ainda, que pensamento contrário violaria o direito fundamental à herança (art. 5º, XXX, CR/88), já que, em última análise, ocorreria desigualdade na distribuição dos quinhões hereditários.

Paralelamente, existem outras correntes doutrinárias que, embora sigam a maior parte do que vem sendo sustentado pela linha de pensamento acima mencionada, dela se diferenciam apenas no tocante à sua abrangência objetiva (natureza da obrigação) ou quanto ao seu alcance subjetivo (natureza dos sujeitos envolvidos), o que torna possível enxergar um verdadeiro intercâmbio entre elas.

---

102. CAHALI, Yussef Said. *Dos alimentos*. São Paulo: Ed. RT, 2006, p. 48.
103. CAHALI, Yussef Said. *Dos alimentos*. São Paulo: Ed. RT, 2006, p. 48.
104. CC, Art. 1.694. Podem os parentes, os cônjuges ou companheiros pedir uns aos outros os alimentos de que necessitem para viver de modo compatível com a sua condição social, inclusive para atender às necessidades de sua educação. § 1º Os alimentos devem ser fixados na proporção das necessidades do reclamante e dos recursos da pessoa obrigada. § 2º Os alimentos serão apenas os indispensáveis à subsistência, quando a situação de necessidade resultar de culpa de quem os pleiteia.

Quanto à abrangência objetiva, uma corrente entende que haveria a transmissão da obrigação alimentar em si considerada, devendo os herdeiros seguir com o custeio dos alimentos, como se o alimentante originário ainda estivesse vivo. Outra corrente já é mais limitada, pois sustenta que apenas os débitos existentes ao tempo do óbito seriam objeto de transmissibilidade, os quais, por sua natureza de dívida de valor, ficariam limitados às forças da herança.

Por certo, a primeira delas mais se aproximaria de uma verdadeira transmissibilidade, enquanto a segunda estaria mais próxima de uma intransmissibilidade.

No que concerne à abrangência subjetiva, uma tese é no sentido de que os alimentos só seriam devidos quando o alimentando também fosse herdeiro do alimentante originário, e, assim sendo, os alimentos seriam apenas "antecipados" de sua própria quota hereditária, não resvalando sobre as quotas dos demais herdeiros. Com a partilha, cessaria o direito aos alimentos. Outra corrente é antagônica a esta, pois sustenta a possibilidade de transmissibilidade dos alimentos apenas no caso de o alimentando não ser também herdeiro. Um terceiro posicionamento defende que apenas deveria ocorrer o pensionamento no caso de o alimentando ser ex-consorte do falecido, diante da previsão contida na Lei de Divórcio (art. 23). Por fim, uma quarta corrente entende que o espólio deveria responder pelo débito alimentar fixado e não pago, nos moldes de qualquer dívida de valor, independentemente do fato de o alimentando ser herdeiro ou não.

Para facilitar a compreensão, segue um quadro esquemático:

(In)Transmissibilidade dos alimentos – correntes doutrinárias

1. Abrangência objetiva (natureza da obrigação)	
1.1. Transmite-se o direito aos alimentos em si, aproximando-se de uma verdadeira transmissibilidade	1.2. Transmitem-se apenas os débitos alimentares existentes ao tempo do óbito, aproximando-se de uma verdadeira intransmissibilidade. É o posicionamento adotado pelo STJ

2. Abrangência subjetiva (sujeitos envolvidos)			
2.1. O espólio deve responder pelo débito apenas quando o *alimentando* não for herdeiro, para não desequilibrar os quinhões hereditários	2.2. O espólio deve responder pelo débito apenas se o *alimentando* também for herdeiro. É o posicionamento adotado pelo STJ	2.3. O espólio deve responder pelo débito *apenas se o alimentando for ex-consorte do falecido*	2.4. O espólio deve responder pelo débito alimentar anteriormente fixado e não pago, nos mesmos moldes de qualquer outra dívida de valor, *independentemente de o alimentando ser ou não herdeiro*

7.3.15.1 A (in)transmissibilidade no viés da abrangência objetiva

Aderindo-se à transmissibilidade do direito aos alimentos (corrente 1.1 da tabela – minoritária), o STJ se posicionava no sentido de que "transmite-se, aos herdeiros do alimentante, a obrigação de prestar alimentos, nos termos do art. 1.700 do CC/02. O espólio tem a obrigação de continuar prestando alimentos àquele a quem o falecido devia", pois "o alimentado e herdeiro não pode ficar à mercê do encerramento do inventário, considerada a morosidade inerente a tal procedimento e o caráter de necessidade intrínseco aos alimentos".[105]

No caso de adoção de tal corrente, a doutrina aponta limites objetivos à transmissão, de modo a ser indispensável que os bens transmitidos sejam frugíferos, isto é, que produzam frutos para que possam cumprir a obrigação alimentar.[106] Zeno Veloso informa, ainda, que ocorrendo a transmissibilidade do direito aos alimentos, este somente poderá recair a quem não é herdeiro (posição analisada no viés da abrangência subjetiva 2.1).[107]

Mais recentemente, o STJ aderiu ao entendimento de que os alimentos são intransmissíveis, pois "ostentam caráter personalíssimo, por isso, no que tange à obrigação alimentar, não há falar em transmissão do dever jurídico (em abstrato) de prestá-los".[108] Fixou, ainda, que "a referida obrigação, de natureza personalíssima, extingue-se com o óbito do alimentante, cabendo ao espólio recolher, tão somente, eventuais débitos não quitados pelo devedor quando em vida".[109]

É nítida, portanto, a mudança de entendimento da Corte Superior, que passa a se filiar à corrente majoritária da doutrina (corrente 1.2. da tabela), no sentido de que não é o direito aos alimentos que é transmitido com a morte, mas apenas os débitos existentes ao tempo do óbito.

Na doutrina, Yussef Said Cahali sustenta que é "inadmissível a ampliação do art. 1.700 do elastério do art. 1.696, para entender-se como transmitido o 'dever legal' de alimentos, na sua potencialidade (e não na sua atualidade)".[110]

Cristiano Chaves de Farias e Nelson Rosenvald se posicionam no mesmo sentido, aduzindo que apenas o débito vencido e não pago é que deveria ser suportado pelos herdeiros. Para esses professores, haveria uma intransmissibilidade dos alimentos em razão da sua natureza personalíssima, de modo que os valores devidos e não adimplidos até o momento do óbito teriam caráter de dívida de valor e se incorporariam ao patrimônio do falecido (considerando que tanto os créditos quanto os débitos o compõem).[111]

Esta é também a corrente abraçada por Pablo Stolze e Rodolfo Pamplona, para quem "se o sujeito, já condenado a pagar pensão alimentícia, deixou saldo devedor em

---
105. STJ, REsp 1.010.903/MG, 3T, DJe de 05.08.2008.
106. FARIAS, Cristiano Chaves; ROSENVALD, Nelson. *Direito das famílias*. Salvador: JusPodivm, 2017, p. 715.
107. VELOSO, Zeno. *Código Civil comentado*. São Paulo: Atlas, 2003, p. 40.
108. STJ, REsp 1130742/DF, T4, DJe de 17.12.2012.
109. STJ, REsp 1354693/SP, S2, DJe de 20.02.2015. No mesmo sentido: STJ, AgRg no REsp 1311564/MS, T4, DJe de 22.06.2015.
110. CAHALI, Yussef Said. *Dos alimentos*. São Paulo: Ed. RT, 2006, p. 79.
111. "O óbito de um dos sujeitos da relação (o devedor de alimentos, alimentante, ou o credor, alimentando), deveria importar na sua automática extinção, em face de sua natureza intuito personae. Somente as prestações vencidas e não pagas é que se transmitiriam aos herdeiros, dentro das forças do espólio, por se tratar de dívida do falecido, transferidas juntamente com o seu patrimônio". FARIAS, Cristiano Chaves; ROSENVALD, Nelson. *Direito das famílias*. Salvador: JusPodivm, 2017, p. 713.

aberto, poderá o credor (alimentando), sem prejuízo de eventual direito sucessório, desde que não ocorrida a prescrição, habilitar o seu crédito no inventário, podendo exigi-lo até as forças da herança, ou seja, os outros herdeiros suportarão essa obrigação, na medida em que a herança que lhes foi transferida é atingida para saldar o débito inadimplido. Mas, se não houver bens suficientes, não poderá o sucessor – ressalvada a hipótese de um dos herdeiros também ser legitimado passivo para o pagamento da pensão (irmão do credor, por exemplo), o que desafiaria ação de alimentos própria – ter o seu patrimônio pessoal atingido pela dívida deixada pelo falecido".[112]

Portanto, no viés de abrangência objetiva existem duas correntes principais, que se intercambiam com as que consignam a abrangência subjetiva. Nos tópicos seguintes, ambas serão analisadas com um pouco mais de detalhes.

7.3.15.2 A (in)transmissibilidade no viés da abrangência subjetiva (sujeitos envolvidos)

Adotando um posicionamento intermediário entre as correntes 2.1 e 2.3 da tabela acima plasmada, Cristiano Chaves de Farias e Nelson Rosenvald reputam que caso, haja a transmissibilidade dos alimentos, nos moldes do art. 1.700 do Código Civil, "somente haverá transmissão das obrigações em favor de alimentandos que não sejam herdeiros do espólio deixado pelo falecido, sob pena de violação, por via oblíqua, do princípio constitucional da igualdade entre filhos".[113] Os autores ainda incluem os cônjuges ou companheiros entre os beneficiários, pois estes também podem ter direitos hereditários e, desse modo, tal pensamento obstaria "um desequilíbrio nos valores recebidos por pessoas que estão, rigorosamente, na mesma situação jurídica".[114] Prosseguem eles dizendo que, caso algum alimentando seja herdeiro, haverá uma "antecipação de tutela jurisdicional e, por conseguinte, abatido do seu quinhão, quando da partilha".[115] Aliás, "o próprio herdeiro pode requerer pessoalmente ao juízo, durante o processamento do inventário, a antecipação de recursos para a sua subsistência, podendo o magistrado conferir eventual adiantamento de quinhão necessário à sua mantença, dando assim efetividade ao direito material da parte pelos meios processuais cabíveis, sem que se ofenda, para tanto, um dos direitos fundamentais do ser humano, a sua liberdade; ademais, caso necessário, pode o juízo destituir o inventariante pelo descumprimento de seu munus".[116]

Quanto à segunda corrente (2.2 da tabela), o STJ já a incorporou ao seu entendimento majoritário, tendo, inclusive, se manifestado no sentido de que "o espólio somente

---

112. GAGLIANO, Pablo Stolze; PAMPLONA FILHO, Rodolfo. *Manual de direito civil*. São Paulo: Saraiva, 2020, p. 2094.
113. FARIAS, Cristiano Chaves; ROSENVALD, Nelson. *Direito das famílias*. Salvador: JusPodivm, 2017, p. 715.
114. FARIAS, Cristiano Chaves; ROSENVALD, Nelson. *Direito das famílias*. Salvador: JusPodivm, 2017, p. 715.
115. FARIAS, Cristiano Chaves; ROSENVALD, Nelson. *Direito das famílias*. Salvador: JusPodivm, 2017, p. 716.
116. STJ, HC 256793/RN, T4, DJe 15.10.2013.

deve alimentos na hipótese em que o alimentado é também herdeiro, mantendo-se a obrigação enquanto perdurar o inventário".[117]

No tocante à corrente que entende que os alimentos são devidos apenas aos cônjuges ou companheiros (2.3 da tabela), ela se ampara na Lei do Divórcio, quando ainda era considerada uma exceção à regra de intransmissibilidade dos alimentos, vigente ao tempo da codificação revogada.

Mas deve-se alertar que, independentemente da corrente adotada, parece bastante claro, e pacífico na doutrina, que tais alimentos terão por limite as forças da herança, já que "o herdeiro não responde por encargos superiores às forças da herança", conforme disposição do artigo 1.792 do Código Civil. É o que ensina Maria Berenice Dias, para quem o "ônus imposto não pode ser superior às forças da herança (CC 1.792). Não havendo bens, ou sendo insuficiente o acervo hereditário para suportar o pagamento, não há como responsabilizar pessoalmente os herdeiros pela manutenção do encargo. Procedida à partilha, não mais cabe falar em sucessores, os quais não respondem com seu patrimônio particular pelo pagamento de obrigação alimentar do devedor falecido. Como, em regra, o credor dos alimentos é herdeiro, ao receber seu quinhão hereditário passa a prover à própria subsistência. Se para isso não é suficiente a herança percebida, surge o direito de pleitear alimentos frente aos parentes. Mas é obrigação de outra origem, tendo por fundamento a solidariedade familiar (CC 1.694)".[118]

Aliás, sobre a limitação às forças da herança, Carlos Roberto Gonçalves fixa que "o fato de o art. 1.700 não se referir a essa restrição, como o fazia o art. 23 da Lei do Divórcio, não afeta a regra, que tem verdadeiro sentido de cláusula geral no direito das sucessões, estampada no art. 1.792".[119]

7.3.15.3 Transmissibilidade de alimentos não fixados?

Questionamento que pode vir a surgir é sobre a possibilidade de transmissão dos alimentos no caso de eles não terem sido fixados antes do falecimento do alimentante. Pablo Stolze e Rodolfo Pamplona consideram que os herdeiros não são legitimados passivos para obrigações alimentares ainda não constituídas, salvo se por direito próprio, caso eles possuam vínculo de parentesco com a pessoa que os pleiteia, nos moldes do artigo 1.696 do Código Civil.[120]

No mesmo sentido, o STJ já teve oportunidade de decidir que "o espólio de genitor do autor de ação de alimentos não possui legitimidade para figurar no polo passivo da ação na hipótese em que inexista obrigação alimentar assumida pelo genitor por acordo

---

117. STJ, REsp 1249133/SC, T4, DJe de 02.08.2016.
118. DIAS, Maria Berenice. *Manual de Direito das famílias*. São Paulo: Ed. RT, 2015, p. 574.
119. GONÇALVES, Carlos Roberto. *Direito civil brasileiro*. São Paulo: Saraiva, 2014, v. VI, p. 343.
120. GAGLIANO, Pablo Stolze; PAMPLONA FILHO, Rodolfo. *Manual de direito civil*. São Paulo: Saraiva, 2020, p. 2094.

ou decisão judicial antes da sua morte".[121] Por isso, o art. 1.700 do Código Civil só pode ser invocado "se a obrigação alimentar já fora estabelecida anteriormente ao falecimento do autor da herança por acordo ou sentença judicial. Isso porque esses dispositivos não se referem à transmissibilidade em abstrato do dever jurídico de prestar alimentos, mas apenas à transmissão (para os herdeiros do devedor) de obrigação alimentar já assumida pelo genitor por acordo ou decisão judicial antes da sua morte".[122]

Em outro sentido, para Rodrigo da Cunha Pereira é possível a transmissibilidade da obrigação alimentar sem que haja a prévia fixação judicial, "até porque durante a convivência familiar não se cogita de fixação de alimentos, por ser esta sua decorrência lógica, ou porque o alimentante viesse cumprindo a sua obrigação voluntariamente".[123]

Por fim, deve-se apontar que o Superior Tribunal de Justiça entende que eventuais valores pagos pelo espólio a título de alimentos atrasados são irrepetíveis,[124] e, ainda, que não é cabível a prisão civil do inventariante do espólio pelo não pagamento de tais verbas, pois a "restrição da liberdade constitui sanção também de natureza personalíssima e que não pode recair sobre terceiro, estranho ao dever de alimentar, como sói acontecer com o inventariante, representante legal e administrador da massa hereditária".[125]

Independentemente da corrente que se adote, certo é que o binômio/trinômio anteriormente fixado deverá ser reanalisado, agora sopesando-se não a possibilidade do alimentante, mas sim a capacidade do espólio, "pois não cabe impor aos herdeiros do devedor o mesmo valor que o de cujus pagava a título de alimentos, sem o devido processo legal e sem investigar a possibilidade financeira do espólio".[126]

7.4 A SOLIDARIEDADE ALIMENTAR IMPOSTA PELO ESTATUTO DA PESSOA IDOSA (ART. 12)

7.4.1 Solidariedade x divisibilidade

É comum que existam múltiplas pessoas na condição de coobrigados ao pagamento de alimentos aos outros, ainda que potencialmente. Seria o caso do pai e da mãe, que devem contribuir para o sustento dos filhos no limite das suas possibilidades, por exemplo.

Nessa situação, cada um deve responder pela sua parte, que corresponderá à sua própria possibilidade alimentar. Assim sendo, "cada devedor tem dever autônomo

---

121. STJ, Esp 1.337.862-SP, 4T, julgado em 11.02.2014. No mesmo sentido: STJ, AgRg no AREsp 271410/SP, T3, DJe de 07.05.2013.
122. STJ, Esp 1.337.862-SP, 4T, julgado em 11.02.2014. No mesmo sentido: STJ, AgRg no AREsp 271410/SP, T3, DJe de 07.05.2013.
123. PEREIRA, Rodrigo da Cunha. *Direito das famílias*. Rio de Janeiro: Forense, 2020, p. 272.
124. STJ, REsp 1354693/SP, S2, DJe de 20.02.2015.
125. STJ, HC 256793/RN, T4, DJe de 15.10.2013.
126. PEREIRA, Rodrigo da Cunha. Direito das famílias. Rio de Janeiro: Forense, 2020, p. 272.

em relação ao credor de alimentos".[127] Isso significa que os alimentos serão divisíveis, devendo o credor demandar todos aqueles que possuam o dever/obrigação alimentar, de modo a receber de cada um o exato valor que corresponder à sua quota individual.

É o que dispõe o artigo 1.698 do Código Civil, ao fixar que "sendo várias as pessoas obrigadas a prestar alimentos, todas devem concorrer na proporção dos respectivos recursos".

Como a solidariedade apenas pode ser derivada de expressa previsão legal, inadmitindo presunção (art. 265, CC), não é possível se extrair interpretação no sentido de que a dívida poderia ser cobrada de apenas um, em sua integralidade. Pela divisibilidade, portanto, "em caso de necessidade, o credor de alimentos não poderá exigir pensionamento integral em face de apenas um entre vários devedores, que isoladamente não tenha condições econômicas para ministrá-los ao alimentante. Cumpre a ele chamar em juízo, simultaneamente, todos os potenciais devedores, em caráter complementar, repartindo-se os alimentos na proporção dos recursos financeiros dos alimentantes. Existem tantas obrigações quanto forem as pessoas em condições de serem demandas".[128]

De acordo com a literatura, as características das obrigações divisíveis são: "a) cada um responde pela sua parte correspondente; b) o credor pode cobrar de cada um a sua parte correspondente; c) na multiplicidade de devedores ou credores"[129] (pela aplicação do adágio *concursu partes fiunt*), presume-se "que o fracionamento se faz em partes iguais"[130] e; "d) tratando-se de codevedores, a insolvência de um não torna os demais responsáveis pela quota".[131]

Por isso, "o dever de prestar alimentos não seria solidário, mas subsidiário e de caráter complementar, condicionado às possibilidades de cada um dos obrigados" e, por isso, "no caso de existir mais de um obrigado, cada um responde pelo encargo que lhe for imposto, não havendo responsabilidade em relação à totalidade da dívida alimentar".[132]

Essa é a regra geral do sistema jurídico brasileiro, que foi excepcionada em 2003, com o advento do Estatuto da Pessoa Idosa, que fixou que "a obrigação alimentar é solidária, podendo o idoso optar entre os prestadores" (art. 12, EPI).

Deve-se fazer um alerta, contudo. A solidariedade prevista no referido dispositivo legal se diferencia da solidariedade vista como fundamento dos alimentos (princípio da solidariedade social). Por aqui, não se está abordando a solidariedade como princípio norteador, mas sim como uma característica da obrigação alimentar em favor da pessoa idosa.

---

127. FARIAS, Cristiano Chaves; ROSENVALD, Nelson. *Curso de direito civil*: Obrigações. Salvador: JusPodivm, 2017, p. 315.
128. FARIAS, Cristiano Chaves; ROSENVALD, Nelson. *Curso de direito civil*: Obrigações. Salvador: JusPodivm, 2017, p. 315.
129. PANTALEÃO, Leonardo. *Teoria geral das obrigações*: parte geral. Barueri, SP: Manole, 2005, p. 122.
130. GOMES, Orlando. *Obrigações*. 17. ed. Rio de Janeiro: Forense, 2008, p. 77.
131. PANTALEÃO, Leonardo. *Teoria geral das obrigações*: parte geral. Barueri, SP: Manole, 2005, p. 122.
132. DIAS, Maria Berenice. *Manual de direito das famílias*. São Paulo: Revista dos tribunais, 2015, p. 562.

No ponto, Cristiano Chaves de Farias e Nelson Rosenvald esclarecem que "é no direito alimentar que maior confluência surge entre a solidariedade como princípio e como regra".[133] Assim, a "solidariedade, especificada no dever jurídico de alimentos imposto tanto à sociedade política (Estado) quanto à família, como grupo da sociedade civil, alcança suas duas dimensões: a solidariedade social (seguridade social) e a solidariedade pessoal (alimentos). Esse sentido amplo de solidariedade não se confunde com o sentido estrito de obrigação solidária – que se expressa na solidariedade ativa e na solidariedade passiva –, quando há pluralidade de credores ou de devedores, respectivamente com direito a receber a totalidade da dívida ou o dever de pagá-la integralmente (art. 264 do Código Civil). Assim, os alimentos constituem obrigação derivada do princípio da solidariedade, mas não é "obrigação solidária". A obrigação solidária não se presume; só há quando a lei ou a convenção das partes expressamente a estabelecerem".[134]

A partir dessa dicção legal, pode-se concluir que os alimentos devidos a idosos serão solidários, no sentido de que eles poderão escolher demandar apenas um dos coobrigados, pela dívida toda.

Sobre o tema, Rolf Madaleno esclarece que a "vantagem da regra que atribui maior efetividade processual ao pleito alimentar está em afastar o credor de alimentos do emaranhado processual que se formaria se ele tivesse de digladiar em juízo com todos os parentes".[135]

Embora existam posicionamentos que considerem que tal disposição também se aplica às crianças e adolescentes,[136] a doutrina em geral reputa que tal solidariedade, por ter previsão apenas no Estatuto da Pessoa Idosa, somente deve ser aplicada a pessoas idosas.

Ademais, diante do espectro tutelar do Estatuto da Pessoa Idosa, apenas haverá essa solidariedade na obrigação alimentar quando a pessoa idosa for a credora/alimentanda. Quando esta estiver na condição de devedor/alimentante, não será possível que uma terceira pessoa (não idosa) se beneficie da solidariedade, pois isso geraria uma perplexidade sistêmica em razão de a lei se voltar contra o que visa tutelar, acarretando um gravame adicional a uma pessoa apenas pelo fato de ter mais de 60 anos de idade.

Portanto, a solidariedade existirá quando houver alimentos em favor da pessoa idosa, não contra. Este é o entendimento do STJ, para quem "a Lei 10.741/2003, atribuiu natureza solidária à obrigação de prestar alimentos quando os *credores* forem idosos".[137]

---

133. FARIAS, Cristiano Chaves; ROSENVALD, Nelson. *Curso de direito civil: Obrigações*. Salvador: JusPodivm, 2017, p. 315.
134. LÔBO, Paulo. *Direito Civil*: famílias. São Paulo: Saraiva, 2017, p. 421.
135. MADALENO, Rolf. *Direito de Família*. Rio de Janeiro: Forense, 2020, p. 170.
136. É o caso de: FARIAS, Cristiano Chaves; ROSENVALD, Nelson. *Curso de direito civil*: Obrigações. Salvador: JusPodivm, 2017, p. 317.
137. STJ, REsp 775.565/SP, 3T, DJ de 26.06.2006.

Por sua vez, Paulo Lobo entende que esta solidariedade apenas atinge aqueles que "constituem sua descendência. Como a lei considera idoso quem tenha idade igual ou superior a 60 anos, não pode quem a tenha exigir alimentos de outro idoso, no caso todos os seus ascendentes e, eventualmente, seus irmãos que também a tenham".[138]

Frisa-se, contudo, que a referida solidariedade não se confunde também com as demais características das obrigações solidárias. Por isso, questiona-se: há, em verdade, uma ilusão da solidariedade? É o que se tentará responder no próximo tópico.

7.4.2 A ilusão da solidariedade?

No caso dos alimentos, a questão da solidariedade é criticada por parcela da doutrina e, de fato, precisa ser analisada sob outro prisma. Explica-se.

Tecnicamente, "há solidariedade, quando na mesma obrigação concorre mais de um credor, ou mais de um devedor, cada um com seu direito, ou obrigado, à dívida toda" (art. 264, CC), caracterizando-se "pela multiplicidade de credores e/ou devedores, tendo cada credor direito à totalidade da prestação, como se fosse credor único, ou estando cada devedor obrigado pela dívida toda, como se fosse o único devedor".[139]

Mas, diferentemente das obrigações solidárias gerais/comuns, no caso das obrigações alimentares haverá inexoravelmente a necessidade de se observar o binômio/trinômio necessidade, possibilidade e proporcionalidade, o que já traz consigo a ideia de que cada um responderá pelos alimentos de acordo com a sua própria capacidade (e não pelo todo, como se pode extrair da obrigação solidária geral). Isso significa que, se uma pessoa idosa possui a necessidade alimentar de R$1.000,00 (um mil reais), e possui 3 filhos, sendo que o filho A tem condições de arcar com R$600,00 (seiscentos reais), o filho B com R$300,00 (trezentos reais) e o filho C com R$100,00 (cem reais), cada um terá que responder proporcionalmente à sua respectiva capacidade financeira.

Com o máximo respeito aos que pensam de forma diferente, acredita-se que não se possa extrair do artigo 12 do EPI interpretação de que, no exemplo acima, o filho C possa ser demandado a custear integralmente a dívida de R$1.000,00 (um mil reais), que é exatamente o regramento que deveria ser aplicado se fossem seguidos os moldes previstos pelo artigo 264 do Código Civil, já que, não custa repetir, ele prescreve que "há solidariedade, quando na mesma obrigação concorre mais de um credor, ou mais de um devedor, cada um com direito, ou obrigado, à dívida toda". Se isso ocorrer, este filho poderá ser colocado, aí sim, em condições de não conseguir prover o seu próprio sustento, pois o máximo que poderia fazer seria, depois de pagar a dívida toda, buscar reaver os valores dos demais devedores, já que há sub-rogação, de pleno direito, em favor do credor que paga a dívida do devedor comum (art. 346, I, CC).

---

138. LÔBO, Paulo. *Direito Civil*: famílias. São Paulo: Saraiva, 2017, p. 422.
139. GONÇALVES, Carlos Roberto. *Direito civil brasileiro*: teoria geral das obrigações. São Paulo: Saraiva, 2011, v. II, p. 129.

No ponto, Yussef Said Cahali é cirúrgico ao assentar que existe uma "ilusão da solidariedade", ao argumento de que para "que pudesse haver solidariedade seria preciso que todos os demandados fossem responsáveis simultaneamente e pela mesma soma. Mas, nada disto sucede com os alimentos, visto que cada um dos parentes é obrigado conforme as suas posses, tem de ser demandado em ação separada e, portanto, por distinta verba; embora seja certo que, se um só dos parentes do mesmo grau tiver meios suficientes, sendo os restantes pobres ou remediados, só esse terá de pagar a totalidade dos alimentos, o que produz a *ilusão da solidariedade*. E a jurisprudência de nossos tribunais firmara-se, em definitivo, no sentido de que em tema de alimentos, cada obrigado deve responder os termos de suas possibilidades, inexistindo, entre eles, solidariedade pela responsabilidade global; pois, havendo mais de uma obrigação à prestação de alimentos, em conjunto, a participação das respectivas contribuições poderá ser desigual, atendendo-se aos recursos de cada um. Assim, na hipótese de pluralidade de devedores de alimentos ao mesmo indivíduo, não existe uma só obrigação divisível entre eles (que induziria solidariedade), mas tantas obrigações distintas quantas sejam as pessoas a que possam ser demandados".[140]

Teria, então, o Estatuto da Pessoa Idosa fixado uma forma de obrigação alimentar *sui generis*, com uma ilusão de solidariedade?

Para tentar responder tal questionamento, é imprescindível se investigar a natureza jurídica e as características das obrigações solidárias, para que se possa aferir, ao final, se os alimentos previstos no artigo 12 do EI nelas se inserem.

No tocante à natureza jurídica das obrigações solidárias, Anderson Schreiber ensina que existem três teorias que a justificam, duas delas pluralistas e uma unitária. Para a primeira delas, a *teoria da representação*, existiriam "tantas obrigações quantos forem os devedores ou credores", criando-se uma "espécie de sociedade de fato" que viabilizaria a representação de um pelo outro. A segunda seria a *teoria fidejussória*, que "resultaria de mútua fiança" em que também existiria pluralidade de obrigações. Por fim, a teoria adotada pelo ordenamento jurídico brasileiro, denominada de *teoria unitária*, que prevê que "na obrigação solidária haverá uma só relação obrigacional, concentrada em uma única prestação, em que pese a pluralidade de sujeitos".[141]

Assim sendo, para a teoria unitária, o vínculo é único, existindo, igualmente, uma "unidade objetiva da prestação".[142] De maneira distinta, "para os pluralistas, há tantos vínculos quantos devedores, ou credores, unidos pela identidade de objeto e da causa".[143]

É majoritário o entendimento no sentido de que o artigo 264 do Código Civil se filiou à tese unitária, e, sendo assim, mostra-se indispensável que exista um único

---

140. CAHALI, Yussef Said. *Dos alimentos*. São Paulo: Ed. RT, 2006, p. 121.
141. SCHREIBER, Anderson. *Manual de direito civil contemporâneo*. São Paulo: Saraiva, 2020, p. 475.
142. PANTALEÃO, Leonardo. *Teoria geral das obrigações*: parte geral. Barueri, SP: Manole, 2005, p. 128.
143. PANTALEÃO, Leonardo. *Teoria geral das obrigações*: parte geral. Barueri, SP: Manole, 2005, p. 128.

vínculo entre os devedores.[144] Esta é, inclusive, a *primeira característica das obrigações solidárias*: a *unidade dos vínculos*.

Já a *segunda característica das obrigações solidárias* é a *unidade das prestações*. Isso significa que as prestações devidas devem ser iguais entre todos os coobrigados. É o que ensina Orlando Gomes, para quem "entre nós, a doutrina pende para a tese da unidade, na suposição que é imprescindível, à unidade objetiva da prestação, obrigação única com pluralidade de sujeitos."[145] Por assim ser, todos os coobrigados solidários deveriam ser devedores da mesma quantia, e, justamente por isso, seria possível a cobrança de qualquer um deles, pela dívida toda, de modo que "o feixe de obrigações que constitui a solidariedade deriva da mesma fonte e tem igual conteúdo".[146]

Também são características das obrigações solidárias a *pluralidade de sujeitos* ativos ou passivos e, ainda, a *corresponsabilidade dos interessados*, "razão pela qual o pagamento efetuado por um dos devedores extingue a obrigação com relação aos demais, subsistindo o direito de regresso, e o recebimento por um dos credores acarreta a extinção dos direitos dos demais".[147] A possibilidade de demandar apenas um dos codevedores para responder pelo todo, acaba sendo uma consequência da própria unidade da prestação.

Analisada a natureza jurídica e as características das obrigações solidárias, convêm cotejá-las com as obrigações alimentares previstas no artigo 12 do Estatuto da Pessoa Idosa. Para facilitar a visualização, serão estudadas na seguinte ordem: a) a pluralidade de sujeitos passivos; b) a corresponsabilidade dos interessados; c) a unidade de prestação, e; d) a unidade de vínculos.

Vamos a elas.

Quanto à *pluralidade de sujeitos passivos*, a obrigação alimentar em favor da pessoa idosa se funda nas relações de parentesco, de modo que serão obrigados, na falta dos ascendentes, os descendentes, guardada a ordem de sucessão, e, faltando estes, os irmãos, assim germanos como unilaterais (art. 1.697, CC). Portanto, primeiro buscam-se os ascendentes, e, não os existindo, os descendentes. Em último caso, os irmãos.

Há sucessividade na obrigação alimentar, de modo que recairá a obrigação nos mais próximos em grau, uns em falta de outros (art. 1.696, CC).

Em relação à *corresponsabilidade entre os interessados*, o próprio artigo 12 do Estatuto dispõe que o idoso poderá optar entre os prestadores. Contudo, nesse ponto, a doutrina é uníssona em afirmar que cada um dos demandados aos alimentos apenas responderá dentro dos limites da sua capacidade, observando-se o binômio/trinômio necessidade, possibilidade e proporcionalidade.

---

144. Entendendo em sentido contrário, no sentido de que há, em verdade, pluralidade de vínculos: GONÇALVES, Carlos Roberto. *Direito civil brasileiro*: teoria geral das obrigações. São Paulo: Saraiva, 2011, v. II, p. 131.
145. GOMES, Orlando. *Obrigações*. 17. ed. Rio de Janeiro: Forense, 2008, p. 79-80.
146. GOMES, Orlando. *Obrigações*. 17. ed. Rio de Janeiro: Forense, 2008, p. 79-80.
147. PANTALEÃO, Leonardo. *Teoria geral das obrigações*: parte geral. Barueri, SP: Manole, 2005, p. 134.

Já se percebe, daí, que *inexiste unidade na prestação*.

Assim, apesar da possibilidade de escolha entre os sujeitos coobrigados, a pessoa idosa ficará adstrita aos limites da capacidade financeira daquele indivíduo escolhido.

Por certo, a demanda alimentar poderá ser ajuizada em face de um ou de todos, em litisconsórcio facultativo. Entretanto, escolhendo demandar apenas em face de um, o idoso estará se sujeitando "às consequências de redução da verba alimentar que é divisível entre todos os coobrigados, e proporcional à condição alimentar de cada um deles".[148]

Pode-se perceber, já de imediato, uma distinção entre as obrigações solidárias gerais, e a obrigação alimentar prevista no artigo 12 do EI, pois nesta última inexiste unidade de prestações, uma vez que cada um dos devedores responderá apenas pela quota parte que a sua capacidade financeira autorizar. E, se o demandado não tiver condições de prover integralmente os alimentos do idoso, este "há de acionar os demais, se pretender a integralidade da prestação almejada"[149] e, por isso, "de nada adiantará a solidariedade".[150]

Dessa maneira, "como se trata de litisconsórcio facultativo, o credor de alimentos, ao escolher um dos parentes e dispensar da ação os demais coobrigados, incorre no risco da divisibilidade de sua pensão, que será proporcional à capacidade alimentar de cada devedor".[151] Ademais, embora "o texto legal refira-se à possibilidade de o credor exigir de um ou alguns dos devedores, fato é que pode exigir de todos os devedores, sendo esta uma característica da solidariedade passiva. Além disso, o parágrafo único do art. 275, CC, dispõe que 'não importará renúncia da solidariedade a propositura de ação pelo credor contra um ou alguns dos devedores'. A escolha cabe ao credor. A pretensão pode ser exercida, pelo que se percebe, contra todos os devedores ou contra alguns, se o credor não quiser dirigi-la apenas contra um. Claro é que o pagamento total extingue a solidariedade, pois encerra a própria obrigação".[152]

Finalmente, em relação ao vínculo jurídico, a lei fixa a mesma obrigação alimentar aos parentes, revelando, com isso, sua unitariedade. Mas, analisando-se mais de perto a situação como um todo, cada parente se vinculará dentro do grau de parentesco, bem como diante de uma análise casuística da sua capacidade financeira (plural), somente sendo possível ao credor exigir a correspondente quantia devida pelo demandado.

Por isso, entende-se que a obrigação alimentar do artigo 12 do EI possui um viés voltado mais à pluralidade de vínculos do que à unicidade, sendo este mais um ponto de distinção para com a solidariedade comum/geral.

---

148. MADALENO, Rolf. *Direito de Família*. Rio de Janeiro: Forense, 2020, p. 169.
149. CARVALHO JR., Pedro Lino de. *Da solidariedade da obrigação alimentar em favor do idoso*. Apud FARIAS, Cristiano Chaves; ROSENVALD, Nelson. *Curso de direito civil*: Obrigações. Salvador: JusPodivm, 2017.
150. CARVALHO JR., Pedro Lino de. *Da solidariedade da obrigação alimentar em favor do idoso*. Apud FARIAS, Cristiano Chaves; ROSENVALD, Nelson. *Curso de direito civil*: Obrigações. Salvador: JusPodivm, 2017, p. 317.
151. MADALENO, Rolf. *Direito de Família*. Rio de Janeiro: Forense, 2020, p. 169.
152. PANTALEÃO, Leonardo. *Teoria geral das obrigações: parte geral*. Barueri, SP: Manole, 2005, p. 132.

Para facilitar a visualização das distinções entre a solidariedade comum e a obrigação alimentar do artigo 12 do EI, veja o quadro abaixo:

Característica	Solidariedade ordinária	Obrigação alimentar do artigo 12 do EI
Unidade de vínculos (lei)	Sim	Não
Unidade das prestações	Sim	Não, se assemelha à divisibilidade.
Pluralidade de sujeitos passivos	Sim	Sim, se assemelha à divisibilidade.
Corresponsabilidade dos interessados	Sim, pela dívida toda	Sim, mas limitada à sua possibilidade financeira (não há unidade de prestações). Se diferencia, mas também se aproxima da divisibilidade.

Diante dessas diferenças e, não obstante o artigo 12 do EI fixar que os alimentos serão *solidários*, sustenta-se que o referido artigo estabelece uma obrigação *sui generis*, pois não coincide integralmente nem com as obrigações solidárias e nem com as divisíveis.

Para se definir uma obrigação como solidária, é indispensável que ela siga a mesma natureza jurídica e características a ela associadas, já que estes formam os seus próprios elementos configuradores. Algumas semelhanças, bem como a denominação conferida pelo legislador às obrigações alimentares do artigo 12 do EI, não terão o condão de inseri-las na classificação das obrigações solidárias comuns/gerais.

Por fim, deve-se esclarecer que, caso aquela pessoa que seja demandada venha a arcar sozinha com os alimentos e, posteriormente, tenha interesse em ingressar com ação regressiva com a finalidade de reaver as correspondentes quantias dos demais coobrigados, seria imprescindível a análise da possibilidade alimentar de cada um deles, para se aferir qual o parâmetro objetivo do *quantum* devido individualmente, inexistindo presunção de que os valores deveriam ser fracionados em partes iguais. Este é, também, o posicionamento de Rolf Madaleno, para quem deverá ocorrer o respeito, ainda, à "regra da proximidade do grau de parentesco do artigo 1.698 do Código Civil", de modo que "se, por exemplo, a eleição recaiu sobre um neto, tem este o direito de reembolso integral dos parentes mais próximos em grau".[153]

7.5 OBRIGAÇÕES ALIMENTARES ESPECÍFICAS

7.5.1 Alimentos entre duas pessoas idosas

O Estatuto da Pessoa Idosa é um instrumento normativo destinado a tutelar todas as pessoas com idade igual ou superior a 60 anos, independentemente de se encontrarem em condição de risco social ou outros fatores. Trata-se de lei com ampla incidência no caso dos direitos das pessoas idosas.

Para além de regulamentar direitos, o Estatuto da Pessoa Idosa densifica a forma de exercício de uma série de direitos fundamentais que podem ser extraídos da Constituição da República.

---
153. MADALENO, Rolf. *Direito de Família*. Rio de Janeiro: Forense, 2020, p. 169.

Da mesma forma que impõe uma série de direitos que podem ser opostos em face do Estado, também se aplica às relações horizontais, entre particulares. É o que se passou a denominar de eficácia interna (vertical) ou externa (horizontal) dos direitos fundamentais. Enquanto no primeiro caso existe uma relação entre um particular e o Estado, no segundo as relações são entre dois particulares.[154]

Diante dessa eficácia horizontal dos direitos fundamentais, é possível que uma pessoa idosa titularize o direito subjetivo de exigir determinada prestação em face de outra pessoa idosa, que, obviamente, também receberá a guarida do próprio Estatuto da Pessoa Idosa.

É justamente nessa perspectiva que o direito aos alimentos deve ser estudado, quando o devedor também for idoso.

Todo o regramento atinente aos alimentos deve ser a este aplicado, inclusive com a incidência do artigo 12 do EPI, sendo possível ao alimentando optar por demandar uma pessoa idosa, que, eventualmente, poderá atuar regressivamente contra os demais coobrigados.

No entanto, em posicionamento contrário, Paulo Lôbo considera que a "solidariedade" do artigo 12 do EPI (por aqui denominada de obrigação alimentar *sui generis*) se aplica apenas em relação aos descendentes do idoso alimentando,[155] não comportando incidência no caso de a demanda ser promovida em face de pessoa idosa. Para o autor, "como a lei considera idoso quem tenha idade igual ou superior a 60 anos, não pode quem a tenha exigir alimentos de outro idoso, no caso todos os seus ascendentes e, eventualmente, seus irmãos que também a tenham".[156]

Respeitosamente, este não é o entendimento por aqui adotado, pois os direitos fundamentais, em sua posição horizontal (entre os particulares), não se alteram a partir das condições pessoais apresentadas por aquele que titulariza o dever jurídico contraposto ao direito subjetivo. O direito de postular alimentos, nada mais é do que um direito subjetivo atribuído a uma pessoa, pela relação de conjugalidade ou parentesco, por exemplo. E, não se esqueça que a todo direito subjetivo se contrapõe um dever jurídico. No caso, o artigo 12 do EPI atribuiu uma característica inerente ao direito subjetivo alimentar da pessoa idosa, atinente à possibilidade de opção entre os prestadores. Adicionalmente, é bastante comum que descendentes de idosos também sejam idosos.

Por assim ser, o Estatuto da Pessoa Idosa será plenamente aplicável no tocante aos alimentos entre idosos.

7.5.2 Alimentos entre ex-consortes

O Estatuto da Pessoa Idosa estabelece que os alimentos serão prestados ao idoso na forma da lei civil (art. 11). Assim, toda a acepção doutrinária e jurisprudencial acerca

---

154. TAVARES, André Ramos. *Curso de direito constitucional*. São Paulo: Saraiva, 2020, p. 476.
155. LÔBO, Paulo. *Direito civil*: famílias. São Paulo: Saraiva, 2017, p. 422.
156. LÔBO, Paulo. *Direito civil*: famílias. São Paulo: Saraiva, 2017, p. 422.

dos alimentos entre ex-cônjuges deve ser também aplicada quando pessoas idosas se encontrarem em um dos polos da relação jurídica obrigacional, com alguns temperamentos (art. 1.704, CC).

Densificando a previsão constitucional, o art. 1.694 do Código Civil estabelece que "podem os parentes, os cônjuges ou companheiros pedir uns aos outros os alimentos de que necessitem para viver de modo compatível com a sua condição social, inclusive para atender às necessidades de sua educação", no que encontra respaldo no dever de mútua assistência (art. 1.566, III, do CPC). Portanto, os cônjuges e companheiros, em relações hetero ou homoafetivas, possuem obrigação alimentar em relação ao outro.

Durante a constância de suas respectivas uniões familiares, esses consortes possuem o dever de mútua assistência (art. 1.566, III, CC). A doutrina contemporânea tem entendido que os alimentos podem ser devidos antes ou depois do divórcio, "afastada a equivocada assertiva de que somente subsistiriam, depois da dissolução, os alimentos fixados por sentença ou acordo entre as partes".[157] Além disso, "mesmo vivendo sob o mesmo teto, pode-se configurar a separação para o efeito de serem fixados alimentos".[158]

Mas, o mais comum é que os alimentos sejam exigidos com a extinção do relacionamento afetivo, situação em que um ex-consorte demandará o outro, pedindo a fixação de alimentos a seu favor, caso não tenha condições de arcar com o seu próprio sustento.

Ademais, "o encargo alimentar decorrente do casamento e da união estável tem origem no dever de mútua assistência, que existe durante a convivência e persiste mesmo depois de rompida a união".[159] Nesse passo, mesmo que o ex-cônjuge não requeira alimentos no momento da ruptura do relacionamento, é possível que o faça em momento posterior, já que não se pode perder de vista os casos de necessidade superveniente. Aliás, no caso aqui tratado, de pessoas idosas, o próprio processo de envelhecimento pode trazer consigo causas capazes de alterar profundamente os rendimentos de determinada pessoa, a prejudicar seriamente a sua dignidade, como aconteceria no caso de perda de um rentável emprego, sem possibilidade de recolocação no mercado de trabalho em razão da idade avançada, ou, ainda, o diagnóstico de alguma doença neurodegenerativa, como o Alzheimer,[160] o que justificaria o pleito alimentar, também, com base no princípio da solidariedade familiar, que encontra respaldo no art. 3º, I, da CR/88.

---

157. FARIAS, Cristiano Chaves; ROSENVALD, Nelson. *Direito de família*. Salvador: JusPodivm, 2017, p. 739.
158. DIAS, Maria Berenice. *Manual de direito das famílias*. São Paulo: Ed. RT, 2015, p. 560.
159. DIAS, Maria Berenice. *Manual de direito das famílias*. São Paulo: Ed. RT, 2015, p. 560.
160. "Segundo dados da Organização Mundial de Saúde e da Alzheimer's Disease International, divulgados em 2012, a demência é principal causa de incapacidade e dependência entre idosos mundialmente. Estima-se que a cada ano surgem 7,7 milhões novos casos de demência, dentre os quais o Alzheimer é o mais recorrente". GAMA, Guilherme Calmon Nogueira; NUNES, Marina Lacerda. As pessoas idosas com Alzheimer: diálogos entre a Constituição Federal, o Estatuto do Idoso e o Estatuto da Pessoa com Deficiência. In: BARLETTA, Fabiana Rodrigues; ALMEIDA, Vitor. *A tutela jurídica da pessoa idosa*. Indaiatuba-SP: Foco, 2020, p. 91.

Por ser uma norma de natureza constitucional, extrapola o mero caráter ético,[161] tornando-se um dever jurídico ao qual o ordenamento jurídico como um todo lhe deve obediência.

Quanto ao aspecto temporal desses alimentos, contudo, a jurisprudência se firmou no sentido de que serão "transitórios", pois deve ser estabelecido um termo final para o dever de pagar, forte na presunção de que, a partir de tal momento, o alimentando estará adequadamente inserido no mercado do trabalho ou, por outro motivo, não mais precisará de ajuda para a sua manutenção.

No entanto, parece que a questão mereça um novo enfoque quando se lida com alimentos em que o ex-cônjuges alimentando é idoso, como se verá mais de perto a seguir.

7.5.2.1 O caráter assistencial dos alimentos entre ex-cônjuges e ex-companheiros

Já não é de hoje que o Direito das Famílias adquiriu caráter plural, de modo a admitir, de maneira juridicamente válida, a formação de múltiplas formas de constituição de família, todas marcadas e tendo como o seu núcleo central o afeto e a solidariedade familiar. Assim, havendo família, uma gama de direitos e deveres repousa em cada um de seus membros.

Nesse passo, o dever de amparo e sustento acaba por impregnar tais relações jurídicas familiares, principalmente quando se estiver diante de vínculos próximos, onde a dependência pode se fazer presente, como naquelas relacionadas aos filhos e aos cônjuges/companheiros.

Em algumas situações, inclusive, há uma presunção legal de necessidade, como no caso dos filhos incapazes. Em outras, seja em relações de parentesco ou entre cônjuges ou companheiros, inexiste qualquer presunção, devendo ocorrer a comprovação efetiva dos elementos balizadores, identificados a partir do trinômio possibilidade, necessidade e proporcionalidade, na esteira do artigo 1.694, §1º, do Código Civil.

Na análise dos alimentos entre cônjuges e companheiros, contudo, consolidou-se na jurisprudência a figura dos "alimentos transitórios", os quais acabaram por trazer dúvidas e possíveis assimetrias sistêmicas a respeito do próprio caráter de solidariedade inerente aos alimentos. Entre elas, pode-se citar um tratamento desigual em relação aos demais parentes, sem que haja qualquer fundamento razoável de discrímen e, ainda, a possível inversão do ônus da prova a respeito da necessidade na manutenção dos alimentos para além do prazo inicialmente assinalado, entre outras.

---

161. "Desprover essa verba do caráter alimentar que lhe é inerente teria o condão de conferir insustentável benefício ao cônjuge que se encontra na posse e administração dos bens comuns e que possa estar, de alguma forma, protelando a partilha deste patrimônio. Não é viável, portanto, esvaziar a possibilidade de execução alimentar mediante prisão civil ele sua forte carga ele constrangimento pessoal e reprovabilidade social, para deixar ao desalento o inarredável preceito ético de solidariedade familiar". (STJ, RHC 28.853-RS, Rel. Min. Massami Uyecla, 3T, DJe de 12.03.2012).

Apesar de já fazer algum tempo que as formas de constituição de família se pluralizaram, o legislador ainda se preocupa bastante com a família matrimonializada. Ainda que inexista qualquer hierarquia em relação às demais formas de constituição familiar, este modelo possui uma normativa mais metódica e normatizada pela lei. É o caso do artigo 1.566 do Código Civil, que enuncia serem deveres de ambos os cônjuges a fidelidade recíproca, a vida em comum, no domicílio conjugal, a mútua assistência, o sustento, guarda e educação dos filhos e, ainda, o respeito e consideração mútuos.

O legislador foi muito mais sucinto quando da regulamentação dos deveres entre companheiros(as), ao dispor, no artigo 1.724, que as relações pessoais entre estes obedecerão aos deveres de lealdade, respeito e assistência, e de guarda, sustento e educação dos filhos.

Desse modo, "distinguem-se, pois, o casamento e a união estável na forma de constituição e na prova de sua existência, mas jamais quanto aos efeitos protetivos em relação aos seus componentes".[162]

Um desses "efeitos protetivos" é justamente o caráter assistencial, viabilizando àquele que não puder prover o seu sustento por si, pleitear, por ocasião do fim do casamento ou da união estável, alimentos ao ex-cônjuge ou ex-companheiro.

Este direito aos alimentos, como visto, pauta-se na solidariedade familiar, de modo a ser possível a qualquer parente ou cônjuge/companheiro o custeio de pensão alimentícia àquele que necessitar, sempre levando em consideração que eles serão fixados em montantes compatíveis com a sua condição social (art. 1.694, CC), não mais existindo diferença entre alimentos civis/côngruos e naturais (que garantem apenas a subsistência) a depender da culpa de quem os pleiteia. Logo, os alimentos sempre serão civis e levarão em consideração, para além da subsistência, também a referida condição social.

No entanto, Paulo Lôbo realiza relevante crítica ao aduzir que a "separação dos cônjuges e companheiros nunca preserva inteiramente a 'condição social', inclusive quanto aos filhos menores ou incapazes, pois as despesas que antes eram compartilhadas passam a ser assumidas individualmente, o que significa queda do padrão anterior".[163]

Assim prevê o art. 1.694 do Código Civil ao estabelecer que "podem os parentes, os cônjuges ou companheiros pedir uns aos outros os alimentos de que necessitem para viver de modo compatível com a sua condição social, inclusive para atender às necessidades de sua educação", o que encontra respaldo no dever de mútua assistência (art. 1.566, III, do CPC).

Consoante previsão do art. 1.694, § 1º, do CC, "os alimentos devem ser fixados na proporção das necessidades do reclamante e dos recursos da pessoa obrigada". Consequentemente, na fixação dos alimentos de família, três são os parâmetros essenciais,

---

162. FARIAS, Cristiano Chaves; ROSENVALD, Nelson. *Direito de família*. Salvador: JusPodivm, 2017, p. 455.
163. LÔBO, Paulo. *Direito civil: famílias*. 7. ed. São Paulo: Saraivajur, 2017, p. 415.

denominados pela doutrina como trinômio alimentar, consoante já visto por aqui: a necessidade de quem recebe, a possibilidade de quem paga e a proporcionalidade entre a necessidade e a possibilidade (art. 1.694, CC).

Há de se reconhecer que *todos* os alimentos no Direito das Famílias são pautados nesses requisitos, não sendo diferente quando se estiver diante de alimentos entre ex--cônjuges/companheiros.

É o que alude o artigo 1.704 do CC, que, a partir de uma leitura constitucionalizada, define que, se um dos cônjuges vier a necessitar de alimentos, o outro será obrigado a prestá-los mediante pensão a ser fixada pelo juiz. E vai além, já que, consoante o artigo 1.702 do mesmo diploma, os alimentos entre cônjuges obedecerão aos critérios estabelecidos no art. 1.694 do Código, isto é, deverão sempre ser fixados com base na ponderação do trinômio possibilidade, necessidade e proporcionalidade.

Nas palavras de Rodrigo da Cunha Pereira, "com a Emenda Constitucional 66/2010, que eliminou prazos para se requerer o divórcio, acabando com a prévia separação judicial, a discussão de culpa perdeu sentido no ordenamento jurídico brasileiro, deixando que a questão alimentar fique centrada apenas em seus pressupostos autênticos e essenciais, quais sejam: necessidade e possibilidade".[164-165]

Tais previsões normativas consagram a indubitável premissa de que, para que haja a cessação dos alimentos, é imprescindível que os requisitos balizadores em sua fixação sejam alterados.

7.5.2.2 Os alimentos transitórios e da necessidade da propositura de ação exoneratória, como regra, para a cessação dos alimentos

Para que haja a cessação dos alimentos fixados, via de regra, deve acontecer uma dentre três situações: a) o alimentando deixa de necessitar dos alimentos (ex. obtenção de emprego ou abertura de empresa; b) o alimentante perde a possibilidade de pagá-los (ex. desemprego superveniente), ou; c) é verificada uma nítida desproporção entre a possibilidade e a necessidade desses sujeitos (ex. alimentos pagos sobre percentual do salário, que aumenta vertiginosamente, a ponto de apresentar desproporcionalidade em relação à necessidade do alimentando).

No entanto, essa cessação não é automática. A rigor, os alimentos apenas cessam no caso de propositura de uma ação exoneratória ou revisional, propostas pelo alimentante, que terá o ônus da prova em demonstrar a ocorrência de uma das situações acima referidas.

---

164. PEREIRA, Rodrigo da Cunha. *Direito das famílias*. 2. ed. Rio de Janeiro: Forense, 2021, p. 293.
165. No mesmo sentido, "a fixação dos alimentos devidos deverá ser feita com amparo na necessidade ou vulnerabilidade do credor, na justa medida (proporcionalidade/razoabilidade) das condições econômicas do devedor. Apenas isso". GAGLIANO, Pablo Stolze; PAMPLONA FILHO, Rodolfo. *Manual de direito civil*. São Paulo: Saraiva, 2020, p. 2101.

Ainda no caso de maioridade dos filhos, que possui um elemento temporal bastante definido, o alimentante apenas se desvencilha do pagamento por ocasião de sentença exoneratória (STJ, Súm. 358).[166]

Mas, o que interessa por aqui são os alimentos devidos apenas entre ex-consortes. A seu respeito, nos últimos tempos, os tribunais pátrios firmaram posicionamento consagrando os denominados "alimentos transitórios", sob o argumento de uma maior pretensão de igualdade entre os cônjuges, bem como de evitar o ócio e o enriquecimento ilícito. De acordo com o Superior Tribunal de Justiça:

> [...] 2. Alimentos transitórios – de cunho resolúvel – são obrigações prestadas, notadamente entre ex-cônjuges ou ex-companheiros, em que o credor, em regra pessoa com idade apta para o trabalho, necessita dos alimentos apenas até que se projete determinada condição ou ao final de certo tempo, circunstância em que a obrigação extinguir-se-á automaticamente.[167]

Em outra ocasião, a mesma Corte decidiu que:

> 3. A obrigação de prestar alimentos transitórios – a tempo certo – é cabível, em regra, quando o alimentando é pessoa com idade, condições e formação profissional compatíveis com uma provável inserção no mercado de trabalho, necessitando dos alimentos apenas até que atinja sua autonomia financeira, momento em que se emancipará da tutela do alimentante – outrora provedor do lar –, que será então liberado da obrigação, a qual se extinguirá automaticamente. Precedentes.[168]

De tais julgados, parece ser possível se extrair que, para o STJ, os alimentos transitórios: a) possuem natureza resolúvel; b) são cabíveis quando a pessoa tem idade, condições e formação profissional compatíveis com a provável inserção no mercado de trabalho; c) são devidos apenas até que o alimentando atingisse a sua autonomia financeira; d) se extinguem automaticamente com o advento da condição ou termo final de certo tempo.

Os Tribunais estaduais seguem à risca esse posicionamento, aduzindo que efetivamente ocorrerá a extinção do dever alimentar com o advento do termo final. Aliás, o Tribunal de Justiça de Minas Gerais já chegou a ir além, pois, em certa ocasião, reputou inadmissível a propositura de uma nova ação de alimentos pelo alimentando, pois, no caso, já haviam sido fixados alimentos transitórios anteriormente e já havia ocorrido o implemento do seu termo final.[169]

---

166. Súmula 358 do STJ: "O cancelamento de pensão alimentícia de filho que atingiu a maioridade está sujeito à decisão judicial, mediante contraditório, ainda que nos próprios autos."
167. STJ, REsp 1388955/RS, Rel. Min. Nancy Andrighi, 3T, DJe de 29.11.2013.
168. STJ, REsp 1362113/MG, Rel. Min. Nancy Andrighi, 3T, DJe de 06.03.2014.
169. TJ-MG, AC 10382100011677002-MG, Rel. Washington Ferreira, DJe de 28/03/2016. "Apelação cível. Direito de família. Separação consensual c/c com partilha de bens e outros. Alimentos transitórios fixados em prol da ex-mulher. Condição resolutiva implementada. Pedido de fixação de novos alimentos. Impossibilidade. Precedentes jurisprudenciais. I. De acordo com os artigos 128 e 460, ambos do CPC, a existência de vício ultra petita no julgamento realizado na primeira instância conduz ao decote da sentença, ainda que de ofício, para fins de readequação aos limites da lide. II. Cessa a obrigação assumida pelo ex-marido o implemento da cláusula resolutiva da prestação de alimentos transitórios à ex-mulher, expressa no acordo homologado no processo de separação judicial do casal, e não a alteração do binômio legal, como previsto no artigo 1.695 do Código Civil".

Logo, por esse entendimento, constata-se que os alimentos transitórios, por ocasião de sua cessação, estariam completamente dissociados do trinômio alimentar, o que é bastante drástico, por atribuir àquela parte necessitada uma potencial vulnerabilidade.

Na doutrina, Cristiano Chaves e Nelson Rosenvald sustentam que "tendo o ex-cônjuge condições de trabalho, porém estando, ainda, fora do mercado de trabalho e inadaptado à nova condição de vida, é razoável fixar os alimentos por tempo determinado (os chamados alimentos transitórios)",[170] o que "acaba servindo como um mecanismo de adaptação à nova realidade de vida que se impõe".[171] Caso a pessoa tenha uma idade avançada, tenha se dedicado apenas às tarefas domésticas e não tenha probabilidade de inserção no mercado de trabalho, "os alimentos serão fixados por tempo indeterminado – mas submetidos à cláusula *rebus sic stantibus*",[172] sendo possível a alteração no caso de mudança do trinômio alimentar.

Na visão de Conrado Paulino da Rosa, a extinção automática do dever alimentar é uma vantagem processual, ao sustentar que "importante destacarmos uma vantagem processual na fixação dos alimentos em caráter transitório ou temporário: no momento do pagamento da última prestação alimentícia, fixada em sentença ou por acordo, não será necessário o ajuizamento de ação exoneratória. Apenas o adimplemento do pensionamento, por si só, extinguirá a obrigação".[173]

Já Rodrigo da Cunha Pereira é assertivo em pontuar que "o casamento não pode ser visto como uma 'previdência social', nem um estímulo ao ócio".[174]

E, sem dúvida, na atualidade não é mais tão corrente o pleito de alimentos por prazo indeterminado entre ex-cônjuges com idade compatível, escolaridade e plenas condições potenciais de inserção no mercado de trabalho. Em decorrência, Rolf Madaleno explica que a "obrigação alimentar entre os cônjuges é recíproca e está vinculada à efetiva penúria, não mais se presumindo a necessidade da mulher aos alimentos, como inclusive previsto na Lei 5.478/1968".[175]

Entretanto, não se pode esquecer que nem todo conflito familiar é igual e o desenvolvimento de papéis sociais por parte de seus membros, através de pactos formais ou informais, deve ser levado em consideração. Para além disso, diante de uma maior longevidade populacional e dos altos índices de divórcio de pessoas com idade superior a 50 anos, o contexto etário como impedimento de inserção potencial no mercado de trabalho também é um fato relevante que deve perpassar pela análise dos alimentos entre ex-cônjuges.

---

170. FARIAS, Cristiano Chaves; ROSENVALD, Nelson. *Direito de família*. Salvador: JusPodivm, 2017, p. 733.
171. FARIAS, Cristiano Chaves; ROSENVALD, Nelson. *Direito de família*. Salvador: JusPodivm, 2017, p. 733.
172. FARIAS, Cristiano Chaves; ROSENVALD, Nelson. *Direito de família*. Salvador: JusPodivm, 2017, p. 733.
173. ROSA, Conrado Paulino da. *Direito de família contemporâneo*. 7. ed. Salvador: JusPodivm, 2020, p. 638.
174. PEREIRA, Rodrigo da Cunha. *Direito das famílias*. 2. ed. Rio de Janeiro: Forense, 2021, p. 293.
175. MADALENO, Rolf. *Direito de família*. Rio de Janeiro: Forense, 2020, p. 1673.

Nessa perspectiva, "deve o magistrado estar atento ao processo cultural pelo qual passou o casal, seu projeto de vida e o nível de dependência criado, voluntariamente ou não, entre eles".[176]

Desse modo, há "que se levar em conta a organização familiar e as funções atribuídas a cada cônjuge, independentemente de ser ele o homem ou a mulher. Apesar da igualdade entre os gêneros, ainda é comum que os cuidados com os filhos, especialmente quando pequenos, fiquem a cargo da mãe. A pensão alimentícia deve ser fixada em favor daquele que não tem condições financeiras ou patrimônio rentável nem possibilidade de exercer uma profissão, seja em razão da idade, da falta de experiência ou de qualificação profissional".[177]

Dentro dessa ótica jurisprudencial e doutrinária, algumas nuances devem ser sopesadas, com a finalidade de viabilizar uma mais adequada tutela daqueles que se encontram em situação de maior vulnerabilidade financeira perante o outro. Afinal, pergunta-se: os alimentos transitórios representariam uma vantagem processual ou uma assimetria sistêmica?

7.5.2.3 Alimentos transitórios: vantagem processual ou assimetria sistêmica?

O STJ possui entendimento firme no sentido de que os alimentos transitórios teriam natureza resolúvel, devendo perdurar até que se implemente determinada condição ou se atinja certo termo. Diversos de seus precedentes, inclusive, costumam consignar que a inserção do alimentando, não raro a ex-cônjuge ou ex-companheira do alimentante, no mercado de trabalho seria uma espécie de condição resolutiva ou termo final a respeito da incidência do direito que permite o recebimento da verba.

Ora, não se questiona que condição e termo sejam institutos diferentes. Afinal, como se sabe, enquanto a condição é um evento futuro e incerto, o termo é um evento futuro e certo. Ademais, existe previsão legal a respeito da condição resolutiva, cujas disposições serão aplicáveis, no que couber, ao termo inicial e final (art. 127 e 135, CC).

Ocorre que, dentro da estrutura de eventos futuros (certos = termo; incertos = condição), uma possível inserção no mercado de trabalho parece adquirir essencialmente a natureza de incerteza (condição), principalmente quanto à data. Pode ser que ocorra antes do prazo estabelecido para cessação da pensão, mas também pode ser que ocorra depois ou, ainda, pode ser que nunca ocorra.

Por isso, a afirmação categórica de que os alimentos entre ex-cônjuges terão, via de regra, caráter excepcional e transitório, com todas as características já apontadas, pode se mostrar como uma verdadeira incongruência sistêmica, já que subverte toda a noção construída a respeito dos alimentos, os quais, por força de lei, deverão seguir os tantas vezes mencionados parâmetros da necessidade, possibilidade e proporcionalidade.

---

176. FARIAS, Cristiano Chaves; ROSENVALD, Nelson. *Direito de família*. Salvador: JusPodivm, 2017, p. 732.
177. PEREIRA, Rodrigo da Cunha. *Direito das famílias*. 2. ed. Rio de Janeiro: Forense, 2021, p. 293.

Nessa mesma linha de pensamento, Maria Berenice Dias sustenta que a fixação por tempo determinado dos alimentos é completamente aleatória e não dispõe de respaldo legal. Isso porque "o parâmetro para a fixação dos alimentos é a necessidade e não há como prever – a não ser por mero exercício de futurologia – que alguém, a partir de determinada data, vai conseguir se manter".[178]

E é justamente nesse aspecto que pode repousar a assimetria sistêmica, já que a admissão da tese de que os alimentos transitórios serão automaticamente extintos acarreta uma verdadeira inversão do ônus da prova em detrimento da parte mais fraca da relação, geralmente uma pessoa de idade avançada, que necessita de assistência de terceiros para a sua própria sobrevivência com dignidade.

Veja só um paralelo. Após a maioridade dos filhos, inexiste qualquer presunção de necessidade alimentar a seu favor, convertendo-se a obrigação alimentar em dever alimentar, pautado, agora, no vínculo de parentesco. Por vezes, os alimentos são devidos até que o filho complete 24 anos de idade, por conta dos estudos. Mas, mesmo em tais hipóteses, em que existe um prazo final muito bem delimitado para a extinção da obrigação, o alimentante terá que ingressar com ação exoneratória para que haja a extinção do referido dever.

Nada mais justo! De fato, o sistema jurídico deve voltar seus olhos à tutela daquela parte possivelmente mais frágil, isto é, o alimentando.

A mesma situação ocorrerá nos alimentos prestados a qualquer parente, de modo que a regra é que apenas ocorrerá a extinção do dever de pagar alimentos por meio de uma decisão judicial.

E, justamente por isso, quando a doutrina e a jurisprudência definem que os fundamentos para a fixação dos alimentos transitórios é a atual pretensão de igualdade entre gêneros, parecem, com tal dizer, criar uma discriminação entre relações jurídicas pautadas no parentesco e na conjugalidade/convivencialidade, sem qualquer suporte justificável de discrímen, tornando-a *contra legem* e, quiçá, inconstitucional.

Por relevante, é de fundamental importância a análise de questões de gênero quando da análise dos alimentos transitórios, principalmente quando se estiver diante de relações heteroafetivas. Isto porque, ainda que haja a maior inclusão da mulher no mercado de trabalho, muitas acabam se dedicando exclusivamente aos cuidados da família, em um pacto formal ou informal com o seu cônjuge. E, mesmo para aquelas que se encontram trabalhando, ainda assim existem fortes obstáculos em relação ao acesso pleno, promoção e à igualdade salarial, quando comparadas aos homens,[179] em um fe-

---

178. DIAS, Maria Berenice. *Manual de Direito das Famílias*. São Paulo: Ed. RT, 2015, p. 600.
179. "Um estudo feito pelo Instituto Brasileiro de Geografia e Estatística (IBGE) mostra que as mulheres ganham menos do que os homens em todas as ocupações selecionadas na pesquisa. Mesmo com uma queda na desigualdade salarial entre 2012 e 2018, as trabalhadoras ganham, em média, 20,5% menos que os homens no país". Disponível em: https://agenciabrasil.ebc.com.br/geral/noticia/2019-03/pesquisa-do-ibge-mostra-que--mulher-ganha-menos-em-todas-ocupacoes. Acesso em: 19 jan. 2023.

nômeno que acaba sendo denominado pela literatura como uma faceta da *feminização da pobreza*, nomenclatura cunhada no ano de 1978 pela americana Diane Pearce.[180]

Por conta disso, tradicionalmente é a mulher que costuma ser alimentanda, pois dependente financeira do marido.

E mais. A própria afirmação de que "os alimentos transitórios estimulariam o ócio" pode gerar a inquietante ideia de que os serviços que não geram renda direta à pessoa (mas, apenas indireta, ao núcleo familiar como um todo), muitas vezes prestados no lar ou na educação, ou, ainda, com o cuidado dos filhos, não têm qualquer valor social ou contribuição na estruturação financeira daquela família.

É por isso que, respeitosamente, este livro entende que existe uma verdadeira assimetria sistêmica na extinção automática dos alimentos transitórios, o que suplantaria a possível vantagem processual alcançada pelo alimentando, até mesmo numa ponderação entre direitos fundamentais a serem balanceados no caso.

O ideal parece ser que, tanto sentenças que fixem quanto que homologuem alimentos, se atentem a tal situação, estabelecendo expressamente que os alimentos, ainda que transitórios, não serão automaticamente extintos com o advento do prazo ou evento estabelecidos. E, ainda que isso não fique expressamente consignado no pronunciamento judicial, é de se entender que não haverá a extinção automática da obrigação.

Com o máximo respeito aos que assim não pensam, pensamento diverso levaria a incluir o alimentando, que pode ser pessoa idosa, merecedora de especial tutela estatal, em uma possível condição de miserabilidade social, denegatória, por si, da própria dignidade da pessoa humana e do princípio da solidariedade social.

Frisa-se, ainda, que a questão pode se agravar ainda mais se se transformar em tendência o entendimento já adotado por alguns tribunais, no sentido de que, com o advento do prazo final dos transitórios, sequer poderia o alimentando voltar a pleitear alimentos, ainda que comprovasse a persistência de sua necessidade e os demais requisitos do trinômio alimentar,[181] pois, bem vistas as coisas, estaria sendo aceita a renúncia implícita aos alimentos, o que não encontra qualquer respaldo no ordenamento jurídico nacional.

O que torna todo esse cenário ainda mais preocupante é que, como a "igualdade constitucional não está inteiramente consolidada no plano da existência e por conta desta realidade ainda é grande o número de ações de alimentos propostas pelas esposas e companheiras",[182] fazendo com que, na realidade, muitas mulheres acabem sendo as

---

180. NOVELLINO, Maria Salet Ferreira. *Os estudos sobre feminização da pobreza e políticas públicas para mulheres*. Disponível em: https://anpocs.com/index.php/papers-28-encontro/st-5/st23-2/4076-mnovellino-os-estudos/file#:~:text=O%20conceito%20'feminiza%C3%A7%C3%A3o%20da%20pobreza,estadunidense%20Diane%20Pearce%20em%201978.&text=O%20aumento%20progressivo%20destes%20domic%C3%ADlios,especificamente%20para%20as%20mulheres%20chefes. Acesso em: 19 jan. 2023.
181. TJ-MG, AC 10382100011677002-MG, Rel. Washington Ferreira, DJe de 28.03.2016.
182. MADALENO, Rolf. Direito de família. Rio de Janeiro: Forense, 2020, p. 1673.

recebedoras dos transitórios, desafiando todos que analisam o tema a agir sob perspectiva de gênero.[183]

Por isso, embora possa até existir a definição de um aspecto temporal na decisão judicial ou em acordos, é imprescindível que, com o seu advento, haja a propositura de uma ação exoneratória por parte do alimentante, *também quando a pretensão for colocar fim aos alimentos transitórios*, da mesma forma que acontece com qualquer outra relação alimentar pautada em laços familiares e de solidariedade, sob pena de tratamento familiar desigual sem qualquer suporte razoável de discrímen e, ainda, inversão do ônus probatório acerca da manutenção da necessidade à parte mais vulnerável da relação, não raro, a mulher idosa.

Essa também parece ser a visão de Cristiano Chaves de Farias e Nelson Rosenvald, ao alegarem que os alimentos transitórios não podem ser automaticamente extintos, sendo fundamental o ajuizamento de uma ação exoneratória para tal fim. Na perspectiva dos autores, "os alimentos podem ser fixados em relações de casamento, união estável e parentesco, sempre decorrendo da comprovação efetiva da necessidade de sustento. E mais, que, em qualquer hipótese, somente através de decisão judicial, proferida após um mínimo de cognição (contato do juiz com a prova), em sede de ação exoneratória de alimentos (com procedimento comum ordinário), assegurado ao credor-alimentando o devido processo legal, com ampla defesa e contraditório (CF, 5º, LV), seria possível extinguir a obrigação alimentícia. Sem dúvidas, não se pode tolerar a suspensão automática do pagamento da pensão, em face da possibilidade de impor ao credor, parte mais frágil da relação, graves prejuízos na sua diuturna mantença".[184]

De fato, a necessidade de ajuizamento de uma ação exoneratória se justifica principalmente para privilegiar o direito à vida do alimentando, tendo o alimentante que demonstrar que aquele não mais necessita dos valores para se manter (STJ, Súm. 358).[185] E a coisa vai além. Nem só a alteração do trinômio deve ser observada por ocasião da extinção do dever de pagar alimentos aos ex-cônjuges, já que, de acordo com recente julgado proferido pelo STJ, "a concessão do pensionamento não está limitada somente à prova da alteração do binômio necessidade-possibilidade, devendo ser consideradas outras circunstâncias, tais como a capacidade potencial para o trabalho e o tempo decorrido entre o seu início e a data do pedido de desoneração".[186]

---

183. Na Cartilha denominada "Julgamento com Perspectiva de Gênero: um guia para o direito previdenciário", elaborado pela Associação dos Juízes Federais do Brasil (Ajufe), a análise de casos sob perspectiva de gênero significa "adotar uma postura ativa de reconhecimento das desigualdades históricas, sociais, políticas, econômicas e culturais a que as mulheres estão e estiveram sujeitas desde a estruturação do Estado, e, a partir disso, perfilhar um caminho que combata as discriminações e as violências por elas sofridas, contribuindo para dar fim ao ciclo de reprodução de estereótipos de gênero e da dominação das mulheres".
184. FARIAS, Cristiano Chaves de; ROSENVALD, Nelson. *Direito das famílias*. Salvador: JusPodivm, 2017, p. 724.
185. Súmula 358 do STJ: "O cancelamento de pensão alimentícia de filho que atingiu a maioridade está sujeito à decisão judicial, mediante contraditório, ainda que nos próprios autos".
186. STJ, REsp 1829295/SC, Rel. Min. Paulo de Tarso Sanseverino, 3T, DJe de 13.03.2020.

7.5.3 Alimentos entre idosos e filhos

Da mesma forma que os pais possuem o dever de cuidado em relação aos seus filhos, obrigando-se ao pagamento de alimentos para suprir as suas necessidades, os filhos também possuem tal dever em relação aos seus ascendentes, quando idosos, enfermos ou carentes (art. 229, CR/88).

A isso se dá o nome de princípio da reciprocidade, nos moldes estabelecidos no art. 1.696 do Código Civil, que fixa que "o direito à prestação de alimentos é recíproco entre pais e filhos". Decorrerá dos vínculos de parentesco entre os envolvidos, pautando-se, como não poderia ser diferente, na dignidade da pessoa humana e no princípio da solidariedade. Assim, se os pais devem conferir aos filhos os meios necessários, no aspecto material e afetivo, para o seu desenvolvimento, o mesmo deverá ocorrer com estes quando aqueles se encontrarem idosos.

É, sem dúvida, uma via de mão dupla.

Com o advento da Constituição da República de 1988, a responsabilidade pela pessoa idosa passou a competir, além do Estado e da sociedade, também à família. A mesma Carta ainda equiparou relações de filiação para todos os fins, impondo que tanto os filhos biológicos quanto os adotivos tenham as mesmas obrigações em relação aos seus pais idosos, carentes ou enfermos (art. 227, § 6º).

Trata-se de regra que assegura direitos, mas também impõe obrigações, como se vê. Filho é filho, independentemente da origem dos laços (art. 1.593, CC).

No que concerne aos alimentos, o dever dos filhos para com os pais será bastante abrangente, o que poderá corresponder a uma quantia em dinheiro e/ou, ainda, assumir forma de alimentos *in natura* (art. 1.701, CC).

Em relação à educação, algo curioso acontece. Apesar de a leitura deste dispositivo conduzir à ideia de que o dever de auxílio em relação à educação somente existirá no caso de crianças e adolescentes, pode-se interpretá-lo de forma mais ampla, para abarcar também o direito à educação do idoso. Isto porque o direito à educação ao idoso é garantido pelo artigo 21 do EPI, o qual prevê que o Poder Público criará oportunidades de acesso do idoso à educação. Afinal, da mesma forma que os ascendentes podem custear estudos para filhos maiores de idade,[187] lógica semelhante precisa ser também desenhada ao idoso.

De fato, diante da crescente expectativa de vida da população, não se pode negar o direito à educação ao idoso, inclusive com a possibilidade de auxílio daqueles que

---

187. Alimentos. Filho. Exoneração. Maioridade. Abandono escolar. Binômio necessidade e possibilidade. I – Atingida a maioridade, o dever de alimentos decorre da relação de parentesco, objetivando atender, também, às necessidades quanto à educação. Art. 1.694 do CC. II – O autor é idoso e tem elevados gastos com medicamentos, e o réu, com 19 anos de idade, está afastado da escola desde o ensino fundamental, e não possui qualquer limitação ao exercício de atividade laboral, razão pela qual, nos termos do binômio necessidade e possibilidade, o pedido de exoneração dos alimentos formulado pelo genitor procede, tal como decidido pela r. sentença. III – Apelação desprovida. (TJ-DF, 0701281-78.2019.8.07.0012, 6TC, DJe de 03.12.2019).

possuam vínculo de parentesco. Como visto, é possível que uma pessoa viva segmentada na categoria de idosa por período superior àquele vivido na primeira fase da vida adulta (entre os 18 aos 60 anos de idade). Isso faz com que seja imprescindível se remodelar a forma pela qual o direito à educação é captado pela sociedade. Ter planos de médio e longo prazo, perseguir uma melhora contínua, buscar a sua manutenção ou a sua recolocação no mercado (ainda que em outra área), não podem ser opções factíveis apenas a pessoas mais jovens, criando uma limitação etária implícita para o exercício de um direito fundamental.

Por isso, afirma-se que o direito à educação (bem como todos os demais direitos fundamentais), deve ser garantido em todas as faixas etárias.

Aliás, o próprio artigo 1.694, do CC, estabelece expressamente que os alimentos devem servir para que o alimentando viva de modo compatível com a sua condição pessoal, "inclusive para atender às necessidades de sua educação". No mesmo sentido, a Convenção Interamericana dos Direitos Humanos da Pessoa Idosa fixa que "o idoso tem direito à educação em igualdade de condições com outros setores da população e sem discriminação, nas modalidades definidas por cada um dos Estados Partes, a participar de programas educativos existentes em todos os níveis" (art. 20).

7.5.4 Os filhos podem ser demandados para "complementar" os alimentos devidos pelo ex-cônjuge?

Diante do conhecimento de que a possibilidade do alimentante ex-cônjuge ou ex-companheiro pode não ser suficiente para cobrir todas as necessidades do alimentando idoso, questiona-se sobre a viabilidade jurídica dos filhos serem demandados para arcar com tais alimentos complementares.

Na doutrina, não parecem existir obstáculos a tal proceder. Maria Berenice Dias, por exemplo, assenta que "depois dos cônjuges e companheiros, são os parentes os primeiros convocados a auxiliar aqueles que não têm condições de subsistir por seus próprios meios", e que "a lei transformou vínculos afetivos em ônus de garantir a subsistência dos parentes. Trata-se do dever de mútuo auxílio transformado em lei".[188] Para a autora, portanto, os cônjuges e companheiros são convocados para responder pela obrigação alimentar em primeiro lugar. Depois, os parentes, situação na qual os filhos podem vir a ser demandados para suprir as necessidades do alimentando.

No caso de alimentando idoso, a própria Constituição da República de 1988 estabeleceu que a família, a sociedade e o Estado têm o dever de amparar as pessoas idosas, assegurando sua participação na comunidade, defendendo sua dignidade e bem-estar e garantindo-lhes o direito à vida (art. 230). E, não há qualquer questionamento de que a obrigação alimentar entre os parentes deva ser aferida sob a perspectiva do direito fundamental fincado no dispositivo supramencionado. Ademais, o princípio da reci-

---
188. DIAS, Maria Berenice. *Manual de direito das famílias*. São Paulo: Ed. RT, 2015, p. 559.

procidade, previsto no artigo 229 da CR/88, é fundamento hábil para a obrigação dos filhos quando o ex-consorte não consegue suprir a integralidade das necessidades do alimentando idoso.

Desse modo, os filhos podem perfeitamente ser demandados, adicionalmente ao ex-cônjuge ou ex-companheiro, para pagar alimentos ao ascendente necessitado, notadamente quando ele for idoso.

Mas, questiona-se se existirá subsidiariedade/complementaridade nessa obrigação, caso o ex-cônjuge tenha condições financeiras para custear apenas parcela dos alimentos necessários ao alimentando, a teor do que prescreve a Súmula 596 do STJ. Questiona-se, ainda, se, da mesma forma que os alimentos avoengos, a possibilidade alimentar deve ser aferida de acordo com as condições do primeiro demandado.

Em relação à *subsidiariedade*, de acordo com a linha defendida por Maria Berenice Dias, a obrigação alimentar primeiro competirá ao cônjuge, para, somente depois, aos parentes,[189] o que parece demonstrar a existência de uma sucessividade a respeito, apesar da previsão contida no art. 12 do EPI.

Pois bem. A questão parece um pouco mais tranquila quando analisada sob a possibilidade do idoso optar entre os prestadores (art. 12, EPI). Nessa hipótese, caso se adote uma visão mais larga de sua prescrição – admitindo-se ao alimentando a opção entre quaisquer dos sujeitos potencialmente obrigados a prestar alimentos, independentemente de serem cônjuges ou parentes de classes ou graus distintos –, inexistiria subsidiariedade, mas sim a dita "solidariedade", que, de acordo com a linha defendida neste livro, representaria, em verdade, uma obrigação *sui generis*. Portanto, não haveria necessidade de que o ex-consorte fosse primeiro demandado, para só então os filhos e demais descendentes o serem. Isso significa dizer que o alimentando teria a livre escolha entre todos os alimentantes potenciais, abrindo-se ao que viesse a ser efetivamente demandado, a possibilidade de regresso oportuno contra o ex-consorte, dentro de suas capacidades financeiras.[190]

Já em relação à *complementaridade*, tal questão adquire interessantes contornos em duas situações: a) quando o ex-consorte demandado a prestar alimentos não possui condições financeiras para suportar toda a necessidade do alimentando, sendo os filhos chamados para o custeio do adicional; b) quando o filho é demandado em primeiro lugar, e ingressa com ação regressiva em face do ex-consorte.

Em ambas as situações, as possibilidades individuais de cada um devem ser aferidas. Seria possível se cogitar, assim, em uma relação de complementaridade dos filhos em relação aos alimentos prestados pelo ex-consorte, mas sempre se atentando às necessidades do alimentando. Isso não significa que o alimentando ficaria limitado às condições econômicas de seu *ex*, caso tenha filhos com possibilidades *maiores*. Logo,

---

189. DIAS, Maria Berenice. *Manual de direito das famílias*. São Paulo: Ed. RT, 2015, p. 559.
190. Em sentido contrário, Paulo Lôbo entende que a regra do art. 12 do EI só se aplica quando forem cobrados alimentos em face de descendentes. Em: LÔBO, Paulo. *Direito Civil*: famílias. São Paulo: Saraiva, 2017, p. 422.

parece que quando se está diante dos alimentos a idosos, não poderia ocorrer a limitação dos alimentos às possibilidades do ex-cônjuge ou companheiro, haja vista que a própria Constituição determina um dever alimentar que é próprio dos filhos, semelhante àquele que os pais têm em relação aos seus filhos menores.

A situação é diferente, portanto, da relação existente entre os alimentos avoengos, já que a obrigação alimentar dos avós em relação aos netos é diferente da dos pais em relação aos filhos (os avós são obrigados secundários, ao passo que os pais que são os primeiros obrigados a custear os alimentos), ao contrário dos alimentos devidos pelos filhos aos ascendentes idosos, que, por conta da reciprocidade, é própria, primária, e, por conta disso, não pode ser limitada a qualquer outra condicionante externa às próprias partes, como a possibilidade financeira do ex-consorte.

Nesse caso, portanto, não há uma complementaridade nos moldes daquela relacionada aos alimentos avoengos, no sentido de que, na aferição do trinômio/binômio alimentar, a possibilidade ficaria restrita ao poderio econômico do *ex*. Embora a doutrina repute a existência de uma sucessividade entre ex-consortes e entre pais e filhos, não se está diante de obrigados primários e secundários (como acontece nos alimentos avoengos), já que os filhos são, em relação a seus pais, sempre obrigados primários.

É que, "vigora a regra da divisibilidade próxima proporcional subsidiária, ou seja, o encargo deve ser dividido entre os obrigados primários, na medida de suas possibilidades".[191] Apenas constatando-se que não possuam "condições suficientes de atender às necessidades do alimentando, buscar-se-á o complemento junto aos alimentantes secundários, e assim por diante".[192]

7.5.5 Alimentos avoengos

Pela literalidade do artigo 1.696 do Código Civil, o direito à prestação de alimentos é recíproco entre pais e filhos, e extensivo a todos os ascendentes, recaindo a obrigação nos mais próximos em grau, uns em falta de outros. Logo, "trata-se de obrigação alimentar que repousa na solidariedade familiar entre os parentes em linha reta e se estende infinitamente".[193]

Além disso, determina a lei que, se o parente que deve alimentos em primeiro lugar não estiver em condições de suportar totalmente o encargo, serão chamados a concorrer os de grau imediato; sendo várias as pessoas obrigadas a prestar alimentos, todas devem concorrer na proporção dos respectivos recursos, e, intentada ação contra uma delas, poderão as demais ser chamadas a integrar a lide (art. 1.698, CC), por intermédio de uma intervenção atípica de terceiros de natureza bastante controversa, inclusive.[194]

---

191. DIAS, Maria Berenice. *Manual de direito das famílias*. São Paulo: Ed. RT, 2015, p. 564.
192. DIAS, Maria Berenice. *Manual de direito das famílias*. São Paulo: Ed. RT, 2015, p. 564.
193. DIAS, Maria Berenice. *Manual de direito das famílias*. São Paulo: Ed. RT, 2015, p. 559.
194. Na doutrina, as opiniões a respeito da natureza jurídica do instituto se dividem. Entendendo ser hipótese de chamamento ao processo: BUENO; Cassio Scarpinella. Chamamento ao processo e devedor de alimentos: uma

A partir da leitura e interpretação de tais dispositivos, atualmente é amplamente aceita na doutrina e jurisprudência a figura dos alimentos avoengos, isto é, aqueles devidos dos avós aos netos. No entanto, Maria Berenice Dias esclarece que o "credor deve buscar alimentos de quem lhe é mais chegado. É o que diz a lei ao estabelecer que a obrigação recai sobre os parentes de grau mais próximo (CC 1.696). Assim, o filho deve primeiro acionar os pais para só depois direcionar a ação contra os avós. Também a obrigação primeira é dos ascendentes e só em caráter subsidiário dos descendentes, guardada a ordem de vocação hereditária (CC 1.697)".[195]

Também para Paulo Lôbo, a razoabilidade deve estar presente na definição do que viria a ser tal natureza complementar. Para o autor, a "razoabilidade está na fundamentação, por exemplo, da natureza complementar da obrigação alimentar dos avós, a saber, é razoável que estes apenas complementem os alimentos devidos pelos pais, quando estes não puderem prové-los integralmente, sem sacrifício de sua própria subsistência. Não é razoável que os avós sejam obrigados a pagar inteiramente os alimentos a seus netos, ainda quando tenham melhores condições financeiras que os pais".[196]

Já para o STJ, "a obrigação dos avós de prestar alimentos tem natureza complementar e somente exsurge se ficar demonstrada a impossibilidade de os dois genitores proverem os alimentos dos filhos, ou de os proverem de forma suficiente",[197] como, de resto restou cristalizado no enunciado de sua Súmula 596, no sentido de que "a obrigação alimentar dos avós tem natureza *complementar* e *subsidiária*, somente se configurando no caso de impossibilidade total ou parcial de seu cumprimento pelos pais".

Além do mais, essa "obrigação subsidiária deve ser diluída entre os avós paternos e maternos na medida de seus recursos, diante de sua divisibilidade e possibilidade de fracionamento",[198] sempre se levando em consideração que o "requisito da possibilidade leva em conta o paradigma dos pais, ainda que os avós tenham condições econômicas superiores".[199]

---

proposta de interpretação para o art. 1.698 do Novo Código Civil. In: WAMBIER, Teresa Arruda Alvim; DIDIER JR. Fredie (Coord.). *Aspectos polêmicos e atuais sobre os terceiros no processo civil e assuntos afins*. São Paulo: Ed. RT, 2004, pp. 88-91; THEODORO JÚNIOR, Humberto. O novo Código Civil e as regras heterotópicas de natureza processual. Em: DIDIER JR. Fredie; MAZZEI, Rodrigo (Coord.). *Reflexos do novo Código Civil no direito processual*. Salvador: JusPodivm, 2006, p. 138-140. Entendendo se tratar de modalidade interventiva atípica: DIDIER JR, Fredie. *Curso de Direito Processual Civil*. 17 ed. Salvador: JusPodivm, 2015, v. 1, p. 535; RODRIGUES, Daniel Colnago. *Intervenção de terceiros*. São Paulo: Ed. RT, 2017, p. 151. No STJ, algo parecido chegou a ser verificado durante um tempo. Entendendo ser hipótese de chamamento ao processo: STJ, REsp 964.866/SP, DJe de 11.03.11; Entendendo haver a formação de litisconsórcio necessário entre os avós maternos e paternos: REsp 958.513/SP, DJe de 1º.03.11; REsp 658.139/RS, DJ de 13.03.06; Entendendo não haver a formação de litisconsórcio necessário entre os avós maternos e paternos: REsp 261.772/SP, DJ de 20.11.00; REsp 50.153/RJ, DJ de 14.11.94. Atualmente, contudo, o entendimento da Corte parece ter se pacificado no sentido de que o instituto representa uma "intervenção de terceiro atípica". Assim: RESP 1.897.373/MG, DJe de 19.08.21, REsp 1.715.438/RS, DJe de 21.11.18.

195. DIAS, Maria Berenice. *Manual de direito das famílias*. São Paulo: Ed. RT, 2015, p. 564.
196. LÔBO, Paulo. *Direito Civil*: famílias. São Paulo: Saraiva, 2017, p. 421.
197. STJ, REsp 1882798/DF, Rel. Min. Ricardo Villas Bôas Cueva, 3T, DJe de 17.08.2021.
198. LÔBO, Paulo. *Direito Civil*: famílias. São Paulo: Saraiva, 2017, p. 422.
199. LÔBO, Paulo. *Direito Civil*: famílias. São Paulo: Saraiva, 2017, p. 422.

Dessa maneira, ainda que os avós sejam muito ricos, ao contrário dos pais, os alimentos avoengos levarão em consideração as condições dos pais do alimentando.

Nesse passo, Maria Berenice Dias ensina que "ainda que haja uma ordem de preferência, quer em nome do princípio da efetividade, quer em face da natureza do encargo, possível que a ação seja movida contra mais de um obrigado, formando-se um litisconsórcio passivo facultativo sucessivo. Por exemplo, reconhecido que o genitor não tem condições de arcar com o encargo, a obrigação é imposta ao avô. Vigora a regra da divisibilidade próxima proporcional subsidiária, ou seja, o encargo deve ser dividido entre os obrigados primários, na medida de suas possibilidades. E, caso estes não tenham condições suficientes de atender às necessidades do alimentando, buscar-se-á o complemento junto aos alimentantes secundários, e assim por diante".[200]

A respeito do tema, o STJ julgou que a execução/cumprimento dos alimentos inadimplidos pelos avós não seguirá, necessariamente, o mesmo rito para a cobrança da dívida alimentar devida pelos pais, que são os responsáveis originários. No caso, o referido Tribunal converteu execução pelo rito da prisão para o rito da penhora e expropriação, sob a argumentação de que

> [...] 3 – O fato de os avós assumirem espontaneamente o custeio da educação dos menores não significa que a execução na hipótese de inadimplemento deverá, obrigatoriamente, seguir o mesmo rito e as mesmas técnicas coercitivas que seriam observadas para a cobrança de dívida alimentar devida pelos pais, que são os responsáveis originários pelos alimentos necessários aos menores. 4 – Havendo meios executivos mais adequados e igualmente eficazes para a satisfação da dívida alimentar dos avós, é admissível a conversão da execução para o rito da penhora e da expropriação, que, a um só tempo, respeita os princípios da menor onerosidade e da máxima utilidade da execução, sobretudo diante dos riscos causados pelo encarceramento de pessoas idosas que, além disso, previamente indicaram bem imóvel à penhora para a satisfação da dívida.[201]

Por fim, é de se salientar uma divergência entre as 3ª e 4ª Turmas do STJ a respeito do litisconsórcio no caso de alimentos avoengos, isto é, haveria um litisconsórcio facultativo ou necessário? Para a 3ª Turma, "a natureza jurídica do mecanismo de integração posterior do polo passivo previsto no art. 1.698 do CC/2002 é de *litisconsórcio facultativo ulterior simples*, com a particularidade, decorrente da realidade do direito material, de que a formação dessa singular espécie de litisconsórcio não ocorre somente por iniciativa exclusiva do autor, mas também por provocação do réu ou do Ministério Público, quando o credor dos alimentos for incapaz".[202] Já para a 4ª Turma, "há *litisconsórcio necessário* entre os avós paternos e maternos na ação de alimentos complementares".[203]

---

200. DIAS, Maria Berenice. *Manual de direito das famílias*. São Paulo: Ed. RT, 2015, p. 564.
201. STJ, HC 416886/SP, Rel: Min. Nancy Andrighi, T3 DJe de 18.12.2017.
202. STJ, REsp 1.897.373/MG, Rel. Min. Moura Ribeiro, 3T, DJe de 19.08.2021.
203. STJ, AgInt nos EDcl no AREsp 1073088/SP, Rel. Min. Maria Isabel Gallotti, 4T, DJe de 05.10.2018; AgInt no AREsp n. 1.784.522/DF, Rel. Min. Antonio Carlos Ferreira, 4T, DJe de 20.05.2021.

Embora parcela da doutrina perceba uma real divergência nos posicionamentos acima mencionados,[204] por aqui entende-se que os julgados trazem diferenciação do litisconsórcio quando se estiver diante de uma ação autônoma de alimentos avoengos ou, por outro lado, da hipótese de intervenção de terceiros atípica do art. 1.698 do Código Civil. Isso significa que, de acordo com o STJ, nas ações autônomas de alimentos avoengos, o litisconsórcio seria necessário entre avós paternos e maternos, mas, por outro lado, se houvesse uma ação de alimentos em face de um dos genitores e, durante o curso deste processo se percebesse a sua impossibilidade de pagamento e, a partir de então, houvesse a intervenção atípica (avoenga), o entendimento jurisprudencial consistiria na formação de um litisconsórcio facultativo ulterior simples.

Seja como for, o ideal é que haja uma definição do STJ a respeito, pois, independentemente da forma pela qual os alimentos avoengos são levados ao Poder Judiciário (ação autônoma ou por meio da intervenção de terceiros atípica do art. 1.698, CC), uma sistemática única conferirá maior segurança jurídica e previsibilidade nestas relações.

7.5.6 Alimentos "netoengos"

Situação interessante poderia ocorrer quando os filhos não possuíssem condições para custear todas as necessidades de ascendente idoso, e este acabasse por demandar os próprios netos. Tal situação poderia ser denominada por aqui de *alimentos "netoengos"*, que corresponderiam aos "alimentos avoengos inversos".

Os alimentos netoengos poderiam ser conceituados como aqueles que são pleiteados pelos avós em face dos netos, em nítida alusão aos alimentos avoengos, hipótese em que os netos buscam alimentos em face dos avós, no caso de impossibilidade de pagamento total ou parcial dos pais.

Os alimentos netoengos se aproximariam dos avoengos em razão da secundariedade na obrigação de prestar alimentos, afinal, os pais e os filhos é que seriam, reciprocamente e primariamente, obrigados a pagar alimentos aos outros. Em tese, os parentes mais distantes, como é o caso dos avós e netos, seriam chamados apenas no caso de impossibilidade de pagamento daqueles primariamente obrigados.

No caso dos alimentos avoengos, como visto, há uma subsidiariedade e complementaridade, devendo os avós serem acionados apenas no caso de constatação da impossibilidade de custeio pelos pais.

No entanto, os alimentos netoengos seguiriam regramento distinto, já que o permissivo contido no art. 12 do Estatuto da Pessoa Idosa autorizaria que o avô pedisse todos os alimentos em face de um só neto, livremente escolhido por ele (p. ex.: o mais abastado). Mas, mesmo assim, a secundariedade da obrigação existente nesta relação

---

204. HORTA, Renato. Alimentos avoengos e a divergência entre 3ª e 4ª Turmas do STJ. *In*: PEREIRA, Gabriella Andréa et al (Coord.). *Da infância à avosidade*: reflexos à luz do Direito Contemporâneo. Belo Horizonte: Conhecimento, 2022, p.42.

atrairia lógica semelhante à dos alimentos avoengos – qual seja, a da subsidiariedade e complementaridade da obrigação –, porém, em perspectiva invertida e com aplicação diferente.

Nos alimentos netoengos, o avô idoso poderia demandar um neto pela dívida toda, sendo que este não poderá integrar ao processo aquele obrigado primário. Argumentos podem ser levantados para a improcedência da demanda, mas, acredita-se que a lógica da complementaridade e subsidiariedade apenas poderia ser ventilada por meio de uma ação regressiva em face do obrigado primário.

Por isso, o ideal é que haja utilização das regras de hermenêutica jurídica (ponderação de interesses contrastantes) para fazer prevalecer o interesse do idoso, o que obrigaria o neto ao pagamento integral daquilo que lhe fosse exigido, sem lhe retirar o direito de propor ação regressiva eventualmente em face dos demais coobrigados (filhos e demais netos do idoso), na qual, aí sim, poderia invocar a complementariedade e subsidiariedade a seu favor.

8
O REGIME DE SEPARAÇÃO DE BENS NAS UNIÕES FAMILIARES DE PESSOAS COM MAIS DE 70 ANOS (ART. 1.641, II, CC) E A DECISÃO DO STF (TEMA 1.236)

8.1 O REGIME DE SEPARAÇÃO OBRIGATÓRIA DE BENS E A DECISÃO DO STF (TEMA 1.236)

Um dos temas mais lembrados quando se está diante do liame existente entre o Direito das Famílias e o Direito da Pessoa Idosa é a delimitação legal do regime de bens da separação de bens da pessoa com mais de 70 anos de idade, prevista pelo art. 1.641, II do Código Civil, quando dispõe que:

> Art. 1.641. É obrigatório o regime da separação de bens no casamento:
>
> I – das pessoas que o contraírem com inobservância das causas suspensivas da celebração do casamento;
>
> II – da pessoa maior de 70 (setenta) anos;
>
> III – de todos os que dependerem, para casar, de suprimento judicial.

Ao se analisar a evolução legislativa de tal regra, nota-se que ela sofreu mutações de acordo com a maior longevidade populacional.

No Código Civil de 1916, a separação obrigatória era imposta aos casamentos formados por homens com mais de 60 anos e por mulheres com idade superior a 50 anos (art. 258, parágrafo único, II). Já no Código de 2002, houve uma equiparação entre homens e mulheres, sendo o regime imposto a qualquer pessoa que se unisse familiarmente a outra quando tivesse mais de 60 anos (art. 1.641, II, redação original). Em 2010, por conta de alteração legislativa provocada pela Lei 12.344/10, aumentou-se para 70 anos a referida imposição legal (art. 1.641, II, redação atual).

Atualmente, consta no Anteprojeto de reforma do Código Civil de 2002 a pretensão de revogação integral do artigo 1.641 do Código Civil, eliminando-se, com isso, qualquer tipo de imposição do regime de separação de bens por motivo de idade.

Veja a evolução da matéria:

Código Civil de 1916	Código Civil de 2002	Alteração do Código Civil de 2002 pela Lei 12.344/10	Anteprojeto de reforma do Código Civil
Homens: 60 anos Mulheres: 50 anos	Homens e mulheres: 60 anos	Homens e mulheres: 70 anos	Revogação

Ao lado de tais previsões legais, o ordenamento jurídico brasileiro trata do casamento como uma comunhão plena de vida, com base na igualdade de direitos e deveres dos cônjuges (art. 1.511, CC), disposição esta que pode perfeitamente ser aplicada às uniões estáveis homo e heteroafetivas, com as adaptações devidas (art. 1.723 a 1.727, CC).

No que toca aos aspectos patrimoniais das uniões familiares, sabe-se que eles serão regidos pelas regras provenientes do *regime de bens*, o qual representa justamente o conjunto de normas destinadas a disciplinar os aspectos econômico-financeiros das relações jurídicas travadas pelo casal entre si e com terceiros.

A autonomia da vontade é fundamental na delimitação desse estatuto patrimonial das famílias. Trata-se, inclusive, do *princípio da liberdade de estipulação*, de modo que é lícito aos nubentes, antes de celebrado o casamento, estipular, quanto aos seus bens, o que lhes aprouver, como deixa claro o art. 1.639 do Código. Da doutrina, colhe-se que "considerando o princípio da autonomia privada – norteador de toda e qualquer relação civil – é, naturalmente, possível que os consortes escolham livremente as regras que irão nortear o casamento, respeitados determinados limites impostos expressamente pelo legislador na proteção da pessoa humana".[1]

Acontece que, como visto, as pessoas idosas não possuem a mesma liberdade que as não idosas. A seu respeito, a lei impôs o regime de separação de bens, ainda que contra sua vontade (art. 1.641, II, CC).

Não obstante a disposição legal possuir uma suposta narrativa em prol da pessoa idosa, já que se não fosse tal regra, ela possivelmente estaria sujeita a relacionamentos predatórios (o famoso "golpe do baú"), a verdade é que, nos dias de hoje, sua prescrição acaba por ostentar um indevido caráter limitador da autonomia da pessoa idosa, não levando em consideração o avanço da ciência e a vida longa, plena e com qualidade de vida da população.

Tal ótica foi observada já no ano de 2002, por estudiosos que atendiam à Jornada de Direito Civil promovida pelo Conselho da Justiça Federal (JDC/CJF), quando foi feita uma proposição para a revogação do artigo 1.641, inciso II, do Código Civil, sob a justificativa de que a "norma que torna obrigatório o regime da separação absoluta de bens em razão da idade dos nubentes não leva em consideração a alteração da expectativa de vida com qualidade, que se tem alterado drasticamente nos últimos anos.

---
1. FARIAS, Cristiano Chaves de; ROSENVALD, Nelson. *Direito das famílias*. Salvador: JusPodivm, 2017, p. 296.

Também mantém um *preconceito* quanto às pessoas idosas que, somente pelo fato de ultrapassarem determinado patamar etário, passam a gozar da *presunção absoluta de incapacidade* para alguns atos, como contrair matrimônio pelo regime de bens que melhor consultar seus interesses" (Proposição 125).

O legislador, no entanto, em vez de revogar o dispositivo, aumentou o critério etário para 70 anos, perpetuando uma regra em absoluta dissintonia com a realidade social.

Obviamente respeitando as opiniões em sentido contrário, parece que a razão esteja com Caio Mário da Silva Pereira, para quem "esta regra não encontra justificativa econômica ou moral, pois que a desconfiança contra o casamento dessas pessoas não tem razão para subsistir. Se é certo que podem ocorrer esses matrimônios por interesse nestas faixas etárias, certo também que em todas as idades o mesmo pode existir. Trata-se de discriminação dos idosos, ferindo os princípios da dignidade humana e da igualdade".[2]

A matéria já é objeto de grande discussão no âmbito interpretativo, analisando se existe uma presunção de esforço comum ou não na aplicação deste regime, o que cria, de modo indireto, uma espécie de *regime de comunhão parcial de bens condicionado* (ou, ao contrário, um regime de separação de bens condicionado).

Tais lógicas derivam da interpretação que se faz da Súmula 377 do STF ("no regime de separação legal de bens, comunicam-se os adquiridos na constância do casamento") e da Súmula 655 do STJ, editada no ano de 2022 ("aplica-se à união estável contraída por septuagenário o regime da separação obrigatória de bens, comunicando-se os adquiridos na constância, quando comprovado o esforço comum"). Além delas, o Enunciado 261 da JDC/CJF também orienta que "a obrigatoriedade do regime da separação de bens não se aplica à pessoa maior de sessenta anos, quando o casamento for precedido de união estável iniciada antes dessa idade".

Mesmo em entendimentos mais benéficos à comunhão de bens derivados de tais entendimentos, historicamente, não se entrava em debate o direito à autonomia da pessoa idosa na escolha do regime que mais lhe convier.

Contudo, mais recentemente, diante do implemento dos direitos da pessoa idosa no contexto nacional e até mesmo internacional, o debate a respeito da necessidade de atenção ao direito à autonomia da pessoa idosa começou a ganhar maior projeção. E, dentro dessa perspectiva, a autonomia estaria alinhada também ao direito à igualdade e da não discriminação, o que possui forte aparato constitucional.

Nessa linha, iniciou-se a defesa, aqui e ali, da tese a respeito da inconstitucionalidade do artigo 1.641, II, do Código Civil.

E, por este entendimento, se fosse inconstitucional, estaria aberta a efetiva possibilidade de escolha do regime de bens também à pessoa com mais de 70 anos de idade, por meio de pactos antenupciais e, na inexistência de tais pactos, pela incidência do

---

2. PEREIRA, Caio Mário da Silva. *Instituições de direito civil*: direito de família. 28. ed. Revista e atualizada por Tânia da Silva Pereira. Rio de Janeiro: Forense, 2020, p. 225.

regramento supletivo aplicável a qualquer pessoa, aplicando-se o art. 1.640 do Código Civil, que estabelece que "não havendo convenção, ou sendo ela nula ou ineficaz, vigorará, quanto aos bens entre os cônjuges, o regime da comunhão parcial".

Isso significa que, se o artigo 1.641, II, do Código Civil, fosse considerado inconstitucional, o regime patrimonial de casamento de qualquer pessoa seria igual, sem qualquer distinção baseada em idade.

Este livro defende desde a sua primeira edição que o mais adequado seria o reconhecimento da inconstitucionalidade do regramento legal. Por aqui, pensa-se que a regra é claramente inconstitucional, já que: a) restringe a autodeterminação da pessoa idosa, em descompasso com as previsões do Estatuto da Pessoa Idosa e, ainda, da Convenção Interamericana dos Direitos Humanos da Pessoa Idosa; b) viola o princípio da dignidade da pessoa humana; c) afronta a autonomia privada; d) colide com a intervenção mínima do Estado nas relações de família; e) não possui razoabilidade entre a finalidade, a norma e os valores por ela comprometidos.

Aliás, tal posição já foi adotada por Tribunais Estaduais brasileiros que, pouco a pouco, estavam reconhecendo a inconstitucionalidade do dispositivo.

É o caso do Tribunal de Justiça de Minas Gerais, ao julgar o Incidente de Inconstitucionalidade 1.0702.09.649733-5/002 e consignar que é "inconstitucional a imposição do regime de separação obrigatória de bens no casamento do maior de sessenta anos, por violação aos princípios da igualdade e dignidade humana".[3]

Também o Tribunal de Justiça do Rio Grande do Sul já entendeu que "a restrição imposta no inciso II do art. 1.641 do Código vigente, correspondente do inciso II do art. 258 do Código Civil de 1916, é inconstitucional, ante o atual sistema jurídico que tutela a dignidade da pessoa humana como cânone maior da Constituição Federal, revelando-se de todo descabida a presunção de incapacidade por implemento de idade".[4]

No ano de 2022, o STF reconheceu a repercussão geral da separação obrigatória de bens aos maiores de 70 anos de idade.

A matéria foi objeto do Recurso Extraordinário com Agravo (ARE) 1309642, que teve a repercussão geral reconhecida pelo Plenário (Tema 1.236). O interessante neste caso é que, em controle difuso, o magistrado de piso reconheceu a inconstitucionalidade da mencionada regra, ao entendimento de que "a previsão fere os princípios da dignidade da pessoa humana e da igualdade. De acordo com a decisão, a pessoa com 70 anos ou mais é plenamente capaz para o exercício de todos os atos da vida civil e para a livre disposição de seus bens".[5] Posteriormente, a matéria foi reformada no âmbito do Tribunal de Justiça de São Paulo, que aplicou a integralmente a lei, pois sua intenção

---

3. TJMG, ARG: 10702096497335002/MG, Rel: José Antonino Baía Borges, Órgão Especial, DJe de 21.03.2014.
4. TJRS, Apelação 70004348769, Rel. Des. Maria Berenice Dias, 7ª Câmara Cível, Julgado em 27.08.2003.
5. Disponível em: https://portal.stf.jus.br/noticias/verNoticiaDetalhe.asp?idConteudo=495189&ori=1#:~:text=STF%20vai%20discutir%20obrigatoriedade%20de,julgamento%20do%20m%C3%A9rito%20da%20controv%C3%A9rsia. Acesso em: 19 jan. 2023.

"é proteger a pessoa idosa e seus herdeiros necessários de casamentos realizados por interesses econômico-patrimoniais".[6]

O Plenário do STF julgou a matéria em fevereiro de 2024, e a decisão, embora tenha sido mais favorável aos direitos da pessoa idosa, se manteve no meio do caminho, não dando uma resposta nem quente e nem fria, mas sim morna.

Em uma análise binária, se ele tivesse considerado constitucional a normativa, os casamentos de pessoas com idade superior a 70 anos deveria seguir o regime de separação obrigatória de bens, como manda o artigo 1.641, II, do Código. Lado outro, se fosse inconstitucional, teria afastado tal regramento do sistema jurídico, de modo a viabilizar o casamento em qualquer regime de bens e, na ausência de pacto antenupcial, aplicaria o regime supletivo ao casamento incidente para qualquer outra pessoa (isto é, o regime de comunhão parcial de bens).

Mas não. O STF não foi nem em um sentido e nem no outro. No julgamento, o STF entendeu que a lei é, sim, constitucional, mas que deveria se submeter a uma interpretação conforme, fixando a seguinte tese: "nos casamentos e uniões estáveis envolvendo pessoa maior de 70 anos, o regime de separação de bens previsto no art. 1.641, II, do Código Civil, pode ser afastado por expressa manifestação de vontade das partes, mediante escritura pública".

Também admitiu que os nubentes que tenham se casado anteriormente busquem a alteração do regime de bens estipulado por força de lei, com fundamento no artigo 1.639, §2º, do Código Civil, que disciplina que "é admissível alteração do regime de bens, mediante autorização judicial em pedido motivado de ambos os cônjuges, apurada a procedência das razões invocadas e ressalvados os direitos de terceiros".

Na prática, isso significou que o artigo 1.641, II, do Código deve ainda ser aplicado, mas com um novo olhar.

A partir de então, houve a permissão de escolha de regime de bens diverso pelos nubentes que possuam mais de 70 anos de idade, por meio de pacto antenupcial, aplicando-se o mesmo regramento também às uniões estáveis. No entanto, caso optem por não realizar tal pacto, o regime supletivo aplicável seria o da separação de bens do artigo 1.641, II, do Código.

Transformou-se o regime que a própria lei que é obrigatório em supletivo, na ausência de pacto antenupcial que defina outro regime patrimonial ao casamento. Além de supletivo, também passou a ser facultativo. Como se nota, o próprio nome do regime não poderia mais ser o da "separação obrigatória", pois agora não ostentará tal caráter.

Mas veja que permanece uma distinção baseada na idade: se, por um lado, o regime legal supletivo aplicável aos nubentes com idade inferior a 70 anos é o da comunhão

---

6. Disponível em: https://portal.stf.jus.br/noticias/verNoticiaDetalhe.asp?idConteudo=495189&ori=1#:~:text=STF%20vai%20discutir%20obrigatoriedade%20de,julgamento%20do%20m%C3%A9rito%20da%20controv%C3%A9rsia. Acesso em: 19 jan. 2023.

parcial de bens, quando se estiver diante de pessoas com idade superior a tal patamar etário, aplicar-se-ia o regime de separação de bens. Houve a criação jurisprudencial de um regime supletivo específico destinado exclusivamente à pessoa idosa septuagenária.

Importante mencionar que tal posicionamento do STF, que nitidamente inovou no ordenamento jurídico, foi bastante aplaudido por muitos, pela narrativa de que houve uma ampliação e valorização da autonomia da pessoa idosa septuagenária. A narrativa em prol da autonomia foi expressamente reforçada no voto dos ministros, em uma transmissão ao vivo que foi bastante comentada nas redes sociais e na grande mídia.

Contudo, como dito, permaneceu-se a distinção entre a pessoa septuagenária das outras pessoas que ainda não atingiram tal idade.

Por isso, questiona-se: será que houve mesmo uma evolução ou permanece uma discriminação, mas agora velada, com base na idade? As linhas a seguir terão um caráter mais crítico sobre tais temas, incluindo um paralelo entre a pessoa com deficiência e a pessoa incapaz, as quais, pela lei, possuíam mais direitos do que a pessoa idosa capaz, simplesmente pelo fato da idade.

8.2 O DIREITO À AUTONOMIA DA PESSOA IDOSA E SUA CONEXÃO COM A AUTONOMIA DA PESSOA COM DEFICIÊNCIA E DA PESSOA INCAPAZ

É um tanto quanto intuitivo falar sobre autonomia. De um modo ou outro, qualquer um sabe o que é, ou não, em cada caso, ser autônomo na condução da sua vida. Todo esse olhar intuitivo, na visão do direito, se manifesta de formas distintas, pois ao mesmo tempo em que é um *direito*, também é considerado um *princípio* norteador do ramo da ciência jurídica nominado como Direito da Pessoa Idosa.

No campo da pessoa idosa, a autonomia estaria profundamente relacionada com a garantia de que se possam exercer, com igualdade, todos os direitos que são deferidos às demais pessoas. Vincula-se com a possibilidade de uma pessoa tomar as suas próprias decisões, estar no controle de sua própria vida, autodeterminar-se da forma que reputar mais apropriado, inclusive com senso de responsabilidade e de autogoverno. A professora inglesa Gaye Heathcote ensina que "a autonomia, intimamente associada ao bem-estar e ao empoderamento, foi mantida para implicar controle sobre a própria vida, oportunidades para fazer escolhas e sentir-se confortável ao desenvolver e *utilizar os próprios recursos pessoais*."[7]

---

7. Tradução literal de *"autonomy, closely associated with well-being and empowerment, was held to imply control over one's life, opportunities to make choices, and feeling confortable resources developing and using one's personal resources (Heathcote, 1996, 1997). These desirable processes or states, summarized as self-determination, self-government, a sense of responsibility and self-determination (Downie et al., 1990), demand an essential reference to others - their feelings, plans and undertandings – and can only therefore be realized in a social contexto"* HEATHCOTE, Gaye. Autonomy, health and ageing: transnational perspectives. Health Education Research, v. 15, Issue 1, February 2000, p. 13-24, https://doi.org/10.1093/her/15.1.13. Disponível em: https://academic.oup.com/her/article/15/1/13/775695. Acesso em: 04 out. 2021.

A autonomia, dessa forma, anda de mãos dadas com a *igualdade*, pois, afinal, só se tem autonomia efetiva se a lei deferir diretos iguais para todos. Senão, a autonomia estará severamente limitada.

Curiosamente, o Estatuto da Pessoa Idosa não tem *nenhuma* referência à igualdade, embora trate expressamente da não discriminação em algumas passagens. É de se estranhar tamanha omissão, pois, afinal, é de conhecimento geral que a pessoa idosa pode, sim, ter maiores dificuldades no exercício de direitos em igualdade com os demais, tal como acesso ao trabalho e à educação, por exemplo. Na prática, infelizmente, é o que se vê a todo tempo.

Neste cenário, é injustificável *(ainda)* não existir um foco normativo especial para a garantia da igualdade da pessoa idosa, principalmente diante da atual episteme constitucional inaugurada em 1988.

É de se dizer, então, que tal perspectiva normativa pode ser profundamente alterada a partir da internalização, no Brasil, da Convenção Interamericana dos Direitos Humanos da Pessoa Idosa (CIDHPI), aprovada em 2015, pela Organização dos Estados Americanos (OEA) e em tramitação na Câmara dos Deputados pelo PDC 863/2017. Esta Convenção, tida como a primeira do mundo sobre direitos humanos da pessoa idosa, traz uma nova tônica para os direitos da pessoa idosa, colocando o direito à igualdade em evidência.

Muitas são as passagens que refletem que a pessoa idosa terá o direito a exercer, autonomamente, todos os direitos que são deferidos às demais pessoas, em igualdade de condições. A principal delas está prevista no artigo 1º, que prevê os objetivos e âmbito de aplicação da Convenção, ao consignar que "o objetivo da Convenção é promover, proteger e assegurar o reconhecimento e o pleno gozo e exercício, *em condições de igualdade*, de todos os direitos humanos e liberdades fundamentais do idoso, a fim de contribuir para sua plena inclusão, integração e participação na sociedade". A importância deste artigo é enorme, pois ele retrata o nobre propósito que a Convenção tenta inaugurar: a garantia de plena participação da pessoa idosa na sociedade, com igualdade de condição com as demais pessoas, e para o exercício pleno de todos os direitos.

Aliado a isso e reforçando sua importância, um dos princípios regentes da Convenção é o *princípio da igualdade e não discriminação* (art. 3º, "d").

Para além de um *direito que reflete em outros direitos*, a garantia da igualdade e não discriminação pode ser tida como um *direito autônomo*. Quer dizer que, embora outros direitos tenham que ser exercidos com a especial característica da igualdade, esta, por si, deve ser considerada um direito único e que espraia seus efeitos para cenários muito mais abrangentes.

A *igualdade como direito autônomo* é consignada no art. 5º da CIDHPI, enquanto no art. 30 consta o *direito à igual reconhecimento como pessoa perante a lei*, devendo os Estados Partes reconhecerem que "o idoso tem capacidade jurídica em igualdade de condições com as demais pessoas em todos os aspectos da vida" e que devem tomar medidas pertinentes e efetivas para garantir o direito da pessoa idosa, em igualdade de condições com as demais pessoas, a ser proprietário e herdar bens e a *controlar seus próprios assuntos econômicos*.

Já no artigo 7º, dispõe que o direito à independência e à autonomia devem ser exercidos em igualdade de condições com as demais pessoas. Aqui, o vínculo entre a autonomia e a igualdade é nítido.

Outros direitos também devem ser garantidos também com igualdade: o direito à participação e integração comunitária (art. 8º); o direito à liberdade pessoal (art. 13); o direito à liberdade de expressão e opinião e ao acesso à informação (art. 14); o direito ao trabalho (art. 18); o direito à educação (art. 20); o direito à cultura (art. 21); o direito a um meio ambiente saudável (art. 25); o direito à acessibilidade e à mobilidade pessoal (art. 26); os direitos políticos (art. 27) e, ainda; o direito de acesso à justiça (art. 31).

No mesmo caminho da igualdade, a Convenção ainda se preocupa bastante com a não discriminação. Para tanto, há uma conceituação do que se considera como "discriminação" e, especialmente em relação à pessoa idosa, trata do conceito da *"discriminação por idade na velhice"*, que consiste em "qualquer distinção, exclusão ou restrição baseada na idade que tenha como objetivo ou efeito anular ou restringir o reconhecimento, gozo ou exercício em *igualdade* de condições dos direitos humanos e liberdades fundamentais na esfera política, econômica, social e cultural ou em qualquer outra esfera da vida pública e privada" (art. 2º).

Pois bem.

Parece que a Convenção Interamericana dos Direitos Humanos da Pessoa Idosa bebeu da mesma fonte que a Convenção de Nova York (promulgada no Brasil pelo Decreto n. 6.949, de 2009), pois esta última também teve o nobre propósito de inclusão social da pessoa com deficiência, garantindo a ela o exercício de direitos em igualdade de condições com as demais. Salienta-se que a Convenção de Nova York tem força de emenda constitucional, pois aprovada nos moldes previstos no art. 5º, § 3º, da CF/88 (uma das raras Convenções internacionais aprovada nestes moldes).

A revolução proporcionada pela Convenção de Nova York foi tão grande que fez com que o ordenamento jurídico brasileiro precisasse se adequar a este novo paradigma. Motivou a aprovação do Estatuto da Pessoa com Deficiência, de 2015, que trouxe modificações extremamente relevantes para o direito civil como um todo. Não obstante o Estatuto da Pessoa com Deficiência não seja um "estatuto da pessoa incapaz" (muito pelo contrário!), ele alterou a denominada teoria das incapacidades, alterando profundamente a sistemática da curatela e inaugurando a previsão normativa sobre o instituto da tomada de decisão apoiada (que, diga-se de passagem, regulamenta uma faculdade exclusiva da pessoa com deficiência capaz!).

É possível afirmar, então, que o Estatuto da Pessoa com Deficiência, talvez até mesmo como um reforço da diferença existente entre a pessoa incapaz e a pessoa com deficiência, modificou a estrutura jurídica da tutela das pessoas incapazes. A partir de então, evidenciou-se que, para que uma pessoa com deficiência, ou idosa, sejam consideradas incapazes, deverá ocorrer concomitantemente alguma das causas previstas no art. 4º do Código Civil, devendo existir, ainda, uma sentença decretando a curatela. Em todos os outros casos, ela é considerada plenamente capaz, devendo exercer autonomamente e com igualdade todos os direitos fundamentais garantidos aos demais.

Não é à toa que se está abordando sobre a correlação existente entre a Convenção Interamericana dos Direitos Humanos da Pessoa Idosa (e o Estatuto da Pessoa Idosa) e a Convenção de Nova York (e Estatuto da Pessoa com Deficiência). É que, por ocasião da modificação das previsões relacionadas à teoria das incapacidades, criou-se, no contexto da pessoa idosa, uma incoerente sistemática na qual a pessoa idosa septuagenária, por ocasião da constituição do matrimônio, tenha menos direitos do que uma pessoa juridicamente considerada incapaz.

Se deve ser garantido à pessoa idosa, da mesma forma que a pessoa com deficiência, o exercício de direitos em condições de igualdade, dissociando destes segmentos a correlação com incapacidade, é intuitivo afirmar que competirá, à pessoa idosa (bem como à pessoa com deficiência), o exercício de direitos em maior amplitude do que à pessoa incapaz. Afinal, a diferenciação jurídica entre exercício de direitos deve ser apenas esta: entre pessoas capazes e pessoas incapazes.

Alegações de "vulnerabilidade" seriam demasiadamente subjetivas para que flexibilizassem o exercício pleno de direitos por estes segmentos sociais.

Por isso, sendo a pessoa capaz, não existe fundamento para restringir o exercício de direitos, devendo ser tida como discriminatória qualquer previsão em sentido contrário. Lado outro, sendo ela incapaz, a restrição ao exercício de direitos, notadamente aqueles de natureza patrimonial/negocial, é razoável e está em consonância com a proteção jurídica deferida a ela.

Não é isso, contudo, que o sistema jurídico brasileiro prevê. De certo modo, estabelece, de maneira irracional e em completa assimetria sistêmica, que a pessoa idosa septuagenária, simplesmente pelo fato da idade, não pode escolher o regime de bens por ocasião do matrimônio. Lado outro, a lei, ao deferir à pessoa incapaz a possibilidade de exercitar livremente o seu direito ao matrimônio, não repetiu o mesmo regramento restritivo sobre o regime de bens. Pense, então: a lei deferiu mais direitos à pessoa incapaz do que à pessoa idosa? Incoerente, não?

Esta é a tônica do que se passará a analisar nas linhas que se seguem.

8.3 O REGRAMENTO DA ESCOLHA DO REGIME DE BENS DA PESSOA IDOSA E DA PESSOA INCAPAZ

No que toca aos aspectos patrimoniais das uniões familiares, sabe-se que eles serão regidos pelas regras provenientes do *regime de bens*, o qual representa o conjunto de normas destinadas a disciplinar os aspectos econômico-financeiros das relações jurídicas travadas pelo casal entre si e com terceiros.

A regulamentação do regime de bens é feita pelo Código Civil, que, para além de definir o regime legal supletivo (regime de comunhão parcial de bens – art. 1.640, CC), ainda prevê a possibilidade de que as partes realizem pactos antenupciais no caso de escolha de regime de bens diverso do legal.

Nestas situações, a autonomia da vontade é fundamental na delimitação desse estatuto patrimonial das famílias. Trata-se, inclusive, do *princípio da liberdade de estipulação*, de modo que é lícito aos nubentes, antes de celebrado o casamento, estipular, quanto aos seus bens, o que lhes aprouver, como deixa claro o art. 1.639 do Código. Da doutrina, colhe-se que "considerando o princípio da autonomia privada – norteador de toda e qualquer relação civil – é, naturalmente, possível que os consortes escolham livremente as regras que irão nortear o casamento, respeitados determinados limites impostos expressamente pelo legislador na proteção da pessoa humana".[8]

Em alguns casos, contudo, o CC2002 define que algumas pessoas não têm autonomia, incidindo, de maneira obrigatória, o regime de separação de bens. A regulamentação do tema é feita pelo art. 1.641, II, do Código Civil, ao dispor que:

> Art. 1.641. É obrigatório o regime da separação de bens no casamento:
> I – das pessoas que o contraírem com inobservância das causas suspensivas da celebração do casamento;
> II – da pessoa maior de 70 (setenta) anos;
> III – de todos os que dependerem, para casar, de suprimento judicial.

Pelo teor do inciso II, sempre foi clara a intenção do legislador em impor este regime de bens às pessoas idosas com mais de 70 anos de idade, independentemente da análise de qualquer quadro de incapacidade. Ou seja, o dado é objetivo: basta ter 70 anos para que haja a incidência direta deste dispositivo legal (por outro lado, se ela tiver 69 anos e 11 meses de vida, abre-se a possibilidade de escolha do regime). Questões subjetivas e individuais não são analisadas e sequer ponderadas pelo juízo por ocasião da necessidade de partilha dos bens.

Quanto à evolução legislativa do dispositivo legal, pontua-se que o CC2002 apenas reproduziu regramento semelhante àquele contido no CC1916, época em que a sociedade era muito diferente da atual. Na época do CC1916, o artigo 258, parágrafo único, II, consignava que o regime de separação obrigatória de bens era imposto aos homens com mais de 60 anos e às mulheres com idade superior a 50 anos. Já o CC2002 em sua redação originária, apenas reproduziu o regramento existente, equiparando a idade dos homens e mulheres, para que, independentemente do sexo, houvesse a aplicação deste regime às pessoas com mais de 60 anos de idade (art. 1.641, II, redação original). Em 2010, a Lei 12.344/10 modificou a redação do referido dispositivo legal, aumentando para 70 anos a referida imposição legal (art. 1.641, II, redação atual).

---

8. FARIAS, Cristiano Chaves de; ROSENVALD, Nelson. *Direito das famílias*. Salvador: Juspodivm, 2017, p. 296.

Salienta-se que antes mesmo do CC2002 entrar em vigor, a I Jornada de Direito Civil promovida pelo Conselho da Justiça Federal (JDC/CJF), realizou uma proposta para a revogação do artigo 1.641, inciso II, do Código Civil, sob a justificativa de que a "norma que torna obrigatório o regime da separação absoluta de bens em razão da idade dos nubentes *não leva em consideração a alteração da expectativa de vida com qualidade*, que se tem alterado drasticamente nos últimos anos. Também *mantém um preconceito* quanto às pessoas idosas que, *somente pelo fato de ultrapassarem determinado patamar etário, passam a gozar da presunção absoluta de incapacidade para alguns atos*, como contrair matrimônio pelo regime de bens que melhor consultar seus interesses" (Proposição 125).

Em vez de revogar, como se viu, o legislador apenas alterou o critério etário para 70 anos.

Não obstante a disposição legal possuir uma narrativa em prol dos direitos da pessoa idosa (e, implicitamente, em favor dos herdeiros), já que se não fosse tal regra, ela possivelmente estaria sujeita ao famoso "golpe do baú", a verdade é que, nos dias de hoje, sua prescrição ostenta um indevido caráter limitador da autonomia da pessoa idosa, não levando em consideração o avanço da ciência e a vida longa, plena e com qualidade de vida da população.

Para aliviar a rigidez da imposição do regime de separação obrigatória de bens, a jurisprudência caminhou no sentido de reputar possível a análise da comunicabilidade de alguns bens, caso houvesse esforço comum. Tal posicionamento foi cristalizado pelo Enunciado de Súmula 377, do STF, que consigna que "no regime de separação legal de bens, comunicam-se os adquiridos na constância do casamento". Por muito tempo, a jurisprudência se posicionou no sentido de que havia presunção de esforço comum, sendo que, a partir de 2015 o STJ fixou posicionamento que deveria, por outro lado, haver comprovação do esforço comum.

Em 2022, o STJ editou-se o Enunciado de Súmula 655 ampliando o mesmo regramento da separação obrigatória de bens (com comunicação de bens se houver comprovação do esforço comum) à união estável da pessoa com mais de 70 anos de idade.

O problema de tudo isso é que, esta discussão, que há anos ronda os julgados dos tribunais de superposição, se embasa em previsão contida no CC1916, mas que não foi reproduzida no CC2002. Na época de elaboração da Súmula 377 do STF, no ano de 1964, ainda vigia o CC1916, que tinha disposição expressa, em seu art. 259, de que "embora o regime não seja o da comunhão de bens, prevalecerão, no silêncio do contrato, os princípios dela, quanto à comunicação dos adquiridos na constância do casamento".

Isso significa que, naquela época, a própria lei autorizava a aplicação da lógica de comunhão de bens ao regime de separação obrigatória. Não mais.

A partir do advento do CC2002, parece não ter mais sentido a continuidade na aplicação do teor da Súmula 377 do STF. Entretanto, ela continuou a ser aplicada: sem fundamento legal, criando um sistema distinto daquele previsto pela vigente legislação. Pela jurisprudência, criou-se um instituto que pode ser cunhado como "regime de comunhão parcial condicionado", as, sem dúvida, não há lei que ampare tal lógica. Por isso, defende-se que toda esta teoria por detrás da Súmula 377 do STF e dos posicionamentos do STJ, esbarra na ilegalidade.

Mas, diante da atual conjuntura social da pessoa idosa, que deve ter os seus direitos garantidos em igualdade de condições com todas as demais pessoais, não é suficiente falar na ilegalidade dos posicionamentos jurisprudenciais. Defender a mera ilegalidade seria impor, realmente, o regime de separação obrigatória de bens sem qualquer tipo de flexibilização (uma aplicação rígida e fria da lei), o que poderia desencadear em uma série de injustiças sociais.

Por isso, deve-se ir além! É indispensável defender a inconstitucionalidade do regime de separação obrigatória de bens para as pessoas com mais de 70 anos de idade, pois não há dúvida que esta previsão restritiva da autonomia da vontade vai de encontro com premissas de enorme envergadura no nosso sistema e com previsão constitucional. Não é demais recordar que um dos objetivos fundamentais da República Federativa do Brasil é promover o bem de todos, sem preconceitos de origem, raça, sexo, cor, *idade* e quaisquer outras formas de discriminação (art. 3º, IV, CF).

Na visão da doutrina, "esta regra não encontra justificativa econômica ou moral, pois que a desconfiança contra o casamento dessas pessoas não tem razão para subsistir. Se é certo que podem ocorrer esses matrimônios por interesse nestas faixas etárias, certo também que em todas as idades o mesmo pode existir. Trata-se de discriminação dos idosos, ferindo os princípios da dignidade humana e da igualdade".[9]

A alegação de inconstitucionalidade, ao contrário da tese da mera ilegalidade, garantiria que a pessoa idosa septuagenária pudesse escolher, da mesma forma que qualquer outra pessoa, o regime de bens aplicável ao seu matrimônio. Na ausência, incidiria o mesmo regime supletivo aplicável a qualquer pessoa, sem discriminação.

Se a questão, por si, já parece violadora dos direitos da pessoa idosa, quando se analisa o panorama criado para a pessoa incapaz a partir do advento do Estatuto da Pessoa com Deficiência, a questão fica ainda mais incoerente. É o que se passa a analisar no próximo tópico.

8.4 A INCOERÊNCIA SISTÊMICA DA SEPARAÇÃO OBRIGATÓRIA DE BENS DA PESSOA SEPTUAGENÁRIA A PARTIR DA MUDANÇA DA "TEORIA DAS INCAPACIDADES": A QUEBRA DA LÓGICA SISTÊMICA E REFORÇO DA SUA INCONSTITUCIONALIDADE

Como dito, o Estatuto da Pessoa com Deficiência alterou profundamente a sistemática da teoria das incapacidades.

---

9. PEREIRA, Caio Mário da Silva. *Instituições de direito civil*: direito de família. 28. ed. rev. e atual. por Tânia da Silva Pereira. Rio de Janeiro: Forense, 2020, p. 225.

Inaugurou um regime jurídico distinto para a curatela, que, a partir de então, somente[10] abrangerá questões patrimoniais e negociais, permanecendo dentro do campo da autonomia da pessoa incapaz a prática dos atos de natureza existencial. Isto é, ela poderá realizar estes atos de maneira pessoal, sem assistência do curador.

Assim, conforme previsão do art. 85 do Estatuto da Pessoa com Deficiência, a curatela não alcança o direito ao próprio corpo, à sexualidade, ao matrimônio, à privacidade, à educação, à saúde, ao trabalho e ao voto.

Mesmo definindo que o matrimônio pode ser livremente exercido pela pessoa incapaz (curatelada), nada definiu sobre o regime de bens aplicável ao caso. Setores da doutrina começaram a disseminar a ideia de que o regramento deveria ser aplicado da seguinte forma: caso o matrimônio seja realizado sem assistência do curador (que deveria auxiliar na confecção de um pacto antenupcial), incidiria o regime legal supletivo, isto é, o regime de comunhão parcial de bens.[11] A mesma lógica deveria ser aplicada no caso de formação de uniões estáveis.

Pense que situação incoerente: pela nova normativa inaugurada pelo Estatuto da Pessoa com Deficiência, a pessoa incapaz teria mais autonomia do que a pessoa capaz septuagenária. A pessoa incapaz (curatelada!) poderia se casar no regime supletivo legal, de comunhão parcial de bens, enquanto a pessoa idosa capaz septuagenária se casaria no regime de separação de bens (art. 1.641, III, CC). Ninguém tem dúvidas que o regramento deveria ser mais severo para o incapaz, que não tem livre disposição do seu próprio patrimônio, do que para a pessoa capaz que tem mais de 70 anos de idade, que, ao contrário, não tem qualquer limitação quanto à gestão do seu próprio patrimônio ou para a prática dos atos da vida civil.

É que, em verdade, aplicando-se o regime de comunhão parcial de bens no caso de inexistência de pacto antenupcial (e assistência do curador), estaria sendo autorizado que, indiretamente, a própria pessoa incapaz decidisse aspectos importantes do seu patrimônio, pois, como se sabe, a partir do início da união, os bens adquiridos onerosamente seriam comunicáveis com o seu cônjuge.[12] Por certo, direitos sucessórios também entrariam em cena ao casamento do incapaz, ao contrário daquele realizado pela pessoa idosa septuagenária no regime de separação previsto no artigo 1.641, II, do CC.

Como o matrimônio livremente celebrado pela pessoa incapaz também teria um viés patrimonial, reafirma-se, então, que a sua autonomia na celebração do casamento

---

10. A exceção está descrita no Enunciado 637 da VIII JDC/CJF: "Admite-se a possibilidade de outorga ao curador de poderes de representação para alguns atos da vida civil, inclusive de natureza existencial, a serem especificados na sentença, desde que comprovadamente necessários para proteção do curatelado em sua dignidade".
11. Disponível em: Artigo disponível em: https://civel.mppr.mp.br/arquivos/File/Artigo_MPSP_LBI_Reflexos_atuacao_MP.pdf. Acesso em 11 mai. 2023.
12. Na tentativa de regulamentar a questão, o PL 11.091/2018, visa descrever que a curatela "afeta tão somente os atos relacionados aos direitos de natureza patrimonial e negocial, *nesses abrangidos os pactos antenupciais e o regime de bens*, não alcançando os direitos ao próprio corpo, à sexualidade, ao matrimônio ou à união estável, à privacidade, à educação, à saúde, ao trabalho e ao voto". Disponível em: https://www.camara.leg.br/proposicoesWeb/prop_mostrarintegra?codteor=1696382&filename=PL%2011091/2018. Acesso em: 11 maio 2023.

teria um peso maior do que a autonomia da pessoa idosa, e capaz, com mais de 70 anos, que não celebrasse pacto antenupcial.

E nem se cogite que a previsão contida no art. 1.641, III, do CC2002, poderia atrair o regime de separação obrigatória de bens às pessoas incapazes ("É obrigatório o regime da separação de bens no casamento: III – de todos os que dependerem, para casar, de suprimento judicial"), pois não se exige suprimento judicial do matrimônio da pessoa incapaz.

Esta lógica reforça a tese de inconstitucionalidade da regra que prevê a separação "obrigatória" de bens às pessoas idosas septuagenárias. Afinal, como o sistema poderia admitir que uma pessoa capaz teria menos direitos do que uma incapaz?

Isso faz com que, de fato, a inconstitucionalidade do art. 1.641, II, do CC2002, ainda precise ser debatida. Até mesmo para evitar a manutenção desta regra no sistema jurídico brasileiro em futuras reformas legislativas.

Na Reforma do Código Civil, a redação aprovada pela Comissão de juristas consigna a revogação integral do artigo 1.641 do Código Civil. Contudo, o debate não foi unânime, tendo ocorrido uma sugestão de inclusão de um artigo que iria aumentar o critério etário de 70 para 80 anos de idade para a incidência do regime da separação obrigatória de bens. Não se sabe se tal sugestão retornará a ser debatida durante o processo legislativo, o que seria lastimável e, mais uma vez, inconstitucional.

Diante desse cenário, e especialmente a partir da decisão do STF, questiona-se: a tese fixada pelo STF realmente foi uma evolução e garantiu igualdade e plena autonomia à pessoa idosa? É o que se passa a analisar no tópico a seguir, que segue linha defendida em artigo publicado pela autora deste livro, em coautoria com o brilhante jurista Vitor Almeida.[13]

8.5 A DECISÃO DO STF E O ETARISMO VELADO PRESUMIDO?

Nos últimos anos, as mudanças no campo do direito das famílias foram céleres e incessantes, especialmente a partir do protagonismo dos tribunais superiores pátrios, com a consolidação de entendimentos fundamentais na conformação da legislação infraconstitucional aos ditames de uma renovada ordem constitucional, que irradia valores centrais à sociedade brasileira, tais como a igualdade substancial, a não discriminação, a solidariedade familiar, todos iluminados pelo princípio fundante da dignidade humana.

Não é de hoje que o direito de família codificado apresenta nítidos sinais de insuficiência frente às contemporâneas dinâmicas familiares que pouco (ou nada) lembram a fisionomia patriarcal, sexista, etarista, excludente, enfim, opressora em relação às

---

13. Disponível em: https://ibdfam.org.br/artigos/2091/Regime+de+bens+e+etarismo+presumido+velado%3A+breve+an%C3%A1lise+da+decis%C3%A3o+do+Supremo+Tribunal+Federal+no+ARE+1.309.642. Acesso em: 24 out. 2024.

pessoas não aliançadas com o projeto do casamento heterossexual, indissolúvel e desigual. Decerto, a tarefa do intérprete é complexa, uma vez que muitas são as camadas de discriminação, por vezes veladas e arraigadas, que permeiam a disciplina jurídica do mosaico familiar. É o caso, por exemplo, da possibilidade de formação de múltiplos vínculos parentais, por meio da multiparentalidade (STF, RE 898.060/SC) ou, ainda, o reconhecimento jurídico do abandono afetivo em relações entre pais e filhos (STJ, REsp 1.159.242/SP).

Sem embargo, o aguardado julgamento, pelo Supremo Tribunal Federal, da repercussão geral reconhecida no Recurso Extraordinário com Agravo (ARE) 1.309.642, descortina mais uma histórica decisão dos últimos anos, que altera substancialmente os pilares do hoje plural direito das famílias, na qual se teve a oportunidade de fixar a seguinte tese: "nos casamentos e uniões estáveis envolvendo pessoa maior de 70 anos, o regime de separação de bens previsto no art. 1.641, II, do Código Civil, pode ser afastado por expressa manifestação de vontade das partes, mediante escritura pública".

Sem dúvida, está-se diante de decisão relevantíssima e que tentou escapar de uma mera polarização entre o manto constitucional ou sua flagrante inconstitucionalidade. A princípio, parece-nos ter a decisão permanecido no meio do caminho, numa nítida tentativa de equilibrar a autonomia e a proteção da pessoa idosa com mais de 70 anos de idade, que outrora já foi de 60 anos e em passado ainda mais distante em idades desiguais para homens e mulheres. O avanço, como se vê, é jubiloso. A balança escolhida pelo STF, por meio desta decisão, considerou que a previsão contida no artigo 1.641, II, do Código Civil, é constitucional, mas, deu interpretação conforme à Constituição de 1988, sem redução de texto, ao reputar que há facultatividade na sua aplicação, sendo possível o seu afastamento por meio de escritura pública, em instrumento próprio se casamento ou união estável.

Nesse caso, não obstante o artigo 1.641, II, do Código Civil, seja expresso em apontar que "é *obrigatório* o regime da separação de bens no casamento da pessoa maior de 70 anos", a interpretação passou a ser, então, que é *facultativo*, não havendo, permita-se a insistência, a referida obrigatoriedade na aplicação do regime.

Em termos práticos, significa que é facultado à pessoa idosa com mais de 70 anos, em legítimo exercício de sua autonomia, celebrar pactos antenupciais ou contratos de convivência (de acordo com a Súmula 655 do STJ, tal norma também é aplicável às uniões estáveis), mas, no entanto, diante do silêncio dos nubentes ou companheiros, o regime legal supletivo será o da separação (obrigatória) de bens, em aplicação ao que consta no artigo 1.641, II, do Código Civil.

O caráter histórico da decisão desnuda duas perspectivas distintas. Em primeira e superficial análise, revela avanço inegável em superação ao odioso regime da separação obrigatória para pessoas maiores de 70 anos, em claro descompasso com o processo contínuo e crescente do envelhecimento populacional, bem como com uma ordem jurídica voltada à promoção da liberdade existencial na legalidade constitucional. Em segundo lugar, um exame mais detido da decisão descortina que a discriminação é silenciosa e mesmo diante de conquistas civilizatórias e em movimento contramajoritário do Poder Judiciário, ela lá permanece, à espreita, com silhueta de etarismo às avessas.

É de se espantar que, sob ângulo técnico, um regime obrigatório possa, por vontade das partes, ser afastado, estremecendo a própria essência de sua existência, tornando-se facultativo obrigatoriamente. Força-nos a refletir, ainda, porque permanece a presunção (discriminatória) de casamentos argentários para pessoas acima de 70 anos e blindagem de uma herança sequer existente. Além disso, em matéria de educação e acesso de direitos, pergunta-se a quem a norma se dirige e qual o seu alcance, eis que ao mirar no alvo de antidiscriminação etarista, pode ter incorrido em preconceito elitista.

Em certa mirada, entrevê-se uma tentativa de se buscar um equilíbrio entre a autonomia e a proteção (paternalista, é verdade), pois se a pessoa nada estipular por escritura pública, a própria lei substituiria a vontade das pessoas idosas de maneira automática. Nessa linha, a consequência principal da decisão em análise consiste na sujeição das pessoas com mais de 70 anos ao regime da separação (obrigatória) de bens, ao contrário de todas as demais pessoas que, ao se enlaçarem formal ou informalmente, se não escolhem um outro regime de bens, se submeterão ao supletivo regime de comunhão parcial de bens (art. 1640, CC). Cabe refletir se há discrímen razoável na inevitável distinção gerada a partir da decisão da Corte Constitucional, que acabou por criar regimes supletivos diferentes para pessoas abaixo e acima de 70 anos, em diferenciação que sequer foi cogitada pelo legislador e conversão de um regime de natureza obrigatória em feição facultativa.

Tem sido áspero o movimento em prol da promoção da autonomia das pessoas idosas, podada pelas representações sociais estereotipadas e obsoletas, mas também restringida por normas legais, como o dispositivo central da atual discussão. Versões sociais antigas, mas sempre às espreitas em uma sociedade pendular – de avanços e recuos –, ainda resistem em perspectivas que conduzem à ultrapassada ideia de invalidade e de inutilidade das pessoas idosas. Vale sempre sublinhar que velhice não é sinônimo de incapacidade civil. A aspereza dessa trajetória talvez encontre seu pavimento mais iluminado nesta decisão do STF, que, ao olhar de uma fresta, admite a escolha do regime de bens que melhor convier aos pares afetivos com mais de 70 anos, que, a um só tempo, consagra a liberdade individual, sobretudo no tráfego patrimonial, o direito ao envelhecimento ativo e saudável e, por fim, o princípio da livre estipulação do regime de bens, todos em sintonia com os valores constitucionais. Mas seja como for, a decisão perpetua distinções simplesmente por fatores etários, com aplicação de regimes supletivos distintos entre pessoas idosas e não idosas.

É de se dizer que, como não houve declaração de inconstitucionalidade, permanece a existência de dois regimes de separação de bens, não tendo a decisão ora em análise extirpado o regramento específico atinente ao regime de separação obrigatória de bens. Além de não ter ceifado tal regime, também não o equiparou ao regime de separação convencional. Por isso, permanecem as distinções entre as duas espécies de regime de bens, com seus peculiares efeitos, o que não impede as inescapáveis adaptações interpretativas e, talvez até mesmo de nomenclatura, pois se antes chamado regime de "separação *obrigatória* de bens", agora sua alcunha melhor encaixa numa espécie de "regime de separação de bens supletivo".

Aliás, a permanência do artigo 1.641 do Código Civil de forma estruturalmente hígida, porém funcionalmente modificada, impõe, em primeira reflexão, afirmar que, preambularmente, nenhuma alteração incorre em relação aos aspectos sucessórios, pois ainda vigente a disciplina jurídica que exclui o cônjuge ou companheiro da concorrência sucessória (art. 1.829, I, CC). Nessa senda, parece que os entendimentos já consolidados nos tribunais superiores seguem inalterados, em uma primeira análise.

Em um ordenamento jurídico que deve pressupor unidade e coerência, mais uma incoerência se revela, na medida em que o Superior Tribunal de Justiça já entendeu que, no casamento ou na união estável regidos pelo regime da separação obrigatória de bens, é possível que os nubentes/companheiros, em exercício da autonomia privada, estipulando o que melhor lhes aprouver em relação aos bens futuros, pactuem cláusula mais protetiva ao regime legal, com o afastamento da Súmula n. 377 do STF, impedindo a comunhão dos aquestos (REsp 1.922.347-PR). Como se vê, é difícil explicar a tentativa de correção das distorções interpretativas que, em efeito cascata, seguem os tribunais. Nessa linha, com ainda mais evidência, a partir da decisão do STF, no ARE 1.309.642, nada obsta, pelo contrário, a celebração de pactos antenupciais nos quais haja a expressa opção pelo regime de separação convencional de bens e afastamento dos efeitos da Súmula 377 do STF, o que, em plano panorâmico, permitiria compreender que, ao final, hoje seria cabível que pessoas acima de 70 anos pudessem escolher expressamente o regime da separação convencional de bens, afastando a própria disciplina do agora melhor denominado regime de separação de bens supletivo.

Vale observar que a decisão, de forma salutar, modulou os efeitos para o futuro, prestigiando a segurança jurídica e resguardando o patrimônio anteriormente amealhado.

O STF também vislumbrou a possibilidade de alteração de regime de bens por pessoas que constituíram suas uniões formais ou informais sob o crivo do regime de separação obrigatória de bens, consoante interpretação anterior que impunha, efetivamente, a obrigatoriedade na incidência deste regime. Nesse caso, todos os requisitos previstos em lei deverão ser observados, consoante previsão do artigo 1.639, § 2º, do Código Civil ("é admissível alteração do regime de bens, mediante autorização judicial em pedido motivado de ambos os cônjuges, apurada a procedência das razões invocadas e ressalvados os *direitos de terceiros*"). Nesse ponto, por óbvio, nem de longe poderá se questionar que, dentro dos referidos "direitos de terceiros", estariam incluídos os pretensos interesses dos potenciais herdeiros daquele que optou pela alteração do seu regime de bens, em razão da expressa vedação legal (art. 426, CC). Permanece, no entanto, mais uma restrição desarrazoada: as pessoas idosas casadas sob o manto do regime anterior que manifestarem o desejo de alteração do regime serão obrigatoriamente submetidas a processo judicial com forte intervenção estatal, o que reforça o demasiado ônus imposto às pessoas idosas.

A decisão é histórica na medida em que revela um passo importante em prol da garantia da autonomia das pessoas idosas no ambiente afetivo, mas igualmente descortina que o etarismo é estrutural e insidioso. Primeiro, a norma em si não declarada inconstitucional, embora nitidamente violadora do princípio do melhor interesse (art. 230, CF/88), da autonomia, da igualdade material, da não discriminação e da própria dignidade humana, bússolas valorativas de todo ordenamento, por si só revela que um traço de paternalismo foi preservado.

Nesse cenário, permanece discriminatória a compreensão de que, no silêncio das pessoas idosas, o regime obrigatório revigorado decorativamente de forma supletiva ainda mantém silenciosas, sobretudo, as pessoas idosas mais acentuadamente vulneráveis, que, na escassez de direitos, continuarão alijadas da sua liberdade moldada para fins afetivos.

9
O DIVÓRCIO TARDIO
("GRAY DIVORCE")

9.1 CONCEITO

Há anos, a literatura norte-americana tem voltado a sua atenção ao divórcio tardio, denominado em inglês de *"gray divorce"*, que reflete a cor cinza, ou grisalha, dos cabelos dos envolvidos.[1] Isso significa que é um divórcio entre pessoas com idade mais avançada, trazendo consigo peculiaridades atinentes ao especial período de vida que experienciam.

Em pesquisa realizada pelo centro americano de pesquisas *Pew Research Center*, constatou-se que, entre os anos de 1990 e 2015, o divórcio de pessoas com mais de 50 anos de idade dobrou, enquanto o de pessoas com mais de 65 anos de idade triplicou.[2]

Embora os mais jovens continuem se divorciando mais,[3] essa mudança em relação aos mais velhos faz com que alguns autores afirmem, inclusive, que há uma revolução do divórcio tardio (*"gray divorce revolution"*).[4]

Sem dúvida, são dados fortes, principalmente porque demonstram que há uma mudança cultural entre as pessoas mais velhas.

Aliás, a própria pesquisa esclarece que esses altos índices de divórcio foram liderados pelas pessoas inseridas na geração dos *babyboomers*, isto é, entre aquelas nascidas entre 1943 e 1964, que são parcela das atuais pessoas idosas.

Certamente, aspectos geracionais trazem consigo uma série de valores, interesses e signos que acabam impregnando os comportamentos dos indivíduos daquela própria geração. Não é demais dizer que a era dos *babyboomers* é aquela que liderou a eman-

---

1. Também denominado por alguns de *"later life divórcio"*, algo que pode ser traduzido para o português como divórcio tardio. Disponível em: https://www.womansdivorce.com/late-life-divorce.html. Acesso em: 19 jan. 2023.
2. Disponível em https://www.pewresearch.org/fact-tank/2017/03/09/led-by-baby-boomers-divorce-rates-climb-for-americas-50-population/. Acesso em: 19 jan. 2023.
3. "Still, the divorce rate for those younger than 50 is about twice as high as it is for adults 50 and older." Disponível em https://www.pewresearch.org/fact-tank/2017/03/09/led-by-baby-boomers-divorce-rates-climb-for-americas-50-population/. Acesso em: 19 jan. 2023.
4. BROWN, Susan L.; LIN, I-Fen. The Gray Divorce Revolution: Rising Divorce Among Middle-Aged and Older Adults, 1990–2010. *Journals of Gerontology Series B*: Psychological Sciences and Social Sciences, 67(6), 731–741, doi:10.1093/geronb/gbs089. Advance Access publication October 9, 2012. Disponível em https://www.ncbi.nlm.nih.gov/pmc/articles/PMC3478728/pdf/gbs089.pdf. Acesso em: 19 jan. 2023.

cipação feminina, o direito ao sufrágio universal, o surgimento das principais leis de divórcio ao redor do mundo, a ascensão da igualdade entre gêneros, a maior inserção da mulher no mercado de trabalho, enfim, presenciaram e foram personagens centrais nessa *cultura da emancipação* que conferiu a liberdade que se tem hoje. Seguramente, pode-se afirmar que as mudanças ocasionadas na segunda metade do século XX trouxeram alterações de relevo em diversas searas, inclusive nas formas de se relacionar e formar família.

Todos esses fatores influenciaram vigorosamente o próprio conceito de envelhecer, remodelando a ideia de felicidade e, principalmente, de liberdade. A essa constatação, inclusive, chegou a antropóloga Mirian Goldenberg, que realizou uma longa pesquisa que contou com depoimentos de com mais de 5 mil homens e mulheres de 18 a 98 anos.[5]

Deveras, essa nova forma de envelhecer também acaba refletindo na própria estrutura familiar dessas pessoas. É justamente aí que se insere o *divórcio cinza*.

No Brasil, não existem dados estatísticos tão seguros quanto os acima mencionados. Mas, é claro que o divórcio grisalho também acontece em grande quantidade por aqui, já que, como se sabe, o divórcio passou a ser um direito potestativo com a Emenda Constitucional 66/2010, efetivando-se independentemente de tempo mínimo ou do cumprimento de qualquer requisito adicional, bastando a simples vontade de um dos cônjuges para que se imponha a extinção do vínculo conjugal.

9.2 FATORES QUE JUSTIFICAM O DIVÓRCIO TARDIO

A literatura aponta diversos fatores que podem justificar o maior índice de divórcios entre pessoas mais velhas. Sobre o tema, o americano Bret Colson, autor do artigo *"Gray Divorce: The Complete Guide"*,[6] elenca os seguintes:

a) infidelidade: no processo de envelhecer, os casais podem não ter a mesma conexão do que antes, inclusive em relação à sintonia sexual. Embora a sexualidade de pessoas mais velhas ainda seja um tabu (que pode trazer malefícios para toda a sociedade, como o aumento do número de doenças sexualmente transmissíveis e AIDS/HIV[7]), atualmente existe uma série de aplicativos de encontro de pessoas mais maduras. Além disso, serviços e aplicativos (*Sudy e Sudy Cougar*) que conectam homens casados a mulheres mais jovens ("*sugar daddies*") e mulheres casadas que procuram homens mais jovens e viris ("*cougars*"), podem acabar acentuando o cenário de infidelidade.

---

5. Em novembro de 2017, Mirian Goldenberg realizou uma conferência no TEDx São Paulo, que se chamava "A invenção de uma bela velhice", conferindo informações a respeito de sua pesquisa. O vídeo culminou na publicação do livro "Liberdade, felicidade e foda-se".
6. COLSON, Bret. Gray Divorce: *The Complete Guide*. Disponível em: https://www.survivedivorce.com/gray-divorce#2. Acesso em: 19 jan. 2023.
7. COLSON, Bret. Gray Divorce: *The Complete Guide*. Disponível em: https://www.survivedivorce.com/gray-divorce#2. Acesso em: 19 jan. 2023.

Além da infidelidade presente, é claro que um casamento pode terminar em razão da descoberta de uma infidelidade passada. Foi justamente isso que ocorreu em um inusitado caso noticiado pelos principais canais de notícias do mundo, onde um italiano de 99 anos de idade pediu o divórcio de sua esposa de 77 anos, após descobrir uma traição ocorrida há mais de 40 anos.[8]

b) vícios: de acordo com o autor, a devoção a drogas, álcool, jogos e pornografia são escapes que podem se transformar em vícios e que podem representar outra forma de ser infiel.[9]

c) maior autonomia da mulher: estando a mulher construindo uma carreira de sucesso e tendo uma maior autonomia financeira, ela pode se sentir habilitada a começar uma vida sozinha e a procurar sua própria felicidade.

d) síndrome do ninho vazio (*empty nest syndrome*): a criação de filhos pode demandar tempo, mantendo-os ativos e felizes. Quando eles crescem e saem de casa, os pais precisam encarar uma nova realidade de tranquilidade, à qual não estão acostumados e com a qual, eventualmente, podem não se sentir confortáveis.

e) aposentadoria: pelo mesmo motivo, a aposentadoria é considerada um fator que altera a rotina do casal, fazendo com que percebam que não possuem mais os mesmos interesses na forma de conduzir a vida.

f) vida mais longa e saudável: a alta expectativa de vida da sociedade faz com que hoje se viva mais e melhor. Aliás, o autor esclarece que os *babyboomers* são mais saudáveis e vivem mais do que qualquer geração anterior. Essa maior extensão dos últimos anos de vida faz com que as pessoas tenham mais energia e desejos para perseguir o que as fazem felizes, em vez de ficarem pensando e relembrando o passado. O problema ocorre quando o cônjuge não possui a mesma visão ou a mesma energia que o outro.

g) desapaixonar: de repente, um cônjuge pode simplesmente não possuir mais afeto pelo outro, fazendo com que isso culmine no fim do relacionamento.

h) se apaixonar por outra pessoa: é o que se denomina de "*gray love*", ou seja, o *amor grisalho*, que pode refletir no surgimento de novos arranjos familiares após o divórcio.

9.3 DIVÓRCIO TARDIO, O "*GRAY LOVE*" E NOVOS ARRANJOS FAMILIARES: UNIÕES ESTÁVEIS E RELACIONAMENTOS SEM COABITAÇÃO (LAT – "*LIVING APART TOGETHER*")

Adicionalmente ao divórcio grisalho, novos arranjos familiares podem vir a existir quando do surgimento de afeto por outra pessoa ("*gray love*"). Diante das peculiari-

---

8. Disponível em: https://www.bbc.com/portuguese/noticias/2011/12/111230_italiano_divorcio_tp. Acesso em: 19 jan. 2023.
9. "Addictions are another form of being unfaithful". COLSON, Bret. Gray Divorce: The Complete Guide. Disponível em: https://www.survivedivorce.com/gray-divorce#2. Acesso em: 19 jan. 2023.

dades inerentes ao divórcio cinza (existência de filhos da relação anterior, patrimônio, busca por uma maior autonomia etc.), uma pessoa poderá escolher viver com outra sob diferente arranjo familiar, distinto do casamento, até porque já faz tempo que é constitucionalmente permitida a formação de família por formas distintas do casamento, que se torna apenas "uma das formas possíveis para a constituição de uma unidade familiar".[10] Por isso, alguns pesquisadores se questionam se existe uma ligação entre o maior número de divórcios e a explosão do número de uniões estáveis.[11] Apontam que as teorias muitas vezes afirmam que o aumento do divórcio e da formação de uniões estáveis faz parte do mesmo pacote de comportamento familiar, emergindo devido a mudanças econômicas e sociais.[12]

De fato, os índices de uniões familiares estáveis também estão crescendo, especialmente entre pessoas com mais de 50 anos de idade. De acordo com pesquisas realizadas também pelo centro americano *Pew Research Center*, os índices aumentaram em 75% entre o período de 2007 a 2016.[13] Para além de pessoas divorciadas, tais percentuais também abrangem aquelas que nunca se casaram, índice que também vem aumentando desde os anos 1960.[14]

Por isso, embora não seja um fator isolado, existe uma correlação entre o divórcio cinza e a formação de uniões estáveis por pessoas de idade mais avançada.

Além da união estável, poderá ocorrer a formação de novas entidades familiares de pessoas que preferem viver juntas, mas em casas separadas. Ao fenômeno a literatura denominou de "*living apart together*" (LAT) e, para Rafael Calmon, "em diversos países do mundo, um curioso fenômeno vem acontecendo: algumas pessoas estão se unindo em relacionamentos afetivos, mas preferindo morar em casas separadas. Dados recentes apontam que cerca de 10% dos casais formados na Europa Ocidental, na América do Norte e na região da Australásia adotam esse comportamento. Isso não se deve a restrições econômicas ou a distanciamento geográfico. Viver em lares separados, para eles, é uma opção que seria exercida ainda que possuíssem dinheiro, *status*, emprego e residissem na mesma rua ou no mesmo bairro".[15]

---

10. FARIAS, Cristiano Chaves de; ROSENVALD, Nelson. *Direito das famílias*. Salvador: JusPodivm, 2017, p. 170.
11. PERELLI-HARRIS, Brienna. Is there a link between the divorce revolution and the cohabitation boom? ESRC Centre for Population Change, Working Paper 80, October 2016. Disponível em https://eprints.soton.ac.uk/402016/1/2016_WP80_Is_there_a_link_between_the_divorce_revolution_and_the_cohabitation_boom.pdf. Acesso em: 19 jan. 2023.
12. "Theories of the family often claim that the increase in divorce and cohabitation are part of the same package of family behavior, emerging due to economic and social change". Disponível em https://eprints.soton.ac.uk/402016/1/2016_WP80_Is_there_a_link_between_the_divorce_revolution_and_the_cohabitation_boom.pdf. Acesso em: 04 out. 2021.
13. Disponível em: https://www.pewresearch.org/fact-tank/2017/04/06/number-of-u-s-adults-cohabiting-with-a-partner-continues-to-rise-especially-among-those-50-and-older/. Acesso em: 19 jan. 2023.
14. Disponível em: https://www.pewsocialtrends.org/2014/09/24/record-share-of-americans-have-never-married/. Acesso em: 19 jan. 2023.
15. CALMON, Rafael. Vivendo juntos, separadamente: os relacionamentos LAT – Living Apart Together. *Ponto de Vista*: literatura jurídica artesanal. Disponível em: https://www.wattpad.com/1136032807-ponto-de-vista-literatura-jur%C3%ADdica-artesanal. Acesso em: 19 jan. 2023.

No ordenamento jurídico interno, embora a coabitação seja um dever conjugal previsto no art. 1.566, II, do CC, o mesmo professor esclarece que a sua exigência nos dias de hoje beira ao absurdo.[16] Por isso, seria plenamente válido que pessoas casadas se relacionassem através dos denominados relacionamentos LAT, isto é, sem coabitação.

Inclusive, no Anteprojeto de reforma do Código Civil consta uma proposta de revogação deste dever conjugal de coabitação. Se aprovado, constará no artigo 1.566 apenas um único dever conjugal, qual seja: "de forma colaborativa assumirem os deveres de cuidado, sustento e educação dos filhos, dividindo os deveres familiares de forma compartilhada".

Seja como for, após um divórcio tardio, é possível que uma pessoa opte, portanto, em se relacionar através desse tipo de relacionamento, preservando, por exemplo, a sua rotina, autonomia, intimidade (seja individual ou de eventuais filhos), seus vínculos sociais e suas finanças.

Aliás, de acordo com uma pesquisa realizada em 2005 pela *National Social Life, Health, and Aging Project*, 7% dos indivíduos entre 57 e 85 anos de idade se descrevem como vivendo em tais relacionamentos LAT.[17]

Dessa forma, o divórcio tardio pode trazer consigo novas formas de se relacionar afetiva e socialmente, demandando atenção do estudioso para conseguir observar o surgimento de desses novos arranjos familiares, pois, como tantas vezes dito ao longo de todo este livro, a constituição de família, independentemente da forma, ocorre através da existência de afeto entre os envolvidos.

9.4 ALIMENTOS ENTRE EX-CÔNJUGES NO DIVÓRCIO TARDIO

Em capítulo anterior, já foi feita a análise dos alimentos devidos entre ex-consortes. Porém, esse tema corriqueiramente adquire maior relevo quando se está diante de um divórcio grisalho. Certamente, os posicionamentos jurisprudenciais são mais favoráveis a respeito de alimentos entre ex-cônjuges quando o favorecido possui idade virtualmente incompatível com aquela exigida pelo mercado de trabalho ou quando for pessoa idosa.

Os alimentos entre ex-cônjuges são devidos em razão do princípio da solidariedade familiar, que encontra respaldo no art. 3º, I, da CR/88, sendo uma previsão normativa

---

16. "Nos termos da lei civil brasileira, a vida em comum, no domicílio conjugal, é um dos deveres atribuídos apenas àqueles que pretendam contrair matrimônio (CC, art. 1.566, II), mas não àqueles que queiram formar união estável ou se unir sob outros modelos, pois o entendimento predominante a respeito é no sentido de que a convivência sob o mesmo teto não necessariamente tem que ser observada pelos conviventes, se existir o "intuito atual de constituir família" (CF, art. 226; CC, art. 1.724; STJ, AgRg no AREsp 649.786/GO, DJe de 18.08.15)." CALMON, Rafael. Vivendo juntos, separadamente: os relacionamentos LAT – Living Apart Together. *Ponto de Vista*: literatura jurídica artesanal. Disponível em: https://www.wattpad.com/1136032807-ponto-de-vista-literatura-jur%C3%ADdica-artesanal. Acesso em: 19 jan. 2023.
17. Disponível em: https://khn.org/news/living-apart-together-a-new-option-for-older-adults/. Acesso em: 19 jan. 2023.

que impõe a obediência por todo o ordenamento jurídico. Aliás, densificando a previsão constitucional, o art. 1.694 do Código Civil estabelece que "podem os parentes, os cônjuges ou companheiros pedir uns aos outros os alimentos de que necessitem para viver de modo compatível com a sua condição social, inclusive para atender às necessidades de sua educação", no que encontra respaldo no dever de mútua assistência (art. 1.566, III, do CPC – ao qual tem proposta de revogação no Anteprojeto de reforma do Código Civil).

E, como também já foi dito em capítulo específico, existe uma tendência em se fixarem alimentos transitórios entre ex-consortes, ao entendimento de que o alimentando pouco a pouco estará inserido no mercado do trabalho ou, por outro motivo, não mais precisará de ajuda para a sua manutenção.

Esta tendência está cristalizada, inclusive, no Anteprojeto de reforma do Código Civil, ao consignar que:

> Art. 1.702: Em caso de dissolução do casamento, da sociedade conjugal ou convivencial, sendo um dos cônjuges desprovido de recursos, prestar-lhe-á o outro a pensão alimentícia que o juiz fixar, obedecidos os critérios estabelecidos no art. 1.694.
>
> Parágrafo único. Verificando-se que o credor reúne aptidão para obter, por seu próprio esforço, renda suficiente para a sua mantença, poderá o juiz fixar a pensão alimentícia *com termo final*, observado o lapso temporal necessário e razoável para que ele promova a sua inserção, recolocação ou progressão no mercado de trabalho.

De fato, toda essa ótica precisa ser revista quando se estiver diante de alimentos decorrentes do divórcio grisalho.

Sem descurar que "a ruptura da conjugalidade implica em perdas recíprocas",[18] quando se está apreciando o divórcio de pessoas idosas, é bastante provável que tal pessoa – seja homem ou mulher – tenha dificuldade em conseguir se inserir no mercado de trabalho.

Entretanto, não é apenas a situação do alimentando que merece atenção na análise dos alimentos devidos entre ex-cônjuges idosos, já que a dignidade do próprio alimentante deve ser objeto de especial atenção por parte do julgador.

Deveras, a condição econômica do alimentante pode estar bastante prejudicada, a ponto de não ter possibilidade de arcar com tais custos sem prejuízo de seu próprio sustento. Justamente por isso, prevê o art. 1.695 do CC que "são devidos os alimentos quando quem os pretende não tem bens suficientes, nem pode prover, pelo seu trabalho, à própria mantença, e aquele, de quem se reclamam, *pode fornecê-los, sem desfalque do necessário ao seu sustento*".

Sobre o tema, já se teve oportunidade de julgar improcedente o pedido de alimentos feito por ex-esposa em situação onde o ex-marido possuía graves doenças decorrentes da senilidade, já se encontrando, inclusive, submetido à curatela, e cujas despesas supera-

---

18. FARIAS, Cristiano Chaves de; ROSENVALD, Nelson. *Direito das famílias*. Salvador: JusPodivm, 2017, p. 731.

vam o valor do benefício previdenciário.[19] Em outros casos, os alimentos são deferidos, mas observando-se o critério da moderação, para que não haja o comprometimento do sustento do próprio alimentante idoso e com limitada condição financeira.[20]

Os alimentos *in natura* entre ex-consortes, concernentes ao pagamento ou manutenção como dependente em plano de saúde, também podem ser devidos e merecem uma especial análise por parte do julgador. Desse modo, além do pagamento em pecúnia, pode o alimentante ser obrigado a pagar/manter o plano de saúde de seu *ex*.[21] Tal situação se mostra peculiar no divórcio tardio, considerando a necessidade de preservação do direito à saúde dos envolvidos, que podem já possuir comorbidades ou doenças preexistentes. Decerto, parece que é indispensável a demonstração da efetiva dependência econômica para a manutenção de ex-cônjuge como dependente no plano de saúde.[22]

Sobre essa questão, os tribunais fazem questão de assinalar que a avença estabelecida pelas partes em tal sentido não poderá derrogar as regras preestabelecidas no regulamento do plano de saúde. Foi o que decidiu o Tribunal de Justiça do Distrito Federal, ao apontar que para "a adesão ao plano de saúde, mostra-se necessária a observância de critérios específicos, previstos em regulamento. No caso dos autos, os requisitos não se fazem presentes, diante da inexistência de vínculo que possa autorizar a concessão do benefício. A manutenção da ex-esposa no plano de saúde implica impor obrigação a terceiro estranho à lide, o que é vedado pelo ordenamento jurídico".[23]

Portanto, quando se fala em alimentos *in natura*, consistentes na manutenção do ex-consorte em plano de saúde, é essencial que as partes tenham conhecimento a respeito do regulamento do plano contratado pelo alimentante, isto é, se admite ou não o estabelecimento/manutenção de ex-cônjuge como dependente. Sendo impossível, pode se mostrar salutar a contratação de outro plano para atender as necessidades de saúde do alimentando, sem perder de vista que podem vir a existir regras de carência e/ou portabilidade que devem ser analisadas sob o prisma das peculiaridades do caso concreto.

Constata-se, portanto, que o divórcio grisalho traz relevantes reflexos aos alimentos devidos entre ex-cônjuges. Na prática, uma das estratégias que pode ser utilizada pelos

---

19. TJ-MG, AC: 10223130084971001-MG, Rel. Eduardo Andrade, 1CC, DJe de 10.09.2014.
20. TJ-MG, AC: 10701130096996001-MG, Rel. Eduardo Andrade, 1CC, DJe de 10.09.2014.
21. TJ-RS, AC: 70075254599-RS, Rel. Sandra Brisolara Medeiros, 7CC, DJe de 24.11.2017.
22. Agravo de instrumento. Ação de separação litigiosa. Manutenção da ex-cônjuge no plano de saúde. Demonstrada, efetivamente, a dependência econômica a ensejar a necessidade da agravada em ser mantida no plano de saúde, em razão da moléstia e de acompanhamento médico, é de ser mantida a decisão recorrida. Negado seguimento. (TJ-RS, AI: 70061322129 RS, Rel. Liselena Schifino Robles Ribeiro, 7CC, DJe de 28/08/2014). No mesmo sentido: apelação cível. Ação de divórcio. Manutenção da ex-cônjuge em plano de saúde (GEAP). Impossibilidade. Inexistindo dependência econômica da ex-cônjuge, injustificada a manutenção do plano de saúde do varão. RECURSO DESPROVIDO. (TJ-RS, AC: 70071266308-RS, Rel. Liselena Schifino Robles Ribeiro, 7CC, DJe de 03.11.2016). O mesmo posicionamento foi adotado pelo TJDFT conforme informação obtida em: https://www.conjur.com.br/2021-nov-25/ex-conjuge-nao-recebe-pensao-nao-incluido-convenio. Acesso em: 19 jan. 2023.
23. TJ-DF 07079188120198070000, Rel. Hector Valverde, 1TC, DJe de 30.10.2019.

profissionais do direito na orientação de pessoas nesse tipo de situação é a realização de um *plano de adequação patrimonial*, mitigando, com isso, os efeitos econômicos do divórcio.

Esse instituto será analisado no próximo tópico.

9.5 O ADEQUADO PLANEJAMENTO PATRIMONIAL NO DIVÓRCIO TARDIO: O "PLANO DE ADEQUAÇÃO PATRIMONIAL" (PAP) E A MITIGAÇÃO DOS EFEITOS ECONÔMICOS DO DIVÓRCIO

Além da análise dos alimentos em si, pode-se mostrar bastante interessante aos envolvidos a realização de um planejamento patrimonial adequado no caso de divórcio entre pessoas mais velhas, que consiga preservar a qualidade de vida e a existência digna de ambos os ex-cônjuges após a dissolução da união.

A respeito, a literatura assenta que, "cessando o casamento, ambos os cônjuges sofrem, certamente um decréscimo de sua capacidade econômica, decorrente da nova realidade imposta, obrigado, cada um, a assumir novos gastos. Ou seja, dissolver um casamento, sem dúvidas, implica em perdas recíprocas, gerando uma diminuição do padrão social e econômico: os rendimentos do casal, que antes serviam para a manutenção de um só núcleo familiar, devem, dali em diante, garantir a mantença de duas diferentes entidades familiares. Por isso, cada cônjuge terá de suportar os encargos decorrentes da nova vida, com esteio na isonomia constitucional".[24]

Por certo, durante a constância do casamento, os cônjuges podem ter uma vida economicamente tranquila. Apesar disso, no momento da dissolução da sociedade conjugal, podem constatar que não terão a mesma qualidade de vida que antes possuíam. Em tal hipótese, é perfeitamente possível, e bastante recomendável, que procurem um corpo técnico que consiga realizar um adequado planejamento patrimonial, garantindo-se com isso que ambos permaneçam usufruindo de uma boa vida após a extinção do vínculo conjugal. Afinal, eles podem ter trabalhado durante toda a vida e amealhado um patrimônio considerável, mas um divórcio desorganizado pode fazer com que percam a qualidade de vida que tanto lutaram para conseguir.

É o que se denomina, neste livro, de *Plano de Adequação Patrimonial* (PAP), aplicável a divórcios que sejam submetidos a qualquer método de resolução de conflitos familiares.

Embora bastante comum no divórcio operado por meio das práticas colaborativas,[25] o PAP é perfeitamente aplicável em divórcios consensuais e, igualmente, litigiosos, desde que os cônjuges estejam de acordo em se submeter a ele.

---

24. FARIAS, Cristiano Chaves de; ROSENVALD, Nelson. *Direito das famílias*. Salvador: JusPodivm, 2017, p. 731.
25. Nas práticas colaborativas, os cônjuges coordenarão e resolverão as grandes questões do seu divórcio, sem recorrer ao judiciário e em conjunto com um corpo técnico composto por advogados e parceiros interdisciplinares, denominados *coaches*, que são especialistas infantis, profissionais da área de psicologia/psicanálise e, ainda,

No desenvolvimento do Plano, o advogado, o consultor financeiro (que pode ou não ser economista, desde que versado em finanças) e o restante da equipe trabalharão juntos para potencializar a qualidade de vida de ambos os cônjuges, a partir do estudo do seu patrimônio. Constituição de *holdings* imobiliárias, venda de determinados bens inativos, realização de investimentos específicos, conversão de bens em outros que lhes garantam frutos, entre outras atividades podem ser sugeridas aos cônjuges, que poderão, ou não, a elas aderir. Tudo é construído de forma personalizada para a necessidade de cada casal. No caso de divórcio litigioso, a determinação de que a administração dos bens se operacionalizará por profissional ou empresa especializada pode ser uma medida bastante interessante.

Um PAP vai muito além de acordo sobre mera partilha de bens. Visa garantir que ambos continuem tendo uma boa qualidade de vida, para dela poderem desfrutar sem grandes alterações de cunho financeiro-econômico.

Mas, ao contrário do que se possa acreditar em um primeiro momento, não apenas cônjuges que pretendam se divorciar podem realizar esse tipo de planejamento, muito embora não se negue que nesse momento em particular, tal ajuste se mostre bastante salutar, ainda mais quando se está diante de um divórcio grisalho, em que a eventual recolocação no mercado de trabalho por qualquer dos componentes daquele casal pode ser uma tarefa bem dificultosa.

Ademais, o Plano de Adequação Patrimonial é uma das medidas que podem ser tomadas no desenvolvimento de um *Plano de Envelhecimento* (PE), que envolve uma série de autodeterminações da pessoa, seja em aspectos existenciais, patrimoniais ou sucessórios.

Essas são as razões pelas quais se acredita que o *Plano de Adequação Patrimonial* seja um instrumento essencial para que o divórcio grisalho se desenvolva da melhor forma entre os envolvidos.

9.6 A INFLUÊNCIA DO DIVÓRCIO TARDIO SOBRE O DIREITO A BENEFÍCIOS ASSISTENCIAIS

Sobre a correlação do divórcio com benefícios assistenciais, existe um curioso cenário nos Estados Unidos. Por lá, diante da inexistência de saúde pública gratuita para a população, como regra, o governo estabeleceu um benefício assistencial denominado de "*Medicaid*", que é um programa de saúde social para famílias e indivíduos de baixa renda. No artigo "*grey divorce: tips for the matrimonial pactitioner*",[26] o autor Jonathan

---

de consultoria financeira. Sobre o tema: WEBB, Stuart G; OUSKY, Ronald D. O caminho colaborativo para o divórcio. São Paulo: Instituto Brasileiro de Práticas Colaborativas, 2017; TESLER, Pauline H.; THOMPSON, Peggy. *Divórcio colaborativo*. São Paulo: Instituto Brasileiro de Práticas Colaborativas, 2017.

26. FIELDS, Jonathan E. Grey Divorce: Tips for the Matrimonial Practitioner. Journal of the American Academy of Matrimonial Lawyers. v. 29, 2016. Disponível em: https://cdn.ymaws.com/aaml.org/resource/collection/385FDCDA-028C-494C-8530-7641053BD254/MAT101_9.pdf. Acesso em: 19 jan. 2023.

Fields esclarece que os advogados de família, principalmente os que representam clientes idosos, precisam saber as interferências do divórcio na admissão da pessoa no sistema do "*Medicaid*", já que para ser qualificado para participar do programa, a renda familiar não pode ultrapassar uma quantia determinada.[27]

Aqui no Brasil, da mesma forma que nos Estados Unidos, o divórcio pode influenciar no estabelecimento de benefícios assistenciais por parte dos envolvidos, sendo importante que o profissional atuante na área tenha conhecimento sobre tais reflexos.

O primeiro desses benefícios é o denominado benefício de prestação continuada conferido pela Lei Orgânica da Assistência Social (LOAS), que possui previsão constitucional fixando que a assistência social será prestada a quem dela necessitar, independentemente de contribuição à seguridade social, tendo por objetivos a garantia de um salário mínimo de benefício mensal à pessoa portadora de deficiência e ao idoso que comprovem não possuir meios de prover à própria manutenção ou de tê-la provida por sua família, conforme dispuser a lei (art. 203, CR/88).

Densificando a previsão constitucional, a Lei 8.742/93, também denominada de Lei Orgânica da Assistência Social – LOAS, passou a regulamentar a matéria, que beneficia brasileiros natos, naturalizados e até mesmo os estrangeiros residentes no País, consoante entendimento do STF.[28]

Assim, o divórcio grisalho poderá surtir efeitos também na garantia do benefício de prestação continuada à pessoa com deficiência ou idosa com mais de 65 anos que não possua meios de prover a sua própria manutenção e nem de tê-la provida por sua família, pois o próprio Estatuto da Pessoa Idosa prescreve que "se o idoso ou seus familiares não possuírem condições econômicas de prover o seu sustento, impõe-se ao Poder Público esse provimento, no âmbito da assistência social" (art. 14, EPI), o que é feito justamente pelo pagamento do Benefício de Prestação Continuada (BPC), no âmbito da Seguridade Social (art. 20, Lei 8.742/93).

De acordo com o art. 34 do EPI, "o benefício já concedido a qualquer membro da família nos termos do caput não será computado para os fins do cálculo da renda familiar *per capita* a que se refere a LOAS".

E, ainda, consoante o art. 20 da lei, "o benefício de prestação continuada é a garantia de um salário-mínimo mensal à pessoa com deficiência e ao idoso com 65 (sessenta e cinco) anos ou mais que comprovem não possuir meios de prover a própria manutenção nem de tê-la provida por sua família". Em complemento, os §§ 1º e 3º do supramencionado art. 20 da Lei 8.742/93 trazem duas importantíssimas prescrições para o assunto aqui abordado. O primeiro deles determina que "a família é composta

---

27. Na maioria dos Estados americanos, o valor é de dois mil dólares. FIELDS, Jonathan E. Grey Divorce: Tips for the Matrimonial Practitioner. Journal of the American Academy of Matrimonial Lawyers. V. 29, 2016. Disponível em: https://cdn.ymaws.com/aaml.org/resource/collection/385FDCDA-028C-494C-8530-7641053BD254/MAT101_9.pdf. Acesso em: 19 jan. 2023.
28. STF, RE 587.970, Rel. Min. Marco Aurélio, DJ de 22.09.2017, Tema 173.

pelo requerente, o *cônjuge ou companheiro*, os pais, os irmãos solteiros, os filhos e enteados solteiros e os menores tutelados, desde que vivam sob o mesmo teto". Já o segundo, que "observados os demais critérios de elegibilidade definidos nesta Lei, terão direito ao benefício financeiro de que trata o *caput* deste artigo a pessoa com deficiência ou a pessoa idosa com renda familiar mensal *per capita* igual ou inferior a 1/4 (um quarto) do salário-mínimo".

Como se nota, referida lei se utiliza de um critério objetivo para constatar a incapacidade da pessoa em prover a sua manutenção, que será a renda mensal *per capita* em valores iguais ou inferiores a ¼ do salário mínimo (art. 20, § 3º, da Lei 8.742/93), não se incluindo nessa fração os rendimentos decorrentes de estágio supervisionado e de aprendizagem (art. 20, § 9º, Lei 8.742/93).

Tamanha objetividade na análise da renda *per capita* para fins de concessão do BPC/LOAS pode gerar alguns problemas práticos. Isto porque, como se sabe, o divórcio dissolve o casamento, eliminando a figura de "cônjuges". Além disso, o afastamento do casal geralmente faz com que a renda familiar sofra alteração, para menos ou para mais. Para menos, se a única pessoa que exercia atividade remunerada na família for o ex-cônjuge que deixa o lar; para mais, se a única pessoa que exerce atividade remunerada na família for o ex-cônjuge que permanece no lar, pois, para os fins legais, a renda recebida por cada pessoa componente daquela família não pode ultrapassar 1/4 (um quarto) do salário-mínimo. Assim, se o consorte que deixar o lar em virtude do divórcio for o único remunerado, o outro imediatamente atenderá ao requisito legal, especialmente se continuar residindo com filhos menores, pois, neste caso, os membros da família não terão renda per capita superior ao parâmetro legal. Por outro lado, se o consorte que permanecer no lar for o único remunerado, a saída do outro poderá gerar um aumento expressivo na renda *per capita* da família, que pode eventualmente vir até a deixar de ser considerada "baixa renda", desqualificando-se, com isso, no programa de assistência social.

Justamente pela recorrência com que situações desse tipo ocorrem no cotidiano, muitas pessoas questionam a objetividade do critério legal. O tema, inclusive, já foi objeto de uma Ação Direta de Inconstitucionalidade (ADI 1.232). Na oportunidade, o STF declarou a *constitucionalidade* do art. 20, § 3º, da LOAS, por meio de *controle concentrado* (com efeitos *erga omnes*). Entretanto, tal situação não foi suficiente para pacificar o tema, já que ações judiciais continuavam a questionar a objetividade exigida pela lei na análise da renda *per capita*, por excluir situações de evidente miserabilidade apenas em razão da adoção fria da letra da lei.[29] Tanto é assim que, em outra oportunidade, a mesma Corte reconheceu, desta vez por *controle difuso* (com efeitos *inter* partes) no âmbito do Recurso Extraordinário 567.985, a inconstitucionalidade parcial da norma, sem pronúncia de nulidade, por reputar que sua prescrição era abstratamente consti-

---

29. STF, RE 567.985, rel. p/ o ac. Min. Gilmar Mendes, DJe de 03.10.2013, Tema 27.

tucional, consideradas as circunstâncias temporais e os parâmetros fáticos revelados no caso concreto sob análise.[30]

Por esta e por outras razões é que este livro sempre defendeu que o critério objetivo deva ser flexibilizado a partir da análise de cada caso concreto para que se evitem injustiças contra esse especial segmento da sociedade.

Tanto é assim que as Leis n. 13.146/2015 e 14.176/2021, atualmente trazem maior maleabilidade na concessão do benefício. Agora, consta no artigo 20, § 11, que "para concessão do benefício de que trata o *caput* deste artigo, poderão ser utilizados outros elementos probatórios da condição de miserabilidade do grupo familiar e da situação de vulnerabilidade, conforme regulamento" e no §11-A que "o regulamento de que trata o § 11 deste artigo poderá ampliar o limite de renda mensal familiar per capita previsto no § 3º deste artigo para até 1/2 (meio) salário-mínimo, observado o disposto no art. 20-B desta Lei".

Para além do BPC/LOAS, existem outros Programas assistenciais que também condicionam a sua concessão à renda *per capita* do requerente.

É o caso do Programa Nacional de Acesso à Alimentação – PNAA, regulamentado pela Lei 10.689/2003, vinculado às ações dirigidas ao combate à fome e à promoção da segurança alimentar e nutricional, efetivado mediante cartão unificado, ou pelo acesso a alimentos em espécie pelas famílias em situação de insegurança alimentar, devido a famílias em situação de insegurança alimentar, bem como para beneficiários de outros programas de transferência de renda (art. 1º). O acesso ao Programa ocorrerá para unidades familiares com renda mensal *per capita* inferior a meio salário mínimo (art. 2º, § 2º).

Já a Lei 10.219/2001 cria o benefício do "Bolsa Escola", denominado formalmente de Programa Nacional de Renda Mínima. Por esse programa, a União apoiará programas de garantia de renda mínima associada a ações socioeducativas, a famílias que tenham renda familiar *per capita* inferior ao valor fixado nacionalmente em ato do Poder Executivo para cada exercício e que possuam sob sua responsabilidade crianças com idade entre seis e quinze anos, matriculadas em estabelecimentos de ensino fundamental regular, com frequência escolar igual ou superior a oitenta e cinco por cento. Como a Lei não limita o recebimento aos pais, mas sim aos responsáveis, é possível que os avós, tios, entre outros que exerçam a guarda venham a ser beneficiados do Programa.

Denota-se, assim, que o profissional que atua com *divórcio grisalho*, seja ele Advogado, Defensor Público, Promotor de Justiça ou Juiz, terá que ter conhecimento a respeito dos reflexos na qualificação dos demais membros da família em benefícios assistenciais, sob pena de colocação daquele núcleo familiar em situação de maior miserabilidade ou risco social.

---

30. STF, RE 567.985, rel. p/ o ac. Min. Gilmar Mendes, DJe de 03.10.2013, Tema 27.

9.7 O DIREITO À MORADIA

Não se tem dúvida de que a moradia digna é um direito social de todas as pessoas (art. 6º, CR/88). Especificamente em relação à pessoa idosa, o Estatuto da Pessoa Idosa estabelece, ainda, que ela terá direito à moradia digna, no seio da família natural ou substituta, ou desacompanhado de seus familiares, quando assim o desejar, ou, ainda, em instituição pública ou privada (art. 37, EPI).

Em divórcios tardios, é possível que os envolvidos permaneçam vivendo sob o mesmo teto. Na verdade, eles podem não ter condições financeiras necessárias para arcar com outro imóvel. Em tal situação, já se decidiu que "no presente caso, tratando-se de situação excepcional, em que as partes são pessoas idosas e de baixa renda, o direito à moradia deve prevalecer, devendo as partes permanecer nos imóveis que já residem, desde a separação de fato".[31]

9.8 A REVOGAÇÃO DE INSTRUMENTOS DE CONFIANÇA: PROCURAÇÕES GERAIS, DIRETIVAS ANTECIPADAS DE VONTADE (MANDATO DURADOURO) E AUTOCURATELA

Durante a vida em comum, diversos atos baseados na confiança podem ter sido realizados entre os cônjuges. Para além de procurações gerais, que devem ser sempre analisadas casuisticamente em um eventual divórcio grisalho, seja para a sua revogação ou manutenção, é possível que um consorte tenha outorgado "procurações de saúde", designando que o outro seria a pessoa responsável pelas decisões a respeito de sua saúde, no caso de impedimento em decidir.

A isso a literatura denomina de diretiva antecipada de vontade, sob a modalidade mandato duradouro.

Desse modo, "as diretivas antecipadas de vontade (DAVs) constituem o gênero de manifestação de vontade para tratamento médico, do qual são espécies o testamento vital e o mandato duradouro".[32] Na primeira categoria, a própria pessoa reserva para si a prerrogativa de decidir, tendo o direito a aceitar, recusar ou interromper voluntariamente tratamentos médicos ou cirúrgicos, inclusive os da medicina tradicional, alternativa e complementar. Na segunda, ela atribui esse direito a uma terceira pessoa.

Por isso, "o testamento vital segue o modelo de pura autonomia, enquanto o mandato duradouro segue o modelo de julgamento substituto. Ou seja, as DAV, quando contêm as diretrizes do paciente e a nomeação de um procurador, englobam ambos os modelos".[33]

---

31. TJ-MA, 0033786-33.2010.8.10.0001, Rel. Maria das Graças De Castro Duarte Mendes, 1CC, DJe de 29.10.2012.
32. DADALTO, Luciana et al. Diretivas antecipadas de vontade: um modelo brasileiro. Rev. bioét. (Impr.). 2013; 21 (3): 463-76. Disponível em: https://www.scielo.br/pdf/bioet/v21n3/a11v21n3.pdf. Acesso em: 19 jan. 2023.
33. DADALTO, Luciana et al. Diretivas antecipadas de vontade: um modelo brasileiro. Rev. bioét. (Impr.). 2013; 21 (3): 463-76. Disponível em: https://www.scielo.br/pdf/bioet/v21n3/a11v21n3.pdf. Acesso em: 19 jan. 2023.

Na perspectiva da pessoa idosa, a Convenção Interamericana dos Direitos Humanos dos Idosos estabelece que estes têm "o direito irrenunciável a manifestar seu consentimento livre e informado no âmbito da saúde. A negação deste direito constitui uma forma de vulneração dos direitos humanos do idoso" (art. 11).

No cenário jurídico nacional, embora não exista lei formal sobre o tema, o Conselho Federal de Medicina (CFM) o regulamentou através da Resolução 1.995/2012, definindo as diretivas antecipadas de vontade como "o conjunto de desejos, prévia e expressamente manifestados pelo paciente, sobre cuidados e tratamentos que quer, ou não, receber no momento em que estiver incapacitado de expressar, livre e autonomamente, sua vontade" (art. 1º). Caso o paciente tenha designado um representante para tal fim, suas informações serão levadas em consideração pelo médico. Embora a doutrina não seja pacífica, pensa-se que é possível que uma pessoa determine que seu cônjuge será seu procurador de saúde, afinal, se não há restrição legal (e em nenhum ato normativo em vigor), não existe fundamento para restringir, ainda mais, a autonomia da vontade da pessoa.[34]

Sendo assim, se uma pessoa estabeleceu uma procuração de saúde (mandato duradouro) em nome do seu ex-cônjuge, por ocasião do divórcio grisalho é indispensável que se deixe bem claro seu intento de revogar, ou não, a diretiva antecipada previamente realizada. Afinal, é indispensável que haja confiança entre os envolvidos em um mandato duradouro, sendo inconcebível deixar-se uma decisão tão importante (literalmente, de vida ou morte) nas mãos de uma pessoa na qual não se confie mais.

As DAVs são revogáveis a qualquer tempo e independem de forma certa, mas, mesmo assim, o ideal é que o ato formal de revogação da diretiva antecipada de vontade ocorra com a mesma formalidade escolhida para a sua realização (em uma espécie de paralelismo das formas para fins de segurança jurídica). No entanto, não há obrigatoriedade em assim proceder, e, nesse passo, o que importa é a manifestação expressa de vontade ao revogar.

Conhecidos estes pormenores a respeito das diretivas antecipadas de vontade, podem ser conhecidos aspectos da autocuratela.

De acordo com Nelson Roselvald tal instituto trata-se de "um negócio jurídico de eficácia sustida, através do qual a pessoa que se encontra na plenitude de sua integridade psíquica promove a sua autonomia de forma prospectiva, planejando a sua eventual curatela, nas dimensões patrimonial e existencial, a fim de que no período de impossibilidade de autogoverno existam condições financeiras adequadas para a execução de

---

34. "Corrobora-se com o entendimento de Naves e Rezende de que não seria possível que o procurador fosse um terceiro imparcial, o juiz ou a equipe médica. Contudo, discorda-se dos autores no que diz respeito à nomeação de parentes ou cônjuges/companheiros, pois entende-se que o vínculo entre estes e o paciente é tão forte – emocional e, em alguns casos, financeiramente – que macula a decisão substituta, sendo recomendável que o procurador seja um amigo e, apenas em última instância, um parente – desde que não tenha dependência financeira atual ou futura com o paciente". DADALTO, Luciana. *Testamento vital*. Indaiatuba-SP: Foco, 2022, p. 30.

suas deliberações prévias sobre o cuidado que receberá e a sua compatibilização com as suas crenças, valores e afetos".[35]

A autocuratela é formalmente reconhecida no ordenamento jurídico através da previsão contida na Convenção sobre os Direitos das Pessoas com Deficiência (Convenção de Nova York), que possui *status* de norma constitucional, por ter sido aprovada na forma do art. 5º, § 3º, da CR/88. Este documento internacional estabelece que o respeito pela dignidade inerente, a autonomia individual, inclusive a liberdade de fazer as próprias escolhas, e a independência das pessoas são seus princípios regentes (art. 3º, "a").

Existindo uma autocuratela quando do advento da incapacidade, os legitimados poderão ajuizar ação de curatela, por meio de um procedimento de jurisdição voluntária, levando as autodeterminações previstas no documento correspondente para a análise do juiz. Na sentença, este considerará as características pessoais do interdito, observando suas potencialidades, habilidades, vontades e preferências, hipótese onde as previsões contidas na autocuratela poderão ser garantidas na fixação do curador e dos limites da curatela (art. 755, II, CPC). Obviamente, também lhe competirá averiguar a validade das disposições, bem como se as previsões lá contidas são as mais adequadas para a proteção da pessoa incapaz naquele peculiar momento de sua vida.

Por compreender uma representação baseada na confiança, certo que a autocuratela pode ser revogada no caso de divórcio grisalho. Afinal, deve-se recordar que o cônjuge, não separado judicialmente ou de fato, é considerado curador de pleno direito do outro consorte (art. 1.775, CC). Com a autocuratela válida e não revogada, aquele que não é sequer mais cônjuge poderá eventualmente exercer o múnus de curador. Outros podem pensar, contudo, que a manutenção da autocuratela parece ter lugar apenas no caso de expressa manifestação por parte da pessoa, já que a própria legislação estabelece uma quebra na confiança recíproca entre os cônjuges após a cessação da entidade familiar. Sendo como for, é mais seguro que aquela pessoa se manifeste expressamente a respeito, seja pela manutenção ou pela revogação.

Desse modo, por ocasião do divórcio tardio, é indispensável que o cônjuge que tenha designado o seu consorte como o seu representante, deixe bem claro seu intento de revogar ou de manter a procuração geral, a autocuratela ou a diretiva antecipada previamente realizada, bem como qualquer outro instrumento que porventura tenha sido elaborado com base na confiança.

9.9 A MUDANÇA DE NOME

O nome civil é um atributo da personalidade, "consistindo em um direito essencial de ser identificado na sociedade",[36] e, no casamento, qualquer dos nubentes poderá

---

35. ROSENVALD, Nelson. *Os confins da autocuratela.* Disponível em: https://www.nelsonrosenvald.info/single--post/2017/05/16/Os-confins-da-autocuratela. Acesso em: 19 jan. 2023.
36. FARIAS, Cristiano Chaves de; ROSENVALD, Nelson. *Direito das famílias.* Salvador: JusPodivm, 2017, p. 271.

acrescentar ao seu o sobrenome do outro (art. 1.565, § 1º, CC). Inclusive, trata-se de uma faculdade àquele que assim desejar, que independe da aquiescência do outro.[37]

Via de regra, o nome será alterado por ocasião do casamento, mas nada impede que o seja posteriormente. O art. 109 da Lei de Registros Públicos prevê a possibilidade de que o interessado ingresse com ação de retificação de registro civil manifestando seu interesse em acrescentar o sobrenome do cônjuge.[38]

No ano de 2021, o STJ teve oportunidade de se pronunciar sobre interessante caso. A parte, que havia substituído um de seus patronímicos pelo de seu cônjuge por ocasião do matrimônio, pretendia retomar seu sobrenome de solteira, ainda na constância do vínculo conjugal, em virtude de aquele adotado ter se tornado o protagonista de seu nome civil, em detrimento do sobrenome familiar, o que lhe estaria causando dificuldades de adaptação e problemas psicológicos e emocionais, por sempre ter sido socialmente conhecida pelo sobrenome do pai. Ao analisar o recurso, a Corte, decidiu que era possível a alteração do nome na constância da união, ao argumento de que:

> [...] 7 – Dado que as justificativas apresentadas pela parte não são frívolas, mas, ao revés, demonstram a irresignação de quem vê no horizonte a iminente perda dos seus entes próximos sem que lhe sobre uma das mais palpáveis e significativas recordações – o sobrenome –, deve ser preservada a intimidade, a autonomia da vontade, a vida privada, os valores e as crenças das pessoas, bem como a manutenção e perpetuação da herança familiar, especialmente na hipótese em que a sentença reconheceu a viabilidade, segurança e idoneidade da pretensão mediante exame de fatos e provas não infirmados pelo acórdão recorrido.[39]

Se a inclusão do sobrenome alheio, por ocasião do casamento, é uma faculdade aos cônjuges, sua exclusão, por ocasião do divórcio, deve seguir o mesmo modelo. Afinal, este terá se incorporado à sua personalidade.

Por esse motivo, o STJ já teve a oportunidade de decidir que "o fato de a ré ter sido revel em ação de divórcio em que se pretende, também, a exclusão do patronímico adotado por ocasião do casamento não significa concordância tácita com a modificação de seu nome civil, quer seja porque o retorno ao nome de solteira após a dissolução do vínculo conjugal exige manifestação expressa nesse sentido, quer seja o efeito da presunção de veracidade decorrente da revelia apenas atinge às questões de fato, quer seja ainda porque os direitos indisponíveis não se submetem ao efeito da presunção da veracidade dos fatos".[40]

---

37. Tecendo críticas a respeito: FARIAS, Cristiano Chaves de; ROSENVALD, Nelson. *Direito das famílias*. Salvador: JusPodivm, 2017, p. 271.
38. Art. 109. Quem pretender que se restaure, supra ou retifique assentamento no Registro Civil, requererá, em petição fundamentada e instruída com documentos ou com indicação de testemunhas, que o Juiz o ordene, ouvido o órgão do Ministério Público e os interessados, no prazo de cinco dias, que correrá em cartório.
39. STJ, REsp 1873918/SP, Rel. Min. Nancy Andrighi, 3T, DJe de 04.03.2021.
40. STJ, REsp 1732807/RJ, Rel. Min. Nancy Andrighi, 3T, DJe de 17.08.2018.

10
ALIENAÇÃO PARENTAL INVERSA

10.1 A ALIENAÇÃO PARENTAL: NOÇÕES ESSENCIAIS

O tema da alienação parental passou a ser objeto de intenso estudo a partir da sua identificação, em 1985, por Richard Gardner, professor de psiquiatria clínica do Departamento de Psiquiatria Infantil da Universidade de Columbia, nos Estados Unidos da América. Na oportunidade, o americano cunhou o termo *Síndrome da Alienação Parental* (SAP) para se referir a um distúrbio infantil provocado por ação deliberada do seu genitor guardião no propósito de desqualificação do genitor não guardião. Para viabilizar o tratamento, denominou tal ato de *síndrome* para que, a partir daí, pudesse ocorrer a sua inclusão no rol do Manual de Diagnóstico e Estatísticas dos Transtornos Mentais (DMS-IV), organizado pela Associação Psiquiátrica Americana.[1]

No Brasil, a temática passou a ser regulamentada pela Lei 12.318/2010, embora tenha se realizado uma opção política e legislativa de não reproduzir a nomenclatura "síndrome". Por aqui, portanto, fala-se meramente em Alienação Parental (AP), que não se confundiria tecnicamente com a síndrome a ela associada (SAP). A síndrome se refere às consequências do ato de alienação, ou "ao conjunto de sintomas provocados pela alienação parental ou alijamento da prole em desfavor de um genitor ou mesmo da família estendida".[2] A legislação não se utilizou da nomenclatura por se tratar de técnica médica que não possuía, naquele tempo, catalogação na Classificação Internacional de Doenças (CID), situação que só veio a ocorrer em maio de 2019, com entrada em vigor em 1º de janeiro de 2022 (CID 11, QE52.0 – "*caregiver-child relationship problem*").[3]

Se, por um lado, a síndrome se refere "às *sequelas* emocionais e comportamentais de que vem a padecer a criança vítima daquele alijamento",[4] a alienação parental corresponde aos *atos* praticados pelo guardião de afastamento da criança do outro genitor, para que ela passe a repudiá-lo, sendo o "processo desencadeado pelo progenitor que

---

1. MADALENO, Ana Carolina Carpes; MADALENO, Rolf. *Síndrome da alienação parental*: aspectos legais e processuais. 5. ed. Rio de Janeiro: Forense, 2018, p. 42.
2. MADALENO, Ana Carolina Carpes; MADALENO, Rolf. *Síndrome da alienação parental*: aspectos legais e processuais. 5. ed. Rio de Janeiro: Forense, 2018, p. 42.
3. Informação disponível em: http://www.ibdfam.org.br/noticias/6726/Entrevista%3A+Aliena%C3%A7%-C3%A3o+Parental+no+CID+-+Abordagem+m%C3%A9dica. Acesso em: 19 jan. 2023.
4. FONSECA, Priscila Maria Pereira Correa da. Síndrome de alienação parental. *Revista Brasileira de Direito de Família*, fev./mar. 2007, n. 40, p. 5-16, Porto Alegre, 2007.

intenta arredar o outro genitor da vida do filho".[5] Por isso, ambas se encontram correlacionadas, já que a síndrome é *consequência* do ato de alienação parental.

Para a literatura especializada, trata-se de "uma campanha liderada pelo genitor detentor da guarda da prole, no sentido de programar a criança para que odeie e repudie, sem justificativa, o outro genitor, transformando a sua consciência mediante diferentes estratégias, com o objetivo de obstruir, impedir ou mesmo destruir os vínculos entre o menor e o pai não guardião, caracterizado, também, pelo conjunto de sintomas dela resultantes, causando, assim, uma forte relação de dependência e submissão do menor com o genitor alienante. E, uma vez instaurado o assédio, a própria criança contribui para a alienação".[6]

A alienação parental também é denominada de "síndrome de Medeia" e, nas palavras de Philip Stahl, é definida como a rejeição injustificada de um dos pais por uma criança devido à influência do outro pai combinada com as próprias contribuições da criança.[7]

Para Glícia Brazil, essas seriam as premissas para "que se instale um quadro de alienação parental: ambiente conflituoso onde a criança assimilou a lógica adversarial dos pais, ato de alienação parental praticado pelo adulto – figura de autoridade – e apego patológico da criança com o adulto".[8]

Corriqueiramente, a alienação parental é evidenciada a partir de conflitos familiares dos pais da criança ou do adolescente, que "não elaboraram bem o fim da conjugalidade".[9] Mas ela pode ser realizada também por outros personagens, sendo possível que a alienação seja praticada por outros membros da família, como avô/avó, madrastas, irmãos e até mesmo por quem não pertença ao núcleo por vínculo de parentesco, como, por exemplo, uma babá.

Parte da literatura aponta que a alienação parental consiste na realização de atos de "programação" ou uma "lavagem cerebral" da criança e adolescente.[10] Entretanto, embora isso não possa ser negado, este livro concorda que, "afirmar que a SAP é apenas uma lavagem cerebral seria restringir a complexidade, sofisticação e sutileza que este

---

5. FONSECA, Priscila Maria Pereira Correa da. Síndrome de alienação parental. *Revista Brasileira de Direito de Família*, v. fe/mar. 2007, n. 40, p. 5-16, Porto Alegre, 2007.
6. MADALENO, Ana Carolina Carpes; MADALENO, Rolf. *Síndrome da alienação parental*: aspectos legais e processuais. 5. ed. Rio de Janeiro: Forense, 2018, p. 43.
7. "Parental alienation is defined as a child's unreasonable rejection of one parent due to the influence of the other parent combined with the child's own contributions". STAHL, Philip M. *Understanding and Evaluating Alienation in High-Conflict Custody Cases*. Disponível em: https://parentingafterdivorce.com/wp-content/uploads/2016/05/AlienationArticleForWJFL1.pdf. Acesso 25 mai. 2020.
8. BRAZIL, Glícia Barbosa de Mattos. Escuta de criança e adolescente e prova da verdade judicial. In: PEREIRA, Rodrigo da Cunha; DIAS, Maria Berenice (Coord.). *Famílias e sucessões*: Polêmicas, tendências e inovações. Belo Horizonte: IBDFAM, 2018, p. 517.
9. Disponível em: http://www.rodrigodacunha.adv.br/alienacao-parental-uma-inversao-da-relacao-sujeito-objeto/. Acesso em: 19 jan. 2023.
10. FERREIRA, Cláudia Galiberne; ENZWEILER, Romano José. *Síndrome da alienação parental, uma iníqua falácia*. Disponível em: https://revista.esmesc.org.br/re/article/view/97/0. Acesso em: 19 jan. 2023.

processo requer".[11] Tanto é assim que a Lei 12.318/2010 estabeleceu um rol exemplificativo do que venha a ser considerado alienação parental, apresentando que se trata de uma interferência na formação psicológica da criança ou do adolescente promovida ou induzida por um dos genitores, pelos avós ou pelos que os tenham sob a sua autoridade, guarda ou vigilância para que repudie genitor ou que cause prejuízo ao estabelecimento ou à manutenção de vínculos com este (art. 2º, Lei 12.318/2010). Além disso, configura ato de alienação parental a realização de campanha de desqualificação da conduta do genitor, bem como atos que dificultem o exercício da autoridade parental, o contato ou o exercício do direito regulamentado de convivência com a criança e, ainda, a omissão deliberada de informações pessoais relevantes, inclusive médicas, escolares e alterações de endereço (art. 2º, parágrafo único, Lei 12.318/2010).

Uma forma peculiar – e, infelizmente, bastante corriqueira – de se praticar a alienação parental é a apresentação de falsa denúncia de abuso sexual contra genitor, visando obstar a convivência dele com a criança. Sobre o tema, Maria Berenice Dias aduz que nesse "jogo de manipulações, todas as armas são utilizadas, inclusive a falsa denúncia de ter havido abuso sexual. O filho é convencido da existência de determinados fatos e levado a repetir o que lhe é afirmado como tendo realmente acontecido. Dificilmente consegue discernir que está sendo manipulado e acaba acreditando naquilo que lhe é dito ele forma insistente e repetida. Com o tempo, nem o alienador distingue mais a diferença entre verdade e mentira. A sua verdade passa a ser verdade para o filho, que vive com falsas personagens de uma falsa existência, implantando-se, assim, as falsas memórias".[12]

No caso de caracterização de atos de alienação, o alienador sofrerá as consequências previstas no art. 6º da Lei 12.318/2010, como consectário do princípio da responsabilidade parental (art. 226, § 7º, CR/88).[13]

Toda essa tutela normativa deriva da necessidade de que a criança e/ou adolescente alienado tenha a sua integridade física e mental preservada. Certamente, os atos de alienação são considerados como forma de *violência intrafamiliar emocional/psicológica*, causando sérias desordens psíquicas na criança alienada. Além disso, não se pode esquecer que a criança tem o direito fundamental a uma sadia convivência familiar e comunitária com os seus pais e, sem sombra de dúvidas, tal direito é violado frontalmente em casos de alienação parental.

Diante dessa construção normativa da alienação parental de crianças e adolescentes, a literatura passou a descrever a existência da alienação também de idosos. É sobre isso que se passará a discorrer nos próximos tópicos.

---

11. MADALENO, Ana Carolina Carpes; MADALENO, Rolf. *Síndrome da alienação parental*: aspectos legais e processuais. 5. ed. Rio de Janeiro: Forense, 2018, p. 56.
12. DIAS, Maria Berenice. *Manual de direito das famílias*. São Paulo: Ed. RT, 2015, p. 547.
13. FARIAS, Cristiano Chaves de; ROSENVALD, Nelson. *Direito de família*. Salvador: Juspodivm, 2017, p. 113.

10.2 A ALIENAÇÃO PARENTAL DE IDOSOS (ALIENAÇÃO PARENTAL INVERSA)

A relação entre a alienação parental e a pessoa idosa pode se desenvolver de três modos: a) quando a pessoa idosa é a alienadora de uma criança ou adolescente (em razão da abertura proporcionada pelo art. 2º, *caput*, da Lei 12.318/10); b) quando a alienação parental é praticada para que criança ou adolescente passe a repudiar uma pessoa idosa, que pode ser um avô/avó, por exemplo (por força do art. 2º, parágrafo único VII, da Lei 12.318/10); c) quando a alienação parental é praticada contra a pessoa idosa, sendo ela a vítima dos atos de alienação parental, situação denominada pela doutrina como alienação parental inversa.

Este capítulo destina-se ao estudo apenas desta última situação.

A partir da construção jurídica da figura da alienação parental de crianças e adolescentes, e da prescrição constitucional sobre o dever de reciprocidade entre pais e filhos – no sentido de que os pais têm o dever de assistir, criar e educar os filhos menores de idade, e os filhos maiores têm o dever de ajudar e amparar os pais na velhice, carência ou enfermidade (art. 229, CR/88) –, a doutrina começou a questionar se seria possível a ocorrência de alienação parental em detrimento de pessoas idosas.

Seria o caso, por exemplo, de um dos filhos realizar atos de alienação parental em face do seu pai idoso e em detrimento do irmão, com a finalidade de obter o controle exclusivo sobre o patrimônio do primeiro.

Por conta da lamentável recorrência com que os filhos aparecem nas alienações perpetradas em face de pais idosos (filhos em relação aos pais idosos), parcela da literatura americana denominou esse tipo de alienação de "*adult sibling alienation*" (alienação entre irmãos adultos, em tradução livre), situação em que um filho tenta desqualificar o seu próprio irmão para que tenha controle dos cuidados, do patrimônio e da herança dos pais idosos.[14]

Tal figura em muito se aproxima do que aqui no Brasil se convencionou denominar de *alienação parental inversa*, hipótese em que o alienado é um idoso, em vez de uma criança ou adolescente. Invertem-se os papéis, fazendo-se com que os filhos sejam aqueles que realizam atos de alienação parental em relação aos seus pais idosos. Assim, embora "a Lei da Alienação Parental ampare especificamente o menor de idade, as pessoas idosas, efetivamente, não estão livres dos atos de alienação daqueles que sobre elas exercem alguma autoridade, guarda ou vigilância, especialmente quando o abuso parte

---

14. "Parental alienation occurs when one parent, the alienator, turns the children against the other. Sibling alienation occurs when one adult sibling wants to push aside another. While sibling alienation can occur at any point, one sibling may be especially tempted to alienate another in order to gain control of care-taking or inheritance outcomes with aging parents." HEITLER, Susan. Adult Sibling Alienation: Who Does It and Why. Disponível em: https://www.psychologytoday.com/us/blog/resolution-not-conflict/201912/adult-sibling-alienation--who-does-it-and-why. Acesso em: 19 jan. 2023.

de estranhos ou parentes que, por vezes, se beneficiam das vantagens proporcionadas pelos recursos e reservas financeiras dos idosos".[15]

Nem sempre, contudo, esse papel será exercido pelos filhos. Da mesma forma que na alienação parental de crianças e adolescentes, em que o ato não necessariamente é praticado pelos pais, na alienação parental inversa também não existe essa necessária identidade de personagens. É plenamente possível, portanto, que o alienador seja um cuidador, um empregado, um porteiro de edifício onde o idoso resida, o enfermeiro contratado para seus cuidados, entre outros. Inclusive, o Tribunal de Justiça do Distrito Federal já teve oportunidade de entender nesse sentido, ao reputar que "os atos de alienação parental, conforme inteligência da Lei 12.318/2010, não se restringem somente àqueles que tenham vínculo de parentesco com a vítima".[16] Consta neste julgado, ainda, que "não se pode ignorar que pessoas próximas à idosa e que possuam algum tipo de influência, ainda que na qualidade de cuidadores ou porteiros e empregados do imóvel em que reside a idosa, possam, supostamente, se aproveitar da sua condição de vulnerabilidade a fim de realizar atos malévolos destinados à prática de alienação parental".

Aliás, Fernando Salzer sustenta que "tendo em conta que a Lei 13.431/2017 declarou que a alienação parental é uma forma de violência doméstica psicológica, indene de dúvidas se mostra que os atos de alienação familiar podem ser praticados por qualquer pessoa, independente de parentesco ou coabitação, que, por ação ou omissão, promovida, induzida ou autoinfligida, interfira e/ou prejudique o pleno desenvolvimento das crianças, adolescentes ou idosos, mediante ameaça, constrangimento, humilhação, manipulação, isolamento, vigilância constante, chantagem, violação de sua intimidade, limitação do direito de ir e vir ou qualquer outro meio que lhe cause prejuízo ao estabelecimento ou à manutenção de vínculos e laços familiares saudáveis, obstando ou cerceando o constitucional direito de convivência familiar e comunitária".[17]

---

15. MADALENO, Ana Carolina Carpes; MADALENO, Rolf. *Síndrome da alienação parental*: aspectos legais e processuais. 5. ed. Rio de Janeiro: Forense, 2018, p. 144.
16. Agravo de instrumento. Ação declaratória de alienação parental. Lei 12.312/2010. Exclusão de litisconsortes. Teoria da asserção. Exclusão prematura. Necessidade de instrução probatória. Agravo provido. 1 – Nosso ordenamento jurídico brasileiro se inclina, no âmbito jurisprudencial e doutrinário, pela adoção da teoria da asserção que, de um modo geral, estatui que o exame das condições da ação deve ser analisado em torno da narrativa trazida ao órgão jurisdicional pelo autor, de modo que, a constatação de que se a afirmação autoral reflete ou não a realidade estaria no campo meritório. 2 – Nesses termos, revela-se prematura a decisão que determinou a exclusão dos litisconsortes na fase inicial da demanda, uma vez que não se pode ignorar que pessoas próximas à idosa e que possuam algum tipo de influência, ainda que na qualidade de cuidadores ou porteiros e empregados do imóvel em que reside a idosa, possam, supostamente, se aproveitar da sua condição de vulnerabilidade a fim de realizar atos malévolos destinados à prática de alienação parental. 3 – Com efeito, tem-se que os atos de alienação parental, conforme inteligência da Lei 12.318/2010, não se restringem somente àqueles que tenham vínculo de parentesco com a vítima. 4 – Agravo de instrumento conhecido e provido. (TJ-DF 07007324120188070000, 3ª TC, DJe de 28.09.2018).
17. SALZER, Fernando; WAQUIM, Bruna Barbieri. Alienação familiar: um atentado à liberdade de crianças, adolescentes e idosos. In: WAQUIM, Bruna Barbieri; SALZER, Fernando; COPETTI, Líbera (Org.). *Alienação parental*: aspectos multidisciplinares. Curitiba: Juruá, 2021, p. 40.

Ainda sobre o tema, Ana Carolina Carpes Madeleno e Rolf Madaleno esclarecem que a alienação parental inversa pode "partir também daquele que tem o idoso sob a sua responsabilidade direta, como no caso de curadores, ou sob seus cuidados especiais, como acontece com os cuidadores profissionais, ou enfermeiros especialmente contratados para atender a pessoa idosa, não se mostrando incomum verificar que eles acabam sendo isolados e estigmatizadas por seus filhos e parentes próximos, sendo, por vezes, negligenciados ou explorados por seus curadores e cuidadores".[18]

Semelhante opinião é compartilhada por Bruna Barbieri Waquim, para quem haveria um paralelo entre os atos de alienação parental de crianças e adolescentes com a alienação de pessoas idosas. A professora maranhense sugere, inclusive, a adaptação do nome Conferido ao instituto para "alienação familiar", aduzindo que o referido paralelo poderia ocorrer através de três perspectivas: "1. aproximando-se a característica de "pessoa em desenvolvimento" à senilidade; 2. aproximando-se os bens jurídicos lesionados pela prática da Alienação Parental e pela prática da alienação familiar; 3. aproximando-se os mecanismos de prática de alienação parental com os de prática de alienação familiar".[19]

O principal fundamento para a alienação parental contra o idoso repousa na similitude da sua vulnerabilidade com a de uma criança ou adolescente. Não por outro motivo, a Constituição da República garantiu a ambos o princípio da prioridade integral, bem como uma tutela específica e protetiva (arts. 227 e 229).

Contudo, falar em *vulnerabilidades similares* não pode, sequer de longe, remeter o intérprete a uma análise infantilizada da pessoa idosa, pois, ao contrário do que acontece com as crianças e adolescentes, inexiste uma presunção de incapacidade das pessoas mais velhas. Afinal, "o idoso não é individualmente incapaz, porém compõe um grupo vulnerável. A incapacidade é um estado da pessoa que presume a sua vulnerabilidade, mas a recíproca não é válida".[20] Por isso, o tratamento, embora semelhante, terá que ser adaptado para as necessidades da pessoa idosa, que nada mais é do que uma pessoa adulta, com independência e autonomia para todos os atos da sua vida, mas que pode, eventualmente, se encontrar em estado de vulnerabilidade. As situações envolvendo incapacidade devem ser objeto de medida diferente, qual seja uma ação de curatela e, mesmo em tais casos, via de regra, não haverá influência sobre as decisões existenciais da sua vida (art. 85, § 1º, EPD).

Em 2022, o Superior Tribunal de Justiça, por meio de uma decisão monocrática, reconheceu a possibilidade de aplicação da alienação parental à pessoa idosa.[21]

---

18. MADALENO, Ana Carolina Carpes; MADALENO, Rolf. *Síndrome da alienação parental*: aspectos legais e processuais. 5. ed. Rio de Janeiro: Forense, 2018, p. 144.
19. WAQUIM, Bruna Barbieri. Alienação familiar de idoso: somente crianças e adolescentes estão sujeitos à proteção da Lei 12.318/2010? Alienação parental. *Revista digital luso-brasileira*. 3. ed. Jun-ago/2014, ISSN 2183-1769.
20. ROSENVALD, Nelson. A guarda de fato de idosos. In: BARLETTA, Fabiana Rodrigues; ALMEIDA, Vitor. *A tutela jurídica da pessoa idosa*. Indaiatuba: Foco, 2020, p. 120.
21. O STJ confirmou decisão do Tribunal de origem ao argumento de que "da leitura do acórdão recorrido se conclui que o principal fundamento para a aplicação do instituto da alienação parental ao idoso foi a garantia constitucional de proteção ao idoso e a recorrente, no seu arrazoado, não apresentou sequer um argumento

10.3 A TEORIA DOS LUGARES PARALELOS INTERPRETATIVOS (APLICAÇÃO DA LEI DE ALIENAÇÃO PARENTAL POR ANALOGIA OU COMO UM LUGAR PARALELO INTERPRETATIVO?)

Inexiste qualquer previsão normativa específica a respeito da alienação parental inversa em nosso ordenamento jurídico, não se encontrando nem no Estatuto da Pessoa Idosa ou na Lei de Alienação Parental qualquer "menção acerca da prática da alienação parental, o que dificulta a sua aplicação jurídica",[22] o que, inclusive, tem dado origem a uma tese no sentido de que ela seria incabível, diante da ausência previsão legal (interpretação literal).

Aparentemente, contudo, existem mais indicadores a favor do que contra sua aceitação pelo ordenamento jurídico nacional. Em primeiro lugar, porque o Projeto de Lei 9.446/2017 pretende alterar o art. 2º da Lei 12.318/2010 para ampliar as possíveis vítimas da alienação parental, a abarcar também a pessoa idosa e, ainda, o Projeto de Lei PL 1.841/2024 busca regulamentar de maneira abrangente a alienação parental inversa. Em segundo, porque, respeitosamente, as teses favoráveis parecem se mostrar mais judiciosas.

A respeito, duas teses se destacam.

A primeira delas é a que reputa perfeitamente crível a alienação parental ao idoso em nosso ordenamento jurídico, devendo ser aplicada a partir de uma interpretação analógica da Lei de Alienação Parental (Lei 12.318/2010), tendo ganhado muitos adeptos no cenário nacional. Sobre ela, a literatura sustenta que "apesar do rol taxativo de vítimas elencados na referida lei, faz-se necessária sua utilização analógica diante da ausência de legislação protetiva em prol dos idosos".[23] Também Cláudia Gay Barbedo esclarece que "a vulnerabilidade é a semelhança relevante existente entre os dois casos – criança/adolescente e idoso", razão pela qual "cabível é a interpretação analógica".[24]

Em sentido semelhante, ensina Bruna Barbieri Waquim que, na "ausência de um regramento específico para tanto, não vislumbramos impedimento para que as disposições da Lei 12.318/2010 sejam utilizadas, naquilo que for cabível, para regular as situações de abuso moral ou violação do direito de convivência familiar perpetrados

---

plausível, objetivamente voltado a impugná-lo" (STJ, REsp n. 1.952.150, Min. Ricardo Villas Bôas Cueva, DJe de 13.06.2022).

22. TAVARES, Juliana; RIBEIRO, Elizângela Abigail Sócio. A alienação parental na pessoa idosa. In: CACHAPUZ, Rozane da Rosa et al (Org.). *Do acesso à justiça no direito das famílias e sucessões*. Londrina, PR: Thoth, 2020, p. 35.
23. SCHIRMER, Gabriela da Silva. *Alienação parental contra idosos*: a possibilidade da utilização por analogia da Lei 12.318/10 visando a proteção da população idosa. Disponível em https://repositorio.ufsm.br/bitstream/handle/1/11451/Gabriela%20da%20Silva%20Schirmer.pdf?sequence=1&isAllowed=y. Acesso em: 19 jan. 2023.
24. BARBEDO, Claudia Gay. A possibilidade de ser estendida a Lei de Alienação Parental ao idoso. In: SOUZA, Ivone M. Candido Coelho de (Org.). *Família contemporânea*: uma visão interdisciplinar. Instituto Brasileiro de Direito de Família Seção Rio Grande do Sul. IBDFAM, 2011.

por um alienador, que se aproveita da senilidade do idoso, assim como pode alguém se aproveitar da imaturidade de uma criança ou adolescente".[25]

De acordo com esta tese, "a legislação, por analogia, deve ser estendida ao idoso, para que seja aplicado ao alienador o rol estampado nos incisos do art. 6º da Lei 12.318/2010".[26]

No entanto, sendo a alienação parental inversa uma forma de violência emocional/psicológica contra a pessoa idosa, seria possível falar-se, ainda, de outra tese, por aqui denominada de "teoria dos lugares paralelos interpretativos".

Explica-se.

O Estatuto da Pessoa Idosa já confere uma larga tutela normativa à pessoa idosa em situação de risco, a qual poderá se valer das medidas de proteção específicas fixadas em seu artigo 45, toda vez que se encontrar em qualquer situação de violência em razão da falta, omissão ou *abuso* da família, curador ou entidade de atendimento ou, até mesmo pela sua condição pessoal (art. 43, II e III, EPI).[27]

Perceba que, apesar de o Estatuto não se utilizar expressamente do termo alienação parental, ele se mostra completamente cabível para que ocorra uma adequada tutela dos direitos dos idosos, justamente pelo fato de a alienação ser uma forma de violência.

Inexistiria, portanto, lacuna normativa a demandar a sua integração por intermédio da analogia. Isso porque este método hermenêutico deve ser reservado para situações em que exista uma lacuna normativa, e, ainda, que as causas observáveis sejam semelhantes, a demandar uma tutela equiparada pelo ordenamento jurídico. É o que explica Miguel Reale, ao apontar que a analogia deve ser aplicada "quando encontramos uma forma de conduta não disciplinada especificamente por normas ou regras que lhe sejam próprias, consideramos razoável subordiná-la aos preceitos que regem relações semelhantes, mas cuja similitude coincida em pontos essenciais".[28-29]

---

25. WAQUIM, Bruna Barbieri. Alienação familiar de idoso: somente crianças e adolescentes estão sujeitos à proteção da Lei 12.318/2010? Alienação parental. *Revista digital luso-brasileira*. 3. Ed. Jun-ago/2014, ISSN 2183-1769.
26. BARBEDO, Claudia Gay. A possibilidade de ser estendida a Lei de Alienação Parental ao idoso. In: SOUZA, Ivone M. Candido Coelho de (Org.). *Família contemporânea*: uma visão interdisciplinar. Instituto Brasileiro de Direito de Família Seção Rio Grande do Sul. IBDFAM, 2011.
27. Embora tenham consignado que o Estatuto do Idoso deve ser aplicado aos casos de idosos em situação de risco (art. 43, EPI), Juliana Tavares e Elizangela Ribeiro chegam a conclusão distinta, no sentido de inexistência de dispositivo legal regulamentando expressamente e, com isso, necessidade de aplicação analógica da Lei de Alienação Parental. Vide TAVARES, Juliana; RIBEIRO, Elizângela Abigail Sócio. A alienação parental na pessoa idosa. In: CACHAPUZ, Rozane da Rosa et al (Org.). *Do acesso à justiça no direito das famílias e sucessões*. Londrina, PR: Thoth, 2020, p. 28.
28. REALE, Miguel. *Lições preliminares de direito*. 27. ed. São Paulo: Saraiva, 2004, p. 85.
29. É, também a posição de GUSMÃO, Paulo Dourado de. *Introdução ao estudo do direito*. 20. ed. Rio de Janeiro: Forense, 1997, p. 223: "É, pois, a analogia processo de aplicação de um princípio jurídico estatuído para determinado caso a outro que, apesar de não ser igual, é semelhante ao previsto pelo legislador, ou, mais singelamente, extensão do tratamento jurídico, previsto expressamente na lei para determinado caso, a um semelhante, não previsto".

Mas, a inexistência de analogia não pode levar o intérprete à conclusão de que a Lei de Alienação Parental não seja um importante instrumento interpretativo também para a alienação parental inversa. Tal situação é, inclusive, explicada pelo professor português José de Oliveira Ascensão, ao estabelecer que "a analogia é um fenômeno geral, que também se manifesta na interpretação, através dos chamados *lugares paralelos*".[30] Assim, para além da aplicação pura da analogia como mecanismo de integração de lacunas, ela também poderá ser utilizada como método interpretativo a partir da existência de *lugares paralelos*, que compreendem "normas respeitantes a institutos ou hipóteses de qualquer modo relacionados com a fonte que se pretende interpretar. A semelhança da situação ou da apresentação faz supor que o regime jurídico também é semelhante".[31] Em arremate, o doutrinador escreve que a utilização idônea dos lugares comuns deve "atender à ordem jurídica no seu conjunto, e não só à ordem legal".[32]

Eis a razão de esta obra se valer do termo que dá nome a este tópico.

Em razão do semelhante espectro tutelar, não resta dúvida que a alienação parental de idosos deverá seguir um preceito interpretativo semelhante àquele que é conferido às situações envolvendo crianças e adolescentes. Mas frise-se: não se trata de aplicação da analogia para preencher lacunas, pois haverá a incidência *direta* do Estatuto da Pessoa Idosa em tais hipóteses, sendo tal instrumento mais adequado para a proteção dos direitos da pessoa idosa. Do que se trata, isso sim, é da interpretação dos fatos à luz dos preceitos estabelecidos na Lei da Alienação Parental, no que couber, pois tais diplomas podem ser considerados "lugares paralelos".

A aplicação direta do Estatuto da Pessoa Idosa parece, ainda, mais consentânea com o contemporâneo direito da pessoa idosa, onde a autonomia, a liberdade, a independência, e os demais reflexos do envelhecimento ativo e saudável, acabam sendo um vetor interpretativo fundamental para a análise dos institutos aplicáveis a esse segmento social. Situações de incapacidade são excepcionais e devem ser submetidas ao devido processo legal, pois, como dito, presume-se a capacidade da pessoa idosa, ao contrário do que aconteceria com as crianças e os adolescentes.

As medidas de proteção ao idoso em situação de alienação parental devem observar as peculiaridades da vulnerabilidade do idoso. Se ele eventualmente for, além de idoso, *incapaz*, as medidas podem ser mais incisivas, mas, sendo ele capaz, é essencial que a sua vontade seja dignamente preservada. Nesse caso, "a tendência do Judiciário é dizer que nada pode fazer em razão de o idoso tratar-se de pessoa

---

30. ASCENSÃO, José de Oliveira. *O direito*: introdução e teoria geral. Uma perspectiva luso-brasileira. Lisboa: Fundação Calouste Gulbenkian. 1978, p. 360.
31. ASCENSÃO, José de Oliveira. *O direito*: introdução e teoria geral. Uma perspectiva luso-brasileira. Lisboa: Fundação Calouste Gulbenkian. 1978, p. 360.
32. ASCENSÃO, José de Oliveira. *O direito*: introdução e teoria geral. Uma perspectiva luso-brasileira. Lisboa: Fundação Calouste Gulbenkian. 1978, p. 361.

maior e capaz. Portanto, não há como obrigá-lo ao regime de visitar, pois deve ser respeitada a sua vontade".[33]

Não se pode perder de vista que a Lei de Alienação Parental é revestida de conceitos atrelados à incapacidade (em razão do poder familiar existente entre pais e filhos menores de idade), principalmente ao regulamentar as medidas aplicáveis caso haja a constatação de alienação. É o caso, por exemplo, da utilização dos termos guarda e sua inversão (art. 2º e 6º, V), a existência de uma "autoridade" ao alienante (art. 2º), a imposição de domicílio à vítima alienada (art. 6º, VI), e, ainda, a ampliação do regime de convivência familiar em favor do terceiro que foi alvo de alienação (art. 6º, II).

Nada impede que, dentro das medidas protetivas ao idoso, previstas no rol exemplificativo do artigo 45 do EPI, o juiz aplique aquela que se mostrar mais adequada para a tutela dos direitos do idoso naquele caso concreto por ele analisado, inclusive se valendo do "lugar paralelo" (Lei de Alienação Parental), para aplicar técnicas como a advertência e a multa, previstas no artigo 6º desta normativa (I e III, respectivamente), pois plenamente compatíveis com a tutela da pessoa idosa.

A propósito, este parece ter sido o entendimento do Tribunal de Justiça do Rio Grande do Sul por ocasião do julgamento do Agravo de Instrumento 70076907096, publicado em 12 de março de 2018.[34]

Para facilitar a assimilação do que acaba de ser dito, veja a seguinte tabela:

Teorias sobre o cabimento da alienação parental inversa	
CONTRA	
Tese	Por ausência de expressa disposição legal, inexiste alienação parental de idosos no ordenamento jurídico brasileiro.
A FAVOR	
1ª Tese	A alienação parental inversa é plenamente cabível no ordenamento jurídico brasileiro, pela aplicação analógica da Lei 12.318/2010. É a posição majoritária.
2ª Tese	A alienação parental inversa é plenamente cabível no ordenamento jurídico brasileiro, pela aplicação direta do Estatuto da Pessoa Idosa (art. 43, II e III e art. 45). Como não existe lacuna, não há espaço para a analogia. Nesse caso, a Lei de Alienação Parental servirá como um *lugar paralelo* para fins interpretativos. É a posição que se sustenta nesta obra.

---

33. BARBEDO, Claudia Gay. A possibilidade de ser estendida a Lei de Alienação Parental ao idoso. In: SOUZA, Ivone M. Candido Coelho de (Org.). *Família contemporânea*: uma visão interdisciplinar. Instituto Brasileiro de Direito de Família Seção Rio Grande do Sul. IBDFAM, 2011.

34. Agravo de instrumento. Idoso. Ação declaratória de ocorrência de alienação parental. Determinação de emenda à inicial para adequar fundamentos e pedidos ao estatuto do idoso. Hipótese não prevista no rol taxativo do art. 1.015 do CPC. Inadmissibilidade. É descabida a interposição de agravo de instrumento em face de decisão que determinou a emenda à inicial para alteração dos fundamentos e pedidos aos preceitos da Lei 10.741/03, por não se vislumbrar ser caso de aplicação analógica da lei de alienação parental. (TJ-RS – AI: 70076907096 RS, Rel: Ricardo Moreira Lins Pastl, 8CC, DJe de 12.03.2018).

10.4 SEMELHANÇAS E DISTINÇÕES ENTRE A ALIENAÇÃO PARENTAL DE CRIANÇAS E ADOLESCENTES E A ALIENAÇÃO PARENTAL INVERSA

Com a alienação, tanto a criança quanto o idoso são privados do seu direito fundamental à convivência familiar e comunitária, sendo o ato alienador essencialmente responsável por essa vulneração. Nesses termos, há "que se registrar que os mesmos bens jurídicos considerados violados pelo artigo 3º da Lei 12.318/2010 quanto às crianças e adolescentes, são direitos garantidos aos idosos, construindo assim outro aspecto jurídico que aproxima essas duas situações da vida real, quais sejam: direito fundamental de convivência familiar saudável, realização de afeto nas relações familiares, abuso moral".[35]

Pensa-se que a alienação parental em qualquer situação (crianças/adolescentes ou idosos) pode ser veiculada através de processo autônomo ou incidental. No caso da alienação parental inversa, existem muitas ações declaratórias de alienação parental de idoso cumulada com regulamentação de visitas. Incidentalmente, a alienação parental inversa pode ser veiculada também em ações de curatela ou de remoção/destituição de curador, o que, aliás, é bastante comum em hipóteses de pessoas idosas incapazes.

Em moldes semelhantes aos previstos na Lei 12.318/10, a perícia psicológica ou biopsicossocial também poderá ser determinada no caso da alienação parental inversa.

Para além das semelhanças, existem algumas distinções entre a alienação parental de crianças e adolescentes com a alienação parental inversa, destacando-se as seguintes: a) a motivação e existência de uma alienação parental inversa de primeiro e segunda graus; b) a necessidade de preservação da autonomia da pessoa idosa; c) as consequências da alienação parental inversa.

10.4.1 As diferentes motivações: a alienação parental inversa de primeiro e segundo graus

A primeira distinção é a corriqueira motivação na realização dos atos alienantes e da existência de uma *alienação parental inversa em dois graus*.

Via de regra, a alienação parental inversa é realizada para que haja o afastamento de uma terceira pessoa da convivência daquela pessoa idosa, e que, com isso, seja possível obter algum benefício da própria vítima alienada. O idoso é, de certo modo, vítima em duplo aspecto, tanto nos atos de alienação quanto naqueles que deles derivam, como, por exemplo, na manipulação da sua vontade para realização de negócios jurídicos gratuitos em benefício do alienante. Portanto, se em um primeiro momento haveria uma violência emocional/psicológica, em um segundo haveria uma violência patrimonial, derivada do ato inicial.

---

35. WAQUIM, Bruna Barbieri. Alienação familiar de idoso: somente crianças e adolescentes estão sujeitos à proteção da Lei 12.318/2010? Alienação parental. *Revista digital luso-brasileira*. 3. ed. Jun-ago/2014, ISSN 2183-1769.

Fala-se, então, que a pessoa idosa é vítima de alienação parental inversa em dois graus (em primeiro e segundo graus).

A *alienação parental inversa de primeiro grau* consistiria nos atos de alienação propriamente ditos (previstos exemplificativamente no art. 2º, parágrafo único, da Lei 12.318/10). Já a *alienação parental inversa de segundo grau* versaria sobre os atos decorrentes dessa alienação inicialmente perpetrada e apenas praticados como derivação do ato de primeiro grau. Em um paralelo, seria crível dizer que a alienação parental inversa de primeiro grau refletiria na violência psicológica, enquanto a de segundo grau estaria relacionada à violência patrimonial decorrente.

A pessoa idosa é muitas vezes utilizada como instrumento contra si mesma, já que, os atos de manipulação/alienação podem ser realizados para afastar uma terceira pessoa que poderia bloquear atos malfeitores pretendidos pelo alienador.

Embora a alienação parental em segundo grau possa existir acidentalmente quando o alienado é uma criança e/ou adolescente, sua ocorrência não parece ser corriqueira em relação a eles. O que é comum é a utilização da criança alienada como instrumento de manipulação para a satisfação dos anseios emocionais e psíquicos mal resolvidos do próprio alienador em relação ao outro genitor.

Diferentemente, a alienação parental inversa terá por motivação, via de regra, a obtenção de benefícios patrimoniais, sendo que para lograr êxito nesse intento, primeiro se incorrerá na prática dos atos de alienação parental propriamente ditos, como a realização de uma campanha de desqualificação de uma terceira pessoa, para que, com isso, fique-se livre para a prática deliberada da violência patrimonial.

Assim, enquanto a alienação parental de idoso parece ser, via de regra, de ordem financeira, aquela cometida contra crianças e adolescentes dá mostras de ser, ordinariamente, de ordem subjetiva, pessoal, como um instrumento de poder.

10.4.2 A necessidade de preservação da autonomia da pessoa idosa

A segunda distinção se refere à necessidade de preservação da autonomia, independência e capacidade da pessoa idosa, em contraponto à incapacidade inata da criança e do adolescente (arts. 3º e 4º, I, do CC) e da existência de poder familiar.

Quanto às crianças e adolescentes, há um dever jurídico de cuidado dos pais e, ainda, um direito da criança à convivência familiar e comunitária. Como elas ainda não são dotadas de plena capacidade civil, competirá aos pais guiá-las para que usufruam de um desenvolvimento sadio e equilibrado.

A própria noção de poder familiar já impõe um dever aos pais na condução da vida dos filhos menores de idade, sempre levando em consideração os seus melhores interesses.

Por outro lado, embora pareça um truísmo, deve-se mencionar que inexiste tal situação em relação ao idoso, embora haja um dever de assistência, por força da previsão contida no artigo 229 da CR/88.

Eventualmente, é claro que pode existir uma pessoa idosa que, também, seja considerada incapaz para os atos da vida civil, mas essa situação deve ser averiguada em respeito ao devido processo legal, em uma ação de curatela, instrumento extraordinário e proporcional às necessidades do caso (art. 84, § 3º, EPD), de nítido caráter a excepcional, portanto.

A rigor, a presunção será sempre de capacidade da pessoa idosa, devendo ser preservadas ao máximo a sua vontade, a sua autonomia e a sua independência. Por isso, os supostos atos de alienação parental inversa devem sempre ser analisados sob essa perspectiva, já que fica difícil saber de antemão, até que ponto as supostas consequências do ato de alienação são, em verdade, uma mera determinação da vontade daquela pessoa adulta e capaz, como seria o caso, por exemplo, de pessoa idosa que se afastasse voluntária e conscientemente de um de seus filhos. Afinal, não custa repetir: uma pessoa idosa nada mais é do que uma pessoa adulta com mais de 60 anos de idade.

Dentro dessa temática, uma questão que tem se mostrado bastante relevante, especialmente pelas diversas relações intersubjetivas que abrange, é a presença de relacionamentos tóxicos, como entre cônjuges, companheiros, amigos, parentes e até mesmo ascendentes e descendentes que causem algum mal ao idoso.

Nesse passo, quais seriam os liames entre a autonomia daquela pessoa (em querer se afastar de pessoas que eventualmente repute tóxica para a sua saúde mental), dos atos de alienação parental? Seria o caso, por exemplo, de filhos adultos que infantilizam exageradamente a sua mãe idosa, extrapolando os limites de um mero zelo e cuidado, e que realizam denúncias de supostos atos de alienação parental inversa no caso de a idosa vir a se relacionar afetivamente com outra pessoa, por acreditarem se tratar de relacionamento predatório (o famoso "golpe do baú"), embora, na prática, nenhum ato ou sequer intenção de alienação ocorra. Em casos como este, a alegação de alienação parental inversa pode acabar vulnerando seriamente a própria autonomia da vontade da pessoa idosa.

10.4.3 Diferentes consequências jurídicas

A terceira distinção se refere às consequências relacionadas aos atos de alienação parental de crianças e adolescentes e aquela cometida em detrimento de pessoa idosa.

A Lei 12.318/2010 estabelece que, caracterizados os atos de alienação parental ou que dificultem a convivência da criança com o genitor, além da responsabilidade civil ou criminal do alienador, será possível a aplicação das sanções de advertência e multa, a ampliação do regime de convivência a favor do genitor alienado, a determinação de acompanhamento psicológico, alteração ou inversão da guarda (art. 6º). Não há mais previsão a respeito da suspensão da autoridade parental como uma das consequências previstas neste dispositivo, por força da alteração ocasionada pela Lei 14.340/2022.

No tocante à pessoa idosa, havendo a caracterização da alienação parental inversa, que se apresenta como uma violência emocional/psicológica, haverá a incidência da previsão contida no artigo 43, II e III, do EPI, o que, a rigor, acarretaria a aplicação das medidas de proteção estabelecidas no art. 45, o qual prevê a possibilidade de encaminhamento da pessoa idosa à família ou ao curador, à orientação, ao apoio e acompanhamento temporários, ao tratamento de saúde, ao abrigo temporário ou ao abrigo em entidade, tudo sem prejuízo da aplicação de outras medidas que se mostrarem necessárias no caso concreto, já que o dispositivo legal é meramente exemplificativo, conforme se vislumbra a partir da interpretação que se faz pela dicção do *caput* do seu texto normativo, ao assentar que o juiz "poderá determinar, *dentre outras*, as seguintes medidas".

Se esta lógica se faz presente no caso de pessoas idosas e capazes, ela adquire contornos significativos quando se está diante de idosos que apresentem múltiplas vulnerabilidades, como, por exemplo, a incapacidade.

10.5 ALIENAÇÃO PARENTAL INVERSA DE IDOSOS INCAPAZES

Por certo, uma das formas de violência contra a pessoa idosa é justamente a alienação parental inversa. Aliás, a Organização de Cooperação e Desenvolvimento Econômico (OCDE) fixou que constituem atos de violência familiar a *violência emocional* perpetrada por qualquer comportamento dos filhos em relação aos seus pais idosos, cenário onde a alienação parental inversa de primeiro grau é enquadrada.[36]

Mas, como alertado oportunamente, não só os filhos podem praticar atos de alienação parental inversa. Da mesma forma que acontece com os atos de alienação perpetrados em face de crianças e adolescentes, cuja abertura semântica conferida por expressa disposição legal permite sua prática por terceiras pessoas (art. 2º da Lei 12.318/10), a alienação praticada contra idosos também poderá ter outros personagens na figura de alienador. Isso por causa da já mencionada "teoria dos lugares paralelos interpretativos", que parece tornar possível a aplicação da Lei de Alienação Parental como fonte interpretativa para o estudo da alienação parental inversa, embora as consequências não sejam aquelas previstas em seu artigo 6º, mas sim aquelas contidas no artigo 45 do EPI.[37]

Por isso, para além dos membros da família, é possível que o enfermeiro, o funcionário, o cuidador, o guardião de fato, o curador ou o apoiador, por exemplo, pratiquem

---

36. "Family violence, also known as domestic violence, is defined as any violent act inflicted by one family member on another. It may occur between partners, by parents against children, by children against other children, by children against parents and by adult children against elderly parents. Here we consider violence between partners in an intimate relationship (marriage, cohabitation or dating) and to violence by parents against children. Family violence has many forms including: physical, sexual, emotional or economic abuse. It also includes neglect (passive abuse) which is mainly inflicted on children. Emotional violence: exposing the victim to humiliating or abusive behaviours, including extreme jealousy, intimidation, threat to harm children or others, threat of suicide, not allowing victims to see friends or family, stalking." Disponível em: https://www.oecd.org/els/soc/SF3_4_Family_violence_Jan2013.pdf. Acesso em: 19 jan. 2023.

37. CALMON, Patricia Novais. A teoria dos lugares paralelos interpretativos na alienação parental inversa de primeiro e segundo graus. *Revista IBDFAM*: Famílias e Sucessões, v. 39 (maio/jun.), Belo Horizonte, IBDFAM, 2020, p. 88-102.

atos de alienação parental, gerando o curioso e triste cenário em que, a violência é praticada justamente pelas figuras que deveriam praticar atos em benefício dos idosos.

É nesse ponto que as figuras aplicáveis ao caso de incapacidade entram em cena, principalmente para a proteção do idoso contra casos de violência, sendo essencial, para tanto, o reconhecimento da situação de fato, o que, infelizmente, encontra muitas dificuldades práticas, pois variados casos de violência envolvendo idosos incapazes sequer chegam aos órgãos oficiais de prevenção e repressão, simplesmente porque "se os idosos lúcidos não denunciam, o que falar dos incapazes, acamados ou lúcidos com grande grau de dependência física?"[38]

Por vezes, a violência patrimonial praticada como consequência da alienação parental inversa de primeiro grau pode ser um indicativo para a configuração da própria prática da alienação, inclusive com delineações mais claras e objetivas da violência. Isso porque, "assim como uma criança, o idoso dá sinais de que está sendo alienado. Basta analisar, por exemplo, se o idoso apresenta tristeza, irritabilidade quando está perto de um dos filhos que antes nutria empatia e amor e que agora demonstra repúdio. Saber se há uma disputa de herança ou provável elaboração de testamento também é importante".[39]

Além de ser essencial a descoberta da prática do ato de alienação parental de pessoas idosas e incapazes, é essencial saber quais serão as consequências para o caso de sua configuração.

De acordo com a doutrina, "a análise psicológica do termo 'alienação' traduz a diminuição da capacidade dos indivíduos em pensar ou agir por si próprios",[40] o que deve ser sopesado ainda que sejam pessoas incapazes, com a situação já devidamente regularizada – isto é, com curatela definida – ou não – isto é, no caso da guarda de fato.

A alienação parental inversa pode acarretar sérias consequências à integridade psíquica da vítima, sobretudo se ela for incapaz. Direito existenciais, onde a autonomia e autodeterminação da vítima são preponderantes para, por exemplo, a preservação de relacionamentos e vínculos familiares ou de amizade – como o direito ao próprio corpo, à sexualidade, ao matrimônio, à privacidade e à saúde – se encontram em perigo, já que podem ser seriamente afetados pela prática de alienação parental de primeiro grau. Bastaria imaginar como o idoso incapaz poderia ser prejudicado caso houvesse o afastamento, desqualificação e, até mesmo, a criação de falsas memórias (alienação parental inversa de primeiro grau), abalando-se a sua vontade em permanecer em contato com determinada pessoa, em prejuízo ao seu direito à convivência familiar e comunitária (art. 3º, EPI).

---

38. BRAGA, Pérola Melissa Viana. *Curso de direito do idoso*. São Paulo: Atlas, 2011, p. 31.
39. TAVARES, Juliana; RIBEIRO, Elizângela Abigail Sócio. A alienação parental na pessoa idosa. In: CACHAPUZ, Rozane da Rosa et al (Org.). *Do acesso à justiça no direito das famílias e sucessões*. Londrina, PR: Thoth, 2020, p. 33.
40. TAVARES, Juliana; RIBEIRO, Elizângela Abigail Sócio. A alienação parental na pessoa idosa. In: CACHAPUZ, Rozane da Rosa et al (Org.). *Do acesso à justiça no direito das famílias e sucessões*. Londrina, PR: Thoth, 2020, p. 33.

Estando a incapacidade já devidamente regularizada pelo Poder Judiciário, a questão se apresenta mais bem definida, pois o idoso terá, pelo menos, a proteção estatal a seu benefício. Por força da lei, o curador deve prestar contas da administração dos bens do curatelado (art. 1.783, CC) e, ainda, apenas poderá realizar atos de alienação de bens caso haja autorização judicial, o que já traz uma segurança adicional à alienação parental de segundo grau. Até mesmo como proteção ao incapaz, não há o transcurso de prazo prescricional entre curatelados e curadores, durante a curatela (art. 197, III, CC).

Isso não impede que a alienação parental inversa seja praticada pela própria pessoa nomeada para sua proteção, ou seja, o curador. Neste caso, a consequência mais evidente é a sua remoção, em razão da prevaricação,[41] nos moldes previstos no artigo 1.766 do Código Civil.[42]

No ponto, a literatura considera plenamente possível que haja a instauração da ação de remoção ou destituição "de ofício, a requerimento do representante do Ministério Público ou de qualquer interessado".[43]

A mesma lógica pode ser aplicada à tomada de decisão apoiada. Nesse caso, as disposições atinentes à prestação de contas da curatela também são aplicáveis, no que couber. De diferente, a própria pessoa apoiada é aquela que realizará atos negociais, sendo possível ao terceiro com quem aquela mantenha relação negocial solicitar que os apoiadores contra-assinem contratos ou acordos. Incorrendo o apoiador em ato de negligência, exercendo pressão indevida ou não adimplindo as obrigações assumidas, poderá a pessoa apoiada ou qualquer outra apresentar denúncia ao Ministério Público ou ao juiz, com a consequente destituição do apoiador (art. 1.783-A, §§ 5º, 6º, 7º e 11, CC).

Problema de maior envergadura ocorrerá no caso de a incapacidade não estar devidamente regularizada, diante da presença de uma guarda de fato, e o alienador seja justamente o guardião.

Via de regra, a guarda de fato poderá configurar a figura da gestão de negócios, "para se conferir pós-eficácia aos atos praticados pelo guardião de fato quando revertam em utilidade/proveito da pessoa vulnerável".[44] Trata-se de um negócio jurídico unilateral, em que o gestor se responsabiliza integralmente pelos atos praticados. Até mesmo os casos fortuitos são objeto de responsabilização, caso seja iniciada contra a vontade manifesta ou presumível do interessado (art. 862, CC). Além do mais, havendo mais de um gestor, solidária será a sua responsabilidade (art. 867, parágrafo único, CC).

A dificuldade que pode aparecer em tal situação é a definição dos limites de atuação do guardião de fato ou do próprio idoso incapaz. Isso porque a guarda de fato não veda a

---

41. "Há prevaricação do tutor toda vez em que este, ardilosamente, destoa do fiel e honesto cumprimento de seus deveres e haveres, auferindo ou não vantagem para si". CAMILLO, Carlos Eduardo Nicoletti et al. *Comentários ao Código Civil*. São Paulo: Ed. RT, 2006, p. 1266.
42. Dispositivo aplicável à curatela nos termos do art. 1.781, CC.
43. CAMILLO, Carlos Eduardo Nicoletti et al. *Comentários ao Código Civil*. São Paulo: Ed. RT, 2006, p. 1266.
44. ROSENVALD, Nelson. A guarda de fato de idosos. In: BARLETTA, Fabiana Rodrigues; ALMEIDA, Vitor. *A tutela jurídica da pessoa idosa*. Indaiatuba-SP: Foco, 2020, p. 126.

prática pessoal de atos pela própria pessoa incapaz, permitindo-se, com isso, que diversos atos sejam praticados pessoalmente por idosos já incapazes, ainda que com o acompanhamento e orientação do referido guardião, o que, inegavelmente, atribui ares de legalidade aos negócios jurídicos (art. 104, I, CC), quando, na verdade, tais práticas mais pareceriam fornecer indicativos de que poderia estar acontecendo alienação parental inversa.

Deve-se recordar que, tratando-se de relativamente incapaz, os atos serão apenas anuláveis (art. 171, I, CC), com o prazo decadencial de quatro anos, contados do dia em que cessar a incapacidade (art. 178, III, CC). Apesar disso, não estando a incapacidade devidamente regularizada, ainda que se ajuíze posteriormente uma ação de curatela, ela não terá efeitos retroativos para invalidar o ato praticado quando a incapacidade já estivesse faticamente configurada, como mencionado neste livro em capítulo destinado ao estudo da curatela.[45] Não obstante, será possível o "ajuizamento de uma ação autônoma visando à invalidação do ato praticado anteriormente à declaração da interdição".[46]

Percebe-se, então, que a questão é bastante delicada.

No mais, independentemente da medida cabível ao alienador que exerça a função de curador, apoiador ou guardião, inclusive com responsabilidade sobre os negócios jurídicos praticados em descompasso com a lei, os atos de alienação parental inversa também viabilizarão a aplicação de outras medidas, como a imposição de multa, advertência, entre outras.

Mas, não só.

É indispensável que os olhos sejam voltados primordialmente à proteção e bem-estar da vítima, que merece a tutela de seus direitos com proteção integral. Para tanto, a determinação de orientação, apoio e acompanhamento temporários, requisição para tratamento de saúde e, ainda, abrigo em entidade, podem se mostrar algumas das medidas viáveis, além de outras que se mostrarem mais adequadas ao caso, diante do rol meramente exemplificativo de medidas de proteção do artigo 45 do EPI.

Adicionalmente, diante da necessidade de tutela imediata da pessoa idosa com múltiplas vulnerabilidades, este livro traz mais uma sugestão para que tais fatos sejam levados ao conhecimento do Poder Judiciário.

É que, pela teoria dos lugares paralelos interpretativos, caso haja alienação parental inversa, haverá a incidência direta e imediata do Estatuto da Pessoa Idosa, inclusive com a possibilidade de aplicação das medidas de proteção previstas em seu artigo 45, como visto. Não é demais lembrar que qualquer forma de violência inclui o idoso na condição de pessoa em situação de risco (art. 43, II e III, EPI), competindo à família a responsabilidade pelo amparo dos seus direitos, além do Estado e da sociedade (art. 229, CR/88).

---

45. Foi o que decidiu o STJ, para quem "a sentença de interdição tem natureza constitutiva", com efeitos ex nunc, razão pela qual é possível se extrair interpretação no sentido de que os prazos decadenciais já estariam transcorrendo (REsp 1251728/PE, Min. Paulo de Tarso Sanseverino, T3, DJe de 23.05.2013).
46. EHRHARDT JR, Marcos. A incapacidade civil e o idoso. In: MENDES, Gilmar Mendes et al (Org.). *Manual dos direitos da pessoa idosa*. São Paulo: Saraiva, 2017, p. 214.

Por essas premissas, pensa-se que seria possível uma interpretação ampliativa do comando contido no *caput* do artigo 45, do EPI – que estabelece que apenas o Ministério Público é ente legítimo para requerer a aplicação das medidas de proteção ao idoso em situação de risco social –, para abarcar também a legitimidade dos membros da família e de qualquer interessado, podendo-se incluir no rol de legitimados, até mesmo, a pessoa contra a qual os atos de alienação são voltados (como o irmão do alienador, filho do idoso), com a desqualificação ou afastamento, por exemplo. Não se pode esquecer que o cenário nacional, de dimensões territoriais continentais, pode revelar uma escassez de Promotores de Justiça para atuar em casos tais.

Parece inquestionável que uma ampla legitimidade ativa para o requerimento de medidas protetivas em favor de idosos e incapazes irá fazer com que se obtenha uma tutela muito mais abrangente, até porque a própria Constituição da República trouxe comando específico à família, viabilizando a deflagração e requisições de medidas protetivas em favor de pessoas idosas, o que, ademais, não traria qualquer prejuízo ao idoso, já que em todos os casos será imprescindível a participação do órgão ministerial na função de *custus iuris* (art. 74, I e II, EPI).

Seja como for, a questão da alienação parental inversa (de primeiro ou segundo graus), principalmente quando a vítima for uma pessoa idosa e incapaz, deve ser objeto de campanhas por parte dos órgãos públicos, visando conscientizar toda a sociedade, bem como prevenir a prática dos atos que a configuram.

Foi o caso, inclusive, das Recomendações 46 e 47 do CNJ, que tratam sobre medidas preventivas para que se evitem atos de violência patrimonial ou financeira contra pessoa idosa no âmbito das serventias extrajudiciais, devendo o tabelião realizar as diligências que entender necessárias, nos casos de antecipação de herança, movimentação indevida em contas bancárias, venda de imóveis e realização de testamentos, por exemplo. Nesse caso, "havendo indícios de violência patrimonial, além de o tabelião comunicar o fato aos órgãos competentes, é possível que ele também se negue a realizar o ato, pois não preenchidos os seus requisitos essenciais".[47]

10.6 A AÇÃO DE PRODUÇÃO ANTECIPADA DE PROVAS EM CASO DE ALIENAÇÃO PARENTAL INVERSA

São poucas as ações tipicamente probatórias existentes no sistema processual brasileiro. Para Eduardo Talamini, "o ordenamento processual civil brasileiro contempla basicamente três ações probatórias: a produção antecipada de prova, a exibição de documento e a arguição de falsidade".[48]

---

47. CALMON, Patricia Novais. O "novo" papel dos tabeliães para combater a violência patrimonial contra idosos. Disponível em: https://www.conjur.com.br/2020-jul-01/patricia-calmon-tabeliaes-violencia-patrimonial-idosos. Acesso em: 19 jan. 2023.
48. TALAMINI, Eduardo. Produção antecipada de prova no Código de Processo Civil de 2015. *Revista de Processo*, v. 260/2016, p. 75-101, Out / 2016, DTR\2016\23994.

Aliás, o CPC/15 inovou ao trazer um "direito autônomo à prova"[49] e regulamentar a ação de produção antecipada de provas em seus arts. 381 e seguintes, definindo que, para além de situações urgentes (com a demonstração do perigo de dano e probabilidade do direito), é possível a sua propositura caso a prova a ser produzida viabilize a autocomposição ou outro meio adequado de solução de conflitos ou, ainda, quando o prévio conhecimento dos fatos puder justificar ou evitar o ajuizamento de ações.[50]

Segundo Alexandre Câmara, o direito autônomo à prova poderá ser exercitado através de quatro demandas distintas, sendo elas: "(a) demanda cautelar de asseguração de prova; (b) demanda de descoberta (*discovery* ou *disclosure*) da prova; (c) arrolamento de bens; (d) justificação. Todas elas, então, devem ser tratadas como espécies do gênero 'produção antecipada da prova'".[51]

No que concerne à alienação parental inversa, a ação de produção antecipada de provas, na modalidade "demanda de descoberta", que é justamente a demanda probatória autônoma por excelência, adquire maior importância. Esta será cabível quando se verificar que a prova a ser produzida seja suscetível de viabilizar a autocomposição ou outro meio adequado de solução de conflito e quando o prévio conhecimento dos fatos possa justificar ou evitar o ajuizamento de ação (art. 381, II e III, CPC/15).

Segundo o processualista carioca há pouco citado, "as demandas de descoberta de prova têm, então, uma importantíssima função no sistema, já que evitam a instauração de processos que, a rigor, e com um pouco de bom senso, podem mesmo ser evitados".[52]

A referida modalidade de ação autônoma à prova acompanha a tendência legislativa em fomentar a resolução autocompositiva de conflitos, à qual foi incluída até mesmo nas normas fundamentais do CPC/15 (art. 3º, § 2º). Logo, a ação de produção antecipada de provas terá por finalidade, em muitos cenários, a pacificação ou a não ampliação de conflitos que, por conta disso, sequer serão judicializados, entrando em cena justamente o escopo/propósito social do processo, que se refere à pacificação, no sentido de conferir paz social e justiça.[53] Seria, assim, um "instrumento por meio do qual os órgãos jurisdicionais atuam para pacificar as pessoas conflitantes, eliminando os conflitos e fazendo cumprir o preceito jurídico pertinente a cada caso que lhes é apresentado em busca de solução".[54]

---

49. THEODORO JR., Humberto. *Curso de Direito Processual Civil*. Rio de Janeiro: Forense, 2015, Cap. 84/680, ebook, sem numeração.
50. Mas, tudo indica que o rol previsto neste artigo não seja taxativo. Assim: "Além disso, o elenco do art. 381 não exaure as hipóteses em que se põe autonomamente o direito à prova. É apenas exemplificativo. Justifica-se a produção antecipada da prova sempre que seu requerente demonstrar possuir interesse jurídico para tanto, ainda que em hipóteses não arroladas no art. 381". TALAMINI, Eduardo. Produção antecipada de prova no Código de Processo Civil de 2015. *Revista de Processo*, v. 260/2016, p. 75-101, out. 2016.
51. CÂMARA, Alexandre Freitas. *O novo processo civil brasileiro*. 7 ed. São Paulo: Atlas, 2021, p. 254.
52. CÂMARA, Alexandre Freitas. *O novo processo civil brasileiro*. 7 ed. São Paulo: Atlas, 2021, p. 254.
53. AUILO, Rafael Stefanini. *O modelo cooperativo de processo civil no Novo CPC*. Salvador: JusPodivm, 2017, p. 27.
54. CINTRA, Antônio Carlos de Araújo; DINAMARCO, Candido Rangel; GRINOVER, Ada Pelegrini. *Teoria Geral do processo*. 26. ed. São Paulo: Malheiros, 2010, p. 29.

No âmbito do Direito das Famílias e do Idoso, os conflitos acabam se perpetuando de maneira não sustentável até mesmo em detrimento dos mais vulneráveis, envolvidos direta ou indiretamente nesse cenário. Por vezes, idosos acabam sendo vítimas de atos de violência, como é o caso da alienação parental inversa. E, sem dúvida, a comprovação precoce de tais atos é fundamental para a própria tutela dos seus direitos.

A ação de produção antecipada de provas pode se mostrar extremamente salutar em tais casos, para evitar a interposição de ações judiciais posteriores, que, indubitavelmente terão um cenário muito mais litigioso o qual pode, por consequência, potencializar ainda mais a própria alienação parental em detrimento de pessoas idosas.

Em um primeiro momento, o aplicador da lei poderia reputar que a propositura dessa ação não teria qualquer relevância prática, já que, via de regra, a realização da perícia psicológica ou biopsicossocial já estaria entre um dos primeiros atos processuais em uma ação declaratória de alienação parental inversa. Contudo, em muitas situações a mera propositura de uma ação de tal natureza pode acirrar ainda mais o conflito familiar existente, com impactos severos à estrutura psíquica da vítima, pois, nela, se estará imputando a outrem a prática de violência psicológica em detrimento da vítima, ainda que sequer se constate a prática do ato, bem como sendo feito um pedido específico, que consistirá na aplicação de alguma das medidas dispostas no artigo 45 do EPI. Em algumas ocasiões, a situação pode ser ainda mais periclitante à harmonia familiar, pois a parte pretensamente agindo no interesse do idoso pode se precipitar e, mesmo sem haver qualquer lastro probatório hábil a justificar a alegação de alienação parental, ingressar com a demanda, gerando consequências desastrosas ao caso.

Situações como essas parecem demonstrar como seria importante o uso prévio da ação probatória autônoma, toda vez que não se tivesse absoluta certeza, com base em material probatório robusto, sobre a prática da alienação parental inversa.

Uma vez ajuizando-se tal ação, "é de intuitiva conveniência o exame pericial antecipado em tais demandas, até mesmo para propiciar negociações entre as partes e, principalmente, para evitar os dissabores e contratempos das ações mal propostas".[55] Em razão da possibilidade de não existência de um futuro litígio,[56] minimiza-se, em última análise, a possibilidade de ocorrência das denominadas *falsas denúncias*, com a propositura de ações declaratórias nas quais se constate, durante o seu trâmite, a inexistência da alienação parental inversa.

Nesse toar, "a produção antecipada de provas assume ainda um caráter dissuasório, no que permite um vislumbre do resultado de determinada demanda a partir do contexto probatório formado antecipadamente".[57]

---

55. THEODORO JR., Humberto. *Curso de Direito Processual Civil*. Rio de Janeiro: Forense, 2015, Cap. 84/680, ebook, sem numeração.
56. CARNEIRO, Paulo Cezar Pinheiro. *O Novo Processo Civil Brasileiro*. Rio de Janeiro: Forense, 2021, p. 69.
57. GAJARDONI, Fernando da Fonseca et al. *Comentários ao Código De Processo Civil*. 4. ed. Rio de Janeiro: Forense, 2021, p. 593.

Outro grande atrativo da medida é que, "o procedimento da antecipação de prova é sumário e não contencioso",[58] conforme ensina Humberto Theodoro Jr. Logo, por se tratar de uma "medida com procedimento sumário (a ponto de excluir contestação e recursos)",[59] poderia ter a relevante finalidade de não potencializar a conflituosidade já existente, até porque "neste procedimento, não se admitirá defesa ou recurso, salvo contra decisão que indeferir totalmente a produção da prova pleiteada pelo requerente originário", diz o art. 382, §4º, do CPC/15.

Além disso, "a valoração da prova pertence ao juiz da causa principal e não ao juiz da medida antecipatória",[60] pois, embora seu procedimento permita uma "cognição sumária horizontal (o juiz averígua superficialmente o pressuposto para antecipar a prova)", não permite que, no âmbito vertical, o magistrado se pronuncie "sobre o mérito da pretensão ou defesa para a qual a prova poderá futuramente servir".[61]

Por isso, determina o artigo 382, §2º, do CPC/15 que o juiz não se pronunciará sobre a ocorrência ou a inocorrência do fato, nem sobre as respectivas consequências jurídicas e proferirá "sentença meramente formal, limitando-se a declarar que a prova foi colhida, mas sem emitir sobre seu conteúdo qualquer pronunciamento".[62]

Dúvida pode vir a surgir justamente no tocante a este caráter vertical da cognição, pois, como visto, o juiz não valora a prova colhida por intermédio da ação probatória pura sob análise. Mas, e se as provas colhidas demonstrarem com exatidão a ocorrência da alienação parental inversa contra o idoso? Será que nada poderá ser feito a respeito? Será que essa inação imposta pela lei não iria de encontro ao seu melhor interesse?

Analisando-se o sistema jurídico como um todo, sobretudo as atribuições conferidas ao Ministério Público, parece que o membro do órgão ministerial deverá e o advogado do idoso alienado poderá sim, a partir das provas colhidas, propor imediatamente ação declaratória autônoma, objetivando a efetiva declaração do ato de alienação, na qual o juiz estará autorizado a aplicar as medidas estabelecidas no art. 45 do EPI. Além disso, tal demanda já seria abreviada, considerando que o laudo psicológico ou biopsicossocial já teria sido previamente elaborado na ação probatória, o qual, juntamente à toda prova lá produzida, ingressará nos autos da ação declaratória superveniente como "prova documentada" e não como prova documental emprestada, o que acarreta significativas diferenças à cognição judicial, na medida em que a prova documentada "guardará a mesma eficácia probatória original, o mesmo *status*. Isto é:

---

58. THEODORO JR., Humberto. *Curso de Direito Processual Civil*. Rio de Janeiro: Forense, 2015, Cap. 84/680, ebook, sem numeração.
59. TALAMINI, Eduardo. Produção antecipada de prova no Código de Processo Civil de 2015. *Revista de Processo*, v. 260/2016, p. 75-101, Out / 2016, DTR\2016\23994.
60. THEODORO JR., Humberto. *Curso de Direito Processual Civil*. Rio de Janeiro: Forense, 2015, Cap. 84/680, ebook, sem numeração.
61. TALAMINI, Eduardo. Produção antecipada de prova no Código de Processo Civil de 2015. *Revista de Processo*, vol. 260/2016, p. 75-101, Out / 2016, DTR\2016\23994.
62. CÂMARA, Alexandre Freitas. *O novo processo civil brasileiro*. 7. ed. São Paulo: Atlas, 2021, p. 254.

mesmo ingressando no processo por meio de documentos, prova documentada), será considerada prova testemunhal, pericial, inspeção judicial etc".[63]

Isso parece eliminar todo tipo de prejuízo que a tutela dos idosos poderia vir a sofrer.

No entanto, tal questionamento só existirá no caso de efetiva constatação da alienação parental inversa, já que, não sendo ela identificada, simplesmente não se processaria uma ação litigiosa infundada, com todos os pontos negativos já mencionados.

10.7 O PROJETO DE LEI 1.841 DE 2024 E A REGULAMENTAÇÃO DA ALIENAÇÃO PARENTAL INVERSA

O Projeto de Lei n. 1.841 de 2024 busca regulamentar a alienação parental inversa e, nitidamente, tomou a Lei de Alienação Parental (Lei n. 12.318/10) como referência direta, adaptando as previsões nela dispostas para que fosse viável a aplicação do instituto para uma pessoa maior de idade. Como já mencionado neste capítulo, a Lei de Alienação Parental se utiliza de critérios e faz referência a institutos destinados exclusivamente às crianças e adolescentes, o que traz dificuldades para sua aplicação no caso de pessoas idosas.

De acordo com o Projeto de Lei, considera-se ato de alienação parental inversa a interferência na condição psicológica de pessoa idosa promovida ou induzida pelos filhos ou pelos que tenham o idoso sob a sua autoridade, curatela ou vigilância para que repudie familiares ou amigos ou que cause prejuízo ao estabelecimento ou à manutenção de vínculos com estes.

Em moldes semelhantes ao que consta na Lei de Alienação Parental, elenca algumas hipóteses exemplificativas de alienação parental inversa. Assim, seria um ato de alienação parental inversa, entre outras hipóteses: I – realizar campanha de desqualificação da conduta de filhos ou membros da família; II – dificultar contato de pessoa idosa com os filhos, familiares ou amigos; III – dificultar o exercício do direito regulamentado de convivência familiar; IV – omitir deliberadamente a filho ou familiar informações pessoais relevantes sobre a pessoa idosa, inclusive médicas e alterações de endereço; V – apresentar falsa denúncia contra filho ou familiares para obstar ou dificultar a convivência deles com a pessoa idosa; VI – mudar o domicílio para local distante, sem justificativa, visando a dificultar a convivência da pessoa idosa com seus filhos ou familiares.

Certo que a prática de ato de alienação parental inversa fere direito fundamental da pessoa idosa de convivência familiar saudável, prejudica a realização de afeto nas relações com os filhos e com o grupo familiar, constitui abuso moral contra pessoa

---

63. DIDIER JR., Fredie; SARNO, Paula; OLIVEIRA, Rafael Alexandria de. *Curso de Direito Processual Civil*. 10. ed. Salvador: JusPodivm, 2015, v. 2, p. 181.

idosa e descumprimento dos deveres inerentes à solidariedade familiar ou decorrentes de curatela ou filiação.

Assim, declarado indício de ato de alienação parental inversa, a requerimento ou de ofício, em qualquer momento processual, em ação autônoma ou incidentalmente, o processo terá tramitação prioritária, e o juiz determinará, com urgência, ouvido o Ministério Público, as medidas provisórias necessárias para preservação da integridade psicológica da pessoa idosa, inclusive para assegurar sua convivência com os filhos ou familiares ou viabilizar a efetiva reaproximação entre eles, se for o caso.

Será assegurada à pessoa idosa e aos filhos ou familiares a garantia mínima de visitação.

Quanto ao procedimento judicial, o Projeto de Lei disciplina que havendo indício da prática de ato de alienação parental inversa, em ação autônoma ou incidental, o juiz, se necessário, determinará perícia psicológica ou biopsicossocial.

O laudo pericial terá base em ampla avaliação psicológica ou biopsicossocial, conforme o caso, compreendendo, inclusive, entrevista pessoal com as partes, exame de documentos dos autos, avaliação da personalidade dos envolvidos e exame da forma como a pessoa idosa se manifesta acerca de eventual acusação contra membros da família.

A perícia será realizada por profissional ou equipe multidisciplinar habilitados, exigido, em qualquer caso, aptidão comprovada por histórico profissional ou acadêmico para diagnosticar atos de alienação parental inversa. O perito ou equipe multidisciplinar designada para verificar a ocorrência de alienação parental inversa terá prazo de 90 (noventa) dias para apresentação do laudo, prorrogável exclusivamente por autorização judicial baseada em justificativa circunstanciada.

Na ausência ou insuficiência de serventuários responsáveis pela realização de estudo psicológico, biopsicossocial ou qualquer outra espécie de avaliação técnica exigida por esta Lei ou por determinação judicial, a autoridade judiciária poderá proceder à nomeação de perito com qualificação e experiência pertinentes ao tema, nos termos dos arts. 156 e 465 do CPC/15.

Caracterizados atos típicos de alienação parental inversa ou qualquer conduta que dificulte a convivência de pessoa idosa com familiar, em ação autônoma ou incidental, o juiz poderá, cumulativamente ou não, sem prejuízo da decorrente responsabilidade civil ou criminal e da ampla utilização de instrumentos processuais aptos a inibir ou atenuar seus efeitos, segundo a gravidade do caso: I – declarar a ocorrência de alienação parental inversa e advertir o alienador; II – ampliar o regime de convivência familiar em favor do familiar alienado; III – estipular multa ao alienador; IV – determinar acompanhamento psicológico e/ou biopsicossocial; V – determinar a alteração da curatela; VI – determinar a fixação cautelar do domicílio da pessoa idosa.

Quanto ao item V, relacionado com a possibilidade de alteração da curatela como consequência da alienação parental inversa, uma coordenação entre as Varas responsáveis pelo trâmite das ações respectivas será imperativa. Pensa-se que, na ausência de Vara específica da pessoa idosa, a competência mais adequada para o processamento da ação de alienação parental inversa seria a Vara de Família. Contudo, é na Vara de órfãos e sucessões que tramitam as ações de curatela, bem como alteração da curatela, com substituição ou exoneração do curador. É possível que os juízes celebrem atos de cooperação judiciária nacional sobre o tema (Resolução 350/2020, CNJ), evitando que duas ações tenham que ser ajuizadas para tais situações. Mas, ainda que haja necessidade de trâmite também de uma ação de exoneração de curador, pode-se dizer que haverá prejudicialidade de uma ação com a outra.

De acordo com o Projeto de Lei, quando houver mudança abusiva de endereço, inviabilização ou obstrução à convivência familiar, o juiz também poderá inverter a obrigação de levar ou retirar a pessoa idosa da residência do familiar, por ocasião das alternâncias dos períodos de convivência familiar. Isso é muito interessante para evitar que a pessoa idosa se negue em conviver com aquela que pode estar repudiando em razão dos atos de alienação parental, forçando que a própria pessoa que comete a alienação parental tenha a obrigação de levar a pessoa idosa até aquela outra, sob pena, inclusive, de multa.

Por fim, prevê que o acompanhamento psicológico ou o biopsicossocial deve ser submetido a avaliações periódicas, com a emissão, pelo menos, de um laudo inicial, que contenha a avaliação do caso e o indicativo da metodologia a ser empregada, e de um laudo final, ao término do acompanhamento.

Agora, é aguardar para ver se esta lei irá prosperar, regulamentando os direitos da pessoa idosa em situação de alienação parental inversa.

11
ABANDONO AFETIVO INVERSO

11.1 NOÇÕES INICIAIS

Por força do preceito estabelecido no art. 229 da CR/88, da mesma forma que os pais têm o dever de assistir, criar e educar os filhos menores, também competirá aos filhos maiores o dever de ajudar e amparar os pais na velhice, carência ou enfermidade. Este dispositivo, como sabido, consagra o princípio da solidariedade e da reciprocidade em questões familiares, conferindo relevo aos aspectos existenciais dos seus membros. Afinal, falar em família também é falar de afeto, não é mesmo?

Para além disso, a prática acima referida ampara-se no dever ao cuidado de crianças e adolescentes e no dever de assistência a ascendentes idosos, carentes e enfermos.

Trata-se, sem dúvida, de um reflexo da eficácia horizontal dos direitos fundamentais, que espraiam seus efeitos para as relações entre os indivíduos. Aliás, a literatura constitucionalista aponta, ainda, que, dentro da classificação dos direitos fundamentais, o art. 229 da CR/88 se insere nos denominados *direitos a prestação material*, sendo um direito social por excelência.[1] Esses direitos podem ou não demandar a edição de uma lei infraconstitucional para regulamentá-los. Sendo necessária tal normatização legal, serão denominados de *direitos derivados a prestações*.

Por outro lado, alguns direitos a prestações já possuem uma alta densidade conceitual, independendo de qualquer norma infraconstitucional para serem exigíveis. São considerados, portanto, autoaplicáveis, hipótese em que serão classificados e denominados de *direitos originários a prestações*. Nas palavras de Gilmar Mendes Ferreira, algumas "normas constitucionais que veiculam direitos a prestação material possuem alta densidade normativa, no sentido de que estão enunciadas de modo a dar a perceber o seu conteúdo com a nitidez necessária para que produzam os seus principais efeitos. Não necessitam da interposição do legislador para lograr aplicação sobre as relações jurídicas. Tais normas, que permitem imediata exigência pelo indivíduo da satisfação do que comandam, veiculam os chamados direitos originários a prestação".[2]

---
1. MENDES, Gilmar Ferreira; BRANCO, Paulo Gustavo Gonet. *Curso de Direito Constitucional.* São Paulo: Saraiva, 2015, p. 161.
2. MENDES, Gilmar Ferreira; BRANCO, Paulo Gustavo Gonet. *Curso de Direito Constitucional.* São Paulo: Saraiva, 2015, p. 161.

Essa última hipótese é justamente o caso do direito/dever que se extrai a partir da leitura do art. 229 da CR/88. E, deveras, não é necessário que o legislador infraconstitucional edite lei para regulamentar a forma pela qual esse direito/dever deve ser desenvolvido.

É o que sustenta o doutrinador mineiro Dimas Messias de Carvalho, ao afirmar que a "ausência da legislação específica de dano moral por abandono inverso não exclui o ato ilícito praticado pelos filhos que violaram o dever de cuidar".[3]

É claro que em cada relação familiar haverá peculiaridades e, por isso, tal direito/dever de assistência será distinto a partir da análise de cada caso concreto. Contudo, é essencial destacar que o preceito constitucional não é tão subjetivo assim, possuindo um viés objetivo identificável para o seu cumprimento. Esse caráter objetivo seria justamente o dever de cuidado, consistente na obrigação dos pais de criar, educar e ter em sua companhia em relação aos seus filhos e no dever dos filhos em assistir as necessidades dos seus pais na velhice, carência ou enfermidade (dever de assistência).

Abandonar materialmente os filhos ou os pais na velhice pode acarretar, inclusive, o ilícito penal de abandono material. Tal crime se verifica quando alguém deixar, sem justa causa, de prover a subsistência do cônjuge, de filho menor de idade ou inapto ao trabalho, ou de ascendente inválido ou idoso, não lhes proporcionando os recursos necessários ou faltando ao pagamento de pensão alimentícia judicialmente acordada, fixada ou majorada e, ainda, deixar, sem justa causa, de socorrer descendente ou ascendente, gravemente enfermo (art. 244, Código Penal).

Mas, não só. No específico contexto da pessoa idosa, será crime abandoná-la em hospitais, casas de saúde, entidades de longa permanência, ou congêneres, ou não prover suas necessidades básicas, quando obrigado por lei ou mandado (art. 98, EPI), e, expor a perigo a sua integridade e saúde, física ou psíquica, submetendo-o a condições desumanas ou degradantes ou privando-o de alimentos e cuidados indispensáveis, quando obrigado a fazê-lo, ou sujeitando-o a trabalho excessivo ou inadequado (art. 99, EPI).

Para além de responsabilização criminal, o STJ já definiu que o abandono material também pode viabilizar a responsabilização civil.[4]

---

3. CARVALHO, Dimas Messias de. Abandono afetivo do idoso e responsabilidade civil. *Anais do XIII Congresso Brasileiro de Direito das Famílias e Sucessões do IBDFAM*: Prospecções sobre o presente e o futuro, 2021.
4. Recurso especial. Família. Abandono material. Menor. Descumprimento do dever de prestar assistência material ao filho. Ato ilícito (CC/2002, arts. 186, 1.566, IV, 1.568, 1.579, 1.632 e 1.634, I; ECA, arts. 18-A, 18-B e 22). Reparação. Danos morais. Possibilidade. Recurso improvido. 1. O descumprimento da obrigação pelo pai, que, apesar de dispor de recursos, deixa de prestar assistência material ao filho, não proporcionando a este condições dignas de sobrevivência e causando danos à sua integridade física, moral, intelectual e psicológica, configura ilícito civil, nos termos do art. 186 do Código Civil de 2002. 2. Estabelecida a correlação entre a omissão voluntária e injustificada do pai quanto ao amparo material e os danos morais ao filho dali decorrentes, é possível a condenação ao pagamento de reparação por danos morais, com fulcro também no princípio constitucional da dignidade da pessoa humana. 3. Recurso especial improvido. (STJ, REsp: 1087561/RS, Rel. Min. Raul Araújo, T4, DJe de 18.08.2017).

Ao lado do abandono material, a doutrina elucida os aspectos jurídicos do *abandono afetivo*, também denominado de *abandono moral*,[5] que acarretará uma responsabilidade civil ao ente familiar que falta ao seu dever em proporcionar uma ampla assistência e cuidado, inclusive em aspectos afetivos, consubstanciada em um "*non facere* que atinge um bem juridicamente tutelado, leia-se, o necessário dever de criação, educação e companhia – de cuidado – importa em vulneração da imposição legal".

Na perspectiva de Melissa Telles Barufi, "quanto à responsabilidade afetiva, não houve previsão expressa no novo CPC, mas a partir de uma construção doutrinária, pode-se entender que o novo dispositivo busca fortalecer o vínculo de afeto existente entre os membros da família, ao optar por um procedimento voltado para o consenso seja por mediação ou conciliação, tentando preservar as relações familiares. O abandono afetivo começou a ser punido pelos Tribunais a partir de construções doutrinárias e principiológicas, mas não é absoluto, devendo ser observado caso a caso pelos Tribunais, o que acaba trazendo insegurança para aqueles que buscam justiça por uma negligência severa sofrida – a privação de afeto e cuidado".[6]

Em relação ao termo utilizado, haverá abandono afetivo diante da relação dos pais com seus filhos (descumprimento do dever de cuidado), adicionando-se o qualificativo "inverso" na hipótese de responsabilidade dos filhos em relação aos seus pais idosos, carentes ou enfermos (violação ao dever de assistência). A consequência será idêntica em ambos os casos: a possibilidade de responsabilização civil, em decorrência de dano moral, ao pai ou filho que, respectivamente, descumprirem os seus deveres, imputando a eles uma obrigação de indenizar pelo mal causado à psique da vítima.

Entretanto, a viabilidade de responsabilidade civil por abandono afetivo não é tema pacífico, pois muitos o associam ao dever de amar, de dar afeto, o que, de fato, não pode ser considerado um dever jurídico exigível. Outros já a admitem, por reputar possível aferir um caráter objetivo em sua configuração.

Ambos os posicionamentos já foram adotados pelo Superior Tribunal de Justiça. Mas, antes de adentrar na natureza das decisões dos tribunais, essencial destacar aspectos conceituais do abandono afetivo. Vamos a eles.

11.2 O ABANDONO AFETIVO E A RESPONSABILIDADE CIVIL EM RELAÇÕES FAMILIARES

O Direito das Famílias da contemporaneidade finca suas raízes no pleno desenvolvimento de seus membros, visando lhes conferir bem-estar e felicidade, prezando-se

---

5. Para Flávia Zangerolame, o nome correto seria "abandono moral", sendo "erroneamente nomeado como abandono afetivo pela comunidade jurídica". ZANGEROLAME, Flávia. Considerações sobre alimentos no abandono afetivo e a tutela do idoso sob a ótica civil-constitucional. In: BARLETTA, Fabiana Rodrigues; ALMEIDA, Vitor. *A tutela jurídica da pessoa idosa*. Indaiatuba/SP: Foco, 2020, p. 218.
6. BARUFI, Melissa Telles. *A responsabilidade em proteger os filhos do abandono afetivo e material à luz do Novo CPC*. Disponível em: https://ibdfam.org.br/artigos/1099/++A+responsabilidade+em+proteger+os+filhos+-do+abandono+afetivo+e+material+%C3%A0+luz+do+Novo+CPC. Acesso em: 19 jan. 2023.

sempre pela dignidade inerente a cada indivíduo. Para além de preocupações de natureza puramente patrimonial, questões existenciais passam a ocupar papel central no desenvolvimento científico da disciplina. Sobre o tema, Giselda Hironaka destaca que "o direito de família contemporâneo tem voltado a sua atenção aos aspectos pessoais deste ramo das relações humanas, com a preocupação primordial de reconhecer à família a condição de locus privilegiado para o desenvolvimento de relações interpessoais mais justas, por meio do desenvolvimento de seres humanos (sujeitos de direito) mais completos e psiquicamente melhor estruturados".[7]

Não por outro motivo, o afeto passa a ser um aspecto estrutural do próprio conceito de família, de forma que esta "recuperou a função que, por certo, esteve nas suas origens mais remotas: a de grupo unido por desejos e laços afetivos, em comunhão de vida".[8]

Portanto, para além da responsabilidade pelo abandono material, o Direito das Famílias admite também a responsabilidade por abandono afetivo ou moral, seja dos pais com os seus filhos, ou dos filhos em relação a seus pais, por descumprimento ao dever de cuidado e de assistência (art. 229, CR/88).

Se tratando de uma manifestação da responsabilidade civil nas relações de família, tem-se que se trata de assunto aplicado com bastante parcimônia por parte da doutrina e do Poder Judiciário.[9] Assim, "doutrina e jurisprudência brasileiras sempre se mostraram muito reticentes com o dano moral nas relações familiares, tanto que boa parcela rechaçava o ressarcimento dos danos derivados da separação judicial ou do divórcio pelo temor do exagero em transformar todas as separações judiciais em pedidos cumulativos de perdas e danos morais, monetarizando as relações erótico-afetivas".[10]

A respeito da aceitação da teoria da responsabilidade civil nas relações de família, existem duas correntes doutrinárias principais. A primeira é aquela que restringe a responsabilidade civil na área de família (tese denegatória da indenização moral[11]). A segunda, reflete a tese permissiva da indenização moral.

Em relação à *tese denegatória*, é possível verificar forte correlação com a *"parental immunity doctrine"* (doutrina da imunidade parental, em tradução livre), exposta em artigo científico no ano de 1980 pelo advogado americano Robert Pfeiffer. Para ele, o questionamento a respeito da irresponsabilidade dos pais por atos ilícitos praticados em face de seus filhos tem origem no direito romano, momento em que os filhos eram

---

7. HIRONAKA, Giselda Maria Fernandes Novaes. *Pressuposto, elementos e limites do dever de indenizar por abandono afetivo*. Disponível em: http://www.ibdfam.org.br/artigos/288/Pressuposto%2C+elementos+e+limites+do+dever+de+indenizar+por+abandono+afetivo. Acesso em: 19 jan. 2023.
8. LÔBO, Paulo. *Direito civil*: famílias. São Paulo: Saraiva, 2017, p. 72.
9. "Doutrina e jurisprudência brasileiras sempre se mostraram muito reticentes com o dano moral nas relações familiares, tanto que boa parcela rechaçava o ressarcimento dos danos derivados da separação judicial ou do divórcio pelo temor do exagero em transformar todas as separações judiciais em pedidos cumulativos de perdas e danos morais, monetarizando as relações erótico-afetivas." MADALENO, Rolf. *Direito de família*. Rio de Janeiro: Forense: 2018, p. 466.
10. FARIAS, Cristiano Chaves; ROSENVALD, Nelson. *Direito de famílias*. Salvador: JusPodivm, 2017, p. 132.
11. MADALENO, Rolf. *Direito de família*. Rio de Janeiro: Forense: 2018, p. 466.

tratados como propriedade de seus pais, em razão do adágio romano *ius vitae necisque*,[12] que refletia "a máxima expressão das faculdades disciplinares que o pai tem sobre seus filhos",[13] refletindo um poder praticamente irrestrito, o que autorizava, até mesmo, que este matasse o próprio filho.[14]

Embora tenha ocorrido a sua revogação ainda no período romano (pós-clássico, de Justiniano), essa teoria acabou impregnando os mais variados ordenamentos jurídicos.[15]

Em relação à *tese permissiva*, ela é amplamente majoritária no Brasil, sendo "possível afirmar que dúvida não há quanto à incidência das regras da responsabilidade civil nas relações familiares".[16] Mas isso não significa que se trata de tema pacífico na doutrina. Muito pelo contrário. Trata-se de assunto "extremamente polêmico, pertencente, com toda certeza, à área cinzenta do Direito das Famílias".[17]

O ponto de divergência reside na *abrangência* dessa responsabilidade: para uns, ela seria ampla, bastando o mero descumprimento de algum dos deveres conjugais/parentais (*tese permissiva ampliativa*); para outros, seria restrita, apenas quando se constatasse um efetivo ilícito civil (*tese permissiva restritiva*).

Desse modo, para os primeiros, ela será aceita de forma ampla, isto é, quando houver a caracterização dos atos ilícitos gerais (art. 186 e 187 do Código Civil), bem como nos casos de violações específicas dos "deveres familiares em concreto",[18] como, por exemplo, no caso da quebra dos deveres matrimoniais pelo adultério (art. 1.566, I, CC).[19-20] Para os segundos, dos quais esta autora faz parte, será possível a responsabili-

---

12. PFEIFFER, Robert M. Abandonment of Children As a Civil Wrong: Burnette v. Wahl. *Ohio State Law Journal*, v. 41, n. 2 (1980), 533-552. Disponível em: https://kb.osu.edu/handle/1811/64177. Acesso em: 19 jan. 2023.
13. FIATIKOSKI, Camila Silveira. *O ius vitae necisque no exercício da patria potestas*. Trabalho de conclusão de curso, Universidade de São Paulo, 2013. Disponível em: http://www.tcc.sc.usp.br/tce/disponiveis/89/890010/tce-30012014-100654/?&lang=br. Acesso em: 19 jan. 2023.
14. "Era o que justificava a prática comum de assassinar os filhos como forma de punição antes do séc. III a.C. Embora seja possível ter absoluta certeza quanto à historicidade desses incidentes, os autores romanos realmente acreditavam que houve um tempo em que o poder do paterfamilias era praticamente irrestrito pela lei". FIATIKOSKI, Camila Silveira. O ius vitae necisque no exercício da patria potestas. Trabalho de conclusão de curso, Universidade de São Paulo, 2013. Disponível em: http://www.tcc.sc.usp.br/tce/disponiveis/89/890010/tce-30012014-100654/?&lang=br. Acesso em: 19 jan. 2023.
15. Uma das razões pode repousar justamente na adoção do modelo jurídico da *civil law* (também conhecido como romano-germânico), em que se seguiu a estrutura romana codificada para a formulação de diversos sistemas jurídicos, como é o caso do direito brasileiro. A literatura aponta que, em um primeiro momento, o direito romano-germânico era considerado até mesmo o direito supletivo de países como a Itália, Portugal, Alemanha e Espanha. "Malgrado a compilação justinianeia represente o elemento mais antigo da tradição da civil law, sua conformação integral depende, ainda, de outros fatores, estes que, aparecendo no decorrer de séculos de história, marcaram, cada um por seu modo, profundamente, a tradição romano-germânica, conformando-a para que assumisse o aspecto que tem atualmente". BARREIROS, Lorena Miranda Santos. *Fundamentos constitucionais do princípio da cooperação processual*. Salvador: JusPodivm, 2013, p. 32.
16. FARIAS, Cristiano Chaves; ROSENVALD, Nelson. *Direito de famílias*. Salvador: JusPodivm, 2017, p. 133.
17. FARIAS, Cristiano Chaves; ROSENVALD, Nelson. *Direito de famílias*. Salvador: JusPodivm, 2017, p. 132.
18. FARIAS, Cristiano Chaves; ROSENVALD, Nelson. *Direito de famílias*. Salvador: JusPodivm, 2017, p. 132.
19. FARIAS, Cristiano Chaves; ROSENVALD, Nelson. *Direito de famílias*. Salvador: JusPodivm, 2017, p. 132.
20. É o posicionamento de SANTOS, Regina Beatriz Tavares da Silva Papa dos. Reparação civil na separação e no divórcio. São Paulo: Saraiva, 1999, p. 153-175 e de CARVALHO NETO, Inácio. *Responsabilidade civil no direito de família*. Curitiba: Juruá, 2002, p. 253-284.

dade civil apenas quando se estiver diante de um ato ilícito genérico, isto é, a conduta se amoldar ao disposto nos arts. 186 e 187 do CC.[21]

A aplicação da tese da responsabilização por abandono afetivo deriva do princípio da solidariedade social ou familiar (art. 3º, I, CR/88), que, para muito além de ser um dever moral, trata-se de um *dever jurídico*, caracterizado como uma situação jurídica contraposta ao direito subjetivo, que vincula o sujeito ao cumprimento daquilo que lhe é imposto.

Desse modo, independentemente da regulamentação do tema na seara infraconstitucional, trata-se de dever jurídico que pode ser extraído diretamente da Constituição da República (art. 229), podendo ser caracterizado como um direito originário a prestações, na linha do exposto por Gilmar Ferreira Mendes.[22]

A propósito, Giselle Groeninga expõe o seu posicionamento no sentido de considerar o direito à integridade psíquica "o mais fundamental dentre os direitos da personalidade, pois o psiquismo é o que nos dá a qualidade humana".[23] Portanto, o ordenamento jurídico deve resguardar os direitos daquele que sofre sérios abalos à sua estrutura psicológica em razão do ilícito atinente ao abandono afetivo.

Outra questão que preocupa bastante a doutrina é a possível patrimonialização de questões existenciais. Por sinal, a adoção da tese permissiva restritiva, que reputa possível a responsabilização civil por abandono afetivo apenas quando evidenciado um ato ilícito (art. 186 e 187, CC), acaba atenuando tal preocupação. Afinal, *todo* aquele que violar direito e causar dano a outrem, ainda que exclusivamente moral, comete ato ilícito, ficando obrigado a repará-lo (art. 927, CC), afirmação que deve ser aplicada também quando se tratar de ilícitos praticados por e contra membros de uma mesma família.

Além disso, destaca-se que a responsabilidade civil possui diferentes funções, além da reparatória/compensatória, já que "tem-se atribuído à reparação civil a função pedagógica e educativa na busca de desestimular esse tipo de conduta incoerente com o nosso ordenamento jurídico".[24] A denominada *função precaucional*, que "possui o objetivo de inibir atividades potencialmente danosas",[25] passa a adquirir papel predominante.

---

21. É o posicionamento de TEPEDINO, Gustavo. *Temas de Direito Civil*. Rio de Janeiro: Renovar, 1999, p. 367-388; AMARANTE, Aparecida. Responsabilidade civil por dano à honra. Belo Horizonte: Del Rey, 1998, p. 35; FARIAS, Cristiano Chaves, ROSENVALD, Nelson. *Direito de famílias*. Salvador: JusPodivm, 2017, p. 133; MADALENO, Rolf. *Direito de família*. Rio de Janeiro: Forense: 2018, p. 466.
22. "São direitos devidos pelo Estado, embora, nessa esfera dos direitos fundamentais, os particulares também estejam vinculados, em especial quanto aos direitos dos trabalhadores enumerados no art. 7º da Constituição e quanto a aspectos do direito à assistência, já que o art. 229 da Constituição comanda que "os pais têm o dever de assistir, criar e educar os filhos menores, e os filhos maiores têm o dever de ajudar e amparar os pais na velhice, carência ou enfermidade". MENDES, Gilmar Ferreira; BRANCO, Paulo Gustavo Gonet. *Curso de Direito Constitucional*. São Paulo: Saraiva, 2015, p. 161.
23. GROENINGA, Giselle. *O direito à integridade psíquica e o livre desenvolvimento da personalidade*. Disponível em: http://www.ibdfam.org.br/assets/upload/anais/19.pdf. Acesso em: 19 jan. 2023.
24. SOUSA, Hiasminni Albuquerque Alves. *Abandono afetivo*: responsabilidade civil pelo desamor. Disponível em: http://www.ibdfam.org.br/artigos/863/Abandono+afetivo%3A+Responsabilidade+civil+pelo+desamor. Acesso em: 19 jan. 2023.
25. FARIAS, Cristiano Chaves et al. *Responsabilidade Civil*. Salvador: JusPodivm, 2017, v. 3, p. 67.

Não é demais lembrar o célebre caso da famosa atriz Brigitte Bardot, que, nos anos de 1960,

> tendo ela sofrido danos de natureza moral, requereu, na ação de indenização própria, que o causador da lesão fosse condenado a pagar um franco à guisa de reparação. Ao vencer a demanda, a atriz recebeu aquele único franco em sessão à qual estiveram presentes os meios de comunicação de todo o mundo, dando ampla divulgação ao fato. O desiderato almejado, certamente, foi melhor alcançado dessa forma.[26]

Pode-se concluir, portanto, que o caráter pedagógico e dissuasório pode refletir para muito além de questões meramente patrimoniais, exercendo uma função social muito maior do que a mera reparação/compensação individual do ato ilícito. Afinal, o tema poderia ser colocado em debate no seio social, fazendo com que se atingisse até mesmo uma conscientização coletiva.

Pois bem.

Embora o tema esteja mais bem construído a partir do enfoque dos ascendentes em face dos descendentes, é perfeitamente possível a sua utilização também para o caso inverso, onde o filho é aquele que abandona afetivamente o seu ascendente. Afinal de contas, o direito/dever previsto no art. 229 da CR/88 deve ser interpretado de forma ampla e, ainda, é expresso em apontar os dois sujeitos que possuem o direito subjetivo em exigir o cumprimento do dever de cuidado e de assistência: a criança/adolescente e o ascendente idoso, carente ou enfermo.

Ambos os sujeitos apresentam peculiaridades específicas por conta de suas respectivas etapas de vida. As crianças "porque estão em fase de desenvolvimento (crescimento), com uma gama de peculiaridades",[27] e o idoso por estar "na última etapa, mas igualmente com razoável gama de peculiaridades (físicas, psíquicas, emocionais), donde o envelhecimento há de ser garantido, com todos os predicados possíveis para uma vida digna".[28]

É justamente o posicionamento do Instituto Brasileiro de Direito de Família e Sucessão (IBDFAM), que pode ser extraído dos seus enunciados de número 8 e 10, apresentando que "o abandono afetivo pode gerar direito à reparação pelo dano causado" e que "é cabível o reconhecimento do abandono afetivo em relação aos ascendentes idosos".

---

26. HIRONAKA, Giselda Maria Fernandes Novaes. *Os contornos jurídicos da responsabilidade afetiva na relação entre pais e filhos* – além da obrigação legal de caráter material. Disponível em: https://www.trf3.jus.br/lpbin22/lpext.dll/FolRevistas/Revista/revs.nfo.285.0.0.0/revs.nfo.286.0.0.0/revs.nfo.28d.0.0.0?fn=document-frame--nosync.htm&f=templates&2.0. Acesso em: 19 jan. 2023.
27. RODRIGUES, Oswaldo Peregrina. *Direitos da pessoa idosa*. São Paulo: Editora Verbatim, 2016, p. 442. Apud NOGUEIRA, Luíza Souto. *Responsabilidade civil nas relações familiares*: o abandono afetivo inverso e o dever de indenizar. Disponível em: http://www.ibdfam.org.br/artigos/1289/Responsabilidade+civil+nas+rela%-C3%A7%C3%B5es+familiares%3A+o+abandono+afetivo+inverso+e+o+dever+de+indenizar. Acesso em: 19 jan. 2023.
28. RODRIGUES, Oswaldo Peregrina. *Direitos da pessoa idosa*. São Paulo: Editora Verbatim, 2016, p. 442. Apud NOGUEIRA, Luíza Souto. *Responsabilidade civil nas relações familiares*: o abandono afetivo inverso e o dever de indenizar. Disponível em: http://www.ibdfam.org.br/artigos/1289/Responsabilidade+civil+nas+rela%-C3%A7%C3%B5es+familiares%3A+o+abandono+afetivo+inverso+e+o+dever+de+indenizar. Acesso em: 19 jan. 2023.

Conferindo reforço a este entendimento, o STJ, no ano de 2021, consignou que é "juridicamente possível a reparação de danos pleiteada pelo filho em face dos pais que tenha como fundamento o abandono afetivo, tendo em vista que não há restrição legal para que se apliquem as regras da responsabilidade civil no âmbito das relações familiares e que os arts. 186 e 927, ambos do CC/2002, tratam da matéria de forma ampla e irrestrita".[29]

Ao que parece, a Corte adotou a corrente aqui denominada de tese permissiva restritiva, muito embora a tenha aplicado ao âmbito do abandono paterno-filial. Contudo, fazendo-se as adequações necessárias, acredita-se ser perfeitamente possível aplicar-se o mesmo raciocínio já exposto ao abandono afetivo inverso.

Tanto o abandono afetivo filial (de pais com os seus filhos), quanto o inverso (dos filhos com os seus pais idosos) seguem uma estrutura semelhante, distinguindo-se em pouquíssimos aspectos. Por isso, a abordagem será feita de forma conjunta, apontando apenas as feições que as diferenciam, quando necessário.

11.3 OS REQUISITOS CONFIGURADORES DA RESPONSABILIDADE CIVIL POR ABANDONO AFETIVO PATERNO FILIAL E INVERSO

O tema abandono afetivo, de idosos ou crianças, está umbilicalmente associado ao tema da responsabilidade civil, como visto. Por isso, todos os requisitos configuradores do dever de indenizar devem estar preenchidos, isto é, a conduta culposa, o dano e o nexo de causalidade.

Por estarmos diante de uma responsabilidade subjetiva, a demonstração da culpa é elemento essencial. Por isso, se no abandono afetivo contra crianças, deve ser demonstrada a conduta omissiva do responsável em, por exemplo, ter "se ocultado à convivência com o filho, e deliberadamente se negado a participar do desenvolvimento de sua personalidade, de forma negligente ou imprudente",[30] no abandono inverso deve-se comprovar, com a mesma pujança, a conduta omissiva do filho em relação ao idoso.

Por sinal, Giselda Hironaka destaca que a conduta será sempre omissiva, já que há "a concomitante inobservância dos deveres de ordem imaterial atinentes ao poder familiar, expressão maior da relação paterno/materno-filial".[31] Não por outro motivo, a Convenção Interamericana dos Direitos Humanos dos Idosos conceitua "abandono" como "a *falta de ação*, deliberada ou não, para atender de maneira integral as neces-

---

29. STJ, REsp 1887697/RJ, Rel. Min. Nancy Andrighi, 3T, DJe de 23.09.2021.
30. HIRONAKA, Giselda Maria Fernandes Novaes. *Pressuposto, elementos e limites do dever de indenizar por abandono afetivo*. Disponível em: http://www.ibdfam.org.br/artigos/288/Pressuposto%2C+elementos+e+limites+do+dever+de+indenizar+por+abandono+afetivo. Acesso em: 19 jan. 2023.
31. HIRONAKA, Giselda Maria Fernandes Novaes. *Pressuposto, elementos e limites do dever de indenizar por abandono afetivo*. Disponível em: http://www.ibdfam.org.br/artigos/288/Pressuposto%2C+elementos+e+limites+do+dever+de+indenizar+por+abandono+afetivo. Acesso em: 19 jan. 2023.

sidades de um idoso, que ponha em risco sua vida ou sua integridade física, psíquica ou moral" (art. 2º, CIDHI), a evidenciar que de fato se trata de uma conduta omissiva.

Em relação ao dano, é imprescindível que haja a demonstração que aquele ato perpetrado pelo genitor (em face do filho) ou do filho (em relação ao seu ascendente) realmente abalou a estrutura psicológica da vítima. A realização de perícia psicanalítica e a juntada de laudos médicos/psicanalíticos são essenciais nesse ponto.

Inclusive, o STJ, em julgado proferido no ano de 2021, realçou a importância da presença de todos os requisitos configuradores da responsabilidade civil às hipóteses de abandono afetivo. De acordo com a ementa, abaixo transcrita apenas no que interessa ao ponto sob debate:

> [...] 6 – Para que seja admissível a condenação a reparar danos em virtude do abandono afetivo, é imprescindível a adequada demonstração dos pressupostos da responsabilização civil, a saber, a conduta dos pais (ações ou omissões relevantes e que representem violação ao dever de cuidado), a existência do dano (demonstrada por elementos de prova que bem demonstrem a presença de prejuízo material ou moral) e o nexo de causalidade (que das ações ou omissões decorra diretamente a existência do fato danoso).
>
> 7 – Na hipótese, o genitor, logo após a dissolução da união estável mantida com a mãe, promoveu uma abrupta ruptura da relação que mantinha com a filha, ainda em tenra idade, quando todos vínculos afetivos se encontravam estabelecidos, ignorando máxima de que existem as figuras do ex-marido e do ex-convivente, mas não existem as figuras do ex-pai e do ex-filho, mantendo, a partir de então, apenas relações protocolares com a criança, insuficientes para caracterizar o indispensável dever de cuidar.
>
> 8 – Fato danoso e nexo de causalidade que ficaram amplamente comprovados pela prova produzida pela filha, corroborada pelo laudo pericial, que atestaram que as ações e omissões do pai acarretaram quadro de ansiedade, traumas psíquicos e sequelas físicas eventuais à criança, que desde os 11 anos de idade e por longo período, teve de se submeter às sessões de psicoterapia, gerando dano psicológico concreto apto a modificar a sua personalidade e, por consequência, a sua própria história de vida.[32]

Com a perspicácia que lhe é inerente, a professora Giselda Hironaka destaca que embora a culpa seja de difícil comprovação, em sua opinião, a maior dificuldade para a configuração do abandono afetivo está na demonstração do nexo de causalidade entre a conduta culposa e o dano,[33] no que é acompanhada por Caio Mário da Silva Pereira, para quem o nexo de causalidade "é o mais delicado dos elementos da responsabilidade civil e o mais difícil de ser determinado".[34]

Por certo, a perícia é essencial não só para constatar a existência, mas também a causa do dano, de modo a ocorrer "a fixação, em caráter retrospectivo, da época em que os sintomas do dano sofrido pela criança começaram a se manifestar".[35] Mas não só. É indispensável que a perícia afira a existência de concausas, de modo a "separar os

---

32. STJ, REsp 1887697/RJ, Rel. Min. Nancy Andrighi, 3T, DJe de 23.09.2021.
33. HIRONAKA, Giselda Maria Fernandes Novaes. *Pressuposto, elementos e limites do dever de indenizar por abandono afetivo*. Disponível em: http://www.ibdfam.org.br/artigos/288/Pressuposto%2C+elementos+e+limites+do+dever+de+indenizar+por+abandono+afetivo. Acesso em: 19 jan. 2023.
34. PEREIRA, Caio Mário da Silva. *Responsabilidade civil*. Rio de Janeiro: Forense, 1991, p. 76.
35. HIRONAKA, Giselda Maria Fernandes Novaes. *Pressuposto, elementos e limites do dever de indenizar por abandono afetivo*. Disponível em: http://www.ibdfam.org.br/artigos/288/Pressuposto%2C+elementos+e+limites+do+dever+de+indenizar+por+abandono+afetivo. Acesso em: 19 jan. 2023.

comportamentos e indicar com precisão qual será a proporção de cada qual na reparação dos danos injustos".[36]

Como se sabe, concausas são "uma condição que concorre para a produção do dano junto com a conduta inicialmente imputada, modificando o curso normal do processo causal iniciado".[37] Uma vez presentes, elas acabam influenciando na própria responsabilidade civil por abandono afetivo, já que elas podem interferir na "cadeia causal original".[38]

Sobre o tema, Farias, Rosenvald e Braga Netto explicam que existem três categorias de concausalidade: a) a causalidade plural comum; b) a causalidade plural concorrente; c) a causalidade complexa. Na primeira, "duas ou mais pessoas participam do fato causador do dano, sendo necessário aferir qual foi a exata participação de cada qual dos agentes para o resultado",[39] hipótese que podemos exemplificar com o abandono afetivo praticado pelo pai e pela mãe. Na segunda, conjuga-se o fato (o abandono afetivo) com um fortuito, com fatos do responsável e do lesado e, ainda, por fatos praticados por várias pessoas. Na terceira, existem "episódios em que surgem fatos diversos, atribuíveis a pessoas diferentes, agindo em separado, mas que acabam contribuindo para o dano que se verificou",[40] que poderá se subdividir em: c.1.) causalidade colateral; c.2.) causalidade concorrente propriamente dita; c.3.) causalidade cumulativa. Conceitualmente, elas podem ser assim descritas:

> (a) causalidade colateral – cada uma das partes envolvidas pratica ato que, isoladamente *já seria suficiente* para proporcionar o evento lesivo. [...] (b) causalidade concorrente propriamente dita – aqui, as práticas sozinhas *não seriam suficientes para causar o dano*, mas quando somadas acabam por gerar a causa necessária para tanto. Pode-se ilustrar com a situação em que dois motoristas contribuem para um atropelamento: o primeiro por dirigir em alta velocidade, e o outro, por estar com a luz alta, causando dificuldade de visualização do primeiro. Enfim, a interação das condutas acarreta o desfecho lesivo; (c) causalidade cumulativa – ocorre quando há *independente causação por cada pessoa*, cada uma praticando um fato diferente, de uma parte delimitada do dano. Aqui, cada um responderá de acordo com a sua participação no evento.

Não parece ter dúvidas de que a causalidade complexa colateral é capaz de acarretar a responsabilização pelo abandono afetivo, já que nela o ato já seria suficiente para acarretar um grave dano à esfera psicológica daquela pessoa. Problema maior seria a demonstração do abalo decorrente do abandono afetivo no caso da causalidade concorrente propriamente dita e da causalidade cumulativa.

De todo modo, a delimitação da conduta específica a ter causado o dano parece ser uma tarefa a ser perseguida através da perícia psicológica/psicanalítica.

Mais especificamente no caso de abandono afetivo inverso, é bem provável que aquele idoso tenha passado por experiências ruins e/ou traumáticas ao longo da vida

---

36. FARIAS, Cristiano Chaves et al. *Responsabilidade Civil*. Salvador: JusPodivm, 2017, v. 3, p. 408.
37. FARIAS, Cristiano Chaves et al. *Responsabilidade Civil*. Salvador: JusPodivm, 2017, v. 3, p. 407.
38. FARIAS, Cristiano Chaves et al. *Responsabilidade Civil*. Salvador: JusPodivm, 2017, v. 3, p. 407.
39. FARIAS, Cristiano Chaves et al. *Responsabilidade Civil*. Salvador: JusPodivm, 2017, v. 3, p. 408.
40. FARIAS, Cristiano Chaves et al. *Responsabilidade Civil*. Salvador: JusPodivm, 2017, v. 3, p. 408.

(falecimento de entes queridos, perda de emprego, relação ruim com os seus próprios ascendentes etc). Todas essas situações podem vir a caracterizar concausas que interfiram na configuração do nexo de causalidade do abandono afetivo.

Como consequência, existindo mais de um causador do dano (decorrente do mesmo dever jurídico), como o pai e a mãe, por exemplo, todos responderão solidariamente pela reparação (art. 942, CC), o que poderá dificultar sobremaneira a configuração da responsabilidade pelo abandono afetivo, já que inevitavelmente a demanda ficará permeada de complexidades adicionais.

Em outras palavras, se já existem dificuldades inerentes à configuração do abandono afetivo, a existência de concausas pode criar ainda mais empecilhos. Embora não obstaculize a utilização do instituto, tais fatos devem ser objeto de análise em perícia pormenorizada.

11.4 O CARÁTER OBJETIVO DO ABANDONO AFETIVO E A DECISÃO PARADIGMÁTICA DO RESP 1.159.242-SP

Até o ano de 2012, o Superior Tribunal de Justiça não admitia a responsabilidade civil por abandono afetivo, sob a tese de que "escapa ao arbítrio do Judiciário obrigar alguém a amar ou a manter um relacionamento afetivo, que nenhuma finalidade positiva seria alcançada com a indenização pleiteada". Fundamentando esse posicionamento, havia uma identidade conceitual entre amar e cuidar. Adicionalmente, outra preocupação pendia sobre os julgadores, pois consideravam que o conflito familiar poderia ser potencializado a partir da judicialização do abandono afetivo, de maneira que "um litígio entre as partes reduziria drasticamente a esperança do filho de se ver acolhido, ainda que, tardiamente, pelo amor paterno".[41]

Naquele período, não era tão clara a função reparatória da reparação civil, já que se entendia que, se houvesse prestação de alimentos por parte do genitor faltante, não seria viável a reparação financeira. Assim, "o deferimento do pedido não atenderia, ainda, o objetivo de reparação financeira, porquanto o amparo, nesse sentido, já é providenciado com a pensão alimentícia, nem mesmo alcançaria efeito punitivo e dissuasório, porquanto já obtidos com outros meios previstos na legislação civil".[42-43]

Principalmente após a mudança de posicionamento em 2012, em julgamento de Relatoria da Ministra Nancy Andrighi, o Superior Tribunal de Justiça assumiu relevante papel no desenvolvimento da responsabilização por abandono afetivo no cenário nacional. A partir desse paradigmático julgado, passou-se a admitir a referida responsabilização, pelo argumento de que o que o abandono afetivo representa uma violação ao *dever jurídico* de cuidado.

---

41. STJ, REsp 757.411-MG, Rel. Min. Fernando Gonçalves, julgado em 29.11.2005.
42. STJ, REsp 757.411-MG, Rel. Min. Fernando Gonçalves, julgado em 29.11.2005.
43. No mesmo sentido: STJ, REsp 514.350-SP, Rel. Min. Aldir Passarinho Junior, julgado em 28.04.2009.

O enfoque mudou, então, da pretensão pelo amor para o respeito ao dever jurídico de cuidado.

Não se pretende compelir alguém a amar outra pessoa, tendo a Ministra relatora se manifestado no sentido de que "não se discute o amar – que é uma faculdade – mas sim a imposição biológica e constitucional de cuidar, que é dever jurídico, corolário da liberdade das pessoas de gerar ou adotar filhos".[44]

Em suma: para a Corte, amar é uma faculdade, mas cuidar (e conferir assistência) é um dever.

Nesse julgado, o STJ delineou de forma objetiva o que viriam a ser condutas caracterizadoras do dano moral decorrente de abandono afetivo, ao menos na relação paterno-filial. Assim, para além do necessário para a manutenção da criança (e, no caso da assistência aos ascendentes, à subsistência dos mesmos), o cuidado/assistência abrangeria também elementos imateriais indispensáveis para a pleno desenvolvimento daquele ser humano. É o caso, por exemplo, do direito à convivência, que compete tanto às crianças e adolescentes quanto aos idosos (art. 227 e 230, CR/88; art. 4º, ECA e art. 3º, EPI). No julgado, definiu-se, ainda, que "tanto pela concepção quanto pela adoção, os pais assumem obrigações jurídicas em relação à sua prole que ultrapassam aquelas chamadas *necessarium vitae*. É consabido que, além do básico para a sua manutenção (alimento, abrigo e saúde), o ser humano precisa de outros elementos imateriais, igualmente necessários para a formação adequada (educação, lazer, regras de conduta etc.). O cuidado, vislumbrado em suas diversas manifestações psicológicas, é um fator indispensável à criação e à formação de um adulto que tenha integridade física e psicológica, capaz de conviver em sociedade, respeitando seus limites, buscando seus direitos, exercendo plenamente sua cidadania".[45]

Ocorre que a decisão foi além. Encampou a tese de que o dano moral em caso de abandono afetivo é *in re ipsa*, "intrínseca à própria conduta que injustamente atinja a dignidade do ser humano",[46] de forma que o sentimento de mágoa e tristeza é apreensível da própria conduta omissiva praticada por aquele que tem o dever jurídico de cuidado, bem como que "os sentimentos de mágoa e tristeza causados pela negligência paterna e o tratamento como filha de segunda classe, que a recorrida levará *ad perpetuam*, é perfeitamente apreensível e exsurgem das omissões do pai (recorrente) no exercício de seu dever de cuidado em relação à filha e também de suas ações que privilegiaram parte de sua prole em detrimento dela, caracterizando o dano *in re ipsa* e traduzindo-se, assim, em causa eficiente à compensação".[47]

O dano moral *in re ipsa* se trata, portanto, de uma culpa presumida, ocorrendo a inversão do ônus da prova em favor da vítima. Dessa forma, embora a responsabilidade

---

44. STJ, REsp 1.159.242-SP, Rel. Min. Nancy Andrighi, julgado em 24.04.2012.
45. STJ, REsp 1.159.242-SP, Rel. Min. Nancy Andrighi, julgado em 24.04.2012.
46. FARIAS, Cristiano Chaves et al. *Responsabilidade Civil*. Salvador: JusPodivm, 2017, v. 3, p. 302.
47. STJ, REsp 1.159.242-SP, Rel. Min. Nancy Andrighi, julgado em 24.04.2012.

seja subjetiva, necessitando que haja a demonstração da conduta culposa do ofensor, haverá uma espécie de presunção a favor da vítima criança ou adolescente, no caso de se comprovar a violação ao dever jurídico de cuidado por seus genitores.

De forma extremamente elucidativa, Sérgio Cavalieri Filho ensina que a "culpa presumida foi um dos estágios na longa evolução do sistema da responsabilidade subjetiva ao da responsabilidade objetiva. Em face da dificuldade de se provar a culpa em determinadas situações e da resistência dos autores subjetivistas em aceitar a responsabilidade objetiva, a culpa presumida foi o mecanismo encontrado para favorecer a posição da vítima. O fundamento da responsabilidade, entretanto, continuou o mesmo – a culpa; a diferença reside num aspecto meramente processual de distribuição do ônus da prova. Enquanto no sistema clássico (da culpa provada) cabe à vítima provar a culpa do causador do dano, no de inversão do ônus probatório atribui-se ao demandado o ônus de provar que não agiu com culpa".[48]

Portanto, não é possível se confundir a culpa presumida com a responsabilidade objetiva, situação em que se dispensará a análise da culpa por força da lei. Na culpa presumida haverá a possibilidade de que se afaste a responsabilidade, desde que haja prova suficiente para tanto.

Sobre o tema, relevante destacar a ponderação realizada por Farias, Rosenvald e Braga Netto, no sentido de que a culpa presumida (*in re ipsa*), embora dispense a prova da dor ou do abalo à sua esfera íntima, não dispensará a prova da existência do dano moral em si. Os autores pontuam uma crítica no sentido de que, se não fosse assim, essa culpa presumida converteria "a dignidade em um sacrossanto princípio, sacramentando o *an debeatur* pelo simples relato da vítima quanto ao fato que abstratamente lhe ocasionou lesão à dignidade".[49]

Por isso, embora o Superior Tribunal de Justiça tenha entendido que o dano moral, no caso de abandono afetivo, é *in re ipsa*, tal constatação não transmuda a natureza da responsabilidade subjetiva em objetiva. Haverá culpa e ela precisa ser demonstrada.

No ano de 2021, o tema voltou a bater às portas do STJ, por intermédio do Resp 1887697/RJ. Ao analisá-lo, a Ministra Nancy Andrighi fixou, ainda, que: a) a responsabilização por abandono afetivo independeria da perda do poder familiar; b) não seria afastada pelo cumprimento de obrigação alimentar; c) possui caráter excepcional; d) a reparação correspondente possui fundamento jurídico próprio, bem como causa específica e autônoma à obrigação alimentar, que é o descumprimento do dever jurídico de exercer a parentalidade de maneira responsável.

A respeito, confira-se o seguinte trecho da ementa:

> [...] 4 – A possibilidade de os pais serem condenados a reparar os danos morais causados pelo abandono afetivo do filho, ainda que em caráter excepcional, decorre do fato de essa espécie de condenação não ser

---

48. CAVALIERI FILHO, Sergio. *Programa de Responsabilidade Civil*. 10. ed. São Paulo: Atlas, 2012, p. 42
49. FARIAS, Cristiano Chaves et al. *Responsabilidade Civil*. Salvador: JusPodivm, 2017, v. 3, p. 302.

afastada pela obrigação de prestar alimentos e nem tampouco pela perda do poder familiar, na medida em que essa reparação possui fundamento jurídico próprio, bem como causa específica e autônoma, que é o descumprimento, pelos pais, do dever jurídico de exercer a parentalidade de maneira responsável.

5 – O dever jurídico de exercer a parentalidade de modo responsável compreende a obrigação de conferir ao filho uma firme referência parental, de modo a propiciar o seu adequado desenvolvimento mental, psíquico e de personalidade, sempre com vistas a não apenas observar, mas efetivamente concretizar os princípios do melhor interesse da criança e do adolescente e da dignidade da pessoa humana, de modo que, se de sua inobservância, resultarem traumas, lesões ou prejuízos perceptíveis na criança ou adolescente, não haverá óbice para que os pais sejam condenados a reparar os danos experimentados pelo filho.[50]

Embora os casos concretos acima referidos tenham refletido relações paterno-filiais, suas conclusões parecem ser plenamente aplicáveis, também, ao abandono afetivo inverso.

A título de encerramento deste tópico, merece menção o fato de que, segundo o Enunciado 34 do Instituto Brasileiro de Direito de Família e Sucessões (IBDFAM), é possível a relativização do princípio da reciprocidade, acerca da obrigação de prestar alimentos entre pais e filhos, nos casos de abandono afetivo e material pelo genitor que pleiteia alimentos, fundada no princípio da solidariedade familiar, que o genitor nunca observou.

11.5 A PRESCRIÇÃO NO ABANDONO AFETIVO INVERSO

Como visto até aqui, a doutrina concebe o abandono afetivo como causa de responsabilização civil daquele que descumpre o seu dever de cuidado em relação ao descendente ou, até mesmo, ao ascendente. Sendo hipótese de reparação civil, não parece haver dúvida que incidiria o prazo prescricional de três anos para a persecução de tal direito subjetivo patrimonial em juízo, nos moldes previstos no artigo 206, § 3º, V, do CC.

Não se pode perder de vista o enunciado previsto no artigo 2.028 do CC, que estabelece que "serão os da lei anterior os prazos, quando reduzidos por este Código, e se, na data de sua entrada em vigor, já houver transcorrido mais da metade do tempo estabelecido na lei revogada". Na codificação civil revogada, o prazo prescricional para reparação civil era de 20 anos (art. 177, CC/1916) e, assim sendo, os atos praticados nos dez anos anteriores ao início da vigência do atual Código Civil, que se deu em 11 de janeiro de 2003, passaram a seguir o prazo trienal estabelecido no artigo 206, § 3º, V, do CC/2002.

Questionamento de maior envergadura diz respeito ao momento em que tal prazo se iniciará.

Considerando que a jurisprudência somente tratou da temática do abandono afetivo filial, caso em que os pais descumprem o dever de cuidado em relação aos filhos,

---

50. STJ, REsp 1887697/RJ, Rel. Min. Nancy Andrighi, 3T, DJe de 23.09.2021.

o STJ consignou que "o prazo prescricional das ações de indenização por abandono afetivo começa a fluir com a maioridade do interessado".[51]

Apesar do artigo 198 do CC mencionar que não corre a prescrição em face dos absolutamente incapazes, isto é, de pessoas com até 16 anos de idade, o fato de se se tratar de demanda entre ascendentes e descendentes, durante o poder familiar, faria com que houvesse a incidência direta do artigo 187, II, do CC. E, sendo assim, como o poder familiar apenas cessa com o advento da maioridade, a prescrição apenas começaria a correr a partir desse momento. Este é o posicionamento do STJ, para quem "sendo a paternidade biológica do conhecimento do autor desde sempre, o prazo prescricional da pretensão reparatória de abandono afetivo começa a fluir a partir da maioridade do autor".[52]

Contudo, tal entendimento é aplicável aos casos em que a paternidade já é reconhecida. Não sendo, o prazo prescricional se iniciará com o trânsito em julgado da ação que reconhece a paternidade, por aplicação da teoria da *actio nata*, com o "início do prazo a partir do conhecimento da lesão ao direito subjetivo",[53] conforme decidiu o Tribunal de Justiça de São Paulo.

Assim, embora a sentença que reconhece a paternidade possua natureza declaratória, com efeito *ex tunc*,[54] tal retroação não terá reflexos na definição da prescrição em si. Frisa-se, portanto, que apenas a partir do conhecimento efetivo da paternidade, com o respectivo trânsito em julgado, se iniciará prazo prescricional para o filho postular a reparação civil por abandono afetivo. Por isso, "aplicando-se o princípio da *actio nata*, não corre a prescrição contra quem não possui direito a ser exercitado", conforme decidido pelo Tribunal de Justiça do Espírito Santo.[55]

No abandono afetivo inverso, o prazo prescricional também será trienal. Mas, aqui, diferentemente do abandono afetivo filial, inexiste a maioridade como dado objetivo caracterizador do início da prescrição (por força do art. 197, II, CC). A pessoa que sofreu o dano, isto é, o ascendente abandonado pelos seus filhos, já é maior de idade há bastante tempo, não sendo possível utilizar o marco da maioridade como um dado objetivo para o início da contagem do prazo prescricional (por força do art. 197, II, CC).

Potencialmente, os filhos menores de idade poderão ter anos a fio para maturar todo o dano psíquico provocado pelo abandono afetivo perpetrado por seus pais, até que atinjam a maioridade. O mesmo não ocorrerá com os ascendentes, que terão um prazo prescricional muito mais exíguo correndo em seu desfavor: apenas três anos.

No caso de abandono afetivo inverso, sendo o ascendente pessoa idosa e plenamente capaz, inexistiria a incidência das hipóteses impeditivas previstas nos artigos 197 e 198

---

51. STJ, REsp 1.298.576-RJ, Min. Luis Felipe Salomão, T4, DJe de 06.09.2012.
52. STJ, AgInt no AREsp 1270784/SP, Rel. Min. Luis Felipe Salomão, 4T, DJe de 15.06.2018.
53. TJ-SP, APL 40055809420138260451, 4ª Câm. Dir. Privado, DJe de 07.05.2015.
54. STJ, REsp 1.356.431-DF, 4T, DJe de 21.09.2017.
55. TJ-ES, APL: 00019075420138080002, 4ª Câm. Cív. DJe de 18.04.2016.

do CC. O prazo trienal surgiria imediatamente após a violação do direito subjetivo (I JDC, CJF, Enunciado 14: "o início do prazo prescricional ocorre com o surgimento da pretensão, que decorre da exigibilidade do direito subjetivo").

Contudo, não se pode perder de vista que a caracterização do abandono afetivo é derivada de uma série concatenada de atos, "assemelhando-se muito mais ao que acontece em um filme do que ao que ocorre com uma fotografia", como diria a expressão popular. Isso significa que o conflito humano pode levar um tempo para amadurecer, de modo que a delimitação temporal do início do prazo prescricional possa ficar bastante prejudicada no caso do abandono afetivo inverso.

No caso, o prazo prescricional trienal parece bastante curto para a constatação definitiva dos aludidos atos e seus consequentes danos, principalmente diante da sutileza que tais atos podem possuir.

Por isso, a aplicação da teoria da *actio nata*, isto é, que o prazo trienal tenha início apenas no momento em que haja a constatação da lesão e de seus efeitos, parece ocupar lugar central na abordagem do tema. Isso significa que apenas com o conhecimento efetivo do dano psíquico, teria início a contagem do aludido prazo prescricional, de modo a possuir o laudo médico/psicanalítico importante função na sua delimitação.

Este parece um dado objetivo mais coerente com a proteção que se pretende conferir àquele que sofre o abandono afetivo inverso. Se o prazo prescricional tivesse início com a pura e simples realização do descumprimento do dever de cuidado – caracterizadores de abandono afetivo –, haveria uma forte incoerência sistêmica, que poderia beneficiar justamente aquele que descumpre o seu dever jurídico, e, com isso, facilitar a ocorrência da prescrição em qualquer ação judicial de reparação civil pelo abandono afetivo inverso, isso sem falar que a prova a respeito seria dificílima, quase diabólica em relação à vítima.

Assim, sustenta-se que o surgimento da pretensão ocorrerá com a constatação, através de laudo médico/psicanalítico ou prova equivalente, do liame existente entre o dano psíquico e o abandono afetivo inverso.

12
ABANDONO DIGITAL DE IDOSOS

12.1 NOÇÕES INICIAIS

A tecnologia tem acarretado uma verdadeira revolução na sociedade contemporânea, afetando o modo pela qual as pessoas se relacionam, desenvolvem atividade educacional e profissional, consomem serviços/produtos e, ainda, exercem os mais variados direitos fundamentais.

Esse cenário foi potencializado, ainda mais, em razão da decretação da pandemia da Covid-19 pela Organização Mundial de Saúde, no ano de 2020. Assim, diante da quarentena e do necessário distanciamento social, relações próximas, como as familiares, passaram a se desenvolver por meios tecnológicos, aulas das grades curriculares de escolas e universidades foram viabilizadas por videoconferência, trabalhos passaram a ser elaborados em forma remota, por *home office* e, até mesmo as denúncias de violência doméstica e familiar passaram a se operacionalizar de modo virtual (Lei 14.022/20). Além disso, o próprio direito à saúde, mediante a vacinação contra a Covid-19 (seguindo-se o cronograma governamental previamente definido), sofreu influxos tecnológicos, diante da exigência de cadastramento e agendamento virtual das pessoas aptas a serem vacinadas.[1]

Trata-se, então, de um meio para o exercício dos mais variados direitos, como, por exemplo, à educação, à profissionalização, à convivência familiar e comunitária e à saúde. Mas a questão é mais profunda, já que a tecnologia se mostra como uma forma de manifestação da própria cidadania, palavra que "invoca conceito vago"[2] e que se conecta profundamente à dignidade da pessoa humana.

Nesse passo, o Marco Civil da Internet (Lei 12.965/14, art. 7º) define que "o acesso à internet é essencial ao exercício da cidadania", assegurando-se ao usuário o reconhecimento da escala mundial da rede (a), os direitos humanos, o desenvolvimento da personalidade e o exercício da cidadania em meios digitais (b), a pluralidade e a diversidade (c), a abertura e a colaboração (d), a livre iniciativa, a livre concorrência e a defesa do consumidor (e) e a finalidade social da rede (f).

Sem dúvida, a internet e o uso da tecnologia facilitaram a vida de muitas pessoas. Mas, como a própria afirmação já induz, existem aqueles que não se encontram inseri-

---
1. TAVARES, André Ramos. *Curso de direito constitucional*. 18. ed. São Paulo: Saraivajur, 2020, p. 986.
2. TAVARES, André Ramos. *Curso de direito constitucional*. 18. ed. São Paulo: Saraivajur, 2020, p. 986.

dos neste contexto virtual, fazendo com que a inclusão seja essencial para conferir-lhes aptidão para o exercício pleno de diversos direitos.

É justamente nesse cenário que as atenções se voltam às pessoas idosas, que, embora estejam compreendidas em um segmento social bastante amplo e heterogêneo, podem vir a apresentar dilemas adicionais na sua performance virtual, ao contrário daqueles já nascidos na era digital.

Por assim ser, a inclusão digital de pessoas idosas, para além de se tratar de uma responsabilidade individual (através de uma postura mais ativa e que traga consigo o denominado *mindset* de crescimento[3]), representa um dever da família, da sociedade e também do Estado, já que estes possuem a obrigação constitucional de amparar as pessoas idosas, assegurando sua participação na comunidade, defendendo sua dignidade e bem-estar e lhes garantindo o direito à vida (art. 230, CR/88).

Hoje, parece bastante claro que a inclusão digital esteja associada à concretização de diversos direitos fundamentais, sendo possível se afirmar que por meio dela também se atinge, em última análise, a inclusão social.

Caso a família não cumpra com seu dever constitucional, o abandono digital pode ser caracterizado. Ao contrário do que ocorre com crianças e adolescentes – em razão da autoridade parental dos ascendentes, que possuem o dever de gerir a vida das crianças e adolescentes até o advento da maioridade –, no caso de pessoas idosas, fatorem como o direito à autonomia e autodeterminação e o respeito à sua intimidade e privacidade entram em cena. Tal perspectiva deve nortear toda a interpretação do abandono digital de idosos, distinguindo-o daquele sofrido por crianças e adolescente.

Não se pode esquecer que, diante do maior aporte doutrinário a respeito do abandono digital de crianças e adolescentes, indispensável ser feita uma interpretação do instituto de forma consentânea, mediante o cotejo e distinção entre os personagens envolvidos, abordando-se, em específico, os reflexos jurídicos do abandono digital de idosos, inclusive se tal instituto seria uma figura autônoma ou se, por outro lado, estaria inserido no abandono material ou afetivo inverso.

É o que se analisará nas linhas que se seguem.

12.2 OS IDOSOS E A TECNOLOGIA: ENTRE BENEFÍCIOS E RISCOS

De acordo com as estatísticas da Pesquisa Nacional por Amostras de Domicílios (PNAD) de 2018, a internet chega a 79,1% dos domicílios do país. Também o uso do aparelho celular é uma realidade cada vez mais constante no Brasil, inclusive para pessoas idosas, que representam o segundo segmento etário com maior índice estatístico no uso de tais dispositivos (em primeiro lugar, encontra-se a faixa etária de 30 a 34

---

3. DWECK, Carol S. Mindset: *A nova psicologia do sucesso*. Rio de Janeiro: Objetiva, 2017.

anos de idade).[4] Ademais, alguns estudos apontam que idosos representam também o maior grupo a crescer em acesso a redes sociais,[5] muito embora o efetivo uso destas ainda seja um tanto tímido: pesquisa constatou que, no ano de 2020, apenas 19% dos idosos as utilizavam.[6]

Isso leva a concluir que, mesmo diante de uma relativa maior inclusão digital de idosos, este segmento social é bastante amplo, complexo e heterogêneo. Afinal, sem ingressar em nuances mais específicas, reconhece-se que idosos com idade superior a 80 anos de idade podem ter dificuldades não tão facilmente evidenciadas para aqueles que se encontram na faixa dos 60 anos, por exemplo. Nesse caso, embora estejam inseridos no mesmo segmento social (idosos), são pessoas oriundas de gerações distintas, possuindo características culturais e pessoais igualmente distintas (geração silenciosa – nascidos entre 1925 e 1945 – e *babyboomers* – nascidos entre 1945 a 1964).

Se existem diferenças quanto à habilidade digital até mesmo dentro do grupo de pessoas idosas, o que dizer quando os idosos são comparados com pessoas mais jovens?

Por certo, a literatura define que pessoas nascidas após 1980 são "nativos digitais" e, por estarem imersos em tecnologia desde a infância, possuem maior facilidade e habilidade no manejo de plataformas digitais. De modo diferente, aqueles nascidos antes do referido ano são nominados como "imigrantes digitais", e, por isso, precisam aprender novas habilidades e se habituar a um novo estilo de vida, o que pode influenciar, em última análise, na própria inclusão tecnológica. Desse modo, o "termo "nativos digitais" foi adotado por Palfrey e Gasser no livro Nascidos na era digital. Refere-se àqueles nascidos após 1980 e que tem habilidade para usar as tecnologias digitais. Eles se relacionam com as pessoas através das novas mídias, por meio de blogs, redes sociais, e nelas se surpreendem com as novas possibilidades que encontram e são possibilitadas pelas novas tecnologias. Porém, aqueles que não se enquadram nesse grupo precisam conviver e interagir com esses nativos e, além disso, precisam aprender a conviver em meio a tantas inovações tecnológicas, são os chamados imigrantes digitais".[7]

No ponto, a edificação de uma educação tecnológica constante e a aquisição de literacia digital – isto é, a capacidade do indivíduo encontrar, avaliar e compor infor-

---

4. Disponível em: https://agenciadenoticias.ibge.gov.br/agencia-sala-de-imprensa/2013-agencia-de-noticias/releases/27515-pnad-continua-tic-2018-internet-chega-a-79-1-dos-domicilios-do-pais#:~:text=Pr%-C3%B3ximas%20divulga%C3%A7%C3%B5es-,PNAD%20Cont%C3%ADnua%20TIC%202018%3A%20Internet%20chega%20a%2079,1%25%20dos%20domic%C3%ADlios%20do%20pa%C3%ADs&text=O%20percentual%20de%20domic%C3%ADlios%20que,que%20n%C3%A3o%20utilizavam%20a%20rede. Acesso em: 19 jan. 2023.
5. Disponível em: https://oglobo.globo.com/economia/terceira-idade-o-grupo-que-mais-cresce-em-rede-social-23208824. Acesso em: 19 jan. 2023.
6. Disponível em: https://agenciabrasil.ebc.com.br/geral/noticia/2020-08/pesquisa-mostra-exclusao-de-idosos-do-mundo-digital-e-da-escrita. Acesso em: 19 jan. 2023.
7. SANTOS, Marisilvia dos; SCARABOTTO, Suelen do Carmo dos Anjos; MATOS, Elizete Lucia Moreira. *Imigrantes e nativos digitais*: um dilema ou desafio na educação? Disponível em: https://educere.bruc.com.br/arquivo/pdf2011/5409_3781.pdf. Acesso em: 19 jan. 2023.

mações claras por meio das plataformas digitais –, são peças centrais na inclusão de pessoas idosas neste mundo cada vez mais cibernético.

Aliás, em estudo sobre literacia digital em adultos, realizado pela Organização para a Cooperação e Desenvolvimento Econômico (OCDE), constatou-se que adultos jovens, na faixa de 26-35 anos possuem maior habilidade digital do que adultos na faixa de 56-65 anos de idade, residindo o fundamento justificador de tal distinção, o fato de que os mais jovens se beneficiam de uma escolarização mais recente e ainda mais ampla, pois neste grupo uma grande parcela recebe educação formal ampliada.[8]

Nesse cenário, parece bastante claro que pessoas idosas podem apresentar maiores dificuldades para a sua inclusão digital, o que demanda a existência de políticas públicas para propiciar educação tecnológica e conscientização da família e da sociedade a respeito da necessidade de que idosos estejam inseridos no contexto cibernético. Isso se torna ainda mais necessário ao se considerar conjunturas socioeconômicas e históricas distintas e vivenciadas por cada indivíduo, afinal, não se pode esquecer que a ausência de literacia digital pode perpetuar estereótipos e exclusão da pessoa idosa.[9]

Justamente por isso, o Estatuto da Pessoa Idosa (EPI) disciplina que o Poder Público criará oportunidades de acesso do idoso à educação, adequando currículos, metodologias e material didático aos programas educacionais a ele destinados, de modo que tais cursos especiais deverão incluir conteúdo relativo às técnicas de comunicação, computação e demais avanços tecnológicos, para sua integração à vida moderna (art. 21, §1º, EPI).

Muito bem.

Não é preciso muito esforço de raciocínio para se concluir que a inclusão digital acarreta uma série de benefícios. Podem ser citados, inicialmente, a maior integração entre pessoas, com respeito ao direito à convivência familiar e comunitária, além de o acesso, compartilhamento de conhecimento e conexão entre gerações.

Paralelamente, existe uma série de estudos científicos que apontam a importância das redes sociais (presenciais ou virtuais) na qualidade de vida destas pessoas. Em um deles, chegou-se à conclusão que "as redes de amigos contribuem mais do que as redes

---

8. "Young adults have the benefit of more recent schooling – and as a group a larger proportion has received extended formal schooling compared with older adult groups. Older persons, on the other hand, have the benefit of more experience. Figure 3.4 shows that in every participating country when only age is considered, younger adults aged 26-35 have higher literacy scores than adults closer to retirement aged 56-65". Organisation for economic co-operation and development (OECD). Literacy in the information age: final report of the international adult literacy survey. Disponível em: https://www.oecd.org/education/skills-beyond-school/41529765.pdf. Acesso em: 19 jan. 2023.

9. "De acordo com Souza e Sales (2016), para compreender as relações do idoso com a utilização de Tecnologias de Informação e Comunicação (TIC), deve-se considerar contextos sociais e históricos distintos. A Era Digital está sendo vivenciada pela primeira vez pelos idosos da Contemporaneidade, diferentemente das crianças que nascem na atualidade". Disponível em: https://saudedapessoaidosa.fiocruz.br/pratica/inclus%C3%A3o-digital-para-i-dosos-integrando-gera%C3%A7%C3%B5es-na-descoberta-de-novos-horizontes. Acesso em: 19 jan. 2023.

familiares para a qualidade de vida/bem-estar dos idosos",[10] evidenciando-se como positiva a existência de "mais do que um tipo de relação (por exemplo, relações de amizade e, simultaneamente, relações familiares)",[11] assinalando-se, também, "o impacto positivo da proximidade emocional na qualidade de vida/bem-estar",[12] o que reduz a depressão, conforme estudo da Universidade de Michigan, nos Estados Unidos da América.[13] Já resultados de outro estudo "apontaram que uso das redes sociais virtuais proporciona aos idosos experiências positivas, principalmente relacionadas como um recurso para entretenimento e contato com familiares e amigos".[14]

Além disso, os aparelhos propiciam segurança, já que viabilizam o acionamento das autoridades, de familiares e até de hospitais e ambulâncias, a qualquer momento. Isso faz com que pessoas idosas tenham garantida a sua independência, já que podem realizar as atividades necessárias para o seu bem-estar, como compras online e assistência médica, pelas plataformas digitais. Embora a idade não seja causalidade necessária de incapacidade, é possível que pessoas idosas também sejam acometidas de comorbidades e, com isso, sejam auxiliadas por aplicativos que realizam monitoramento, assistência e treinamento cognitivo, como no caso de demência, Alzheimer[15] e outras doenças, através da denominada *gerontotecnologia*.

A manutenção (ou inserção) no mercado de trabalho também é um benefício para a inclusão digital de idosos, principalmente em um cenário em que, devido à maior longevidade populacional, a revisitação dos sistemas previdenciários ao redor do mundo está na atual pauta política, impondo-se às pessoas idosas o trabalho por mais anos para adquirirem o direito à aposentadoria.

---

10. GOUVEIA, Odília Maria Rocha; MATOS, Alice Delerue; Schouten, Maria Johanna. Redes sociais e qualidade de vida dos idosos: uma revisão e análise crítica da literatura. *Rev. Bras. Geriatr. Gerontol.*, Rio de Janeiro, 2016; 19(6): 1030-1040. Disponível em: https://www.scielo.br/pdf/rbgg/v19n6/pt_1809-9823-rbgg-19-06-01030.pdf. Acesso em: 19 jan. 2023.
11. GOUVEIA, Odília Maria Rocha; MATOS, Alice Delerue; Schouten, Maria Johanna. Redes sociais e qualidade de vida dos idosos: uma revisão e análise crítica da literatura. *Rev. Bras. Geriatr. Gerontol.*, Rio de Janeiro, 2016; 19(6): 1030-1040. Disponível em: https://www.scielo.br/pdf/rbgg/v19n6/pt_1809-9823-rbgg-19-06-01030.pdf. Acesso em: 19 jan. 2023.
12. GOUVEIA, Odília Maria Rocha; MATOS, Alice Delerue; Schouten, Maria Johanna. Redes sociais e qualidade de vida dos idosos: uma revisão e análise crítica da literatura. *Rev. Bras. Geriatr. Gerontol.*, Rio de Janeiro, 2016; 19(6): 1030-1040. Disponível em: https://www.scielo.br/pdf/rbgg/v19n6/pt_1809-9823-rbgg-19-06-01030.pdf. Acesso em: 19 jan. 2023.
13. Disponível em: https://news.umich.edu/social-media-buffers-depression-among-older-adults-with-pain/. Acesso em: 19 jan. 2023.
14. FERREIRA, Michelle Cristina; TEIXEIRA, Karla Maria Damiano. O uso de redes sociais virtuais pelos idosos. *Estud. interdiscipl. envelhec.*, v. 22, n. 3, p. 153-167, Porto Alegre, 2017.
15. É o caso do aplicativo *I-Remember*. "*Remember* é um aplicativo para auxílio de idosos com Alzheimer, que consiste na tentativa de atrasar as fases da Demência. Apesar de o Alzheimer não ter uma cura, é importante utilizar aplicações para retardar as perdas de funções cognitivas do indivíduo. É preocupante o ritmo de crescimento da população idosa e os gastos públicos que ela tem gerado para a saúde. Aplicações para pessoas com Alzheimer são necessárias para proporcionar melhorias no dia a dia de idosos que sofrem com a doença". PESTILI, Ligia Cristina; BETTI, Nicolle Furlan de Sousa. *Remember* – aplicativo para o auxílio de idosos com Alzheimer. Disponível em: https://www.peteletricaufu.com/static/ceel/doc/artigos/artigos2015/ceel2015_artigo063_r01.pdf. Acesso em: 19 jan. 2023.

No entanto, a tecnologia também traz riscos, dentre os quais pode ser citada a prática de fraudes e crimes que visam atingir pessoas mais vulneráveis e que não possuam plena habilidade digital. O *cyberbullying*, regulamentado pela Lei 13.185/2015, também é um dos riscos da tecnologia para as pessoas idosas.

De acordo com o artigo 1º da referida Lei, *bullying*, ou, intimidação sistemática, é todo ato de violência física ou psicológica, intencional e repetitivo que ocorre sem motivação evidente, praticado por indivíduo ou grupo, contra uma ou mais pessoas, tendo por objetivo a intimação e a agressão, causando dor e angústia à vítima, em uma relação de desequilíbrio de poder entre as partes envolvidas. Quando tal intimidação é realizada pela rede mundial de computadores, haverá o *cyberbullying*, o qual poderá se evidenciar a partir de atitudes depreciativas, envio de mensagens intrusivas da intimidade, adulteração de fotos ou dados pessoais que resultem em sofrimento ou com o intuito de criar meios de constrangimento psicológico e social (arts. 2º, parágrafo único, e 3º, VIII).

Embora o discurso sobre o tema repouse rotineiramente na proteção de crianças e adolescentes, a Lei, ao utilizar o vernáculo "pessoa", já amplia e admite a existência de *bullying* e *cyberbullying* em face também de pessoas idosas.[16] Trata-se, sem sombra de dúvidas, de uma forma de violência contra a pessoa idosa, cuja prevenção é dever de todos, consoante mandamento do artigo 4º, § 1º, do EI.

Cita-se, por último, o risco tecnológico (e sociológico) corriqueiramente associado ao capitalismo, onde haveria a catalogação de pessoas sob o viés mercadológico, no sentido de que idosos, da mesma forma que os jovens, acabariam se transformando em subculturas de massa e, com isso, poderiam ser mais facilmente manipulados pelas grandes mídias e empresas.[17]

Tais riscos não podem afastar o direito à inclusão tecnológica de pessoas idosas. E, nesse contexto, para além do Estado, a família exercerá um papel predominante, tendo o dever de fornecer educação tecnológica aos idosos que se encontrem excluídos de tal âmbito, sob pena de caracterização de abandono digital.

12.3 O ABANDONO DIGITAL DE IDOSOS

No Brasil ou no exterior, o estudo sobre o direito da pessoa idosa é bastante recente. Se por aqui, apenas com a Constituição da República de 1988, houve um capítulo desti-

---

16. A liberdade de expressão na internet (popularmente nominada pela expressão inglesa "free speech") é tema que está intimamente correlacionado ao cyberbullying. Para mais informações, consulte em: NYCYK, Michael. Adult-to-Adult Cyberbullying: An Exploration of a Dark Side of the Internet. Disponível em: https://www.academia.edu/11836687/Adult_to_Adult_Cyberbullying_An_Exploration_of_a_Dark_Side_of_the_Internet. Acesso em: 19 jan. 2023.
17. PEREIRA, Cláudia; PENALVA, Germano. "Mulher-madonna" e outras mulheres: um estudo antropológico sobre a juventude aos 50 anos. In: GOLDENBERG, Mirian (Org.). *Corpo, envelhecimento e felicidade*. Rio de Janeiro: Civilização brasileira, 2011, p. 135-136.

nado à tutela da pessoa idosa (nas anteriores, apenas havia menção que a "velhice" era um risco social para fins previdenciários), o cenário internacional também caminha no mesmo sentido, já que, apenas na década de 1970, houve a constatação mais incisiva de que tal tema deveria ocupar a pauta política das mais variadas nações.[18]

No ordenamento jurídico nacional, ainda que existam leis que regulamentem direitos da pessoa idosa, destacando-se, entre elas, o Estatuto da Pessoa Idosa, muitas novas questões acabam surgindo na sociedade, demandando, com isso, uma função interpretativa e criativa por parte do intérprete, já que, quanto a elas, pode inexistir qualquer previsão normativa. Afinal, a longevidade é um fenômeno novo e que altera as concepções até então existentes. Nesse cenário surge "a necessidade de que, ao versar a respeito do tema, o operador e o estudioso do direito tomem em consideração a necessária abertura do sistema jurídico para que os fatos da vida concreta, que ensejam a construção simultaneamente tópica e sistemática de soluções não previamente previstas (de modo estrito) no direito legislado".[19]

Diante dessa lacuna normativa, a analogia a casos semelhantes tem se mostrado uma ferramenta fundamental para uma ampla proteção desses novos direitos. Em algumas hipóteses, a ausência de disposição legal é completa, de modo a viabilizar uma postura criativa e constitucionalizada por parte da doutrina, como acontece em relação aos direitos dos idosos, em que, corriqueiramente, as respostas acabam vindo da regulamentação legal ou criação doutrinária de direitos relacionados a crianças e adolescentes.

É justamente o que acontece no estudo do abandono digital de idosos, tema que busca referências no abandono digital de crianças e adolescentes, mas que, contrariamente a ele, já se encontra relativamente difundido na literatura nacional. Assim, para a compreensão do abandono digital de idosos, é essencial previamente analisar o que caracteriza o abandono digital de crianças e adolescentes.

É aí que entram as importantes lições tecidas por Jones Fiqueirêdo Alves, para quem o abandono digital de crianças e adolescentes "é a negligência parental configurada por atos omissos dos genitores, que descuidam da segurança dos filhos no ambiente cibernético proporcionado pela internet e por redes sociais", não evitando, com isso, "os efeitos nocivos delas diante de inúmeras situações de risco e de vulnerabilidade".[20]

No mesmo sentido, Rodrigo da Cunha Pereira pontua que o "alcance da internet, sobretudo o impacto das redes sociais, pode gerar efeitos nocivos diante da vulnera-

---

18. A temática dos idosos passou a ser uma questão a ser discutida no âmbito internacional na década de 70. Na Resolução 3.137 de 1973 (XXVIII) a Assembleia Geral da ONU se atentou para a necessidade de proteção dos direitos dos idosos. Para mais informações: MENDES, Gilmar Ferreira et al. *Manual dos direitos da pessoa idosa*. São Paulo: Saraiva, 2017, p. 133.
19. FACHIN, Luiz Edson. *Questões do Direito Civil brasileiro contemporâneo*. Rio de Janeiro: Renovar, 2008, p. 269.
20. ALVES, Jones Figueirêdo. Negligência dos pais no mundo virtual expõe criança a efeitos nocivos da rede. Disponível em: https://www.conjur.com.br/2017-jan-15/processo-familiar-abandono-digital-expoe-crianca-efeitos-nocivos-internet. Acesso em: 19 jan. 2023.

bilidade das crianças e adolescentes, com destaque para os crimes contra a dignidade sexual".[21]

Assim, o abandono digital de crianças e adolescentes seria a negligência dos pais no acompanhamento virtual dos filhos, principalmente no que concerne à segurança digital. Há, nesses casos, um ato omissivo, pelo não cumprimento de um dever jurídico constitucionalmente imposto (art. 229, CR/88). Ao lado da exposição e exploração sexual, temas como *cyberbullying* (intimidação sistemática), *sexting* (troca de mensagens íntimas, de natureza sexual), entre outros, são corriqueiramente mencionados pela doutrina como os principais riscos tecnológicos aos mais novos.

Já no caso de abandono digital de idosos, o tema perpassa por uma noção mais abrangente, para abarcar o dever dos filhos maiores em propiciar a inclusão tecnológica aos seus ascendentes idosos, além da orientação sobre os riscos cibernéticos. Tem como pontos centrais a educação digital e a segurança cibernética.

Nesse cenário, o abandono digital de idosos pode ser conceituado como a negligência filial com relação à inclusão cibernética dos ascendentes idosos, pela omissão de ensinamentos sobre o manejo, conteúdo e avisos sobre segurança cibernética.

Se o dever jurídico de assistência compreende tanto elementos materiais, relacionados ao necessário para a manutenção e subsistência, quanto elementos imateriais indispensáveis ao pleno desenvolvimento daquele ser humano que precisa ser cuidado e assistido – como a educação, lazer, regras de conduta e a própria convivência familiar (art. 227 e 230, CR/88; art. 4º, ECA e art. 3º, EPI) –, não pareceria absurdo considerar-se o *abandono digital* como uma categoria autônoma de abandono, por se tratar de um tipo específico de violência contra a pessoa idosa, praticada e/ou com repercussões no cyberespaço, responsável por violar seus direitos fundamentais digitais, seja por falta ou omissão da família, curador ou entidade de atendimento (art. 43, II, EPI).

Alguns poderiam acreditar que o abandono digital configuraria mera manifestação ou subespécie do abandono afetivo ou material. Porém, respeitosamente, ousa-se pensar de forma diferente. Seria exemplificar com o caso de um professor de informática, que esteja repassando a seu pai idoso uma importância mensal suficiente para sua manutenção digna bem como mantendo relações afetivas com ele, mas deixando deliberadamente de promover sua inclusão digital (com a liberação de acesso à internet, a criação de contas em redes sociais e ministração de lições sobre como se prevenir contra fraudes e golpes perpetrados pela grande rede), mesmo diante dos incessantes pedidos formulados pelo genitor, neste sentido.

O fato de estar provendo materialmente seu pai e de estar lhe prestando assistência psíquica e moral afastaria que se cogitasse da prática de abandono material e afetivo. Mas, será mesmo que o idoso não estaria sendo abandonado digitalmente? Em um

---

21. PEREIRA, Rodrigo da Cunha. *O que significa abandono digital e qual o impacto na vida dos filhos*. Disponível em: https://www.rodrigodacunha.adv.br/o-que-significa-abandono-digital-e-qual-o-impacto-na-vida-dos-filhos/. Acesso em: 19 jan. 2023.

mundo digitalizado como o de hoje, será que a negativa, por pessoa com capacidade e aptidão a tanto, de auxílio para que seu próprio pai idoso se conectasse à rede mundial de computadores, não configuraria um tipo autônomo de abandono? Será que este idoso não estaria sofrendo danos específicos, característicos de uma era em que seus amigos e demais parentes certamente estarão conectados ao cyberespaço e em que as ofertas de emprego, as oportunidades de educação, as promoções de grandes lojas varejistas, os agendamentos de vacinas diversas, o acionamento de autoridades e de serviços essenciais e um verdadeiro universo de possibilidades estão on-line?

Parece que sim. A digitalização das relações humanas chegou para ficar e o Marco Civil da Internet (Lei 12.965/14) não deixa dúvida a respeito: a disciplina do uso da internet no Brasil tem como fundamento o respeito ao exercício da cidadania em meios digitais (art. 2º, II), sendo o acesso à rede essencial a esse exercício (art. 7º), cabendo ao Estado, no cumprimento do dever constitucional na prestação da educação, em todos os níveis de ensino, incluir a capacitação, integrada a outras práticas educacionais, para o uso seguro, consciente e responsável da internet como ferramenta para o exercício da cidadania, a promoção da cultura e o desenvolvimento tecnológico (art. 26).

Seguindo a tendência de autonomização científica dos danos indenizáveis – o dano estético não se confunde com o dano moral puro (Súm. 387, STJ[22]), o dano moral sofrido pela pessoa jurídica difere do dano moral sofrido por pessoa natural (Súm. 227, STJ[23]), o dano à imagem não é o mesmo que os demais danos previstos no art. 5º, V da CR/88, o dano psicológico difere dos danos morais puros (STJ, REsp 1040529/PR, DJe de 08.06.11), o dano biológico não se confunde com o dano ambiental puro (STJ, AREsp 1.025.932/AC, DJ de 22.03.17) e os danos sociais, no âmbito da tutela coletiva, não se equiparam aos danos materiais e morais causados à sociedade (Enunciado 455, JDC/CJF[24]) – tudo indica ter passado da hora de o abandono digital ser considerado uma categoria autônoma de dano indenizável.

Ideal seria que o legislador normatizasse tal obrigação dos filhos em relação aos seus ascendentes, inclusive sob responsabilização civil ou criminal.

Todavia, enquanto não existe lei a respeito, algumas das principais preocupações tecnológicas relacionadas às pessoas idosas parecem perpassar pela análise do *cyberbulling*, pela existência de perfis falsos para exploração patrimonial e, ainda, pela atenção aos mais variados golpes que usualmente atingem aqueles que possuem menor habilidade e experiência no uso de plataformas digitais.

Semelhantemente ao que acontece no abandono digital de crianças e adolescentes, o abandono digital de idosos deita raízes na necessidade de proteção dos mais vulneráveis.

---

22. STJ, Súmula 387: "É lícita a cumulação das indenizações de dano estético e dano moral."
23. STJ, Súmula 227: "A pessoa jurídica pode sofrer dano moral."
24. JDC/CJF, Enunciado 455: A expressão "dano" no art. 944 abrange não só os danos individuais, materiais ou imateriais, mas também os danos sociais, difusos, coletivos e individuais homogêneos a serem reclamados pelos legitimados para propor ações coletivas.

Além disso, ambos retiram o seu fundamento normativo do artigo 229 da CR/88, referente ao dever de cuidado dos pais (em relação aos filhos menores) e dos filhos (quanto aos pais idosos, enfermos ou carentes). No entanto, é possível notar nuances distintivas entre os institutos. Isso porque, na análise de qualquer direito de titularidade dos idosos, duas são as premissas que devem orientar a sua interpretação: a preservação da autonomia e o respeito ao envelhecimento ativo e saudável, que significa otimizar oportunidades para o exercício dos mais variados direitos fundamentais, sem jamais se esquecer a impossibilidade de associação entre idade avançada e incapacidade, já que inexiste uma causalidade necessária entre os conceitos, como insistentemente dito ao longo de todo este livro.

Portanto, diante da inclusão digital do idoso (e, consequentemente, do abandono digital), é indispensável que a sua autonomia seja sempre preservada, bem como o seu direito à privacidade, à intimidade e ao respeito.

Analisando bem, o abandono digital de pessoas idosas perpassa mais por sua inclusão e orientação do que pelo efetivo acompanhamento do conteúdo consumido por elas, já que tal noção pode ir de encontro com os referidos direitos. Diferentemente da situação envolvendo crianças, onde o controle parental é um mecanismo bastante corriqueiro, no caso dos idosos, o ingresso sobre o conteúdo em si pode representar uma indevida violação à sua intimidade, principalmente estando-se diante de uma pessoa idosa e capaz.

Não se pode perder de vista que o direito à privacidade é de titularidade de todos os seres humanos, inclusive crianças e adolescentes, sendo temperado pela existência da autoridade parental de acordo com a proporcionalidade e em seu melhor interesse. Se tal direito é reconhecido até mesmo às crianças e adolescentes, que estão submetidas ao poder familiar dos pais, com muito mais razão inexiste fundamento para minimizar a abrangência do direito à privacidade de pessoas idosas.

Tudo leva a concluir que o abandono digital de crianças e adolescentes esteja, então, mais pautado no abandono relacionado à *contenção*, enquanto o de idosos mais conectado à *inclusão*.

Perpassadas tais noções, passa-se a analisar alguns reflexos jurídicos do abandono digital no direito brasileiro.

12.4 REFLEXOS JURÍDICOS DO ABANDONO DIGITAL DE IDOSOS

Nas palavras de Tânia da Silva Pereira, o cuidado é um "subprincípio da dignidade humana, fazendo com que ele adquira importante função hermenêutica, de integração e complementação das normas jurídicas, quando as previsões legais não sejam suficientes para atender de forma plena as peculiaridades do caso concreto".[25]

---

25. PEREIRA, Tânia da Silva. Avosidade e a convivência intergeracional na família: afeto e cuidado em debate. In: PEREIRA, Tânia da Silva et al. *Avosidade*: relação jurídica entre avós e netos. Indaiatuba, SP: Foco, 2021, p. 395.

Tipicamente, a violação ao dever jurídico que o impõe, prescrito pelo tantas vezes citado art. 229 da Constituição da República, tem como consequência a configuração de abandono, seja material, seja afetivo – cujas consequências, inclusive, já foram vistas por aqui –, bem como da figura autônoma do abandono digital.

Em tempos em que não só a convivência entre pais e filhos vem sendo feita/complementada por meios tecnológicos, mas o verdadeiro exercício da cidadania está intrinsecamente relacionado à inclusão digital – tanto por causa das restrições sanitárias impostas pela pandemia da Covid-19, quanto por diversos fatores, como a facilitação da comunicação, o barateamento do preço dos serviços e produtos de acesso à internet, a digitalização das relações jurídicas de um modo geral etc. –, o abandono digital alcança novas dimensões, não mais se limitando ao desrespeito ao direito à convivência familiar do idoso pela via digital, mas relacionando-se a não criação de obstáculos a que a pessoa, notadamente aquela idosa, exercite sua verdadeira cidadania, que, como visto, é um dos fundamentos do Marco Civil da Internet (art. 2º, II, 7º, *caput* e 26 da Lei 12.965/14).

Nesse cenário, atos praticados em contrariedade ao direito da pessoa idosa em se incluir digitalmente de se incluir digitalmente, como a criação de empecilhos de acesso à internet, a não adoção de práticas que possam conter a violação à sua intimidade e vida privada por meios digitais, a negligência na adoção de medidas destinadas a impedir a suspensão da conexão à internet, o fornecimento de conexão à internet de pior qualidade, quando se pode fornecer serviço de melhor qualidade, a não prevenção, em sendo isso possível, contra fraudes praticadas contra o idoso por meios cibernéticos, poderão configurar abandono digital contra o idoso, a viabilizar a responsabilização civil pelo descumprimento do dever jurídico de cuidado no espaço cibernético, sem prejuízo da responsabilização adicional por outros abandonos, a exemplo do material, do afetivo e de outros tantos que o porvir certamente trará.

Caso a negligência por detrás desse abandono coloque o idoso em situação de risco social, como aconteceria com o filho que, podendo, deixasse de viabilizar meios digitais adequados para o agendamento da vacinação contra a Covid-19, ou, então se omitisse na adoção de medidas destinadas a impedir a suspensão da conexão à internet de idoso com Alzheimer que necessite de aplicativos para a prática de atos cotidianos (gerontotecnologia), as portas estariam abertas, inclusive, para a aplicação de medidas de proteção em seu favor, com base no que prescreve o art. 45 do Estatuto da Pessoa Idosa.

Por óbvio, cada caso concreto merecerá uma análise detida e diferenciada por parte do intérprete e, ainda, uma resposta adequada do Estado na proteção dos direitos da pessoa idosa. Afinal, nosso sistema normativo se estruturou de modo a impor ao Estado, à sociedade e à família a proteção, com absoluta prioridade, de todos os direitos da pessoa idosa.

Na hipótese de ser a pessoa idosa também incapaz, a própria definição dos limites da curatela já poderá delimitar uma responsabilidade de inclusão digital ao curador, para além dos filhos. Entretanto, diante da natureza existencial do direito à participação digital, estes poderão ser exercidos diretamente e autonomamente pela pessoa declarada incapaz (art. 85, § 1º, EPD), salvo no caso previsto no Enunciado 637 da VIII Jornada de Direito Civil do CJF, que admite a "outorga ao curador de poderes de representação para alguns atos da vida civil, inclusive de natureza existencial, a serem especificados na sentença, desde que comprovadamente necessários para proteção do curatelado em sua dignidade".

Em suma, como a curatela apenas se volta a questões de natureza patrimonial e negocial, via de regra a pessoa curatelada continuará tendo autonomia para a prática dos atos de natureza existencial, inclusive aqueles atinentes à inclusão e participação digital.[26]

Com muito mais razão, sendo a pessoa idosa capaz, a sua autonomia deve sempre ser preservada em máxima potência, inclusive com o direito de não lhe ser imposta a inclusão digital contra sua vontade, pois parece bastante claro que, em nome da consagração de um direito não se pode violar outro, sem que haja uma justificativa razoável para tanto. Uma pessoa pode simplesmente não ter interesse na inclusão digital, fazendo com que, por conta disso, sua própria aptidão ao aprendizado fique livre e espontaneamente abalada. Nesse caso, é essencial que a família tenha bom senso e supra, na medida do possível, o essencial para que não haja comprometimento da própria vida com dignidade daquela pessoa. Logo, quando há recusa, o dever jurídico ao cuidado no contexto digital estaria muito mais pautado no auxílio do que na imposição.

Por fim, menciona-se que ao contrário do abandono digital de crianças e adolescentes, que acarreta responsabilização civil e patrimonial dos próprios pais, por negligenciarem a segurança cibernética dos filhos (art. 932, I, CC), via de regra o abandono digital de idosos não viabilizará a responsabilidade civil dos filhos pelos atos ilícitos praticados pelos seus ascendentes na internet em detrimento de terceiros. A exceção apenas residirá quando a pessoa idosa for também incapaz, submetida à curatela, competindo ao curador a referida responsabilidade (art. 932, II, CC). Mas, mesmo nesse caso, inexistirá correlação absoluta entre o dever de cuidado previsto no artigo 229 da CR/88 e o exercício da curatela.

Dessa forma, como a incapacidade não se presume, embora eventualmente pessoas idosas atuem na internet sem a adequada literacia digital, o direito deve encará-las como pessoas autônomas e capazes para a prática pessoal de todos os atos da vida civil. Frisa-se que a ausência de literacia digital independe de idade. Logo, da mesma forma que qualquer ato praticado por uma pessoa maior de idade e capaz, também responderão as pessoas idosas pessoalmente pelos atos ilícitos praticados em detrimento de terceiros. Justamente por isso, até que haja alguma previsão normativa distinta, é notável o caráter ético e social da atribuição da família na inclusão digital de idosos, conferindo orientação a respeito da educação e segurança cibernéticas.

---

26. Anderson Schreiber aduz que "a curatela não pode implicar supressão da autonomia pessoal, devendo a atuação do curador ser restrita àqueles aspectos em que a livre manifestação de vontade do curatelado poderia efetivamente lhe trazer prejuízo injustificado". SCHREIBER, Anderson. Manual de direito civil contemporâneo. São Paulo: Saraiva, 2020, p. 1337.

13
ADOÇÃO POR ASCENDENTES
(ADOÇÃO AVOENGA)

13.1 NOÇÕES INICIAIS

O Estatuto da Criança e do Adolescente, por meio do seu art. 42, § 1º, veda a adoção realizada por ascendentes, enquadrando-se nesta proibição legal a hipótese de adoção onde o adotante é o avô/bisavô e o adotando o neto/bisneto.

Apesar da literalidade da lei, o entendimento do Superior Tribunal de Justiça vinha flexibilizando o rigor da regra. Ao julgar o REsp 1.448.969-SC,[1] no ano de 2014, a Terceira Turma decidiu não aplicar o mencionado artigo 42, § 1º, do ECA, por estar em forte dissonância e em conflito com o princípio do melhor interesse da criança (*best interest of child*). Como resultado, reputou possível a adoção de descendentes por seus ascendentes.

No ano de 2018, algo semelhante ocorreu. Ao apreciar o REsp 1635649/SP,[2] a mesma Turma permitiu a adoção de neto por seus avós, ao argumento de que "a aplicação simplista da norma prevista no art. 42, § 1º, do ECA, sem as ponderações do 'prumo hermenêutico' do art. 6º do ECA, criaria a extravagante situação da própria lei estar ratificando a ruptura de uma família socioafetiva, construída ao longo de quase duas décadas com o adotante vivendo, plenamente, esses papéis intrafamiliares".

Entretanto, no mês de agosto de 2019, a mesma Turma decidiu em sentido diametralmente oposto, não aceitando a adoção por ascendentes, com fundamento na vedação legal prevista no art. 42, § 1º, do ECA. Ao julgar o REsp 1796733/AM,[3] a Corte decidiu que inexistia interesse a ser especialmente protegido na espécie, considerando que "a relevante existência de relação paterno-filial entre os réus, mais intensa quiçá àquela ordinariamente mantida entre bisavô e bisneto, que, ainda assim, se faz próxima e naturalmente especial, não é suficiente para se afastar a ponderação já realizada pelo legislador ao vedar a adoção de descendente por ascendente".

Poucos dias após, contudo, o Tribunal adotou o posicionamento originariamente proferido, viabilizando a flexibilização da norma. Ao julgar o REsp 1832715/DF,[4] a Quarta

---
1. Rel. Min. Moura Ribeiro, Terceira Turma, julgado em 21.10.2014.
2. Rel. Ministra Nancy Andrighi, Terceira Turma, DJe 02.03.2018.
3. Rel. Min. Paulo de Tarso Sanseverino, Terceira Turma, j. em 27.08.2019, DJe de 06.09.2019.
4. Rel. Min. Luis Felipe Salomão, Quarta Turma, DJe de 17.09.2019.

Turma decidiu que "a regra constante do art. 42, § 1º, do Estatuto da Criança e do Adolescente, que veda a adoção de descendente por ascendente, não tem caráter absoluto, devendo-se observar acima de tudo o princípio do melhor interesse da criança e do adolescente".

Já no ano de 2024, decidiu no sentido de não admitir a adoção por ascendente em um caso em que o avô materno coabita a residência com a mãe e o filho, que foi gerado por inseminação artificial. Nesse caso, o STJ reconheceu que há, entre mãe e filho, uma família monoparental, que tem proteção constitucional, não sendo suficiente que a criança reconheça o avô como pai para superar o expresso óbice legal do art. 42, § 1º, no ECA.[5]

Essa modificação aparentemente abrupta de posicionamentos no âmbito da Terceira Turma despertou a curiosidade de muitos, afinal, quais eram os fundamentos utilizados para excepcionar a regra? O que a lei visa proteger? E, ainda, qual a origem histórica da vedação legal? A resposta a tais respostas é fundamental para entender o atual posicionamento do STJ.

É o que se analisará nos tópicos que se seguem.

13.2 A VEDAÇÃO LEGAL, SUA ABRANGÊNCIA E ORIGEM HISTÓRICA

Como mencionado, o art. 42, § 1º, do Estatuto da Criança e do Adolescente é expresso e assertivo em afirmar que não podem os ascendentes adotar seus próprios descendentes, ao dispor que "não podem adotar os ascendentes e os irmãos do adotando". Contudo, questiona-se: qual a origem histórica desta regra?

De fato, a adoção é um dos institutos mais antigos de que se tem notícia, tendo regulamentação no Código de Hamurabi[6] e na Lei as XII Tábuas.[7] Neste último período, que remonta à origem do direito romano (cerca de 450 a.C.), a adoção "era o meio adequado para que o cidadão *sui iuris* evitasse a *vergonha* de morrer sem deixar descendentes".[8]

Durante todo o período romano, inexistia vedação da adoção de descendentes pelos ascendentes, entendimento este que persistiu até mesmo no reinado de Justiniano (527 a 565 d.C), denominado "período romano pós-clássico" ou "romano-helênico".[9]

Nessa quadra da história, havia a distinção entre a "*adoptio plena*" e a "*adoptio minus plena*".[10] Sobre essas figuras, Silvio Meira, em suas Instituições de Direito Roma-

---

5. STJ, REsp 2.067.372/MT, Rel. Min. Nancy Andrighi, 3T, DJe de 7/11/2024
6. O Código de Hamurabi tinha um capítulo destinado à "adoção, ofensas aos pais, substituição de criança (Cap. XI), e regulamenta a adoção a partir do artigo 185º.
7. Na "Tábua Quarta", a Lei das XII Tábuas regulamentava o "pátrio poder e do casamento".
8. NÓBREGA, Vandick Londres da. *História e Sistema do Direito Privado Romano*. Rio de Janeiro: Livraria Freitas Bastos, 1955, p. 518.
9. ALVES, José Carlos Moreira. *Direito Romano*. 16. ed. Rio de Janeiro: Forense, 2014, p. 2.
10. No período romano clássico, conforme ensinamentos de Gaio (Institutas, 132 a 135 a.C), a adoção se subdividia em dois tipos: a adoção de um *sui iuris*, conhecido como ad-rogação e a adoção de um *alieni iuris*, conhecido como adoção em *stricto sensu*. ALVES. José Carlos Moreira. *Direito Romano*. 3. ed. Rio de Janeiro: Forense, 1980, p. 303.

no, coloca em evidência que o ponto nodal que as distinguia era o fato de que em uma delas existia necessariamente um ascendente no papel de adotante. Em suas palavras "*Adoptio plena* – ocorria, se o adotante era um ascendente sem a patria potestas, como, por exemplo, o avô materno." Já a "*Adoptio minus plena* – Quando o adotante não fosse ascendente do adotado. Tornava-se *filius adoptivus*, com o direito à sucessão do adotante, quando este morresse, sem deixar testamento".[11]

No mesmo sentido, Paulo Lôbo leciona que desde o período romano clássico, do jurisconsulto Gaio (126 a.C. a 305 d.C.), "havia dois tipos de adoção: a) a *ad rogatio*, [...]" e a "b) a *adoptio*, ou adoção propriamente dita, que chegou até nós, aplicável ao *alieni iuris*, ou seja, àquele que estava sob a *potestas* de algum ascendente, e que se fazia perante um magistrado, cedendo-se o filho em adoção a um ascendente (exemplo, avô) ou a estranho".[12]

Com o passar do tempo, o regramento da adoção sofreu fortes alterações, principalmente por ter passado a seguir a máxima "*adoptio naturam imitatur*" (a adoção deve imitar a natureza),[13] tendo permanecido praticamente em esquecimento durante a Idade Média, em razão da prevalência do direito canônico, mas voltando a ocupar lugar de destaque por ocasião da elaboração do Código Napoleão e da maioria dos ordenamentos jurídicos ocidentais, a partir do Século XIX.[14]

No Brasil de tal época, a ausência de regulamentação específica pelas Ordenações do Reino impunha que as lacunas fossem preenchidas pelas disposições do direito romano, que era considerado o direito supletivo para alguns países que adotaram o modelo da *civil law*. Isso fez com que o entendimento vigente durante o período romano continuasse sendo aplicado por aqui, mesmo após a queda do Império Romano.[15] Como resultado, o Código Civil de 1916 passou a disciplinar o instituto da adoção, em seus arts. 368-378, seguindo o modelo da adoção "*minus plena* dos romanos".[16] Tanto é assim que nenhum de seus dispositivos proibia a adoção de pessoas por seus próprios ascendentes.

Seguindo linha semelhante, o Código de Menores de 1979 previa que a colocação da criança em família substituta poderia se dar através da denominada "adoção simples" ou "adoção plena" (art. 17, IV e V). A adoção simples era aquela em que o adotando era "menor em situação irregular",[17] observando-se a lei civil, dependendo

---

11. MEIRA, Silvio A. B. *Instituições de Direito Romano*. São Paulo: Max Limonad, Editor de Livros de Direito, 1958, p. 146.
12. LÔBO, Paulo. *Direito de família*. 7. ed. São Paulo: SaraivaJur, 2017, p. 302.
13. ALVES. José Carlos Moreira. *Direito Romano*. 3. ed. Rio de Janeiro: Forense, 1980, p. 305.
14. GONÇALVES, Carlos Roberto. *Direito Civil Brasileiro*: Direito de Família. São Paulo: Saraiva, 2010, p. 364-365.
15. "O direito romano foi utilizado por uns como um direito supletivo (ex: Itália, Alemanha, Espanha e Portugal) e, por outros, como razão escrita (ex: França). O fato é que, em maior ou menor grau, o renascimento dos estudos de direito romano conferiu uma base jurídica comum aos países da Europa continental, possibilitando, assim, o surgimento da tradição da civil law". BARREIROS, Lorena Miranda Santos. Fundamentos constitucionais do princípio da cooperação processual. Salvador: Juspodivm, 2013, p. 32.
16. LÔBO, Paulo. *Direito de família*. 7. ed. São Paulo: SaraivaJur, 2017, p. 303.
17. O Código de Menores de 1979 conceitua o que seria "menor em situação irregular": Art. 2º Para os efeitos deste Código, considera-se em situação irregular o menor: I – privado de condições essenciais à sua subsistência,

de autorização judicial e, via de regra, de prévio estágio de convivência (arts. 27 e 28). Já a adoção plena era aquela em que o adotando possuía até sete anos de idade e, igualmente, se encontrava em situação irregular de natureza não eventual, por meio da qual se lhe atribuía a condição de filho, e, via de consequência, se rompia qualquer vínculo com a sua família natural, salvo os impedimentos matrimoniais. Neste último caso, também se exigia prévio estágio de convivência. A sentença tinha efeito constitutivo e era irrevogável, devendo ser inscrita no Registro Civil com o nome dos pais adotivos e também de seus ascendentes (art. 35, § 1º), gerando por consequência a cessação dos vínculos de parentesco pretéritos (arts. 29 a 33).

Mas, tal qual o Código Civil, o Código de Menores não proibia "a adoção pelos ascendentes e pelos irmãos do adotando".[18]

A partir de 1988, a Constituição da República estabeleceu a igualdade entre os filhos (art. 227, § 6º) e suas disposições refletiram sobre todo o ordenamento jurídico, influenciando, no que importa por aqui, na promulgação do Estatuto da Criança e do Adolescente e, posteriormente, do Código Civil de 2002.

No tocante à vedação de adoção por ascendentes, seu surgimento expresso ocorre apenas com o advento do Estatuto da Criança e do Adolescente, em 1990.[19] O curioso é que no Código Civil de 2002 – que trouxe um capítulo destinado à regulamentação da adoção –, perpetuou-se a ausência de vedação legal. Na época, reconhecia-se que o segundo diploma regulamentaria a adoção de maiores, enquanto competiria ao primeiro a disciplina jurídica da adoção de crianças e adolescentes.

No ano de 2009, a Lei 12.010, conhecida como "Lei Nacional da Adoção", trouxe uma série de inovações, revogando praticamente todo o Capítulo do Código Civil de 2002 destinado ao tratamento do tema, à exceção dos artigos 1.618 e 1.619,[20] que determinam a aplicação do Estatuto da Criança e do Adolescente naquilo que for cabível.

A conclusão a que pode se chegar, portanto, é que a proibição legal de adoção de crianças e adolescentes por parte de seus ascendentes ocorreu em 1990, ao passo que a vedação para a adoção de maiores por seus ascendentes apenas passou a valer a partir do ano de 2009.

---

saúde e instrução obrigatória, ainda que eventualmente, em razão de: a) falta, ação ou omissão dos pais ou responsável; b) manifesta impossibilidade dos pais ou responsável para provê-las; II – vítima de maus tratos ou castigos imoderados impostos pelos pais ou responsável; III – em perigo moral, devido a: a) encontrar-se, de modo habitual, em ambiente contrário aos bons costumes; b) exploração em atividade contrária aos bons costumes; IV – privado de representação ou assistência legal, pela falta eventual dos pais ou responsável; V – Com desvio de conduta, em virtude de grave inadaptação familiar ou comunitária; VI – autor de infração penal.

18. ZVEITER, Waldema. Adoção por ascendente. *Informativo Jurídico da Biblioteca Ministro Oscar Saraiva*, v. 11, p 1-98, jan.-jul. 1990.

19. ECA em sua redação originária: Art. 42. Podem adotar os maiores de vinte e um anos, independentemente de estado civil. § 1º Não podem adotar os ascendentes e os irmãos do adotando.

20. Art. 1.619. A adoção de maiores de 18 (dezoito) anos dependerá da assistência efetiva do poder público e de sentença constitutiva, aplicando-se, no que couber, as regras gerais da Lei 8.069, de 13 de julho de 1990 – Estatuto da Criança e do Adolescente.

Contudo, a jurisprudência dos tribunais pátrios parecia entender de forma diversa, apresentando que "não seria justo permitir a adoção entre ascendentes e descendentes na maioridade, se a adoção de menor neste caso é expressamente proibida, pois, do contrário, estar-se-ia conferindo direito de adoção ao maior que foi vedado ao menor. Portanto, tendo em vista a adoção do princípio constitucional (art. 227 da CF) de que "os filhos têm os mesmos direitos", é inadmissível a possibilidade de diferenciação entre menores de idade e maior, prevalecendo a vedação expressa indicada pelo art. 42, § 1º, do ECA, que inadmite a adoção do neto pelos avós".[21]

Tal posicionamento jurisprudencial consigna, então, que tanto a adoção de crianças e adolescentes quando a adoção de maiores de idade por seus ascendentes era vedada desde o advento do Estatuto da Criança e do Adolescente (não obstante inexistisse lei em sentido expresso que regulamentasse a matéria aos maiores de idade).

Entretanto, este cenário sofreu considerável alteração a partir do ano de 2014, quando o Superior Tribunal de Justiça passou a emitir as orientações jurisprudenciais que passaram a flexibilizar a rigidez da vedação legal contida no artigo 42, § 1º, do Estatuto da Criança e do Adolescente.

13.3 O STJ E A FLEXIBILIZAÇÃO DA VEDAÇÃO DA ADOÇÃO DE DESCENDENTE POR ASCENDENTE E DA NECESSÁRIA OBSERVÂNCIA DAS NUANCES DO CASO CONCRETO

Como visto acima, em alguns julgados, o STJ reputou possível a pretendida adoção por ascendentes, levando em consideração as nuances especialíssimas do caso concreto.

Passa-se à análise de situações que o Tribunal da Cidadania considerou excepcionalíssimas e que admitiram a flexibilização da proibição da adoção por ascendentes.

Em julgamento de 2014, o neto foi gestado a partir de abuso sexual sofrido pela sua mãe (que tinha apenas oito anos de idade), e, em virtude do forte abalo psíquico e da tenra idade desta, os avós se responsabilizaram integralmente pelos cuidados da criança.

Esse é um caso realmente excepcionalíssimo. Nas palavras do STJ: "Direito da criança e do adolescente. Hipótese de adoção de descendente por ascendentes. Admitiu-se, excepcionalmente, a adoção de neto por avós, tendo em vista as seguintes particularidades do caso analisado: os avós haviam adotado a mãe biológica de seu neto aos oito anos de idade, a qual já estava grávida do adotado em razão de abuso sexual; os avós já exerciam, com exclusividade, as funções de pai e mãe do neto desde o seu nascimento; havia filiação socioafetiva entre neto e avós; o adotado, mesmo sabendo de sua origem biológica, reconhece os adotantes como pais e trata a sua mãe biológica como irmã mais velha; tanto adotado quanto sua mãe biológica concordaram expressamente com

---

21. TJRJ, Apelação 0222650-11.2007.8.19.0001, Des. Monica Tolledo de Oliveira, 4CC, j. de 17.11.2010.

a adoção; não há perigo de confusão mental e emocional a ser gerada no adotando; e não havia predominância de interesse econômico na pretensão de adoção".[22]

Situação concreta semelhante embasou outro julgamento, agora em 2018, onde os avós-adotantes assumiram todas as responsabilidades pelos cuidados da criança também em razão de abuso sexual sofrido pela mãe biológica. Veja a ementa:

> Civil. Recurso especial. Família. Estatuto da criança e do adolescente. Adoção por avós. Possibilidade. Princípio do melhor interesse do menor. Padrão hermenêutico do ECA.
>
> 01 – Pedido de adoção deduzido por avós que criaram o neto desde o seu nascimento, por impossibilidade psicológica da mãe biológica, vítima de agressão sexual.
>
> 02 – O princípio do melhor interesse da criança é o critério primário para a interpretação de toda a legislação atinente a menores, sendo capaz, inclusive, de retirar a peremptoriedade de qualquer texto legal atinente aos interesses da criança ou do adolescente, submetendo-o a um crivo objetivo de apreciação judicial da situação específica que é analisada.
>
> 03 – Os elementos usualmente elencados como justificadores da vedação à adoção por ascendentes são: i) a possível confusão na estrutura familiar; ii) problemas decorrentes de questões hereditárias; iii) fraudes previdenciárias e, iv) a inocuidade da medida em termos de transferência de amor/afeto para o adotando.
>
> 04 – Tangenciando à questão previdenciária e às questões hereditárias, diante das circunstâncias fática presentes - idade do adotando e anuência dos demais herdeiros com a adoção, circunscreve-se a questão posta a desate em dizer se a adoção conspira contra a proteção do menor, ou ao revés, vai ao encontro de seus interesses.
>
> 05 – Tirado do substrato fático disponível que a família resultante desse singular arranjo contempla, hoje, como filho e irmão, a pessoa do adotante, a aplicação simplista da norma prevista no art. 42, § 1º, do ECA, sem as ponderações do "prumo hermenêutico" do art. 6º do ECA, criaria a extravagante situação de a própria lei estar ratificando a ruptura de uma família socioafetiva, construída ao longo de quase duas décadas com o adotante vivendo, plenamente, esses papéis intrafamiliares.
>
> 06 – Recurso especial conhecido e provido.[23]

Portanto, pode-se concluir que, nos dois casos acima mencionados, o papel intrafamiliar e social exercido pelo adotando era de filho (dos avós) e irmão (da mãe biológica), tratando-se de um nítido caso de parentalidade socioafetiva previamente constituída desde tenra idade, que gerava nítida colisão entre a regra prevista no art. 42, § 1º, do ECA e o princípio do melhor interesse da criança (*best interest of child*).

Não é demais recordar que este princípio é norteador de toda a interpretação dos direitos das crianças e dos adolescentes, decorrendo da proteção integral. Tanto que possui previsão no art. 227 da CR/88, sendo amplamente reconhecido também no âmbito internacional (inclusive em convenções ratificadas pelo Brasil, como a Convenção sobre os Direitos da Criança, promulgada pelo Decreto 99.710/1990).

No caso de conflito aparente de normas jurídicas, poderia ser aplicável ao caso o critério hierárquico – com preponderância do princípio do melhor interesse da criança –, considerando-se que se trata de uma norma prevista na Constituição da República, que

---

22. REsp 1.448.969-SC, Rel. Min. Moura Ribeiro, 3T, julgado em 21.10.2014.
23. REsp 1635649/SP, Rel. Min. Nancy Andrighi, DJe de 02.03.2018.

possui superioridade à legislação infraconstitucional (o ECA). Além disso, em razão de ser um princípio com previsão em tratados internacionais ratificados pelo Brasil, existe corrente doutrinária no sentido de que, por se tratar de norma de direitos humanos, teria natureza constitucional independentemente do procedimento previsto no art. 5º, § 3º, da Constituição da República.[24] Para além disso, outra corrente doutrinária, inclusive adotada pelo STF, considera que tais normas convencionais sobre direitos humanos possuem natureza supralegal, o que já faz com que se reconheça a sua posição privilegiada no ordenamento jurídico nacional (RE 466.343/SP).[25]

Portanto, com razão o STJ, ao definir que o "princípio do interesse superior do menor, ou melhor interesse, tem assim, a possibilidade de retirar a peremptoriedade de qualquer texto legal atinente aos interesses da criança ou do adolescente, submetendo-o a um crivo objetivo de apreciação judicial da situação concreta onde se analisa".[26]

Estudado o primeiro e segundo julgados, considerados excepcionalíssimos, passa-se à análise de outro proferido em 2019, que negou a adoção de descendente por ascendente.

Neste caso, o adotando já era maior de idade e tinha sido criado pelos avós em razão de carência de recursos financeiros por parte de sua mãe. Nesse caso, consignou o STJ que "a relevante existência de relação paterno-filial entre os réus, mais intensa quiçá àquela ordinariamente mantida entre bisavô e bisneto, que, ainda assim, se faz próxima e naturalmente especial, não é suficiente para se afastar a ponderação já realizada pelo legislador ao vedar a adoção de descendente por ascendente. 6. Ausência de interesse a ser especialmente protegido na espécie". Veja a ementa do julgamento:

Recurso especial. Ação rescisória. Direito civil. Adoção entre bisneto e bisavô. Impossibilidade. Adotando maior de idade. Código civil, Estatuto da Criança e do Adolescente (ECA) e lei nacional da adoção. Primazia da ponderação feita pelo legislador. Vedação da adoção entre ascendente e descendente. Art. 42, § 1º, do ECA. Violação literal a dispositivo de lei. Art. 966, inciso V, CPC. 1. Controvérsia, em sede de ação rescisória julgada procedente, acerca da possibilidade de adoção do bisneto pelo bisavô, em face do disposto no art. 42, § 1º, do ECA. 2. Com o advento da Lei 12.010/09 (Lei Nacional da Adoção), o sistema de adoção no Brasil, em relação a maiores de idade, foi também submetido ao disposto no Estatuto da Criança e do Adolescente, inclusive diante da ausência de detalhamento normativo no Código Civil Brasileiro. 3. O art. 42, § 1º, do ECA, estatui, como regra geral, a proibição da adoção de descendentes por ascendentes, objetivando tanto a preservação de uma identidade familiar, como para evitar a eventual ocorrência de fraudes. 4. O Superior Tribunal de Justiça já conferiu alguma flexibilidade ao disposto no art. 42 do ECA quando há, como norte interpretativo principiológico, direito ou interesse prevalente de modo, mediante juízo de ponderação, a se afastar a literal vedação contida no art. 42, § 1º, do ECA, de adoção de descendente por ascendente. 5. A relevante existência de relação paterno-filial entre os réus, mais intensa quiçá àquela ordinariamente mantida entre bisavô e bisneto, que, ainda assim, se faz próxima e naturalmente especial, não é suficiente para se afastar a ponderação já realizada pelo legislador ao vedar a adoção de descendente por ascendente.

---

24. PIOVESAN, Flávia. *Temas de direitos humanos*. 3. ed. São Paulo: Saraiva, 2009, p. 15.
25. STF, RE 466.343/ SP, Rel. Min. Cezar Peluso, julgado em 03.12.2008.
26. STJ, Resp 1.545.959-SC, Rel. Min. Ricardo Villas Bôas Cueva, Rel. para acórdão Min. Nancy Andrighi, por maioria, Dje de 1º.08.2017.

6. Ausência de interesse a ser especialmente protegido na espécie. 7. Doutrina e jurisprudência acerca do tema. 8. Recurso especial desprovido.[27]

De fato, a realidade apresentada neste último julgado é bastante comum no Brasil. Muitos avós cuidam dos netos por serem uma rede de apoio dos pais da criança.

Bem diferente, por exemplo, da excepcionalidade e complexidade do caso julgado em 2014, onde a mãe biológica ficou gestante aos 8 anos de idade em razão de abuso sexual e, por conta da sua idade e pelo trauma desenvolvido, os avós se responsabilizaram integralmente pelos cuidados do neto, conferindo-lhe tratamento de filho e irmão de sua mãe biológica.

Por isso é que, realizando um louvável exercício de ponderação entre as duas normas jurídicas acima mencionadas, o STJ considerou que, não se estando diante de situações excepcionais, não seria possível flexibilizar a vedação do art. 42, § 1º, do ECA.

Pode-se denotar, portanto, uma tendência de flexibilização da vedação legal por parte do referido órgão colegiado, em casos excepcionais. Isso já denota que inexiste dissonância jurisprudencial, mas sim um entendimento consolidado de que apenas em situações muito excepcionais que se admitirá tal flexibilização.

Tanto é assim que, cerca de um mês após o julgamento negando a flexibilização, em 2019, o STJ novamente se pronunciou sobre o tema, agora por sua Quarta Turma, no REsp 1.832.715. E, sim, houve a flexibilização da regra do art. 42, § 1º, do ECA, considerando que as nuances do caso concreto eram igualmente excepcionalíssimas (o adotando era pessoa interditada, com Síndrome de Silver Russell, que recebeu os cuidados dos avós desde os primeiros meses de vida e o pai se encontra desaparecido).

Para que não reste dúvida disso, veja a ementa:

Recurso especial. Processual civil e civil. Direito de família. Adoção de descendente por ascendente.

1. Não cabe a esta Corte apreciar a alegada violação a dispositivos constitucionais, sob pena de usurpação da competência do Supremo Tribunal Federal.

2. A regra constante do art. 42, § 1º, do Estatuto da Criança e do Adolescente, que veda a adoção de descendente por ascendente, não tem caráter absoluto, devendo-se observar acima de tudo o princípio do melhor interesse da criança e do adolescente.

3. Na espécie, pleiteia-se a adoção de pessoa maior de idade, instituto que, após o advento da Lei Nacional de Adoção, também se submete ao ECA. Precedente.

4. A hipótese dos autos traz importante peculiaridade de que o pedido de adoção é direcionado a pessoa interditada e portadora da Síndrome de Silver Russell, que vem recebendo os cuidados dos avós desde os primeiros meses de vida – atualmente, apenas da avó, pois o avô já é falecido, requerendo-se na inicial também a adoção póstuma –, e o pai está desaparecido.

5. Descabe cogitar de impossibilidade jurídica do pedido com base exclusivamente na vedação constante do art. 42, § 1º, do ECA, pois compete às instâncias ordinárias aferir, em cada caso concreto, se há a presença de interesse a ser especialmente tutelado.

---

27. STJ, Resp. 1796733, Rel.: Min. Paulo de Tarso Sanseverino, DJe de 06.09.2019.

6. Recurso especial conhecido parcialmente e, nessa extensão, provido em parte, a fim de afastar o óbice da impossibilidade jurídica do pedido, com o retorno dos autos à origem para prosseguimento do feito.[28]

É possível extrair, a partir da leitura dos julgados acima apresentados, que a vedação prevista no art. 42, § 1º, do ECA, possui algumas finalidades. Uma delas seria justamente a *finalidade social*, para que não haja confusão na estrutura familiar e nos papéis desenvolvidos por cada um dos membros dessa família.

Sobre isso, é crível afirmar que, em todos os casos em que houve a flexibilização da proibição, se estava diante da existência de *parentalidade socioafetiva previamente constituída* ao longo de toda a vida do adotando, não tendo que se falar em confusão na estrutura familiar e nos papéis exercidos pelos seus membros.[29] Tal situação fática realmente merece uma resposta positiva pelo Poder Judiciário, já que "as estruturas familiares estão em constante mutação e para se lidar com elas não bastam somente as leis. É necessário buscar subsídios em diversas áreas, levando-se em conta aspectos individuais de cada situação e os direitos de 3ª Geração".[30]

Feitas essas considerações, mostra-se indispensável que as finalidades da vedação sejam objeto de estudo e que haja um cotejo com o atual cenário científico do Direito das Famílias.

É sobre isso que versa o próximo tópico.

13.4 DAS FINALIDADES DA PROIBIÇÃO E DA INCOERÊNCIA COM O ATUAL CENÁRIO DO DIREITO DAS FAMÍLIAS

Para se aferir a conformidade da vedação da adoção por ascendentes com o atual modelo de Direito das Famílias, essencial fazer uma conexão entre os critérios teleológicos que justificam tal proibição, bem como contextualizá-los com as particularidades do momento científico e histórico em que vivemos, onde o afeto adquire dimensões de relevo para a própria conceituação do instituto "família".

Quanto a esse novo referencial científico do Direito das Famílias, deve-se ponderar que houve uma verdadeira virada *kantiana*[31] na forma de se pensar, de se interpretar e

---

28. Rel. Min. Luis Felipe Salomão, Quarta Turma, DJe de 17.09.2019.
29. "Realidade diversa do quadro dos autos, porque os avós sempre exerceram e ainda exercem a função de pais do menor, caracterizando típica filiação socioafetiva". (STJ, REsp 1448969/SC, Rel. Ministro Moura Ribeiro, DJe de 03.11.2014).
30. STJ, REsp 1448969/SC, Rel. Ministro Moura Ribeiro, DJe de 03.11.2014.
31. "O chamado retorno aos valores apresenta como marco o final da Segunda Guerra Mundial e a percepção de que o formalismo da teoria positivista constituía um modelo insuficiente para a construção de uma ordem jurídica aceitável, prestando-se ao fornecimento de uma roupagem legal a regimes bárbaros. O ímpeto da reação inicial levou a uma reaproximação com o jusnaturalismo, defendido expressamente por Radbruch por ocasião de sua reintegração à vida acadêmica alemã, após a derrota do nazismo. A obra seminal de Rawls - Uma teoria da justiça, de 1971 – abre caminho para a ascensão do pós-positivismo, por meio da revalorização da razão prática e da inserção dos princípios de justiça no interior da ordem jurídica. Trata-se da chamada virada kantiana, marco da ascensão do pós-positivismo, comentado com mais detalhe na sequência". BARROSO, Luís Roberto. *Curso de Direito Constitucional*. São Paulo: Saraiva, 2015, p. 282.

de se extrair as normas jurídicas atinentes a esta área do direito. O denominado pós-positivismo, os influxos da constitucionalização do direito e da força normativa aos princípios, fizeram com que o direito de família de outro tempo alterasse seu paradigma patriarcal, hierarquizado e patrimonialista para se transformar no Direito *das* Famílias, muito mais plural, democrático e igualitário, com "uma teoria dos direitos fundamentais edificada sobre a dignidade da pessoa humana".[32]

Como decorrência dessa constitucionalização, a afetividade adquiriu contornos relevantíssimos, transformando-se no núcleo central na constituição conceitual de família, decorrendo do princípio da solidariedade (art. 3º, I, CR/88) e do princípio da dignidade da pessoa humana (art. 1º, III, CR/88).[33] Sobre o tema, inclusive, Cristiano Chaves de Farias e Nelson Rosenvald sustentam que "a entidade familiar deve ser entendida, hoje, como grupo social fundado, essencialmente, em laços de afetividade, pois a outra conclusão não se pode chegar à luz do texto constitucional".[34]

Buscando a finalidade e o bem jurídico que se pretende atingir, encontra-se na literatura jurídica brasileira a afirmação de que a proibição expressa no art. 42, § 1º, do ECA, decorre de uma "total incompatibilidade com o instituto da adoção".[35] Um dos defensores dessa tese é Carlos Roberto Gonçalves, para quem, "por *total incompatibilidade com o instituto da adoção*, não pode o avô adotar o neto, nem o homem solteiro, ou um casal sem filhos, adotar um irmão de um dos cônjuges. O avô, por exemplo, pode ser detentor da guarda do neto, pode ser seu tutor, mas não pode adotá-lo como filho. Na hipótese de irmãos, haveria uma confusão de parentesco tão próximo, pois o adotado seria irmão e filho, ao mesmo tempo. Não há impedimento, todavia, nem na lei, nem na natureza da adoção, que impeça os tios de adotar os sobrinhos, ou os sogros de adotar a nora ou o genro, naturalmente depois do falecimento do filho ou da filha, uma vez que a restrição não alcança os parentes colaterais de terceiro grau, nem os parentes por afinidade".[36]

No mesmo sentido, Antônio Chaves afirma que "a adoção do neto pelo avô não faz sentido"[37] e, em muitos casos, teria por única finalidade "fraudar o Fisco no tocante ao pagamento de imposto de transmissão causa mortis",[38] no que é acompanhado por Gustavo A. Bossert, que sustenta que "a superposição dos laços fraternos e filiais, com tudo o que cada um deles implica no tocante ao conteúdo emocional, sentido do respeito e obediência, inclusive ubiquação diante do grupo social dos sujeitos de tais vínculos familiares, *não resultaria benéfica para a formação do menor, que antes ficaria afetado*

---

32. BARROSO, Luís Roberto. *Curso de Direito Constitucional*. São Paulo: Saraiva, 2015, p. 283.
33. TORRES, Ricardo Lobo (Org). *Dicionário de Princípios Jurídicos*. Rio de Janeiro: Elsevier, 2011, p. 51.
34. FARIAS, Cristiano Chaves; ROSENVALD, Nelson. *Direito das famílias*. 2017, p. 53.
35. GONÇALVES, Carlos Roberto. *Direito Civil Brasileiro*: Direito de Família. São Paulo: Saraiva, 2010, p. 374-375.
36. GONÇALVES, Carlos Roberto. *Direito Civil Brasileiro*: Direito de Família. São Paulo: Saraiva, 2010, p. 374-375.
37. CHAVES, Antônio. Apud GONÇALVES, Carlos Roberto. *Direito Civil Brasileiro*: Direito de Família. São Paulo: Saraiva, 2010, p. 374-375.
38. CHAVES, Antônio. Apud GONÇALVES, Carlos Roberto. *Direito Civil Brasileiro*: Direito de Família. São Paulo: Saraiva, 2010, p. 374-375.

por tão irregular situação de ter de considerar – tanto na atividade doméstica como diante da coletividade – reunidos numa mesma pessoa seu pai e seu irmão".[39]

Pelas explanações citadas acima, pode-se concluir que as finalidades da vedação legal são de três ordens: a) evitar a confusão de papéis na estrutura intrafamiliar (*aspecto social*); b) revelar a inocuidade da medida em termos práticos e afetivos, pois o adotando já se encontra inserido naquele núcleo familiar (*aspecto pragmático*),[40] e; c) impedir a ocorrência de problemas pecuniários, como possíveis fraudes ao Fisco, a Previdência ou a questões sucessórias (*aspecto pecuniário/econômico*).

Aspecto social	Aspecto pragmático	Aspecto pecuniário
evitar a confusão de papéis na estrutura intrafamiliar	inocuidade da medida em termos práticos e afetivos, pois o adotando já se encontra inserido naquele núcleo familiar	impedir a ocorrência de problemas pecuniários, como possíveis fraudes ao Fisco, a Previdência ou a questões sucessórias

Quanto ao *aspecto social*, verifica-se nos casos objeto de julgamento por parte do STJ, que inexistiria a referida confusão na estrutura familiar, pois os adotandos já se encontravam no exercício do seu papel intrafamiliar e social de filho (e, em alguns casos, de irmão de sua mãe biológica).

No que toca ao *aspecto pragmático*, é através da aplicação do instituto da adoção que o adotando teria a sua própria dignidade respeitada e reconhecida, de pertencimento efetivo ao núcleo familiar ao qual já se encontre inserido, sem um descompasso com as construções sociais predeterminadas e nominais de membros de família. Portanto, a medida seria útil para garantir os direitos dos envolvidos e privilegiar o núcleo fundante das famílias, que é o afeto, inserindo o adotando no papel de filho que *afetivamente* e *efetivamente* já desempenharia naquele núcleo familiar.

Finalmente, no que compete ao *aspecto pecuniário/econômico*, denota-se que preocupações meramente patrimoniais não podem servir de obstáculo para a fruição plena de direitos fundamentais e, definitivamente, não devem prevalecer de forma absoluta no atual modelo de Direito das Famílias. Posicionamento em sentido contrário estaria centrado em uma cultura jurídica pautada em uma sociedade patrimonialista e patriarcal, que não mais subsiste nos dias atuais, principalmente pelo fato da afetividade nortear toda a ciência do Direito das Famílias. Além disso, tal corrente desprivilegia direitos constitucionais da dignidade da pessoa humana, ao mesmo tempo em que presume a má-fé dos envolvidos, contrariando o brocardo latino de que *bona fides semper praesumitur nisi mala adesse probetur* (sempre se presume a boa-fé, se não se provar existir a má).

---

39. GONÇALVES, Carlos Roberto. Direito Civil Brasileiro: *Direito de Família*. São Paulo: Saraiva, 2010, p. 374-375.
40. "4. A vedação da adoção de descendente por ascendente, prevista no art. 42, § 1º, do ECA, visou evitar que o instituto fosse indevidamente utilizado com intuitos meramente patrimoniais ou assistenciais, bem como buscou proteger o adotando em relação a eventual "confusão mental e patrimonial" decorrente da "transformação" dos avós em pais". (STJ, REsp 1448969/SC, Rel. Ministro Moura Ribeiro, 3T, DJe de 03.11.2014).

Desse modo, questões patrimoniais não podem servir de fundamento peremptório para aplicação irrestrita da vedação legal prevista no art. 42, § 1º, do ECA. Deve-se levar em consideração que, na análise do caso concreto da ação de adoção, será imprescindível ao juiz aferir a necessidade de preenchimento dos requisitos objetivos e subjetivos e, dentre destes últimos, o mais importante será "resultar em reais vantagens para o adotando", consoante previsão de seu art. 43.

Por isso, a análise do caso concreto se impõe. Aferindo-se que existe efetivo vínculo de parentalidade socioafetiva entre os envolvidos,[41] principalmente quando se estiver diante de situações excepcionalíssimas, como naquelas apontadas nas decisões que flexibilizaram a proibição legal, a concessão da adoção seria essencial para preservar os direitos dos envolvidos, seja no aspecto social ou afetivo. Haveria, desse modo, o reconhecimento de uma situação preexistente, isto é, a tutela adequada e necessária de tais fatos sociais por parte do direito.

Assim sendo, diante de situações excepcionais e ocorrendo o preenchimento dos requisitos objetivos e subjetivos para a adoção, parece que a flexibilização da disposição prevista no art. 42, § 1º, do ECA, se mostre juridicamente viável para preservar o direito dos envolvidos, seja priorizando o princípio do melhor interesse da criança, seja garantindo a dignidade e o respeito aos demais direitos fundamentais assegurados aos maiores de idade.

---

41. A adoção não se confunde com o reconhecimento de parentalidade socioafetiva. Um dos critérios diferenciadores de maior relevância seria a natureza da sentença entre uma ação e outra. A adoção possui uma sentença constitutiva, ao passo que no reconhecimento de parentalidade socioafetiva a sentença será declaratória. Contudo, existem situações em que poderá ser possível a utilização do instituto da adoção para se obter o reconhecimento da parentalidade/filiação socioafetiva. De fato, são institutos correlacionados. Isso porque, considerando que a adoção acarreta o "desligamento dos vínculos entre o adotado e seus parentes consanguíneos", o reconhecimento da parentalidade socioafetiva pode ser efetivada em uma ação autônoma apenas quando *não* se busca o referido desligamento de vínculos pretéritos.

14
ADOÇÃO DE IDOSOS

14.1 NOÇÕES INICIAIS

Viver com plenitude e envelhecer bem. De fato, estas são duas das grandes metas existenciais da atualidade, momento da história marcado pela intensificação da busca por práticas e técnicas que possam promover melhorias na qualidade de vida, diminuição do estresse, desaceleração do pensamento e intensificação das relações intersubjetivas, tudo com o objetivo de se envelhecer de forma mais saudável. Pelo menos esta é a teoria. Na prática, contudo, acabamos vivendo em uma sociedade um tanto quanto paradoxal. Sob o pretexto de envelhecer bem, acabamos agindo pautados pela ilusão da juventude, gastando mais dinheiro com produtos de beleza do que com alimentação[1] e com educação,[2] por exemplo.

Ao mesmo tempo em que queremos viver mais e com melhor qualidade, deixamos de nos preparar financeira e emocionalmente para a aposentadoria, já que dados recentes indicam que seis entre cada dez cidadãos brasileiros não celebram nenhum plano de previdência social, conforme é comumente noticiado pela grande mídia.[3]

Não raro, tamanha discrepância entre teoria e prática acaba levando a cenários não ideais, onde os papéis sociais que os idosos exerceram ao longo de sua história (pai, mãe, filho, trabalhador, marido, esposa etc) vão se perdendo, fazendo com que, na etapa final de suas vidas, sejam considerados *sujeitos de direitos*, mas não *atores sociais*.

Em muitos desses casos, seus direitos são desrespeitados pela sociedade e, o que é pior, negligenciados e abandonados justamente por aqueles que deveriam assegurar fielmente sua observância: o Estado e a família.

Isso acaba demandando maior efetivação de políticas públicas voltadas a garantir um envelhecimento saudável e ativo. Afinal, como incessantemente dito por aqui: a convivência familiar e comunitária é um direito fundamental da pessoa idosa (art. 230 da CR/88 c/c art. 3º do EI). Adicionalmente, Maria Luiza Póvoa aduz que, se, "por um lado ainda é recorrente a visão depreciativa da velhice, de outro lado há iniciativas, ações e esforços sendo aplicados em prol da dignidade da pessoa idosa, para a qual a

---

1. Informação disponível na internet: https://panoramafarmaceutico.com.br/2018/09/14/ibge-aponta-que-brasileiro-gasta-mais-com-beleza-do-que-com-comida. Acesso em: 19 jan. 2023.
2. Informação disponível na internet: https://veja.abril.com.br/economia/pesquisa-mostra-que-brasileiro-gasta-mais-com-beleza-do-que-com-educacao/. Acesso em: 19 jan. 2023.
3. Informação disponível em: https://www.em.com.br/app/noticia/economia/2017/07/23/internas_economia,885939/brasileiros-nao-se-preparam-para-velhice.shtml. Acesso em: 19 jan. 2023.

convivência familiar e comunitária é tão vital quanto o direito à saúde, moradia, alimentação, cultura, educação, trabalho, esporte, lazer e cidadania".[4]

Tomando por base tais circunstâncias, deve-se questionar se a adoção de idosos seria uma medida de reinserção social e familiar e uma alternativa viável à institucionalização em ILPI's (instituições de longa permanência de idosos).

Perceba a sutileza: não se está questionando se o idoso poderia ser o adotante, mas sim o adotado.

Quando a pessoa idosa está adotando, o STJ já se posicionou que a idade dos adotantes pode ser um fator para o insucesso da adoção, considerando a notória diferença geracional e a provável ausência de disposição ou preparação dos pretensos pais. Assim, a adoção realizada por pessoas idosas deve ser sopesada pela ponderação, convicção e razão, principalmente diante das graves consequências que podem ser acarretadas à pessoa que está sendo adotada.[5]

---

4. CRUZ, Maria Luiza Póvoa. Abandono afetivo de idosos. Disponível em: https://ibdfam.org.br/artigos/1372/Abandono+afetivo+de+idosos. Acesso em: 19 jan. 2023.

5. Civil. Processual civil. Direito de família. Adoção. Destituição do poder familiar e abandono afetivo. Cabimento. Exame das específicas circunstâncias fáticas da hipótese. Criança em idade avançada e pais adotivos idosos. Ausência de vedação legal que deve ser compatibilizada com o risco acentuado de insucesso da adoção. Notória diferença geracional. Necessidade de cuidados especiais e diferenciados. Provável ausência de disposição ou preparação dos pais. Ato de adoção de criança em avançada idade que, conquanto louvável e nobre, deve ser norteado pela ponderação, convicção e razão. Consequências graves aos adotantes e ao adotado. Papel do estado e do ministério público no processo de adoção. Controle do ímpeto dos adotantes. Zelo pela racionalidade e eficiência da política pública de adoção. Falha das etapas de verificação da aptidão dos pais adotivos e de controle do benefício da adoção. Fato que não elimina a responsabilidade civil dos pais que praticaram atos concretos e eficazes para devolução da filha adotada ao acolhimento. Condenação dos adotantes a reparar os danos morais causados à criança. Possibilidade. Culpa configurada. Impossibilidade de exclusão da responsabilidade civil. Valor dos danos morais. Fixação em valor módico. Observância do contexto fático. Equilíbrio do direito à indenização e do grau de culpa dos pais, sem comprometer a eficácia da política pública. Destituição do poder familiar. Condenação dos pais destituídos a pagar alimentos. Possibilidade. Rompimento do poder de gestão da vida do filho, mas não do vínculo de parentesco. Maioridade civil da filha. Fato novo irrelevante. Retorno do processo ao tribunal com determinação de conversão em diligência. Observância do binômio necessidade da alimentada e possibilidade dos alimentantes. 1 – Os propósitos recursais consistem em definir: (i) se é cabível a reparação por danos morais em decorrência do abandono afetivo dos pais adotivos em relação ao adotado e se estão configurados, na hipótese, os pressupostos autorizadores da responsabilidade civil; (ii) se é admissível que os pais adotivos sejam condenados a prestar alimentos ao filho adotado após a destituição do poder familiar, inclusive no período em que a criança se encontre acolhida institucionalmente. 2 – Para o exame do cabimento da reparação de danos morais pleiteada pela adotada ao fundamento de abandono afetivo dos pais adotivos, é imprescindível o exame do contexto em que se desenvolveram os fatos, que, na hipótese, revelaram que a criança foi adotada quando já possuía 09 anos, vinda de anterior destituição de poder familiar e de considerável período de acolhimento institucional, por um casal de idosos de 55 e 85 anos e que já possuía um filho biológico de 30 anos ao tempo da adoção. 3 – Embora não seja legalmente vedada a adoção nas circunstâncias especiais acima mencionadas, era possível inferir o acentuado risco de insucesso da adoção em virtude da notória diferença geracional entre pais e filho, de modo que era possível prever que a criança muito provavelmente exigiria cuidados muito especiais e diferenciados dos pais adotivos que possivelmente não estivessem realmente dispostos ou preparados para despendê-los. 4 – Conquanto o gesto de quem se propõe a adotar uma criança de avançada idade e com conhecido histórico de traumas seja nobilíssimo, permeado de ótimas intenções e reafirme a importância da política pública e social de adoção, não se pode olvidar que o ato de adotar, que não deve ser temido, deve ser norteado pela ponderação, pela convicção e pela razão, tendo em vistas as suas inúmeras consequências aos adotantes e ao adotado. 5 – No processo de adoção, o papel do

14.2 O CONCEITO DE FAMÍLIA PAUTADO NO AFETO, A FORMAÇÃO DO PARENTESCO POR *"OUTRA ORIGEM"*, E A COLOCAÇÃO DE IDOSOS EM FAMÍLIA SUBSTITUTA

No capítulo anterior, foi vista a mudança radical na forma de se pensar, interpretar e extrair as normas jurídicas da área do Direito das Famílias, bem como a nova roupagem atribuída ao afeto. E, nem poderia ser diferente. Por ser o direito, e, especialmente, o Direito das Famílias, fruto da cultura, é inquestionável que as alterações ocorridas na sociedade deveriam refletir sobre o modo de se enxergar e aplicar as normas jurídicas.[6]

Embora tal perspectiva sobre o afeto esteja hoje consolidada no Direito das Famílias, nem sempre foi assim. De forma inédita no ano de 1979, João Baptista Villela escreveu o célebre artigo denominado de "desbiologização da paternidade", onde anunciava que "a paternidade, em si mesma, não é um fato da natureza, mas um fato cultural",[7] arrematando que "persiste intuição que associa a paternidade antes como o *serviço* que com a procriação".[8]

Hoje, a afetividade se encontra tão profundamente inserida em nosso sistema jurídico, que existe pensamento no sentido de que "reconheceu, pois, a nossa Lei Maior, a filiação fundada na vontade e no afeto, acima dos vínculos de sangue".[9-10]

Nesse contexto, o art. 1.593 do Código Civil menciona expressamente que "o parentesco é natural ou civil, conforme resulte de consanguinidade *ou outra origem*", de modo a expressar, com clareza solar, que a formação de vínculos de parentesco pode ocorrer por diversos meios, incluindo, além da adoção, a parentalidade socioafetiva e as técnicas de reprodução assistida, conforme previsto no Enunciado 103 da I Jornada de Direito Civil do CJF.[11]

Estado e do Ministério Público é de extrema relevância, pois às instituições cabe, por meio dos assistentes sociais, psicólogos, julgadores e promotores, controlar o eventual ímpeto dos pretensos adotantes, conferindo maior racionalidade e eficiência à política pública de adoção, o que efetivamente ocorre na grande maioria das situações. 6 – Na hipótese, contudo, verifica-se que a inaptidão dos adotantes diante das circunstâncias fáticas específicas que envolviam a criança adotada era bastante nítida, de modo que é possível concluir que as instituições de controle não apreciaram adequadamente a questão ao deferir a adoção aos pais adotivos. 7 – A constatação desse fato não elimina completamente, todavia, a responsabilidade civil dos pais adotivos pelos danos efetivamente causados à criança quando, tencionando devolvê-la ao acolhimento, praticaram atos concretos e eficazes para atingir essa finalidade, pois, embora a condenação dos adotantes possa eventualmente inibir o sucesso dessa importante política pública, deixar de sancioná-los revelaria a condescendência judicial com a prática de um ato contrário ao direito. [...] (STJ, REsp 1698728/MS, Rel. Min. Moura Ribeiro, Rel. p/ Acórdão Ministra Nancy Andrighi, 3T, DJe de 13.05.2021).

6. CHASE, Oscar G. *Direito, cultura e ritual*: sistemas de resolução de conflitos no contexto da cultura comparada. Trad. Sergio Arenhart, Gustavo Osna. São Paulo: Marcial Pons, 2014.
7. VILLELA, João Baptista. *Desbiologização da paternidade*. Disponível na internet: https://www.direito.ufmg.br/revista/index.php/revista/article/view/1156. Acesso em: 19 jan. 2023.
8. VILLELA, João Baptista. *Desbiologização da paternidade*. Disponível na internet: https://www.direito.ufmg.br/revista/index.php/revista/article/view/1156. Acesso em: 19 jan. 2023.
9. FUJITA, Jorge Shiguemitsu. *Filiação*. São Paulo: Atlas, 2009, p. 109.
10. STF, RE 898.060, Rel Min. Luiz Fux, Plenário, DJ de 24.08.2017.
11. Conselho da Justiça Federal, Enunciado 103 – Ar. 1.593. O Código Civil reconhece, no art. 1593, outras espécies de parentesco civil além daquele decorrente da adoção, acolhendo, assim, a noção de que há também parentesco

Diante disso, questiona-se: a adoção de idosos poderia ser instituída no ordenamento jurídico através da sua inserção no termo *"ou outra origem"*,[12] principalmente diante do cenário de crescente quadro de abandono e institucionalização de pessoas idosas?

Para que se esboce qualquer resposta a esta pergunta deve-se, antes, analisar a atual situação da pessoa idosa no Brasil.

14.3 O ABANDONO E A INSTITUCIONALIZAÇÃO DA PESSOA IDOSA: "OS IDOSOS ÓRFÃOS"

No campo teórico, talvez até se possa afirmar que existam normas, tanto no cenário interno, quanto no internacional, visando tutelar os direitos da pessoa idosa. Contudo, no campo social e, mais especificamente no campo da efetiva aplicação da lei brasileira, muitos desses direitos estão sendo desrespeitados e desprestigiados, seja por abandono da família ou por omissão do Estado, ao não estabelecer e executar políticas públicas adequadas.

Dentre eles, pode-se citar o direito fundamental à convivência familiar e comunitária do idoso (art. 230 da CR/88 e art. 3º do EI).

Dois episódios, em especial, parecem autorizar que se faça essa afirmação.

O primeiro deles resulta da análise estatística de denúncias ao Disque 100,[13] que demonstram que tanto o abandono[14] quanto a negligência[15] de idosos ocorre de forma recorrente e em uma escala ascendente nos últimos anos. Para se traduzir em números essa informação, perceba que, enquanto em 2011 haviam 12.192 mil denúncias, em 2017 constavam 69.933 mil denúncias,[16] acarretando, com isso, um aumento de até seis vezes (em um período de seis anos). Isso sem se esquecer dos casos que sequer foram objeto

---

civil no vínculo parental proveniente quer das técnicas de reprodução assistida heteróloga relativamente ao pai (ou mãe) que não contribuiu com seu material fecundante, quer da paternidade socioafetiva, fundada na posse de estado de filho.

12. Veja o teor do Enunciado 111 da JDC/CJF, que dispõe que: "A adoção e a reprodução assistida heteróloga atribuem a condição de filho ao adotado e à criança resultante de técnica conceptiva heteróloga; porém, enquanto na adoção haverá o desligamento dos vínculos entre o adotado e seus parentes consanguíneos, na reprodução assistida heteróloga sequer será estabelecido o vínculo de parentesco entre a criança e o doador do material fecundante".
13. Ministério da Mulher, da Família e dos Direitos Humanos. Estatísticas em: https://www.mdh.gov.br/informacao-ao-cidadao/disque-100. Acesso em: 19 jan. 2023.
14. A Convenção Interamericana dos Direitos Humanos dos Idosos, de 09 de junho de 2015, assim conceitua o termo: "Abandono: A falta de ação, deliberada ou não, para atender de maneira integral as necessidades de um idoso, que ponha em risco sua vida ou sua integridade física, psíquica ou moral.
15. A Convenção Interamericana dos Direitos Humanos dos Idosos, de 09 de junho de 2015, assim conceitua o termo: "Negligência": Erro involuntário ou ação não deliberada, incluindo, entre outros, o descuido, omissão, desamparo e desproteção, que causa dano ou sofrimento a um idoso, tanto no âmbito público como privado, quando não foram tomadas as precauções normais necessárias em conformidade com as circunstâncias.
16. Disponível na internet: https://www.mdh.gov.br/informacao-ao-cidadao/ouvidoria/balanco-disque-100. Acesso em: 19 jan. 2023.

de notificação - que se enquadram "cifra negra", pertinente denominação formulada pela criminologia e que acaba por ser perfeitamente aplicável ao caso.[17]

Embora o aumento vertiginoso de tal número se dê, em parte, em razão do maior acesso à informação pela população, por outro lado, não se pode esquecer que os números são um indicativo precioso para a análise dos acontecimentos sociais, o que permitiria afirmar, com base estatística, que este segmento está sendo constantemente abandonado e/ou tendo seus direitos negligenciados.

O outro episódio é o aumento dos índices de inserção destes sujeitos em Instituições de Longa Permanência de Idosos (ILPI, popularmente – e pejorativamente – conhecidas como "asilos/abrigos"). Dados recentes apontam que, apenas em relação às instituições públicas,[18] houve um aumento de 33% em 5 anos – 2012 a 2017, o que se torna alarmante quando se constata que tais instituições correspondem a apenas 6% de todas aquelas voltadas à institucionalização de idosos.[19]

O quadro se complica ainda mais quando os direitos envolvidos são de pessoas que não possuem cônjuge ou filhos dos quais possam vir a depender ou ter como rede de apoio. A literatura estrangeira, inclusive, os denomina de *"elderly orphans"* ou *"solo agers"*, os quais representam os já mencionados "idosos órfãos".[20]

Ora, consistindo a pessoa em um ser social e gregário por si, não é necessário grande esforço de raciocínio para demonstrar que a institucionalização – de crianças, adolescentes e, igualmente, de idosos – não é a melhor maneira para se efetivar todas as suas potencialidades humanas. Esta também é a visão de Oswaldo Peregrina Rodrigues, ao aduzir que "decerto a institucionalização não é abrigo adequado para o idoso, cuja convivência em família, mesmo que substituta, é-lhe a conveniente, desde que, no caso concreto, isso seja possível e exequível".[21]

Tal percepção tem, inclusive, amparo no cenário internacional, já que a Convenção Interamericana dos Direitos Humanos dos Idosos, da Organização dos Estados Americanos (OEA), estabelece que os Estados Partes deverão adotar "medidas para que o idoso tenha a oportunidade de participar ativa e produtivamente na comunidade

---

17. "A partir disso surgem outras problemáticas, tais como as subnotificações dos casos de violência – sendo a porcentagem não denunciada chamada de cifra negra, assim refletindo distorções nas estatísticas, dificultando a detecção e a compreensão da casuística, além de prejudicar a devida reprimenda." (COSTA, Jennifer Karolynne Costa de; SOARES, Jardel de Freitas. O crime de maus tratos aos idosos sob a ótica das relações familiares. *Revista Brasileira de Gestão Ambiental*, Pombal, PB, abr./jun. 2019).
18. Apenas para fins elucidativos, esclarece-se que essas instituições podem ser classificadas como públicas, privadas e filantrópicas. Em relação às modalidades "privadas" e "filantrópicas" –, não foram encontrados bancos de dados para se aferir estatisticamente o número de pessoas que se encontram, de fato, institucionalizadas.
19. Disponível na internet: https://www1.folha.uol.com.br/cotidiano/2018/07/total-de-idosos-que-vivem-em--abrigos-publicos-sobe-33-em-cinco-anos.shtml . Acesso em: 19 jan. 2023.
20. Categoria esta que, segundo pesquisa recentemente elaborada nos Estados Unidos, será constituída por 22% dos atuais adultos americanos da atualidade, o que não deve ser muito diferente de uma tendência mundial. Para mais informações: https://edition.cnn.com/2015/05/18/health/elder-orphans/index.html. Acesso em: 19 jan. 2023.
21. RODRIGUES, Oswaldo Peregrina. *Direitos da Pessoa Idosa*. Indaiatuba-SP: Foco, 2022, p. 71.

e possa desenvolver suas capacidades e potencialidades", criando mecanismos para fortalecer a "participação e inclusão social do idoso em um ambiente de igualdade que permita erradicar os preconceitos e estereótipos que obstaculizam o pleno desfrute desses direitos" (art. 8º, "a").

Muito mais saudável que a institucionalização, parece ser a colocação da pessoa idosa no seio de uma família (natural ou substituta), com plenitude para exercer os mais variados direitos fundamentais que lhe são inerentes, pois assim se garantirá, efetivamente, seu direito à convivência familiar e comunitária.

Vejamos como isso poderia acontecer.

14.4 A COLOCAÇÃO DE IDOSO EM FAMÍLIA SUBSTITUTA COMO MEIO DE SE GARANTIR O DIREITO À CONVIVÊNCIA FAMILIAR E COMUNITÁRIA

14.4.1 O que é a colocação de idosos em família substituta?

O direito à convivência familiar e comunitária possui previsão expressa no artigo 3º do Estatuto da Pessoa Idosa, dispositivo legal que densificou a garantia prescrita pelo artigo 230 da Constituição da República de 1988.

Na aplicação desse direito, essencial que se analise o caso concreto em todas as suas nuances. Isto porque, tratando-se de uma *norma-princípio* dotada da abstratividade que é peculiar a este tipo normativo,[22] a convivência familiar e comunitária pode variar na forma de se efetivar, sendo imprescindível a aferição dos fatos em que os envolvidos se encontrem inseridos, até mesmo como consectário ao princípio da igualdade material.

Assim sendo, é possível que haja ponderação/balanceamento de acordo com as peculiaridades de cada caso.

Por sua vez, o direito à convivência familiar e comunitária está umbilicalmente ligado ao de moradia digna. Conforme previsão do art. 37 do Estatuto da Pessoa Idosa, é possível que aquela pessoa idosa resida no seio da sua família natural ou *substituta*, ou, quando assim desejar, desacompanhada de seus familiares. Apenas residualmente, quando inviáveis tais hipóteses, é que é aberta a possibilidade para a moradia em instituições públicas ou privadas. Tal conclusão é reforçada pela prescrição do §1º desse artigo, segundo a qual "a assistência integral na modalidade de entidade de longa permanência será prestada quando verificada inexistência de grupo familiar, casa-lar, abandono ou carência de recursos financeiros próprios ou da família".

Curioso é que, embora o legislador tenha se utilizado da expressão "família substituta", não estabeleceu seu conceito, o que poderia levar alguns a enxergar dificuldades

---

22. Deve-se recordar que tal norma não se distingue da *norma-regra* quanto à vinculatividade e imperatividade, ao passo que ambas são consideradas normas jurídicas de igual valor e obrigatoriedade. São características de todas as normas jurídicas (norma-princípio ou norma-regra): Coercibilidade, imperatividade, abstratividade, generalidade e bilateralidade.

no momento de sua aplicação. No entanto, esse entrave poderia ser facilmente superado, a partir do momento em que se constatasse que o ordenamento jurídico brasileiro reconhece a existência de apenas três tipos conceituais de família: a) a natural (art. 25, ECA); b) a extensa (art. 25, § único), e; c) a substituta (art. 28, ECA).

Nesse cenário, a família natural aparece como aquela formada pelos pais ou qualquer deles e seus descendentes, ao passo que família extensa se constitui para além da unidade pais e filhos, formando-se por parentes próximos com os quais mantenha vínculos de afinidade e afetividade, e, finalmente, família substituta representa a que se dá mediante guarda, tutela ou adoção.

Na doutrina, existe dissonância a respeito da aplicação da expressão "família substituta" para a pessoa idosa, tema que é explicado com maestria por Cláudia Barbedo, um dos maiores nomes nacionais a respeito da temática. A autora é enfática ao pontuar que "a colocação em família substituta aplica-se tanto às crianças/adolescentes como aos idosos. Tal medida tem motivos diversos e tutelas específicas". Ao cotejar as diferenças, ela menciona que "enquanto a criança e o adolescente são colocados em família substituta por meio da guarda, tutela e adoção, o idoso é colocado por meio do dever de cuidado, curatela e adoção". Em sua opinião, revelaria uma manifestação do dever de cuidado, já que este se enquadraria como um valor jurídico que "deve compor os direitos das pessoas nas relações familiares também quando se busca a proteção do idoso".[23]

Já para Oswaldo Peregrina Rodrigues "pelo acolhimento, curatela e adoção, são os modos de colocação da pessoa idosa em família substituta, ou seja, aquela que substituirá a família biológica, consanguínea, natural".[24] Fazendo uma correlação entre a guarda e o acolhimento, o autor explica que "o instituto da guarda encontra semelhança no acolhimento (art. 36, EPI), assim como a tutela, que tem como sujeitos passivos pessoas incapazes em decorrência da idade, assemelha-se à curatela".[25]

Neste livro, entende-se que são três formas de colocação da pessoa idosa em família substituta: guarda (que pode ser de fato ou de direito), curatela e adoção. No futuro, a depender da evolução do Projeto de Lei 105/2020, um quarto elemento poderia surgir: a senexão.[26]

Em relação à adoção, tem-se que esta poderia ser empregada ao caso dos idosos, desde que sofresse modificações relacionadas ao seu aspecto legal e, principalmente, cultural, adequando às peculiaridades da pessoa idosa.

---

23. BARBEDO, Claudia Gay. A possibilidade de ser estendida a Lei de Alienação Parental ao idoso. In: SOUZA, Ivone M. Candido Coelho de (Org.). *Família contemporânea*: uma visão interdisciplinar. Instituto Brasileiro de Direito de Família Seção Rio Grande do Sul. IBDFAM, 2011.
24. RODRIGUES, Oswaldo Peregrina. *Direitos da Pessoa Idosa*. Indaiatuba-SP: Foco, 2022, p. 71.
25. RODRIGUES, Oswaldo Peregrina. *Direitos da Pessoa Idosa*. Indaiatuba-SP: Foco, 2022, p. 70.
26. BARBEDO, Claudia Gay. A possibilidade de ser estendida a Lei de Alienação Parental ao idoso. In: SOUZA, Ivone M. Candido Coelho de (Org.). *Família contemporânea*: uma visão interdisciplinar. Instituto Brasileiro de Direito de Família Seção Rio Grande do Sul. IBDFAM, 2011.

Assim, *família substituta para acolhimento de idosos*, nos termos aqui propostos, seria aquela resultante da inclusão da pessoa idosa em outro núcleo familiar, distinto do natural e do extenso, por meio dos institutos da guarda, da curatela, ou da adoção.[27] Todos eles parecem estar enquadrados dentro do conceito de cuidado, o qual é reconhecido por Tânia da Silva Pereira como um "princípio constitucional implícito no ordenamento jurídico" e que se trata "de um dos significados ocultos, uma das dimensões da dignidade da pessoa humana, razão pela qual deve ser abordado, a priori, como subprincípio e, a posterior, como um princípio jurídico propriamente dito, a almejar o patamar de direito fundamental".[28]

Neste capítulo, contudo, interessa apenas a adoção.

14.4.2 A adoção como forma de inclusão da pessoa idosa em família substituta

Além da interpretação conjunta dos artigos 37, do EI, e 28, do ECA já conferirem uma base normativa mínima para que se possa, ao menos em teoria, pensar na adoção de idosos, existem alguns Projetos de Lei que visam regulamentar o assunto no Brasil.

O primeiro deles é o Projeto de Lei Federal 956/19, que prevê a inserção do art. 119 ao Estatuto da Pessoa Idosa, estabelecendo que a adoção (de idosos) deveria ser estimulada pelo Poder Público e obedeceria às regras referentes à adoção de maiores de 18 anos.[29] Por isso, haveria a incidência do art. 1.619 do Código Civil, que prevê que "a adoção de maiores de 18 (dezoito) anos dependerá da assistência efetiva do poder público e de sentença constitutiva, aplicando-se, *no que couber*, as regras gerais da Lei 8.069, de 13 de julho de 1990 – Estatuto da Criança e do Adolescente".

O segundo Projeto é o de n. 5532/2019, que pretende alterar o art. 45 do Estatuto da Pessoa Idosa para inserir, dentre as hipóteses de medida de proteção, a colocação do idoso em família substituta. Em seu texto, também há previsão no sentido de se aplicar o rito processual previsto pelo Estatuto da Criança e do Adolescente, no que couber (art. 2º).[30]

---

27. Tais institutos são inconfundíveis: a curatela teria por finalidade a proteção (patrimonial) da pessoa incapaz, ao passo que a adoção visaria a inserção definitiva daquele idoso em um núcleo familiar, agregando-lhe dignidade, bem-estar, pertencimento e proteção (afetiva).
28. PEREIRA, Tânia da Silva. Avosidade e a convivência intergeracional na família: afeto e cuidado em debate. In: PEREIRA, Tânia da Silva et al. *Avosidade*: relação jurídica entre avós e netos. Indaiatuba, SP: Foco, 2021, p. 395.
29. Veja a literalidade do projeto de lei: Art. 119. Fica o poder público obrigado a estimular a adoção de idosos através de campanhas públicas que esclareçam a importância da convivência familiar para o bem-estar do idoso. Parágrafo único A adoção do idoso obedecerá a regras referentes a adoção de maiores de 18 anos, aplicando-se no que couber, as regras gerais previstas no Estatuto da Criança do Adolescente.
30. Art. 2º A Lei 10.741, de 1º de outubro de 2003, passa a vigorar acrescida do inciso VII do art. 45, com a seguinte redação: Art. 45. (...) "VII – colocação em família substituta. § 1º As pessoas idosas receberão todo o apoio necessário para ter preservado o direito à convivência familiar no seio de sua família natural e, excepcionalmente, em família substituta, assegurada a convivência familiar e comunitária, em ambiente que garanta seu desenvolvimento ativo e saudável; § 2º A colocação em família substituta far-se-á mediante acolhimento, curatela ou adoção, nos termos desta Lei; § 3º Ao idoso que esteja no domínio de suas faculdades mentais será assegurado o seu consentimento, colhido em audiência, para colocação em família substituta; § 4º Não se deferirá

O terceiro Projeto de Lei é o de n. 5475/2019.[31] Nele, busca-se conceituar o termo família substituta e, igualmente, trazer alguns requisitos procedimentais específicos para a adoção, como o estágio de convivência e o prazo para conclusão da ação.[32]

Não se sabe se tais projetos se converterão em lei. Também não se sabe se, um dia, a adoção de idosos vai efetivamente ser aceita cultural e socialmente. Mas, o tão só fato de se cogitar sobre sua viabilidade leva a uma série de questionamentos, dentre os quais destacam-se: a admissão de que uma pessoa com menos idade adote uma pessoa com mais idade não violaria as leis da natureza? A regra prevista no art. 42, § 3º, do ECA – que estabelece a diferença de idade mínima de 16 anos entre adotante e adotando – poderia ser flexibilizada? A autonomia da pessoa idosa não estaria sendo comprometida? A que título o adotando ingressaria na família substituta?

Estes serão alguns dos questionamentos enfrentados nos tópicos que se seguem.

14.5 OS REQUISITOS PARA A ADOÇÃO DE IDOSOS

Em sendo possível a adoção de idosos, é preciso que se saibam quais seriam os seus requisitos.

De acordo com Rolf Madaleno, a adoção (não necessariamente a de idosos) "tem como requisitos *subjetivos*: a) a idoneidade do adotando; b) a manifesta vontade de exercer efetivo vínculo de filiação; c) resultar em reais vantagens para o adotando (ECA, art. 43). Como requisitos *objetivos* são elencados: a) a idade mínima de 18 anos (ECA, art. 42); b) o consentimento dos pais e do adotando, que será dispensado no caso de os pais serem desconhecidos ou destituídos do poder familiar e, se o adotando contar com 12 anos completos, deverá manifestar sua concordância com a adoção (ECA, art. 45,

---

colocação em família substituta a pessoa que revele, por qualquer modo, incompatibilidade com a natureza da medida ou não ofereça ambiente familiar adequado; § 5º A adoção de idosos dependerá da assistência efetiva do poder público e de sentença constitutiva, aplicando-se, no que couber, as regras gerais da Lei 8.069, de 13 de julho de 1990 - Estatuto da Criança e do Adolescente. § 6º A colocação do idoso em família substituta terá acompanhamento posterior, realizados pela equipe interprofissional, preferencialmente com o apoio dos técnicos responsáveis pela execução da política municipal de garantia do direito à convivência familiar.

31. Autor Pedro Augusto Bezerra, Apresentação 09.10.2019.
32. Art. 42-B. A colocação em família substituta far-se-á mediante adoção, independentemente da situação jurídica do idoso, nos termos desta Lei.
    Art. 42-C. A adoção será precedida de estágio de convivência com o idoso, pelo prazo máximo de 90 (noventa) dias, observadas as peculiaridades do caso.
    § 1º Sempre que possível, o idoso será previamente ouvido por equipe interprofissional, respeitado seu de compreensão sobre as implicações da medida, e terá sua opinião devidamente considerada.
    § 2º O prazo máximo estabelecido no caput deste artigo pode ser prorrogado por até igual período, mediante decisão fundamentada da autoridade judiciária;
    § 3º Ao final do prazo estabelecido, deverá ser apresentado laudo fundamentado pela equipe interprofissional ou multidisciplinar, que recomendará ou não o deferimento da adoção à autoridade judiciária.
    § 4º O prazo máximo para conclusão da ação de adoção será de 120 (cento e vinte) dias, prorrogável uma única vez por igual período, mediante decisão fundamentada da autoridade judiciária;

§2º); c) a realização de estágio de convivência; d) o prévio cadastramento, dispensada a realização do estágio de convivência na hipótese do §1º do art. 46 do ECA".[33]

Cada um desses requisitos merece maior detalhamento e adequação para a adoção de idosos.

No que toca ao primeiro requisito subjetivo, isto é, em resultar a adoção em reais vantagens para o adotando e se fundar em motivos legítimos, tal como dispõe o art. 43 do ECA, compete ao juiz analisar detidamente o caso concreto, para aferir se a inserção daquela pessoa em uma família substituta é a solução mais adequada e que preserve os seus direitos.

Em relação ao segundo requisito subjetivo, qual seja, a idoneidade do adotando, é imprescindível que haja a realização de estudo social para aferir se, de fato, aquele adotante possui aptidão física, mental e emocional para lidar com as situações específicas que a inserção daquela pessoa idosa em seu seio familiar podem acarretar.

Já no que diz respeito ao terceiro requisito subjetivo, isto é, à manifesta vontade de se exercer efetivo vínculo de filiação, deve-se fazer uma óbvia ressalva: é indispensável que se desvincule a noção de poder familiar aos casos ora tratados. Isto porque a adoção de idosos tem por finalidade incluir pessoa maior de idade no seio de família substituta e, ainda que se trate de pessoa não dotada de plena capacidade jurídica – consoante dispõe o art. 4º do Código Civil –, tal instituto não teria o condão, por si só e de pleno direito, de atribuir aos adotantes a responsabilidade pela condução, gestão e administração dos bens de pessoa que não pode se autodeterminar. Para isso, seria necessária a concessão da *curatela*, instituto voltado ao suprimento da incapacidade, mas que não tem abrangência ilimitada, principalmente depois das mudanças acarretadas pela Lei 13.146/2015 (Estatuto da Pessoa com Deficiência).

Não custa relembrar que idade avançada não é uma causalidade necessária para a incapacidade. Um idoso maior e capaz poderia ser adotado por uma pessoa, sendo incluído naquele seio familiar, mas continuaria exercendo plenamente todos os atos da vida civil, sem qualquer ingerência do adotante.

Se ele for incapaz, entretanto, seria plenamente viável que houvesse a concessão da adoção e, em outro processo, também da curatela, desde que seus requisitos fossem atendidos, pois tais institutos não se confundem e possuem finalidades nitidamente distintas. A curatela, inclusive, poderia ser atribuída à figura do adotante ou a terceira pessoa, sempre em observância ao princípio do melhor interesse do curatelado.

Feita a análise dos requisitos de natureza subjetiva, passa-se ao exame daqueles de ordem objetiva.

No que toca ao primeiro requisito objetivo, qual seja, a exigência do consentimento expresso do adotando e a dispensabilidade do consentimento de seus pais (caso estejam

---

33. MADALENO, Rolf. *Curso de direito de família*. 8. ed. Rio de Janeiro: Forense, 2018, p. 854.

vivos) e de seus filhos, pode ser dito o seguinte: em relação ao adotando, parece ser bastante clara a necessidade de seu *consentimento*, consoante disposição expressa do art. 45, §2º, do ECA. Já no concernente ao consentimento de seus pais, o próprio art. 45, § 1º, do Estatuto da Criança e do Adolescente prevê que o "consentimento será dispensado em relação à criança ou adolescente cujos pais sejam desconhecidos ou tenham sido destituídos do poder familiar". Por se tratar de uma pessoa maior de idade, não há que se falar em poder familiar e, consequentemente, em consentimento dos pais.

Mas, não se podem confundir *consentimento* com *participação* no processo de adoção. Como bem aponta Maria Berenice Dias, no caso de adoção de maiores "é necessária a citação dos mesmos, que participam da ação como litisconsortes necessários (CPC, 114). Afinal, a sentença terá profunda ingerência nas suas vidas. Perdem eles a relação paterno-filial, que, às claras, não se esgota com a extinção do poder familiar".[34] Esta também é a posição de Cristiano Chaves de Farias e Nelson Rosenvald,[35] e, ainda, da jurisprudência do Tribunal de Justiça do Estado de São Paulo,[36] sendo, também, seguida por este livro no que toca especificamente à adoção de idosos.

Pelos mesmos motivos, se o adotando eventualmente tiver descendentes, deve haver a sua citação para participar do processo, embora não seja necessária sua concordância.

Em relação ao segundo requisito objetivo, qual seja, a idade mínima de 18 anos do adotante, o art. 42 do ECA expressamente faz essa imposição e, por óbvio, deve ser observada por ocasião da adoção de idosos. Já em relação à diferença de idade de 16 anos entre adotante e adotando, sua abordagem será feita de forma mais detalhada, linhas abaixo, por se tratar de obstáculo jurídico de maior envergadura à viabilidade da adoção de idosos.

Por ora, é preciso que as atenções se voltem à análise do terceiro requisito objetivo, qual seja, o estágio de convivência. Tal imposição parece se mostrar obrigatória para situações em que o idoso seja também incapaz, de modo que poderia o juiz

---

34. DIAS, Maria Berenice. *Manual de Direito das Famílias*. 11 ed. São Paulo: Ed. RT, 2016, ebook: sem numeração.
35. "Estabelecendo uma relação jurídica paterno-filial (portanto, tratando de um vínculo com dois diferentes lados), a adoção não pode ser imposta, reclamando a manifestação de vontade de quem pretende adotar e de quem pode ser adotado. Por isso, exige-se o consentimento dos pais ou representantes legais do adotando, em face da própria ruptura definitiva do parentesco que decorrerá do trânsito em julgado da sentença de adoção. Sem o consentimento expresso dos pais biológicos do adotando, portanto, restará inviabilizada a adoção. Aliás, a sua natureza personalíssima e exclusiva obsta, inclusive, que se suponha o consentimento de um pai pela manifestação do outro, exigindo-se declaração de vontade de ambos. Por igual, impede, ainda, o suprimento judicial de consentimento. (...) No que tange à adoção de pessoa adulta, mesmo entendendo-se desnecessário o consentimento dos pais, é absolutamente necessária a citação deles, com o fito de precaver eventual interesse jurídico". (*Curso de Direito Civil*. Salvador: Editora JusPodivm, 2014, v. 6 Famílias, p. 937-937).
36. Adoção de maior – Decisão que determinou a inclusão dos pais biológicos no polo passivo – Insurgência desproporcionada – Provimento jurisdicional almejado que interferirá na esfera jurídica de direitos pessoais e personalíssimos de terceiros – Necessidade de observância do art. 506 do CPC e alcance dos limites subjetivos da coisa julgada – A sentença só faz coisa julgada entre as partes – Indispensabilidade da citação para que o provimento constitutivo produza efeitos em ação relativa ao estado de pessoa – Recurso desprovido. (TJ-SP, AI: 22535324120188260000-SP, Rel. Percival Nogueira, 6ª CDP, DJe de 17.12.2018).

determinar o cumprimento do estágio de convivência, analisando casuisticamente a situação concreta a ele submetida. Já quando o idoso for capaz, talvez não haja sua necessidade.

Finalmente, em relação ao quarto requisito objetivo, isto é, a desnecessidade de cadastro prévio, o ideal parece mesmo seguir-se o que já acontece com a adoção de maiores, onde não existe tal exigência e, sequer, cadastro específico.

14.6 DESAFIOS A SEREM ENFRENTADOS

14.6.1 A dissintonia entre o Direito e a biologia: a superação da regra do art. 42, § 3º do ECA (diferença etária de 16 anos entre adotante e adotando)

A relação de filiação é constantemente abordada sob o seu viés natural ou biológico, isto é, na tentativa de imitar a natureza. Não por outro motivo, o Estatuto da Criança e do Adolescente consagra como um verdadeiro requisito de índole objetiva[37] para a adoção, que "o adotante há de ser, pelo menos, dezesseis anos mais velho do que o adotando" (art. 42, § 3º).

Analisando as origens históricas dessa normativa, verifica-se que ela deita raízes no Direito Romano, mais precisamente no período pós-clássico, vigente no reinado de Justiniano (527 a 565 d.C).[38] Nessa fase histórica, visava-se tanto que o direito imitasse a natureza que, além da diferença de idade entre adotante e adotando, era impossível a adoção por aqueles que não pudessem ter filhos naturais. Logo, no "direito justinieu, vigora a regra *adoptio naturam imitatur* (a adoção imita a natureza), e, em virtude disso, se torna necessária a observância de requisitos para que ela se assemelhe à paternidade natural: o adotante deve ser, no mínimo, dezoito anos mais velho que o adotando; e não podem adotar os que são incapazes de gerar, como os castrados. Demais, além do consentimento do *pater famílias* e do adotante, é preciso ainda o do adotando".[39]

Falava-se, então, em "*adoptio naturam imitatur*", algo que poderia ser traduzido para o português como "a adoção imita a natureza".

Entretanto, a história revela que as coisas nem sempre foram assim. Na literatura, José Carlos Moreira Alves lembra que, em período romano pretérito, denominado de clássico, mais precisamente durante o reinado de Diocleciano (126 a.C a 305 d.C), o jurisconsulto Gaio já discutia a possibilidade do mais novo adotar o mais velho. Segundo o professor romanista, no "direito clássico, exigia-se, para a adoção, o acordo de vontade do pater famílias e do adotante. O princípio de que adoção imita a natureza não era levado em consideração pelos jurisconsultos clássicos, para quem era ela meio de ingresso na família próprio iure mediante submissão à *pátria potestas*.

---

37. MADALENO, Rolf. *Curso de direito de família*. 8. ed. Rio de Janeiro: Forense, 2018, p. 854.
38. ALVES, José Carlos Moreira. *Direito Romano*. 16. ed. Rio de Janeiro: Gen-Forense, p. 2.
39. ALVES, José Carlos Moreira. *Direito Romano*: II. Rio de Janeiro: Forense, 1980, p. 305.

[...] No tempo de Gaio, discutia-se se o adotante tinha, ou não, de ser mais velho do que o adotado".[40]

Percebe-se, assim, que a regra de que a adoção deve imitar a natureza foi uma construção que ocorreu no último período romano e que se perpetuou ao longo do tempo, possivelmente pela adoção do modelo jurídico da *civil law* (também conhecido como romano-germânico) por vários ordenamentos jurídicos do mundo ocidental, como é o caso do brasileiro.[41]

Mas, longe de representar uma verdade absoluta, a regra parece encampar apenas mais um dogma que, assim como tantos outros, permanece incorporado ao nosso texto legislativo pela falta de uma análise suficientemente crítica a respeito da verdadeira necessidade de sua manutenção. Tanto é assim que o Judiciário já tem flexibilizado tal regra e efetuado verdadeira ponderação entre os interesses em contraste nas adoções de crianças e adolescentes (princípio do melhor interesse da criança *versus* regra limitativa de idade), notadamente quando o adotante possui diferença de idade pouco inferior a 16 anos e, no que mais importa, a adoção se revelar verdadeiramente vantajosa para elas.[42]

Seguindo rumo parecido, o Projeto de Lei do Senado nº 394, de 2017 (Estatuto da Adoção do IBDFAM), prevê em seu art. 71, §1º, que "os adotantes devem ser, pelo menos, dezesseis anos mais velhos do que o adotando, *podendo o juiz, a depender do tempo de convivência, flexibilizar esta diferença de idade*".

E não só. No campo específico da adoção de idosos, o Projeto de Lei 5.475/2019 também visa alterar a previsão contida no artigo 42, § 3º, do Estatuto da Criança e do Adolescente, desta vez para estabelecer que "os adotantes devem ser, pelo menos, dezesseis anos mais velhos do que o adotando, podendo o juiz, a depender do tempo de convivência, flexibilizar esta diferença de idade".

Como se não bastasse tudo isso, é relevante salientar que já faz tempo que a adoção não mais segue a natureza, o que revela que a regra "*adoptio naturam imitatur*" se trata de um dogma superado. Atualmente existem múltiplos arranjos familiares que fogem do padrão tradicional de outros tempos (baseados em laços biológicos para a formação do vínculo de filiação). Apenas como exemplo, podem ser citados as adoções por casais homoafetivos, o reconhecimento da multiparentalidade e a parentalidade socioafetiva.

---

40. ALVES, José Carlos Moreira. *Direito Romano*: II. Rio de Janeiro: Forense, 1980, p. 305.
41. Uma das razões pode repousar justamente na adoção do modelo jurídico da *civil law* (também conhecido como romano-germânico), em que se seguiu a estrutura romana codificada para a formulação de diversos sistemas jurídicos, como é o caso do direito brasileiro. A literatura aponta que, em um primeiro momento, o direito romano-germânico era considerado até mesmo o direito supletivo de países como a Itália, Portugal, Alemanha e Espanha. "Malgrado a compilação justinianeia represente o elemento mais antigo da tradição da civil law, sua conformação integral depende, ainda, de outros fatores, estes que, aparecendo no decorrer de séculos de história, marcaram, cada um por seu modo, profundamente, a tradição romano-germânica, conformando-a para que assumisse o aspecto que tem atualmente". BARREIROS, Lorena Miranda Santos. *Fundamentos constitucionais do princípio da cooperação processual*. Salvador: JusPodivm, 2013, p. 32.
42. Dentre vários, cita-se: TJ-MG, AC 10567150068854001-MG; TJ-DF, APL 20000130017887-DF.

Tais situações não imitam a natureza e – embora ainda encontrem alguma resistência aqui e ali –, são plenamente aceitas pela sociedade e pelos tribunais pátrios.[43]

Seja como for, na doutrina é possível encontrar posicionamentos no sentido de que a diferença de idade de 16 anos entre adotante e adotando apenas se aplicaria às adoções de crianças e adolescentes, não de maiores de idade.[44]

Ao que parece, algo semelhante pode ocorrer com a situação de idosos. Sendo a adoção um instituto que se volta à efetivação e garantia de direitos, talvez sua aplicação não possa ser obstaculizada apenas pela aplicação fria de uma regra impositiva de diferença de idade. Não se pode esquecer que o direito à convivência familiar e comunitária encampa norma de idêntica obrigatoriedade, merecendo o seu sopesamento com a regra prevista no artigo 42, § 3º, do ECA. Afinal, existindo colisão de normas jurídicas haverá a necessidade de ponderação pelo juiz, com o objetivo de que sobreleve aquilo que é mais importante ao caso concreto.

14.6.2 Adoção de idosos como garantia de dignidade e pertencimento, não infantilização: o "problema" da titulação

Outra questão que poderia acarretar alguma preocupação é a titulação pela qual o idoso ingressaria naquela família substituta. Afinal de contas, uma pessoa mais velha poderia ser considerada filha de alguém mais novo ou isso seria algo de somenos importância na equação?

Aqui também se trata de algo que pode, ao menos em tese, ser facilmente superado. Não se esqueça que, há poucos anos, existia semelhante preocupação em torno de quem deveria figurar como pai e quem deveria figurar como mãe nas adoções feitas por casais homoafetivos e nos casos de multiparentalidade, ocorrendo coisa parecida a respeito de quem seria a mãe nos casos de maternidade por substituição, o que, convenhamos, não passa de mera repetição do já mencionado (e superado) dogma de que "a adoção deve imitar a natureza".

Por isso, a razão parece estar mais uma vez com João Baptista Villela, que, há mais de quatro décadas, já salientava que "ser pai ou ser mãe está tanto no fato de gerar quanto na circunstância de *amar e servir*".[45]

Muito mais importante do que se prender a titulações e à estrutura da assim chamada família tradicional, é se atribuir força verdadeiramente à *função e ao afeto* parentais existentes entre os envolvidos, pois eles são os verdadeiros requisitos constituintes da família da contemporaneidade. Por isso, talvez não fosse nenhum exagero sustentar-se

---

43. Sobre a adoção por casais homoafetivos: STF, RE 846102, Rel: Min. Cármen Lúcia, DJe de 17.03.2015. Sobre a multiparentalidade: STF, ARE 1114299, Relator(a): Min. Marco Aurélio, DJe de 12/12/2018.
44. ANGIOLETTI, Ariane. Adoção de idosos: é possível? Disponível em: https://www.arianeangioletti.com/post/adocao-de-idosos. Acesso em: 19 jan. 2023.
45. VILLELA, João Baptista. *Desbiologização da paternidade*. Disponível na internet: https://www.direito.ufmg.br/revista/index.php/revista/article/view/1156. Acesso em: 19 jan. 2023.

a viabilidade jurídica de inclusão do idoso em uma *titulação atípica de membro da família*, analisando caso a caso como aquela pessoa se identifica e é reconhecida perante aquele grupamento familiar. Tal sugestão poderia garantir todos os efeitos previstos em lei para a relação de parentesco, mas sem a imposição de *nomenclatura específica* a uma situação que, talvez, não fosse conveniente ao caso, tampouco aparecesse como algo pejorativo e violador da dignidade do idoso.

Em reforço a essa afirmação, note que o legislador não conceituou nem delimitou os contornos do que viria a ser o "parentesco de outra origem" (art. 1.593 do CC).

Por isso é que se sustenta que, de repente, a titulação não represente obstáculo para a garantia do direito à convivência familiar e comunitária do idoso através da sua colocação em família substituta pela adoção. E nem se cogite, sob falsa premissa, que tal situação poderia criar certa infantilização do idoso perante a sociedade,[46-47] pois, a essa altura, já deve ter ficado absolutamente claro que idade avançada não é uma causalidade necessária para a incapacidade, o que tornaria plenamente possível que um idoso fosse adotado, e, ao mesmo tempo, continuasse exercendo, de forma independente e autônoma, todos os atos da vida civil.

É necessário ressaltar que o direito evolui diante dos fatos que lhe são apresentados e tais situações – que já estão sendo judicializadas – precisam de uma adequada tutela, ainda que vá de encontro a alguns dogmas. Já que o propósito atual é conferir cada vez mais autonomia aos idosos, proporcionando-lhes o que vem sendo chamado de "envelhecimento ativo", sua colocação em família substituta parece vir justamente ao encontro de tal proposta, pois proporcionaria sua integração a um núcleo pautado no afeto, conferindo dignidade, bem-estar e pertencimento.

14.6.3 Questões de ordem patrimonial impediriam a concessão da adoção?

No que concerne à adoção de maiores de 18 anos, a doutrina é controvertida a respeito da conveniência de se mantê-la no sistema jurídico, existindo corrente contrária à sua manutenção, sob o argumento de que a adoção tem por finalidade o exercício do poder familiar, o que inexiste no caso dos maiores de idade e, ainda, visaria apenas fins espúrios e puramente patrimoniais. É a posição, por exemplo, de Antônio Chaves.[48]

---

46. Sobre a confusão com as noções atinentes ao poder familiar: embora pareça bastante óbvio, no decorrer dessa pesquisa, realizada ao longo de alguns anos por esta autora, esta foi uma corriqueira confusão entre os interlocutores, confundindo noções atinentes à adoção de crianças e adolescentes com a adoção de idosos.
47. Sobre este tema, a Convenção Interamericana dos Direitos Humanos dos Idosos é expressa em afirmar que os Estados Partes devem se comprometer a prevenir, punir e erradicar práticas como a infantilização do idoso (art. 4º). Caso a Convenção já tivesse sido ratificada pelo Brasil, qualquer disposição que trouxesse disposição contrária seria eivada de inconvencionalidade. Ainda sem ratificação, a Convenção pode ser utilizada como fonte do direito, por se tratar de uma "norma narrativa", na expressão de Erik Jayme.
48. CHAVES, Antônio, citado por: DIAS. Maria Berenice. *Manual de Direito das Famílias*. 11 ed. São Paulo: Ed. RT, 2016, ebook: sem numeração.

Tal perspectiva acaba se amparando na ideia de que, dentre os efeitos da sentença de adoção, haverá a formação do vínculo de filiação e, com isso, a atribuição de efeitos sucessórios e pecuniários.[49] No caso específico da adoção de idosos, poder-se-ia cogitar, ainda, que o adotante teria apenas interesse na obtenção de benefícios previdenciários ou assistenciais percebidos pelo adotando.

Não se discute que se trata de uma questão relevante. Contudo, esta preocupação quanto aos aspectos patrimoniais parece se embasar em algumas razões que não mais merecem prosperar nos atuais dias, incluindo-se, de forma não taxativa, as seguintes: a) limita a autonomia da vontade, em moldes semelhantes ao art. 1.641, II, do Código Civil; b) se funda em uma cultura jurídica pautada em uma sociedade patrimonialista, patriarcal e em um Estado intervencionista, o que não mais subsiste nos dias atuais, principalmente pelo fato de a afetividade nortear o Direito das Famílias; c) desprivilegia direitos constitucionais e legais, como a dignidade da pessoa humana e o próprio direito à convivência familiar e comunitária; d) desprestigia o direito personalíssimo ao envelhecimento (art. 3º, EPI); e) ao contrário do que se extrai do ordenamento jurídico e da jurisprudência pacífica, presume a má-fé dos envolvidos, ao contrário do brocardo latino de que *bona fides semper praesumitur nisi mala adesse probetur* (sempre se presume a boa-fé, se não provar-se existir a má), diminuindo o papel fundamental do afeto nos vínculos familiares.

Respeitosamente, portanto, este livro acredita que argumentos pautados meramente em questões patrimoniais não possam obstaculizar, de maneira peremptória, o direito à convivência familiar e comunitária do idoso, principalmente porque, dentro da própria ótica da adoção, haverá necessidade de preenchimento dos requisitos já mencionados, tudo sob o crivo e análise do Poder Judiciário e da eventual participação Ministério Público, como fiscal da ordem jurídica.

14.7 OS ASPECTOS PROCESSUAIS DA ADOÇÃO DE IDOSOS

Pela leitura dos Projetos de Lei, não parece haver dúvida de que a adoção de idosos deve seguir procedimentos e requisitos semelhantes ao da adoção de maiores, com algumas ressalvas. Isso porque o art. 1.619 do Código Civil fixa que "a adoção de maiores de 18 (dezoito) anos dependerá da assistência efetiva do poder público e de sentença constitutiva, aplicando-se, *no que couber*, as regras gerais da Lei 8.069, de 13 de julho de 1990 – Estatuto da Criança e do Adolescente".

No caso da adoção de maiores de idade, o juízo competente para seu processamento e julgamento é o da Vara de Família do domicílio do adotando (art. 46, CPC/15).[50] Dife-

---

49. FARIAS, Cristiano Chaves. *Curso de Direito Civil*. 9. ed. Salvador: JusPodivm, 2017, p. 998.
50. Agravo de instrumento. Família. Adoção multiparental. Adotando maior. Competência do juízo da vara de família. 1. Compete ao Juízo da Vara de Família, e não da Vara da Infância e da Juventude, autorizar a adoção de maiores de 18 (dezoito) anos (LOJDF 27 VI). 2. Negou-se provimento ao agravo de instrumento (TJ-DF, AGI 20150020149136, Rel. Sérgio Rocha, 4TC, DJe de 21/09/2015).

rentemente, a adoção de crianças e adolescentes sempre tramitará na Vara da Infância e Juventude. No caso da adoção de idosos em situação de risco social, parece que a Vara mais adequada para processar e julgar a causa será aquela que tiver competência para o tratamento de tal matéria, como a Vara do Idoso (ainda escassas no Brasil) ou a prevista na Lei de Organização Judiciária do respectivo Estado.

Nada impede, ainda, que as autoridades judiciárias realizem atos de cooperação judiciária nacional para melhor delimitar a competência, tema regulamentado pela Resolução 350/2020, do Conselho Nacional de Justiça. Como se sabe, são três formas pelas quais a cooperação se desenvolve: a) por solicitação, que "tem por objetivo a prática de um ou alguns atos determinados"[51] e "pode ser solicitada de modo simples, preferencialmente por meio eletrônico, e deve ser atendida prontamente";[52] b) por delegação, que "ocorre quando um órgão jurisdicional transfere ao outro, a ele vinculado (arts. 236, § 2º, e 237, I, CPC), a competência para a prática de um ou de alguns atos",[53] e; c) por concertação, que terá por "objetivo a disciplina de uma série de atos indeterminados, regulando uma relação permanente entre juízos cooperantes",[54] e que poderá se manifestar em protocolos institucionais.

Nessa ordem de ideias, caso determinada localidade não tenha uma Vara específica do Idoso, e a Lei de Organização Judiciária determine uma competência não tão adequada para o caso (ex. Vara cível residual), é possível e bastante recomendável que, em tais hipóteses, as autoridades pratiquem atos de cooperação para que a competência seja estabelecida em um juízo com temática mais consentânea, como, por exemplo, uma Vara de Família.

Por outro lado, não estando a pessoa idosa em situação de risco social, o juízo mais adequado para a análise do caso parece ser o da Vara de Família, nos mesmos moldes de qualquer adoção de maiores de idade.

Instaurada a demanda, a obrigatoriedade da manifestação do Ministério Público trata-se de temática deveras controvertida. Se o idoso se encontrar em situação de risco, a intervenção ministerial parece ser obrigatória, por causa da previsão contida no art. 77 do Estatuto da Pessoa Idosa, ao indicar que "a falta de intervenção do Ministério Público acarreta a nulidade do feito, que será declarada de ofício pelo juiz ou a requerimento de qualquer interessado" e ainda no sentido de que "nos processos e procedimentos em que não for parte, atuará obrigatoriamente o Ministério Público na defesa dos direitos e interesses de que cuida esta Lei" (art. 75, EPI). Entretanto, sendo o adotando pessoa

---

51. DIDIER JR., Fredie. *Cooperação judiciária nacional*: um esboço de uma teoria para o direito brasileiro (arts. 67-69, CPC). Salvador: JusPodivm, 2020, p. 75.
52. DIDIER JR., Fredie. *Cooperação judiciária nacional*: um esboço de uma teoria para o direito brasileiro (arts. 67-69, CPC). Salvador: JusPodivm, 2020, p. 76.
53. DIDIER JR., Fredie. *Cooperação judiciária nacional*: um esboço de uma teoria para o direito brasileiro (arts. 67-69, CPC). Salvador: JusPodivm, 2020, p. 76.
54. DIDIER JR., Fredie. *Cooperação judiciária nacional*: um esboço de uma teoria para o direito brasileiro (arts. 67-69, CPC). Salvador: JusPodivm, 2020, p. 87.

maior, capaz *e não inserida em situação de risco* (conforme determina o art. 43 do EPI), talvez se possa dispensar a manifestação do Ministério Público, à moda do que acontece nas adoções de maiores de idade. Aliás, Cristiano Chaves e Nelson Rosenvald ensinam que "em se tratando, porém, de adoção de pessoa plenamente capaz, não haverá atuação do Ministério Público, em razão da autonomia privada, não se justificando, ideologicamente, a presença do órgão estatal".[55]

Seja como for, a natureza da sentença que decretar a adoção será constitutiva e projetará efeitos a partir do trânsito em julgado, salvo na hipótese de adoção póstuma, em que retroagirá à data do óbito (art. 47, § 7º, ECA). Além disso, a adoção será irrevogável após o trânsito em julgado, conforme prevê o art. 39, § 1º, do ECA, sendo passível de impugnação somente através de Ação Rescisória (e não Ação Anulatória).[56]

---

55. FARIAS, Cristiano Chaves; ROSENVALD, Nelson. *Curso de Direito Civil*. 9. ed. JusPodivm: Salvador, 2017, p. 995.
56. FARIAS, Cristiano Chaves. *Curso de Direito Civil*: famílias. 9. ed. JusPodivm: Salvador, 2017, p. 999.

15
SENEXÃO

15.1 NOÇÕES INICIAIS

Poucos ramos da ciência do direito têm sofrido tantas alterações na contemporaneidade como o Direito das Famílias. Não só pela existência de novos institutos, absolutamente mais adequados aos novos tempos, mas também pela remodelação daquilo que norteia o próprio conceito de família, instituto eminentemente extrajurídico e que emerge de fatos sociais. Se antes fundava-se em aspectos patrimoniais e patriarcais, hoje finca suas raízes primordialmente em noções de afeto e no respeito à dignidade da pessoa humana.

Nesse cenário, o próprio conceito de filiação se transforma, refutando noções e dogmas preestabelecidos e pautados exclusivamente em aspectos biológicos, para abarcar igualmente relações pautadas no afeto.

Até aí, inexiste qualquer novidade, já que é pacífico que, além da adoção, pode vir a existir, por exemplo, a parentalidade socioafetiva e a multiparentalidade, que atualmente se encontram bastante difundidas, seja por sua aceitação pelos Tribunais de Superposição (STF, RE 898.060/SC), seja pela sua regulamentação em atos normativos emanados pelo Conselho Nacional de Justiça.[1]

A própria abertura semântica proporcionada pela parte final do art. 1.593 do Código Civil, ao estabelecer que "o parentesco é natural ou civil, conforme resulte de consanguinidade *ou outra origem*", já viabiliza a formação de parentesco através de outras modalidades (Enunciado 103 da JDC/CJF).

Como o direito é fruto da cultura, e esta, por sua vez, é fruto da linguagem,[2] novos institutos podem ser criados por obra do Poder Legislativo, visando regulamentar situações fáticas existentes no campo social. E, de fato, ele o fez em uma situação bastante peculiar. Trata-se do Projeto de Lei 105 de 2020, que pretende acrescentar ao Estatuto da Pessoa Idosa o instituto da senexão, "palavra formada da raiz latina '*senex*', que corresponde a idoso e do sufixo '*ão*' que designa pertencimento, como em aldeia/aldeão, cidade/cidadão",[3] de acordo com a justificação inserida no bojo do referido projeto de lei.

---

1. É o caso do Provimento 63/2017 e do Provimento 83/2019, do Conselho Nacional de Justiça.
2. MOUSSALÉM, Tárek Moysés. *Fontes do Direito Tributário*. São Paulo: Max Limonad, 2001, p. 41.
3. Disponível em: https://www.camara.leg.br/proposicoesWeb/fichadetramitacao?idProposicao=2236550. Acesso em: 19 jan. 2023.

Sobre essa denominação, o próprio projeto aduz que "como se trata de fenômeno novo no direito, nada mais correto do que o legislador criar um novo instituto, com seu próprio nome, para designar esse ato".[4]

Ao que parece, a senexão seria uma derivação do instituto da "adoção de idosos", tratado no tópico antecedente, pois acarreta a colocação da pessoa idosa em família substituta. Mostra disso é que o projeto foi, até mesmo, apensado a outros projetos de lei que tratam especificamente sobre a adoção de idosos. Contudo, deve-se alertar que as figuras não se confundem, já que a senexão jamais acarretaria a perda dos laços parentais originários, situação que pode – ou não – acontecer na adoção (como nos casos de multiparentalidade, onde não se desconstituirá os vínculos pretéritos).

Diante desse cenário, questiona-se: seria a senexão um novo instituto do Direito das Famílias?

Para que se possa apresentar qualquer esboço de resposta a esse questionamento, o presente capítulo analisará as disposições contidas no Projeto de Lei 105/2020 em cotejo com os projetos de lei que possuem por finalidade a regulamentação da adoção de idosos (a ele apensos), com o propósito de convidar a comunidade jurídica para o debate em torno de tão importante tema.

15.2 SENEXÃO: O PROJETO DE LEI 105/2020

De acordo com as disposições do Projeto de Lei 105, de 05 de fevereiro de 2020, a senexão seria a colocação de pessoa idosa em lar substituto, sem mudança em seu estado de filiação, sendo ato irrevogável e com registro no cartório de registro de pessoas, em livro próprio. Quanto aos sujeitos envolvidos, o idoso seria o denominado de *senectado*, enquanto a pessoa receptora seria *senectora*.

Consistiria, pois, em mais uma medida protetiva específica do Estatuto da Pessoa Idosa (art. 45). Consequentemente, seria cabível em casos em que se verificasse ameaça ou violação aos direitos do idoso, estando este em situação de risco social, por ação ou omissão da sociedade ou do Estado, por falta, omissão ou abuso da família, curador ou entidade de atendimento, ou, por fim, em razão de sua condição pessoal (art. 43, I, II e III, EPI). Seu objetivo seria a tutela de direitos de idosos em situação de vulnerabilidade ou abandono, que estejam inseridos em instituições de longa permanência (ILPI) ou desamparados, através de sua colocação em uma família substituta, visando lhes proporcionar amparo e estabilidade em suas relações socioafetivas.

No plano do direito material, o PL atribui direitos e obrigações tanto ao senectado quanto ao senector.

---

4. Disponível em: https://www.camara.leg.br/proposicoesWeb/fichadetramitacao?idProposicao=2236550. Acesso em: 19 jan. 2023.

Através da senexão, o senectado terá o direito de ser recebido voluntariamente como membro da família do senector, na qualidade de *parente socioafetivo*. Além disso, também é seu direito receber todo auxílio devido à pessoa da família, viver em ambiente propício para realizar as atividades de que seja capaz e tenha desejo (a fim de manter sua realização plena como pessoa humana), e receber amparo material e afetivo necessários, inclusive sendo estimulado à autonomia quando possível.

Por sua vez, o senector tem o direito de inscrever o senectado como dependente para fins tributários, em planos de saúde, assistência, seguros ou previdência privada e ser declarado herdeiro do senectado no caso de herança vacante, tendo preferência na ordem sucessória sobre o Estado.

Em contrapartida, competirá ao senector a manutenção do senectado como pessoa da família, provendo todas as suas necessidades materiais e afetivas, e fornecendo um ambiente familiar de acolhimento e segurança, propício à sua idade, onde o tratará como parente. Compete ao senector, ainda, o dever de estimular o idoso em atividades compatíveis com sua capacidade, a fim de integrá-lo socialmente, além de incitar sua autonomia e desenvolvimento de aprendizagem, se assim desejar.

Ademais, o senector tem o dever de cuidar de todas as necessidades de saúde do senectado e, sobre este item, deve-se ressaltar um importante aspecto do projeto de lei. É que, havendo senexão, todas as decisões sobre tratamentos médicos e quaisquer atividades do senectado, em caso de sua impossibilidade de decidir, passam a ser de responsabilidade do senector. Nesses casos, perderá a família biológica o poder decisório sobre o caso.

Ocorre que o projeto de lei, ao pretender regulamentar questões atinentes ao tratamento de saúde, trouxe uma ampliação semântica perigosa ao prescrever que competirá ao senector a decisão a respeito de *"quaisquer atividades do senectado, em caso de impossibilidade de decidir"*.

Deveras, quando uma pessoa está impossibilitada de decidir, em virtude de alguma causa que a incapacite, é indispensável que haja a propositura da ação de curatela e, com isso, sejam resguardados os direitos dessa pessoa. Nem mesmo a família biológica poderá decidir atos generalizados daquela pessoa incapaz por si, já que isto seria um ato que atentaria frontalmente contra a própria perspectiva de maior autonomia do idoso, sendo o mesmo do que uma "interdição" sem o devido processo legal.

Deve-se levar em consideração que, principalmente após o advento do Estatuto da Pessoa com Deficiência (EPD), a curatela passa a atingir apenas atos relacionados aos direitos de natureza patrimonial e negocial (art. 85, EPD) e, diante disso, parece que a única interpretação aplicável à norma projetada é que ela englobaria apenas algumas normativas existenciais já corriqueiramente atribuídas à família no caso de impossibilidade momentânea de decisão, como é o caso do tratamento de saúde. Afinal, pensar de outra forma esbarraria em nítida ilegalidade e, além disso, parece que projeto de lei não tem por pretensão conferir maiores poderes ao senector do que aqueles que a própria família biológica possuiria.

No plano do direito processual, o Projeto exige a judicialização do procedimento, atribuindo exclusivamente ao juízo dotado de competência para tramitação e julgamento das demandas envolvendo idosos, o poder de conceder a senexão, mediante acompanhamento por equipe multidisciplinar. Outros aspectos procedimentais de relevo seriam a anuência do senectado, por si ou por seu curador e, sendo casado, também do seu cônjuge, bem como a prioridade em seu processamento.

Outro ponto curioso do PL é que, no caso de falecimento do senector antes do senectado, todos os direitos e obrigações estabelecidas pela senexão passam aos herdeiros do senector. No caso de multiplicidade de herdeiros, basta que apenas um assuma a posição de senector. Tal ponto reforça a existência de laços familiares entre o senector, seus familiares e o senectado. No entanto, permanece a dúvida de como deveria se operacionalizar tal transmissão dos direitos e obrigações do senector: seria automática ou haveria a necessidade de se levar tal fato a juízo, para que se aferisse se o melhor interesse da pessoa idosa estaria garantido?

Considerando-se que aquela pessoa já se encontraria inserida e ambientada no núcleo familiar, talvez se mostre mais adequado, até mesmo para que se garantam os demais requisitos previstos em lei (como, por exemplo, o registro em cartório), que a questão seja judicializada.

Sobre o tema, embora a norma projetada seja expressa em mencionar que inexistirá mudança no estado de filiação do idoso, sugere que haverá uma formação de laços socioafetivos, já que o senectado tem o direito de ser recebido na qualidade de parente socioafetivo, devendo ser tratado como tal. Não por outro motivo, há previsão de que serão aplicáveis ao senector e senectado os mesmos impedimentos legais relativos ao parentesco em linha reta de primeiro grau, estendendo-se os demais graus às respectivas famílias.

Esta é, inclusive, uma das diferenças entre a senexão e a adoção de idosos (na qual, por sua natureza, já poderia agregar um vínculo de filiação ao adotando).

Conhecidas tais premissas, podem ser estudadas as possíveis diferenças entre a adoção de idosos e a senexão.

15.3 SENEXÃO E ADOÇÃO DE IDOSOS: O COTEJO ENTRE OS PROJETOS DE LEI

No aspecto legal, a senexão é tratada pelo Projeto de Lei 105/2020, ora em análise, enquanto a adoção de idosos pelos Projetos de Lei 956/2019, 5475/2019 e 5532/2019 (todos apensados).

Como visto, na senexão haverá a inclusão do idoso em família substituta, sem a formação de vínculos de filiação, mas com a constituição de laços socioafetivos entre os envolvidos. Por sua vez, a adoção de idosos seria a inclusão de pessoa idosa em família substituta, com a formação de vínculos de filiação, tal qual ocorreria em qualquer adoção. Assim, esta projetaria todos os efeitos decorrentes da filiação, como, por exemplo, o nome e os aspectos sucessórios, ao contrário daquela.

Outra diferença é que a senexão seria uma nova medida protetiva específica e, com isso, aplicável apenas a *idosos em situação de risco* (art. 43, EPI), enquanto a adoção de idosos, a rigor, não representaria medida protetiva, o que possibilitaria seu emprego em situações em que o idoso não se encontrasse em risco. Este é, inclusive, o posicionamento adotado pelos PLs 5475/2019 e 956/2019. Apesar disso, merece menção que o PL 5532/2019 faz sim a exigência de que o idoso esteja em situação de risco para que possa ser adotado, pois inclui a colocação de idoso em família substituta como uma das medidas protetivas do Estatuto da Pessoa Idosa.

Mais uma nota distintiva entre os institutos é que, ao contrário do que ocorre na senexão, a adoção exige que todos os requisitos objetivos e subjetivos – que sejam aplicáveis ao caso – estejam presentes para que ela seja viabilizada, tornando absolutamente necessário, portanto, que reais vantagens sejam proporcionadas ao adotando, que a adoção se funde em motivos legítimos (art. 43, ECA), e que o idoso consinta com a sua colocação em família substituta (art. 45, § 2º, ECA).[5-6]

Outra diferença: se, por um lado, a adoção de idosos se baseia na possibilidade de inversão dos papéis naturais entre as figuras do pai e do filho,[7] onde o mais novo exercerá *função parental*[8] em relação ao mais velho, principalmente diante da categoria denominada de idosos órfãos ("*elderly orphans*"), o mesmo não ocorre na senexão, onde o foco é a formação do parentesco socioafetivo, não filial.

Sob a perspectiva processual, também poderiam ser identificados pontos de aproximação e de distanciamento entre os institutos. De semelhante, ambas as figuras demandariam uma ação judicial para a sua constituição; de diferente, o procedimento judicial aplicável à adoção de idosos é bem mais complexo. Enquanto o projeto que trata da senexão é bem sucinto quanto ao rito, apenas elucidando a obrigatoriedade de judicialização perante a vara com competência para processar e julgar casos envolvendo idosos e com acompanhamento multidisciplinar, os projetos da adoção de idosos são claros em apontar que se aplicarão as mesmas regras da adoção de maiores de idade,[9-10]

---

5. PL 5532: Art. 45, § 3º Ao idoso que esteja no domínio de suas faculdades mentais será assegurado o seu consentimento, colhido em audiência, para colocação em família substituta.
6. PL 5.475/2019: Art. 42-C, § 1º Sempre que possível, o idoso será previamente ouvido por equipe interprofissional, respeitado seu de compreensão sobre as implicações da medida, e terá sua opinião devidamente considerada.
7. Com a superação do dogma de que "*adoptio naturam imitatur*" (a adoção imita a natureza), advinda do período pós-clássico do direito romano. Entretanto, a história revela que em período romano pretérito, denominado de clássico, o jurisconsulto Gaio já discutia a possibilidade de o mais novo adotar o mais velho. ALVES, José Carlos Moreira. Direito romano: II. Rio de Janeiro: Forense, 1980, p. 305.
8. VILLELA, João Baptista. *Desbiologização da paternidade*. Disponível em: https://www.direito.ufmg.br/revista/index.php/revista/article/view/1156. Acesso em: 19 jan. 2023.
9. PL 956/2019: Art. 119 Fica o poder público obrigado a estimular a adoção de idosos através de campanhas públicas que esclareçam a importância da convivência familiar para o bem-estar do idoso.
Parágrafo único A adoção do idosos obedecerá a regras referentes a adoção de maiores de 18 anos, aplicando-se no que couber, as regras gerais previstas no Estatuto da Criança do Adolescente.
10. PL 5.532/2019: Art. 45, § 5º A adoção de idosos dependerá da assistência efetiva do poder público e de sentença constitutiva, aplicando-se, no que couber, as regras gerais da Lei 8.069, de 13 de julho de 1990 - Estatuto da Criança e do Adolescente.

dentre as quais aquela prescrita pelo art. 1.619 do Código Civil, que estabelece que "a adoção de maiores de 18 (dezoito) anos dependerá da assistência efetiva do poder público e de sentença constitutiva", aplicando-se, ainda, no que couber, as regras gerais do Estatuto da Criança e do Adolescente.

As conclusões a respeito da viabilidade da adoção de idosos podem ser extraídas a partir da análise dos projetos de lei acima mencionados, bem como da própria evolução da ciência do Direito das Famílias, onde é assente a afirmação de que "ser pai ou ser mãe está tanto no fato de gerar quanto na circunstância de amar e servir".[11] Tem-se, dessa maneira, que o afeto e a dignidade da pessoa humana que são os pontos constitutivos e norteadores das famílias.

Nessa ordem de ideias, pode-se constatar que o projeto de lei que pretende regulamentar a senexão trouxe uma nova tônica a este tema tão árido que é a inclusão de pessoa idosa em família substituta, precipuamente pela possibilidade de inclusão de pessoa idosa como parente socioafetivo.

15.4 A SOCIOAFETIVIDADE NO PROJETO DE LEI 105/2020: SUA EXTENSÃO PARA ALÉM DA FILIAÇÃO?

De modo geral, pode-se afirmar que, desde que respaldados em premissas lógicas e nos institutos adequados, não existiria problema na criação de novas categorias jurídicas por parte do legislador. Mas, ao contrário, seria um risco utilizar institutos já consagrados pela ciência do direito, de modo a transformar o seu conceito, função e sentido.

É o que pode vir a ser cogitado através de uma rápida observação do termo "socioafetividade" no Projeto de Lei 105/2020. Em três passagens, a norma projetada utiliza tal termo para se referir que haverá a formação de parentesco socioafetivo por parte do senector e senectado. Veja:

> Art. 55-A. Para a colocação de idoso em família substituta, a fim de proporcionar-lhe amparo e estabilidade de relações *sócio afetivas* com a família receptora, admite-se a senexão.
>
> Art. 55-C. A senexão não estabelece vínculos de filiação entre senector e senectado, nem afeta direitos sucessórios, mas estabelece vínculos de *parentesco sócio afetivo*, que implicam a obrigação do senector em manter, sustentar e amparar de todas as formas materiais e afetivas as necessidades do idoso.
>
> Art. 55-F. São direitos do senectado: I – ser recebido voluntariamente como membro da família do senector, na qualidade de *parente sócio afetivo*, recebendo todo amparo devido a pessoa da família.

Duas interpretações podem ser realizadas através da leitura dessa norma projetada: a) de que houve, de fato, uma confusão no conceito da socioafetividade, que pressupõe a formação de vínculos filiais de igual dignidade ao biológico; b) de que a intenção foi ampliar o conceito de socioafetividade, para possibilitar a formação de laços de parente socioafetivo não vinculados à filiação.

---

11. VILLELA, João Baptista. *Desbiologização da paternidade*. Disponível em: https://www.direito.ufmg.br/revista/index.php/revista/article/view/1156. Acesso em: 19 jan. 2023.

Em suma: teria havido equívoco ou inovação, confusão ou ousadia do legislador? Vejamos.

No que concerne à primeira interpretação, inexiste dúvida de que a socioafetividade seja uma das modalidades de constituição de vínculos parentais no Brasil. Atos normativos emanados pelo CNJ, bem como farta jurisprudência e grande parte da doutrina são uníssonos em realizar tal ponderação. O próprio Supremo Tribunal Federal já decidiu, em caso paradigmático, que

> A compreensão jurídica cosmopolita das famílias exige a ampliação da tutela normativa a todas as formas pelas quais a parentalidade pode se manifestar, a saber: (i) pela presunção decorrente do casamento ou outras hipóteses legais, (ii) pela descendência biológica ou (iii) pela afetividade. 12. A afetividade enquanto critério, por sua vez, gozava de aplicação por doutrina e jurisprudência desde o Código Civil de 1916 para evitar situações de extrema injustiça, reconhecendo-se a posse do estado de filho, e consequentemente o vínculo parental, em favor daquele utilizasse o nome da família (nominatio), fosse tratado como filho pelo pai (tractatio) e gozasse do reconhecimento da sua condição de descendente pela comunidade (reputatio). 13. A paternidade responsável, enunciada expressamente no art. 226, § 7º, da Constituição, na perspectiva da dignidade humana e da busca pela felicidade, impõe o acolhimento, no espectro legal, tanto dos vínculos de filiação construídos pela relação afetiva entre os envolvidos, quanto daqueles originados da ascendência biológica, sem que seja necessário decidir entre um ou outro vínculo quando o melhor interesse do descendente for o reconhecimento jurídico de ambos.[12]

Por se tratar de assunto tão difundido na seara do Direito das Famílias, a análise do sentido de socioafetividade se vinculará, corriqueiramente, ao contexto da constituição de laços de filiação, transformando os envolvidos em pais e filhos, com os mesmos reflexos patrimoniais e pessoais projetados pela parentalidade biológica. Em suma: ambas possuiriam a mesma dignidade e tutela do Estado. É, aliás, o que apontam Cristiano Chaves e Nelson Rosenvald, quando escrevem que "fixada a filiação pelo critério socioafetivo, todos os efeitos decorrem automaticamente, sejam existenciais ou patrimoniais. Por isso, o filho socioafetivo terá direito à herança e aos alimentos (efeitos patrimoniais) e, igualmente, estabelecerá o vínculo de parentesco e estará sob o poder familiar do pai afetivo (efeitos pessoais), entre outros".[13]

Entretanto, mesmo diante de tais fatores, o projeto de lei que visa regulamentar a senexão é explícito em afirmar que haverá relação socioafetiva, mas não filiação, o que pode parecer uma contradição em seus próprios termos.

Mas, parece ser possível dar-se outra interpretação à proposta encampada pelo Projeto de Lei, principalmente em razão da abertura jurisprudencial da socioafetividade para outros vínculos familiares, como a de irmãos, por exemplo.[14]

---

12. STF, AgR RE: 898060 SC, Rel. Min. Luiz Fux, DJe de 18.03.2016.
13. FARIAS, Cristiano Chaves de; ROSENVALD, Nelson. *Curso de direito civil*: famílias. Salvador: JusPodivm, 2017, v. 7, p. 615.
14. De acordo com o STJ, "É juridicamente possível o reconhecimento de parentesco socioafetivo entre irmãos, mesmo após a morte de um deles" (processo em segredo de justiça). Disponível em: https://www.stj.jus.br/sites/portalp/Paginas/Comunicacao/Noticias/2022/11102022-E-juridicamente-possivel-o-reconhecimento-de-parentesco-socioafetivo-entre-irmaos--mesmo-apos-a-morte-de-um-deles.aspx. Acesso em: 19 jan. 2023.

É que se poderia questionar se a vontade do legislador não teria sido realizar uma verdadeira inovação, no sentido de ampliar, legalmente, o conceito do termo "parente socioafetivo", para viabilizar a constituição de laços socioafetivos distintos daqueles pautados na filiação, gerando, com isso, uma relação de parentesco socioafetiva "não filial".

Por essa interpretação, haveria a formação de um parentesco em sentido amplo (*lato sensu*), ingressando a pessoa idosa naquele núcleo familiar como um parente atípico, inominado.

Inclusive, em capítulo específico deste livro, quando foi abordada a adoção de idosos, tal alternativa chegou a ser trazida à consideração, ao entendimento de que ela possivelmente seria a que mais se amoldaria à tutela dos direitos do idoso no momento de sua inclusão em família substituta. Na oportunidade, houve menção a que talvez não fosse nenhum exagero sustentar-se a viabilidade jurídica de inclusão do idoso em uma *titulação atípica de membro da família*, situação esta que lhe garantiria todos os efeitos previstos em lei para a relação de parentesco, mas sem a imposição de nomenclatura específica a uma situação que, ao mesmo tempo, lhe fosse inconveniente e aparecesse como algo pejorativo e violador da dignidade do idoso.

Assim sendo, de acordo com essa segunda interpretação, que é aquela ao qual este livro adere, seria possível ocorrer a inclusão de idoso em um núcleo familiar que lhe conferisse dignidade e pertencimento, sem qualquer alusão a nominações que poderiam vir a mais prejudicá-lo do que beneficiá-lo no contexto social.

Afinal, pedindo-se licença pelo truísmo, o direito à convivência familiar e comunitária tem que ser observado, sob os seus dois aspectos: familiar e comunitário (art. 3º, EPI). E, fatalmente, a atribuição do *nomen iuris* de "filho" poderia acarretar maiores prejuízos à sua esfera pessoal, indo de encontro ao atual avanço científico da disciplina do direito da pessoa idosa, em que se propõe por uma maior autonomia e garantia do envelhecimento ativo e saudável.

Não se pode esquecer que (ainda) vivemos em uma sociedade permeada por preconceitos e estereótipos, e tal proceder poderia inviabilizar o pleno exercício do direito à convivência comunitária deste idoso, infantilizando-o sob a justificativa de se privilegiar a convivência familiar.

Adicionalmente, deve-se ponderar que o Brasil assinou a Convenção Interamericana dos Direitos Humanos dos Idosos,[15] se comprometendo a adotar medidas para prevenir, punir e erradicar as práticas contrárias à Convenção, tais como a infantilização (art. 4º, "a"). Pensa-se, inclusive, que a infantilização é uma forma de violência contra a pessoa idosa (lembrando que as violências são exemplificativas, ao contrário dos crimes).

Indispensável, portanto, que meios sejam criados para que haja a tutela do duplo viés do direito à convivência familiar e comunitária do idoso.

---

15. Se encontra em processo de internalização em nosso ordenamento jurídico através do Projeto de Decreto Legislativo (PDC) 863/2017.

Por isso, pode-se concluir que o PL 105/2020 inovou positivamente ao pretender ampliar o espectro conceitual da socioafetividade, para abarcar a constituição de laços familiares distintos daqueles pautados na filiação, podendo vir a ser, de fato, um novo e importante instituto do Direito das Famílias em associação ao Direito das Pessoas Idosas.

16
DIRETIVAS ANTECIPADAS DE VONTADE (TESTAMENTO VITAL E MANDATO DURADOURO)

16.1 NOÇÕES INICIAIS

A sociedade está envelhecendo. Sim, em todo mundo tem ocorrido um aumento sem precedentes da expectativa de vida das pessoas, sendo um fenômeno observável tanto em países desenvolvidos quanto naqueles em desenvolvimento, como o Brasil, que será o sexto país com maior população idosa já no ano de 2025, de acordo com dados da Organização Mundial de Saúde.[1]

Em nosso ordenamento jurídico, a proteção aos direitos fundamentais deste segmento social tem previsão constitucional, ao dispor que a "família, a sociedade e o Estado têm o dever de amparar as pessoas idosas, assegurando sua participação na comunidade, defendendo sua dignidade e bem-estar e garantindo-lhes o direito à vida" (art. 230, CR/88), bem como previsão infraconstitucional, primordialmente, mas não só, pela Lei 8.842/94, que trata da Política Nacional do Idoso, e pela Lei 10.741/03 (Estatuto da Pessoa Idosa). Esta última é, de fato, a legislação mais importante e detalhada a respeito do tema, trazendo uma tutela bem ampla dos direitos fundamentais das pessoas idosas, como já deve ter dado para perceber até aqui.

Talvez, por isso, não seja nenhum exagero afirmar que a tutela normativa dos direitos dos idosos no cenário interno se encontra bem difundida.

Conclusão semelhante não se pode chegar quando se faz uma análise do cenário internacional, já que existem poucos instrumentos normativos que abordam amplamente e de forma específica os direitos humanos dos idosos. No âmbito do sistema ONU, por exemplo, o instrumento que mais se destaca é a Resolução 46/91, que estabelece os "Princípios da ONU para Pessoas Idosas", de natureza não vinculante, com poder de orientar "os governos a incorporarem em seus programas nacionais os princípios de: independência, participação, cuidados, autorrealização e dignidade das pessoas idosas".[2] Mais recentemente, na data de 09 de junho de 2015, houve a aprovação da Convenção Interamericana sobre a Proteção dos Direitos humanos da Pessoa Idosa, pela Organização dos Estados Americanos (OEA), que, inclusive, se encontra em pro-

---

1. Informação disponível em: https://www.oldyssey.org/brazil-aging. Acesso em: 19 jan. 2023.
2. PIOVESAN, Flávia; KAMIMURA, Akemi. O sistema ONU de Direitos humanos e a proteção internacional das pessoas idosas. In: MENDES, Gilmar Ferreira (Coord.). *Manual dos direitos da pessoa idosa*. São Paulo: Saraiva, 2017, p. 132.

cesso de internalização em nosso ordenamento jurídico através do Projeto de Decreto Legislativo (PDC) 863/2017.

Nesta Convenção internacional, existe expressa previsão a respeito da autodeterminação da pessoa idosa sobre procedimentos de saúde a que pretenda se submeter em caso de ser acometida por alguma doença, o que representa uma clara mostra de prestígio ao consentimento livre e esclarecido e, para o que mais importa neste capítulo, às diretivas antecipadas de vontade (art. 11).

A diretiva antecipada de vontade seria um instrumento de autodeterminação de pessoas diagnosticadas ou que venham a ser diagnosticadas com alguma doença incurável, para estabelecer que pretendam se submeter, limitar ou suspender determinado tratamento, seja este convencional ou alternativo, incluindo a possibilidade de adesão a cuidados paliativos. Ainda que não seja regulamentada por lei, o Conselho Federal de Medicina editou a Resolução 1.995/2012 admitindo tal autodeterminação por parte do paciente.[3] Posteriormente, a matéria sofreu influxos através da Resolução 2.232/2019, do Conselho Federal de Medicina.

Embora a diretiva antecipada de vontade não diga respeito apenas às pessoas idosas, sendo possível que pessoas com idade inferior a 60 anos também realizem tal ato, trata-se de instrumento que tem sua importância potencializada a partir da maior longevidade populacional. Daí a utilidade prática na abordagem de tal instrumento neste livro, já que é possível que a diretiva antecipada de vontade faça parte, inclusive, do aqui denominado *Plano de Envelhecimento (PE)*, que englobará uma série de autodeterminações de uma pessoa para o seu futuro, já decidindo questões de natureza existencial, patrimonial e, inclusive, sucessória.

16.2 A REGULAMENTAÇÃO DAS DIRETIVAS ANTECIPADAS DE VONTADE NO BRASIL

Inexiste lei em sentido formal editada pelo Poder Legislativo regulamentando a forma de exercício das diretivas antecipadas de vontade.

A matéria é tratada apenas por atos normativos emanados pelo Conselho Federal de Medicina, destacando-se a Resolução 1.995/2012, que, inclusive, é "a primeira normativa sobre o tema no Brasil e, apesar de ser lei apenas entre médicos, tem sido de suma importância para o desenvolvimento das DAV no Brasil".[4] Por ser assim, as disposições previstas nesta Resolução são utilizadas como referência normativa pela literatura jurídica e para a realização prática das diretivas antecipadas de vontade.

Para tal ato normativo, as diretivas antecipadas de vontade são definidas como "o conjunto de desejos, prévia e expressamente manifestados pelo paciente, sobre cuidados

---

3. Existem ainda a Resolução 1805/2006 e, mais recentemente, a Resolução 2.232/2019, que abordam sobre o assunto.
4. BARLETTA, Fabiana Rodrigues; ALMEIDA, Vitor. *A tutela jurídica da pessoa idosa*. São Paulo: Foco, 2020, p. 176.

e tratamentos que quer, ou não, receber no momento em que estiver incapacitado de expressar, livre e autonomamente, sua vontade" (art. 1º).

Ainda nos termos propostos pela normativa, "as diretivas antecipadas do paciente prevalecerão sobre qualquer outro parecer não médico, inclusive sobre os desejos dos familiares" (art. 2º, § 3º), de forma que apenas não será observada pelo profissional da saúde quando estiver em desacordo com os preceitos ditados pelo Código de Ética Médica (art. 2º, § 2º).

16.3 AS DAVS, A AUTONOMIA E O CONSENTIMENTO LIVRE E INFORMADO

A diretiva antecipada de vontade nada mais é do que um espelho da autonomia privada sobre questões de saúde de uma pessoa, sendo um reflexo do seu direito à vida. Porém, ela não autoriza "apenas" a tutela da vida em si, mas sim a *vida com dignidade*, conceito que carrega consigo uma gama de fatores relacionados aos direitos de personalidade da pessoa humana. É "um instituto fortemente ligado às discussões acerca da autonomia existencial e da tutela da dignidade da pessoa humana em todas as suas fases da vida e, em especial, em situações de vulnerabilidade, uma vez que seu objetivo central é assegurar que os desejos do indivíduo que o utiliza, no que tange às escolhas relativas a tratamentos médicos, sejam atendidos na ocasião em que estiver incapaz para tomar as decisões por si mesmo, pois certas escolhas já terão sido feitas".[5]

Certamente, também possui correlação com o direito ao consentimento livre e informado, e, ainda, com o direito à autonomia, temáticas que precisam ser mencionadas antes de se ingressar, efetivamente, no conceito de diretiva antecipada de vontade.

Pelo ordenamento jurídico, "ninguém pode ser constrangido a submeter-se, com risco de vida, a tratamento médico ou à intervenção cirúrgica" (art. 15, CC). Trata-se de um direito da personalidade, e, como ensina Anderson Schereiber "a despeito, portanto, do que sugere o art. 15 do Código Civil, compelir pessoa consciente a se submeter, contra a sua vontade, a tratamento médico ou a intervenção cirúrgica, mesmo que sem risco de vida, é conduta vedada no ordenamento brasileiro. O tratamento compulsório só é admitido em hipóteses excepcionalíssimas, nas quais se identifica fundada ameaça ao interesse coletivo à saúde ou à segurança".[6]

Não por outro motivo, o próprio Estatuto assegura à pessoa idosa que se encontre no domínio de suas faculdades mentais, o direito de optar pelo tratamento de saúde que reputar mais favorável (art. 17), decorrendo de tal previsão "o direito de escolha em não se submeter a tratamentos que apenas implicariam prolongamento da vida, mas muitas vezes com perda da qualidade de vida".[7] Regramento semelhante também é encontrado no Estatuto da Pessoa com Deficiência, em seus artigos 11 e 12.

---

5. COSTA, Luiza Lopes Franco. A natureza jurídica do testamento vital. In: BARBOZA, Heloisa Helena et al (Coord.). *Biodireito*: tutela jurídica das dimensões da vida. Indaiatuba-SP: Foco, 2021, p. 216.
6. SCHREIBER, Anderson. *Direitos da personalidade*. São Paulo: Atlas, 2013, p. 54.
7. RIBEIRO, Lauro Luiz Gomes. *Comentários ao Estatuto do Idoso*. São Paulo: Saraiva, 2016, p. 88.

Para tanto, é fundamental que haja consentimento. Conceitualmente, o consentimento informado "constitui direito do paciente de participar de toda e qualquer decisão sobre tratamento que possa afetar sua integridade psicofísica, devendo ser alertado pelo médico e odontólogos dos riscos, benefícios das alternativas envolvidas e possibilidades de cura, sendo manifestação do reconhecimento de que o ser humano é capaz de escolher o melhor para si sob o prisma da igualdade de direitos e oportunidades".[8]

O próprio Estatuto da Pessoa Idosa já prevê que, quando aquela pessoa idosa não estiver em condições de decidir, a opção será feita: a) pelo curador, quando a pessoa idosa for submetida a curatela; b) pelos familiares, quando a pessoa idosa não tiver curador ou este não puder ser contactado em tempo hábil; c) pelo médico, quando ocorrer iminente risco de vida e não houver tempo hábil para consulta a curador ou familiar; d) pelo próprio médico, quando não houver curador ou familiar conhecido, caso em que deverá comunicar o fato ao Ministério Público (art. 17, parágrafo único, EPI).

A partir de tal colocação, já se percebe que é indispensável que a pessoa idosa se encontre no domínio de plenas faculdades mentais, e, se não tiver condições de decidir, terceiras pessoas é que serão chamadas a se pronunciar.

Mas, afinal, o que seria uma pessoa idosa que "se encontre no domínio de plenas faculdades mentais"? Abre-se divergência doutrinária a respeito, sendo que, para uns, haveria uma equiparação com a capacidade de fato/de exercício. Para outros, haveria uma distinção entre os conceitos de discernimento (= capacidade para consentir) e capacidade de fato. Explica-se.

Para a primeira corrente, a capacidade para consentir estaria associada necessariamente à capacidade de fato de uma pessoa e, dessa maneira, se houver a incidência de qualquer das hipóteses previstas no artigo 3º ou 4º do Código Civil, os seus representantes legais é que deveriam ser chamados para a manifestação de vontade em sua substituição. Se a curatela limita a capacidade de fato de um indivíduo, tem-se, então, que uma pessoa submetida à curatela não poderia decidir. Este é o posicionamento de Gilson Matos, para quem "aqueles que por enfermidade ou deficiência mental não tenham o necessário discernimento para a prática dos atos da vida civil e, ainda, os que mesmo por causa transitória não possam exprimir sua vontade, não estão aptos a consentir".[9]

Já para uma segunda corrente, ainda que uma pessoa não tenha plena capacidade civil, sendo submetida à curatela (ocorrendo a supressão da sua capacidade de fato/de exercício), ela poderia ter discernimento para decidir sobre suas questões de saúde. Isso significa que "capacidade civil e capacidade para consentir são institutos diferentes".[10] Este é o posicionamento de Luciana Dadalto, que sustenta que "a verificação da

---

8. MALUF, Adriana Caldas do Rego Freitas Dabus. *Curso de bioética e biodireito*. 4. ed. São Paulo Almedina, 2020, p. 419.
9. MATOS, Gilson Ely Chaves de. Aspectos jurídicos e bioéticos do consentimento informado na prática médica. Disponível em: https://revistabioetica.cfm.org.br/index.php/revista_bioetica/article/view/41/44. Acesso em: 19 jan. 2023.
10. DADALTO, Luciana. *Testamento vital*. 6. ed. Indaiatuba-SP: Foco, 2022, p. 17.

indispensabilidade de que o paciente possua discernimento para que possa consentir, ou, em outras palavras, a constatação de que o discernimento, e não a capacidade de fato, é um requisito essencial do consentimento livre e esclarecido".[11]

O Estatuto da Pessoa Idosa não trouxe respostas em seu artigo 17, parágrafo único. As duas interpretações acima podem ser extraídas da sua literalidade, afinal, o simples fato de ser uma pessoa curatelada já eliminaria dela a condição de decidir (incidido diretamente o art. 17, parágrafo único, "a")? Ou, por outro lado, o dispositivo legal deve ser interpretado no sentido de que, ainda que curatelada, a sua condição de decidir seria apreciada, sendo que, apenas no caso de impossibilidade, o curador seria chamado a tal função?

O que se sabe é que, com o advento do Estatuto da Pessoa com Deficiência, a curatela abrangerá apenas questões de natureza negocial e patrimonial, sendo que o exercício de direitos de natureza existencial, inclusive relacionados à saúde, continuariam no campo da autonomia da própria pessoa curatelada. É o que consta, expressamente, no artigo 85, § 1º, do EPD.

Nessa estrutura, parece realmente que a capacidade de fato estaria dissociada da capacidade para consentir sobre questões de saúde (= discernimento), na linha defendida pela segunda corrente apontada acima. Tanto é assim o artigo 12, § 1º, do EPD, consigna que "o consentimento prévio, livre e esclarecido da pessoa com deficiência é indispensável para a realização de tratamento, procedimento, hospitalização e pesquisa científica", e que, "em caso de pessoa com deficiência em situação de curatela, deve ser assegurada sua participação, no maior grau possível, para a obtenção de consentimento". Ou seja, a própria lei já defere à pessoa com deficiência incapaz a possibilidade de consentir, distinguindo as figuras da *capacidade de fato x capacidade de consentir*. No entanto, trazendo abertura para alteração legislativa em sentido diferente, prevê o EPD que este consentimento poderia ser suprimido, na forma da lei (art. 11, parágrafo único).

Portanto, é possível se afirmar que está dentro do campo da autonomia da pessoa curatelada (= sem capacidade de fato) a sua capacidade de consentir. A situação pode ser excepcionada em razão do Enunciado 637 da JDC/CJF (matéria estudada, neste livro, em capítulo específico destinado ao tratamento da curatela).

Entra em cena, então, a conexão entre o direito ao consentimento livre e informado com o direito à autonomia. Aliás, o conceito de autonomia é atrelado ao conceito de consentimento, "vez que o consentimento seria a materialização da vontade".[12] E, por certo, esta autonomia pode estar relacionada também com questões futuras, de acontecimentos que podem vir a acontecer com uma pessoa.

Na doutrina, Luciana Dadalto discorre como a ideia de autonomia prospectiva é diferente da ideia de consentimento, ao mencionar que "enquanto no consentimento

---

11. DADALTO, Luciana. *Testamento vital*. 6. ed. Indaiatuba-SP: Foco, 2022, p. 18.
12. DADALTO, Luciana. *Testamento vital*. 6. ed. Indaiatuba-SP: Foco, 2022, p. 1.

a manifestação de vontade do paciente é de consentimento actual, mantendo-se a eficácia autorizativa enquanto a intervenção e respectivo objecto integrarem o âmbito do consentimento inicialmente prestado, no exercício prospectivo, a manifestação de vontade não é eficaz e vinculativa enquanto o outorgante for plenamente capaz para consentir a intervenção médica".[13]

É justamente nesse contexto que a diretiva antecipada de vontade se encaixa. Trata-se de instrumento de autodeterminação para o futuro caracterizado pela manifestação do paciente a respeito de qual tratamento pretende se submeter, bem como os seus limites clínicos, sendo cabível limitar ou suspender intervenções médicas em caso de "doentes terminais sem chance de cura",[14] evitando-se a chamada futilidade médica.[15] Respalda-se no direito à vida – e morte – com dignidade (a morte digna também é um direito humano, assegurado pelo art. 1º, II e III; art. 3º, inciso IV; art. 5º, *caput* e incisos I, III, todos da CR/88, art. 15 do Código Civil e art. 17 do Estatuto da Pessoa Idosa).[16]

Por isso, relaciona-se com a ortotanásia (= morte correta, em seu processo natural), que "consiste no ato médico de interrupção do tratamento a pedido do enfermo ou de seu representante legal, com o intuito de que a morte ocorra naturalmente, prevalecendo o respeito a autodeterminação do doente".[17] A ortotanásia é denominada de *eutanásia passiva* por parcela da doutrina.[18]

No cenário internacional, o artigo 11 da Convenção Interamericana dos Direitos Humanos da Pessoa Idosa estabelece o direito irrenunciável à manifestação do consentimento livre e informado da pessoa idosa no âmbito da saúde, bem como o respeito ao direito de estabelecer as suas diretivas antecipadas de vontade. Eis seu texto:

> O idoso tem o direito irrenunciável a manifestar seu consentimento livre e informado no âmbito da saúde. A negação deste direito constitui uma forma de vulneração dos direitos humanos do idoso.
>
> Com a finalidade de garantir o direito do idoso a manifestar seu consentimento informado de maneira prévia, voluntária, livre e expressa, bem como a exercer seu direito de modificá-lo ou revogá-lo, em relação a qualquer decisão, tratamento, intervenção ou pesquisa no âmbito da saúde, os Estados Partes se comprometem a elaborar e aplicar mecanismos adequados e eficazes para impedir abusos e fortalecer a capacidade do idoso de compreender plenamente as opções de tratamento existentes, seus riscos e benefícios.
>
> Esses mecanismos deverão assegurar que a informação proporcionada seja adequada, clara e oportuna, disponível de forma não discriminatória e acessível e apresentada de maneira compreensível de acordo com a identidade cultural, nível educativo e necessidades de comunicação do idoso.
>
> As instituições públicas ou privadas e os profissionais da saúde não poderão administrar nenhum tratamento, intervenção ou pesquisa de caráter médico ou cirúrgico sem o consentimento informado do idoso. Nos

---

13. DADALTO, Luciana. *Testamento vital*. 6. ed. Indaiatuba-SP: Foco, 2022, p. 15.
14. FARIAS, Cristiano Chaves de; ROSENVALD, Nelson. *Curso de direito civil*. Salvador: JusPodivm, 2017, v. 7, p. 96.
15. FARIAS, Cristiano Chaves de; ROSENVALD, Nelson. *Curso de direito civil*. Salvador: JusPodivm, 2017, v. 7, p. 96.
16. RIBEIRO, Diaulas Costa. Um novo testamento: Testamentos vitais e Diretivas antecipadas. In: PEREIRA, Rodrigo da Cunha (Org.). *Anais do V Congresso Brasileiro de Direito de Família*, Belo Horizonte, 2006. Disponível em: http://www.ibdfam.org.br/_img/congressos/anais/12.pdf. Acesso em: 19 jan. 2023.
17. MENDES, Gilmar Ferreira et al. *Manual dos direitos da pessoa idosa*. São Paulo: Saraiva, 2017, p. 82.
18. MALUF, Adriana Caldas do Rego Freitas Dabus. *Curso de Bioética e Biodireito*. São Paulo: Almedina, 2020, p. 404.

casos de emergência médica que ponham em risco a vida e quando não for possível obter o consentimento informado, poderão ser aplicadas as exceções estabelecidas em conformidade com a legislação nacional.

O idoso tem direito a aceitar, recusar ou interromper voluntariamente tratamentos médicos ou cirúrgicos, inclusive os da medicina tradicional, alternativa e complementar, pesquisa, experimentos médicos ou científicos, sejam de caráter físico ou psíquico, e a receber informação clara e oportuna sobre as possíveis consequências e os riscos dessa decisão.

Os Estados Partes estabelecerão também um processo por meio do qual o idoso possa manifestar de maneira expressa sua vontade antecipada e instruções a respeito das intervenções em matéria de atenção à saúde, *inclusive os cuidados paliativos*. Nesses casos, esta vontade antecipada poderá ser expressada, modificada ou ampliada em qualquer momento somente pelo idoso, mediante instrumentos juridicamente vinculantes, em conformidade com a legislação nacional.

Tratamento tão detalhado a respeito das diretivas antecipadas de vontade parece autorizar que se extraiam algumas conclusões. Seriam elas:

a) o idoso tem direito a aceitar, recusar ou interromper tratamentos médicos ou cirúrgicos;

b) esse direito abrange a medicina tradicional, alternativa ou complementar, pesquisa, experimentos médicos ou científicos, de caráter físico ou psíquico;

c) deve o idoso receber informações claras e oportunas sobre as consequências e riscos de sua decisão;

d) os Estados deverão estabelecer um processo para que haja a manifestação expressa de vontade pelo idoso;

e) a manifestação de vontade pode ser modificada a qualquer momento somente pelo idoso, mediante instrumentos juridicamente vinculantes.

16.4 DIRETIVAS ANTECIPADAS DE VONTADE E SUAS ESPÉCIES: MANDATO DURADOURO, TESTAMENTO VITAL, DIRETIVAS ANTECIPADAS PSIQUIÁTRICAS, DIRETIVAS DE NÃO REANIMAÇÃO, DIRETIVAS DE RECUSA TERAPÊUTICA E DIRETIVAS ANTECIPADAS PARA DEMÊNCIA

As diretivas antecipadas de vontade são gêneros que englobam, tradicionalmente, duas espécies: o testamento vital e o mandato duradouro (também chamado de procuração para cuidados de saúde). Enquanto o testamento vital reflete no instrumento pelo qual a própria pessoa já antecipa sua vontade de maneira expressa (ex. elencando, por exemplo, que não gostaria de se submeter a determinado tratamento médico), no mandato duradouro ela estabelece que uma terceira pessoa é que será aquela responsável por decidir em seu lugar.

É plenamente possível que a pessoa institua tanto o testamento vital quanto o mandato duradouro, situação em que "o procurador nomeado no mandato duradouro estará vinculado às disposições contidas no testamento vital".[19]

---

19. COSTA, Luiza Lopes Franco. A natureza jurídica do testamento vital. In: BARBOZA, Heloisa Helena et al (Coord.). *Biodireito*: tutela jurídica das dimensões da vida. Indaiatuba-SP: Foco, 2021, p. 216.

Quanto à natureza jurídica, ambos são considerados negócios jurídicos unilaterais sob condição suspensiva, com eficácia dependente do preenchimento concomitante de duas condicionantes: a) estado clínico com impossibilidade terapêutica de cura; b) ausência de discernimento do paciente.[20] À toda evidência, trata-se de negócio jurídico de caráter existencial, e, ainda, "personalíssimo, gratuito, revogável e *inter vivos*".[21]

Deve-se deixar claro que o testamento vital não é uma espécie de testamento. Por isso, "a maior parte da doutrina entende que o testamento vital não se insere no campo do Direito das Sucessões e não pode ser qualificado como tendo a natureza jurídica de um testamento. A primeira razão apontada é, justamente, sua qualificação como um negócio *inter vivos*, ou seja, que visa ser eficaz em vida, enquanto que o testamento terá eficácia apenas após a morte do testador".[22] Tecendo críticas sobre a nomenclatura conferida ao testamento vital, José de Oliveira Ascensão aduz "que é difícil imaginar pior alcunha do que esta. O testamento encerra a última vontade, no sentido de vontade expressa para ter eficácia depois da morte. Mas o chamado testamento vital só poderá ter eficácia em vida. Não é pois um testamento".[23]

Já o mandato duradouro "é um documento através do qual um indivíduo nomeia um ou mais procuradores que, em caso de sua eventual incapacidade, deverão ser consultados pelos médicos para que tomem as decisões acerca do tratamento a ser seguido ou não. Este procurador deverá aceitar a responsabilidade que lhe é conferida e, além disso, irá se comprometer em tomar as decisões que ao menos acredita que seriam as escolhidas pelo outorgante caso não estivesse incapacitado, razão pela qual o instrumento é também referido pela nomenclatura 'modelo de julgamento substituto'".[24] Parte da literatura aponta que o procurador de cuidados de saúde deve manifestar a vontade explicitada pelo declarante.[25]

---

20. DADALTO, Luciana. *Testamento vital*. 6. ed. Indaiatuba-SP: Foco, 2022, p. 27.
21. COSTA, Luiza Lopes Franco. A natureza jurídica do testamento vital. In: BARBOZA, Heloisa Helena et al (Coord.). *Biodireito*: tutela jurídica das dimensões da vida. Indaiatuba-SP: Foco, 2021, p. 218.
22. COSTA, Luiza Lopes Franco. A natureza jurídica do testamento vital. In: BARBOZA, Heloisa Helena et al (Coord.). *Biodireito*: tutela jurídica das dimensões da vida. Indaiatuba-SP: Foco, 2021, p. 216.
23. ASCENSÃO, José de Oliveira. As *disposições antecipadas de vontade* – o chamado "testamento vital". Disponível em: https://revista.direito.ufmg.br/index.php/revista/search/authors/view?givenName=Jos%-C3%A9%20de%20Oliveira&familyName=Ascens%C3%A3o&affiliation=&country=&authorName=Ascens%C3%A3o%2C%20Jos%C3%A9%20de%20Oliveira. Acesso em: 19 jan. 2023.
24. COSTA, Luiza Lopes Franco. A natureza jurídica do testamento vital. In: BARBOZA, Heloisa Helena et al (Coord.). *Biodireito*: tutela jurídica das dimensões da vida. Indaiatuba-SP: Foco, 2021, p. 216.
25. "o procurador de cuidados de saúde tem de ser visto, muito mais do que como representante, como o que se chama tecnicamente um núncio. Não tem a função de elaborar uma vontade que deva ser tomada como a vontade do outorgante, mas a de comunicar a vontade que foi formulada por outrem. É o que se passa com o chamado casamento por procuração: o 'procurador' é na realidade um núncio, porque se limita a exprimir uma vontade que lhe foi comunicada pelo nubente e que como vontade do nubente, tal qual, é recebida". ASCENSÃO, José de Oliveira. As *disposições antecipadas de vontade* – o chamado "testamento vital". Disponível em: https://revista.direito.ufmg.br/index.php/revista/search/authors/view?givenName=Jos%C3%A9%20de%20Oliveira&familyName=Ascens%C3%A3o&affiliation=&country=&authorName=Ascens%C3%A3o%2C%20Jos%C3%A9%20de%20Oliveira.

Mais recentemente, a doutrina menciona que outras formas de diretivas antecipadas de vontade emergem em nosso sistema jurídico. São elas: as diretivas antecipadas psiquiátricas, as diretivas com ordem de não reanimação, as diretivas de recusa terapêutica e as diretivas antecipadas para demência. As diretivas de plano de parto também são mencionadas, mas são inoportunas ao recorte temático deste livro.

A *diretiva antecipada psiquiátrica* consistiria em um "documento feito por um paciente psiquiátrico no que ele especifica suas preferências a serem usadas em períodos em que estiver com sua capacidade decisória comprometida".[26] Ou seja, a pessoa se autodeterminaria para os quadros de ausência de lucidez.

A *diretiva de recusa terapêutica* ampara-se no direito à autonomia do paciente, que pode se recusar a se submeter a tratamentos médicos, até mesmo por força do artigo 15 do Código Civil. Entretanto, é controversa a possibilidade de recusa nos casos de iminente risco de morte, principalmente a partir da publicação da Resolução 2.232/2019 do Conselho Federal de Medicina, que autoriza o médico a não cumprir a manifestação de vontade do paciente nestas situações. A constitucionalidade deste ato normativo será objeto de análise nos tópicos a seguir.

A *diretiva com ordem de não reanimação*, por sua vez, relaciona-se com a ressuscitação cardiopulmonar e que, em razão da sua não indicação para todos os pacientes que apresentam parada cardiorrespiratória, poderia ser recusada. Conceitualmente, "Ordem de Não Reanimar (ONR) consiste na expressa autorização do paciente ou, quando pertinente, do cônjuge, companheiro, representante ou dos familiares para a não adoção de medidas de reanimação em caso de parada cardiorrespiratória na fase terminal de doença incurável ou em circunstâncias que tornem irreversível sua recuperação. A decisão de não reanimar é adotada pelo médico assistente após ponderação e discussão com a equipe clínica sobre a inutilidade das manobras".[27]

Já a *diretiva antecipada para demência* também apresenta algumas peculiaridades, afinal, existem alguns fatores específicos deste tipo de diagnóstico que não estão presentes em outros quadros de saúde. Demências "são doenças cerebrais que causam a diminuição progressiva da capacidade cognitiva, alterações de comportamento e perda da funcionalidade. A doença de Alzheimer é o tipo mais frequente de demência".[28]

Na doutrina estrangeira, Marike de Boer enfatiza que existem fatores complicadores no cumprimento de diretivas antecipadas de vontade da pessoa com demência. A autora aponta que "em primeiro lugar, os pacientes com demência diferem dos pacientes incompetentes, como os pacientes em coma, no sentido de que a demência envolve um processo muitas vezes lento, mas progressivo, resultando na diminuição lenta da

---

26. DADALTO, Luciana. *Testamento vital*. 6. ed. Indaiatuba-SP: Foco, 2022, p. 20.
27. EIDT, Viviani et al. *Ordem de não reanimar sob a perspectiva de pacientes oncológicos e seus familiares*. Disponível em: https://bvsms.saude.gov.br/bvs/periodicos/mundo_saude_artigos/ordem_pacientes_oncologicos.pdf. Acesso em: 11 jan. 2023.
28. Disponível em: https://sbgg.org.br/em-dia-mundial-do-alzheimer-dados-ainda-sao-subestimados-apesar--de-avancos-no-diagnostico-e-tratamento-da-doenca/. Acesso em: 19 jan. 2023.

competência ao longo do curso da doença. Em segundo lugar, embora as pessoas com demência possam (com razão) ser rotuladas como incompetentes, elas permanecem alertas, envolvidas em sua situação e capazes de interagir com seu ambiente. Assim, eles ainda podem ter experiências subjetivas e continuam a ter desejos e preferências. Consequentemente, pode surgir uma situação em que haja um conflito entre os desejos atuais da pessoa com demência (expressos em palavras ou comportamento) e suas preferências anteriores, conforme declarado na diretriz antecipada. Isso resulta no dilema de como respeitar os desejos e interesses da pessoa com demência e ainda fazer justiça aos desejos expressos na diretriz antecipada. Por detrás deste dilema reside a questão filosófica da relação entre a demência e a identidade pessoal ou (verdadeiro) *self*, que levanta questões sobre a validade das diretivas antecipadas de vontade em casos de demência".[29]

Tais colocações trazem um alerta para o fato de que as diretivas antecipadas para a demência merecem um olhar especial. Por isso, o americano Barak Gaster, uma das maiores referência sobre o tema, é assertivo em pontuar que "diretivas antecipadas padrão geralmente não são úteis para pacientes que desenvolvem demência. A demência é uma doença única do ponto de vista das diretivas antecipadas".[30] Isso porque as diretivas antecipadas de vontade normalmente regulamentam uma situação de terminalidade iminente ou coma permanente, mas não uma doença gradualmente progressiva, com um longo período de diminuição da função cognitiva e perda da capacidade de orientar seus próprios cuidados.[31]

Para o mencionado autor, "as decisões médicas para pacientes com demência são normalmente feitas por representantes de saúde porque os pacientes com demência, embora progrida lentamente ao longo de muitos anos, em algum ponto perdem rapidamente a capacidade de tomada de decisão. Esses representantes muitas vezes experimentam uma enorme ansiedade tentando adivinhar os desejos de seus entes queridos. Uma diretriz de saúde específica para a demência poderia diminuir esse fardo, fornecendo alguma clareza sobre os valores e objetivos dos pacientes, o que poderia ajudar a apoiar a tomada de decisões".[32]

Quanto ao momento de elaboração de uma diretiva antecipada para a demência, o ideal é que ela seja realizada antes do aparecimento de qualquer sinal de demência.

---

29. Traduzido livremente. BOER, Marike E. de et al. *Advance directives in dementia*: issues of validity and effectiveness. Disponível em: https://www.academia.edu/18942164/Advance_directives_in_dementia_issues_of_validity_and_effectiveness. Acesso em: 10 jan. 2023.
30. Traduzido livremente. GASTER, Barak. Advance directives for dementia: meeting a unique chalenge. Disponível em: https://www.skyline725.com/wp-content/uploads/2018/01/jama_Gaster_2017_vp_170162-1.pdf. Acesso em: 10 jan. 2023.
31. GASTER, Barak. *Advance directives for dementia*: meeting a unique chalenge. Disponível em: https://www.skyline725.com/wp-content/uploads/2018/01/jama_Gaster_2017_vp_170162-1.pdf. Acesso em: 10 jan. 2023.
32. Traduzido livremente. GASTER, Barak. Advance directives for dementia: meeting a unique chalenge. Disponível em: https://www.skyline725.com/wp-content/uploads/2018/01/jama_Gaster_2017_vp_170162-1.pdf. Acesso em: 10 jan. 2023.

E, aliás, poderia ser realizada até mesmo como um instrumento adicional às diretivas antecipadas de vontade.

Para a confecção deste instrumento, o ideal é que seu conteúdo liste os marcos cognitivos da demência agrupados em estágios leve, moderado e grave, apresentando o desenvolvimento, as características e as possíveis limitações pessoais associadas a cada uma destas fases. A partir destas descrições, a pessoa definiria quais seriam os objetivos e limites terapêuticos em cada um destes períodos.[33]

16.5 ESPECIFICIDADES QUANTO AO CONTEÚDO DAS DAVS: RECUSA DE CUIDADOS PALIATIVOS; PEDIDO DE EUTANÁSIA OU SUICÍDIO ASSISTIDO; OBSTINAÇÃO TERAPÊUTICA

16.5.1 Recusa de cuidados paliativos

A diretiva antecipada de vontade deve sempre respeitar o Código de Ética Médica, sendo este um limitador fundamental ao seu conteúdo. É o que consta do artigo 2º, §2º, da Resolução 1.995/2012 do Conselho Federal de Medicina, ao disciplinar que "o médico deixará de levar em consideração as diretivas antecipadas de vontade do paciente ou representante que, em sua análise, estiverem em desacordo com os preceitos ditados pelo Código de Ética Médica". Ademais, "é vedada qualquer disposição que seja contraindicada à patologia do paciente, ou que contrarie a legislação, a moral e os bons costumes".[34]

Temática que ganha repercussão jurídica seria a possibilidade de recusa de cuidados paliativos em uma diretiva antecipada de vontade. Para responder tal questão, é importante mencionar que cuidados paliativos refletem uma abordagem que se volta à garantia da qualidade de vida do paciente. Não envolve, necessariamente, tratamentos e procedimentos específicos, sendo um mecanismo garantidor da dignidade do paciente com doença sem chance de cura. Lado outro, existem tratamentos e procedimentos comumente associados aos cuidados paliativos, como a sedação paliativa. Dessa maneira, uma coisa é falar dos cuidados paliativos como uma abordagem, outra é se referir aos procedimentos a ele associados.

Os cuidados paliativos estão intimamente associados com a ortotanásia (= morte correta, em seu tempo certo), já que, diante da ausência de cura para determinada doença, o prolongamento artificial da vida poderia lhe acarretar mais dor e sofrimento. Na ortotanásia, "o indivíduo em estágio terminal é direcionado pelos profissionais envolvidos em seu cuidado para uma morte sem sofrimento, que dispensa a utilização de métodos desproporcionais de prolongamento da vida, tais como ventilação artificial

---

33. Barak Gaster desenvolveu um formulário para diretiva antecipada para demência. Está disponível, gratuitamente, no site: https://static1.squarespace.com/static/5a0128cf8fd4d22ca11a405d/t/60c51d29f5c2833e-f87698d1/1623530793274/dementia-directive.pdf. Acesso em: 10 jan. 2023.
34. MALUF, Adriana Caldas do Rego Freitas Dabus. *Curso de Bioética e Biodireito*. São Paulo: Almedina, 2020, p. 424.

ou outros procedimentos invasivos. A finalidade primordial é não promover o adiamento da morte, sem, entretanto, provocá-la; é evitar a utilização de procedimentos que aviltem a dignidade humana na finitude da vida".[35]

Por isso, "o movimento paliativista foi uma resposta ao exacerbado poder conferido à instituição médica, que passou a produzir um fim de vida medicalizado, no qual o moribundo era silenciado e submetido ao poder público".[36] Tal constatação foi feita por Atul Gawande, no livro *Mortais*, para quem "a capacidade científica moderna alterou de forma profunda o curso da vida humana. As pessoas vivem mais e melhor do que em qualquer outra época da história. Porém, os avanços científicos transformaram os processos de envelhecimento e da morte em experiências médicas, em questões a serem gerenciadas por profissionais de saúde".[37]

Uma mudança de olhar é fundamental e, por isso, "os cuidados paliativos têm a finalidade de controlar a dor e entender que a morte é intrínseca à vida, não representando fracasso da Medicina. Eles se opõem à obstinação terapêutica e oferecem qualidade de vida, em seus aspectos físico, psicológico e espiritual, por meio de atendimento multiprofissional. Não se restringe ao paciente, alcançando aqueles que estão a sua volta e compartilham do sofrimento".[38]

São manifestações do direito fundamental à vida com dignidade e compõem uma tríade de "promoção da saúde, a qualidade de vida e a dignidade da pessoa humana",[39] afinal, "ausentes as possibilidades curativas, o cuidado é uma alternativa eficiente para alívio do sofrimento durante o processo de morte".[40]

Nessa ordem de ideias, por se referir a uma abordagem que contempla o exercício de direitos fundamentais de enorme envergadura, Luciana Dadalto sustenta que "a possibilidade de que um paciente recuse os Cuidados Paliativos em um testamento vital parece-nos contrária aos princípios bioéticos da não maleficência e da beneficência, bem como ao fundamento constitucional da dignidade da pessoa humana"[41] e, por isso ela entende que "pode o paciente, no seu testamento vital, aceitar ou recusar determinadas ações paliativas, mas não a abordagem paliativa".[42]

Sendo assim, em sua visão, um dos limites ao conteúdo das diretivas antecipadas de vontade seria justamente a recusa aos cuidados paliativos.

---

35. FELIX, Zirleide Carlos et al. *Eutanásia, distanásia e ortotanásia*: revisão integrativa da literatura. Disponível em: https://www.scielo.br/j/csc/a/6RQCX8yZXWWfC6gd7Gmg7fx/#:~:text=Etimologicamente%2C%20ortotan%-C3%A1sia%20significa%20morte%20correta,processo%20natural%20do%20morrer9. Acesso em: 10 jan. 2023.
36. HADDAD, Sálvia de Souza. *Suicídio assistido por completed life*. Indaiatuba-SP: Foco, 2022, p. 20.
37. GAWANDE, ATUL. *Mortais*: nós, a medicina e o que realmente importa no final. Rio de Janeiro: Objetiva, 2015, p. 16.
38. DE SÁ, Maria de Fátima Freire; NAVES, Bruno Torquato de Oliveira. Autonomia para aceitar ou recusar cuidados paliativos. In: DADALTO, Luciana. *Cuidados paliativos*: aspectos jurídicos. Indaiatuba-SP: Foco, 2022, p. 321.
39. BARUFFI, Priscila Demari; ROBLES-LESSA, Moyana Mariano. O Estado Brasileiro e a promoção dos cuidados paliativos. In: DADALTO, Luciana. *Cuidados paliativos*: aspectos jurídicos. Indaiatuba-SP: Foco, 2022, p. 321.
40. HADDAD, Sálvia de Souza. *Suicídio assistido por completed life*. Indaiatuba-SP: Foco, 2022, p. 20.
41. DADALTO, Luciana. *Testamento vital*. 6. ed. Indaiatuba-SP: Foco, 2022, p. 92.
42. DADALTO, Luciana. *Testamento vital*. 6. ed. Indaiatuba-SP: Foco, 2022, p. 92.

16.5.2 Pedido de eutanásia ou previsão de suicídio assistido

Outra especificidade sobre o conteúdo da diretiva antecipada de vontade é a previsão da eutanásia (= boa morte, morte piedosa). Como se sabe, a eutanásia não é admitida em nosso ordenamento jurídico, sendo um crime previsto no artigo 121, § 1º, do Código Penal. De imediato, já pode se associar a impossibilidade de inclusão deste pedido em uma diretiva antecipada de vontade, em razão da sua ilegalidade. Mas a questão não é tão fácil.

É de se observar que o fato da longevidade pode trazer influxos relevantes na análise da eutanásia.

Nos últimos anos, muitos esforços estão sendo empreendidos, até mesmo por grandes empresas e empresários[43] de tecnologia do Vale do Silício (na baía de São Francisco, Califórnia-EUA), no sentido de ampliar a longevidade das pessoas ou, quem sabe, até mesmo, criar uma espécie de "imortalidade",[44] através de possíveis alterações no DNA ou dos chamados telômeros ("estruturas constituídas por fileiras repetitivas de proteínas e DNA não codificante que formam as extremidades dos cromossomos. Sua principal função é impedir o desgaste do material genético e manter a estabilidade estrutural do cromossoma"[45]).

Caso haja sucesso nos estudos realizados, é certo que podemos ter uma vida tão longa, mas tão longa, a ponto de termos que repensar sobre a necessidade ética da eutanásia para propiciar, inclusive, maior dignidade aquela pessoa. Longevidade e eutanásia andariam, então, de mãos dadas, sendo que o debate de um deveria repercutir também no outro.

Além disso, muitos países ao redor do globo já estão autorizando a eutanásia, tais como a Colômbia, Canadá, Holanda e Bélgica.

No Brasil, a temática tem sido cada vez mais debatida pelos mais diversos setores (juristas, médicos, filósofos, religiosos etc.) e, assim, pensa-se que é plenamente possível que, no futuro, a prática venha a ser legalizada em nosso meio. Por essa razão, mais uma vez a opinião de Luciana Dadalto adquire extrema relevância, pois, para ela, seria possível, sim, a inclusão do pedido de eutanásia na diretiva antecipada de vontade, sendo que não produziria efeitos até que, eventualmente, a prática fosse legalizada em nosso sistema.[46]

Considerando que a diretiva antecipada de vontade refletiria em uma manifestação para o futuro e, ciente de que a legalização da eutanásia pode vir a acontecer em breve, parece, então, plenamente possível a inclusão deste pedido neste tipo de instrumento.

---

43. É o caso de Jeff Bezos, dono da *Amazon*, Peter Thiel, cofundador da *PayPal* e Larry Page, cofundador do *Google*.
44. Informação disponível em vários sites, inclusive no: https://mundoconectado.com.br/noticias/v/23137/novo-investimento-de-jeff-bezos-quer-descobrir-a-formula-da-imortalidade. Acesso em: 10 jan. 2023.
45. Disponível em: https://pt.wikipedia.org/wiki/Tel%C3%B4mero. Acesso em: 11 jan. 2023.
46. DADALTO, Luciana. *Testamento vital*. 6. ed. Indaiatuba-SP: Foco, 2022, p. 91.

Ao lado da eutanásia está o suicídio assistido.

O suicídio assistido seria a "retirada da própria vida com auxílio ou assistência de terceiros. O ato causador da morte é de autoria daquele que põe termo à própria vida. O terceiro colabora com o ato, seja prestando informações, seja colocando à disposição os meios e condições necessárias à prática".[47] É diferente da eutanásia, já que neste, a retirada da vida ocorre por ato do médico. Ainda que o suicídio assistido possa se desenvolver por meio de auxílio médico (chamado suicídio medicamente assistido), o ato sempre se dará por ato da própria pessoa.

O suicídio assistido também é legalizado em diversos lugares do mundo, tais como a Suíça, Holanda, Bélgica e alguns estados dos Estados Unidos da América, como a Califórnia.

Em moldes semelhantes ao que aqui se sustenta no caso de pedido de eutanásia, a previsão do suicídio assistido em uma diretiva antecipada de vontade também parece possível, para que produza efeitos a partir da sua eventual legalização no sistema jurídico brasileiro.

Aliás, um questionamento adicional se impõe: seria possível que uma pessoa acometida de alguma doença sem chance de cura realize uma diretiva antecipada de vontade prevendo o pedido do suicídio assistido e, a partir de então, siga para um país em que a prática é legalizada (no denominado "turismo do suicídio"[48])? E se uma pessoa a acompanhe na empreitada do suicídio assistido em país estrangeiro? Embora existam muitos reflexos jurídicos, tem-se que o estudo da territorialidade da lei penal pode ser um caminho para a resposta, afinal, a lei brasileira será aplicada somente aos crimes cometidos no território nacional (art. 5º). A extraterritorialidade, ou seja, a aplicação da lei brasileira a crimes cometidos no estrangeiro, apenas ocorreria caso seja cometido por brasileiro, mas que, concomitantemente, o ato também seja punível no país em que foi praticado (art. 7º, II, "b" c/c art. 7º, §2º, "b"). Nessa ordem de ideias, percebe-se que se uma pessoa brasileira decide se submeter ao suicídio assistido na Suíça, por exemplo, poderia se afirmar que o fato não poderia ser considerado criminoso no Brasil. A mesma lógica poderia ser aplicada ao acompanhante da pessoa que pretende se submeter ao suicídio assistido.

Dito isso, um alerta deve ser feito. A realização do suicídio assistido em diversos países perpassa por uma série de procedimentos específicos, sendo que, em muitos casos, a mera existência de diretiva antecipada de vontade pode não ser suficiente para a concretização do ato.

16.5.3 Previsão da obstinação terapêutica

A última especificidade a ser colocada a respeito do conteúdo das diretivas antecipadas de vontade seria o pedido de *obstinação terapêutica*, que "ocorre quando há

---

47. HADDAD, Sálvia de Souza. *Suicídio assistido por completed life*. Indaiatuba-SP: Foco, 2022, p. 21.
48. É conhecido como "turismo do suicídio" ou "turismo da eutanásia" o fato de estrangeiros viajarem para países cujas práticas são legalizadas, para que, lá, concretizem o ato.

prolongamentos desnecessários, que não trarão benefícios para o paciente em fase terminal".[49]

Trata-se de temática correlacionada com a *distanásia* (= morte ruim, além do tempo), que consistiria na "postergação sofrida da morte, prolongando-se o processo de morrer e não a vida propriamente dita",[50] com a manutenção daquela vida para além do tempo adequado e com procedimentos que não proporcionarão qualquer benefício ao paciente.

Relaciona-se, ainda, com o chamado *tratamento fútil*, que "é aquele que não apresenta nenhuma utilidade, não traz benefício ao enfermo ou à sua família, não produz qualquer efeito, sendo seu resultado indiferente para o quadro clínico ou para o bem-estar do paciente".[51]

Embora a obstinação terapêutica se relacione com a distanásia e com a futilidade médica, não se tratam de sinônimos, pois usa-se o "termo futilidade geralmente para designar tratamentos médicos inúteis; distanásia, para destacar o tempo da morte além do natural; e obstinação terapêutica quando se quer ressaltar a atuação equivocada da equipe médica".[52]

Por ir de encontro com a dignidade do paciente, a "distanásia deve ser compreendida como um 'não direito'",[53] e, por isso, caso alguma diretiva antecipada de vontade venha a conter previsões relacionadas à obstinação terapêutica, elas devem ser consideradas não escritas, na visão de Luciana Dadalto.[54]

Lado outro, se uma pessoa pretender vedar a obstinação terapêutica (ou a distanásia) ela seria cumprida independentemente de tal autodeterminação, pois, como aponta José de Oliveira Ascensão, tal previsão seria inútil, pois exprimiria "apenas aquilo a que o médico está obrigado pelas regras deontológicas, que se fundamentam na ética médica. Quando se exara que se não quer o prolongamento artificial da vida por meio de tratamentos excepcionais, que poderão eliminar um problema localizado mas que nada adiantam em relação ao estado de saúde global do paciente e agravam os seus sofrimentos, está-se proibindo a distanásia. Mas a proibição da distanásia resulta já das *leges artis*. O médico deve segui-las rigorosamente, pelo que nenhuma previsão desta ordem seria em rigor necessária".[55]

---

49. SILVA, Lucimeire Aparecida da; DADALTO, Luciana; PACHECO, Eduarda Isabel Hubbe. *Obstinação terapêutica*: quando a intervenção médica fere a dignidade humana. Disponível em: https://www.scielo.br/j/bioet/a/MhRpfFPjTYZMgjcvSfYM9gC/. Acesso em: 11 jan. 2023.
50. CABRAL, Hildeliza Lacerda Tinoco Boechat et al. *A obstinação terapêutica e a morte indigna à luz da normativa do CFM*. Disponível em: https://temasemsaude.com/wp-content/uploads/2018/12/18405.pdf. Acesso em: 11 jan. 2023.
51. CABRAL, Hildeliza Lacerda Tinoco Boechat et al. *A obstinação terapêutica e a morte indigna à luz da normativa do CFM*. Disponível em: https://temasemsaude.com/wp-content/uploads/2018/12/18405.pdf. Acesso em: 11 jan. 2023.
52. HADDAD, Sálvia de Souza. *Suicídio assistido por completed life*. Indaiatuba-SP: Foco, 2022, p. 16.
53. DADALTO, Luciana. *Testamento vital*. 6. ed. Indaiatuba-SP: Foco, 2022, p. 93.
54. DADALTO, Luciana. *Testamento vital*. 6. ed. Indaiatuba-SP: Foco, 2022, p. 93.
55. ASCENSÃO, José de Oliveira. As disposições antecipadas de vontade – o chamado "testamento vital". Disponível em: https://revista.direito.ufmg.br/index.php/revista/search/authors/view?givenName=Jos%-C3%A9%20de%20Oliveira&familyName=Ascens%C3%A3o&affiliation=&country=&authorName=Ascens%C3%A3o%2C%20Jos%C3%A9%20de%20Oliveira. Acesso em: 10 jan. 2023.

Isso significa que, se, por um lado, a pessoa quiser optar pela obstinação terapêutica em uma diretiva antecipada de vontade, ela não será válida. Por outro lado, se optar, de maneira expressa, que não quer a ela se submeter (ou seja, encerrando a sua vida no tempo certo), o dispositivo seria aplicado tal qual se não houvesse nenhuma disposição em tal sentido, já que reflete uma norma deontológica médica.

16.6 A FORMA DE REALIZAÇÃO DE UMA DIRETIVA ANTECIPADA DE VONTADE

Quanto ao procedimento para confecção de uma diretiva antecipada de vontade, o Enunciado 37 da I Jornada de Direito da Saúde do Conselho Nacional de Justiça, disciplina que "as diretivas ou declarações antecipadas de vontade, que especificam os tratamentos médicos que o declarante deseja ou não se submeter quando incapacitado de expressar-se autonomamente, devem ser feitas *preferencialmente* por escrito, por instrumento particular, com duas testemunhas, ou público, sem prejuízo de outras formas inequívocas de manifestação admitidas em direito".

De acordo com o referido Enunciado, existe uma certa liberdade na escolha do instrumento pelo qual as DAVs são admitidas no ordenamento jurídico brasileiro. São admitidas todas as formas inequívocas de manifestação de vontade. Ademais, há expressa menção de que elas serão feitas preferencialmente por escrito, mas não obrigatoriamente por escrito.

Embora se recomende a realização das diretivas através de instrumento público, sob aconselhamento médico e jurídico, a partir de um entendimento alargado, pensa-se é possível que elas se efetivem através de comunicação verbal ao médico, que as registrará no protocolo médico do paciente (art. 2º, § 4º, Res. 1.995/2012). Já que inexiste forma prevista em lei, a manifestação de vontade da pessoa poderia ser exercida de maneira livre, inclusive de maneira verbal, consoante previsão do artigo 107 do Código Civil.

Este não é, contudo, o posicionamento majoritário, já que a doutrina considera que será indispensável a sua confecção por escrito, mediante instrumento público ou privado.

Quanto ao número de testemunhas, a doutrina se divide. Luciana Dadalto sustenta a dispensabilidade de testemunhas, por se tratar de uma declaração unilateral de vontade.[56]

Já Ernesto Lippmann e Denise Souza de Queiroz acreditam que o documento "deve ser feito por escrito com, no mínimo, duas testemunhas que comprovem que o testador tinha pleno discernimento sobre o que escreveu. Para pacientes que estejam acometidos de moléstias graves ou degenerativas, o ideal é que uma dessas testemunhas seja o médico que esteja acompanhando o tratamento do testador/paciente, de modo que reste claro que o paciente foi bem esclarecido das suas escolhas".[57]

---

56. DADALTO, Luciana. *Testamento vital.* 6. ed. Indaiatuba-SP: Foco, 2022, p. 93.
57. LIPPMANN, Ernesto; QUEIROZ, Denise Souza de. Fim da vida humana: a fronteira entre o direito e o dever. In: SCALQUETTE, Ana Claudia (Coord.). *Biotecnologia, biodireito e liberdades individuais*: novas fronteiras da ciência jurídica. Indaiatuba-SP: Foco, 2019, v. 1, p. 243.

Lado outro, Adriana Dabus Maluf aduz que a diretiva antecipada de vontade, deve, "para que tenha maior visibilidade, ser elaborado em cartório, datado e assinado na presença de duas testemunhas em analogia ao que ocorre no testamento público, previsto no art. 1.876 do C, ou três testemunhas, no caso do testamento particular".[58]

16.7 A INCONVENCIONALIDADE/INCONSTITUCIONALIDADE DA RESOLUÇÃO 2.232/2019 DO CFM

O Conselho Federal de Medicina editou, na data de 17 de julho de 2019, a Resolução 2.232/19, que, ao regulamentar aspectos da recusa terapêutica, ampliou as hipóteses em que o profissional da saúde poderia desrespeitar a manifestação de vontade emanada pelo paciente.

Por esse instrumento, são fundamentos para a inobservância da diretiva antecipada de vontade: a) quando houver objeção de consciência do médico, aliada a uma situação de urgência e emergência (art. 10);[59] b) quando se estiver diante de situações de urgência e emergência que caracterizarem iminente perigo de morte (art. 11).[60]

O problema é que tais hipóteses podem vir a ganhar amplíssimo alcance conceitual, o que tornaria possível afirmar que em praticamente todo caso de diretiva antecipada de vontade poderia haver a denegação, pelo médico, da vontade livremente manifestada pelo paciente. A questão fica ainda mais dramática ao se perceber que as DAVs são voltadas principalmente aos casos envolvendo doenças incuráveis, as quais, por si, já poderiam caracterizar o referido iminente perigo de morte.

Levando em consideração tal fato, foi proposta a Arguição de Descumprimento de Preceito Fundamental – ADPF 642, visando a declaração de inconstitucionalidade da Resolução 2.232, de 2019, do Conselho Federal de Medicina – CFM, em razão da violação aos seguintes preceitos fundamentais: os princípios fundamentais da legalidade, da separação de poderes e do devido processo legislativo (art. 5º, II; art. 2º, *caput*, art. 5º, LIV), a limitação inconstitucional da dignidade da pessoa humana, da cidadania e da não discriminação, bem como os direitos fundamentais à liberdade, à igualdade, à saúde e à proibição de tortura ou tratamento desumano ou degradante, todos da Constituição Federal (art. 1º, incisos II e III; art. 3º, inciso IV; art. 5º, *caput* e incisos I, III; art. 6º, *caput*; art. 196).

---

58. MALUF, Adriana Caldas do Rego Freitas Dabus. *Curso de Bioética e Biodireito*. São Paulo: Almedina, 2020, p. 424.
59. Art. 10. Na ausência de outro médico, em casos de urgência e emergência e quando a recusa terapêutica trouxer danos previsíveis à saúde do paciente, a relação com ele não pode ser interrompida por objeção de consciência, devendo o médico adotar o tratamento indicado, independentemente da recusa terapêutica do paciente.
60. Art. 11. Em situações de urgência e emergência que caracterizarem iminente perigo de morte, o médico deve adotar todas as medidas necessárias e reconhecidas para preservar a vida do paciente, independentemente da recusa terapêutica.

Na doutrina, Luciana Dadalto considera que "essa norma viola o ordenamento jurídico brasileiro e, por isso, atualmente está *sub judice* no Supremo Tribunal Federal, onde tramitam a ADPF 618 e 642, ações que pleiteiam a declaração de inconstitucionalidade da referida resolução".[61]

Além do fundamento constitucional, quando e se ocorrer a efetiva internalização da Convenção Interamericana dos Direitos Humanos dos Idosos, poderá ocorrer a declaração de inconvencionalidade de qualquer preceito normativo que com ela colida. De fato, o melhor caminho a ser seguido parece ser o reconhecimento da inconstitucionalidade da normativa, tanto por controle concentrado, quanto difuso (enquanto a ADPF não é julgada), diante de tamanha ingerência na autodeterminação da pessoa.

Com a internalização da Convenção Interamericana dos Direitos Humanos da Pessoa Idosa no ordenamento jurídico brasileiro, a manifestação de vontade do paciente idoso quanto aos tratamentos médicos e cirúrgicos cabíveis deve ser respeitada, já que o artigo 11 da referida convenção é assertivo em prescrever tal direito. Aliás, tal disposição ingressaria no ordenamento jurídico com natureza de norma supralegal, orientando todas as demais normativas infraconstitucionais sobre o tema. Logo, eventual norma de hierarquia inferior eventualmente dissonante poderia ser objeto de *controle de convencionalidade* por parte dos juízes nacionais.

A esse respeito, "o certo é que de acordo com a orientação atual do STF os tratados de direitos humanos sobrepõem-se às normas ordinárias, servindo, também, de paradigma para o controle difuso de convencionalidade. Sua aplicação direta (e supralegal) na ordem jurídica brasileira dá-se, segundo comando dos próprios tratados de direitos humanos, levando em conta o princípio *pro homine*. Isso significa que, à luz das normas internacionais de proteção, tudo o que for mais favorável às pessoas tem prevalência sobre a ordem doméstica, o que também encontra amparo no art. 4º, II, da CF/88, que dispõe que a República Federativa do Brasil rege-se, nas suas relações internacionais, pelo princípio da 'prevalência dos direitos humanos'. Todos os tratados e convenções internacionais que prevejam determinado direito (ainda que mediato) às pessoas idosas prevalecem – naquilo que forem mais benéficos – às normas do direito interno e têm aplicação imediata na ordem jurídica doméstica".[62]

Nesse contexto, a aceitação, recusa ou interrupção voluntária a tratamentos médicos ou cirúrgicos, desde que precedida de informações claras e oportunas sobre as possíveis consequências e os riscos da sua decisão, seria um *direito fundamental* dotado de todas as características inerentes a essa categoria, isto é, irrenunciabilidade, inalienabilidade, imprescritibilidade e historicidade.[63]

---

61. DADALTO, Luciana. *Testamento vital*. 6. ed. Indaiatuba-SP: Foco, 2022, p. 25.
62. MAZZUOLI, Valério de Oliveira. Proteção internacional dos direitos dos idosos e reflexos no direito brasileiro. In: MENDES, Gilmar Ferreira et al. *Manual dos direitos da pessoa idosa*. São Paulo: Saraiva, 2017, p. 151.
63. SILVA, José Afonso da. *Curso de direito constitucional positivo*. 25. ed. São Paulo: Malheiros, 2005, p. 181.

Alguns poderiam se surpreender com tal afirmação, pelo fato de a Resolução não ostentar caráter de lei em sentido formal. No entanto, não seria necessário muito esforço de raciocínio para se perceber que, se é possível o controle até mesmo de leis em sentido formal (que possuem maior força normativa), com muito mais razão seria possível o controle de Resoluções (que possuem menor força normativa) emanadas pelo Conselho Federal de Medicina, simplesmente pelo fato de que tal entidade, embora tenha natureza jurídica de autarquia e personalidade jurídica de direito público,[64] obviamente deve obediência estrita à Constituição e às leis editadas pelo Poder Legislativo.

Dessa maneira, para serem dotadas de legalidade, as resoluções devem estar em consonância com todo o ordenamento jurídico, jamais podendo estabelecer critérios limitadores que a lei não estabeleceu, por ser vedado inovar no ordenamento jurídico.[65]

Qualquer ato normativo que vá de encontro ao direito à autodeterminação quanto aos tratamentos de saúde e aceitação das diretivas antecipadas de vontade deve ser considerado dissonante com a ordem jurídica nacional, e suscetível de ser impugnado pelo exercício do controle de constitucionalidade ou, com o advento da internalização da Convenção Interamericana dos Direitos Humanos dos Idosos, do controle de convencionalidade.

Como foi exatamente isso que a Resolução 2.232/2019 fez, ao limitar a autodeterminação de vontade do paciente, parece que o Conselho Federal de Medicina extrapolou seu poder regulamentar, acarretando séria violação a direitos fundamentais da pessoa idosa.

---

64. De acordo com o STF, no RE 539.224/CE, Relator: Min. Luiz Fux, DJe de 15.06.2012.
65. "O poder regulamentar não é poder legislativo, por conseguinte não pode criar normatividade que inove a ordem jurídica. Seus limites naturais situam-se no âmbito da competência executiva e administrativa, onde se insere. Ultrapassar esses limites importa em abuso de poder, usurpação de competências, tornando írrito o regulamento dele proveniente, e sujeito a sustação pelo Congresso Nacional (art. 49, V)". SILVA, José Afonso da. *Comentário Contextual à Constituição*. 3. ed. São Paulo: Malheiros, 2007. p. 484.

17
A CURATELA

17.1 A TUTELA DOS INCAPAZES E AS REGRAS PROTETIVAS

O ordenamento jurídico se preocupa bastante com a tutela das pessoas incapazes. E não poderia ser diferente, já que, se tal pessoa está impossibilitada de exprimir sua vontade de maneira válida, poderia ficar em situação de maior vulnerabilidade perante terceiros, que, eventualmente, poderiam estar mal-intencionados, buscando vantagens indevidas daquela pessoa.

Diante desse cenário, a própria lei define uma série de medidas aptas a amparar a pessoa incapaz.

A chamada *teoria da incapacidade* consiste, então, no conjunto de normas que visam tutelar os direitos de pessoas não dotadas de plena capacidade civil. E elas estão espalhadas por todo o ordenamento jurídico. No próprio Código Civil, ela estará presente em uma série de dispositivos esparsos, do início ao fim. Isso significa que toda passagem que constar distinções para a prática de atos por pessoas capazes ou incapazes, se estará diante da teoria das incapacidades.

O Código Civil dispõe que qualquer negócio jurídico apenas será válido quando praticado por agente capaz, se referir a um objeto lícito, possível, determinado ou determinável e, ainda, se apresentar da forma prescrita ou não defesa em lei (art. 104). Por ser assim, caso o agente não seja capaz, o ordenamento jurídico impõe consequências distintas, de acordo com o nível desta incapacidade (relativa ou absoluta). Se for praticado por pessoa absolutamente incapaz, o negócio jurídico correspondente será nulo (art.166, I, CC). Por outro lado, se for realizado por relativamente incapaz, será anulável (art. 171, I, CC). Neste último caso, o negócio: a) poderá ser confirmado pelas partes, salvo direito de terceiros (art. 172, CC); b) a incapacidade relativa de apenas uma das partes não pode ser invocada pela outra em benefício próprio; c) a incapacidade relativa de apenas uma das partes não aproveita aos cointeressados capazes, salvo se for indivisível o objeto do direito ou da obrigação comum (art. 105, CC).

Também existem diferenças quanto à disciplina da prescrição e decadência, a depender da incapacidade absoluta ou relativa.

A prescrição não correrá contra os absolutamente incapazes (isto é, contra os menores de 16 anos de idade) e nem entre curatelados e seus curadores, durante a curatela. Por outro lado, ela correrá contra os relativamente incapazes, que terão ação contra os seus assistentes ou representantes legais, que derem causa à prescrição, ou não a alegarem oportunamente (art. 195, CC). Os prazos decadenciais também não correrão contra os absolutamente incapazes (art. 198, I, 197, III e 208, CC). Já no caso dos relativamente incapazes, será de 4 anos o prazo de decadência para pleitear a anulação do negócio jurídico, contados a partir do dia em que cessar sua incapacidade (art. 178, III, CC).

Existe uma regra específica a respeito da capacidade para a realização de testamentos. No ponto, a capacidade para testar é aferida no momento de sua realização, sendo que as pessoas incapazes e as que não estiverem em pleno discernimento não possuem tal capacidade. Entretanto, tal regra é excepcionada ao maior de 16 anos de idade, que, mesmo sendo considerado relativamente incapaz (até o advento da maioridade), pode realizar testamentos de maneira válida (art. 1.860, CC). Porém, deve-se alertar que a incapacidade superveniente não invalida o testamento, nem o testamento de incapaz se valida com a superveniência da capacidade (art. 1.861, CC).

Também no campo sucessório, tem-se que o inventário pela via extrajudicial somente poderá se desenvolver quando todos os herdeiros forem capazes (art. 610, CPC/15).[1]

Menciona-se, ainda, que se uma pessoa incapaz vier a receber uma doação, sendo ela pura, dispensa-se a aceitação, pois o beneficiará (art. 543, CC).

Ademais, como as dívidas de jogo não obrigam ao pagamento, caso o incapaz curatelado as tenha voluntariamente adimplido, poderá recobrar tais valores, direito que não é atribuído ao capaz (art. 814, CC).

Lado outro, ninguém pode reclamar o que, por uma obrigação anulada, pagou a um incapaz, salvo se provar que reverteu em proveito dele a importância paga (art. 181, CC). Da mesma forma, o pagamento realizado a credor incapaz de quitar não será válido, salvo se, mais uma vez, o devedor provar que em benefício dele se reverteu a quantia (art. 310, CC). Até mesmo como derivação de tal lógica, a consignação em pagamento terá lugar quando o credor for incapaz de receber (art. 335, III, CC).

Além de tudo isso, o incapaz terá domicílio necessário, que corresponderá ao do seu representante ou assistente (art. 76, parágrafo único, CC) e sua confissão não terá qualquer eficácia, porque ele não pode dispor do direito a que se referem os fatos confessados (art. 213, CC).

No campo empresarial, dispõe o Código Civil que o incapaz poderá continuar o exercício de atividade empresarial quando devidamente assistido. Mas, nesse caso, deverá ser precedida de autorização judicial, que avaliará as circunstâncias e os riscos da empresa, bem como a conveniência em sua continuidade. Tal autorização pode ser posteriormente revogada pelo juiz, ouvido seu representante legal, e, ademais, não

---

1. Existe doutrina a respeito da possibilidade de se repensar a referida exigência no campo do inventário extrajudicial. Para mais informações: https://ibdfam.org.br/artigos/1779/%C3%89+poss%C3%ADvel+proceder+ao+invent%C3%A1rio+extrajudicial+com+herdeiro+incapaz%3F. Acesso em: 19 jan. 2023.

ficarão sujeitos ao resultado da empresa os bens que o incapaz já possuía, ao tempo da interdição, desde que estranhos ao acervo da pessoa jurídica, devendo tais fatos constar do alvará que conceder a autorização.

É bastante claro que o incapaz não poderá exercer a administração da sociedade, devendo estar assistido de seu representante legal[2] e, em tais casos, o capital social deve estar totalmente integralizado, sob pena de não ser possível o registro da empresa que envolva sócio incapaz nas Juntas Comerciais (art. 974, CC).

No campo da responsabilidade civil, caso o incapaz cause danos a terceiros, ele responderá pelo prejuízo apenas se as pessoas por ele responsáveis não tiverem obrigação de fazê-lo ou não dispuserem de meios suficientes, sendo que a indenização será equitativa e não poderá privá-lo do necessário para a sua subsistência ou das pessoas que dele dependerem (art. 928, CC).

Obviamente, a tutela dos incapazes vai muito além. No entanto, os pontos acima mencionados servem para demonstrar quão importante é a efetiva proteção de seus direitos.

17.2 A PERSONALIDADE JURÍDICA E A CAPACIDADE JURÍDICA

Tradicionalmente, a doutrina é firme em aduzir que a personalidade "pode ser definida como aptidão genérica para adquirir direitos e contrair obrigações ou deveres na ordem civil".[3] Atualmente, contudo, tal noção tem sido ampliada. É que, se analisada apenas sob a perspectiva tradicional, lhe poderia ser conferida a equivocada interpretação de que personalidade jurídica é sinônimo da aptidão de titularizar relações jurídicas,[4] quando, ao certo, existem entes despersonalizados, isto é, sem personalidade jurídica, que podem ser titulares de uma série de relações jurídicas. É o caso dos condomínios edilícios, da massa falida ou da sociedade de fato, os quais podem celebrar diversos contratos e participar de uma série de relações jurídicas (tributárias, trabalhistas etc.).

Diante disso, contemporaneamente entende-se, ao menos em relação aos seres humanos, que a personalidade jurídica será atribuída a toda pessoa, ao nascer, representando a aptidão para o exercício dos mais variados direitos fundamentais, bem como para sua defesa, no caso de violação. É o que ensinam Cristiano Chaves e Nelson Rosenvald, ao sustentarem que "de maneira mais realista e próxima da influência dos direitos fundamentais constitucionais, é possível (aliás, é necessário) perceber uma nova ideia de personalidade jurídica", para reputar "muito mais do que, simplesmente, poder ser sujeito de direitos", já que "titularizar a personalida-

---

2. CC, Art. 975. Se o representante ou assistente do incapaz for pessoa que, por disposição de lei, não puder exercer atividade de empresário, nomeará, com a aprovação do juiz, um ou mais gerentes. § 1º Do mesmo modo será nomeado gerente em todos os casos em que o juiz entender ser conveniente. § 2º A aprovação do juiz não exime o representante ou assistente do menor ou do interdito da responsabilidade pelos atos dos gerentes nomeados.
3. GONÇALVES, Carlos Roberto. *Direito Civil Brasileiro*: Parte geral. São Paulo: Saraiva, 2010, v. I, p. 94.
4. FARIAS, Cristiano Chaves; ROSENVALD, Nelson. *Direito das famílias*. Salvador: JusPodivm, 2017, p. 901.

de jurídica significa, em concreto, ter uma tutela jurídica especial, consistente em reclamar direitos fundamentais, imprescindíveis ao exercício de uma vida digna".[5] Em suas palavras, "além de servir como fonte de afirmação da aptidão genérica para titularizar relações jurídicas, a personalidade civil traduz o valor maior do ordenamento jurídico, servindo como órbita ao derredor da qual gravitará toda a legislação infraconstitucional. É valor ético, oriundo dos matizes constitucionais, especialmente a dignidade da pessoa humana".[6]

Por se tratar de um conceito pautado em premissas constitucionais, ele estará intrinsecamente afinado à dignidade da pessoa humana, de modo a viabilizar que a pessoa usufrua plenamente de todos os direitos que lhe garantam uma vida digna.

Conceito vinculado ao de personalidade é o de capacidade. Sem dúvida, ambos estão correlacionados, mas são inconfundíveis, já que "enquanto a personalidade tende ao exercício das relações existenciais, a capacidade diz respeito ao exercício de relações patrimoniais".[7]

Aliás, o Código Civil é inaugurado pela disposição de que "toda pessoa é *capaz* de direitos e deveres na ordem civil" (art. 1º), sendo que a "*personalidade civil* da pessoa começa do nascimento com vida; mas a lei põe a salvo, desde a concepção, os direitos do nascituro" (art. 2º). Por isso, a doutrina costuma afirmar que "a capacidade é a medida da personalidade".[8]

No entanto, se, por um lado, toda pessoa tem potencial aptidão de titularizar direitos, nem todos poderão exercer, pessoalmente, tais atos da vida civil. Isso porque a *capacidade jurídica* pode ser de duas ordens: a) capacidade para adquirir direitos – *capacidade de direito*/de gozo; b) capacidade de exercício/ação – *capacidade de fato*.

O simples fato de nascer com vida já garante a *capacidade de direito*, que está atrelada à própria ideia de personalidade. Porém, apenas aqueles considerados capazes poderão exercer, pessoalmente, os atos da vida civil e, desse modo, possuirão *capacidade de fato*. Por outro lado, os incapazes, isto é, os menores de 18 anos, os ébrios habituais, os viciados em tóxicos, aqueles que, por causa transitória ou permanente, não poderem exprimir sua vontade e os pródigos, embora possam titularizar direitos, necessitarão do auxílio de terceiros para exercitá-los. Em tais casos, os atos serão praticados com o apoio dos assistentes (no caso de relativamente incapazes) ou diretamente pelos representantes (quando absolutamente incapazes).

Aquele que possuir de maneira cumulativa a capacidade de direito e a capacidade de fato será considerado detentor de capacidade plena. Ao contrário, aquele que precisar da representação ou assistência terá uma capacidade limitada.

---

5. FARIAS, Cristiano Chaves; ROSENVALD, Nelson. *Direito das famílias*. Salvador: JusPodivm, 2017, p. 901.
6. FARIAS, Cristiano Chaves; ROSENVALD, Nelson. *Direito das famílias*. Salvador: JusPodivm, 2017, p. 902.
7. FARIAS, Cristiano Chaves; ROSENVALD, Nelson. *Direito das famílias*. Salvador: JusPodivm, 2017, p. 903.
8. GONÇALVES, Carlos Roberto. *Direito Civil Brasileiro*: Parte geral. São Paulo: Saraiva, 2010, v. I, p. 95.

Atualmente, com a reforma ocasionada pelo advento da Lei Brasileira de Inclusão da Pessoa com Deficiência – Estatuto da Pessoa com Deficiência (EPD), apenas os menores de 16 anos serão considerados absolutamente incapazes e, consequentemente, deverão ser representados. Todos os demais serão reputados como relativamente incapazes, devendo, por isso, serem meramente assistidos. Tal distinção apresenta importantíssimos reflexos práticos. Basta ver que, no caso de prática pessoal de atos pelos absolutamente incapazes, os negócios jurídicos serão considerados nulos (art. 166, I, CC) e, no caso dos relativamente incapazes, serão anuláveis (art. 171, I, CC).

Como se viu, a pessoa incapaz será sempre dotada de personalidade e da capacidade de direito. No entanto, para que possa exercer os atos da vida civil, sua capacidade de fato deverá ser suplementada através da tutela ou da curatela, institutos que se distinguem entre si, pelo fato de ser a tutela voltada para menores de 18 anos, enquanto a curatela é destinada para maiores de idade e, também, para o nascituro (art. 1.779, CC).

17.3 A LEGITIMAÇÃO

Em algumas situações, não obstante a pessoa seja plenamente capaz, ela não terá aptidão para a prática de alguns atos, pois lhe faltará legitimação. Para Silvio Rodrigues, "a falta de legitimação ocorre quando a lei, tendo em vista a posição peculiar de determinadas pessoas em face de um negócio, lhes proíbe de atuar em uma dada relação jurídica".[9] Seria o caso da vedação ao curador ou a qualquer pessoa que administre bens alheios de dar, em comodato, sem autorização especial, os bens confiados à sua guarda (art. 580, CC).

Por isso, o curador necessitará de autorização do juiz para propor em juízo as ações, ou nelas assistir o incapaz, e, ainda, para promover todas as diligências a bem deste, assim como defendê-lo nos pleitos contra ele movidos (art. 1.748, V, CC). No entanto, no caso de falta de autorização, a eficácia de ato depende da aprovação ulterior do juiz, que deverá sempre se pautar no *melhor interesse do curatelado*.

Sobre o tema, o STJ reputou válida outorga de procuração do curador a advogado contratado para prestação de serviços visando defesa do curatelado em ação judicial, mesmo sem autorização do juiz, ao entendimento de que a contratação ocorreu levando em consideração o melhor interesse do curatelado e, "sobretudo, por não ter havido a transferência da curatela propriamente dita, mas, apenas a gestão dos bens de propriedade dos cônjuges, bem como por ter sido buscado e atingido o melhor interesse da interditada".[10]

Portanto, personalidade, capacidade e legitimação são termos correlacionados, embora distintos.

---

9. RODRIGUES, Silvio. *Direito Civil*: Parte Geral. São Paulo: Saraiva, 2007, v. I, p. 51.
10. STJ, REsp 1705605/SC, Rel. Min. Nancy Andrighi, 3T, DJe de 26.02.2020.

17.4 A CURATELA E O ESTATUTO DA PESSOA COM DEFICIÊNCIA

Diante de uma maior tutela normativa dos direitos da pessoa com deficiência, em 2015 foi aprovada a Lei 13.146, denominada de Lei Brasileira de Inclusão da Pessoa com Deficiência (Estatuto da Pessoa com Deficiência), que trouxe relevantíssimas inovações no ordenamento jurídico pátrio.

E não poderia ser diferente. Afinal, havia forte dissonância entre o mandamento constitucional e a lei até então vigente, que seguia os corriqueiros padrões estigmatizados de tempos infelizmente não tão remotos.

Embora o Código Civil de 2002 tenha tido uma ligeira evolução linguística quando comparado ao Código Civil de 1916, persistiu com sérios problemas relacionados à temática. Se, por um lado, o CC/16 fixava que os "loucos de todo o gênero" (art. 5º, II) eram absolutamente incapazes – expressão esta que, por si, já manifesta toda a estigmatização existente naquele tempo –, o CC/02 incluiu na categoria de absolutamente incapazes os que, "por enfermidade ou deficiência mental, não tiverem o necessário discernimento para a prática desses atos" e como relativamente incapazes os "excepcionais, sem desenvolvimento mental completo".

Dessa forma, o Código Civil de 2002 já nasceu em dissonância com a Constituição da República de 1988, percepção que foi ainda mais evidenciada a partir da internalização da Convenção Internacional sobre Direitos das Pessoas com Deficiência e seu Protocolo facultativo, assinados em Nova York, em 30 de março de 2007 (Convenção de Nova York – aprovada pelo Decreto 6.949/2009 e pelo Decreto Legislativo 186/2008), pois tais documentos enfatizaram a necessidade de respeito à dignidade, inclusão e igualdade de todos os seres humanos.

A propósito, tal Convenção foi um dos únicos instrumentos internacionais sobre direitos humanos a serem internalizados seguindo-se os trâmites previstos no artigo 5º, §3º, da CR/88, ostentando, a partir de então, natureza de norma constitucional. E é notável que o Estado brasileiro assumiu o compromisso internacional e, rapidamente, realizou os procedimentos de internalização da Convenção, a demonstrar uma efetiva preocupação com a temática.

Posteriormente à internalização com caráter constitucional da Convenção de Nova York, o Estado brasileiro também aprovou, nos mesmos moldes previstos no artigo 5º, § 3º, da CR/88, o Tratado de Marraqueche (para facilitar o acesso a obras publicadas às pessoas cegas, com deficiência visual ou com outras dificuldades para ter acesso ao texto impresso, firmado em Marraqueche, em 27 de junho de 2013 – aprovada pelo Decreto 9.522/2018 e Decreto Legislativo 261/2015).

Portanto, os dois primeiros instrumentos internacionais sobre direitos humanos que foram aprovados na forma do artigo 5º, §3º, da CR/88, são destinados à regulamentação dos direitos da pessoa com deficiência: a Convenção de Nova York e seu protocolo facultativo e, ainda, o Tratado de Marraqueche. Por força disso, ambos possuem natureza de emenda constitucional e qualquer infringência às normas neles contidas serão consideradas não recepcionadas ou, se posteriores, eivadas de inconstitucionalidade.

Daí já se constata que seria questão de tempo uma abrangente alteração normativa no âmbito interno. Foi este o papel do Estatuto da Pessoa com Deficiência, que é destinado a assegurar e a promover, em condições de igualdade, o exercício dos direitos e das liberdades fundamentais por pessoa com deficiência, visando à sua inclusão social e cidadania. Tanto é assim que, de maneira expressa, seu fundamento maior é a Convenção sobre os Direitos das Pessoas com Deficiência e seu Protocolo Facultativo (art. 1º).

De acordo com seus termos, considera-se pessoa com deficiência aquela que tem impedimento de longo prazo de natureza física, mental, intelectual ou sensorial, o qual, em interação com uma ou mais barreiras, pode obstruir sua participação plena e efetiva na sociedade em igualdade de condições com as demais pessoas (art. 2º, EPD; art. 1º, Convenção de Nova York).

Pelo que se percebe, o Estatuto teve o grande mérito de eliminar qualquer presunção estigmatizada e preconceituosa de que pessoas com deficiência sejam incapazes. Muito pelo contrário. Hoje, o mote é assegurar a elas o exercício pleno e equitativo de todos os direitos humanos e liberdades fundamentais. Aliás, um dos princípios regentes dos direitos da pessoa com deficiência é o do "respeito pela dignidade inerente, a autonomia individual, inclusive a liberdade de fazer as próprias escolhas, e a independência das pessoas" (art. 3º, "a", Convenção de Nova York).

Por isso, a pessoa com deficiência tem assegurado o direito ao exercício de sua *capacidade legal* em igualdade de condições com as demais pessoas e, apenas quando necessário, será submetida à curatela, a qual constitui medida protetiva extraordinária, proporcional às necessidades e às circunstâncias de cada caso, e durará o menor tempo possível (art. 84, §§ 1º e 3º, EPD). Isso significa que a pessoa com deficiência será considerada incapaz pelas mesmas causas gerais previstas no Código Civil, nos moldes dos artigos 3º e 4º.

Derivando de tal entendimento, o Anteprojeto de reforma do Código Civil é expresso em consignar que "a deficiência física ou psíquica da pessoa, por si só, não afeta sua capacidade civil" (art. 4º-A).

Por isso, tal ótica se espraiou por todo o instituto da curatela, revelando, em qualquer hipótese, sua natureza excepcional e não coincidente com o fato da deficiência.

Para além da curatela, facultou-se à pessoa com deficiência a adoção de processo de tomada de decisão apoiada, que, embora seja tema correlato com a denominada "teoria das incapacidades", será justificada nos casos de plena capacidade da pessoa, que poderá optar por ter um apoiador.

Na linha da desjudicialização e facilitação do acesso à justiça, os tabeliães Rodrigo Reis Cyrino e Fernando Vieira sustentam que é plenamente possível que a curatela e a tomada de decisão apoiada se desenvolvam por meio extrajudicial, já que pautadas em requisitos objetivos que podem ser avaliados pelos próprios tabeliães, como laudos médicos, perícias, entrevistas, declarações das partes e do tabelião acerca da capacidade mental e física do curatelado. Para eles, com "a presença de requisitos objetivos de análise e também a ausência de qualquer dúvida na necessidade da interdição do sujeito, o que não trará quaisquer prejuízos, porque não pensar numa alternativa desjudicializante e desburocratizante desse procedimento".[11]

Embora tal possibilidade ainda não seja uma realidade em nosso sistema jurídico, realmente parece representar a tendência a ser seguida nos próximos anos.

17.5 PRINCIPAIS CARACTERÍSTICAS DA CURATELA

De acordo com a literatura, o instituto da curatela tem origem no direito romano, e deriva da expressão "*curare*, cuidar, olhar, velar. É um dos institutos de proteção aos incapazes, compondo a trilogia assistencial, ao lado da tutela e do poder familiar/guarda",[12] representando "o encargo conferido judicialmente a alguém para que zele pelos interesses de outrem, que não pode administrar seus bens e direitos em razão de sua incapacidade".[13]

A natureza da curatela é assistencial, visando a proteção daquela pessoa incapaz. Por isso, é um múnus público, referente a um encargo atribuído por lei a alguém,[14] e necessariamente reconhecido mediante ação judicial.

Uma das principais alterações ocasionadas pela Lei 13.146/2015 é a previsão de que, para além de representar uma medida extraordinária, a curatela afetará tão somente os atos relacionados aos direitos de natureza patrimonial e negocial, não alcançando o direito ao próprio corpo, à sexualidade, ao matrimônio, à privacidade, à educação, à saúde, ao trabalho e ao voto (art. 85, *caput*, §§ 1º e 2º).

Antes do advento da referida Lei, era corrente a afirmação de que a curatela voltava-se à regência da pessoa e dos bens do curatelado, o que não mais ocorre no atual cenário normativo, em que o curador terá por função apenas a *gestão do patrimônio e dos negócios*, em nada devendo influir sobre questões *existenciais* do curatelado, o qual, mesmo sendo reconhecidamente incapaz, deverá ter sua privacidade e autonomia existencial preservadas, seja para fazer sua opção profissional, educacional ou de voto, seja para escolher com quem irá se relacionar e até se casar ou formar união estável.

O Projeto de Lei 11.091/2018 visa regulamentar a omissão legislativa a respeito dos aspectos patrimoniais decorrentes do matrimônio, tais como a definição do regime de

---

11. CYRINO, Rodrigo Reis; VIEIRA, Fernando. A curatela ou interdição e a tomada de decisão apoiada extrajudicial e sua prática: uma possibilidade de desjudicialização como efetivação do princípio da dignidade da pessoa humana e da duração razoável do processo. In: DEBS, Martha El (Coord.). *O registro civil na atualidade* – a importância dos ofícios da cidadania na construção da sociedade atual. Salvador: JusPodivm, 2021, p. 1369.
12. PEREIRA, Rodrigo da Cunha. *Dicionário de Direito de Família e Sucessões*. São Paulo: Saraiva, 2018, p. 223.
13. PEREIRA, Rodrigo da Cunha. *Dicionário de Direito de Família e Sucessões*. São Paulo: Saraiva, 2018, p. 223.
14. DIAS, Maria Berenice. *Manual de Direito das Famílias*. São Paulo: Ed. RT, 2015, p. 682.

bens e realização de pactos antenupciais. Nele, tais questões também estariam dentro do âmbito de responsabilidade do curador, ao descrever que a curatela "afeta tão somente os atos relacionados aos direitos de natureza patrimonial e negocial, nesses abrangidos os pactos antenupciais e o regime de bens, não alcançando os direitos ao próprio corpo, à sexualidade, ao matrimônio ou à união estável, à privacidade, à educação, à educação, ao trabalho e ao voto".[15] Nada mais do que correto, afinal, se não fosse assim estaria nas mãos do próprio incapaz a escolha sobre uma questão patrimonial tão importante. Lembrando que esta pessoa está impossibilitada de exercer pessoalmente os atos da vida civil que tenham repercussão patrimonial e negocial, o que inclui os efeitos patrimoniais do matrimônio ou da constituição de união estável.

De modo geral, a doutrina afirma que "a curatela não pode implicar supressão da autonomia pessoal, devendo a atuação do curador ser restrita àqueles aspectos em que a livre manifestação de vontade do curatelado poderia efetivamente lhe trazer prejuízo injustificado".[16]

Entretanto, existe forte corrente doutrinária que considera possível excepcionar a regra descrita no artigo 85 do EPD, visando, com isso, incluir também as questões de natureza existencial no campo da curatela. De acordo com esta corrente doutrinária, a qual este livro se filia, para que haja uma adequada proteção dos direitos da pessoa curatelada, seu grau de higidez mental, inclusive para as suas próprias escolhas existenciais, deve ser objeto de análise casuística.

Na opinião de Anderson Schreiber, a regra que define que a curatela não incidirá sobre questões existenciais "precisa ser vista com cautela",[17] pois "a preservação da autonomia existencial deve se dar na medida do possível, sendo certo que, em determinadas situações, a deficiência intelectual impedirá totalmente o exercício da autonomia, sendo necessário transferir a prerrogativa de determinadas escolhas a um terceiro, que deverá atuar sempre no interesse do curatelado".[18]

Justamente por conta desse cenário, onde o curatelado pode precisar de assistência inclusive para a prática de atos de natureza existencial, no ano de 2018 foi aprovado o Enunciado 637, por ocasião da VIII Jornada de Direito Civil promovida pelo CJF, admitindo "a possibilidade de outorga ao curador de poderes de representação para alguns atos da vida civil, inclusive de natureza existencial, a serem especificados na sentença, desde que comprovadamente necessários para proteção do curatelado em sua dignidade".

A possibilidade de ampliação da curatela para questões existenciais também é afirmada pelo STJ, ao afirmar que "a interpretação conferida aos arts. 84 e 85 da Lei

---

15. Disponível em: https://www.camara.leg.br/proposicoesWeb/fichadetramitacao?idProposicao=2187924. Acesso em: 19 jan. 2023.
16. SCHREIBER, Anderson. *Manual de Direito Civil Contemporâneo*. São Paulo: Saraiva, 2020, p. 1337.
17. SCHREIBER, Anderson. *Manual de Direito Civil Contemporâneo*. São Paulo: Saraiva, 2020, p. 1339.
18. SCHREIBER, Anderson. *Manual de Direito Civil Contemporâneo*. São Paulo: Saraiva, 2020, p. 1339.

13.146/2015 objetiva impedir distorções que a própria Lei buscou evitar, mostrando-se adequada a extensão da curatela não apenas aos atos negociais e patrimoniais, mas também a outros atos da vida civil, excepcionalmente e de forma fundamentada, com o propósito de proteger o curatelado diante das especificidades do caso concreto, conforme se observa na situação em apreço".[19]

Tal possibilidade também consta no Anteprojeto de Reforma do Código Civil, ao mencionar que "a curatela pode atingir atos de natureza existencial de modo excepcional, quando houver fundado risco de danos à vida e à saúde do próprio curatelado ou de terceiros" (art. 1.781-C, § 2º).

Portanto, ainda que em caráter excepcionalíssimo e casuístico (em razão da previsão do artigo 85 do EPD), a curatela poderá atribuir ao curador a decisão a respeito de questões existenciais do curatelado, embora tal medida imponha ao magistrado um dever de fundamentação mais amplo, notadamente a respeito de que o melhor interesse do curatelado estaria sendo mais bem prestigiado naquela hipótese específica. Como derivação lógica, o mesmo dever é imposto àquele que postular em juízo por esta curatela sobre questões existenciais, que deverá requer de maneira específica quais poderes o curador terá em tal âmbito (ex. sobre questões de saúde, para que realize agendamentos, cancelamentos ou remarcações de consultas médicas). Pensa-se que não seria adequado, a princípio, se estabelecer uma "carta branca" de todos os direitos existenciais ao curador, devendo o magistrado na decisão judicial delimitar quais direitos seriam estes.

Por isso, não mais parece se adequar ao sistema jurídico brasileiro a mera definição de que a curatela é parcial ou total, devendo ocorrer uma justificação da sua amplitude. Em caso de omissão, o recurso de embargos de declaração pode ser utilizado para tal finalidade.

Por oportuno, menciona-se que a curatela do pródigo será sempre limitada a questões patrimoniais, dispondo o artigo 1.782 do Código Civil que, neste caso, "só o privará de, sem curador, emprestar, transigir, dar quitação, alienar, hipotecar, demandar ou ser demandado, e praticar, em geral, os atos que não sejam de mera administração".

Sob o aspecto formal, existe uma ordem prevista em lei para a nomeação do curador. Em primeiro lugar, o cônjuge ou companheiro, não separado judicialmente ou de fato. Na falta, seguem-se: o pai ou a mãe e, na ausência, o descendente que se demonstrar mais apto, sendo que os mais próximos precedem aos mais remotos (por exemplo, os

---

19. "Recurso especial. Direito civil. Direito de família. Estatuto da pessoa com deficiência. Incapacidade relativa. Curatela. Outros atos da vida civil. Extensão. Caráter excepcional. Cabimento. 1. A controvérsia está relacionada com a possibilidade de extensão da curatela, em caráter excepcional e devidamente fundamentada, para outros atos da vida civil, que não apenas os de natureza patrimonial e negocial. 2. Na hipótese, não há discussão acerca da incapacidade relativa do curatelado. 3. A interpretação conferida aos arts. 84 e 85 da Lei 13.146/2015 objetiva impedir distorções que a própria Lei buscou evitar, mostrando-se adequada a extensão da curatela não apenas aos atos negociais e patrimoniais, mas também a outros atos da vida civil, excepcionalmente e de forma fundamentada, com o propósito de proteger o curatelado diante das especificidades do caso concreto, conforme se observa na situação em apreço. 4. Recurso especial não provido". REsp 2.013.021/MG, Rel. Min. Nancy Andrighi, Rel. para acórdão Min. Ricardo Villas Bôas Cueva, 3T, DJe de 11.12.2023.

filhos preferem aos netos, e netos aos bisnetos). Na falta das pessoas mencionadas, competirá ao juiz a escolha do curador (art. 1.775, CC).

O Anteprojeto de Reforma do Código Civil consigna um parágrafo adicional ao artigo 1.775, reputando que "poderá o juiz afastar a ordem prevista neste artigo e nomear como curador pessoa com quem o curatelado mantenha maior vínculo de convivência e afetividade, ainda que não seja parente" (§ 4º).

O curador responderá pelos prejuízos que, por culpa ou dolo, causar ao curatelado, mas terá direito de ser indenizado pelo que despender no exercício da função e a receber remuneração proporcional à importância dos bens administrados (art. 1.752, CC). Por óbvio, apenas não terá direito à remuneração se o curatelado não possuir nenhum patrimônio a ser gerido, o que agora consta expressamente no Anteprojeto de Reforma do Código Civil.

São solidariamente responsáveis pelos prejuízos as pessoas às quais competia fiscalizar a atividade do tutor e as que concorreram para o dano (art. 1.752, § 2º, CC).

No caso, a atividade profissional e remunerada da curatela parece uma realidade não tão distante do nosso cenário fático e jurídico, principalmente diante da maior expectativa de vida do brasileiro. Contudo, em tais casos, parece ser fundamental que a prestação de contas e a fiscalização da atividade exercida sejam ainda mais enfáticas e detalhadas, para que seja inibida a prática de violências, crimes e as mais diversas fraudes contra a pessoa idosa, como representado no filme "Eu me importo" (distribuído pela Netflix, de 2021), que trata justamente sobre o tema da curatela profissional, as nuances do sistema de justiça americano e o desrespeito dos direitos da pessoa idosa.

Especificamente sobre a curatela profissional, Nelson Rosenvald opina que "para um futuro próximo, podemos antever a autocuratela sendo realizada de forma remunerada, mediante negócio jurídico bilateral de mandato, tendo como destinatários profissionais liberais ou pessoas jurídicas que possuam 'expertise' no sentido de propiciar os melhores consultores financeiros e outros especialistas em cuidados. Além da questão demográfica (crescimento exponencial da população de idosos e consequentemente de doenças degenerativas), muitas pessoas adoecem sem ter uma família – ou ao menos pessoas confiáveis por perto – e anseiam pela canalização dos seus rendimentos para a fiel execução de suas instruções sobre a qualidade de vida que anseia. Abre-se aí mais uma oportunidade de mercado".[20]

No caso de pessoa em situação de institucionalização, o juiz deve preferir nomear como curador aqueles que tenham vínculo de natureza familiar, afetiva ou comunitária com o curatelado (art. 85, § 3º, EPD).

Finalmente, vale mencionar que o regramento da tutela é aplicável à curatela, com as modificações necessárias, de acordo com o artigo 1.774 do Código Civil.

---

20. ROSENVALD, Nelson. *Os confins da Autocuratela*. Disponível em: https://ibdfam.org.br/artigos/1213/Os+-confins+da+autocuratela. Acesso em: 19 jan. 2023.

17.6 CURATELA *VERSUS* CURADORIAS

A curatela não se confunde com "algumas hipóteses especiais de curadoria previstas no ordenamento jurídico",[21] já que as "curadorias dizem respeito à designação de alguém para representar o interesse de outrem (pessoa determinada ou indeterminada) em algumas situações específicas. São pontuais e episódicas, de cunho meramente funcional, não se destinando à proteção específica de pessoas humanas".[22]

Tais curadorias podem ser de natureza processual ou material. No campo processual, existe a figura da curadoria especial, cuja nomeação será feita: a) ao ausente, se não o tiver (art. 671, I, CPC/15); b) ao incapaz, se não tiver representante legal ou se os interesses deste colidirem com os daquele, enquanto durar a incapacidade; c) ao réu preso revel; d) ao réu revel citado por edital ou com hora certa, enquanto não for constituído advogado (art. 72, CPC/15). A curadoria especial é uma das funções institucionais da Defensoria Pública, conforme artigo 4º, XVI, da Lei Complementar 80/1994 e, por isso, é "vedado o recebimento de honorários pelo desempenho de tal função".[23]

No campo material, "o Código Civil também apresenta algumas hipóteses de curadoria, como nos arts. 22 (curadoria dos bens do ausente), 1.733, § 2º (curadoria dos bens deixados em favor de um menor) e 1.819 (curadoria da herança jacente)".[24]

17.7 A CURATELA COMPARTILHADA

Uma das novidades trazidas pela Lei 13.146/2015 (Estatuto da Pessoa com Deficiência) foi a possibilidade jurídica da curatela compartilhada entre duas ou mais pessoas. Nesses moldes, de acordo com o art. 1.775-A do CC, na nomeação de curador para a pessoa com deficiência, o juiz poderá estabelecer curatela compartilhada a mais de uma pessoa. Aliás, não necessariamente será limitada a duas pessoas, já tendo o Tribunal de Justiça de São Paulo conferido curatela compartilhada a três pessoas.[25]

Tal inovação legislativa tem por finalidade propiciar a defesa dos melhores interesses do curatelado e, com isso, visa aglutinar as habilidades de mais de uma pessoa na consecução da representação da pessoa incapaz.

Na prática, o próprio juiz poderá definir quais os limites da atuação de cada um, justamente para privilegiar as habilidades individuais dos curadores. Mas, também poderá estabelecer que ambos terão a aptidão de praticar os mesmos atos.

Por isso, é essencial que os possíveis curadores em uma curatela compartilhada não tenham conflito entre si, ou, ao menos um que não seja tão significativo, a ponto

---

21. FARIAS, Cristiano Chaves; ROSENVALD, Nelson. *Direito das famílias*. Salvador: JusPodivm, 2017, p. 912.
22. FARIAS, Cristiano Chaves; ROSENVALD, Nelson. *Direito das famílias*. Salvador: JusPodivm, 2017, p. 912.
23. STJ, AgInt no REsp 1236864/RS, Rel. Ministro Raul Araújo, 4T, DJe de 20.10.2017.
24. FARIAS, Cristiano Chaves; ROSENVALD, Nelson. *Direito das famílias*. Salvador: JusPodivm, 2017, p. 912.
25. Conforme decisão disponível em: https://ibdfam.org.br/index.php/noticias/7585. Acesso em: 19 jan. 2023.

de prejudicar o próprio exercício do encargo, em detrimento do melhor interesse do curatelado.

Ademais, na prática pode ser que o juiz defina que um dos curadores exercerá funções relacionadas à administração do patrimônio e o outro alguma questão de cunho existencial ou, ainda, na realização material de cuidados. Nesse caso, percebe-se a necessidade de um verdadeiro trabalho conjunto entre eles, pois é certo que, para a realização plena dos cuidados com o incapaz, é fundamental o dispêndio de dinheiro (ex. com empregados domésticos, medicamentos, alimentação adequada, vestuário etc). Por isso, se repassados valores mensais ao curador responsável pelos cuidados, pode ser interessante se pensar em uma prestação de contas interna entre eles, visando, com isso, facilitar a prestação de contas que deve ser feita em juízo periodicamente (que deverá ser realizada pelo curador responsável pela administração patrimonial).

17.8 A CURATELA PROVISÓRIA

A depender do nível de incapacidade de determinada pessoa, a urgência na definição de um curador será ínsita à própria situação, sob pena de seus direitos não serem adequadamente protegidos.

Diante disso, é plenamente possível que o legitimado para a propositura da ação objetivando a decretação da curatela já postule, logo na petição inicial, a concessão de uma tutela provisória de urgência. É o que fixa o artigo 749, parágrafo único, do CPC/15, ao prever que "justificada a urgência, o juiz pode nomear curador provisório ao interditando para a prática de determinados atos". Além disso, defere-se ao juiz a possibilidade de concessão de ofício da curatela provisória, ouvido o Ministério Público (art. 87, EPD).

Por certo, a concessão da curatela provisória exige a reversibilidade da medida e, diante disso, o STJ entendeu que não competirá, salvo autorização judicial, ao curador provisório, mas apenas ao definitivo, propor ação de dissolução do vínculo conjugal em nome do curatelado. Para o Tribunal, a nomeação do curador provisório "deve delimitar os atos que poderão ser praticados" e tem por escopo permitir que alguém "exerça atos de gestão e de administração patrimonial de bens e direitos do interditando e que deve possuir, em sua essência e como regra, a ampla e irrestrita possibilidade de reversão dos atos praticados".[26]

17.9 A CURATELA PRORROGADA OU EXTENSIVA

A curatela prorrogada ou extensiva é aquela que é ampliada para a figura dos filhos menores de idade do curatelado. Trata-se de uma opção legislativa definida pelo artigo 1.778 do CC, ao dispor que "a autoridade do curador estende-se à pessoa e aos bens

---

26. STJ, REsp 1645612/SP, Rel. Min. Nancy Andrighi, 3T, DJe de 12.11.2018.

dos filhos do curatelado", até o advento da maioridade. O instituto se assemelha ao que ocorria no direito romano, onde a curatela "visava não apenas a proteção do incapaz, mas também a de seus futuros herdeiros".[27]

Também ao nascituro existe tal possibilidade, pois consta no artigo 1.779 do Código Civil que "dar-se-á curador ao nascituro, se o pai falecer estando grávida a mulher, e não tendo o poder familiar", e o parágrafo único consigna que "se a mulher estiver interdita, seu curador será o do nascituro". No Anteprojeto de reforma do Código Civil, tal dispositivo tem proposta de alteração, para constar que "se a mulher grávida estiver sob curatela ou tiver menos de 16 anos de idade, o seu curador ou representante será o do nascituro".

Para Paulo Nader, a curatela prorrogada ou extensiva teria por finalidade evitar "divergência de orientação entre os protetores a condução dos interesses",[28] o que seria muito mais fácil caso se definisse uma mesma pessoa para o exercício do encargo.

O CPC/15 fixa que, caso a pessoa curatelada tenha a guarda ou a responsabilidade de incapaz, no momento da sentença, o juiz atribuirá a curatela a quem melhor puder atender aos interesses tanto do curatelado quanto do incapaz (art. 755, § 2º).

17.10 AS PESSOAS QUE NÃO PODEM SER CURADORAS

O curador deve ter conduta compatível com a própria atuação do encargo, que, como visto, se referirá à gestão patrimonial e negocial da pessoa incapaz. Como exercerá os atos da vida civil em nome de outrem, o curador deve ter a livre administração de seus próprios bens, já que, caso não tenha condições de gerir o seu próprio patrimônio, isso já seria um indicativo de que ele não teria condições de gerir o de terceiros.

Da mesma forma, aqueles que tenham demanda contra o curatelado, ou tiverem obrigações pendentes em relação a ele, não terão condições de exercer a curatela. Por óbvio, também não poderão ser curadores o inimigo do curatelado, os condenados por crime de furto, roubo, estelionato, falsidade, contra a família ou os costumes, tenham ou não cumprido pena, as pessoas com mau procedimento, ou falhas em probidade, ou culpadas de abuso na curatela anterior e, além disso, aqueles que exercem função pública incompatível com a boa administração da curatela (art. 1.735, CC).

No Anteprojeto de reforma do Código Civil, existe proposta de revogação de diversos incisos do artigo 1.735, permanecendo o impedimento para o exercício da curatela apenas aos que mantiverem conflito de interesses com o curatelado e, ainda, tenham comportamento contrário ao melhor interesse da pessoa a ser protegida.

Quanto à escusa da curatela, o Código Civil a admite nas seguintes situações: pelas mulheres casadas, pelos maiores de sessenta anos, pelos que tiverem sob sua autoridade

---

27. P PEREIRA, Rodrigo da Cunha. *Dicionário de Direito de Família e Sucessões*. São Paulo: Saraiva, 2018, p. 223.
28. NADER, Paulo. *Curso de direito civil*: Família. Rio de Janeiro: Forense, 2016, p. 890.

mais de três filhos, pelos impossibilitados por enfermidade, por aqueles que habitarem longe do lugar onde se haja de exercer a curatela, por aqueles que já exercerem tutela ou curatela e, por fim, pelos militares em serviço (art. 1.736). Além disso, quem não for parente do curatelado não poderá ser obrigado a aceitar, se houver no lugar, parente idôneo, consanguíneo ou afim, em condições de exercê-la (art. 1.737).

Não é necessário grande esforço de raciocínio para perceber que tal regulamentação legal pauta-se em algumas premissas não mais consentâneas com os dias atuais. É o caso, por exemplo, da previsão sexista de que as mulheres casadas podem se escusar do encargo, em nítido descompasso com a previsão constitucional no sentido de que "os direitos e deveres referentes à sociedade conjugal são exercidos igualmente pelo homem e pela mulher" (art. 226, § 5º, CR/88). Ainda que assim não fosse, a razão pareceria estar com Paulo Nader, no sentido de que a regra que prevê a escusa da mulher casada não se aplica à curatela, pois o cônjuge ou companheiro será o curador de pleno direito do incapaz (art. 1.775, CC).[29] Também a previsão a respeito da escusa pela pessoa com mais de sessenta anos de idade parece em dissintonia com a atualidade e pode carregar consigo um alto viés etarista.

Ideal, portanto, que o texto do artigo 1.736 do CC receba interpretação condizente com o momento histórico ao qual atualmente nos encontramos, no qual a igualdade de gêneros e o respeito à autonomia de pessoas idosas, por exemplo, são estruturantes do nosso sistema jurídico.

Tanto é assim que consta no Anteprojeto de Reforma do Código Civil a revogação de todas essas hipóteses expressas de escusa, permanecendo apenas a previsão mais genérica (e adequada) de que o tutor (e curador) pode escusar-se do seu exercício mediante declaração expressa e motivada. Para o Anteprojeto, não haverá o trâmite procedimental e a observância dos prazos atualmente existentes nos artigos 1.738 a 1.739 do Código Civil, aos quais também serão revogados.

Entretanto, como ainda é apenas uma proposta de revogação, persiste o regramento vigente, que estabelece que a escusa deverá ser apresentada nos dez dias subsequentes à designação, sob pena de entender-se renunciado o direito de alegá-la; se o motivo escusatório ocorrer depois de aceita a curatela, os dez dias contar-se-ão do momento em que ele sobrevier (art. 1.738, CC).

Questão controvertida poderá ocorrer no caso de recusa da escusa pelo juiz, pois, de acordo com o artigo 1.739 do CC, a pessoa será nomeada curadora (mesmo contra a sua vontade), respondendo desde logo pelas perdas e danos que causar ao curatelado. Sem dúvida, tal opção legislativa poderá revelar prejuízo ao próprio curatelado, colocando-o em condição de vulnerabilidade e em potencial situação de vítima das mais variadas formas de violência. Por isso, a análise deve ser realizada com bastante rigor pelo magistrado, para que, de fato, o melhor interesse do curatelado seja garantido e

---

29. NADER, Paulo. *Curso de direito civil*: Família. Rio de Janeiro: Forense, 2016, p. 889.

que, preferencialmente, haja a escolha do curador entre aquelas pessoas que queiram exercer tal múnus.

Por isso, adequada a proposta de revogação de tais dispositivos, pois se uma pessoa não quer mais exercer a função de curadora, melhor que o juiz simplesmente analise o motivo e, desde logo, já nomeie um substituto, ainda que provisório, até que haja se encontre a pessoa mais idônea para o exercício definitivo da curatela.

Por certo, existem situações limítrofes em que não existe uma outra pessoa da família que possa exercer o encargo de curador. Para tais situações, o direito precisa encontrar saídas práticas para que o patrimônio do curatelado permaneça protegido. A possibilidade de curatela por pessoas contratadas para tal finalidade e que serão remuneradas com o próprio patrimônio a ser gerido, é um caminho que deve sempre ser ponderado pelo juiz. Como ainda não existem empresas especializadas nesse segmento, a nomeação de contadores ou administradores pode ser um caminho.

17.11 A AÇÃO DE CURATELA

O procedimento da ação de curatela é regulamentado de modo mais detalhado no Código de Processo Civil de 2015, sendo catalogado como um procedimento especial.

Contudo, o CPC/15 afastou a nomenclatura mais contemporânea e utilizada pela Lei 13.146/2015 (Estatuto da Pessoa com Deficiência) e repetiu o *nomen iuris* antes corriqueiro para este tipo de ação judicial: ação de interdição. A simples manutenção do nome parece ter criado um sistema dual na curatela: um, mais protetivo, de direito material, e outro, voltado com os olhos para o passado, de direito processual.

No entanto, diante da excepcionalidade da medida, parece que o nome mais adequado para se referir a esse tipo de procedimento judicial será "ação de curatela", para deixar clara a alteração no viés interpretativo do próprio instituto (que não deve, sequer de longe, seguir os padrões estigmatizados de outros tempos).

É certo que o nome dado a determinado tipo de ação não encontra relevância na ciência processual, pois o que verdadeiramente importa são os elementos identificadores da demanda, isto é, as partes, o pedido e a causa de pedir. Mas, mesmo assim, utilizar-se a expressão ação de curatela parece ser mais consentâneo com os novos tempos, até porque, na verdade, este é o nome do próprio pedido que ela veicula. Tal posicionamento parece contar com a adesão da jurisprudência do Tribunal de Justiça do Rio Grande do Sul, por exemplo, pois diversos julgados afirmam que "as novas disposições do Código de Processo Civil de 2015 devem ser interpretadas à luz do Estatuto da Pessoa com Deficiência (Lei 13.146/15), que, reitero, extirpou do nosso ordenamento a nomenclatura da interdição", como aquele relatoriado pelo Em. Desembargador Rui Portanova.[30]

---

30. TJRS, ED: 70072231657 RS, Rel: Rui Portanova, 8 CCível, DJe de 17.03.2017.

A ação de curatela tem duas finalidades: a) a fixação da curatela, com a definição do seu alcance; b) a nomeação de um curador, com a previsão de suas atribuições legais.

A curatela será regida pelo *princípio do melhor interesse do incapaz*, inclusive em relação à competência para o processamento da ação. Para o STJ, "nos processos que envolvam curatela deve prevalecer o interesse da pessoa interditada em detrimento de quaisquer outras questões, podendo ser mitigado, inclusive, o princípio da *perpetuatio jurisdictionis*, previsto no art. 87 do CPC, segundo o qual a competência se define no momento da propositura da ação, sendo irrelevantes as modificações do estado de fato ou de direito ocorridas posteriormente, salvo quando suprimirem o órgão judiciário ou alterarem a competência em razão da matéria ou da hierarquia".[31]

No que toca à legitimidade, a ação de curatela poderá ser promovida pelo cônjuge ou companheiro, pelos parentes ou tutores, pelo representante da entidade em que se encontra abrigado o interditando ou pelo Ministério Público (art. 747, CPC/15).

A legitimidade do Ministério Público, entretanto, será supletiva, competindo a ele promover a ação no caso de doença mental grave e, se não existirem as demais ou, se existindo, forem incapazes (art. 748, CPC/15). De todo modo, quando não atuar como parte, o Ministério Público atuará como fiscal da ordem jurídica (*custus iuris*).

Em recente julgado paradigmático e com uma inédita abordagem a respeito da incapacidade fática (que ocorre quando uma pessoa é faticamente incapaz para os atos da vida civil, mas ainda não tem nenhuma decisão judicial assim reconhecendo), o STJ consignou que o Ministério Público deve ser intimado para participar em processos que envolva pessoa incapaz de fato. No caso julgado, entendeu o Tribunal da Cidadania que a única pessoa legitimada para a propositura da respectiva ação de curatela era o Ministério Público, por ter conflito de interesse com os demais legitimados para a ação. Veja a ementa:

---

31. Conflito negativo de competência interdição. Curatela. Ação de prestação de contas. Princípio do melhor interesse do incapaz. Mitigação do princípio da *perpetuatio jurisdictionis* (art. 87 do CPC). Inaplicabilidade. Hipótese em que a interdita já é falecida. Conflito conhecido. 1. O Superior Tribunal de Justiça firmou entendimento de que nos processos que envolvam curatela deve prevalecer o interesse da pessoa interditada em detrimento de quaisquer outras questões, podendo ser mitigado, inclusive, o princípio da perpetuatio jurisdictionis, previsto no art. 87 do CPC, segundo o qual a competência se define no momento da propositura da ação, sendo irrelevantes as modificações do estado de fato ou de direito ocorridas posteriormente, salvo quando suprimirem o órgão judiciário ou alterarem a competência em razão da matéria ou da hierarquia. 2. Referido entendimento tem como pressuposto o melhor acesso do juiz ao interdito, zelando por seus interesses, consoante dispõe o princípio do melhor interesse do incapaz. Em demandas desse jaez é recomendável, no curso da instrução probatória, o contato direto do magistrado com o curatelado, para que o julgador possa extrair de forma mais acurada conclusões acerca de toda situação que circunda o exercício do munus da curatela, salvaguardando toda e qualquer necessidade do interditado. 3. A hipótese comporta solução diversa, tendo em vista que a ação de prestação de contas pela curadora foi manejada após o falecimento da interdita, circunstância que recomenda a manutenção da regra de estabilização da lide insculpida no artigo 87 do CPC, e a observância do art. 919 do CPC. 4. Conflito conhecido para declarar competente o suscitado, o Juízo de Direito da Primeira Vara Cível, Família, Sucessões, Infância e Juventude de Itapaci – GO. (STJ, CC 134.097/DF, Rel. Ministro Raul Araújo, DJe de 05.11.2015).

Civil. Processual civil. Direito de família. Ação de obrigação de fazer ajuizada em face de ex-cônjuge e filhos. Pretensão de obtenção de acolhimento ou custeio de local especializado para residência de pessoa com comprovada enfermidade psíquica grave. Ausência de intimação e de intervenção do ministério público em 1º grau de jurisdição. Impossibilidade. Necessidade de prévia declaração judicial da incapacidade. Irrelevância. Proteção ao faticamente incapaz abrangida pela regra do art. 178, II, do CPC. Verificação da existência de prejuízo concreto à parte. Legitimados à propositura de eventual ação de interdição inexistentes ou que possuem conflito de interesses com a parte. Legitimidade residual do ministério público não intimado. Possibilidade de adoção de medidas em 1º grau de jurisdição capazes de, em tese, influenciar o desfecho da controvérsia no mérito. Prejuízo concreto configurado.

1 – Ação proposta em 22.02.2019. Recurso especial interposto em 24.02.2021 e atribuído à Relatora em 16.11.2021.

2 – O propósito do recurso especial é definir se é nulo o processo em que não houve a intimação e a intervenção do Ministério Público em 1º grau de jurisdição, a despeito da presença de parte que possuía enfermidade psíquica grave, ainda que não declarada previamente por decisão judicial.

3 – A nulidade do processo por ausência de intimação e de intervenção do Ministério Público apenas deverá ser decretada quando sobressair prejuízo à pessoa cujos interesses deveriam ser zelados pelo Parquet no processo judicial. Precedentes.

4 – Não há, em regra, nulidade do processo em virtude da ausência de intimação e de intervenção do Ministério Público em 1º grau de jurisdição quando houver a atuação ministerial em 2º grau. Precedentes.

5 – A regra do art. 178, II, do CPC/15, ao prever a necessidade de intimação e intervenção do Ministério Público no processo que envolva interesse de incapaz, refere-se não apenas ao juridicamente incapaz, mas também ao comprovadamente incapaz de fato, ainda que não tenha havido prévia declaração judicial da incapacidade.

6 – Na hipótese, a indispensabilidade da intimação e da intervenção do Ministério Público se justifica pelo fato incontroverso de que a parte possui doença psíquica grave, aliado ao fato de que todos os legitimados ordinários à propositura de eventual ação de interdição (art. 747, I a III, do CPC/15) não existem ou possuem conflito de interesses com a parte enferma, de modo que a ausência de intimação e intervenção do Parquet teve, como consequência, prejuízo concreto à parte.

7 – Inaplicabilidade, na hipótese, do entendimento segundo o qual não há nulidade do processo em virtude da ausência de intimação e de intervenção do Ministério Público em 1º grau de jurisdição quando houver a atuação ministerial em 2º grau, uma vez que a ciência do Parquet acerca da ação e da situação da parte ainda em 1º grau poderia, em tese, conduzir à ação a desfecho substancialmente diferente.

8 – Recurso especial conhecido e provido, para decretar a nulidade do processo desde a citação.[32]

Na petição inicial da ação de curatela, o autor deverá especificar os fatos que demonstram a incapacidade do curatelando para administrar seus bens e, se for o caso, para praticar atos da vida civil, bem como o momento em que a incapacidade tenha se revelado (art. 749, CPC/15).

A depender da situação, também competirá ao autor requerer, de maneira específica, que aquela curatela deverá ser mais ampla do que meramente gerência patrimonial e negocial, trazendo os fundamentos que justifiquem a inaptidão do curatelado para a gerência de aspectos existenciais da sua vida (Enunciado 637, JDC/CJF e art. 1.781-C, § 2º, do Anteprojeto de Reforma do Código Civil).

---

32. STJ, REsp 1.969.217/SP, Rel. Min. Nancy Andrighi, 3T, DJe de 11.03.2022.

Para a comprovação da legitimidade para a ação, o autor deve juntar aos autos a certidão de casamento ou de nascimento, a depender do vínculo familiar existente, ou a sua demonstração por outros meios, como ao representante da entidade em que se encontra o curatelando (art. 747, parágrafo único, CPC/15).

Paralelamente, revela-se indispensável que o requerente junte laudo médico para fazer prova de suas alegações ou informe a impossibilidade de fazê-lo (art. 750, CPC/15). Nesta última parte, entende-se que caso o autor não possua laudo médico em razão da recusa de comparecimento da pessoa incapaz ao respectivo médico, que requeira determinação judicial para comparecimento compulsório ou outra medida equivalente.

Recebida a petição inicial, o curatelado será citado para, em dia designado, comparecer perante o juiz, que o entrevistará minuciosamente acerca de sua vida, negócios, bens, vontades, preferências e laços familiares e afetivos e sobre o que mais lhe parecer necessário para convencimento quanto à sua capacidade para praticar atos da vida civil, devendo ser reduzidas a termo as perguntas e respostas. A entrevista poderá ser acompanhada por especialista. Essa é a chamada audiência de entrevista.

Não podendo o interditando deslocar-se, o juiz o ouvirá no local onde estiver. Diante do largo alcance tecnológico dos últimos tempos, entende-se que é perfeitamente possível a realização da audiência de entrevista de modo virtual, especialmente considerando o estado de saúde do curatelado.

Durante a entrevista, é assegurado o emprego de recursos tecnológicos capazes de permitir ou de auxiliar o interditando a expressar suas vontades e preferências e a responder às perguntas formuladas. A critério do juiz, poderá ser requisitada a oitiva de parentes e de pessoas próximas.

Depois da audiência de entrevista, abrir-se-á o prazo de 15 dias para que o curatelando constitua advogado e apresente contestação (art. 752, CPC). O prazo é contado a partir da data da audiência de entrevista.

Caso o curatelando não constitua advogado e nem apresente contestação, deverá ser nomeado curador especial, papel este desempenhado pela Defensoria Pública. Tal previsão reforma o que consta no artigo 72, I, do CPC, que é claro em pontuar que o juiz nomeará curador especial ao incapaz, se não tiver representante legal ou se os interesses deste colidirem com os daquele, enquanto durar a incapacidade.

Ademais, se o curatelando não constituir advogado, o seu cônjuge, companheiro ou qualquer parente sucessível poderá intervir como assistente.

O Ministério Público intervirá como fiscal da ordem jurídica.

Escoado o prazo de 15 dias, contados da audiência de entrevista, o juiz determinará a produção de prova pericial para avaliação da capacidade do curatelando para praticar atos da vida civil. As partes serão intimadas para arguir impedimento ou a suspeição do perito, indicar assistente técnico e/ou apresentar quesitos, nos moldes do artigo 465, III, do CPC.

A depender da situação, poderá ocorrer a *inversão da ordem de produção de provas*, nos moldes do artigo 139, VI, do CPC e, com isso, o juiz poderia determinar a realização da perícia logo no início do processo, deixando a audiência de entrevista para momento posterior. Na prática forense, nota-se que isso pode trazer benefícios quanto à duração razoável do processo, especialmente quando as audiências estão sendo agendadas para data muito distante do momento de propositura da ação.

A perícia pode ser realizada por equipe composta por expertos com formação multidisciplinar e o laudo pericial indicará especificadamente, se for o caso, os atos para os quais haverá necessidade de curatela.

Apresentado o laudo, produzidas as demais provas e ouvidos os interessados, o juiz proferirá sentença.

17.12 A NATUREZA JURÍDICA DA SENTENÇA NA AÇÃO DE CURATELA: O DILEMA DA ANULAÇÃO DOS ATOS ANTERIORES À DECRETAÇÃO DA CURATELA

Grande divergência surge a partir do estudo da natureza jurídica do pronunciamento judicial que decreta a curatela. Afinal, ele teria o condão de invalidar os atos praticados antes da decretação da curatela e realizados por pessoa já faticamente incapaz? A resposta a tal questionamento necessariamente perpassará pela natureza jurídica desta sentença, isto é, se ela seria declaratória (tendo efeitos *ex tunc*) ou, por outro lado, constitutiva (tendo efeitos *ex nunc*).

Por um lado, José Carlos Barbosa Moreira defende que "para reconhecer a nulidade em atos anteriores, não é preciso recorrer ao expediente (inadequado) de atribuir eficácia retrooperante à sentença",[33] pois "confunde o efeito da interdição com o efeito da alienação mental. Os atos do mentalmente alienado não são nulos em virtude da interdição, mas em virtude da incapacidade do agente, que àquela preexiste".[34]

No entanto, como a incapacidade se trata de dado fático que preexiste à sentença de curatela propriamente dita, mas a constatação de tal fato apenas se dá com o advento da referida decisão judicial, grande parte da doutrina discorda do grande mestre Barbosa Moreira e correlaciona a natureza da sentença com a invalidade dos atos pretéritos à decretação da curatela.

A correlação é a seguinte: caso a sentença tenha natureza declaratória, com eficácia *ex tunc*, retroagirá ao momento em que a incapacidade tenha se revelado. A partir de então, todos os atos praticados serão anuláveis (art. 171, I, CC), permitindo-se que se cogitasse, inclusive, da cumulação de pedidos, para que ocorresse, na própria ação de curatela, a anulação dos atos praticados anteriormente. Tal lógica poderia levar à

---

33. MOREIRA, José Carlos Barbosa. Eficácia da sentença de interdição por alienação mental. *Revista de Processo*, v. 43/1986, p. 14-18, jul.-set. 1986. DTR\1986\132.
34. MOREIRA, José Carlos Barbosa. Eficácia da sentença de interdição por alienação mental. *Revista de Processo*, v. 43/1986, p. 14-18, jul.-set. 1986. DTR\1986\132.

"conclusão de que não haveria qualquer obstáculo à invalidação de negócios jurídicos celebrados antes da interdição do incapaz, desde que tal providência fosse requerida durante a tramitação do processo de interdição".[35]

Por outro lado, tendo ela natureza constitutiva, sua eficácia será *ex nunc*, não retroagindo ao momento inicial da incapacidade. Isso significa que apenas com o advento de uma decisão judicial é que se estaria configurada a incapacidade para os atos da vida civil e, somente a partir de então, caso houvesse a prática pessoal de atos pelo próprio curatelado, estes seriam suscetíveis de anulação.

O pensamento que atribui natureza declaratória à sentença confere um foco maior na incapacidade em si (fática, independentemente de qualquer decisão judicial a reconhecendo), enquanto o posicionamento que considera que a natureza da sentença é constitutiva atribui maior ênfase na decisão judicial que reconhece a incapacidade, que só passa a existir, para o mundo jurídico, a partir de então.

Reconhecer a natureza constitutiva da sentença, sem efeitos retroativos, é fundamental para fortalecer a segurança jurídica no meio social. Nesse contexto, torna-se ainda mais relevante redefinir o foco da curatela, promovendo uma visão que a destaque como um instrumento essencial para a proteção de pessoas incapazes. Essa mudança é indispensável para superar estigmas de épocas passadas, quando a curatela era vista mais como um mecanismo de segregação do que de proteção.

De acordo com a posição seguida por este livro, a sentença de curatela não possui efeitos retroativos, mas apenas prospectivos, para frente. Para fundamentar uma ação de curatela, a incapacidade fática já deve existir, é claro, mas para que ela venha a ser reconhecida como uma incapacidade jurídica, deve ocorrer o seu reconhecimento e constituição por meio de uma decisão judicial. A partir de então, os atos praticados pela pessoa curatelada carregarão consigo uma presunção de invalidade. Já os atos anteriores até poderão ser invalidados, por meio de ação autônoma, caso haja prova de que a incapacidade era clara, por exemplo, aos olhos do terceiro contratante, que se beneficiou da inocência ou má-compreensão do incapaz.

De opinião semelhante é Marcos Ehrhardt, para quem competirá ao magistrado reconhecer uma "situação fática já manifestada que fundamenta o pedido. Neste ponto, evidente o caráter declaratório da sentença de interdição". No entanto, "a natureza declaratória da referida sentença não afasta sua carga constitutiva", já que "se a sentença não cria a incapacidade, é a partir de sua prolação, mesmo antes do trânsito em julgado (art. 1.184, CPC), que se inicia a produção de seus efeitos (*ex nunc*), ou seja, a impossibilidade do incapaz de praticar atos, sob pena de invalidação, sem o concurso do seu curador".[36]

---

35. EHRHARDT, Marcos. A incapacidade civil e o idoso. In: MENDES, Gilmar Ferreira. *Manual dos Direitos da Pessoa Idosa*. São Paulo: Saraiva, 2017, p. 208.
36. EHRHARDT, Marcos. A incapacidade civil e o idoso. In: MENDES, Gilmar Ferreira. *Manual dos Direitos da Pessoa Idosa*. São Paulo: Saraiva, 2017, p. 208.

Na mesma linha, o STJ entende que "a sentença de interdição tem natureza constitutiva, pois não se limita a declarar uma incapacidade preexistente, mas *também* a constituir uma nova situação jurídica de sujeição do interdito à curatela, com efeitos *ex nunc*".[37]

Nota-se, assim, que a sentença que decreta a curatela emana um duplo comando, já que, simultaneamente, declara a incapacidade preexistente e, ainda, constitui uma nova realidade jurídica ao curatelado.[38]

Todavia, como a constituição da nova situação jurídica de sujeição do interdito à curatela projeta efeitos apenas para o futuro (*ex nunc*),[39] caso o curador almeje, também, a invalidação de atos praticados anteriormente à declaração da interdição, deverá ajuizar ação autônoma. A cumulação de pedidos de curatela e de anulação de atos praticados pelo curatelando, em uma mesma demanda, não parece comportar cabimento, justamente por causa da não retroação dos efeitos do comando que reconhece a incapacidade.

Se existe discussão a respeito dos atos praticados antes da decretação da curatela, com o advento desta, passa a existir uma "presunção *iuris et de iure* de incapacidade",[40] e "a ninguém aproveitará tentar provar que o interdito, ao realizá-los, já estava curado e, por isso, era capaz".[41]

---

37. 1. A sentença de interdição tem natureza constitutiva, pois não se limita a declarar uma incapacidade preexistente, mas também a constituir uma nova situação jurídica de sujeição do interdito à curatela, com efeitos ex nunc. 2. Outorga de poderes aos advogados subscritores do recurso de apelação que permanece hígida, enquanto não for objeto de *ação específica* na qual fique cabalmente demonstrada sua nulidade pela incapacidade do mandante à época da realização do negócio jurídico de outorga do mandato. 3. Interdição do mandante que acarreta automaticamente a extinção do mandato, inclusive o judicial, nos termos do art. 682, II, do CC. 4. Inaplicabilidade do referido dispositivo legal ao mandato outorgado pelo interditando para atuação de seus advogados na ação de interdição, sob pena de cerceamento de seu direito de defesa no processo de interdição. 5. A renúncia ao direito de recorrer configura ato processual que exige capacidade postulatória, devendo ser praticado por advogado. 6. *Nulidade do negócio jurídico realizado pelo interdito após a sentença de interdição*. 7. Preclusão da matéria relativa aos atos processuais realizados antes da negativa de seguimento ao recurso de apelação. 8. Doutrina e jurisprudência acerca do tema. 9. Recurso especial parcialmente provido (STJ, REsp 1251728/PE, Rel. Ministro Paulo de Tarso Sanseverino, 3T, DJe de 23.05.2013).
38. "Em paralelo, a tal entendimento encontram-se os que compartilham o caráter dúplice da sentença de interdição em razão de não limitar-se a reconhecer uma causa incapacitante até pelo fato de que a mesma já existe, mas sim de construir uma nova relação de curador e curatelado por conta de seu estado de incapacidade". ANDRADE, Fábio Siebeneichler de; SILVA, Gilberto Antonio Neves Pereira da. *Notas sobre as implicações do novo código de processo civil na autonomia do curatelado*. Disponível em: https://siaiap32.univali.br/seer/index.php/rdp/article/viewFile/7797/4435. Acesso em: 19 jan. 2023.
39. EHRHARDT, Marcos. A incapacidade civil e o idoso. In: MENDES, Gilmar Ferreira. *Manual dos Direitos da Pessoa Idosa*. São Paulo: Saraiva, 2017, p. 208.
40. MOREIRA, José Carlos Barbosa. Eficácia da sentença de interdição por alienação mental. *Revista de Processo*, v. 43, p. 14-18, jul.-set/1986. DTR\1986\132.
41. "É que, uma vez decretada aquela, o alienado mental só pode praticar atos jurídicos por intermédio de seu representante, o curador (CC, art. 453, c/c o art. 426, I), e não lhe será lícito voltar a praticá-los pessoalmente senão depois que, por nova sentença, lhe for levantada a interdição. Não sem propósito se tem falado, a esse respeito, de uma presunção iuris et de iure de incapacidade; entende-se: afastável mediante o processo de levantamento, e só por esse meio. Inexiste, portanto, simetria: praticados antes da interdição, os atos do interdito podem declarar-se nulos se provada a incapacidade; praticados, contudo, na sua vigência, não se podem declarar válidos. MOREIRA, José Carlos Barbosa. Eficácia da sentença de interdição por alienação mental". *Revista de Processo*, v. 43/1986, p. 14-18, jul.-set. 1986. DTR\1986\132.

Em síntese: para os atos praticados antes da decretação da curatela, haveria um forte ônus probatório para aquele que busca a anulação. Para os atos posteriores, haverá uma presunção de incapacidade, bastando que se comprove a situação jurídica de curatelado para fazer jus à invalidação do ato.

Ao efetivamente decretar a curatela, a sentença deverá apontar as razões e motivações de sua conclusão, inclusive com menção à distribuição de quais atos serão de atribuição do curador, sempre preservando os interesses do curatelado (art. 84, § 2º, EPD), não sendo admissível apenas a rasa definição de que a curatela será parcial ou total.

Sob o aspecto recursal, Paulo Nader sustenta que "prevê a nova Lei Processual, pelo art. 755, § 3º, efeitos imediatos para a sentença (*ex nunc*), ainda que uma das partes haja interposto recurso." Por consequência, arremata o professor, "este será recebido apenas com efeito devolutivo".[42]

17.13 A REMOÇÃO/DESTITUIÇÃO, EXONERAÇÃO E SUSPENSÃO DE CURADOR

Caso o curador nomeado não exerça adequadamente as suas funções, é possível que ele seja destituído do encargo que lhe foi atribuído. A legitimidade para a propositura da ação de remoção de curador será do Ministério Público ou de quem tenha legítimo interesse, sendo o curador citado para contestar em 5 dias, seguindo-se, a partir de então, o procedimento comum (art. 761, CPC/15).

Após o trânsito em julgado da ação de curatela, os Tribunais brasileiros entendem que será indispensável a propositura de uma nova demanda, que é a ação de remoção de curador, que terá natureza autônoma, não sendo mais possível, portanto, a apresentação de um mero incidente à ação originária de curatela.[43] Para o STJ, "a remoção de curador é postulada em ação autônoma (CPC, arts. 1195 a 1197), que não guarda relação de acessoriedade com a ação de interdição já finda".[44]

Lado outro, quanto à suspensão do curador, de acordo com o artigo 762, em caso de extrema gravidade, o juiz poderá suspendê-lo do exercício de suas funções, nomeando substituto interino. Caso seja feita a demonstração imediata de que a atuação do

---

42. NADER, Paulo. *Curso de direito civil*: família. Rio de Janeiro: Forense, 2016, p. 887.
43. Ação de remoção do curador. Interdição. Competência. I – a ação de remoção do curador é autônoma; não é incidente da ação de interdição, com amplo contraditório e segue o procedimento das cautelares, arts. 1.195 e 1.196 do CPC. II – a competência é de natureza territorial e não funcional, por isso a remoção do curador deve se processar no domicílio da interditada e não no foro onde se processou a interdição. III – Agravo de instrumento parcialmente provido. (TJ-DF, AGI: 20070020122720-DF, Rel. Vera Andrighi, 1ª Turma Cível, DJU de 24.03.2008).
44. Civil. Processual civil. Conflito de competência. Ação de interdição. Ação de remoção de curador. Autonomia. 1. A remoção de curador é postulada em ação autônoma (CPC, arts. 1195 a 1197), que não guarda relação de acessoriedade com a ação de interdição já finda. A circunstância de o curador nomeado ter domicílio em São Paulo, foro onde se processou a ação de interdição, não afasta a competência territorial do Juízo do Distrito Federal, onde têm domicílio a interdita e sua mãe, titular do direito de guarda, para a ação de remoção do curador. Princípio do melhor interesse do incapaz. (STJ, CC 101.401/SP, Rel. Min. Maria Isabel Gallotti, DJe de 23.11.2010).

curador estaria atuando em descompasso com o melhor interesse do curatelado,[45] bem como comprovada a urgência do caso, tal suspensão poderá ser decretada por meio de tutela provisória de urgência, desde que sejam preenchidos, é claro, seus demais requisitos legais.

Quanto ao procedimento, o STJ diferencia a situação da remoção/destituição de curador da mera suspensão. Para o Tribunal da Cidadania, "a cessação do exercício da curatela, por meio da remoção do curador, exige procedimento próprio", mas, por outro lado, a mera suspensão da curatela pode ser determinada no bojo de outra ação, desde que esteja configurado caso de extrema gravidade que atinja a pessoa ou os bens do curatelado.[46] Nesse caso, "admitida a existência de fatos sérios passíveis de causar dano ao patrimônio da curatelada, deve ser mantida a decisão que determinou a suspensão do exercício da função de curador regularmente nomeado nos autos de interdição, para, somente após a apuração dos fatos, mediante o devido processo legal e ampla defesa, decidir-se pela remoção definitiva ou retorno do curador à sua função".[47]

Por fim, quanto à exoneração, tem-se que a pura e simples manifestação de vontade externada pelo curador não basta para acarretar sua exoneração do encargo, notadamente, em caso de completa ausência de substituto, como já teve oportunidade de decidir o Tribunal de Justiça de São Paulo.[48] Porém, o decurso do prazo previsto para o exercício da curatela poderá ser causa de exoneração do encargo, se o próprio curador requerer sua exoneração nos 10 (dez) dias seguintes à expiração do termo (art. 763, §§ 1º e 2º, CPC/15).

17.14 CURATELA E REGISTRO PÚBLICO

Após a concessão da curatela, deverá ser ela registrada no 1º Ofício de Registro Civil de Pessoas Naturais do local onde tramitou o processo (art. 29, V, Lei de Registros Públicos).

Nesse registro, deverá ocorrer a declaração da data, nome, prenome, idade, estado civil, profissão, naturalidade, domicílio e residência do interdito, data e cartório em que forem registrados o nascimento e o casamento, bem como o nome do cônjuge, se

---

45. Ação de remoção de curadora. Interesse do interdito. Tutela provisória. Descabimento. 1. A antecipação de tutela, recepcionada nos arts. 294 a 311 do CPC, consiste na concessão imediata da providência reclamada na petição inicial, mas exige a demonstração da probabilidade do direito reclamado e perigo de dano ou risco ao resultado útil do processo, ou, ainda, na ausência de tais elementos, se ficar caracterizada alguma das hipóteses do art. 311 do CPC 2. A substituição de curador, para ser determinada, deve estar embasada em elementos de convicção seguros e restar evidenciada situação de risco para a incapaz, devendo ser mantida a curadora nomeada, até que venham aos autos maiores elementos que esclareçam os fatos narrados na inicial. 3. A questão relativa à escolha do curador deve ser focalizada somente no interesse do incapaz, e não no interesse ou conveniência de pessoas da sua família. Recurso desprovido. (TJ-RS, AI: 70083887380 RS, Rel: Sérgio Fernando de Vasconcellos Chaves, 7CC, DJe de 03.08.2020.
46. STJ, REsp 1.137.787/MG, Rel. Min. Nancy Andrighi, 3T, DJe de 24.11.2010.
47. STJ, REsp 1.137.787/MG, Rel. Min. Nancy Andrighi, 3T, DJe de 24.11.2010.
48. TJSP, APL 00035498720068260493 SP, Rel: Alexandre Bucci, 9ª CDPrivado, DJe de 28.08.2014.

for casado, a data da sentença, o nome do juiz que a proferiu e o da vara da qual proveio, o nome, a profissão, o estado civil, o domicílio e residência do curador, o nome do requerente da interdição e a causa desta, os limites da curatela, quando for parcial a interdição, bem como o lugar onde está internado o interdito, se for o caso (art. 92, LRP). A anotação deverá ocorrer, ainda, tanto nos assentos de casamento quanto no de nascimento, com remissões recíprocas (art. 107, LRP).

Por sua vez, serão averbadas a extinção da curatela, a substituição dos curadores, a alteração dos limites da curatela, a cessação ou mudança de internação, bem como a cessação da ausência pelo aparecimento do ausente (art. 104, LRP).

17.15 PRESTAÇÃO DE CONTAS

Exercendo o curador a função de administração de patrimônio alheio, é fundamental que haja a prestação de contas, seja por ocasião da cessação da curatela, em periodicidade definida pelo juiz no momento da concessão da curatela ou, ainda, na forma prevista nos artigos 1.756 e 1.757 do Código Civil, que definem que a prestação de contas será realizada a cada dois anos (bianual), mas no final de cada ano de administração, deverão submeter ao juízo o balanço respectivo. Veja o teor da disposição legal:

> Art. 1.756. No fim de cada ano de administração, os tutores submeterão ao juiz o balanço respectivo, que, depois de aprovado, se anexará aos autos do inventário.
>
> Art. 1.757. Os tutores prestarão contas de dois em dois anos, e também quando, por qualquer motivo, deixarem o exercício da tutela ou toda vez que o juiz achar conveniente.
>
> Parágrafo único. As contas serão prestadas em juízo, e julgadas depois da audiência dos interessados, recolhendo o tutor imediatamente a estabelecimento bancário oficial os saldos, ou adquirindo bens imóveis, ou títulos, obrigações ou letras, na forma do § 1º do art. 1.753.

Excepcionando a regra, determina o artigo 1.783 do Código Civil que, quando o curador for cônjuge casado em regime de comunhão universal de bens, ele não será obrigado a prestar contas, salvo determinação judicial. Diante da própria literalidade do dispositivo legal, o STJ já definiu que é plenamente possível que o juiz determine a prestação de contas, principalmente com o foco de resguardar "o interesse prevalente do curatelado e a proteção especial do interdito", como nos casos onde: "a) houver qualquer indício ou dúvida de malversação dos bens do incapaz, com a periclitação de prejuízo ou desvio de seu patrimônio, no caso de bens comuns; e b) se tratar de bens incomunicáveis, excluídos da comunhão, ressalvadas situações excepcionais".[49]

Também de acordo com o STJ, no caso de falecimento do curador, a prestação de contas deve ser realizada pelos herdeiros, ao argumento de que "o superveniente falecimento da pessoa a quem caberia prestar as contas não acarreta, obrigatoriamente, a extinção sem resolução do mérito da ação de prestação de contas, especialmente na hipótese em que fora desenvolvida, ainda na primeira fase da referida ação, atípica

---

49. STJ, REsp 1515701/RS, Rel. Min. Luis Felipe Salomão, 4T, DJe de 31.10.2018.

atividade cognitiva e instrutória, sob o crivo do contraditório e da ampla defesa, que excedeu o mero acertamento da legitimação ativa e passiva, adentrando às próprias contas que deverão ser prestadas pelos herdeiros e pelos beneficiários dos atos de disposição gratuita de bens de pessoa civilmente incapaz e que foram realizados por quem detinha o mandato e exercia a curatela".[50]

De acordo com o artigo 553 do Código de Processo Civil, as contas do curador serão prestadas em apenso aos autos do processo em que tiver sido nomeado. Até mesmo como decorrência de tal regra, já se entendeu que não é possível o pedido de prestação de contas nos próprios autos da ação de remoção de curador, em razão da incompatibilidade de ritos.[51]

O Anteprojeto de reforma do Código Civil traz uma novidade sobre o assunto. Consta no artigo 1.781-B que "a curatela obriga os curadores a prestar, anualmente, contas de sua administração ao Ministério Público, apresentando o balanço respectivo". A mudança é positiva, pois garante a proteção patrimonial do curatelado, o acompanhamento do bom desenvolvimento da curatela e, ainda, leva a uma extrajudicialização da prestação de contas.

17.16 LEVANTAMENTO DA CURATELA

Cessada a causa incapacitante, deverá ocorrer o levantamento da curatela. Afinal, trata-se de instituto voltado apenas a situações excepcionais, nas quais a pessoa esteja impossibilidade de exprimir a sua vontade, seja por causas temporárias ou permanentes. Para além da completa recuperação do curatelado, é possível que haja o levantamento parcial da curatela, quando demonstrada a sua capacidade para a prática de alguns atos da vida civil (art. 756, § 4º, CPC/15).

O requerimento de levantamento da curatela tramitará em apenso aos autos da ação de curatela e poderá ser feito pelo próprio curatelado, pelo seu curador ou pelo Ministério Público, de acordo com o artigo 756, § 1º, do CPC/15. Entretanto, o STJ já teve oportunidade de ampliar tal legitimidade, ao consignar que "além daqueles expressamente legitimados em lei, é admissível a propositura da ação por pessoas qualificáveis como terceiros juridicamente interessados em levantar ou modificar a curatela, especialmente àqueles que possuam relação jurídica com o interdito, devendo o art. 756, § 1º, do CPC/15, ser interpretado como uma indicação do legislador, de natureza não exaustiva, acerca dos possíveis legitimados".[52]

---

50. STJ, REsp 1480810/ES, Rel. Min. Nancy Andrighi, 3T, DJe de 26.03.2018.
51. Interdição. Remoção de curador. Interesses da interditada. Pedido de prestação de contas formulado nos próprios autos da ação de remoção de curador. Descabimento. É descabido o pedido de prestação de contas realizado nos próprios autos da ação de remoção de curador, por se tratarem de ações de ritos incompatíveis, devendo ser processada em autos próprios e apensados ao da ação de remoção de curador, na forma do art. 919 do CPC. Recurso desprovido. (TJ-RS, AI: 70062187588 RS, Rel. Sérgio Fernando de Vasconcellos Chaves, 7CC, DJe de 20.01.2015).
52. STJ, REsp 1735668/MT, Rel. Min. Nancy Andrighi, 3T, DJe de 14.12.2018.

Durante a instrução processual, o juiz nomeará perito ou equipe multidisciplinar para proceder ao exame do curatelado, designando audiência de instrução e julgamento após a apresentação do laudo, se necessário.

Sendo o pedido acolhido, o juiz decretará o levantamento da curatela e determinará a publicação da sentença, após o trânsito em julgado, no *site* do tribunal a que estiver vinculado o juízo e na plataforma de editais do Conselho Nacional de Justiça, onde permanecerá por 6 (seis) meses. Não sendo possível, determinará a publicação na imprensa local e no órgão oficial, por 3 (três) vezes, com intervalo de 10 (dez) dias, seguindo-se a averbação no registro de pessoas naturais (art. 756, § 3º e art. 755, § 3º, CPC/15).

17.17 AUTOCURATELA (DIRETIVA ANTECIPADA PARA CURATELA)

A autonomia da pessoa capaz deve sempre ser preservada, inclusive quanto às escolhas da sua própria vida para o caso de uma futura incapacidade. Por isso, "assegura-se ao indivíduo a iniciativa de escrever a sua biografia, mesmo que as suas mãos já não tenham forças para redigir as suas derradeiras linhas".[53]

Corroborando esse entendimento, a Convenção de Nova York estabelece como princípios o respeito à dignidade, à autonomia individual (inclusive a liberdade de fazer as próprias escolhas), e o respeito à independência das pessoas (art. 3º, "a").

Hoje, a doutrina é firme em admitir a autodeterminação da pessoa para o futuro, por meio da autocuratela. Inclusive, é nestes termos o Enunciado 26 do IBDFAM, ao prever que "a pessoa com deficiência pode pleitear a autocuratela", não obstante também seja um direito atribuído a qualquer pessoa que esteja no domínio de suas aptidões mentais, independentemente de qualquer tipo de deficiência.

Discorrendo sobre o tema, Nelson Rosenvald define que a autocuratela é um *negócio jurídico atípico* e, ainda, "um negócio jurídico de eficácia sustida, através do qual a pessoa que se encontra na plenitude de sua integridade psíquica promova a sua autonomia de forma prospectiva, planejando a sua eventual curatela, nas dimensões patrimonial e existencial, a fim de que no período de impossibilidade de autogoverno, existam condições financeiras adequadas para a execução de suas deliberações prévias sobre o cuidado que receberá e a sua compatibilização com as suas crenças, valores e afetos".[54]

A natureza jurídica do instituto, contudo, não é pacífica.

---

53. ROSENVALD, Nelson. *Os confins da Autocuratela*. Disponível em: https://ibdfam.org.br/artigos/1213/Os+-confins+da+autocuratela. Acesso em: 19 jan. 2023.
54. ROSENVALD, Nelson. *Os confins da Autocuratela*. Disponível em: https://ibdfam.org.br/artigos/1213/Os+-confins+da+autocuratela. Acesso em: 19 jan. 2023.

Na visão de Rolf Madaleno, amparado no direito comparado espanhol e seguindo linha semelhante à adotada por Maria Berenice Dias[55] e Thais Câmara,[56] a autocuratela tem natureza de "*mandato preventivo*, afigurando-se em um mecanismo jurídico consistente em uma declaração de vontade firmada por uma pessoa capaz".[57]

Nesta obra, respeitosamente, filia-se ao primeiro posicionamento apresentado, de modo a reputar a autocuratela como um negócio jurídico atípico, e não um mandato duradouro, afinal, no sistema jurídico brasileiro a interdição de uma das partes é uma das causas de cessação do mandato (art. 682, II, do Código Civil). Por isso, qualquer instrumento de mandato realizado por uma pessoa passa a não ser mais válido por ocasião da sua curatela. Assim, por aqui entende-se não ser possível a coexistência do instituto da autocuratela (por ocasião da sua implementação, em uma ação de curatela), com o instrumento de mandato (ainda que preventivo).

A divergência doutrinária não se encerra por aí.

É que, para além da referida dissidência doutrinária a respeito da natureza jurídica (isto é, se um negócio jurídico atípico ou um mandato preventivo), nota-se posicionamentos distintos também quanto ao instrumento pelo qual a autocuratela pode se desenvolver.

Trazendo maior flexibilidade, Nelson Rosenvald entende que "o instrumento mais prático de autocuratela consiste em uma declaração a ser realizada por *instrumento particular* ou pela via de *escritura pública* lavrada em cartório de notas, com determinação do nome do futuro curador e margem de atuação".[58] É o posicionamento que esta obra se filia.

Por outro lado, Maria Berenice Dias[59] e Rolf Madaleno[60] aduzem que apenas poderá se operar através de *escritura pública*.

A autocuratela pode ser feita a qualquer momento, desde que a pessoa esteja em plenas condições mentais para tanto. Para evitar qualquer dúvida ou discussão futura, sugere-se que um laudo médico constatando a sua boa saúde seja anexado à própria autocuratela.

Já a análise da autocuratela dependerá, necessariamente, de uma ação de curatela em curso. Trata-se de questão a ser apreciada pelo judiciário, portanto. Assim, na ação de curatela, o instrumento de autocuratela deve ser anexado à própria petição inicial,

---

55. DIAS, Maria Berenice. *Manual de Direito das Famílias*. São Paulo: Ed. RT, 2015, p. 698.
56. COELHO, Thais Câmara Maia Fernandes. *Autocuratela*: mandato permanente relativo a questões patrimoniais para o caso de incapacidade superveniente. Disponível em: http://www3.promovebh.com.br/revistapensar/art/a73.pdf. Acesso em: 19 jan. 2023.
57. MADALENO, Rolf. *Direito de família*. Rio de Janeiro: Forense, 2020, p. 2121.
58. ROSENVALD, Nelson. *Os confins da Autocuratela*. Disponível em: https://ibdfam.org.br/artigos/1213/Os+-confins+da+autocuratela. Acesso em: 19 jan. 2023.
59. DIAS, Maria Berenice. *Manual de Direito das Famílias*. São Paulo: Ed. RT, 2015, p. 699.
60. MADALENO, Rolf. *Direito de família*. Rio de Janeiro: Forense, 2020, p. 2122.

para que reste demonstrada a vontade e as intenções do curatelando, quando capaz, sobre questões concernentes à sua própria vida na eventualidade de vir a se tornar incapaz.

Assim, com o advento da incapacidade, a autocuratela deverá ser trazida à lume por meio de uma ação de curatela, oportunidade em que o juiz considerará as características pessoais do interdito, observando suas potencialidades, habilidades, vontades e preferências (art. 755, II, CPC/15). Por evidente, inserem-se nas vontades e preferências, as designações que a própria pessoa tomou quando estava em plenas condições de exprimir a sua vontade de forma válida, ao realizar a autocuratela.

Nesse passo, com o ajuizamento da ação de curatela, "o projeto pessoal será submetido a um *controle de legitimidade em dois níveis*: primeiro, abstratamente será aferido se o conteúdo do ato de autodeterminação não ofende o ordenamento jurídico; segundo, concretamente será avaliado se as condições de saúde da pessoa demandam uma correção qualitativa ou quantitativa dos limites por ela previamente apresentados à atuação do curador".[61]

Se não fosse assim, se cogitaria do exercício de uma curatela que não atenderia às necessidades *atuais* daquela pessoa incapaz, já que a regulamentação realizada ao tempo da autocuratela poderia estar em descompasso com as determinações que, de fato, propiciariam o seu melhor interesse. Afinal, as causas incapacitantes podem ser diversas e trazer consigo complexidades adicionais sequer cogitadas por ocasião da autodeterminação prévia.

Por isso, entende-se que é fundamental a análise posterior da autocuratela pelo Poder Judiciário, sempre visando garantir o respeito à autodeterminação daquela pessoa, no que for possível.

Mesmo para Thais Câmara, que situa a autocuratela como um mandato preventivo, seria possível a sua coexistência "com o processo de curatela, caso haja algumas disposições que não foram contempladas no mandato, como outras questões patrimoniais e cuidados com a saúde".[62]

Sob o aspecto estrutural, a autocuratela poderá se desenvolver "de forma autônoma ou dentro de um planejamento pessoal que envolva sucessivamente o modelo jurídico da tomada de decisão apoiada (art. 1.783-A, CC) e a curatela",[63] já conjugando tais atos a depender do grau de deficiência ou incapacidade.

Para além disso, a autocuratela pode se desenvolver dentro de um *Plano de Envelhecimento* (PE), instrumento já abordado neste livro e que tem por finalidade viabilizar

---

61. ROSENVALD, Nelson. *Os confins da Autocuratela*. Disponível em: https://ibdfam.org.br/artigos/1213/Os+-confins+da+autocuratela. Acesso em: 19 jan. 2023.
62. COELHO, Thais Câmara Maia Fernandes. *Autocuratela*: mandato permanente relativo a questões patrimoniais para o caso de incapacidade superveniente. Disponível em: http://www3.promovebh.com.br/revistapensar/art/a73.pdf. Acesso em: 04 out. 2021.
63. ROSENVALD, Nelson. *Os confins da Autocuratela*. Disponível em: https://ibdfam.org.br/artigos/1213/Os+-confins+da+autocuratela. Acesso em: 19 jan. 2023.

um adequado planejamento para o futuro em questões existenciais, patrimoniais (para a manutenção de sua qualidade de vida, em situações de capacidade ou incapacidade) e sucessórias.

A autocuratela se distinguirá da diretiva antecipada de vontade, sendo a primeira mais ampla do que a segunda. Se, por um lado, a autocuratela tem por finalidade regulamentar situações patrimoniais e/ou existenciais, a diretiva antecipada de vontade (seja na vertente do testamento vital ou do mandato duradouro) apenas se destinará à definição de questões de saúde. Ambos os institutos, contudo, retiram o seu fundamento de validade da própria Convenção de Nova York (art. 3º, "a").

De novidade, pode-se dizer que, finalmente, a matéria terá o devido reconhecimento jurídico.

O Anteprojeto de reforma do Código Civil pretende regulamentar a matéria a partir do nome *diretiva antecipada de curatela*.

Consta no artigo 1.778-A do Anteprojeto que "a vontade antecipada de curatela deverá ser formalizada por escritura pública ou por instrumento particular autêntico, seguindo-se no artigo 1.778-B que "o juiz deverá conferir prioridade à diretiva antecipada de curatela relativamente: I – a quem deva ser nomeado como curador; II – ao modo como deva ocorrer a gestão patrimonial e pessoal pelo curador; III – a cláusulas de remuneração, de disposição gratuita de bens ou de outra natureza". O parágrafo único do último artigo conduz que "não será observada a vontade antecipada do curatelado quando houver elementos concretos que, de modo inequívoco, indiquem a desatualização da vontade antecipada, inclusive considerando fatos supervenientes que demonstrem a quebra da relação de confiança do curatelado com a pessoa por ele indicada".

17.18 O DIVÓRCIO POR CURADOR

É inquestionável que incapacidade não se confunde com idade avançada. No entanto, é possível que as figuras eventualmente caminhem juntas, a demandar uma análise mais detida pelo estudioso do direito.

O divórcio por curador ocorre quando a pessoa que pretende se divorciar se encontra incapaz e, por óbvio, submetida à curatela. De acordo com o artigo 1.582, parágrafo único, do CC, "se o cônjuge for incapaz para propor a ação ou defender-se, poderá fazê-lo o curador, o ascendente ou o irmão". O Anteprojeto de reforma do Código Civil pretende ampliar os legitimados, incluindo também o Ministério Público.

Os limites da curatela serão sempre estabelecidos pelo juiz, no processo de curatela, segundo o estado e o desenvolvimento mental do curatelado (art. 755, I, CPC/15), mas, de modo geral, ela será uma medida extraordinária, proporcional às necessidades e às circunstâncias de cada caso, além de durar o menor tempo possível (art. 84, § 3º, Lei 13.146/15 – Estatuto da Pessoa com Deficiência, EPD).

É importante saber que a curatela afetará tão somente os atos relacionados aos direitos de natureza patrimonial e negocial, não alcançando o direito ao próprio corpo, à sexualidade, ao matrimônio, à privacidade, à educação, à saúde, ao trabalho e ao voto (art. 85, § 1º, EPD), salvo exceção prevista no Enunciado 637 da JDC/CJF.

Como, em regra, a curatela não alcança o "direito ao matrimônio", não competirá ao curador a tomada de decisão sobre a manutenção ou não do vínculo conjugal do curatelado. Tal situação nitidamente existencial estará dentro do âmbito decisório do próprio curatelado. Sobre o tema, Jones Figueirêdo Alves ensina que os "portadores de moléstia mental permanente (revogado o art. 1.548, I, CC) poderão contrair núpcias ou conviver em união estável, reconhecido o direito de constituírem família. Que assim seja, por dignidade de sua condição humana, para que se concretizem como pessoas".[64]

Da mesma forma que se permite constituir família, também lhe competirá, por manifestação de vontade própria, dissolver tais vínculos.

Entretanto, uma coisa é manifestação de vontade para a constituição/dissolução de família (nítida questão existencial), outra seria os reflexos patrimoniais desta decisão. Por extrapolar o caráter de questão meramente existencial, acredita-se que os influxos patrimoniais do matrimônio (e constituição de união estável) dependerá da atuação do curador. Afinal, uma pessoa curatelada pode se casar, mas a escolha do regime de bens deve ser feita mediante a representação do curador, que é a pessoa designada para reger os negócios e o patrimônio da pessoa incapaz.

A Lei, contudo, não trouxe respostas a tal questionamento, nada regulamentando sobre os aspectos patrimoniais decorrentes do matrimônio. Aliás, na ausência de previsão em sentido contrário, o regime supletivo será o da comunhão parcial de bens, o que, em essência já poderá trazer prejuízos patrimoniais ao curatelado.

Pensa-se que, em vez do Código Civil estabelecer regramento a respeito do regime de separação obrigatória de bens ao septuagenário, melhor seria se tivesse previsto tal regime obrigatório ao incapaz (salvo se houvesse autorização do curador), pois, na omissão legal e diante da ausência de pacto antenupcial, o regime supletivo aplicável seria o da comunhão parcial de bens. Pior: mesmo na união estável, situação fática por si, haveria a incidência automática do regime de comunhão parcial de bens (e, nestes casos, o *fato* da união poderia suplantar a *autorização* do curador, em detrimento aos direitos patrimoniais do curatelado).

Seja como for, o Projeto de Lei 11.091/2018 busca suprir tal lacuna, ao prescrever que a curatela "afeta tão somente os atos relacionados aos direitos de natureza patrimonial e negocial, nesses abrangidos os pactos antenupciais e o regime de bens" (art. 3º).

---

64. ALVES, Jones Figueirêdo. *O incapaz casado*. Disponível em: http://www.ibdfam.org.br/artigos/ 1054/O+incapaz+casado. Acesso em: 19 jan. 2023.

Independentemente de tal situação, a lei autoriza a propositura da ação de divórcio pelo próprio curador. A legitimidade é ampliada para abarcar também o irmão e o ascendente.

Como regra, apenas o curador definitivo poderá ajuizar a ação de divórcio em nome do curatelado, cabendo ao curador provisório apenas excepcionalmente fazê-lo, como já decidido pelo Superior Tribunal de Justiça em julgado que segue abaixo transcrito, no que interessa:

> (i) a ação em que se pleiteia a dissolução do vínculo conjugal, por possuir natureza personalíssima, deve ser ajuizada, em regra, pelo próprio cônjuge; (ii) excepcionalmente, admite-se a representação processual do cônjuge por curador, ascendente ou irmão; (iii) justamente em virtude de se tratar de representação de natureza absolutamente excepcional, a regra que autoriza terceiros a ajuizarem a ação de dissolução de vínculo conjugal deverá ser interpretada restritivamente, limitando-se a sua incidência apenas à hipótese de curatela definitiva; (iv) em situações ainda mais excepcionais, poderá o curador provisório ajuizar a ação de dissolução do vínculo conjugal em representação do cônjuge potencialmente incapaz, desde que expressa e previamente autorizado pelo juiz após a oitiva do Ministério Público, como orientam os arts. 749, parágrafo único, do CPC/2015, e 87 da Lei 13.146/2015.[65]

Portanto, a curatela provisória apenas legitima o curador a representar o incapaz em uma ação de divórcio no caso de autorização judicial prévia.

O STJ andou bem ao reforçar a legitimidade mais ampla prevista em lei (art. 1.582, parágrafo único, CC), que inclui o ascendente e o irmão, em conjunto com o curador. Isso porque pode ocorrer um nítido conflito de interesses entre o curador e a pessoa curatelada, já que o cônjuge, não separado judicialmente ou de fato, é considerado curador de pleno direito do outro consorte (art. 1.775, CC). Conforme observa Maria Berenice Dias, "a razão de o legislador legitimar outras pessoas para representarem quem não goza da plena capacidade, para as ações desconstitutivas do vínculo do casamento, se justifica por o art. 1.775 do Código Civil assegurar ao cônjuge a condição de curador: 'O cônjuge ou companheiro, não separado judicialmente ou de fato, é, de direito, curador do outro, quando interdito'. Em demanda decorrente dos vínculos de afetividade, inquestionável o conflito de interesses entre curador e curatelado. Assim, o fim do casamento pode ser buscado por um legitimado extraordinário que deve trazer subsídios probatórios da limitação do filho ou do irmão a justificar sua presença em juízo em nome do incapaz. Dispensável a prévia interdição ou pedido de substituição do curador para que os parentes eleitos pela lei possam vir a juízo".[66]

Para acentuar a possibilidade de conflito de interesses, deve-se mencionar que "quando o curador for o cônjuge e o regime de bens do casamento for de comunhão universal, não será obrigado à prestação de contas, salvo determinação judicial" (art. 1.783, CC). Portanto, um cônjuge que tem dilapidado o patrimônio do casal, ou o utilizado de forma egoísta, sem atender às necessidades do cônjuge curatelado, por

---

65. STJ, REsp 1.645.612-SP, Rel. Min. Nancy Andrighi, DJe de 12.11.2018.
66. DIAS, Maria Berenice. Da separação e do divórcio. Disponível em: http://www.mariaberenice.com.br/manager/arq/(cod2_764)10__da_separacao_e_do_divorcio.pdf. Acesso em: 19 jan. 2023.

exemplo, pode não ter interesse na realização do divórcio, fazendo surgir o cenário ideal para que os parentes ajam na tutela dos direitos do incapaz, preservando a sua vontade, ainda que em dissonância com a vontade do curador.

Sendo a curatela limitada apenas aos atos negociais e patrimoniais, caso a decisão não atinja questões existenciais, como é o direito ao matrimônio, entende-se que a vontade da pessoa curatelada deve ser levada em consideração ainda que se trate de decisão tomada após o advento da incapacidade. Sua autonomia deve ser garantida na manifestação desta vontade.

Esse pode ser, portanto, mais um reflexo do divórcio grisalho (tratado em capítulo específico). Mas, deve-se ponderar que, ainda que o divórcio seja um direito potestativo, aquele promovido por curador pode demandar uma maior instrução probatória para demonstrar que aquela é, de fato, a vontade da pessoa incapaz.

Pensa-se, contudo, que a vontade da pessoa curatelada poderá ser substituída para a vontade do curador nos casos em que houver constatação de violação de direitos da pessoa incapaz. É o caso, por exemplo, de violência doméstica e familiar ou abuso psicológico.

Feitas as adaptações devidas, boa parte do que foi dito se aplica à dissolução das uniões estáveis.

17.19 A CURATELA DO PRÓDIGO: NOÇÕES E CORRELAÇÃO COM O SUPERENDIVIDAMENTO

O conceito de pródigo não está descrito no Código Civil, mas trata-se da "dissipação injustificada e desordenada dos bens".[67] De acordo com o dicionário Michaelis, é aquela pessoa que "gasta com excessivo esbanjamento; que dissipa seus bens; dissipador; esbanjador; gastador".[68]

Pablo Stolze e Rodolfo Pamplona afirmam que se trata "de desvio comportamental que, refletindo-se no patrimônio individual, culmina por prejudicar, ainda que por via oblíqua, a tessitura familiar e social. Note-se que o indivíduo que desordenadamente dilapida o seu patrimônio poderá, ulteriormente, bater às portas de um parente próximo ou do próprio Estado para buscar amparo".[69]

De todo modo, alerta-se que "a prodigalidade não é propriamente uma patologia apta a comprometer o discernimento daquele considerado pródigo".[70] E, por conta disso, a doutrina sustenta que se tal dissipação patrimonial decorre de um estado patológico,

---

67. VENOSA, Sílvio de Salvo. *Código Civil Interpretado*. 4. ed. São Paulo: Atlas, 2019, p.11.
68. Disponível em: https://michaelis.uol.com.br/palavra/m8bj2/pr%C3%B3digo/. Acesso em: 19 jan. 2023.
69. GAGLIANO, Pablo Stolze; PAMPLONA FILHO, Rodolfo. São Paulo: Saraiva, 2011, p. 142.
70. ESTEVES, Rafael. *Relações e situações jurídicas existenciais no Direito Civil contemporâneo*. Disponível em: https://www.bdtd.uerj.br:8443/bitstream/1/9520/1/RAFAEL%20ESTEVE%20-%20texto%20completo.pdf. Acesso em: 19 jan. 2023.

o fundamento da curatela seria o artigo 4º, III, do Código Civil, e não a prodigalidade (prevista no inciso IV do mesmo dispositivo).

Na doutrina, Silvio de Salvo Venosa menciona que "se a dissipação da fortuna advém de estado patológico de tal monta que afeta a saúde mental do indivíduo como um todo, o caminho será de incapacidade por falta de discernimento",[71] conforme previsão do artigo 4º, III, do Código Civil, e não em razão da prodigalidade, descrita no artigo 4º, IV, do mesmo Código. O mesmo posicionamento é levantado por Caio Mário da Silva Pereira, ao sustentar que "se, entretanto, a prodigalidade é sintoma de grave estado psiquiátrico, a interdição não se restringe às responsabilidades patrimoniais, porém, converte-se em curatela ampla *cura personae et rei* tal como a dos amentais".[72] Nesse caso, é plenamente possível que a curatela também abranja questões de cunho existencial, pois o fundamento não seria a prodigalidade, mas sim a previsão contida no artigo 4º, III, do Código Civil.

A respeito de distúrbios psíquicos relacionados com práticas esbanjadoras, existe dissidência doutrinária a respeito da sua inclusão, ou não, no campo da prodigalidade. Para uma primeira corrente, a prodigalidade não se confunde com distúrbios psíquicos tais como "a cibomania (jogo patológico), oniomania (transtorno mental do controle dos impulsos, que, por vezes, apresenta sintomas genéricos do comportamento compulsivo traduzido na necessidade de efetuar gastos imoderados em compras volumosas e desnecessárias) ou dipsomania (compulsão irresistível ao consumo de álcool)".[73] Já para uma segunda corrente, capitaneada por Pontes de Miranda, "entre os pródigos estão os oneomaníacos (impulso irresistível a comprar objetos de toda a espécie), os dipsômanos (impulso a beber, uma vez que com isso dissipem o que possuem), os depravados de qualquer espécie que dilapidam a fortuna ou o patrimônio em diversões, mulheres, luxo, doações, empréstimos etc".[74]

Seja como for, para a delimitação do fundamento apto a justificar a curatela, Silvio de Salvo Venosa aduz que "a definição do paciente, de qualquer forma, deve ser fornecida pela psiquiatria e psicologia".[75]

Lado outro, de acordo com o Estatuto da Pessoa com Deficiência, a curatela será, via de regra, parcial (pois abrangerá apenas questões de natureza negocial ou patrimonial – art. 85). Excepcionalmente, a depender do grau de higidez mental da pessoa curatelada, o juiz poderá ampliar a curatela para que atinja também questões de cunho existencial (Enunciado 637, JDC/CJF). Quanto ao pródigo, contudo, a curatela atingirá

---

71. VENOSA, Sílvio de Salvo. *Código Civil Interpretado*. 4. ed. São Paulo: Atlas, 2019, p.11.
72. PEREIRA, Caio Mario da Silva. *Instituições de direito civil*. Atual. Tânia da Silva Pereira. 25. ed. Rio de Janeiro: Forense, 2017, v. 5, p. 612.
73. ESTEVES, Rafael. *Relações e situações jurídicas existenciais no Direito Civil contemporâneo*. Disponível em: https://www.bdtd.uerj.br:8443/bitstream/1/9520/1/RAFAEL%20ESTEVE%20-%20texto%20completo.pdf. Acesso em: 19 jan. 2023.
74. PONTES DE MIRANDA. *Tratado de direito privado. Parte especial. Direito de família: direito parental. Direito protetivo*, tomo IX. 2ª edição. Rio de Janeiro: Borsoi, 1959, p. 289.
75. VENOSA, Sílvio de Salvo. *Código Civil Interpretado*. 4. ed. São Paulo: Atlas, 2019, p.11.

apenas questões de cunho patrimonial e negocial, não incidindo ao caso a exceção lançada pelo Enunciado 637 da JDC/CFJ. Afirma-se, então, que parece não ser possível a ampliação da curatela do pródigo para questões de natureza existencial, até mesmo por força da previsão contida no artigo 1.782 do Código Civil, que prevê que "a interdição do pródigo só o privará de, sem curador, emprestar, transigir, dar quitação, alienar, hipotecar, demandar ou ser demandado, e praticar, em geral, os atos que não sejam de mera administração". Isso significa que o pródigo pode administrar seu patrimônio, mas não poderá realizar negócios jurídicos de disposição patrimonial.

17.19.1 A prodigalidade e o superendividamento

Recentemente, uma temática correlacionada com a prodigalidade adquiriu relevantes contornos em nosso sistema jurídico: o superendividamento. É que, a prodigalidade, que é uma causa incapacitante prevista no artigo 4º, IV, do Código Civil, pode se confundir, na prática, com a condição de pessoa superendividada, temática regulamentada pela Lei 14.181/21, que alterou o Código de Defesa do Consumidor.

Isso porque, de acordo com a referida lei, entende-se por superendividamento a impossibilidade manifesta de o consumidor pessoa natural, de boa-fé, pagar a totalidade de suas dívidas de consumo, exigíveis e vincendas, sem comprometer seu mínimo existencial, nos termos da regulamentação (art. 54-A, § 1º, CDC).

Sobre o tema, enfatiza a doutrina que não se pode "esquecer que a publicidade pode até mesmo criar necessidades artificiais de consumo, levando a um consumismo compulsivo, que, com frequência, produz um endividamento insuportável, que já é relevante preocupação do mercado, da doutrina e da jurisprudência".[76]

Tanto o pródigo quanto o superendividado podem gastar mais do que possuem como recursos para a sua sobrevivência. Mas, ao contrário, a tutela jurídica em ambos os casos será distinta, pois a prodigalidade é uma causa que justifica a promoção da curatela, e, por outro lado, o superendividamento pode ser fator para alguns benefícios contratuais relacionados à revisão de contratos ou renegociação de débitos.

É de se pensar, ainda, que a curatela do pródigo deve sempre ser tida como excepcional, apenas se justificando em situações em que se constate que aquela condição perpassa por um quadro que realmente mereça uma tutela jurídica específica.

Parece, ainda, que a proteção da pessoa pródiga repercute mais em aspectos familiares e sociais (cessando, até mesmo preventivamente, a dissipação completa do patrimônio), enquanto a do superendividado releva a sua possível manutenção no mercado de consumo, visando "reequilibrar o setor produtivo mediante a reinserção no mercado

---

76. SOUZA, Sylvio Capanema de; WERNER, José Guilherme Vasi; NEVES, e Thiago. Ferreira Cardoso. *Direito do consumidor*. Rio de Janeiro: Forense, 2018, p. 129.

de um consumidor recuperado financeiramente".[77] Assim, as figuras não parecem ser conflitantes, já que uma pessoa pródiga pode ser também superendividada, fazendo jus a alguns benefícios contratuais no campo consumerista. O contrário também pode ser dito: nem toda pessoa superendividada será considerada pródiga.

17.20 A LEI 13.146/15, A "CRISE DA INCAPACITAÇÃO" E A GUARDA DE FATO COMO MECANISMO DE PROTEÇÃO À PESSOA IDOSA

Com o advento da Lei 13.146/15 (Estatuto da Pessoa com Deficiência), as disposições normativas que compreendem a teoria das incapacidades sofreram uma profunda reformulação no sistema jurídico brasileiro.

Por certo, o principal instrumento normativo que regulamenta a matéria é o Código Civil (arts. 3º e 4º), o qual, depois de passar por modificações oriundas do Estatuto da Pessoa com Deficiência (Lei 13.146/15), passou a considerar absolutamente incapazes apenas os menores de 16 anos de idade (art. 3º, CC), já que as condições de deficiência, seja física, mental, intelectual ou sensorial, passaram a se enquadrar na categoria de incapacidade relativa, e, ainda assim, desde que haja a concomitância das hipóteses previstas nos incisos de seu art. 4º.

Isso significa que não basta que uma pessoa tenha alguma deficiência para que seja considerada automaticamente relativamente incapaz, sendo imprescindível que se alie o fato de estar ela, por causa transitória ou permanente, impossibilitada de exprimir sua vontade (art. 4º, III, CC).

Tal situação já representa um avanço em relação ao espectro normativo anteriormente existente, que incluía como absolutamente incapazes, as pessoas com deficiência mental que não tivessem o necessário discernimento para a prática dos atos, e, na condição de relativamente incapazes, as pessoas com deficiência mental que tivessem o discernimento meramente *reduzido* (redação originária dos arts. 3º, II e 4º, II, CC).

Essa evolução está em plena consonância com a Convenção de Nova York – internalizada no ordenamento jurídico brasileiro pelo Decreto 6.949/09 e aprovada com *status* de norma constitucional (nos moldes do art. 5º, § 3º, da CR/88) –, que estabelece logo em seu preâmbulo que os Estados reconhecem "que a deficiência é um conceito em evolução", afirmando a "importância, para as pessoas com deficiência, de sua autonomia e independência individuais, inclusive da liberdade para fazer as próprias escolhas".

Pois bem. Embora não haja coincidência entre idade e incapacidade, "o segmento das pessoas com deficiência tende a ser composto por pessoas mais velhas do que o das pessoas sem deficiência, refletindo o processo de envelhecimento da população

---

77. SCHMIDT NETO, André Perin. *Superendividamento do consumidor*: conceito, pressupostos e classificação. Disponível em https://www.jfrj.jus.br/sites/default/files/revista-sjrj/arquivo/36-153-1-pb.pdf. Acesso em: 19 jan. 2023.

brasileira".[78] Por isso, pode-se afirmar que "a questão da deficiência torna-se ainda mais complexa quando é associada ao fator etário".[79]

Desse modo, constatando-se a incapacidade, vem-se à mente a curatela, que é justamente o instituto voltado à proteção da pessoa incapaz. Como visto, a curatela terá caráter excepcional, proporcional às necessidades e às circunstâncias do caso, durará o menor tempo possível e, ainda, afetará tão somente os atos relacionados aos direitos de natureza patrimonial e negocial, não alcançando o direito ao próprio corpo, à sexualidade, ao matrimônio, à privacidade, à educação, à saúde, ao trabalho e ao voto (art. 84 e 85, *caput* e § 1º, EPD). Por ser assim, Anderson Schreiber aduz que "a curatela não pode implicar supressão da autonomia pessoal, devendo a atuação do curador ser restrita àqueles aspectos em que a livre manifestação de vontade do curatelado poderia efetivamente lhe trazer prejuízo injustificado".[80]

Com o advento do EPD e com a dissociação entre incapacidade e deficiência, outro instituto foi regulamentado por lei: a Tomada de Decisão Apoiada (TDA). Esta se caracteriza por ser um processo pelo qual a pessoa com deficiência elege pelo menos duas pessoas idôneas, com as quais mantenha vínculos e que gozem de sua confiança, para prestar-lhe apoio na tomada de decisão sobre atos da vida civil, fornecendo-lhes os elementos e informações necessários para que possa exercer sua capacidade (art. 1.783-A, CC).

Embora cada um dos institutos possa ser voltado a tutelar níveis distintos de deficiência, essencial destacar que em ambos os casos deverá ocorrer a preservação da vontade e da autonomia da pessoa, obviamente respeitando-se o seu grau de higidez mental. Além disso, os dois devem ser operacionalizados através de procedimentos de jurisdição voluntária, pois se constituem "através de decisão judicial, eis que o acordo entre as partes deve ser homologado pelo juiz, bem como está sujeita às mesmas regras sobre a prestação de contas do apoiador".[81]

No entanto, a necessidade de judicialização de tais questões acaba por trazer a ausência de regularização de muitas situações de fato existentes no seio social, hipótese que pode acarretar uma desnecessária exposição da pessoa idosa e incapaz a investidas

---

78. ACCIOLI, Ana Caroline dos Santos; MORAND, Paula de Sampaio. A especial vulnerabilidade das pessoas idosas portadoras de deficiência e a legislação aplicável à luz do novo Estatuto da Pessoa com deficiência – Lei 13.146/2015. In: GAMA, Guilherme Calmon Nogueira da Gama. *Direitos da Personalidade da Pessoa Idosa*. Curitiba: Editora Appris, 2019, p. 153.
79. ACCIOLI, Ana Caroline dos Santos; MORAND, Paula de Sampaio. A especial vulnerabilidade das pessoas idosas portadoras de deficiência e a legislação aplicável à luz do novo Estatuto da Pessoa com deficiência – Lei 13.146/2015. In: GAMA, Guilherme Calmon Nogueira da Gama. *Direitos da Personalidade da Pessoa Idosa*. Curitiba: Editora Appris, 2019, p. 151.
80. SCHREIBER, Anderson. *Manual de direito civil contemporâneo*. São Paulo: Saraiva, 2020, p. 1337.
81. ACCIOLI, Ana Caroline dos Santos; MORAND, Paula de Sampaio. A especial vulnerabilidade das pessoas idosas portadoras de deficiência e a legislação aplicável à luz do novo Estatuto da Pessoa com deficiência – Lei 13.146/2015. In: GAMA, Guilherme Calmon Nogueira da Gama. *Direitos da Personalidade da Pessoa Idosa*. Curitiba: Editora Appris, 2019, p. 159.

mal-intencionadas de terceiros (familiares ou não) e que vão de encontro com os seus direitos.

Pode-se afirmar, assim, que a regulamentação judicial da situação de incapacidade não se encontra tão difundida na cultura brasileira. É o que Nelson Rosenvald observou, ao destacar que "é um dado da experiência que os familiares não submetem os idosos progressivamente acometidos de enfermidades à curatela",[82] em razão de fatores culturais, históricos e ideológicos, em um fenômeno por ele denominado de *"crise da incapacitação".*[83]

Surge, nesse contexto, a guarda de fato como instituto jurídico válido para a tutela da pessoa idosa e incapaz, que existirá "desde que uma pessoa – natural ou jurídica – sem ter atribuídas faculdades de curatela ou tutela, encarrega-se voluntariamente de outra, seja criança ou idoso com deficiência, que se encontra em situação de desamparo".[84] Qualquer cuidador, bem como a instituição de longa permanência que o idoso se encontre, poderá exercer a função de guardião de fato.

Por isso, situações de guarda de fato são corriqueiras em nosso meio social, e merecem o reconhecimento de sua juridicidade, de modo que, caso o magistrado venha a "ter conhecimento de uma guarda de fato que funcione a contento" deverá outorgar o guardião "de faculdades já previstas para a tutela e curatela",[85] sendo possível, até mesmo, o ajuizamento de uma ação declaratória da existência de guarda de fato em tais hipóteses.[86]

---

82. "Não o fazem por uma gama de razões: a) culturalmente, por não haver por parte de filhos o mesmo interesse afetivo que pais teriam em despender tempo, energia e recursos no cuidado com pais idosos, inclusive por não ser muito clara a diferença entre uma real causa e incapacitação ou apenas uma lenta degeneração que é fruto da idade avançada; b) historicamente, por se considerar que instituições de recolhimento de idosos possam se prestar a esse papel; c) ideologicamente, por se acreditar que a curatela ofende a autonomia das pessoas idosas – sobremaneira após a edição da CDPD e leis nacionais que minudenciam a fundamentalidade da autodeterminação – e que o melhor será evitar o estigma de "interdição", delegando-se àquelas pessoas a responsabilidade individual por suas escolhas próprias e comportamentos". ROSENVALD, Nelson. A guarda de fato de idosos. In: BARLETTA, Fabiana Rodrigues; ALMEIDA, Vitor. *A tutela jurídica da pessoa idosa*. Indaiatuba-SP: Foco, 2020, p. 121-122.
83. ROSENVALD, Nelson. A guarda de fato de idosos. In: BARLETTA, Fabiana Rodrigues; ALMEIDA, Vitor. *A tutela jurídica da pessoa idosa*. Indaiatuba-SP: Foco, 2020, p. 122.
84. ROSENVALD, Nelson. A guarda de fato de idosos. In: BARLETTA, Fabiana Rodrigues; ALMEIDA, Vitor. *A tutela jurídica da pessoa idosa*. Indaiatuba-SP: Foco, 2020, p. 122.
85. ROSENVALD, Nelson. A guarda de fato de idosos. In: BARLETTA, Fabiana Rodrigues; ALMEIDA, Vitor. *A tutela jurídica da pessoa idosa*. Indaiatuba-SP: Foco, 2020, p. 122.
86. ROSENVALD, Nelson. A guarda de fato de idosos. In: BARLETTA, Fabiana Rodrigues; ALMEIDA, Vitor. *A tutela jurídica da pessoa idosa*. Indaiatuba-SP: Foco, 2020, p. 129.

18
A TOMADA DE DECISÃO APOIADA

18.1 ESTATUTO DA PESSOA COM DEFICIÊNCIA E O PRINCÍPIO DA ADAPTAÇÃO RAZOÁVEL

Com o advento do Estatuto da Pessoa com Deficiência (EPD), a ótica sobre a teoria das incapacidades se altera bruscamente, em homenagem à preservação dos direitos das pessoas com deficiência. Afinal, hoje é bastante firme o entendimento de que o mero fato da deficiência não é fundamento justificador para que uma pessoa seja catalogada como incapaz. Independentemente da deficiência, deve existir alguma causa, transitória ou permanente, que a impeça de exprimir a sua vontade (art. 4º, III, CC).

Isso significa dizer que o foco, hoje, é a promoção, em condições de igualdade, do exercício de direitos e liberdades fundamentais pela pessoa com deficiência, visando à sua inclusão social e cidadania.

Conceitualmente, considera-se pessoa com deficiência aquela que tem impedimento de longo prazo de natureza física, mental, intelectual ou sensorial, o qual, em interação com uma ou mais barreiras, pode obstruir sua participação plena e efetiva na sociedade em igualdade de condições com as demais pessoas (art. 2º, EPD).

Diante disso, a não ser que haja algum impedimento na manifestação de vontade, a pessoa com deficiência será considerada capaz para todos os fins de direito, praticando pessoalmente os atos da vida civil. Inexiste qualquer tipo de presunção de incapacidade e, ainda, tal perspectiva prega pela igualdade e inclusão da pessoa com deficiência na sociedade. Por isso, o artigo 84 da EPD é expresso no sentido de que "a pessoa com deficiência tem assegurado o direito ao exercício de sua capacidade legal em igualdade de condições com as demais pessoas".

Inexiste dúvida de que as pessoas com deficiência, ao lado das outras minorias sociais existentes em nosso meio social (idosos, mulheres, negros, índios etc.), sofram os mais diversos tipos de discriminação. Não por outro motivo, toda esta mudança normativa visa justamente fomentar a inclusão e a não discriminação.

De acordo com a Convenção de Nova York, discriminação por motivo de deficiência significa qualquer diferenciação, exclusão ou restrição baseada em deficiência, com o propósito ou efeito de impedir ou impossibilitar o reconhecimento, o desfrute ou o exercício, em igualdade de oportunidades com as demais pessoas, de todos os direitos humanos e liberdades fundamentais nos âmbitos político, econômico, social, cultural, civil ou qualquer outro. Abrange todas as formas de discriminação, inclusive a recusa de adaptação razoável (art. 2º).[1]

Embora a deficiência, por si, não retire a capacidade do indivíduo (nem a de direito, nem a de fato), é possível que tais impedimentos de longo prazo acabem por inviabilizar o exercício pleno de direitos fundamentais e da própria cidadania. É o que esclarece Luiz Carlos de Assis Júnior, em sua tese de doutoramento, ao sustentar que se trata "do reconhecimento de que da deficiência não decorre, necessariamente, incapacidade. Em verdade, a presunção é pela capacidade, sem descurar daquelas situações em que a liberdade da pessoa com deficiência esteja justamente no cuidado e no assistencialismo, pois, apenas utopicamente seria imaginável o completo desaparecimento da deficiência apenas por razões arquitetônicas, sociais e atitudinais. Há situações em que, mesmo diante da completa extinção dessas barreiras, prevalecerá a necessidade do cuidado e da interdependência, pois, o corpo não muda porque a barreira é retirada e o corpo em si não pode ser esquecido ou ignorado".[2]

Mesmo tendo ciência que tais barreiras existem, a pessoa com deficiência tem o direito fundamental, com caráter constitucional, de participar ativamente da sociedade, em igualdade de condições com os demais. Para tanto, poderá ser necessária a utilização de instrumentos e expedientes, com as devidas modificações, para garantir a plena participação e o usufruto de todos os direitos e liberdades fundamentais. Tais modificações e ajustes necessários e adequados não devem acarretar ônus desproporcional, sendo denominados pela Convenção de Nova York, como "adaptação razoável" (art. 2º).

As pessoas com deficiência terão, desse modo, o direito à adaptação razoável, o qual deverá observar, sempre, as nuances do caso concreto. Por isso, "as necessidades de adaptação devem ser individualmente consideradas, pois, aquilo que seja eficiente para uma pessoa, não o será necessariamente para outra, afinal, a diversidade é justamente uma das principais características da deficiência".[3] Incidirá em tais hipóteses o

---

1. A expressão "adaptação razoável" deriva do termo inglês "reasonable accommodation", utilizado na própria Convenção de Nova York. Mas, a própria abstratividade da expressão razoável já poderia trazer empecilhos na consecução de tal direito fundamental. Diante disso, entende-se que o termo consigna adaptações que sejam "necessárias e adequadas" e, "por necessário, entende-se o imprescindível, e, por adequado, entende-se o efetivo, ou seja, adaptação razoável no contexto brasileiro deve ser compreendida como a adaptação imprescindível para a efetiva consecução do objetivo pretendido". (ASSIS JÚNIOR, Luiz Carlos de. O direito fundamental à adaptação razoável na convenção internacional sobre os direitos das pessoas com deficiência. Disponível em: https://repositorio.ufba.br/ri/bitstream/ri/30928/1/Luiz%20Carlos%20de%20Assis%20Junior%20-%20Tese.pdf. Acesso em: 19 jan. 2023).
2. ASSIS JÚNIOR, Luiz Carlos de. *O direito fundamental à adaptação razoável na convenção internacional sobre os direitos das pessoas com deficiência*. Disponível em: https://repositorio.ufba.br/ri/bitstream/ri/30928/1/Luiz%20Carlos%20de%20Assis%20Junior%20-%20Tese.pdf. Acesso em: 19 jan. 2023.
3. ASSIS JÚNIOR, Luiz Carlos de. *O direito fundamental à adaptação razoável na convenção internacional sobre os direitos das pessoas com deficiência*. Disponível em: https://repositorio.ufba.br/ri/bitstream/ri/30928/1/Luiz%20Carlos%20de%20Assis%20Junior%20-%20Tese.pdf. Acesso em: 19 jan. 2023.

princípio da individualização da adaptação razoável, a demonstrar que não há "fórmula abstratamente estabelecida para a adaptação".[4]

Em razão da análise casuística se impor, as hipóteses de adaptação razoável são *atípicas*, muito embora o ordenamento jurídico brasileiro preveja algumas hipóteses *típicas*, que devem ser reanalisadas periodicamente, para que se possa aferir se permanecem cumprindo a sua função. Nesse passo, "sob o manto do princípio da inclusão, as adaptações devem ser promovidas com vistas a maximizar a inclusão e participação plena da pessoa com deficiência, e representa o dever de se prevenir novas barreiras e remover aquelas existentes",[5] mas, no entanto, "não se trata de 'normalizar' a pessoa com deficiência como condição para sua participação plena, mas de respeitar a deficiência como algo que lhe é inerente à diversidade humana e garantir sua inserção particularizada com base nas suas necessidades específicas".[6]

Como exemplo de hipótese típica de adaptação razoável, poderia ser citada a determinação contida no Decreto 9.451/2018, no sentido de que os empreendimentos de edificação de uso privado multifamiliar sejam projetados com unidades adaptáveis, com condições de adaptação dos ambientes para as características de unidade internamente acessível (art. 3º). Outra hipótese de adaptação razoável tipificada advém do Decreto 9.508/2018, que assegura à pessoa com deficiência o direito de se inscrever, no âmbito da administração pública federal direta e indireta e em igualdade de oportunidade com os demais candidatos, em concursos públicos e processos seletivos para contratação por tempo determinado (art. 1º).

Todos esses são exemplos clássicos de adaptações razoáveis típicas que, inclusive, muito se correlacionam com as *ações afirmativas*, por meio de políticas públicas que tenham por foco compensar "os séculos de discriminação a determinadas raças ou segmentos".[7]

Mas, como dito, também existem as hipóteses atípicas, nas quais competirá à pessoa com deficiência postular pela adequação que se mostrar mais consentânea com as suas necessidades.

O STJ já teve oportunidade de decidir a respeito, em caso envolvendo pessoa com deficiência visual e a utilização do método braile. Na ocasião, consignou-se que a "não utilização do método braile durante todo o ajuste bancário levado a efeito com pessoa portadora de deficiência visual (providência, é certo, que não importa em gravame

---

4. ASSIS JÚNIOR, Luiz Carlos de. *O direito fundamental à adaptação razoável na convenção internacional sobre os direitos das pessoas com deficiência*. Disponível em: https://repositorio.ufba.br/ri/bitstream/ri/30928/1/Luiz%20Carlos%20de%20Assis%20Junior%20-%20Tese.pdf. Acesso em: 19 jan. 2023.
5. ASSIS JÚNIOR, Luiz Carlos de. *O direito fundamental à adaptação razoável na convenção internacional sobre os direitos das pessoas com deficiência*. Disponível em: https://repositorio.ufba.br/ri/bitstream/ri/30928/1/Luiz%20Carlos%20de%20Assis%20Junior%20-%20Tese.pdf. Acesso em: 19 jan. 2023.
6. ASSIS JÚNIOR, Luiz Carlos de. *O direito fundamental à adaptação razoável na convenção internacional sobre os direitos das pessoas com deficiência*. Disponível em: https://repositorio.ufba.br/ri/bitstream/ri/30928/1/Luiz%20Carlos%20de%20Assis%20Junior%20-%20Tese.pdf. Acesso em: 19 jan. 2023.
7. TAVARES, André Ramos. *Curso de direito constitucional*. São Paulo: Saraiva, 2020, p. 588.

desproporcional à instituição financeira), impedindo-a de exercer, em igualdade de condições com as demais pessoas, seus direitos básicos de consumidor, a acirrar a inerente dificuldade de acesso às correlatas informações, consubstancia, a um só tempo, intolerável discriminação por deficiência e inobservância da almejada 'adaptação razoável'".[8]

A título de encerramento deste tópico, vale ser mencionado que a inexistência da adaptação razoável no caso concreto pode atrair a aplicação daquela que vem sendo denominada de "teoria do impacto adverso ou desproporcional". Isso porque, em seus termos, ocorreria um impacto adverso ou um impacto desproporcional, "quando medidas públicas ou privadas que não são discriminatórias em sua origem nem estão imbuídas de intuito discriminatório",[9] "acabam por ensejar manifesto prejuízo, normalmente em sua aplicação, a alguns grupos minoritários, cujas características físicas, psíquicas ou modos de vida escapam ao da generalidade das pessoas a quem as políticas se destinam".[10]

Tal teoria vem servindo como importante mecanismo de inibição e contenção de *discriminação indireta*. Sua aplicação é variada e seu cabimento já foi aceito pelo STF no âmbito da ADI 4.424, em que a teoria foi invocada para demonstrar que o condicionamento à representação, da ação penal pela prática do crime de lesão corporal no ambiente doméstico geraria efeitos desproporcionalmente nocivos para as mulheres vítimas de violência, nos termos da Lei Maria da Penha.[11]

Por aqui, entende-se que o instituto da tomada de decisão apoiada pode ser considerado uma vertente da adaptação razoável, afinal, a pessoa com deficiência irá realizar atos da vida civil com as devidas adaptações (praticando uma série de negócios jurídicos com o auxílio de um apoiador, por exemplo).

18.2 A TOMADA DE DECISÃO APOIADA

Como dito várias vezes, idade avançada não se confunde com incapacidade. Da mesma forma, deficiência não se confunde com incapacidade, mas pode ser que todas ou algumas dessas figuras se apresentem, a um só tempo, em uma mesma pessoa. Basta perceber quão usual é a existência de pessoas idosas e incapazes (ex.: pessoa de 85 anos de idade com Alzheimer em estágio avançado), de pessoas idosas e deficiente (ex.: pessoa de 65 anos de idade paraplégica) e, ainda, de pessoas idosas, deficientes e incapazes (ex.: pessoa de 70 anos de idade, com deficiência auditiva e que não consiga expressar sua vontade).

---

8. STJ, REsp 1315822/RJ, Rel. Min. Marco Aurélio Bellizze, 3T, DJe de 16.04.2015.
9. MARTEL, Letícia de Campos Velho. *Adaptação razoável*: o novo conceito sob as lentes de uma gramática constitucional inclusiva. Disponível em: https://core.ac.uk/download/pdf/16031666.pdf. Acesso em: 19 jan. 2023.
10. MARTEL, Letícia de Campos Velho. *Adaptação razoável*: o novo conceito sob as lentes de uma gramática constitucional inclusiva. Disponível em: https://core.ac.uk/download/pdf/16031666.pdf. Acesso em: 19 jan. 2023.
11. STF, ADI: 4424 DF, Rel. Min. Marco Aurélio, Tribunal Pleno, DJe de 31.07.2014.

Apesar de não haver causalidade entre as figuras, pode ocorrer correlação. Daí a importância de o estudo do Direito da pessoa idosa ser conjugado ao estudo de variados institutos protetivos, como é o caso da Tomada de Decisão Apoiada (TDA).

O Estatuto da Pessoa com Deficiência trouxe a tomada de decisão apoiada como uma novidade no sistema jurídico brasileiro, acompanhando a Convenção de Nova York, que já dispunha que "os Estados Partes tomarão medidas apropriadas para prover o acesso de pessoas com deficiência ao apoio que necessitarem no exercício de sua capacidade legal" (art. 12).

A tomada de decisão apoiada é instituto facultativo à pessoa com deficiência, com a finalidade de que ela tenha o apoio de pelo menos duas pessoas idôneas, com as quais mantenha vínculos e que gozem de sua confiança, para prestar-lhe apoio na tomada de decisão sobre atos da vida civil, fornecendo-lhes os elementos e informações necessários para que possa exercer sua capacidade (art. 1.783-A, CC).

Trata-se de "instrumento de apoio para o exercício da capacidade da pessoa com deficiência, e não limitador de sua autonomia e liberdade e a ele deve ser garantido o pleno exercício da cidadania".[12]

É relevante deixar bem claro que se trata de instituto voltado às pessoas capazes, mas com alguma deficiência. Afinal, "a deficiência, em si mesma, não é a causa de incapacidade, mas sim a ausência ou redução do discernimento", conforme ensina Fernanda Pantaleão Dirscherl.[13] Por conta disso, a tomada de decisão apoiada nunca poderá ser imposta, sendo uma efetiva faculdade aberta à pessoa com deficiência (art. 84, § 2º). Tanto é assim que não se admite o requerimento de tomada de decisão apoiada por terceiros, inexistindo qualquer correlação com a legitimidade ativa para a propositura da ação de curatela.

Por isso, afirma-se categoricamente que a tomada de decisão apoiada não se trata de uma curatela menos intensa. Trata-se, sim, de instituto autônomo e com finalidades bem distintas.

Os Tribunais brasileiros não têm admitido a tomada de decisão apoiada nos casos em que exista algum tipo de doença, mas *não exista deficiência*. Foi o que ocorreu em ação ajuizada por pessoa acometida de câncer, que pedia a tomada de decisão apoiada em juízo, visando obter auxílio de terceiros no caso de avanço da doença. Na hipótese, o Tribunal de Justiça do Rio Grande do Sul frisou que o requerimento postulado mais se assemelharia ao instrumento de mandato, o qual, além de poder ser confeccionado pela requerente independentemente de autorização judicial, não se confundiria com Tomada de Decisão Apoiada.[14]

---

12. TJ-PR, AI 00060104420208160000 PR, Rel: Des. Nilson Mizuta, 5ª CC, DJe de 20.07.2020.
13. DIRSCHERL, Fernanda Pantaleão. *Capacidade civil e deficiência*: entre autonomia e proteção, de Mariana Alves Lara. Disponível em: http://www.seer.ufu.br/index.php/revistafadir/article/view/58853. Acesso em: 19 jan. 2023.
14. TJRS, AC 70079344834 RS, Rel: Luiz Felipe Brasil Santos, 8CC, DJe de 11.03.2019.

De fato, a tomada de decisão apoiada não se confunde com o mandato. Caso uma pessoa com deficiência tenha interesse de que uma terceira pratique alguns atos da vida civil em seu nome, poderá conceder, por meio de procuração, poderes para que ela, em seu nome, pratique atos ou administre interesses (mandato). Estes poderes podem ser especiais a um ou mais negócios determinados, ou a todos os atos do mandante (art. 653 e 660, CC). Porém, não é a isso que a Tomada de Decisão Apoiada se destina. Fundamentado justamente nesse entendimento, o Tribunal de Justiça de São Paulo indeferiu o pleito de tomada de decisão apoiada deduzido por autor paraplégico, já que os termos previstos extrapolavam "os limites do instituto da tomada de decisão apoiada, confundindo-se com a outorga de poderes de representação".[15]

A tomada de decisão apoiada tramitará por meio de uma ação de jurisdição voluntária e, sua constituição, alteração ou extinção serão de legitimidade exclusiva da própria pessoa com deficiência.

Na petição inicial, deverá constar indicação expressa das pessoas aptas a prestarem o apoio (art. 1.783-A, § 2º, CC) e o termo em que constem os limites do apoio e os compromissos dos apoiadores, inclusive com o prazo de vigência do acordo. Em tal termo deverá constar o respeito à vontade, aos direitos e aos interesses da pessoa a ser apoiada (art. 1.783-A, § 1º, CC).

O *pedido* deste tipo de demanda será a homologação do termo de tomada de decisão apoiada.

Antes de se pronunciar sobre o pedido de tomada de decisão apoiada, o juiz, assistido por equipe multidisciplinar, após oitiva do Ministério Público, ouvirá pessoalmente o requerente e as pessoas que lhe prestarão apoio (art. 1.783-A, § 3º, CC).

Quando se percebe que a tomada de decisão apoiada *exige a capacidade do autor*, a própria necessidade de oitiva do Ministério Público talvez se torne bastante criticável, já que, a princípio, inexiste qualquer fundamento hábil para sua participação, pois não se trata de causa versando sobre interesse de incapaz, sobre interesse público ou social, ou, ainda, envolvendo pessoa em situação de risco social ou assunto que exigisse a intervenção do órgão ministerial. Este também é o posicionamento de Anderson Schreiber, ao sustentar que a "oitiva do Ministério Público, aliás, nem sequer tem cabimento, uma vez que se trata aqui de remédio disponibilizado para pessoa capaz. O excessivo controle do juiz tampouco encontra justificativa, à luz dessa plena capacidade do beneficiário".[16]

Nada impede, é claro, que, casuisticamente, se constate a necessidade de participação do Ministério Público, pela incidência de alguma hipótese autônoma para a sua intervenção.

Outro ponto importante é que a Lei não determina a necessidade da realização de perícia médica. No entanto, na prática, a determinação judicial de perícia é comum. A

---

15. TJSP, AC 10054260420188260597 SP, Rel: Fernanda Gomes Camacho, 5ª CDPri, DJe de 29.10.2019.
16. SCHREIBER, Anderson. *Manual de direito civil contemporâneo*. 3. ed. São Paulo: Saraiva, 2020, p. 1341.

jurisprudência do Tribunal de Justiça de São Paulo entende que se a perícia é realizada e, com ela, haja constatação de total restrição aos atos da vida civil, prejudicando, assim, a capacidade daquela pessoa com deficiência, o pedido deve ser julgado improcedente.[17]

Respeitosamente, esta autora entende que a perícia neste tipo de demanda pode criar um sério dilema a respeito da conversão da tomada de decisão apoiada em uma ação de curatela, fungibilidade esta que não pode ser admitida.[18]

Assim, uma ação visando a homologação do termo de tomada de decisão apoiada não pode, por conta da perícia, ser convertida em ação de curatela. Reversamente, também não existe a referida fungibilidade entre a ação de curatela com a de tomada de decisão apoiada (embora seja comum a "sugestão" da equipe multidisciplinar de que o caso comporta tomada de decisão apoiada, mas não a curatela).

Aliás, caso uma ação de curatela seja julgada improcedente, se estará demonstrando que aquela pessoa é capaz e, por isso, poderia praticar os atos da vida civil por si, sendo uma mera faculdade a obtenção de apoio de terceiros. Nesse caso, o autor da ação não poderá pedir que, em seu lugar, seja determinada a tomada de decisão apoiada, pois, além de se destinarem a tutelar situações absolutamente distintas, inexiste qualquer tipo de fungibilidade entre tais ações.[19] Nem mesmo o magistrado poderá, de ofício, determinar a conversão da ação de curatela para a ação de tomada de decisão apoiada, sob pena de incorrer em hipótese de nulidade insanável, como, inclusive, já foi decidido pelo Tribunal de Justiça do Rio Grande do Sul.[20]

Dessa forma, o posicionamento de que "o procedimento de tomada de decisão apoiada é preferível em relação à curatela e depende da apuração do estágio e da evolução da doença e da capacidade de discernimento"[21] deve ser analisado com as devidas (e severas) ressalvas.

---

17. apelação. Tomada de decisão apoiada – Pedido de homologação de termo de tomada de decisão apoiada – Pessoa com deficiência intelectual, que sofre de Esquizofrenia – Indicação da genitora e da irmã como apoiadoras – Prova pericial psiquiátrica indicando que se trata de deficiente com restrição total quanto à prática de atos negociais – Sentença de improcedência – Inconformismo – Rejeição – A Tomada de Decisão Apoiada vem a ser modelo legal de proteção à pessoa com deficiência, reservada para deficientes que têm preservada sua capacidade civil – Caso concreto em que a perícia revela total restrição aos atos da vida civil, em razão das graves limitações que a doença acarretou à deficiente, a qual foi tida como totalmente dependente de terceiros em várias funções, especialmente na de tomar decisões – Tomada de Decisão Apoiada que se mostra incompatível com o quadro de incapacidade da pessoa com deficiência – Prova pericial detalhada e completa, que além de não ter sido impugnada em sua conclusão, afastou a necessidade de exame psicológico, dado o grau de limitação grave constatado – Sentença mantida – Negaram provimento ao recurso (TJ-SP, AC 1017541-59.2019.8.26.0003, Rel.: Alexandre Coelho, 8ªCDP, DJe de 24.02.2022).
18. TJRS, AI: 70084571389 RS, Rel. Vera Lucia Deboni, 7CC, DJe de 19.11.2020.
19. TJRS, AC 70072156904 RS, Rel: Ricardo Moreira Lins Pastl, 8 CC, DJe de 20.03.2017.
20. [...] "2. Não é cabível que o magistrado determine, de ofício, a instauração de ação de interdição, que requer iniciativa da parte ou do Ministério Público. 3. A tomada de decisão apoiada não se confunde com o pedido de interdição, porquanto diversos seus objetos e efeitos jurídicos, assim como a legitimidade ativa para os seus ajuizamentos, não havendo, portanto, fungibilidade entre elas. 4. O magistrado não pode, ex officio, determinar a conversão de uma demanda em outra, sem previsão legal que o autorize, sob pena de incorrer em hipótese de nulidade insanável". (TJRS, AI: 70084571389 RS, Rel: Vera Lucia Deboni, 7 CC, DJe de 19.11.2020).
21. STJ, REsp 1645612/SP, Rel. Min. Nancy Andrighi, 3T, DJe de 12.11.2018.

Como, via de regra, a curatela abrangerá apenas questões patrimoniais e negociais, poder-se-ia cogitar da possibilidade de uma pessoa curatelada requerer apoio para as suas decisões de cunho existencial (não atingidos pela curatela). Tal fato já chegou ao Poder Judiciário mineiro, tendo o Tribunal de Justiça decidido que "tomada de decisão apoiada, enquanto procedimento judicial voluntário previsto no Estatuto da Pessoa com Deficiência e no art. 1.783-A do CCB/2002, depende da iniciativa e discernimento da pessoa com deficiência para ser requerida, quando entender que dela necessita, estando à disposição do curatelando, no caso concreto, em relação aos atos civis em que não foi detectado qualquer comprometimento da capacidade mental, tais como os relativos à sexualidade, matrimônio, mera administração e cunho eleitoral".[22]

Com o acolhimento do pedido e correspectiva homologação do termo, a tomada de decisão apoiada terá validade e efeitos sobre terceiros, sem restrições, desde que esteja inserida nos limites do apoio acordado. Quem praticará o ato, em nome próprio, será a pessoa apoiada. Mas, é possível que o terceiro, com quem a pessoa apoiada mantenha relação negocial, solicite que os apoiadores contra-assinem o contrato ou acordo, o qual especificará, por escrito, sua função em relação ao apoiado (art. 1.783-A, §§ 4º e 5º, CC).

Não sem críticas em relação à exigência de participação ministerial, o art. 1.783-A, § 6º, do Código Civil enuncia que, no caso de prática de negócio jurídico que possa trazer risco ou prejuízo relevante ao apoiado, havendo divergência de opiniões entre ele e os apoiadores, deverá o juiz, ouvido o Ministério Público, decidir sobre a questão.

Caso o apoiador aja com negligência, exerça pressão indevida sobre o apoiado ou não adimpla com as obrigações assumidas, poderá ser destituído. Qualquer pessoa poderá apresentar denúncia ao Ministério Público e ao juiz e, no caso de destituição, a pessoa apoiada poderá requerer o apoio de outra pessoa. O próprio apoiador poderá requerer a exclusão do seu apoio, sendo tal desligamento condicionado à manifestação judicial.

Menciona-se, ainda, que as disposições referentes à prestação de contas da curatela serão aplicadas, no que couber, à tomada de decisão apoiada.

18.3 A TOMADA DE DECISÃO APOIADA E O ANTEPROJETO DE REFORMA DO CÓDIGO CIVIL

O Anteprojeto de reforma do Código Civil pretende alterar algumas questões relacionadas com a tomada de decisão apoiada.

Já de imediato, consta no artigo 1.783-A que "a tomada de decisão apoiada é o procedimento, judicial ou extrajudicial", já viabilizando que a sua extrajudicialização, o que é positivo.

---

22. TJMG, AC 10000190795559001 MG, Rel: Peixoto Henriques, 7ª CC, DJe de 24.04.2020.

A tomada de decisão apoiada estará disponível para a pessoa capaz, mas deficiente ou com alguma limitação física, sensorial, ou psíquica, bem como as declaradas relativamente incapazes, na forma do inciso II do art. 4º, que tenham dificuldades para a prática pessoal de atos da vida civil. Nitidamente, há uma interessante ampliação das pessoas que podem se utilizar de tal instrumento, pois no atual contexto a lei apenas o disponibiliza às pessoas com deficiência.

É de se salientar a nova possibilidade de utilização da tomada de decisão apoiada também para os relativamente incapazes. Afinal, no atual contexto, entende-se que apenas pessoas com deficiência e plenamente capazes é que poderão se valer deste instrumento.

Tais pessoas irão eleger uma ou mais pessoas idôneas com as quais mantenham vínculos e que gozem de sua confiança para prestar-lhes apoio na tomada de decisões sobre atos da vida civil.

Para formalização do ato, o solicitante e os apoiadores devem apresentar requerimento em que constem os limites do apoio a ser oferecido e os compromissos dos apoiadores, inclusive o prazo de vigência do acordo e o respeito à vontade, aos direitos e aos interesses da pessoa que devam apoiar.

A decisão tomada por pessoa apoiada terá validade e efeitos quanto a terceiros, sem restrições, desde que esteja inserida nos limites do apoio acordado. Por fim, permanece no Anteprojeto a possibilidade de que terceiros com quem a pessoa apoiada mantenha relação negocial ou pessoal possam solicitar que os apoiadores contra-assinem contratos ou acordos especificando, por escrito, sua função com relação ao apoiado.

18.4 O PROJETO DE LEI 11.091/2018 E A TENTATIVA DE REGULAMENTAR A TOMADA DE DECISÃO APOIADA: POSSÍVEL INCONSTITUCIONALIDADE?

O instituto da Tomada de Decisão Apoiada foi criado com um nobre propósito: propiciar à pessoa com deficiência a plena participação na sociedade, levando-se em consideração que, por conta de uma ou mais barreiras para o exercício de direitos em igualdade de condições com as demais pessoas, ela terá a faculdade de escolher apoiadores para a prática de determinados atos da vida civil.

Tal propósito foi inspirado pela Convenção de Nova York e por conta disso, possui fortes balizas constitucionais (em razão da aprovação do referido instrumento internacional com *status* de emenda constitucional). Por ser assim, qualquer norma conflitante poderá vir a ser considerada inconstitucional.

Não é demais dizer, contudo, que o Estatuto da Pessoa com Deficiência trouxe uma regulamentação relativamente enxuta para o instituto da tomada de decisão apoiada. Tanto é assim que o referido instituto ainda é bastante malcompreendido, por associá-lo e incluí-lo na chamada "teoria das incapacidades". Mas, na verdade, embora seja estudado ao lado da curatela, trata-se de instituto voltado à pessoa com deficiência *capaz*.

Por isso, buscando regulamentar de maneira mais analítica a tomada de decisão apoiada, o Projeto de Lei 11.091/2018 traz algumas disposições positivas, mas, também, outras que podem vir a conflitar com o mencionado nobre propósito que motivou a sua criação.

De positivo, o PL 11.091/2018 busca alterar o artigo 4º do Código Civil, ao incluir que "a presença de deficiência mental ou intelectual ou deficiência grave, por si só, não configura a hipótese prevista no inciso III do *caput* deste artigo, sendo facultada a essas pessoas a tomada de decisão apoiada regulada no art. 1.783-A deste Código". Tal colocação tem por finalidade extirpar a noção estigmatizada de que deficiências são manifestações de incapacidade do indivíduo. E, como se sabe, uma Lei tem um potente papel na redefinição social de pensamentos coletivos excludentes, de maneira a ser bastante relevante tal trecho do projeto.

Contudo, o Projeto de Lei parece ter caminhado em descompasso com o propósito do instituto ao elencar que "o acolhimento judicial do pedido de tomada de decisão apoiada pressupõe a vulnerabilidade da pessoa com deficiência mental ou intelectual ou deficiência grave, garantindo à pessoa apoiada a mesma proteção legal prevista neste Código e em outras leis às pessoas relativamente incapazes" (art. 3º, PL 11.091/18). Este trecho realmente coloca o instituto da tomada de decisão apoiada dentro da teoria das incapacidades, já que não bastaria ser uma pessoa com deficiência para dele fazer jus. Ela teria que ser também vulnerável, palavra que é altamente subjetiva e que, por isso, ao mesmo tempo em que poderia ser reconhecida a uns, poderia ser denegada a outros.

Analisando a vulnerabilidade em sentido amplo, pode-se considerar que grupos específicos que possuem uma tutela normativa do Estado já se enquadrariam nesta categoria. Assim, a pessoa com deficiência, simplesmente pelo fato da deficiência, já poderia ser enquadrada como vulnerável perante outros. Da mesma forma, a pessoa idosa, a criança, o adolescente, as mulheres em situações de violência doméstica, entre outros. Por isso, individualmente considerada, a pessoa pode ou não ser mais frágil do que as outras, mas de maneira coletiva, já se pressupõe a sua vulnerabilidade, tanto é assim que o próprio Estado lhes defere uma tutela protetiva.

Por conta disso, o que, de fato, seria uma pessoa com deficiência vulnerável? Aquela que se encontra em situação de risco social? Que possua muitas barreiras para o exercício de direitos em igualdade de condições com os demais? Que tenha uma aparência diferente dos demais e que, por isso, possa ser ludibriada por pessoas mal-intencionadas? Aliás, a vulnerabilidade seria analisada a partir da pessoa, e não em relação ao grupo social ao qual se insere? Enfim, são tantos questionamentos que, por isso, pensa-se que, talvez, a referida colocação prevista no Projeto de Lei 11.091/18 não tenha sido muito adequada.

Ainda que tais questionamentos não fossem válidos, o artigo 10, parágrafo único, do Estatuto da Pessoa com Deficiência parece já conferir uma resposta, ao prever que "em situações de risco, emergência ou estado de calamidade pública, a pessoa com deficiência será considerada vulnerável, devendo o poder público adotar medidas para sua proteção e segurança". Isso significa que, se o Projeto de Lei for aprovado, a tomada de decisão apoiada teria o seu alcance reduzido apenas às pessoas com deficiência em "situação de risco, emergência ou em estado de calamidade pública".

Mas, a crítica não existe apenas por tal fundamento.

Pela lei atualmente em vigor, os negócios jurídicos praticados pela pessoa com deficiência e que opte pela tomada de decisão apoiada são assinados por ela, sendo que o terceiro com quem a pessoa apoiada manter relação negocial pode *solicitar* a contra--assinatura dos apoiadores (art. 1.783-A, § 5º, CC). Frisa-se: pode solicitar.

No entanto, o Projeto de Lei 11.091/18 visa alterar tal panorama, fazendo com que haja obrigatoriedade na contra-assinatura dos apoiadores, ao assim prever: "nos atos abrangidos pelo termo de tomada de decisão apoiada é obrigatória a contra-assinatura dos apoiadores, a qual é hábil para demonstrar o fornecimento de elementos e informações necessários ao exercício da capacidade pela pessoa com deficiência" (art. 3º, PL 11.091/18). Condicionar a realização de negócios jurídicos à contra-assinatura de todos os apoiadores pode tornar este instituto, inicialmente pensado para pessoa com deficiência capaz, em coisa distinta, colocando-as quase em uma regulamentação alternativa em que ela não seria nem capaz e nem incapaz (como se fosse um *tertium genus*, um gênero nem lá nem cá). Aqui, pode ser que a dita vulnerabilidade prevista no projeto de lei a colocaria neste lugar.

Tanto é assim que o Projeto de Lei, que também busca alterar a lei processual vigente, visa incluir a ação de tomada de decisão apoiada no mesmo capítulo da ação de curatela e pontua que "os pedidos de tomada de decisão apoiada e de curatela são procedimentos destinados a pessoas em situação de vulnerabilidade para apoio ao exercício da capacidade civil e salvaguarda" (art. 6º, PL 11.091/18). Nesta parte, busca regulamentar e equiparar o procedimento para a ação de tomada de decisão apoiada ao da ação de curatela, o que também não parece adequado, considerando as características únicas e peculiares de cada um destes institutos.

Diante disso, embora o Projeto de Lei 11.091/18 tenha tido o louvável papel de normatizar de maneira mais detida o instituto da tomada de decisão apoiada, entende-se que, em algumas passagens, ele está indo de encontro com as normativas previstas em nosso sistema. Diante da base constitucional da tomada de decisão apoiada (diga-se novamente: a Convenção de Nova York, que possui força de emenda constitucional), é possível que, no caso de aprovação, muitos sejam os fundamentos para a declaração da sua inconstitucionalidade.

REFERÊNCIAS

ACCIOLI, Ana Caroline dos Santos; MORAND, Paula de Sampaio. A especial vulnerabilidade das pessoas idosas portadoras de deficiência e a legislação aplicável à luz do novo Estatuto da Pessoa com deficiência – Lei 13.146/2015. In: GAMA, Guilherme Calmon Nogueira da Gama. *Direitos da Personalidade da Pessoa Idosa*. Curitiba: Editora Appris, 2019.

AGUIRRE, Cecilia Fresnedo de. *Public policy*: common principles in the American States. Boston: Brill Nijhoff, 2016.

ALCALÁ, Humberto Nogueira. Diálogo interjurisdiccional y control de convencionalidad entre los tribunales nacionales y la Corte Interamericana de Derechos Humanos en Chile. *Anuario De Derecho Constitucional Latinoamericano*, Año XIX, Bogotá, 2013, ISSN 23460849. Disponível em: http://www.corteidh.or.cr/tablas/r32200.pdf. Acesso em: 19 jan. 2023.

ALCÂNTARA, Alexandre de Oliveira et al. *Estatuto do Idoso*: comentários à Lei 10.74/2003. Indaiatuba, SP: Editora Foco, 2019.

ALEXY, Robert. *Teoria dos direitos fundamentais*. São Paulo: Malheiros, 2015.

ALVES, Jones Figueirêdo. *A família na atual crise de direitos humanos*. Disponível em: https://www.conjur.com.br/2020-mai-24/processo-familiar-familia-atual-crise-direitos-humanos. Acesso em: 19 jan. 2023.

ALVES, Jones Figueirêdo. *Aconselhamento emocional como instituto jurídico privilegiado*. Disponível em: http://www.ibdfam.org.br/artigos/1182/Aconselhamento+emocional+como+instituto+-jur%C3%ADdico+privilegiado. Acesso em: 19 jan. 2023.

ALVES, Jones Figueirêdo. *Negligência dos pais no mundo virtual expõe criança a efeitos nocivos da rede*. Disponível em: https://www.conjur.com.br/2017-jan-15/processo-familiar-abandono-digital--expoe-crianca-efeitos-nocivos-internet. Acesso em: 19 jan. 2023.

ALVES, Jones Figueirêdo. *O incapaz casado*. Disponível em: http://www.ibdfam.org.br/artigos/1054/O+incapaz+casado. Acesso em: 19 jan. 2023.

ALVES, José Carlos Moreira. *Direito Romano*. 16. ed. Rio de Janeiro: Forense, 2014.

ALVES, José Carlos Moreira. *Direito romano*: II. Rio de Janeiro: Forense, 1980.

ALVES, Leonardo Barreto Moreira. *Temas atuais de direito de família*. Rio de Janeiro: Lumen Juris, 2010.

AMARANTE, Aparecida. *Responsabilidade civil por dano à honra*. Belo Horizonte: Del Rey, 1998.

ANDRADE, Fábio Siebeneichler de; SILVA, Gilberto Antonio Neves Pereira da. *Notas sobre as implicações do novo código de processo civil na autonomia do curatelado*. Disponível em: https://siaiap32.univali.br/seer/index.php/rdp/article/viewFile/7797/4435. Acesso em: 19 jan. 2023.

ANGIOLETTI, Ariane. Adoção de idosos: é possível? Disponível em: https://www.arianeangioletti.com/post/adocao-de-idosos. Acesso em: 19 jan. 2023.

ARAÚJO, Cintia Rejane Moller de (Coord.). *Viabilizando a participação da pessoa idosa nas políticas públicas*: Conselho Estadual do Idoso de São Paulo e Conselho Municipal do Idoso de São Paulo.

2016. Disponível em: https://www.unifesp.br/campus/osa2/images/PDF/Viabilizando%20participa%C3%A7%C3%A3o%20pessoa%20idosa%20nas%20pol%C3%ADticas%20p%C3%BAblicas.pdf. Acesso em: 19 jan. 2023.

ARAÚJO, Jeferson Santos et al. *Perfil dos cuidadores e as dificuldades enfrentadas no cuidado ao idoso*, em Ananindeua, PA. Disponível na internet: http://www.scielo.br/pdf/rbgg/v16n1/a15v16n1.pdf. Acesso em: 19 jan. 2023.

ARAÚJO, Ludgleydson Fernandes de; LOBO FILHO, Jorgeano Gregório. *Análise Psicossocial da Violência contra Idosos*. Psicologia: Reflexão e Crítica, 22(1), 153-160. Disponível em: https://www.scielo.br/pdf/prc/v22n1/20.pdf. Acesso em: 19 jan. 2023.

ASCENSÃO, José de Oliveira. As disposições antecipadas de vontade – o chamado "testamento vital". Disponível em: https://revista.direito.ufmg.br/index.php/revista/search/authors/view?-givenName=Jos%C3%A9%20de%20Oliveira&familyName=Ascens%C3%A3o&affiliation=&-country=&authorName=Ascens%C3%A3o%2C%20Jos%C3%A9%20de%20Oliveira. Acesso em: 19 jan. 2023.

ASCENSÃO, José de Oliveira. *O direito*: introdução e teoria geral. Uma perspectiva luso-brasileira. Lisboa: Fundação Calouste Gulbenkian. 1978.

ASSIS JÚNIOR, Luiz Carlos de. *O direito fundamental à adaptação razoável na convenção internacional sobre os direitos das pessoas com deficiência*. Disponível em: https://repositorio.ufba.br/ri/bitstream/ri/30928/1/Luiz%20Carlos%20de%20Assis%20Junior%20-%20Tese.pdf. Acesso em: 19 jan. 2023.

AUILO, Rafael Stefanini. *O modelo cooperativo de processo civil no Novo CPC*. Salvador: JusPodivm, 2017.

ÁVILA, Humberto. O que é "devido processo legal?" *Revista dos Tribunais*, v. 33, n. 163, p. 50-59, São Paulo, set., 2008.

ÁVILA, Humberto. *Teoria dos princípios*: da definição à aplicação dos princípios jurídicos. 12. ed. São Paulo: Malheiros. 2010.

AZEREDO, Zaida de Aguiar Sá; AFANSO, Maria Alcina Neto. Solidão na perspectiva do idoso. *Rev. Bras. Geriatr. Gerontol.*, Rio de Janeiro, 2016. Disponível em: https://www.scielo.br/pdf/rbgg/v19n2/1809-9823-rbgg-19-02-00313.pdf. Acesso em: 19 jan. 2023.

BARBEDO, Claudia Gay. A possibilidade de ser estendida a Lei de Alienação Parental ao idoso. In: SOUZA, Ivone M. Candido Coelho de (Org.). *Família contemporânea*: uma visão interdisciplinar. Instituto Brasileiro de Direito de Família, Seção Rio Grande do Sul. IBDFAM, 2011.

BARBIERI, Natália Alves. *Velhice*: melhor idade? O mundo da saúde, São Paulo. Disponível em: http://www.saocamilo-sp.br/pdf/mundo_saude/90/17.pdf. Acesso em: 19 jan. 2023.

BARLETTA, Fabiana Rodrigues; ALMEIDA, Vitor. *A tutela jurídica da pessoa idosa*. São Paulo: Foco, 2020.

BARREIROS, Lorena Miranda Santos. *Fundamentos constitucionais do princípio da cooperação processual*. Salvador: JusPodivm, 2013.

BARROSO, Luís Roberto. *Curso de Direito Constitucional*. São Paulo, Saraiva, 2015.

BARUFFI, Priscila Demari; ROBLES-LESSA, Moyana Mariano. O Estado Brasileiro e a promoção dos cuidados paliativos. *In*: DADALTO, Luciana. *Cuidados paliativos*: aspectos jurídicos. Indaiatuba-SP: Foco, 2022.

BARUFI, Melissa Telles. *A responsabilidade em proteger os filhos do abandono afetivo e material à luz do Novo CPC*. Disponível em: https://ibdfam.org.br/artigos/1099/++A+responsabilidade+em+proteger+os+filhos+do+abandono+afetivo+e+material+%C3%A0+luz+do+Novo+CPC. Acesso em: 19 jan. 2023.

BEAUVOIR, Simone de. *A velhice.* 2. ed. Rio de Janeiro: Nova Fronteira, 2018.

BEAUVOIR, Simone de. *A velhice.* Rio de Janeiro: Nova Fronteira, 1990.

BERNARDES, Lívia Heringer Pervidor; CARNEIRO, Yandria Gaudio. *As ondas de acesso à justiça de Mauro Cappelletti e o acesso transacional à justiça.* Anais do III Congresso de Processo Civil Internacional, Vitória, 2018.

BOBBIO, Norberto. *O tempo da memória de senectude e outros escritos autobiográficos.* Rio de Janeiro: Campus, 1997.

BOER, Marike E. de et al. *Advance directives in dementia*: issues of validity and effectiveness. Disponível em: https://www.academia.edu/18942164/Advance_directives_in_dementia_issues_of_validity_and_effectiveness. Acesso em: 19 jan. 2023.

BOLESINA, Iuri; FACCIN, Talita de Moura. A responsabilidade civil por *shareting*. Disponível em: https://revista.defensoria.rs.def.br/defensoria/article/download/285/264/531. Acesso em: 19 jan. 2023.

BOTEGA, João Luiz de Carvalho. *Avós podem adotar netos?* O ativismo judicial e limites da legalidade: análise crítica do julgamento do Resp 1.448.969/SC pelo Superior Tribunal de Justiça. Atuação: Revista Jurídica do Ministério Público Catarinense. v. 13, n. 28, jun.-nov. 2018.

BRAGA, Pérola Melissa Vianna. *Curso de direito do idoso.* São Paulo: Atlas, 2011.

BRAZIL, Glícia Barbosa de Mattos. Escuta de criança e adolescente e prova da verdade judicial. In: PEREIRA, Rodrigo da Cunha; DIAS, Maria Berenice (Coord.). *Famílias e sucessões*: Polêmicas, tendências e inovações. Belo Horizonte: IBDFAM, 2018.

BROWN, Susan L.; LIN, I-Fen. *The* Gray Divorce Revolution: Rising Divorce Among Middle-Aged and Older Adults, 1990-2010. *Journals of Gerontology Series B*: Psychological Sciences and Social Sciences, 67(6), 731-741, doi:10.1093/geronb/gbs089. Advance Access publication October 9, 2012. Disponível em: https://www.ncbi.nlm.nih.gov/pmc/articles/PMC3478728/pdf/gbs089.pdf. Acesso em: 19 jan. 2023.

BYTHEWAY, Bill. *Ageism.* Great Britain: Open University Press, 1995.

CABRAL, Antonio do Passo; CRAMER, Ronaldo (Org.). *Comentários ao Novo Código de Processo Civil.* 2. ed. São Paulo: Forense, 2016.

CABRAL, Hildeliza Lacerda Tinoco Boechat et al. *A obstinação terapêutica e a morte indigna à luz da normativa do CFM.* Disponível em: https://temasemsaude.com/wp-content/uploads/2018/12/18405.pdf. Acesso em: 19 jan. 2023.

CAHALI, Yussef Said. *Dos alimentos.* São Paulo: Ed. RT, 2006.

CALMON, Patricia Novais. A teoria dos lugares paralelos interpretativos na alienação parental inversa de primeiro e segundo graus. *Revista IBDFAM*: Famílias e Sucessões, v. 39 (maio/jun.), Belo Horizonte, IBDFAM, 2020.

CALMON, Patricia Novais. *O "novo" papel dos tabeliães para combater a violência patrimonial contra idosos.* Disponível em: https://www.conjur.com.br/2020-jul-01/patricia-calmon-tabeliaes-violencia-patrimonial-idosos. Acesso em: 19 jan. 2023.

CALMON, Rafael. *Manual de Direito Processual das Famílias.* São Paulo: Saraiva, 2021.

CALMON, Rafael. Vivendo juntos, separadamente: os relacionamentos LAT – Living Apart Together. *Ponto de Vista*: literatura jurídica artesanal. Disponível em: https://www.wattpad.com/1136032807-ponto-de-vista-literatura-jur%C3%ADdica-artesanal. Acesso em: 04 out. 2021.

CÂMARA, Alexandre Freitas. *O Novo Processo Civil Brasileiro*. 7 ed. São Paulo: Atlas, 2021.

CAMARANO, Ana Amélia. *Mulher idosa*: suporte familiar ou agente de mudança? Disponível na internet: http://www.scielo.br/scielo.php?script=sci_arttext&pid=S0103-40142003000300004. Acesso em: 19 jan. 2023.

CAMILLO, Carlos Eduardo Nicoletti et al. *Comentários ao Código Civil*. São Paulo: Ed. RT, 2006.

CAPPELLETTI, Mauro; GARTH, Bryant. *Acesso à justiça*. Tradução e revisão Ellen Gracie Northfleet. Porto Alegre: Sergio Antonio Fabris Editor, 1988.

CARNEIRO, Paulo Cezar Pinheiro. *O Novo Processo Civil Brasileiro*. Rio de Janeiro: Forense, 2021.

CARNEY, Maria T et al. *Elder Orphans Hiding in Plain Sight*: A Growing Vulnerable Population. Hindawi Publishing Corporation. Current Gerontology and Geriatrics Research. Volume 2016, Article ID 4723250, http://dx.doi.org/10.1155/2016/4723250.

CARVALHO NETO, Inácio. *Responsabilidade civil no direito de família*. Curitiba: Juruá, 2002.

CARVALHO, Dimas Messias de. *Abandono afetivo do idoso e responsabilidade civil*. Anais do XIII Congresso Brasileiro de Direito das Famílias e Sucessões do IBDFAM: Prospecções sobre o presente e o futuro, 2021.

CASTRO, Gisela O idadismo como viés cultural: refletindo sobre a produção de sentidos para a velhice em nossos dias. Disponível em: https://www.scielo.br/j/gal/a/3qwDcNNRVnPyRYWzyXmy-QkH/?format=pdf&lang=pt#:~:text=Muitas%20vezes%20acionado%20no%20inconsciente,rela%C3%A7%C3%B5es%20entre%20velhice%20e%20subjetividade. Acesso em: 31 mar. 2022.

CAVALIERI FILHO, Sergio. *Programa de Responsabilidade Civil*. 10. ed. São Paulo: Atlas, 2012.

CAVENAGHI, Suzana; ALVES, José Eustáquio Diniz. Escola Nacional de Seguros. Março/2018. Disponível em: http://www.ens.edu.br/arquivos/mulheres-chefes-de-familia-no-brasil-estudo-sobre-seguro-edicao-32_1.pdf. Acesso em: 19 jan. 2023.

CHAGAS, Bárbara Seccato Ruis. *O tratamento adequado de conflitos no processo civil brasileiro*. Disponível na internet: http://repositorio.ufes.br/bitstream/10/8829/1/tese_11242_B%C3%81RBARA20170823-115856.pdf. Acesso em: 19 jan. 2023.

CHASE, Oscar G. *Direito, cultura e ritual*: sistemas de resolução de conflitos no contexto da cultura comparada. Trad. Sergio Arenhart, Gustavo Osna. São Paulo: Marcial Pons, 2014.

CINTRA, Antônio Carlos de Araújo; DINAMARCO, Candido Rangel; GRINOVER, Ada Pelegrini. *Teoria Geral do processo*. 26. ed. São Paulo: Malheiros, 2010.

COELHO, Fábio Ulhoa. *Curso de direito civil, família, sucessões*. 5. ed. São Paulo: Saraiva, 2012. v. 5.

COELHO, Thais Câmara Maia Fernandes. *Autocuratela*: mandato permanente relativo a questões patrimoniais para o caso de incapacidade superveniente. Disponível em: http://www3.promovebh.com.br/revistapensar/art/a73.pdf. Acesso em: 19 jan. 2023.

COLSON, Bret. *Gray Divorce: The Complete Guide*. Disponível em: https://www.survivedivorce.com/gray-divorce#2. Acesso em: 04 out. 2021.

CONFERÊNCIA DA HAIA DE DIREITO INTERNACIONAL PRIVADO SECRETARIADO PERMANENTE. *Mediação*: Guia de Boas Práticas nos termos da Convenção da Haia de 25 de outubro de 1980 sobre os aspectos civis do rapto internacional de crianças. Bélgica, 2012.

COSTA FILHO, Waldir Macieira da. Medidas de proteção à pessoa idosa. In: MENDES, Gilmar Ferreira et al. *Manual dos direitos da pessoa idosa*. São Paulo: Saraiva, 2017.

COSTA, Arilton Leoncio. Alimentos: visão contemporânea do instituto. *Revista Interdisciplinar de Direito*, v. 6, n. 1, ago. 2017, p. 383-390, ISSN 2447-4290. Disponível em: http://revistas.faa.edu.br/index.php/FDV/article/download/51/33/. Acesso em: 19 jan. 2023.

COSTA, Jennifer Karolynne Costa de; SOARES, Jardel de Freitas. O crime de maus tratos aos idosos sob a ótica das relações familiares. *Revista Brasileira de Gestão Ambiental*, Pombal, PB, abr./jun. 2019.

COSTA, Luiza Lopes Franco. A natureza jurídica do testamento vital. In: BARBOZA, Heloisa Helena et al (coord). Biodireito: tutela jurídica das dimensões da vida. Indaiatuba-SP: Foco, 2021.

CRUZ, Maria Luiza Póvoa. *Abandono afetivo de idosos*. Disponível em: https://ibdfam.org.br/artigos/1372/Abandono+afetivo+de+idosos. Acesso em: 19 jan. 2023.

CYRINO, Rodrigo Reis; VIEIRA, Fernando. A curatela ou interdição e a tomada de decisão apoiada extrajudicial e sua prática: uma possibilidade de desjudicialização como efetivação do princípio da dignidade da pessoa humana e da duração razoável do processo. In: DEBS, Martha El (Coord.). *O registro civil na atualidade* – a importância dos ofícios da cidadania na construção da sociedade atual. Salvador: JusPodivm, 2021.

CYSNE, Renata Nepomuceno e. Mulher, trabalho, política e os reflexos nas famílias. In: CYSNE, Renata Nepomuceno e. (Coord.). *Intervenção estatal e comunitária nas famílias*: limites e possibilidades. Brasília: Trampolim, 2019.

DADALTO, Luciana et al. Diretivas antecipadas de vontade: um modelo brasileiro. *Rev. bioét.* (Impr.). 2013; 21 (3): 463-76. Disponível em: https://www.scielo.br/pdf/bioet/v21n3/a11v21n3.pdf. Acesso em: 19 jan. 2023.

DADALTO, Luciana. *Testamento vital*. 6. ed. Indaiatuba-SP: Foco, 2022.

DAY, Mary Rose et al. *Self-Neglect in Older Adults*: A Global, Evidence-Based Resource for Nurses and other health care providers. New York: Springer Publishing Company, 2018.

DE SÁ, Maria de Fátima Freire; NAVES, Bruno Torquato de Oliveira. Autonomia para aceitar ou recusar cuidados paliativos. *In*: DADALTO, Luciana. *Cuidados paliativos*: aspectos jurídicos. Indaiatuba-SP: Foco, 2022.

DIAS, José Eduardo Coelho; SILVA, Débora Maria Veloso Nogueira da. A *irrepetibilidade dos alimentos e o enriquecimento sem justa causa*. Disponível em: https://jus.com.br/artigos/85084/a-irrepetibilidade-dos-alimentos-e-o-enriquecimento-sem-justa-causa. Acesso em: 19 jan. 2023.

DIAS, Maria Berenice. *Da separação e do divórcio*. Disponível em: http://www.mariaberenice.com.br/manager/arq/(cod2_764)10__da_separacao_e_do_divorcio.pdf. Acesso em: 19 jan. 2023.

DIAS, Maria Berenice. *Manual de Direito das Famílias*. 11 ed. São Paulo: Ed. RT, 2016.

DIAS, Maria Berenice. *Manual de Direito das Famílias*. São Paulo: Ed. RT, 2015.

DIAS, Maria Berenice. *Súmula 621 do STJ incentiva o inadimplemento dos alimentos*. Disponível em: http://www.ibdfam.org.br/artigos/1378/S%C3%BAmula+621+do+STJ+incentiva+o+inadimplemento+dos+alimentos. Acesso em: 19 jan. 2023.

DIDIER JR, Fredie; ZANETI Jr, Hermes. Justiça Multiportas e tutela adequada em litígios complexos: a autocomposição e os direitos coletivos. In CABRAL, Tricia Navarro Xavier; ZANETI JR., Hermes (Org.). *Justiça Multiportas*: mediação, conciliação, arbitragem e outros meios adequados de solução de conflitos. Salvador: JusPodivm, 2018.

DIDIER JR. Fredie. *Cooperação judiciária nacional*: um esboço de uma teoria para o direito brasileiro (arts. 67-69, CPC). Salvador: JusPodivm, 2020.

DIDIER JR. Fredie. *Curso de Direito Processual Civil*. 17. ed. Salvador: JusPodivm, 2015. v. 01.

DIDIER JR. Fredie. *Curso de Direito Processual Civil*: Execução. Salvador: JusPodivm, 2017. v. 5.

DIDIER JR. Fredie; OLIVEIRA, Rafael. *Aspectos Processuais Civis da Lei Maria da Penha* (Violência Doméstica e Familiar Contra a Mulher). Disponível em: http://tmp.mpce.mp.br/nespeciais/promulher/artigos/Aspectos%20Processuais%20Civis%20da%20Lei%20Maria%20da%20Penha.pdf. Acesso em: 19 jan. 2023.

DIDIER JR. Fredie; SARNO, Paula; OLIVEIRA, Rafael Alexandria de. *Curso de Direito Processual Civil*. 10. ed. Salvador: JusPodivm, 2015. v. 02.

DINIZ, Fernanda Paula. *Direito dos idosos na perspectiva civil-constitucional*. Belo Horizonte: Arraes, 2011.

DIRSCHERL, Fernanda Pantaleão. Capacidade civil e deficiência: entre autonomia e proteção, de Mariana Alves Lara. Disponível em: http://www.seer.ufu.br/index.php/revistafadir/article/view/58853. Acesso em: 19 jan. 2023.

DONG, Xin Qi. *Elder self-neglect*: research and practice. Clin Interv Aging. 2017; 12: 949-954. Published online 2017 Jun 8. DOI: 10.2147/CIA.S103359. PMCID: PMC5472408. Disponível em: https://www.ncbi.nlm.nih.gov/pmc/articles/PMC5472408/. Acesso em: 19 jan. 2023.

DWECK, Carol S. Mindset: *A nova psicologia do sucesso*. Rio de Janeiro: Objetiva, 2017.

EFING, Antônio Carlos (Org.). *Direitos dos idosos*: tutela jurídica do idoso no Brasil. São Paulo: LTr, 2014.

EHRHARDT JR, Marcos. A incapacidade civil e o idoso. In: MENDES, Gilmar Mendes et al (Org.). *Manual dos direitos da pessoa idosa*. São Paulo: Saraiva, 2017.

EIDT, Viviani et al. *Ordem de não reanimar sob a perspectiva de pacientes oncológicos e seus familiares*. Disponível em: https://bvsms.saude.gov.br/bvs/periodicos/mundo_saude_artigos/ordem_pacientes_oncologicos.pdf. Acesso em: 19 jan. 2023.

FACHIN, Luiz Edson. *Estatuto jurídico do patrimônio mínimo*. 2. ed. Rio de Janeiro: Renovar, 2006.

FARIAS, Cristiano Chaves de. *Curso de Direito Civil*: Famílias. 9. ed. JusPodivm: Salvador, 2017.

FARIAS, Cristiano Chaves de. *Curso de direito civil*: Obrigações. Salvador: JusPodivm, 2017.

FARIAS, Cristiano Chaves de. *LINDB e Parte Geral*. Salvador: JusPodivm, 2017.

FARIAS, Cristiano Chaves de. *Responsabilidade Civil*. Salvador: JusPodivm, 2017. v. 3.

FARIAS, Cristiano Chaves de; ROSENVALD, Nelson. *Curso de direito civil*. Salvador: JusPodivm, 2017. v. 7.

FÉLIX, Jorge. *Economia da longevidade*: o envelhecimento populacional muito além da previdência. São Paulo: Editora 106, 2019.

FELIX, Zirleide Carlos et al. Eutanásia, distanásia e ortotanásia: revisão integrativa da literatura. Disponível em: https://www.scielo.br/j/csc/a/6RQCX8yZXWWfC6gd7Gmg7fx/#:~:text=Etimologicamente%2C%20ortotan%C3%A1sia%20significa%20morte%20correta,processo%20natural%20do%20morrer9. Acesso em: 19 jan. 2023.

FENSTERSEIFER, Tiago. *Defensoria pública, direitos fundamentais e ação civil pública*. São Paulo: Saraiva, 2015.

FERREIRA, Cláudia Galiberne; ENZWEILER, Romano José. *Síndrome da alienação parental, uma iníqua falácia*. Disponível em: https://revista.esmesc.org.br/re/article/view/97/0. Acesso em: 19 jan. 2023.

FERREIRA, Michelle Cristina; TEIXEIRA, Karla Maria Damiano. *O uso de redes sociais virtuais pelos idosos*. Estud. interdiscipl. envelhec., Porto Alegre, v. 22, n. 3, p. 153-167, 2017.

FERRY, Luc. *Famílias, amo vocês*: política e vida privada na era da globalização. Rio de Janeiro: Objetiva, 2007.

FIATIKOSKI, Camila Silveira. *O ius vitae necisque no exercício da patria potestas*. Trabalho de conclusão de curso, Universidade de São Paulo, 2013. Disponível em: http://www.tcc.sc.usp.br/tce/disponiveis/89/890010/tce-30012014-100654/?&lang=br. Acesso em: 19 jan. 2023.

FIELDS, Jonathan E. *Grey Divorce: Tips for the Matrimonial Practitioner*. Journal of the American Academy of Matrimonial Lawyers. V. 29, 2016. Disponível em: https://cdn.ymaws.com/aaml.org/resource/collection/385FDCDA-028C-494C-8530-7641053BD254/MAT101_9.pdf. Acesso em: 19 jan. 2023.

FISHER, Roger; URY, William; PATTON, Bruce. *Como chegar ao sim*: negociação de acordos sem concessões. 2. ed. Rio de Janeiro: Imago, 2005.

FONSECA, Vitor. *Processo Civil e Direitos Humanos*. São Paulo: Thomson Reuters Brasil, 2018.

FUJITA, Jorge Shiguemitsu. *Filiação*. São Paulo: Atlas, 2009.

GAGLIANO, Pablo Stolze; PAMPLONA FILHO, Rodolfo. *Manual de direito civil*. São Paulo: Saraiva, 2020.

GAIO JÚNIOR, Antônio Pereira. Acesso à justiça e o direito à prioridade na tramitação processual. In: MENDES, Gilmar Ferreira et al. *Manual dos direitos da pessoa idosa*. São Paulo: Saraiva, 2017.

GAJARDONI, Fernando da Fonseca et al. *Comentários ao Código De Processo Civil*. 4. ed. Rio de Janeiro: Forense, 2021.

GAJARDONI, Fernando da Fonseca. *Teoria geral do processo*: comentários ao CPC 2015: parte geral. 2. ed. Rio de Janeiro: Forense; São Paulo: Método, 2018.

GAMA, Guilherme Calmon Nogueira; NUNES, Marina Lacerda. As pessoas idosas com Alzheimer: diálogos entre a Constituição Federal, o Estatuto do Idoso e o Estatuto da Pessoa com Deficiência. In: BARLETTA, Fabiana Rodrigues; ALMEIDA, Vitor. *A tutela jurídica da pessoa idosa*. Indaiatuba-SP: Foco, 2020.

GARCIA, Marcia et al. (Coord.). *Comentários ao Estatuto do Idoso*: de acordo com o novo Código de Processo Civil. São Paulo: Saraiva, 2016.

GASTER, Barak. Advance directives for dementia: meeting a unique chalenge. Disponível em: https://www.skyline725.com/wp-content/uploads/2018/01/jama_Gaster_2017_vp_170162-1.pdf. Acesso em: 19 jan. 2023.

GAWANDE, ATUL. *Mortais*: nós, a medicina e o que realmente importa no final. Rio de Janeiro: Objetiva, 2015.

GOMES, Orlando. *Direito de família*. Rio de Janeiro: Forense, 2001.

GOMES, Orlando. *Obrigações*. 17. ed. Rio de Janeiro: Forense, 2008.

GONÇALVES, Carlos Roberto. *Direito civil brasileiro*: direito de família. 11. ed. São Paulo: Saraiva, 2014. v. 6.

GONÇALVES, Carlos Roberto. *Direito Civil Brasileiro*: Direito de Família. São Paulo: Saraiva, 2010.

GONÇALVES, Carlos Roberto. *Direito civil brasileiro*: obrigações. São Paulo: Saraiva, 2014.

GONÇALVES, Carlos Roberto. *Direito Civil Brasileiro*: Parte geral. São Paulo: Saraiva, 2010. v. I.

GONÇALVES, Carlos Roberto. *Direito civil brasileiro*: teoria geral das obrigações. São Paulo: Saraiva, 2011. v. II.

GORETTI, Ricardo. *Gestão adequada de conflitos*. Salvador: JusPodivm, 2019.

GOUVEIA, Odília Maria Rocha; MATOS, Alice Delerue; Schouten, Maria Johanna. Redes sociais e qualidade de vida dos idosos: uma revisão e análise crítica da literatura. *Rev. Bras. Geriatr. Gerontol*, Rio de Janeiro, 2016; 19(6): 1030-1040. Disponível em: https://www.scielo.br/pdf/rbgg/v19n6/pt_1809-9823-rbgg-19-06-01030.pdf. Acesso em: 19 jan. 2023.

GROENINGA, Giselle. *O direito à integridade psíquica e o livre desenvolvimento da personalidade*. Disponível em: http://www.ibdfam.org.br/assets/upload/anais/19.pdf. Acesso em: 19 jan. 2023.

GUSMÃO, Paulo Dourado de. *Introdução ao estudo do direito*. 20. ed. Rio de Janeiro: Forense, 1997.

HADDAD, Sálvia de Souza. *Suicídio assistido por completed life*. Indaiatuba-SP: Foco, 2022.

HEATHCOTE, Gaye. *Autonomy, health and ageing: transnational perspectives*. Health Education Research, v. 15, Issue 1, February 2000, Pages 13-24, https://doi.org/10.1093/her/15.1.13. Disponível em: https://academic.oup.com/her/article/15/1/13/775695. Acesso em: 19 jan. 2023.

HEITLER, Susan. *Adult Sibling Alienation*: Who Does It and Why. Disponível em: https://www.psychologytoday.com/us/blog/resolution-not-conflict/201912/adult-sibling-alienation-who-does-it-and-why. Acesso em: 19 jan. 2023.

HIRONAKA, Giselda Maria Fernandes Novaes. *Os contornos jurídicos da responsabilidade afetiva na relação entre pais e filhos* – além da obrigação legal de caráter material. Disponível em: https://www.trf3.jus.br/lpbin22/lpext.dll/FolRevistas/Revista/revs.nfo.285.0.0.0/revs.nfo.286.0.0.0/revs.nfo.28d.0.0.0?fn=document-frame-nosync.htm&f=templates&2.0. Acesso em: 19 jan. 2023.

HIRONAKA, Giselda Maria Fernandes Novaes. *Pressuposto, elementos e limites do dever de indenizar por abandono afetivo*. Disponível em: http://www.ibdfam.org.br/artigos/288/Pressuposto%2C+elementos+e+limites+do+dever+de+indenizar+por+abandono+afetivo. Acesso em: 19 jan. 2023.

IBRAHIM, Fábio Zambitte. *Curso de direito previdenciário*. 20. ed. Rio de Janeiro: Impetus, 2015.

IBRAHIM, Fábio Zambitte. *Resumo de direito previdenciário*. 10. ed. Niterói, RJ: Impetus, 2009.

JAYME, Erik. *Direito Internacional Privado e Cultura Pós-Moderna*. Disponível na internet: https://www.seer.ufrgs.br/ppgdir/article/viewFile/43487/27366. Acesso em: 19 jan. 2023.

JEVEAUX, Geovany Cardoso; ZANETI JR, Hermes. Controle difuso no novo CPC. In: CUNHA JR, Dirley; NOVELINO, Marcelo; MINAMI, Marcos Youji. *Repercussões do CPC no controle concentrado de constitucionalidade*. Salvador: JusPodivm, 2019.

JORDÃO, Matheus Hoffmann. *A mudança de comportamento das gerações X, Y, Z e Alfa e suas implicações*. Disponível em: http://www.gradadm.ifsc.usp.br/dados/20162/SLC0631-1/geracoes%20xyz.pdf. Acesso em: 19 jan. 2023.

KAMEL, Antoine Youssef. *Mediação e arbitragem*. Curitiba: Editora Intersaberes, 2017.

KRAMER, Betty J.; THOMPSON JR, Edward H. *Men as caregivers*. Prometheus: New York City, 2004.

LIPPMANN, Ernesto; QUEIROZ, Denise Souza de. Fim da vida humana: a fronteira entre o direito e o dever. In: SCALQUETTE, Ana Claudia (Coord.). *Biotecnologia, biodireito e liberdades individuais*: novas fronteiras da ciência jurídica. Indaiatuba-SP: Foco, 2019. v. 1.

LÔBO, Paulo. *Direito Civil: famílias*. 7. ed. São Paulo: Saraiva, 2017.

MADALENO, Ana Carolina Carpes; MADALENO, Rolf. *Síndrome da alienação parental*: aspectos legais e processuais. 5. ed. Rio de Janeiro: Forense, 2018.

MADALENO, Rolf. *Curso de direito de família*. 8. ed. Rio de Janeiro: Forense, 2018.

MADUREIRA, Claudio; ZANETI JR., Hermes. *Formalismo-Valorativo e o Novo Processo Civil. Revista de Processo*. Vol. 272/2017, p. 85 – 125, Out/2017, DTR\2017\5931.

MALUF, Adriana Caldas do Rego Freitas Dabus. *Curso de Bioética e Biodireito*. São Paulo: Almedina, 2020.

MARTEL, Letícia de Campos Velho. *Adaptação razoável*: o novo conceito sob as lentes de uma gramática constitucional inclusiva. Disponível em: https://core.ac.uk/download/pdf/16031666.pdf. Acesso em: 19 jan. 2023.

MARTINS, Alessandra Negrão Elias. *Mediação familiar para idosos em situação de risco*. São Paulo: Blucher, 2017.

MARTINS-COSTA, Judith. Os campos normativos da boa-fé objetiva: as três perspectivas do direito privado brasileiro. In: AZEVEDO, Antonio Junqueira et al (Org.). *Princípios do novo código civil brasileiro e outros temas*. São Paulo: Quartier Latin, 2008.

MATOS, Gilson Ely Chaves de. Aspectos jurídicos e bioéticos do consentimento informado na prática médica. Disponível em: https://revistabioetica.cfm.org.br/index.php/revista_bioetica/article/view/41/44. Acesso em: 19 jan. 2023.

MAZZEI, Rodrigo; CHAGAS, Bárbara Seccato Ruis. Métodos ou tratamentos adequados de conflitos? *Revista Jurídica da Escola Superior de Advocacia da OAB-PR*, edição especial – ano 3 – n. 1 – Maio 2018.

MAZZUOLI, Valerio de Oliveira. *Direito internacional privado*: curso elementar. Rio de Janeiro: Forense, 2015.

MAZZUOLI, Valerio de Oliveira. Proteção internacional dos direitos dos idosos e reflexos no direito brasileiro. In: MENDES, Gilmar Ferreira et al. *Manual dos direitos da pessoa idosa*. São Paulo: Saraiva, 2017.

MEIRA, Silvio A. B. *Instituições de Direito Romano*. São Paulo: Max Limonad, Editor de Livros de Direito, 1958.

MELLO, Celso Antônio Bandeira de. *Conteúdo jurídico do princípio da igualdade*. 3. ed. São Paulo: Malheiros, 1999.

MENDES, Gilmar Ferreira et al. *Manual dos Direitos da Pessoa Idosa*. São Paulo: Saraiva, 2017.

MENDES, Gilmar Ferreira; BRANCO, Paulo Gustavo Gonet. *Curso de Direito Constitucional*. São Paulo: Saraiva, 2015.

MENDES, Gilmar Ferreira; MUDROVITSCH, Rodrigo de Bittencourt. O tempo e a obrigatoriedade constitucional de atualização da legislação infraconstitucional que protege o idoso. In: MENDES, Gilmar Ferreira et al (Coord.). *Manual dos direitos da pessoa idosa*. São Paulo: Saraiva, 2017.

MEULEN, Ruud Ter; WRIGHT, Katharine. *The role of family solidarity*: ethical and social issues. Disponível em: https://www.researchgate.net/publication/227383711_The_Role_of_Family_Solidarity_Ethical_and _Social_Issues. Acesso em: 19 jan. 2023.

MITIDIERO, Daniel. *Colaboração no processo civil* – pressupostos sociais, lógicos e éticos. 3. ed. São Paulo: Ed. RT, 2015.

MOREIRA, José Carlos Barbosa. Eficácia da sentença de interdição por alienação mental. *Revista de Processo*, v. 43/1986, p. 14-18, jul.- set. 1986. DTR\1986\132.

MOTTA, Alda Britto da. *A atualidade do conceito de gerações na pesquisa sobre o envelhecimento.* Revista Sociedade e Estado. v. 25, n. 2. maio/agosto 2010. Disponível em: http://www.scielo.br/scielo.php?script=sci_arttext&pid=S0102-69922010000200005. Acesso em: 19 jan. 2023.

MOUSSALÉM, Tárek Moysés. *Fontes do Direito Tributário*. São Paulo: Max Limonad, 2001.

MUNIZ, Tânia Lobo; SILVA, Marcos Claro da. O modelo de tribunal multiportas americano e o sistema brasileiro de solução de conflitos. *Revista da Faculdade de Direito da UFRGS*, Porto Alegre, n. 39, v. esp., p. 288-311, dez. 2018.

NADER, Paulo. *Curso de direito civil: família*. Rio de Janeiro: Forense, 2016.

NEVES, Daniel Amorim Assumpção. *Manual de direito processual civil*. 9. ed. Salvador: JusPodivm, 2017. vol. único.

NÓBREGA, Vandick Londres da. *História e Sistema do Direito Privado Romano*. Rio de Janeiro: Livraria Freitas Bastos, 1955.

NOGUEIRA, Luíza Souto. *Responsabilidade civil nas relações familiares: o abandono afetivo inverso e o dever de indenizar*. Disponível em: http://www.ibdfam.org.br/artigos/1289/Responsabilidade+civil+nas+rela%C3%A7%C3%B5es+familiares%3A+o+abandono+afetivo+inverso+e+o+-dever+de+indenizar. Acesso em: 19 jan. 2023.

NOVELLINO, Maria Salet Ferreira. *Os estudos sobre feminização da pobreza e políticas públicas para mulheres*. Disponível em: https://anpocs.com/index.php/papers-28-encontro/st-5/st23-2/4076-mnovellino-os-estudos/file#:~:text=O%20conceito%20'feminiza%C3%A7%C3%A3o%20da%20pobreza,estadunidense%20Diane%20Pearce%20em%201978.&text=O%20aumento%20progressivo%20destes%20domic%C3%ADlios,especificamente%20para%20as%20mulheres%20chefes. Acesso em: 19 jan. 2023.

NYCYK, Michael. *Adult-to-Adult Cyberbullying*: An Exploration of a Dark Side of the Internet. Disponível em: https://www.academia.edu/11836687/Adult_to_Adult_Cyberbullying_An_Exploration_of_a_Dark_Side_of_the_Internet. Acesso em: 19 jan. 2023.

OLIVEIRA, Carlos Alberto Alvaro de. O formalismo valorativo no confronto com o formalismo excessivo. *Revista de Processo*, ano 31, v. 137, p. 1-31, São Paulo: Ed. RT, jul. 2006.

PALMORE. Erdman B. *Ageism*: negative and positive. New York: Springer Publishing Company, 1999.

PANTALEÃO, Leonardo. *Teoria geral das obrigações*: parte geral. Barueri, SP: Manole, 2005.

PAPALÉO NETO, Matheus; KITADAI, Fábio Takashi. *A quarta idade*: o desafio da longevidade. São Paulo: Editora Atheneu, 2015.

PELAJO, Samantha et al (Coord.). *Comentários à Lei de Mediação*: estudos em homenagem aos 10 anos da Comissão de Mediação de Conflitos da OAb-RJ. Rio de Janeiro: Editora Processo, 2019.

PENALVA, Germano; PEREIRA, Claudia. "Mulher-madonna" e outras mulheres: um estudo antropológico sobre a juventude aos 50 anos. In: GOLDBERG, Mirian (Org.). *Corpo, envelhecimento e felicidade*. Rio de Janeiro: Civilização Brasileira, 2011.

PEREIRA, Caio Mário da Silva. *Instituições de direito civil*: direito de família. 28. ed. rev. e atual. por Tânia da Silva Pereira. Rio de Janeiro: Forense, 2020.

PEREIRA, Rodrigo da Cunha. *Dicionário de Direito de Família e Sucessões*. São Paulo: Saraiva, 2018.

PEREIRA, Rodrigo da Cunha. *Direito das famílias*. 2. ed. Rio de Janeiro: Forense, 2021.

PEREIRA, Rodrigo da Cunha. *Direito das famílias*. Rio de Janeiro: Forense, 2020.

PEREIRA, Rodrigo da Cunha. *O que significa abandono digital e qual o impacto na vida dos filhos*. Disponível em: https://www.rodrigodacunha.adv.br/o-que-significa-abandono-digital-e-qual-o-impacto-na-vida-dos-filhos/. Acesso em: 19 jan. 2023.

PEREIRA, Sérgio Gischkow. *Estudos de direito de família*. Porto Alegre: Livraria do Advogado, 2004.

PEREIRA, Tânia da Silva. Avosidade e a convivência intergeracional na família: afeto e cuidado em debate. In: PEREIRA, Tânia da Silva et al. *Avosidade*: relação jurídica entre avós e netos. Indaiatuba, SP: Foco, 2021.

PEREIRA. Caio Mário da Silva. *Responsabilidade civil*. Rio de Janeiro: Forense, 1991.

PERELLI-HARRIS, Brienna. *Is there a link between the divorce revolution and the cohabitation boom?* ESRC Centre for Population Change, Working Paper 80, October 2016. Disponível em: https://eprints.soton.ac.uk/402016/1/2016_WP80_Is_there_a_link_between_the_divorce_revolution_and_the_cohabitation_boom.pdf. Acesso em: 19 jan. 2023.

PESTILI, Ligia Cristina; BETTI, Nicolle Furlan de Sousa. *Remember* – aplicativo para o auxílio de idosos com Alzheimer. Disponível em: https://www.peteletricaufu.com/static/ceel/doc/artigos/artigos2015/ceel2015_artigo063_r01.pdf. Acesso em: 04 out. 2021.

PFEIFFER, Robert M. *Abandonment of Children As a Civil Wrong*: Burnette v. Wahl. Ohio State Law Journal, vol. 41, no. 2 (1980), 533-552. Disponível em: https://kb.osu.edu/handle/1811/64177. Acesso em: 19 jan. 2023.

PINHO, Humberto Dalla Bernardina de. *Manual de Direito Processual Civil Contemporâneo*. 2. ed. São Paulo: Saraiva, 2020.

PIOVESAN, Flávia. *Direitos humanos e o direito constitucional internacional*. 14 ed. São Paulo: Saraiva, 2013.

PIOVESAN, Flávia. *Temas de direitos humanos*. 3. ed. São Paulo: Saraiva, 2009.

PIOVESAN, Flávia; KAMIMURA, Akemi. O sistema ONU de direitos humanos e a proteção internacional das pessoas idosas. In: MENDES, Gilmar Ferreira et al. *Manual dos direitos da pessoa idosa*. São Paulo: Saraiva, 2017.

RAMOS, André de Carvalho. *Curso de Direitos Humanos*. São Paulo: Saraiva, 2014.

RAMOS, André de Carvalho. *Teoria Geral dos Direitos Humanos na ordem internacional*. São Paulo: Saraiva, 2012.

RAMOS, Paulo Roberto Barbosa. A atuação do Ministério Público na tutela dos direitos das pessoas idosas. In: MENDES, Gilmar Ferreira et al. *Manual dos direitos da pessoa idosa*. São Paulo: Saraiva, 2017.

RAMOS, Paulo Roberto Barbosa. *Curso de direito do idoso*. São Paulo: Saraiva, 2014.

REALE, Miguel. *Filosofia do direito*. 19. ed. São Paulo: Saraiva, 2002.

REALE, Miguel. *Lições preliminares de direito*. 27. ed. São Paulo: Saraiva, 2004.

REIS JÚNIOR, Almir Santos; FUGITA JUNIOR, Nelson. A compensação exigida para assegurar a efetividade do princípio de proibição de retrocesso social nas alterações ou supressões de direitos sociais. *Revista Direito UFMS*, Campo Grande, MS. v. 4. n. 2, p. 186-203, jul./dez. 2018.

REIS, Léa Maria Aarão. *Novos velhos*: viver e envelhecer bem. Rio de Janeiro: Record, 2011.

REVENSON, Tracey; GRIVA, Konstadina. *Caregiving in the Illness Context*. Disponível em: https://www.researchgate.net/publication/287583564_Caregiving_in_the_Illness_Context. Acesso em: 19 jan. 2023.

RIBEIRO, Diaulas Costa. Um novo testamento: Testamentos vitais e Diretivas antecipadas. In: PEREIRA, Rodrigo da Cunha (Org.). *Anais do V Congresso Brasileiro de Direito de Família*, Belo Horizonte, 2006. Disponível em: http://www.ibdfam.org.br/_img/congressos/anais/12.pdf. Acesso em: 19 jan. 2023.

RIBEIRO, Lauro Luiz Gomes. *Comentários ao Estatuto do Idoso*. São Paulo: Saraiva, 2016.

RODOTÀ, Stefano. *A vida na sociedade da vigilância*: a privacidade hoje. Trad. Danilo Doneda e Luciana Cabral Doneda. Rio de Janeiro: Renovar, 2008.

RODRIGUES, Oswaldo Peregrina. *Direitos da Pessoa Idosa*. Indaiatuba-SP: Foco, 2022.

RODRIGUES, Oswaldo Peregrina. *Direitos da pessoa idosa*. São Paulo: Editora Verbatim, 2016.

RODRIGUES, Silvio. *Direito Civil*: Parte Geral. São Paulo: Saraiva, 2007. v. I.

ROSA, Carlos Mendes; VILHENA, Junia de. *O silenciamento da velhice*: apagamento social e processos de subjetivação. Disponível em: http://pepsic.bvsalud.org/pdf/rs/v16n2/01.pdf. Acesso em: 19 jan. 2023.

ROSA, Conrado Paulino da. *Direito de família contemporâneo*. 7. ed. Salvador: JusPodivm, 2020.

ROSA, F. A de Miranda. *Sociologia do direito*: o fenômeno jurídico como fato social. 13. ed. Rio de Janeiro: Jorge Zabar Editor, 1981.

ROSENVALD, Nelson. A guarda de fato de idosos. In: BARLETTA, Fabiana Rodrigues; ALMEIDA, Vitor. *A tutela jurídica da pessoa idosa*. Indaiatuba-SP: Foco, 2020.

ROSENVALD, Nelson. *Os confins da Autocuratela*. Disponível em: https://ibdfam.org.br/artigos/1213/Os+confins+da+autocuratela. Acesso em: 19 jan. 2023.

SALZER, Fernando; WAQUIM, Bruna Barbieri. Alienação familiar: um atentado à liberdade de crianças, adolescentes e idosos. In: WAQUIM, Bruna Barbieri; SALZER, Fernando; COPETTI, Líbera (Org.). *Alienação parental: aspectos multidisciplinares*. Curitiba: Juruá, 2021.

SANCHES, João Paulo de. O papel do advogado no necessário processo de desjudicialização. In: CYSNE, Renata Nepomuceno e. (Coord.). *Intervenção estatal e comunitária nas famílias*: limites e possibilidades. Brasília: Trampolim, 2019.

SANTOS, Marisilvia dos; SCARABOTTO, Suelen do Carmo dos Anjos; MATOS, Elizete Lucia Moreira. *Imigrantes e nativos digitais*: um dilema ou desafio na educação? Disponível em: https://educere.bruc.com.br/arquivo/pdf2011/5409_3781.pdf. Acesso em: 19 jan. 2023.

SANTOS, Pedro Henrique Amaducci Fernandes dos; LIGMANOVSKI, Patricia Ayub da Costa. Mediação como instrumento de resolução de conflitos no comércio internacional. In: MENEZES, Wagner (Org.). *Direito Internacional em Expansão*. Belo Horizonte: Arraes Editores, 2017. v. 12.

SANTOS, Regina Beatriz Tavares da Silva Papa dos. *Reparação civil na separação e no divórcio*. São Paulo: Saraiva, 1999.

SARLET, Ingo Wolfgang. *Dignidade da pessoa humana e direitos fundamentais na Constituição Federal de 1988*. Porto Alegre: Livraria do Advogado, 2011.

SARLET, Ingo Wolfgang. Proibição de retrocesso, dignidade da pessoa humana e direitos sociais: manifestações de um constitucionalismo dirigente possível. *Revista Eletrônica sobre a Reforma do Estado*. Instituto Brasileiro de Direito Público, IBDP, Número 15, setembro/outubro/novembro 2008, Salvador, Bahia, Brasil. ISSN 1981-1888.

SARLET, Ingo Wolfgang; MARINONI, Luiz Guilherme; MITIDIERO, Daniel. *Curso de direito constitucional*. 7. ed. São Paulo: Saraiva, 2018.

SCHEREIBER, Anderson. *Manual de direito civil*. 3. ed. São Paulo: Sariava, 2020.

SCHIRMER, Gabriela da Silva. *Alienação parental contra idosos*: a possibilidade da utilização por analogia da Lei 12.318/10 visando a proteção da população idosa. Disponível em: https://repositorio.ufsm.br/bitstream/handle/1/11451/Gabriela%20da%20Silva%20Schirmer.pdf?sequence=1&isAllowed=y. Acesso em: 19 jan. 2023.

SCHIRRMACHER, Frank. *A revolução dos idosos*. Rio de Janeiro: Elsevier, 2005.

SCHREIBER, Anderson. *Direitos da personalidade*. 2. ed. São Paulo: Atlas, 2013.

SCHREIBER, Anderson. *Manual de direito civil contemporâneo*. 3. ed. São Paulo: Saraiva, 2020.

SCORTEGAGNA, Paola Andressa; OLIVEIRA, Rita de Cássia da Silva. *Idoso*: Um novo ator social. Disponível em: http://www.ucs.br/etc/conferencias/index.php/anpedsul/9anpedsul/paper/viewFile/1886/73. Acesso em: 04 out. 2021.

SILVA, Débora dos Santos; BARUFFI, Helder. A dignidade humana e a proteção à pessoa do idoso: práticas sociais. *Revista Videre* – Dourados, v. 06, n. 12, p. 93-106, jul./dez. 2014. Disponível em: http://ojs.ufgd.edu.br/index.php/videre/article/download/4311/2396. Acesso em: 19 jan. 2023.

SILVA, Denis Franco; BARLETTA, Fabiana Rodrigues. Solidariedade e tutela do idoso: o direito aos alimentos. In BARLETTA, Fabiana Rodrigues; ALMEIDA, Vitor (Org.). *A tutela jurídica da pessoa idosa*. Indaiatuba, SP: Editora Foco, 2020.

SILVA, José Afonso da. *Curso de direito constitucional positivo*. 25. ed. São Paulo: Malheiros, 2005.

SILVA, Larissa Tenfen. *Entre violetas e violências*: em busca da proteção da pessoa idosa. Disponível em: https://ibdfam.org.br/artigos/1478/+Entre+violetas+e+viol%C3%AAncias%3A+em+busca+da+prote%C3%A7%C3%A3o+da+pessoa+idosa++. Acesso em: 19 jan. 2023.

SILVA, Lucimeire Aparecida da; DADALTO, Luciana; PACHECO, Eduarda Isabel Hubbe. *Obstinação terapêutica*: quando a intervenção médica fere a dignidade humana. Disponível em: https://www.scielo.br/j/bioet/a/MhRpfFPjTYZMgjcvSfYM9gC/. Acesso em: 19 jan. 2023.

SILVA, Maci Consuelo; MENDES, Olenir Maria. *As marcas do machismo no cotidiano escolar*. Caderno Espaço Feminino – Uberlândia-MG – v. 28, n. 1 – Jan./Jun. 2015 – ISSN online 1981-3082.

SOARES, Ricardo Maurício Freire; BARBOSA, Charles Silva. A tutela da dignidade da pessoa idosa no sistema jurídico brasileiro. In: MENDES, Gilmar Ferreira et al. *Manual dos direitos da pessoa idosa*. São Paulo: Saraiva, 2017.

SOUSA, Hiasminni Albuquerque Alves. *Abandono afetivo*: Responsabilidade civil pelo desamor. Disponível em: http://www.ibdfam.org.br/artigos/863/Abandono+afetivo%3A+Responsabilidade+civil+pelo+desamor. Acesso em: 19 jan. 2023.

STAHL, Philip M. *Understanding and Evaluating Alienation in High-Conflict Custody Cases*. Disponível em: https://parentingafterdivorce.com/wp-content/uploads/2016/05/AlienationArticleForWJ-FL1.pdf. Acesso em: 19 jan. 2023.

TALAMINI, Eduardo. *Produção antecipada de prova no Código de Processo Civil de 2015*. Revista de Processo, v. 260/2016, p. 75 – 101, Out / 2016, DTR\2016\23994.

TARUFFO, Michele. *Globalizing procedural justice*: Some general remarks. Disponível em: https://core.ac.uk/download/pdf/61904340.pdf. Acesso em: 19 jan. 2023.

TAVARES, André Ramos. *Curso de direito constitucional*. 18. ed. São Paulo: Saraivajur, 2020.

TAVARES, Juliana; RIBEIRO, Elizângela Abigail Sócio. A alienação parental na pessoa idosa. In CACHAPUZ, Rozane da Rosa et al (Org.). *Do acesso à justiça no direito das famílias e sucessões*. Londrina, PR: Thoth, 2020.

TEPEDINO, Gustavo. *Temas de Direito Civil*. Rio de Janeiro: Renovar, 1999.

TESLER, Pauline H.; THOMPSON, Peggy. *Divórcio colaborativo*. São Paulo: Instituto Brasileiro de Práticas Colaborativas, 2017.

THEODORO JR., Humberto. *Curso de Direito Processual Civil*. Rio de Janeiro: Forense, 2015.

TORRES, Ricardo Lobo (Org.). Princípio da afetividade. *Dicionário de Princípios Jurídicos*. Rio de Janeiro: Elsevier, 2011.

VEIGA, Melissa Ourives. A proteção da propriedade na penhora do bem de família para o pagamento de pensão alimentícia. *Revista IBDFAM*: família e sucessões, n. 18, p. 165-183, nov./dez. 2016.

VELOSO, Laura de Sousa Gomes et al. *Análise do desempenho funcional de pessoas idosas autoinstitucionalizadas*. Disponível em: http://www.seer.unirio.br/cuidadofundamental/article/view/7529/pdf_1. Acesso em: 19 jan. 2023.

VELOSO, Zeno. *Código Civil comentado*. São Paulo: Atlas, 2003.

VIEIRA, Rodrigo de Sena e Silva. *Idadismo*: a influência de subtipos nas atitudes sobre os idosos. Disponível em: https://repositorio.ufba.br/bitstream/ri/28506/3/Tese_Vieira_JAN19.pdf. Acesso em: 31 mar. 2022.

VILLELA, João Baptista. *Desbiologização da paternidade*. Disponível em: https://www.direito.ufmg.br/revista/index.php/revista/article/view/1156. Acesso em: 19 jan. 2023.

VINCENZI, Brunela Vieira de; REZENDE, Ariadi Sandriani. A mediação como forma de reconhecimento e empoderamento do indivíduo. In: CABRAL, Tricia Navarro Xavier; ZANETI JR., Hermes (Org.). *Justiça Multiportas*: mediação, conciliação, arbitragem e outros meios adequados de solução de conflitos. Salvador: JusPodivm, 2018.

WAQUIM, Bruna Barbieri. Alienação familiar de idoso: somente crianças e adolescentes estão sujeitos à proteção da Lei 12.318/2010? Alienação parental. *Revista digital luso-brasileira*. 3. ed. jun-ago/2014, ISSN 2183-1769.

WATANABE, Kazuo. Acesso à justiça e solução pacífica dos conflitos de interesses. In: CABRAL, T. N. X.; ZANETI JR., H. *Justiça Multiportas*: mediação, conciliação, arbitragem e outros meios adequados de solução de conflitos. Salvador: JusPodivm, 2019.

WEBB, Stuart G; OUSKY, Ronald D. *O caminho colaborativo para o divórcio*. São Paulo: Instituto Brasileiro de Práticas Colaborativas, 2017.

WINANDY, Fran. *Etarismo*: um novo nome para um velho preconceito. Divinópolis-MG: Adelante, 2021.

WORLD HEALTH ORGANIZATION. (2021). Global report on ageism: executive summary. Disponível em: https://apps.who.int/_ris/handle/10665/340205. Acesso em: 19 jan. 2023.

WORLD HEALTH ORGANIZATION. Envelhecimento ativo: uma política de saúde. Tradução Suzana Gontijo. Brasília: Organização Pan-Americana da Saúde, 2005.

ZANGEROLAME, Flávia. Considerações sobre alimentos no abandono afetivo e a tutela do idoso sob a ótica civil-constitucional. In: BARLETTA, Fabiana Rodrigues; ALMEIDA, Vitor. *A tutela jurídica da pessoa idosa*. Indaiatuba/SP: Foco, 2020.

ZÚÑIGA, Natalia Torres. *El control de convencionalidad: deber complementario del juez constitucional peruano y el juez interamericano* (similitudes, diferencias y convergencias). Disponível em: http://tesis.pucp.edu.pe/repositorio/bitstream/handle/20.500.12404/1367/TORRES_ZU%C3%91IGA_CONTROL_CONVENCIONALIDAD.pdf?sequence=1&isAllowed=y. Acesso em: 19 jan. 2023.

ZVEITER, Waldema. *Adoção por ascendente*. Informativo Jurídico da Biblioteca Ministro Oscar Saraiva, v. 11, p. 1-98, jan.-jul., 1990.

ANOTAÇÕES